# 科学事业单位会计实务操作指南

## ——执行政府会计准则制度 2022

王　宏　　王文玉　　金贞福　主编

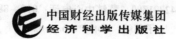

中国财经出版传媒集团
经济科学出版社

图书在版编目（CIP）数据

科学事业单位会计实务操作指南：执行政府会计准
则制度.2022/王宏，王文玉，金贞福主编.—北京：
经济科学出版社，2022.2
ISBN 978 - 7 - 5218 - 3399 - 7

Ⅰ.①科⋯  Ⅱ.①王⋯②王⋯③金⋯  Ⅲ.①科学研
究组织机构 - 行政事业单位 - 单位预算会计  Ⅳ.
①F231.2

中国版本图书馆 CIP 数据核字（2022）第 021972 号

责任编辑：宋学军  常  胜
责任校对：杨  海
责任印制：邱  天

科学事业单位会计实务操作指南
——执行政府会计准则制度2022
王  宏  王文玉  金贞福  主编
经济科学出版社出版、发行  新华书店经销
社址：北京市海淀区阜成路甲 28 号  邮编：100142
总编部电话：010 - 88191217  发行部电话：010 - 88191522
网址：www.esp.com.cn
电子邮箱：esp@ esp.com.cn
天猫网店：经济科学出版社旗舰店
网址：http://jjkxcbs.tmall.com
固安华明印业有限公司印装
787 × 1092  16 开  44.5 印张  1000000 字
2022 年 3 月第 1 版  2022 年 3 月第 1 次印刷
印数：0001—7000 册
ISBN 978 - 7 - 5218 - 3399 - 7  定价：120.00 元
（图书出现印装问题，本社负责调换。电话：010 -88191510）
（版权所有  侵权必究  打击盗版  举报热线：010 -88191661
QQ：2242791300  营销中心电话：010 - 88191537
电子邮箱：dbts@ esp.com.cn）

# 编　委　会

主　　　编：王　宏　王文玉　金贞福

顾　　　问：李宝智

副　主　编（按姓氏笔画）

马宇飞　朱延辉　李　华　陈　丹

赵丽娟　唐月友

参与编写人员（按姓氏笔画）

| | | | | |
|---|---|---|---|---|
| 于　跃 | 马　驰 | 王　丁 | 王云军 | 王晓明 |
| 王晓茹 | 王澜涛 | 田　园 | 田国红 | 付丽琴 |
| 邢海霞 | 吕冬梅 | 吕守茹 | 吕　赫 | 任建武 |
| 庄华萍 | 刘明慧 | 刘春琪 | 刘玲玲 | 刘晓冬 |
| 刘　然 | 孙云春 | 孙秀荣 | 孙艳丽 | 杨　岩 |
| 杨　茜 | 李东秋 | 李宁杰 | 李阿红 | 吴三乔 |
| 辛子野 | 张烈侠 | 张　晶 | 陈艳茹 | 苑嫦艳 |
| 孟凡媛 | 项　坤 | 赵　庆 | 贲　月 | 姜成茵 |
| 姚　杰 | 梁忠岩 | 路雅雯 | 臧梓竹 | |

# 前　言

　　财政是国家治理的基础和重要支柱，自 2013 年党的十八届三中全会提出建立权责发生制政府综合财务报告制度以来，国家财政部门拉开了政府会计改革的序幕。《政府会计准则——基本准则》等一系列准则制度的出台，标志着具有中国特色的政府会计标准体系初步建成。科学事业单位不再执行《科学事业单位会计制度》，而执行统一的政府会计准则制度和科学事业单位的行业补充规定。

　　本次政府会计准则制度改革涉及面广、政策性强、技术难度大，加上科学事业单位具有分类多样化、资金渠道多样、以科研业务为主导的行业特点，给科学事业单位会计核算带来了一定难度。与此同时，当今正处在国家实施创新驱动发展战略的新阶段，党中央、国务院先后出台了一系列优化科研经费管理的政策文件和改革措施，尤其是近期国务院印发的《改革完善中央财政科研经费管理的若干意见》，为减轻科研人员事务性负担，着重提出了落实科研财务助理制度、改进财务报销等管理方式，为科学事业单位科研财务管理工作提出了更高要求。为了帮助科学事业单位会计人员更好地掌握政府会计准则制度及补充规定，同时，提高科研经费管理水平，推动科学事业单位的可持续发展，吉林省科学技术厅组织部分吉林省政府会计准则制度咨询专家、学者、吉林省高端会计人才及科学事业单位实务工作者共同编写了《科学事业单位会计实务操作指南——执行政府会计准则制度 2022》一书。

　　本书以政府会计准则制度和科学事业单位的补充规定为依据，在系统阐述政府会计基本理论和科学事业单位会计核算方法的基础上，详细介绍了科学事业单位政府会计的实务操作内容，重点列举了科学事业单位专项资金核算案例和综合经济业务核算案例，充分吸收了最新相关会计政策和预算管理及科研经费管理等行业规章。通篇来看，本书具有以下特点：（1）内容全面，行业特点突出。本书详细阐述了政府会计基本理论和会计实务操作，不仅涵盖了政府会计准则制度的内容，而且还包括迄今为止出台的第1~4号《政府会计准则制度解释》、《中华人民共和国预算法实施条例》、《行政事业性国有资产管理条例》、《事业单位国有资产管理暂行办法》及《事业单位财务规则》等政府会计的行政法规及部门规章等内容。更重要的是把科学事业单位行业补充规定融入了其中，使得会计实务操作内容尤其是事业收入和业务活动费用、预算收入与预算支出的会计核算、收入费用表与预算收入支出表等会计报表的编制等内容完全诠释了科学事业单位行业补充规定。（2）契合实务，理论和案例融合。本书在阐述过程中，首先介绍了科学事业单位会计概述、政府会计基本理论及核算方法。在此基础上系统阐述了政府会计8个会计要素的实务操作内容，并把财务报告与决算报告内容放在要素之后一并介绍，力图体现会计工作的流程。另外，把会计调整放在了会计报告之后进行了专门阐述。最后一章编写了科学事业单位常见业务解析，列举了全年综合业务案例，同时结合国家关于科研经费的改革内容选取典型案例进行了分析。值得强调的是，为了帮助会计人员正确编制财务报告和决算报告，提高会计核算的准确性，本书编制了科学事业单位会计科目设置明细表，详细列举了总账科目以外的各级明细科目及辅助核算内容，增强了指导性。（3）注重管理，兼顾未来发展。科学事业单位成本核算是夯实绩效管理基础的一项基础性工作，成本核算是绩效管理的重要组成部分。科学事业单位进行成本核算是未来发展趋势，本书编写这一章内容，正是适应了这种发展趋势。本书根据财政部印发的《事业单位成本核算指引》（财会〔2019〕25号）和科学事业单位成本核算的实际需要，专门编写了一章成本核算的内容，并列在了费用之后。同时本书也融入了部分财务管理和科研资金管理的内容。

本书共分十六章内容，由王宏、王文玉、金贞福担任主编，设计全书框架结构和全书审阅总纂；李华、陈丹、赵丽娟、唐月友、朱延辉、马宇飞担任副主编，参与审阅汇总和文字校对工作。具体分工如下：第一章由金贞福、李华编写；第二章、第三章由金贞福编写；第四章、第十五章由唐月友编写；第五章、第六章、第十二章由朱延辉编写；第七章、第八章、第十章、第十一章由马宇飞编写；第九章由李华、陈丹编写；第十三章、第十四章由金贞福、唐月友、孙云春、陈艳茹编写；第十六章由李华、赵丽娟、于跃编写。吉林省科学事业单位部分财务人员参与了本书中案例的提供和编写。

在本书编写过程中，省内科学事业单位提供了大量的真实案例，为我们顺利编写具有行业特点的操作指南给予了有力支持。同时，我们得到了国内有关行业专家的大力支持，也参考了有关专家、学者编著的教材、专著以及期刊论文等，在这里一并表示感谢。本书力求全面、行业特点突出，但是由于时间仓促、编者水平有限，书中难免有疏漏和不当之处，敬请各位专家和读者批评指正。希望本书为广大科研财务工作者提供帮助和业务指导，也能为我国科技事业发展贡献绵薄之力。

编　者

2022 年 3 月

# 目　录

# 第一章　科学事业单位会计概述

科学事业单位会计是以货币为主要计量单位，对各类科学事业单位（已纳入企业财务管理体系的科学事业单位除外，下同）的财务状况、运行情况（含运行成本）、现金流量、预算执行情况等进行全面核算、反映和监督的经济活动。本章主要阐述科学事业单位的性质和主要特点、科学事业单位会计制度的发展演变及科学事业单位会计规范体系等内容。

## 第一节　科学事业单位的性质和特点

### 一、科学事业单位的性质

科学事业单位是指由政府出资设立，主要从事自然科学研究、社会科学研究、综合科学研究或科学技术普及、科技服务等活动的事业单位，其主要职责是向国家和社会提供公共科技供给和服务，主要任务是提高科学研究水平，并通过科研成果的推广和应用，带动技术进步，促进国民经济的发展和改善人民生活水平。从所涉行业来看，科学事业单位覆盖农林牧渔、制造业、建筑业、交通运输和仓储邮政、信息传输、软件和信息技术服务业、环境和公共设施管理业、教育文化体育和广播电影电视业、医疗卫生和综合技术服务业等各行业类型。

科学事业单位是国家实施创新驱动发展战略、建设创新型国家的重要力量。改革开放 40 多年来，我国科技体制改革围绕调动科技人员积极性、促进科技和经济结合的主线持续推进，不断加强科技对社会发展、民生福祉、生态环境和国家安全等领域的支撑。特别是党的十八大以来，我国把科技创新摆在国家发展全局的核心位置，大力实施创新驱动发展战略，持续推进科技体制改革，科技制度主体架构已经确立，改革驱动创新、创新驱动发展的格局已基本形成。长期以来，科学事业单位承担着国家的重要科研任务，如国家重大科技专项、国家重点研发计划及各地方专项任务。科研院所是我国科技发展的主要基础力量所在，也是科技创新人才的摇篮，涌现出大量重大科技成果，在国家科技事业发展中起着举足轻重的作用，在推进产学研发展中发挥着重要的作用。

## 二、科学事业单位的主要分类

按照从事科学技术活动特点，科学事业单位可以分为：自然科学研究事业单位，包括基础型科研院所、公益型科研院所、技术开发型科研院所等；社会科学研究事业单位，包括基础理论研究院所、人文历史研究院所等；综合性科学研究事业单位，开展基础研究、技术开发服务等多种业务的综合性科研单位；其他科技事业单位，包括科技管理、科学技术普及等科技服务型事业单位。

按照行政管理隶属关系来看，科学事业单位一般可以分为国务院及有关部门所属的科学事业单位、各地方所属的科学事业单位以及其他企业及社会力量设立的使用事业编制的科学技术研发机构。例如，中国科学院是国务院直属事业单位，下设分布在全国一百多家科研机构；中国农科院隶属于农业农村部。各地方的科学事业单位一般都按行业划分隶属关系，从预算管理部门来看，各地方的科学事业单位有的归口行政行业主管部门，有的归口科技管理部门。

按照事业单位分类改革的规定，科学事业单位可以分为公益一类科学事业单位、公益二类科学事业单位和生产经营类科学事业单位。公益类科学事业单位一般为基础研究、社会公益事业及社会服务性质的单位，这类单位的基本经费主要由财政供给。生产经营类科学事业单位一般以技术开发型单位为主，该类科研单位的经费主要通过纵向和横向的技术合同，在为社会创造经济效益中取得收入，经费主要靠单位创收。

## 三、科学事业单位的主要特点

科学事业单位具有一般事业单位的社会服务性、社会公益性、社会效益性等共同特点，同时，科技成果的应用开发、中试及批量生产，也有经营性的特点。科学事业单位性质和业务活动特点决定了科学事业单位财务管理的主要特征，准确掌握这些特征，可以指导单位有计划地筹集、分配和运用资金，对单位经济活动进行核算和管理。主要表现：

1. 分类多元化，核算重点不同。各类科学事业单位的科研活动特点不同，资金运行的状态及形式也各有区别。一部分科学事业单位（主要是技术开发型科研单位）向科研经营型转化，其业务活动主要是科技产品的再生产过程的资金运动形式，而一些单位（如基础研究类型科研单位和科技管理单位等）的资金运动则仍以财政预算收支形态为主，其核算的重点不尽相同。

2. 资金来源广，交叉性和兼容性明显。资金来源主要有财政资金、社会资金和自有资金。财政资金投入一般分为科技计划专项经费、科学事业单位运行经费、科研基本业务费、基本条件建设经费等。社会资金投入的主要形式为科研项目委托和科技成果转化。自有资金主要是部分科学事业单位通过提供科技产品、科技服务等获得的收益以及提取的专用基金。同时，由于科学事业单位以科研业务为主，科研专项资金占比较多，专项资金渠道不同，资金性质比较复杂，既有财政资金，又有非财政专项资金，管理要求不尽相同，需要互相交叉和兼容。

3. 科技经费使用和管理方式不断改革和创新。党的十八大以来，党中央、国务院出台了《关于进一步完善中央财政科研项目资金管理等政策的若干意见》（中办发〔2016〕50号）、《关于优化科研管理提升科研绩效若干措施的通知》（国发〔2018〕25号）、《关于改革完善中央财政科研经费管理的若干意见》（国办发〔2021〕32号）等一系列优化科研经费管理的政策文件和改革措施，不断改革和创新科研经费使用和管理方式，有力地激发了科研人员的创造性和创新活力，促进了科技事业发展。经费管理自主权逐步下放、激励力度逐步增加、横向课题及经费包干制等管理不断改革创新。落实国家政策，优化财务管理、夯实会计核算，对于提升科学事业单位的科技资源配置和资金效益尤为重要。

4. 成本核算的复杂性。科学事业单位具有多行业、多学科的特点，并且资金来源多样。从事的科学技术研究具有探索性、长期性和不确定性，需要从量到质的突破的过程。同时，科研成果和技术产品价值的实现，与科研生产的周期和投入之间，不存在稳定的比例关系，与其他行业成本核算的特点不同，成本核算和成本效益的评价比较复杂。

# 第二节　科学事业单位会计制度的演变

科学事业单位会计是我国政府会计的有机组成部分，属于特殊行业的事业单位会计。科学事业单位会计制度随着我国政府会计制度的发展而不断变化，其发展演变过程大体经历了以下两个阶段：

## 一、中华人民共和国成立之初至 1986 年实行通用的事业行政单位会计制度阶段

1950 年，中华人民共和国建立了具有中国特色的社会主义预算会计核算体系，制定并颁布执行了《暂行单位预算会计制度》。科学事业单位被视为一般行政事业单位，同其他行政事业单位一样执行了《暂行单位预算会计制度》。

1965 年，修订颁布新的《行政事业单位会计制度》，实行资金收付记账法。科学事业单位仍作为一般行政事业单位执行了这个通用的会计制度。原因是，当时科学事业单位的科技经费采取供给制的办法，由国家包下来统收统支，会计人员年初按预算向国家领取，年末按支出向国家报销。所以，在经费使用上，科学事业单位与其他行政事业单位并没有什么区别。因此，当时国家并没有针对科学事业单位特殊业务出台行业会计制度。这种情况一直延续到了 1986 年。

# 二、1987～2018 年全面执行行业会计制度阶段

（一）1987～1997 年执行《科学研究单位会计制度》《科研单位实行经济核算制的若干规定》

1985 年，国家进行了科技体制改革，特别是科技拨款制度的改革，使科研单位从封闭的状态中解脱出来，充分利用自身的科研和技术优势，积极服务于国民经济建设，加快科研成果转化。在这个过程中，科学事业单位也争取到了多渠道、多元化经费的支持，增强了自身的发展后劲，初步实现了良性循环。因此，这个阶段科学事业单位的资金活动呈现了鲜明的行业特点，原来的通用会计制度难以满足科学事业单位特殊业务核算的需要。从 1987 年起，国家科委、财政部按照科研活动的性质和特点，相继颁布了《科学研究单位会计制度》《科研单位实行经济核算制的若干规定》，使科学事业单位从行政事业单位会计体系中分离出来，逐步建立了以科学事业费核算为主体的科学事业单位会计体系。

（二）1998～2013 年执行改革后的《科学事业单位会计制度》

1995 年，《中共中央、国务院关于加速科学技术进步的决定》提出要建立适应社会主义市场经济体制和科技自身发展规律的新型科技体制、现代科研院所管理制度，明确了科研单位的事业法人地位，应当享有充分的自主权，进一步增强了科研财会制度深化改革的必然性和迫切性。

国家科委、财政部于 1997 年 3 月颁布了《科学事业单位财务制度》，并于 1997 年 12 月颁布了《科学事业单位会计制度》，这两项制度分别自 1997 年 1 月 1 日和 1998 年 1 月 1 日起实施。这次科学事业单位财务会计制度改革是一次制度创新，是对原科学事业单位财务会计模式的根本性变革。作为科技体制改革的配套政策之一，对于推动新形势下科技体制改革向纵深发展，促进科研单位面向市场、服务经济，建立适应社会主义市场经济体制和科技自身发展规律的现代科研院所制度产生了深远的影响。

（三）2013～2018 年执行新《科学事业单位会计制度》

2012 年 12 月，财政部先后发布了新修订的《事业单位财务规则》（财政部令第 68 号）、《事业单位会计准则》（财政部令第 72 号）和《科学事业单位财务制度》（财教〔2012〕502 号），对科学事业单位的预算管理、财务管理、会计核算、会计信息提供等都提出了新要求。

为了贯彻落实科学事业单位管理改革新要求，进一步规范科学事业单位的会计核算，提高会计信息质量，根据《中华人民共和国会计法》《事业单位会计准则》（财政部令第 72 号），并结合《科学事业单位财务制度》（财教〔2012〕502 号）规定，财政部对原《科学事业单位会计制度》进行了修订，颁布了新的《科学事业单位会计制度》（财会〔2013〕29 号），自 2014 年 1 月 1 日起施行。

## 三、2019 年至今开始执行《政府会计制度——行政事业单位会计科目和报表》阶段

《关于贯彻实施政府会计准则制度的通知》（财会〔2018〕21 号）规定，自 2019 年 1 月 1 日起，政府会计准则制度在全国各级各类行政事业单位全面施行。执行政府会计准则制度的单位，不再执行《事业单位会计准则》、《行政单位会计制度》（财库〔2013〕218 号）、《事业单位会计制度》（财会〔2012〕22 号）及医院、基层医疗卫生机构、高等学校、中小学校、科学事业单位、彩票机构、国有林场和苗圃等行业事业单位会计制度。同时，财政部发布了原执行行业事业单位会计制度的衔接规定和补充规定，对原行业特殊情况作出了具体安排。

因此，自 2019 年 1 月 1 日起，科学事业单位不再执行《科学事业单位会计制度》，与其他行政事业单位一同执行统一的《政府会计制度——行政事业单位会计科目和报表》，同时执行科学事业单位行业的衔接规定和补充规定。

# 第三节　科学事业单位的会计规范体系

政府会计规范体系，是指由若干对政府会计财务活动和会计核算有影响的相互联系的法规构成的一个整体。我国现行的政府会计规范主要包括政府会计法律、政府会计行政法规和政府会计规章。

## 一、政府会计法律

政府会计法律是政府会计最高层次的规范，是规范政府财务活动和会计关系的法律总成，由国家最高权力机关——全国人民代表大会及其常务委员会制定。主要包括《中华人民共和国预算法》（以下简称《预算法》）和《中华人民共和国会计法》（以下简称《会计法》）。

（一）《预算法》

《预算法》是中国特色社会主义法律体系中的一部重要法律，是财政领域的基本法律制度，对于有关预算的其他规范性文件起着统率的作用，是规范各级政府、各部门、各单位财务活动的基本法律。《预算法》作为规范政府收支行为，强化预算约束，加强对预算的管理和监督，建立健全全面规范、公开透明的预算制度的法律，是制定《政府会计准则——基本准则》《政府会计制度——行政事业单位会计科目和报表》《行政单位财务规则》《事业单位财务规则》和各项行业事业单位财务制度的主要依据。

（二）《会计法》

《会计法》是会计法律制度中层次最高的法律规范，是制定其他会计法规的依

据，也是指导会计工作的最高准则，是规范各级政府、各部门、各单位会计行为的基本法律。《会计法》作为规范会计行为和保证会计资料真实、完整的会计法律，是制定《政府会计准则——基本准则》《政府会计制度——行政事业单位会计科目和报表》的主要依据。

## 二、政府会计行政法规

行政法规是根据管理社会经济活动的需要，以行政规章、条例、制度和规定等形式颁布的一种社会经济行为规范，它既是根据法律制定和颁布的一种规范，也是法律规定的具体化，是由国家最高行政机关——国务院制定颁布，或者由国务院有关部门拟定，经国务院批准发布。

政府会计行政法规包括两类：

一是由政府主管部门根据法律规定制定和颁布的法律实施细则，如国务院颁布的《中华人民共和国预算法实施条例》（以下简称《预算法实施条例》）、《中华人民共和国政府采购法实施条例》（以下简称《采购法实施条例》）。

二是由政府主管部门根据会计法律制定的相关规定、方案、办法等，如国务院以国发〔2014〕63 号批转财政部《权责发生制政府综合财务报告制度改革方案》（以下简称《改革方案》）等。《改革方案》是政府会计改革的总设计方案，是制定《政府会计准则——基本准则》《政府财务报告编制办法》的重要依据。

## 三、政府会计规章

政府会计规章是指由主管全国会计工作的行政部门——财政部就会计工作中某些方面的内容所制定的规范性文件，主要包括《政府会计准则——基本准则》《政府会计准则第 1 号——存货》《政府会计准则第 2 号——投资》《政府会计准则第 3 号——固定资产》《政府会计准则第 4 号——无形资产》《政府会计准则第 5 号——公共基础设施》《政府会计准则第 6 号——政府储备物资》《政府会计准则第 7 号——会计调整》《政府会计准则第 8 号——负债》《政府会计准则第 9 号——财务报表编制和列报》《政府会计准则第 10 号——政府和社会资本合作项目合同》《〈政府会计准则第 3 号——固定资产〉应用指南》《〈政府会计准则第 10 号——政府和社会资本合作项目合同〉应用指南》《政府会计制度——行政事业单位会计科目和报表》、科学事业单位等特殊行业补充规定和《政府会计准则制度解释第 1 号》《政府会计准则制度解释第 2 号》《政府会计准则制度解释第 3 号》《政府会计准则制度解释第 4 号》等政府会计准则制度以及《行政单位财务规则》《事业单位财务规则》和行业事业单位财务制度等。

上述我国现行政府会计规章体系及科学事业单位会计规范体系见表 1–1 和图 1–1。

表 1 – 1                    现行政府会计规章体系

| 政府会计规章体系 | 体系属性 | 政府会计规章名称 | 科学事业单位是否适用 |
|---|---|---|---|
| 政府会计准则体系 | 基本准则 | 政府会计基本准则 | 适用 |
| | 具体准则 | 政府会计准则第 1 号——存货 | 适用 |
| | | 政府会计准则第 2 号——投资 | 适用 |
| | | 政府会计准则第 3 号——固定资产 | 适用 |
| | | 政府会计准则第 4 号——无形资产 | 适用 |
| | | 政府会计准则第 5 号——公共基础设施 | 不适用 |
| | | 政府会计准则第 6 号——政府储备物资 | 不适用 |
| | | 政府会计准则第 7 号——会计调整 | 适用 |
| | | 政府会计准则第 8 号——负债 | 适用 |
| | | 政府会计准则第 9 号——财务报表编制和列报 | 适用 |
| | | 政府会计准则第 10 号——政府和社会资本合作项目合同 | 不适用 |
| | 应用指南 | 《政府会计准则第 3 号——固定资产》应用指南 | 适用 |
| | | 《政府会计准则第 10 号——政府和社会资本合作项目合同》应用指南 | 不适用 |
| 政府会计制度体系 | 政府会计制度 | 政府会计制度——行政事业单位会计科目和报表 | 适用 |
| | 特殊行业补充规定 | 科学事业单位执行《政府会计制度——行政事业单位会计科目和报表》的补充规定 | 适用 |
| | | 中小学校执行《政府会计制度——行政事业单位会计科目和报表》的补充规定 | 不适用 |
| | | 高等学校执行《政府会计制度——行政事业单位会计科目和报表》的补充规定 | 不适用 |
| | | 医院执行《政府会计制度——行政事业单位会计科目和报表》的补充规定 | 不适用 |
| | | 基层医疗卫生机构执行《政府会计制度——行政事业单位会计科目和报表》的补充规定 | 不适用 |
| | | 彩票机构执行《政府会计制度——行政事业单位会计科目和报表》的补充规定 | 不适用 |
| | | 国有林场和苗圃执行《政府会计制度——行政事业单位会计科目和报表》的补充规定 | 不适用 |
| | 成本核算指引 | 事业单位成本核算基本指引 | 适用 |
| 准则制度解释 | 准则、制度 | 政府会计准则制度解释第 1 号 | 适用 |
| | | 政府会计准则制度解释第 2 号 | 适用 |
| | | 政府会计准则制度解释第 3 号 | 适用 |
| | | 政府会计准则制度解释第 4 号 | 适用 |

续表

| 政府会计规章体系 | 体系属性 | 政府会计规章名称 | 科学事业单位是否适用 |
|---|---|---|---|
| 财务规则制度体系（尚未改革） | 财务规则 | 行政单位财务规则 | 不适用 |
| | | 事业单位财务规则 | 适用 |
| | 特殊行业财务制度 | 科学事业单位财务制度 | 适用 |
| | | 中小学校财务制度 | 不适用 |
| | | 高等学校财务制度 | 不适用 |
| | | 医院财务制度 | 不适用 |
| | | 基层医疗卫生机构财务制度 | 不适用 |
| | | 彩票机构财务管理办法 | 不适用 |
| | | …… | …… |

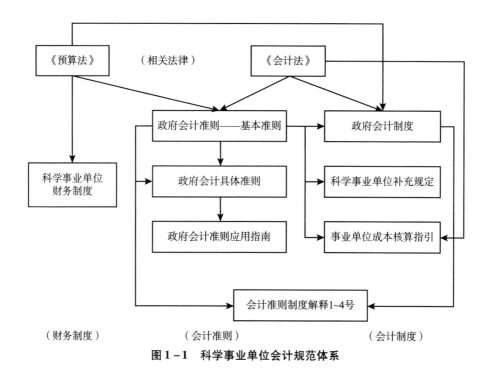

图1-1 科学事业单位会计规范体系

# 第二章 政府会计基本理论

## 第一节 政府会计目标

政府会计目标，是指政府会计主体向政府会计信息使用者提供对其有用的会计信息的目的。政府会计目标通常包括政府会计信息使用者、使用政府会计信息的目的及需求、政府会计应提供的信息内容等三方面问题。政府会计目标是在政府会计理论体系中占据重要位置，许多国家把它列为政府会计准则理论框架的首要问题。

根据《政府会计准则——基本准则》（以下简称《基本准则》）规定，政府会计目标包括决算报告目标和财务报告目标两大类。

### 一、决算报告目标

政府决算报告，是综合反映政府会计主体年度预算收支执行结果的文件。政府决算报告包括决算报表和其他应当在决算报告中反映的相关信息和资料。

决算报告的目标，是向决算报告使用者提供与政府预算执行情况有关的信息，综合反映政府会计主体预算收支的年度执行结果，有助于决算报告使用者进行监督和管理，并为编制后续年度预算提供参考和依据。政府决算报告使用者包括各级人民代表大会及其常务委员会、各级政府及其有关部门、政府会计主体自身、社会公众和其他利益相关者。

（一）决算报告使用者

1. 各级人民代表大会及其常务委员会。

2. 各级政府及其有关部门。

3. 政府会计主体自身。

4. 社会公众。

5. 其他利益相关者。

（二）使用决算报告的目的及需求

1. 监督和管理政府会计主体年度预算收支的执行结果。

2. 为编制后续年度预算提供参考和依据。

（三）决算报告应提供的信息内容

决算报告应提供政府会计主体预算收支的年度执行结果的综合信息，包括决算报表和其他应当在决算报告中反映的相关信息和资料。

科学事业单位应按照部门决算编制要求，提供各种决算报表和其他应该在决算报告中反映的相关信息和资料。具体内容详见第十四章决算报告。

## 二、财务报告目标

政府财务报告，是反映政府会计主体某一特定日期的财务状况和某一会计期间的运行情况以及现金流量等信息的文件。政府财务报告包括财务报表和其他应当在财务报告中披露的相关信息和资料。

财务报告的目标，是向财务报告使用者提供与政府的财务状况、运行情况（含运行成本，下同）和现金流量等有关信息，反映政府会计主体公共受托责任履行情况，有助于财务报告使用者作出决策或者进行监督和管理。政府财务报告使用者包括各级人民代表大会及其常务委员会、债权人、各级政府及其有关部门、政府会计主体自身和其他利益相关者。

（一）财务报告使用者

1. 各级人民代表大会及其常务委员会。

2. 债权人。

3. 各级政府及其有关部门。

4. 政府会计主体自身。

5. 其他利益相关者。

（二）使用财务报告的目的及需求

1. 监督和管理政府会计主体公共受托责任履行情况。

2. 为开展政府信用评级、加强资产负债管理、改进政府绩效监督考核、防范财政风险等提供支持，促进政府财务管理水平提高和财政经济可持续发展，提供可靠的决策信息。

（三）财务报告应提供的信息内容

政府财务报告应提供与政府的财务状况、运行情况（含运行成本，下同）和现金流量等有关信息。

科学事业单位应按照部门财务报告编制要求，提供各种财务报表和其他应当在财务报告中披露的相关信息和资料。具体内容详见第十三章财务报告。

## 第二节　政府会计的构成及核算模式

《基本准则》明确了政府会计构成，《政府会计制度》具体规定了新的政府会计核算模式。科学事业单位会计人员应当掌握其基本原理，正确开展日常会计核算。

# 一、政府会计的构成

《基本准则》第二条规定，政府会计由预算会计和财务会计构成。

（一）预算会计的定义

预算会计，是以收付实现制为基础，对政府会计主体预算执行过程中发生的全部收入和全部支出进行会计核算，主要反映和监督预算收支执行情况的会计。具体包括以下三层含义：

第一，预算会计目标，主要是反映和监督政府会计主体的预算执行信息，即预算收支执行情况。

第二，预算会计核算对象，是政府会计主体预算执行过程中发生的全部收入和全部支出。它是由预算会计目标所决定的。从核算范围看，预算会计仅核算预算收支，而不是全部的经济业务或事项，核算范围有限。预算会计要素包括预算收入、预算支出和预算结余三个要素。

全部预算收支中的"全部"，是指"全口径预算"。根据《预算法》规定，政府的全部收入和支出都应当纳入预算。我国从2011年起取消了预算外资金，不再有预算外资金的概念，政府全部收支都要纳入预算管理。

第三，预算会计核算基础。预算会计实行收付实现制，国务院另有规定的，依照其规定。以收付实现制为基础，对政府会计主体预算执行过程中发生的全部收入和全部支出进行会计核算，有利于准确反映预算收支情况、加强预算管理和监督。

（二）财务会计的定义

财务会计，是指以权责发生制为基础，对政府会计主体发生的各项经济业务或者事项进行会计核算，主要反映和监督政府会计主体财务状况、运行情况和现金流量等的会计。具体包括以下三层含义：

第一，财务会计目标，主要是反映和监督政府会计主体的财务信息，即财务状况、运行情况和现金流量等。

第二，财务会计核算对象，是政府会计主体发生的各项经济业务或者事项，它是由财务会计目标所决定的。从核算范围看，财务会计核算各项经济业务或者事项，比预算会计仅核算预算收支范围更广。财务会计要素包括资产、负债、净资产、收入和费用五个要素。

第三，财务会计核算基础。财务会计实行权责发生制。以权责发生制为基础，对政府会计主体发生的各项经济业务或者事项进行会计核算，可以科学、全面、准确反映政府资产负债和成本费用，有利于强化政府资产管理、降低行政成本、提升运行效率、有效防范财政风险，满足建立现代财政制度、促进财政长期可持续发展和推进国家治理现代化的要求。

（三）关于收付实现制与权责发生制

1. 收付实现制，是指以现金的实际收付为标志来确定本期收入和支出的会计核算基础。凡在当期实际收到的现金收入和支出，均应作为当期的收入和支出；凡是不属于当期的现金收入和支出，均不应当作为当期的收入和支出。

2. 权责发生制，是指以取得收取款项的权利或支付款项的义务为标志来确定本期收入和费用的会计核算基础。凡是当期已经实现的收入和已经发生的或应当负担的费用，不论款项是否收付，都应当作为当期的收入和费用；凡是不属于当期的收入和费用，即使款项已在当期收付，也不应当作为当期的收入和费用。

## 二、政府会计的核算模式

政府会计改革的重大创新之一就是重构了政府会计核算模式，即"预算会计与财务会计适度分离并相互衔接"。

（一）预算会计和财务会计的"适度分离"

预算会计和财务会计的"适度分离"主要体现在以下三个方面，即"三双"：

1. "双功能"。政府会计应当实现预算会计和财务会计双重功能。预算会计应准确完整反映政府预算收入、预算支出和预算结余等预算执行信息，财务会计应全面准确反映政府的资产、负债、净资产、收入、费用等财务信息。

2. "双基础"。预算会计实行收付实现制，国务院另有规定的，从其规定；财务会计实行权责发生制。

3. "双报告"。政府会计主体应当编制决算报告和财务报告。政府决算报告的编制主要以收付实现制为基础，以预算会计核算生成的数据为准；政府财务报告的编制主要以权责发生制为基础，以财务会计核算生成的数据为准。

（二）预算会计和财务会计的"相互衔接"

预算会计和财务会计"适度分离"，并不是要求政府会计主体分别建立预算会计和财务会计两套账，对同一笔经济业务或事项进行会计核算，而是要求预算会计要素和财务会计要素相互协调，决算报告和财务报告相互补充，共同反映政府会计主体的预算执行信息和财务信息。

预算会计和财务会计的"相互衔接"主要体现在以下两方面：

1. 对纳入部门预算管理的现金收支进行"平行记账"。对于纳入部门预算管理的现金收支业务，在进行财务会计核算的同时也应当进行预算会计核算。对于其他业务，仅需要进行财务会计核算。

2. 编制"本年盈余与预算结余差异情况说明"。财务报表与预算会计报表之间存在一定的勾稽关系。通过编制"本年盈余与预算结余差异情况说明"，反映行政事业单位财务会计和预算会计因核算基础和核算范围不同，所产生的本年盈余数与本年预算结余数之间的差异，从而揭示财务会计和预算会计的内在联系。通过这种适度分离又相互衔接的政府会计核算模式，使公共资金管理中预算管理、财务管理和绩效管理相互联结、融合，全面提高管理水平和资金使用效率，对于规范政府会计行为、夯实政府会计主体预算和财务管理基础、强化政府绩效管理具有深远的影响。

# 第三节　政府会计信息质量要求

政府会计信息质量要求是指政府会计向信息使用者提供的会计信息应达到的质量标准，是对政府会计信息提供高质量会计信息的基本规范，是使决算报告和财务报告中所提供会计信息对会计信息使用者受托责任和决策有用应具备的基本特征。政府会计信息质量直接关系到国家宏观经济决策、政府受托责任履行情况的监督和政府绩效评价等重大问题。

根据《基本准则》的规定，政府会计信息质量要求包括可靠性、全面性、相关性、及时性、可比性、清晰性、实质重于形式七项要求。

## 一、可靠性

可靠性，也称真实性或客观性，是指政府会计主体应当以实际发生的经济业务或者事项为依据进行会计核算，如实反映各项会计要素的情况和结果，保证会计信息真实可靠。

可靠性要求政府会计核算必须以经济业务发生时所取得的合法书面凭证为依据，不得弄虚作假、伪造、篡改凭证，凭证内容要真实、数字要准确、项目要完整、手续要齐备、资料要可靠，只有这样才能保证会计信息与会计反映对象的客观事实相一致，才能正确反映政府受托责任履行情况和满足各信息使用者作出正确决策的需要。

## 二、全面性

全面性，是指政府会计主体应当将发生的各项经济业务或者事项统一纳入会计核算，确保会计信息能够全面反映政府会计主体预算执行情况和财务状况、运行情况、现金流量等。

全面性要求政府会计主体将自身发生的全部经济业务或事项统一进行会计核算，做到既要反映财政拨款资金收支业务，又要反映非财政拨款资金及经营资金收支业务；既要反映基本支出和项目支出等经费业务，又要将原来单独建账核算的基本建设投资业务统一纳入"大账"进行核算；既要按照收付实现制反映单位预算执行情况，又要按照权责发生制反映单位的财务状况、运行情况和现金流量，确保报表所反映的信息做到内容完整、全面。

## 三、相关性

相关性，又称有用性，是指政府会计主体提供的会计信息，应当与反映政府会计主体公共受托责任履行情况以及报告使用者决策或者监督、管理的需要相关，有助于报告使用者对政府会计主体过去、现在或者未来的情况作出评价或者预测。

相关性要求政府会计主体在确认、计量和报告会计信息的过程中，充分考虑信息使用者的决策模式和信息需要，从而有助于信息使用者全面了解政府及其有关部门单位受托责任履行情况和作出正确的决策。

## 四、及时性

及时性，是指政府会计主体对已经发生的经济业务或者事项，应当及时进行会计核算，不得提前或者延后。

会计信息具有一定的时效性，所以，在会计核算中，政府会计主体应及时收集会计信息、及时处理会计信息、及时传递报告会计信息，从而帮助信息使用者及时作出经济决策，确保会计信息的价值。

## 五、可比性

可比性，是指政府会计主体提供的会计信息应当具有可比性。包括同一政府会计主体不同时期发生的相同或者相似的经济业务或者事项，应当采用一致的会计政策，不得随意变更；确需变更的，应当将变更的内容、理由及其影响在附注中予以说明。不同政府会计主体发生的相同或者相似的经济业务或者事项，应当采用一致的会计政策，确保政府会计信息口径一致，相互可比。

可比性可保证政府会计主体根据国家的统一规定进行核算，使各政府会计主体的会计信息建立在相互可比的基础上，以便于会计信息的比较、分析和合并，从而为信息使用者进行决策和国家进行宏观调控与管理提供必要的依据；同时，有利于比较分析同一政府会计主体不同会计期间的会计信息，从而对预算执行和财务状况作出正确判断，以提高各方面预测和决策的准确性。

## 六、可理解性

可理解性，是指政府会计记录和会计报表应当清晰明了，便于理解和运用。

可理解性要求政府会计核算各个环节和步骤清晰明了，通俗易懂，以利于各级人民代表大会及其常务委员会、各级政府及其有关部门等政府会计信息使用者理解会计报表和利用会计信息。

## 七、实质重于形式

实质重于形式，是指政府会计主体应当按照经济业务或者事项的经济实质进行会计核算，不限于以经济业务或者事项的法律形式为依据。

政府会计主体发生的经济业务或者事项的经济实质和法律形式在大多数情况下是相互一致的，但有时也存在不相一致的情况。例如，行政事业单位融资租入固定资产的业务，尽管在法律形式上行政事业单位只拥有该项固定资产的使用权，没有真正形成国有资产，但是，行政事业单位实际控制着该项固定资产及其服务能力或经济利益，因此，在核算上将融资租入固定资产视同自有固定资产一样进行确认、计量和报告。按照实质重于形式的质量要求提供的政府会计信息，比纯粹按照法律形式提供的政府会计信息更加具有相关性，能更好地为信息使用者作出合理正确的政治经济决策提供信息支持。

# 第四节　政府会计要素及会计等式

## 一、政府会计要素及其确认和计量

政府会计要素是基于政府财务报告和决算报告的需要，对政府会计核算内容进行的基本划分。政府会计要素是构筑政府会计报表的基本组件，是行政事业单位设置会计科目、划分会计账户类别的依据。

按照《基本准则》的规定，政府会计要素分为财务会计要素和预算会计要素两大类。

（一）财务会计要素及其确认和计量

财务会计要素是构筑财务报表的基本组件，是设置财务会计科目和划分财务会计账户类别的依据。根据《基本准则》的规定，财务会计要素包括资产、负债、净资产、收入和费用。

1. 资产。

资产，是指政府会计主体过去的经济业务或者事项形成的，由政府会计主体控制的，预期能够产生服务潜力或者带来经济利益流入的经济资源。其中，服务潜力是指政府会计主体利用资产提供公共产品和服务以履行政府职能的潜在能力。经济利益流入表现为现金及现金等价物的流入，或者现金及现金等价物流出的减少。政府会计主体的资产按照流动性，分为流动资产和非流动资产。

符合资产定义的经济资源，在同时满足以下条件时，确认为资产：（1）与该经济资源相关的服务潜力很可能实现或者经济利益很可能流入政府会计主体；（2）该经济资源的成本或者价值能够可靠地计量。

资产的计量属性主要包括历史成本、重置成本、现值、公允价值和名义金额。在历史成本计量下，资产按照取得时支付的现金金额或者支付对价的公允价值计量。在重置成本计量下，资产按照现在购买相同或者相似资产所需支付的现金金额计量。在现值计量下，资产按照预计从其持续使用和最终处置中所产生的未来净现金流入量的折现金额计量。在公允价值计量下，资产按照市场参与者在计量日发生的有序交易中，出售资产所能收到的价格计量。无法采用上述计量属性的，采用名义金额（即人民币 1 元）计量。政府会计主体在对资产进行计量时，一般应当采用历史成本。采用重置成本、现值、公允价值计量的，应当保证所确定的资产金额能够持续、可靠计量。

需要指出，符合资产定义和资产确认条件的项目，应当列入资产负债表。

2. 负债。

负债，是指政府会计主体过去的经济业务或者事项形成的，预期会导致经济资源流出政府会计主体的现时义务。现时义务是指政府会计主体在现行条件下已承担的义务。未来发生的经济业务或者事项形成的义务不属于现时义务，不应当确认为负债。政府会计主体的负债按照流动性，分为流动负债和非流动负债。

符合负债定义的义务，在同时满足以下条件时，确认为负债：（1）履行该义务很可能导致含有服务潜力或者经济利益的经济资源流出政府会计主体；（2）该义务的金额能够可靠地计量。

负债的计量属性主要包括历史成本、现值和公允价值。在历史成本计量下，负债按照因承担现时义务而实际收到的款项或者资产的金额，或者承担现时义务的合同金额，或者按照为偿还负债预期需要支付的现金计量。在现值计量下，负债按照预计期限内需要偿还的未来净现金流出量的折现金额计量。在公允价值计量下，负债按照市场参与者在计量日发生的有序交易中，转移负债所需支付的价格计量。政府会计主体在对负债进行计量时，一般应当采用历史成本。采用现值、公允价值计量的，应当保证所确定的负债金额能够持续、可靠计量。

需要指出，符合负债定义和负债确认条件的项目，应当列入资产负债表。

3. 净资产。

净资产，是指政府会计主体资产扣除负债后的净额。净资产在一定程度上代表政府在以后期间可持续提供公共服务能力的物质基础。净资产金额取决于资产和负债的计量。

需要指出，净资产项目应当列入资产负债表。

4. 收入。

收入，是指报告期内导致政府会计主体净资产增加的、含有服务潜力或者经济利益的经济资源的流入。

收入的确认应当同时满足以下条件：（1）与收入相关的含有服务潜力或者经济利益的经济资源很可能流入政府会计主体；（2）含有服务潜力或者经济利益的经济资源流入会导致政府会计主体资产增加或者负债减少；（3）流入金额能够可靠地计量。

需要指出，符合收入定义和收入确认条件的项目，应当列入收入费用表。

5. 费用。

费用，是指报告期内导致政府会计主体净资产减少的、含有服务潜力或者经济利益的经济资源的流出。

费用的确认应当同时满足以下条件：（1）与费用相关的含有服务潜力或者经济利益的经济资源很可能流出政府会计主体；（2）含有服务潜力或者经济利益的经济资源流出会导致政府会计主体资产减少或者负债增加；（3）流出金额能够可

靠地计量。

需要指出，符合费用定义和费用确认条件的项目，应当列入收入费用表。

（二）预算会计要素及其确认和计量

预算会计要素是构筑预算会计报表的基本组件，是设置预算会计科目和划分预算会计账户类别的依据。根据《基本准则》的规定，预算会计要素包括预算收入、预算支出与预算结余。

1. 预算收入。

预算收入，是指政府会计主体在预算年度内依法取得的并纳入预算管理的现金流入。预算收入一般在实际收到时予以确认，以实际收到的金额计量。

2. 预算支出。

预算支出，是指政府会计主体在预算年度内依法发生并纳入预算管理的现金流出。预算支出一般在实际支付时予以确认，以实际支付的金额计量。

3. 预算结余。

预算结余，是指政府会计主体预算年度内预算收入扣除预算支出后的资金余额，以及历年滚存的资金余额。预算结余，包括结余资金和结转资金。其中，结余资金是指年度预算执行终了，预算收入实际完成数扣除预算支出和结转资金后剩余的资金。结转资金，是指预算安排项目的支出年终尚未执行完毕或者因故未执行，且下年需要按原用途继续使用的资金。预算结余的确认与计量，主要依赖于预算收入与预算支出的确认预计量。

需要指出，符合预算收入、预算支出和预算结余定义及其确认条件的项目应当列入政府决算报表。

# 二、政府会计等式

会计等式，也称会计平衡公式，是对各会计要素的内在经济关系利用数学公式所做的概括表达，是反映各会计要素数量关系的等式。会计等式贯穿于政府会计核算的全过程，是设置账户、进行复式记账、试算平衡和编制会计报表及附注的理论依据。政府会计等式，按照政府会计构成，主要分为财务会计等式和预算会计等式两组。

由于政府会计的构成是基于同一个会计主体不同的核算基础和核算范围形成的，其结果就会带来预算会计的"本年预算结余"和财务会计的"本年盈余"之间的差异。根据现行政府会计制度规定，需要在财务会计报表附注中编制"本年盈余与预算结余的差异情况说明"，反映预算会计要素与财务会计要素之间存在的勾稽关系。因此，政府会计等式还应包括表述预算会计与财务会计结余之间勾稽关系的特殊的会计等式。

（一）财务会计等式

财务会计的资产、负债、净资产、收入和费用五个会计要素分为两组，组成了两个会计等式。

1. 资产、负债和净资产的基本关系。

净资产是资产减去负债后的差额，或者表达为资产必然等于负债加净资产。这说明一个政府会计主体所拥有的资产与负债和净资产实际上是同一资金的两个不同方面，即：有一定数额的资产，就有一定数额的负债和净资产；反之，有一定数额的负债和净资产，就有一定数额的资产。资产与负债和净资产的这种相互依存的关系，决定了在数量上资产总额与负债和净资产的总额必定相等。即：

$$资产 = 负债 + 净资产$$

此等式表明，政府会计的资产由负债和净资产所组成。其中，负债是资产的一个来源。资产与负债还是同增同减的关系，如果负债不变，则资产与净资产也同增同减。

"资产 = 负债 + 净资产"是科学事业单位编制资产负债表的平衡公式，左方为资产，右方为负债和净资产，左右方合计数相等。

2. 收入和费用的基本关系。

在财务会计下，政府会计主体为实现其职能、开展业务活动，必然会依法取得一定数额的收入，也必然发生一定数额的费用，收入与费用相抵后的差额为盈余。即：

$$本期收入 - 本期费用 = 本期盈余$$

此等式表明，收入与费用存在着对应关系，但绝不是企业会计中的收入与费用的配比关系。本期盈余是政府单位会计净资产的一个组成部分，虽然决定着净资产的变化，但它并不是一个独立的会计要素，不同于企业会计中的利润。

"本期收入 - 本期费用 = 本期盈余"是科学事业单位编制收入费用表的依据。

（二）预算会计等式

在预算会计下，政府会计主体为实现其职能、开展业务活动，必然会依法取得一定数额的预算收入，也必然发生一定数额的预算支出，预算收入与预算支出相抵后的差额为预算结余。由此决定了一个政府会计主体本期内的预算收入和预算支出的差额必然与其本期预算结余数额相等。即：

$$预算收入 - 预算支出 = 预算结余$$

此等式表明，预算收入与预算支出存在着对应关系。预算结余是政府预算会计的独立会计要素，但不同于企业会计中的利润。

"预算收入 - 预算支出 = 预算结余"是科学事业单位编制预算收入支出表的依据。

（三）预算结余与财务会计盈余之间勾稽关系的特殊会计等式

政府会计核算模式是政府预算会计与财务会计适度分离并相互衔接，由于核算基础的不同，当期预算结余与财务会计盈余必定会存在差异。而编制财务报表附注"本年盈余与预算结余的差异情况说明"的目的是披露本年度预算收入支出表中"本年预算收支差额"调节为年度收入费用表中"本期盈余"的信息，反映预算会计要素与财务会计要素之间存在的勾稽关系。

本年盈余与预算结余的重要事项差异情况有四类。为了便于表达，首先将财务报表附注"本年盈余与预算结余的差异情况说明"中重要事项差异的文字表述概括如表2-1所示。

表 2 - 1                                    本年盈余与预算结余的重要事项差异

| 序号 | 重要事项的差异内容 | 重要事项的差异性质 |
|---|---|---|
| 1 | 当期确认为收入但没有确认为预算收入 | 当期收入而非预算收入 |
| 2 | 当期确认为预算支出但没有确认为费用 | 当期预算支出而非费用 |
| 3 | 当期确认为预算收入但没有确认为收入 | 当期预算收入而非收入 |
| 4 | 当期确认为费用但没有确认为预算支出 | 当期费用而非预算支出 |

预算会计要素与财务会计要素之间存在勾稽关系，可用下列公式进行表示：

1. 财务会计收入要素与预算会计预算收入要素之间的勾稽关系：

$$收入 = \frac{预算}{收入} + \frac{当期收入而非}{预算收入金额} - \frac{当期预算收入}{而非收入金额}$$

2. 财务会计费用要素与预算会计预算支出要素之间的勾稽关系：

$$费用 = \frac{预算}{支出} + \frac{当期费用而非}{预算支出金额} - \frac{当期预算支出}{而非费用金额}$$

3. 财务会计本年盈余与预算会计本年结余之间的勾稽关系：

$$本年盈余 = \frac{本年预算}{收支差额} + \frac{当期收入而非}{预算收入金额} + \frac{当期预算支出}{而非费用金额} -$$
$$\frac{当期预算收入}{而非收入金额} - \frac{当期费用而非}{预算支出金额}$$

# 第三章　科学事业单位会计核算方法

会计核算方法，是对会计对象进行连续、系统、全面、综合的确认、计量和报告所采用的方法。会计核算方法主要包括设置会计科目和账户、复式记账、填制和审核会计凭证、登记会计账簿、成本核算、财产清查、编制会计报告等方法。这些方法相互联系、相互补充、相互制约，构成一个完整的会计核算方法体系。本章主要介绍政府会计的会计科目的设置、复式记账（借贷记账法下平行记账方法）、会计凭证、会计账簿及会计报告等内容。其中，会计科目设置重点介绍现行科学事业单位适用的会计科目，包括通用会计科目及科学事业单位补充规定中增设的明细科目。

## 第一节　科学事业单位会计科目设置

### 一、政府会计科目的含义及分类

（一）含义

政府会计科目，是对政府会计核算内容按其经济内容或用途所作的科学分类，是政府会计要素的具体内容和项目。政府会计科目是政府会计主体复式记账、填制记账凭证、编制会计报表的基础，是设置政府会计账户的依据。通过设置政府会计科目，可以把政府会计要素的增减变动分门别类地记在账上，全面系统地核算、监督和报告政府会计主体的财务状况、运行情况（含运行成本）、现金流量、预算执行情况，为政府预算管理及财务管理提供相应的会计信息。

（二）分类

政府会计科目按照不同的标准，可有不同的分类。

1. 按经济内容分类。

按经济内容，政府会计科目分为资产、负债、净资产、收入、费用、预算收入、预算支出及预算结余等八类会计科目。其中，前五类为财务会计科目；后三类为预算会计科目。

2. 按政府会计主体分类。

按政府会计主体，政府会计科目分为财政总预算会计科目和行政事业单位会计科目两类。其中，财政总预算会计分为资产、负债、净资产、收入、支出等五类会计科目，目前，尚未按照新的政府会计模式进行改革。行政事业单位会计科目分为八类会计科目。

《政府会计制度》中，一级会计科目共 103 个，其中，行政单位适用的会计科目共有 64 个，事业单位适用的会计科目共有 102 个。科学事业单位可根据业务特点和核算需要，选用部分科目，不需用的会计科目可以不设置。

3. 按核算层次分类。

按照核算层次，政府会计科目可分为总分类科目和明细分类科目两类。

总分类科目，又称总账科目或一级科目，是对会计核算内容进行综合概括分类的科目，在会计要素下直接设置，反映相应会计要素中有关内容的总括信息。

明细分类科目，也称明细科目，是对总分类科目核算的具体内容进行详细分类的会计科目，在总分类科目下设置，反映总分类科目的明细信息，能对总分类科目起到分析和补充作用。如果某一总分类科目核算的内容太多，为了便于分类和核算，在总分类科目下设置多级明细科目，如二级、三级、四级明细科目。

在政府会计中，对预算会计明细核算要求比较高，尤其是预算支出明细核算要求更高，如需要按照支出功能分类、部门预算支出经济分类进行明细核算；需要区分财政拨款支出、非财政拨款专项资金支出以及其他财政资金支出；财政拨款支出要区分基本支出和项目支出等。科学事业单位根据其自身业务特点，财务会计的"业务活动费用"科目要区分科研活动费用和非科研活动费用；预算会计的"事业支出"科目要区分科研支出、非科研支出及管理支出等。

（三）政府会计账户与会计科目的关系

政府会计账户，是根据政府会计科目设置的，具有一定的格式，用来系统、连续地记录经济业务的工具。

1. 会计账户与会计科目的关系。

会计账户与会计科目是两个既具有内在联系又不完全相同的概念。两者的内在联系表现为会计科目是会计账户的名称。两者的相互区别表现为会计账户既有名称，又有结构；而会计科目只是一个名称，没有结构。

2. 政府会计账户分类。

与政府会计科目相对应，政府会计账户按其经济内容或用途可分为资产类账户、负债类账户、净资产类账户、收入类账户、费用类账户、预算收入类账户、预算支出类账户及预算结余类账户；按其核算层次可分为总分类账户和明细分类账户。总分类账户是根据总账科目设置的、用以反映会计对象具体内容的总分类核算的账户，简称总账账户或总账；明细分类账户是根据明细分类账科目设置的、用以反映总分类账户中有关明细分类核算的账户。

## 二、政府会计科目设置的原则

（一）政府会计科目应具有统一性

为了全面反映政府预算执行情况和政府财务管理信息，政府会计科目的设置及其核算内容由财政部统一制定，各地区、各部门和各单位都要遵照执行，从而保证各级主管部门和财政部门会计核算资料的综合汇总、分析和利用。政府会计科目的统一性，有利于保证政府预算执行和政府财务管理会计核算的一致性与可比性。

（二）政府会计科目应与政府收支分类科目相适应

政府收支分类科目，也称预算科目，是反映政府收支活动的分类体系，是对政府收入和支出进行的类别和层次的划分，是各级政府预算和部门预算编制、执行、决算的基础和重要工具，是政府收支分类内容的具体体现。收入经济分类科目、支出功能分类科目和支出经济分类科目三类科目，由财政部统一制定，全国统一执行。

为了正确反映和监督政府会计主体的预算收支执行情况，满足预算管理的需要，政府会计在设置有关预算收支会计科目时，必须使会计科目的性质、范围与政府收支分类科目相适应，以满足会计信息的相关性要求。因此，行政事业单位预算收支类会计科目，应当按政府收支分类科目中支出功能科目的项级科目和部门支出经济分类科目的款级科目设置明细科目。

（三）政府会计科目要简明通俗

政府会计科目设置既要能全面、系统地核算、反映和监督财政性资金活动的全过程，又要尽可能简化核算事务，力求含义确切、简明扼要、科学实用。

## 三、政府会计科目编号

为了便于填制会计凭证、登记账簿、查阅账目，实行会计信息化管理的需要，《政府会计制度》统一规定了行政事业单位会计科目编号。

（一）总账科目编号

总账科目编号，采用四位数码编号。第一位数码表示会计科目性质，分别由 1 ~ 8 等 8 个数字构成。其中，"1"表示资产类会计科目；"2"表示负债类会计科目；"3"表示净资产类会计科目；"4"表示收入类会计科目；"5"表示费用类会计科目；"6"表示预算收入类会计科目；"7"表示预算支出类会计科目；"8"表示预算结余类会计科目。第二位数码表示每类会计要素的具体分类，如资产类第二位数码分别由 0 ~ 9 等 10 个数码构成。其中，"0"表示货币资金类资产科目；"2"表示债权类资产科目；第三位和第四位数码表示会计科目的名称及其在会计科目分类中的顺序号。如"1001"表示资产类的第一个科目"库存现金"。需要指出，科目编号并不是全部连号，其中没有连号的是预留的空号。

（二）明细科目编号

明细科目编号，采用在总账科目四位数码的基础上，每增加一级明细科目就增加两位数码的方法。相同级别的多个明细科目的先后次序则通过末尾数字顺序来体现。如"7201 事业支出"下设"720101 科研支出"和"720102 非科研支出"。

## 四、科学事业单位会计科目的设置

科学事业单位会计科目的设置，应同时遵循《政府会计制度》和《关于科学事业单位执行〈政府会计制度——行政事业单位会计科目和报表〉的补充规定》（以下简称《科学事业单位补充规定》）的设置要求。科学事业单位会计科目设置明细表详见附录。

需要指出的是，行政事业单位会计明细核算形式，在会计电算化环境下共有两种。一种是设置明细科目的形式，另一种是辅助核算的形式。除了会计制度和行业补充规定中明确要求必须通过设置明细科目的形式进行明细核算的内容之外，一般情况下，明细核算形式既可以采用设置明细科目的形式，也可以采用辅助核算的形式。如《科学事业单位会计补充规定》指出，"4101 事业收入"科目下设置"410101 科研收入""410102 非科研收入"明细科目；"5001 业务活动费用"科目下设置"500101 科研活动费用""500102 非科研活动费用"明细科目等。因此，科学事业单位"4001 事业收入"和"5001 业务活动费用"总账科目下，必须通过设置明细科目形式进行明细核算。相反，如"4001 财政拨款收入"科目，会计制度规定，"本科目可按照一般公共预算财政拨款、政府性基金预算财政拨款等拨款种类进行明细核算。"这种情况下，既可以选择设置明细科目形式，也可以选择辅助核算形式。又如预算支出功能科目设置，既可以选择辅助核算形式，也可以选择设置明细科目的形式。在一个单位预算支出功能科目比较单一的情况下，为了便于操作选用辅助核算形式。

两种明细核算形式的区别在于，如果选择辅助核算形式，在编制记账凭证时，明细科目中就不显示其名称，而直接体现在自动生成的会计报表当中。相反，如果选择设置明细科目进行明细核算时，记账凭证上就会显示其明细科目的名称。这种方式能更加清晰地反映经济业务或事项的具体内容，但同时，业务量相对也较大。因此，科学事业单位可根据预算管理要求及成本核算、绩效考核等需要具体选择明细核算的形式。

## 五、科学事业单位运用会计科目的规定

科学事业单位应当按照下列规定运用会计科目：

1. 应当按照《政府会计制度》和《科学事业单位补充规定》的规定设置和使用会计科目。在不影响会计处理和编制报表的前提下，可以根据实际情况自行增设或减少某些会计科目。

2. 应当执行《政府会计制度》统一规定的会计科目编号，以便于填制会计凭证、登记账簿、查阅账目，实行会计信息化管理。

3. 在填制会计凭证、登记会计账簿时，应当填列会计科目的名称，或者同时填列会计科目的名称和编号，不得只填列会计科目编号，不填列会计科目名称。

4. 设置明细科目或进行明细核算，除遵循《政府会计制度》规定外，还应当满足权责发生制政府部门财务报告和政府综合财务报告编制的其他需要。

## 第二节　借贷记账法及平行记账

根据现行政府会计准则制度的规定，政府会计应当采用借贷记账法记账。对于纳

入预算管理的现金收支业务，要采用财务会计与预算会计平行记账的特殊记账方法。

# 一、借贷记账法

借贷记账法，是以"借""贷"为记账符号，对每项经济业务相互联系地在两个或两个以上账户中进行登记，用来反映经济活动中资金增减变动情况及其结果的一种复式记账方法。借贷记账法的基本内容如下：

（一）记账符号

借贷记账法以"借""贷"作为记账符号，表示记账方向，用来反映经济业务发生后所引起的会计对象具体内容增加金额或减少金额的记录方向。"借"表示账户的借方，"贷"表示账户的贷方。

（二）账户结构

在借贷记账法下，账户的左方为"借方"，右方为"贷方"。账户的借贷两方，哪一方登记增加数，哪一方登记减少数，要取决于所发生经济业务的内容和涉及的账户的性质。在政府会计中，"借方"表示资产、费用、预算支出类账户金额的增加，以及负债、净资产、收入、预算收入、预算结余类账户金额的减少；"贷方"表示资产、费用、预算支出类账户金额的减少，负债、净资产、收入、预算收入、预算结余类账户金额的增加。资产、费用、预算支出、负债、净资产、收入、预算收入、预算结余类账户结构如表 3 - 1 所示。

表 3 - 1 借贷记账法的账户结构

| 账户类别 | 账户结构 | | |
| --- | --- | --- | --- |
| | 借方 | 贷方 | 余额 |
| 资产 | + | − | 在借方 |
| 负债 | − | + | 在贷方 |
| 净资产（预算结余） | − | + | 在贷方 |
| 收入（预算收入） | − | + | 在贷方 |
| 费用（预算支出） | + | − | 在借方 |

（三）记账规则

记账规则，是指记账中必须遵循的规矩和要求。借贷记账法的记账规则是"有借必有贷，借贷必相等"。即对发生的每一项经济业务都要以相等的金额、借贷相反的方向，在两个或两个以上相互联系的账户中进行连续、系统、全面的登记。

（四）试算平衡

试算平衡，是根据会计等式的平衡关系和记账规则的要求，采用一定的方法检查和验证账户记录是否正确的一种方法。借贷记账法按照"有借必有贷，借贷必相等"的记账规则进行试算平衡，试算平衡方法包括发生额试算平衡法和余额试算平衡法两种。其平衡公式如下：

1. 发生额试算平衡法。

所有账户本期借方发生额合计 = 所有账户本期贷方发生额合计

2. 余额试算平衡法。

所有账户期末借方余额合计 = 所有账户期末贷方余额合计

在借贷记账法下，按照"有借必有贷，借贷必相等"的记账规则，每一项经济业务记入账户借方的金额和记入对应账户贷方的金额必然相等。因此，在一定期间记入的全部账户借方发生额合计和记入的全部账户贷方发生额合计必然相等。在此基础上结出的全部账户借方期末余额合计和全部账户贷方期末余额合计也必然相等。如果不相等，则说明记账有错，应对账户记录进行检查、更正。

在实际工作中，一般采用编制总账科目试算平衡表的方法进行试算平衡。试算平衡的格式及举例如表3-2、表3-3所示。

表3-2　　　　　　　总分类账户发生额及余额试算平衡表（财务会计）

201×年9月30日　　　　　　　　　　　　　　　　　单位：元

| 账户名称 | 期初余额 | | 本期发生额 | | 期末余额 | |
|---|---|---|---|---|---|---|
| | 借方 | 贷方 | 借方 | 贷方 | 借方 | 贷方 |
| 库存现金 | 1 000 | | 3 000 | 600 | 3 400 | |
| 零余额账户用款额度 | 10 000 | | 300 600 | 3 000 | 307 600 | |
| 财政拨款收入 | | | | 600 000 | | 600 000 |
| 预付账款 | 30 000 | | 150 000 | 150 000 | 30 000 | |
| 固定资产 | 500 000 | | 300 000 | | 800 000 | |
| 累计盈余 | | 541 000 | | | | 541 000 |
| 合计 | 541 000 | 541 000 | 753 600 | 753 600 | 1 411 000 | 1 411 000 |

表3-3　　　　　　　总分类账户发生额及余额试算平衡表（预算会计）

201×年9月30日　　　　　　　　　　　　　　　　　单位：元

| 账户名称 | 期初余额 | | 本期发生额 | | 期末余额 | |
|---|---|---|---|---|---|---|
| | 借方 | 贷方 | 借方 | 贷方 | 借方 | 贷方 |
| 资金结存—货币资金 | 1 000 | | 3 000 | 600 | 3 400 | |
| 资金结存—零余额账户用款额度 | 10 000 | | 300 600 | 3 000 | 307 600 | |
| 财政拨款预算收入 | | | | 600 000 | | 600 000 |
| 事业支出 | | | 300 000 | | 300 000 | |
| 财政拨款结转 | | 11 000 | | | | 11 000 |
| 合计 | 11 000 | 11 000 | 603 600 | 603 600 | 611 000 | 611 000 |

## 二、借贷记账法在政府会计中的运用举例

【例3-1】 某事业单位从零余额账户提取现金3 000元备用。当日将未使用的库存现金600元存入零余额账户。该单位应编制如下会计分录：

（1）提取现金时：

财务会计：

借：库存现金              3 000

  贷：零余额账户用款额度         3 000

预算会计：

借：资金结存—货币资金         3 000

  贷：资金结存—零余额账户用款额度    3 000

（2）现金存入银行时：

财务会计：

借：零余额账户用款额度         600

  贷：库存现金             600

预算会计：

借：资金结存—零余额账户用款额度    600

  贷：资金结存—货币资金        600

【例3-2】 续【例3-1】。该事业单位收到"财政授权支付额度到账通知书"，列明本月财政授权支付额度300 000元，其中，基本支出为200 000元，项目支出为100 000元。该事业单位应编制如下会计分录：

财务会计：

借：零余额账户用款          300 000

  贷：财政拨款收入          300 000

预算会计：

借：资金结存—零余额账户用款额度    300 000

  贷：财政拨款预算收入—基本支出    200 000

          —项目支出    100 000

【例3-3】 续【例3-2】。该事业单位向C公司采购班车一台，价值300 000元。按照合同规定预付货款50%，到货后结算其余货款。某日，该单位通过财政部门零余额账户预付50%货款150 000元。该事业单位应编制如下会计分录：

财务会计：

借：预付账款—C公司         150 000

  贷：财政拨款收入          150 000

预算会计：

借：事业支出             150 000

  贷：财政拨款预算收入         150 000

【例3-4】续【例3-3】。该事业单位收到班车，通过财政部门零余额账户补付货款150 000元。该事业单位应编制如下会计分录：

财务会计：

借：固定资产　　　　　　　　　　　　　　　　　300 000

　　贷：预付账款——C公司　　　　　　　　　　　　　150 000

　　　　财政拨款收入　　　　　　　　　　　　　　　150 000

预算会计：

借：事业支出　　　　　　　　　　　　　　　　　150 000

　　贷：财政拨款预算收入　　　　　　　　　　　　　150 000

## 三、平行记账

### (一) 平行记账的含义及一般确认条件

政府会计采用预算会计与财务会计适度分离并相互衔接的核算模式，目的是全面、清晰地反映政府预算执行信息和财务信息，为开展政府信用评级、加强资产负债管理、改进政府绩效监督考核、防范财政风险等提供支持，促进政府财务管理水平提高和财政经济可持续发展。平行记账是为了实现政府会计目标而制定的适用于我国政府会计核算领域的新的记账模式。它是我国政府会计体系改革中的一种技术创新。

1. 含义。

平行记账，是指行政事业单位对于纳入部门预算管理的现金收支业务，在采用财务会计核算的同时，应当进行预算会计核算；对于其他业务，仅需要进行财务会计核算。这里的"现金"指的是现金及现金等价物，包括库存现金、银行存款、其他货币资金、国库直接支付的财政拨款资金、国库授权支付的零余额账户用款额度、财政应返还额度等。

2. 一般确认条件。

从含义可见，科学事业单位要进行平行记账，其经济业务或事项必须满足以下两个基本条件：

(1) 发生的经济业务或事项有现金流入或现金流出，即所谓的"现金流"业务。

(2) 发生的经济业务或事项有预算收入或预算支出，即所谓的"本单位预算收支"业务。

需要注意两点：

第一，只有同时满足以上两个基本条件时，科学事业单位才需要进行平行记账，否则只需要进行财务会计核算。也就是说，即便发生的经济业务或事项属于预算收支业务，但如果不涉及"现金流"，就不能进行平行记账。根据目前"全口径"预算管理要求，只要属于本单位的收支业务，就可以将该收支确定为本单位预算收支。

第二，平行记账过程中也有一些特殊情况，即有些特殊的经济业务或事项，根据制度规定也要进行平行记账。

（二）平行记账的特点

平行记账的特点主要体现在以下几方面：

1. 在同一个会计核算系统中，财务会计按权责发生制进行核算，预算会计按收付实现制进行核算。

2. 在同一个会计核算系统中，基于两套会计要素、两类会计恒等式。财务会计通过资产、负债、净资产、收入、费用五个要素进行核算，预算会计通过预算收入、预算支出和预算结余三个要素进行核算。财务会计有两个恒等式：资产－负债＝净资产；收入－费用＝盈余。预算会计有一个恒等式：预算收入－预算支出＝预算结余。

3. 在同一个会计核算系统中，基于同一原始凭证、相同的金额，一个记账凭证、两类账簿。对纳入部门预算管理的现金收支业务，依据同一个原始凭证、相同的业务发生金额，在同一个记账凭证上分别编制财务会计分录和预算会计记账凭证，分别登记财务会计和预算会计两类账户。

4. 在一个会计核算系统中，基于两个结转时点。财务会计中，收入费用在期末进行结转，本期盈余、本年盈余分配、无偿调拨净资产在年末进行结转；预算会计中，预算收入、预算支出、预算结转结余是在年末进行结转。

5. 在一个会计核算系统中，核算形成的结果是"双报告"。通过财务会计核算生成财务报告，通过预算会计核算生成决算报告。通过编制"本期盈余与预算结余差异调节表"，揭示财务会计与预算会计之间的勾稽关系。

（三）平行记账的范围界定

平行记账的核算范围是纳入部门预算管理的现金收支业务。

1. 科学事业单位的经济业务或事项的类型。

科学事业单位的经济业务或事项，按照是否属于现金收支业务，可分为以下四种类型：

第一种：现金收支业务。科学事业单位的现金收支业务，是指纳入部门预算管理的现金收支业务，如财政直接支付、授权支付方式取得的财政拨款收入及发生的相关费用业务；银行存款、库存现金、其他货币资金方式取得的事业收入等各项收入业务；以银行存款、库存现金、其他货币资金方式发生的各项费用业务。

第二种：现金非收支业务。科学事业单位的现金非收支，包括纳入部门预算管理的现金非收支业务和不纳入部门预算管理的现金非收支业务等。其中，纳入部门预算管理的现金非收支业务，如提现、存现业务以及从零余额账户提现、存现等相关业务。不纳入部门预算管理的现金非收支业务，如应当上缴财政的款项、应当转拨其他单位的款项、受托代理的款项等业务。

第三种：收支非现金业务。科学事业单位的收支非现金业务是指纳入部门预算管理的收支非现金业务。如各项应收应付汇票款项；各项应收应付账款；各项应收应付利息、股利等款项；计算确认当期应付职工薪酬及代扣各种款项等业务。

第四种：其他特殊业务。科学事业单位的其他特殊业务，包括以前年度收支调整等业务（非直接收支业务）和财务会计各科目之间与预算会计各科目之间结转业务。以前年度收支调整等业务（非直接收支业务），如按照规定从其他单位调入财政拨款结转资金、年末按照规定从本年度非财政拨款结余或经营结余中提取专用基金、以前年度盈余调整等。财务会计各科目之间与预算会计各科目之间结转业务，分为财务会计各科目之间结转业务，如年末，将"本年盈余分配""无偿调拨净资产""以前年度盈余调整"转入累计盈余业务和预算会计各科目之间结转业务，如单位内部调剂财政拨款结余资金、年末冲销财政拨款结转结余、非财政拨款结转结余等科目有关明细科目余额、经营预算收支年末结转及分配等业务。

2. 科学事业单位平行记账范围的界定。

综上所述，科学事业单位平行记账范围，包括纳入部门预算的现金收支业务，从零余额账户提现、存现的现金非收支业务以及以前年度收支调整等（非直接收支业务）等其他特殊业务。其余情况仅做财务会计或仅做预算会计核算。

科学事业单位现金收支业务类型及平行记账范围如表3-4所示。

表3-4　　　　　　　　科学事业单位业务及事项类别及平行记账范围

| 种类 | 业务及事项类别 | | 业务及事项内容 | 是否平行记账 |
|---|---|---|---|---|
| 第一种 | 现金收支业务 | 纳入部门预算的 | 如：（1）财政直接支付、授权支付方式取得的财政拨款收入和发生的相关各项费用开支；（2）银行存款、库存现金、其他货币资金方式取得的事业收入等10项收入；（一级科目）（3）银行存款、库存现金、其他货币资金方式发生的业务活动费用等8项费用（一级科目） | 是 |
| 第二种 | 现金非收支业务 | 纳入部门预算的 | 如：提现、存现 | 否 |
| | | 不纳入部门预算的 | 如：从零余额账户提现、存现 | 是（调整明细） |
| | | | 如：（1）应当上缴财政的款项；（2）应当转拨其他单位的款项；（3）受托代理的款项等 | 否 |
| 第三种 | 收支非现金业务 | 纳入部门预算的 | 如：（1）各项应收、应付汇票款项；（2）各项应收、应付账款；（3）各项应收、应付利息、股利等款项；（4）计算确认当期应付职工薪酬及代扣各种款项等 | 否 |
| 第四种 | 其他特殊业务 | 以前年度收支调整等业务（非直接收支业务） | 如：按照规定从其他单位调入财政拨款结转资金、年末按照规定从本年度非财政拨款结余或经营结余中提取专用基金、以前年度盈余调整等 | 是 |
| | | 财务会计各科目之间与预算会计各科目之间结转业务 ‖ 财务会计各科目之间结转业务 | 如：年末，将"本年盈余分配""无偿调拨净资产""以前年度盈余调整"转入累计盈余等 | 否 |
| | | ‖ 预算会计各科目之间结转业务 | 如：（1）单位内部调剂财政拨款结余资金；（2）年末冲销财政拨款结转结余、非财政拨款结转结余等有关明细科目；（3）经营预算收支年末结转及分配等 | 否（仅预算会计核算） |

（四）平行记账的应用举例

1. 财政拨款收入业务举例——纳入部门预算的现金收支业务举例（第一种）。

财政授权支付方式下，收到财政拨款时，应记：

| 财务会计 | 预算会计 |
| --- | --- |
| 借：零余额账户用款额度<br>　　贷：财政拨款收入 | 借：资金结存—零余额账户用款额度<br>　　贷：财政拨款预算收入 |

【例3-5】1月10日，某科学事业单位收到"财政授权支付额度到账通知书"，列明本月一般公共预算财政拨款授权支付额度为500 000元，其中，基本支出200 000元（人员经费支出80 000元、日常公用经费120 000元）、甲项目支出300 000元。该单位应编制如下平行记账会计分录：

财务会计：

借：零余额账户用款额度　　　　　　　　　　　　　　　　　500 000
　　贷：财政拨款收入　　　　　　　　　　　　　　　　　　　　500 000

预算会计：

借：资金结存—零余额账户用款额度　　　　　　　　　　　　500 000
　　贷：财政拨款预算收入—基本支出—"功能"项—人员经费　80 000
　　　　　　　　　　　　　　　　　　　—日常公用经费
　　　　　　　　　　　　　　　　　　　　　　　　　　　　　120 000
　　　　—项目支出—"功能"项—甲项目　　　　　　　　　　300 000

2. 应缴财政款业务举例——不纳入部门预算的现金非收支业务举例（第二种）。

取得或应收按照规定应缴财政款时，应记：

| 财务会计 | 预算会计 |
| --- | --- |
| 借：银行存款等/应收账款等<br>　　贷：应缴财政款 | 不需要处理 |

【例3-6】3月17日，某科学事业单位收到所属甲单位上缴的某项收费款800元（由本单位汇缴）。该单位应编制如下会计分录：

财务会计：

借：银行存款　　　　　　　　　　　　　　　　　　　　　　800
　　贷：应缴国库款—行政性收费　　　　　　　　　　　　　　　800

预算会计：不需要处理。

3. 应收账款业务举例——纳入部门预算的收支非现金业务举例（第三种）。

发生收回后不需要上缴财政的应收账款时，应记：

| 财务会计 | 预算会计 |
|---|---|
| 借：应收账款<br>　贷：事业收入/经营收入/其他收入等 | 不需要处理 |

【例3-7】6月8日，某科学事业单位收回上月开展非独立核算经营活动销售给乙企业的应收货款9 360元。假设应收账款收回后不需上缴财政。该单位应编制如下会计分录：

财务会计：

借：应收账款—乙企业　　　　　　　　　　　　　　　9 360

　　贷：经营收入—产品销售收入　　　　　　　　　　　　　9 360

预算会计不需要处理。

4. 本年盈余分配业务举例——年末提取专用基金的特殊业务（第四种）。

年末，按照有关规定提取专用基金时，按照预算会计下计算的提取金额记：

| 财务会计 | 预算会计 |
|---|---|
| 借：本年盈余分配<br>　贷：专用基金［一般按照预算会计下计算的提取金额］ | 借：非财政拨款结余分配<br>　贷：专用结余 |

【例3-8】年末，某科学事业单位按照规定计算出本年应提取的专用基金—职工福利基金为6 875元。该单位应编制如下平行记账会计分录：

财务会计：

借：本年盈余分配　　　　　　　　　　　　　　　　　6 875

　　贷：专用基金—职工福利基金　　　　　　　　　　　　　6 875

预算会计：

借：非财政结余分配　　　　　　　　　　　　　　　　6 875

　　贷：专用结余—职工福利基金　　　　　　　　　　　　　6 875

# 第三节　会计凭证、会计账簿及会计报告

## 一、会计凭证

会计凭证，是记录经济业务或会计事项、明确经济责任的书面证明，是登记会计账簿的依据，是组织经济活动、传输经济信息、分清经济责任、进行会计核算、实行会计监督的基础性工作。会计凭证按其填制程序和用途，可分为原始凭证和记账凭证两种。

（一）原始凭证

原始凭证，是经济业务发生时取得或填制的用来证明经济业务实际发生或完成情况的书面证明，是会计事项的唯一合法凭证，是填制记账凭证和登记账簿的依据。

1. 原始凭证的种类。

（1）外来原始凭证。

外来原始凭证，是指在经济业务或会计事项发生或完成时，从其他单位或个人直接取得的原始凭证。

科学事业单位会计外来的原始凭证主要有：

①财政直接支付入账通知书和财政授权支付到账通知书；

②财政授权支付更正（退回）通知书和财政授权支付日报表；

③收款收据；

④开户银行转来的结算凭证；

⑤发货票；

⑥固定资产调拨单；

⑦职工出差取得的飞机票、车船票等；

⑧各种税票；

⑨其他足以证明会计事项发生经过的凭证和文件等。

（2）自制原始凭证。

自制原始凭证，是指本单位有关人员和个人，在执行和完成某项经济业务或事项时填制的，仅供本单位内部使用的原始凭证。自制原始凭证水平的高低，直接关系到单位会计核算流程设计的科学性与完整性，是体现单位管理会计理念先进与否的一项重要手段。

科学事业单位会计自制的原始凭证主要有：

①应付职工薪酬计算表；

②差旅费报销单；

③存货入库单、出库单；

④收款收据；

⑤借款凭证；

⑥固定资产折旧计算表；

⑦产品成本计算表；

⑧科研产品入库单、出库单等。

2. 原始凭证的基本要求。

（1）原始凭证的内容必须具备：凭证的名称；填制凭证的日期；填制凭证单位名称或者填制人姓名；经办人员的签名或者盖章；接受凭证单位名称；经济业务内容；数量、单价和金额。

（2）从外单位取得的原始凭证，必须盖有填制单位的公章；从个人取得的原始凭证，必须有填制人员的签名或者盖章。自制原始凭证必须有经办单位领导人或者其指定的人员签名或者盖章。对外开出的原始凭证，必须加盖本单位公章。

（3）凡填有大写和小写金额的原始凭证，大写与小写金额必须相符。购买实物的原始凭证，必须有验收证明。支付款项的原始凭证，必须有收款单位和收款人的收款证明。

（4）一式几联的原始凭证，应当注明各联的用途，只能以一联作为报销凭证。

一式几联的发票和收据，必须用双面复写纸（发票和收据本身具备复写纸功能的除外）套写，并连续编号。作废时，应当加盖“作废”戳记，连同存根一起保存，不得撕毁。

（5）发生销货退回的，除填制退货发票外，还必须有退货验收证明；退款时，必须取得对方的收款收据或者汇款银行的凭证，不得以退货发票代替收据。

（6）职工公出借款凭据，必须附在记账凭证之后。收回借款时，应当另开收据或者退还借据副本，不得退还原借款收据。

（7）经上级有关部门批准的经济业务，应当将批准文件作为原始凭证附件。如果批准文件需要单独归档的，应当在凭证上注明批准机关名称、日期和文件字号。

（8）原始凭证不得涂改、挖补。发现原始凭证有错误的，应当由开出单位重开或者更正，更正处应当加盖开出单位的公章。

（二）记账凭证

记账凭证，是由会计人员根据审核无误的原始凭证填制的，用于确定会计分录并作为登记会计账簿依据的凭证。会计人员要根据审核无误的原始凭证填制记账凭证。

1. 记账凭证的种类。

记账凭证可以分为收款凭证、付款凭证和转账凭证，也可以使用通用记账凭证。在平行记账核算模式下，行政事业单位通常使用通用记账凭证格式。通用记账凭证格式如表 3－5 所示。

**表 3－5** 记账凭证

**记 账 凭 证**

记 字 0039 制单日期：2022.03.15 审核日期： 附单据数：

| 摘要 | 科目名称 | 借方金额 | 贷方金额 |
|---|---|---|---|
| | | | |
| | | | |
| | | | |
| | | | |
| | | | |
| 票号<br>日期 | 数量<br>单价 | 合计 | |
| 备注 | 项目 部门<br>个人 供应商<br>业务员 | | |

记账 审核 出纳 制单 demo

现金流量项目：

通用记账凭证格式的特点是，单位对一项经济业务或事项在一张 A4 纸中同时反映财务会计分录和预算会计分录，这既有利于正确地进行平行记账，同时又有利于监督检查会计核算的准确性。

2. 记账凭证的基本要求。

（1）记账凭证的内容必须具备：填制凭证的日期；凭证编号；经济业务摘要；会计科目；金额；所附原始凭证张数；填制凭证人员、稽核人员、记账人员、会计机构负责人、会计主管人员签名或者盖章。收款和付款记账凭证，还应当由出纳人员签名或者盖章。

以自制的原始凭证或者原始凭证汇总表代替记账凭证的，也必须具备记账凭证应有的项目。

（2）填制记账凭证时，应当对记账凭证进行连续编号。一笔经济业务需要填制两张以上记账凭证的，可以采用分数编号法编号。

（3）记账凭证可以根据每一张原始凭证填制，或者根据若干张同类原始凭证汇总填制，也可以根据原始凭证汇总表填制。但不得将不同内容和类别的原始凭证汇总填制在一张记账凭证上。

（4）除结账和更正错误的记账凭证可以不附原始凭证外，其他记账凭证必须附有原始凭证。如果一张原始凭证涉及几张记账凭证，可以把原始凭证附在一张主要的记账凭证后面，并在其他记账凭证上注明附有该原始凭证的记账凭证的编号或者附原始凭证复印件。

一张原始凭证所列支出需要几个单位共同负担的，应当将其他单位负担的部分，开给对方原始凭证分割单，进行结算。原始凭证分割单必须具备原始凭证的基本内容：凭证名称，填制凭证日期，填制凭证单位名称或者填制人姓名，经办人的签名或者盖章，接受凭证单位名称，经济业务内容、数量、单价、金额和费用分摊情况等。

（5）如果在填制记账凭证时发生错误，应当重新填制。

已经登记入账的记账凭证，在当年内发现填写错误时，可以用红字填写一张与原内容相同的记账凭证，在摘要栏注明"注销某月某日某号凭证"字样，同时，再用蓝字重新填制一张正确的记账凭证，注明"订正某月某日某号凭证"字样。如果会计科目没有错误，只是金额错误，也可以将正确数字与错误数字之间的差额，另编一张调整的记账凭证，调增金额用蓝字，调减金额用红字。发现以前年度记账凭证有错误的，应当用蓝字填制一张更正的记账凭证。

（6）记账凭证填制完经济业务事项后，如有空行，应当自金额栏最后一笔金额数字下的空行处至合计数上的空行处划线注销。

（三）填制会计凭证的要求

1. 阿拉伯数字应当一个一个地写，不得连笔写。阿拉伯金额数字前面应当书写货币币种符号或者货币名称简写和币种符号。币种符号与阿拉伯金额数字之间不得留有空白。凡阿拉伯数字前写有币种符号的，数字后面不再写货币单位。

2. 所有以元为单位（其他货币种类为货币基本单位，下同）的阿拉伯数字，除表示单价等情况外，一律填写到角分；无角分的，角位和分位可写"00"，或者符号

"一"；有角无分的，分位应当写"0"，不得用符号"—"代替。

3. 汉字大写数字金额，如零、壹、贰、叁、肆、伍、陆、柒、捌、玖、拾、佰、仟、万、亿等，一律用正楷或者行书体书写，不得用0、一、二、三、四、五、六、七、八、九、十等简化字代替，不得任意自造简化字。大写金额数字到元或者角为止的，在"元"或者"角"字之后应当写"整"字或者"正"字；大写金额数字有分的，分字后面不写"整"字或者"正"字。

4. 大写金额数字前未印有货币名称的，应当加填货币名称，货币名称与金额数字之间不得留有空白。

5. 阿拉伯金额数字中间有"0"时，汉字大写金额要写"零"字；阿拉伯数字金额中间连续有几个"0"时，汉字大写金额中可以只写一个"零"字；阿拉伯金额数字元位是"0"，或者数字中间连续有几个"0"、元位也是"0"，但角位不是"0"时，汉字大写金额可以只写一个"零"字，也可以不写"零"字。

需要指出，实行会计电算化的单位，对于机制记账凭证，要认真审核，做到会计科目使用正确，数字准确无误。打印出的机制记账凭证要加盖制单人员、审核人员、记账人员及会计机构负责人、会计主管人员印章或者签字。

（四）关于电子会计凭证

2020 年 3 月 23 日，为适应电子商务、电子政务发展，规范各类电子会计凭证的报销入账归档，根据国家有关法律、行政法规，财政部与国家档案局发布了《关于规范电子会计凭证报销入账归档的通知》（财会〔2020〕6 号）（以下简称《通知》）。《通知》就电子凭证的概念、种类、使用条件、法律效力及处罚规定做了明确规定。

1. 电子会计凭证的概念及种类。

所谓电子会计凭证，是指单位从外部接收的电子形式的各类会计凭证，包括：

（1）电子发票。

（2）财政电子票据。

（3）电子客票。

（4）电子行程单。

（5）电子海关专用缴款书。

（6）银行电子回单等。

2. 电子会计凭证的使用条件。

除法律和行政法规另有规定外，同时满足下列条件的，科学事业单位可以仅使用电子会计凭证进行报销入账归档：

（1）接收的电子会计凭证经查验合法、真实。

（2）电子会计凭证的传输、存储安全、可靠，对电子会计凭证的任何篡改能够及时被发现。

（3）使用的会计核算系统能够准确、完整、有效接收和读取电子会计凭证及其元数据，能够按照国家统一的会计制度完成会计核算业务，能够按照国家档案行政管理部门规定格式输出电子会计凭证及其元数据，设定了经办、审核、审批等必要的审签程序，且能有效防止电子会计凭证重复入账。

（4）电子会计凭证的归档及管理符合《会计档案管理办法》（财政部、国家档案局令第79号）等要求。

3. 电子会计凭证的法律效力。

（1）来源合法、真实的电子会计凭证与纸质会计凭证具有同等法律效力。

（2）符合档案管理要求的电子会计档案与纸质档案具有同等法律效力。除法律、行政法规另有规定外，电子会计档案可不再另以纸质形式保存。

4. 相关处罚规定。

单位和个人在电子会计凭证报销入账归档中存在违反《通知》规定行为的，县级以上人民政府财政部门、档案行政管理部门应当依据《中华人民共和国会计法》《中华人民共和国档案法》等有关法律、行政法规处理处罚。

## 二、会计账簿

会计账簿，是指由具有一定格式、互相联系的账页组成的，以经过审核的会计凭证为依据，全面、系统、连续地记录各项经济业务或事项，为编制会计报告进行会计数据加工和存储的簿籍。它是反映和监督科学事业单位财务状况和预算执行情况的重要手段。

（一）政府会计账簿的种类

会计账簿的种类很多，不同类别的会计账簿可以提供不同的信息，满足不同的需要。政府会计账簿按用途可分为序时账簿、分类账簿和备查账簿三类。

1. 序时账簿。

序时账簿，也称日记账，是按经济业务发生的时间先后顺序逐日逐笔连续登记的会计账簿，包括现金日记账和银行存款日记账。日记账的格式一般采用三栏式。

2. 分类账簿。

分类账簿，是对全部经济业务或事项按其性质分类设置账户并进行登记的账簿。分类账簿按照其反映经济业务的详细程度分为总分类账簿和明细分类账簿两种。

（1）总分类账簿。

总分类账，简称总账，是指按照总账科目设置的、用来分类登记全部经济业务或事项，提供资产、负债、净资产、收入、费用、预算收入、预算支出及预算结余等各会计要素的总括情况的分类账簿。利用总账，能全面、系统和综合地反映政府预算资金及其他业务资金的活动情况、编制资产负债表、控制和核对各种明细账。总分类账的格式一般采用三栏式，如表3－6所示。

（2）明细分类账簿。

明细分类账，简称明细账，是指按明细科目设置的，用以对总账科目进行明细核算的账簿。它是总账的补充和详细说明，也是编制各种明细报表的依据。明细分类账的格式一般采用三栏式或多栏式，如表3－7所示。

表 3 - 6 　　　　　　　　　　　　　**总分类账的格式**
**总　　账**

金额式　　　　　　　　　　　　　　月份　　　　　　　　　　　　　　科目

| 年 | 月 | 日 | 凭证号数 | 摘要 | 借方金额 | 贷方金额 | 方向 | 余额金额 |
|---|---|---|---|---|---|---|---|---|
|  |  |  |  |  |  |  |  |  |
|  |  |  |  |  |  |  |  |  |
|  |  |  |  |  |  |  |  |  |

单位：　　　　　　　　　　　　　制表：　　　　　　　　　　打印日期：

表 3 - 7 　　　　　　　　　　　　　**明细分类账的格式**
**明　细　账**

金额式　　　　　　　　　　　　　　月份　　　　　　　　　　　　　　科目

| 年 | 月 | 日 | 凭证号数 | 摘要 | 借方金额 | 贷方金额 | 方向 | 余额金额 |
|---|---|---|---|---|---|---|---|---|
|  |  |  |  |  |  |  |  |  |
|  |  |  |  |  |  |  |  |  |
|  |  |  |  |  |  |  |  |  |
|  |  |  |  |  |  |  |  |  |

单位：　　　　　　　　　　　　　制表：　　　　　　　　　　打印日期：

3. 备查账簿。

备查账，是指对某些未能在分类账簿和序时账簿中进行登记的会计事项进行补充登记的辅助账。科学事业单位可根据需要自行设置备查账。

（二）会计账簿的平行登记

平行登记，是指对所发生的每一项经济业务或事项都以会计凭证为依据，一方面记入有关总分类账户，另一方面也要记入所属明细分类账户的方法。通过总分类账户与其所属明细分类账户的平行记账，便于会计科目的核对和检查，纠正错误和遗漏。

总分类账和明细分类账平行登记的要点是：

1. 同时登记。即对发生的一笔经济业务或事项，要根据同一会计凭证，在同一会计期间既要在有关总账账户中进行总括登记，又要在该所属各明细账户中进行明细登记。

2. 方向相同。即对于一笔经济业务或事项，在依据同一会计凭证登记总账账户的借贷方向与登记所属明细分类账户的借贷方向必须一致。

3. 金额相同。记入总账账户的金额必须与记入其所属各明细账户的金额之和相等。

（三）会计账簿的使用要求

1. 会计账簿的启用要求。

启用会计账簿时，应当在账簿封面上写明单位名称和账簿名称。在账簿扉页上应当附启用表，内容包括：启用日期、账簿页数、记账人员和会计机构负责人、会计主管人员姓名，并加盖名章和单位公章。记账人员或者会计机构负责人、会计主管人员调动工作时，应当注明交接日期、接办人员或者监交人员姓名，并由交接双方人员签名或者盖章。

启用订本式账簿，应当从第一页到最后一页顺序编定页数，不得跳页、缺号。使用活页式账页，应当按账户顺序编号，并须定期装订成册。装订后，再按实际使用的账页顺序编定页码。另加目录，记明每个账户的名称和页次。

2. 会计账簿的登记要求。

按照规定，单位会计人员应当根据审核无误的会计凭证登记账簿。登记账簿的基本要求是：

（1）登记账簿时，应将会计凭证的日期、编号、业务内容摘要、金额和其他有关资料逐项记入账内，做到数字准确、摘要清楚、登记及时、字迹工整。

（2）登记完毕后，要在记账凭单上签名或盖章，并注明已经登记入账的符号"√"，表示已经记账。

（3）账簿中书写的文字和数字上面要留有适当空格，不要写满格，一般应占格距的二分之一。

（4）登记账簿要用蓝黑墨水或者碳素墨水书写，不得使用圆珠笔（银行的复写账簿除外）或者铅笔书写。

（5）下列情况，可以用红色墨水记账：

①按照红字冲账的记账凭证，冲销错误记录；

②在不设借贷等栏的多栏式账页中，登记减少数；

③在三栏式账户的余额栏前，如未印明余额方向的，在余额栏内登记负数余额；

④根据国家统一会计制度的规定，可以用红字登记的其他会计记录。

（6）各种账簿按页次顺序连续登记，不得跳行、隔页。如果发生跳行、隔页，应当将空行、空页划线注销，或者注明"此行空白""此页空白"字样，并由记账人员签名或者盖章。

（7）凡需要结出余额的账户，结出余额后，应当在"借或贷"等栏内写明"借"或者"贷"等字样。没有余额的账户，应当在"借或贷"等栏内写"平"字，并在余额栏内用"θ"表示。

现金日记账和银行存款日记账必须逐日结出余额。

（8）每一账页登记完毕结转下页时，应当结出本页合计数及余额，写在本页最后一行和下页第一行有关栏内，并在摘要栏内注明"过次页"和"承前页"字样；也可以将本页合计数及金额只写在下页第一行有关栏内，并在摘要栏内注明"承前页"字样。

对需要结计本月发生额的账户，结计"过次页"的本页合计数应当为自本月初起至本页末止的发生额合计数；对需要结计本年累计发生额的账户，结计"过次页"的本页合计数应当为自年初起至本页末止的累计数；对既不需要结计本月发生额也不需要结计本年累计发生额的账户，可以只将每页末的余额结转次页。

3. 会计账簿的对账结账要求。

（1）对账要求。

对账，就是账目核对，即对各会计账簿的记录正确与否，依据借贷记账法的原理和有关勾稽关系进行账簿核对的工作。各单位应当定期对会计账簿记录的有关数字与库存实物、货币资金、有价证券、往来单位或个人等进行相互核对，保证账证相符、账账相符、账实相符。对账工作每年至少进行一次。

①账证核对：核对会计账簿记录与原始凭证；记账凭证的时间；凭证字号、内容、金额是否一致，记账方向是否相符。

②账账核对：核对不同会计账簿之间的账簿记录是否相符。包括：总账与有关账户的余额核对；总账与明细账核对；总账与日记账核对；会计部门的财产物资明细账与财产物资保管和使用部门的有关明细账核对等。

③账实核对：核对会计账簿记录与财产等实有数额是否相等。包括：现金日记账账面余额与现金实际库存数相核对；银行存款日记账账面余额定期与银行对账单核对；各种财物明细账账面余额与财物实存数额相核对；各种应收、应付款明细账账面余额与有关债务、债权单位或个人核对等。

（2）结账要求。

结账，是指在每个会计期末将所发生的经济业务全部记录入账的基础上，结出本期各账簿发生额和期末余额，并试算平衡，为编制会计报表提供数据的全部过程。科学事业单位应当按照规定定期结账。

①结账前，必须将本期内发生的各项经济业务全部登记入账。

②结账时，应结出每个账户的期末余额。需要结出当月发生额的，应当在摘要栏内注明"本月合计"字样，并在下面通栏划双红线。需要结出本年累计发生额的，应当在摘要栏内注明"本年累计"字样，并在下面通栏划单红线；12月末的本年累计就是全年累计发生额。全年累计发生额下面应当通栏划双红线。年度终了结账时，所有总账账户都应当结出全年发生额和年末余额。

③年度终了时，要把各账户的余额结转下年，并在摘要栏内注明"结转下年"字样；在下年新账第一行预留空行余额栏内填写上年结转的余额，并在摘要栏内注明"上年结转"字样。需要指出的是，年度终了结账时，有余额的账户的余额，直接记入新账余额栏内即可，不需要编制记账凭证，也不必将余额再记入本年账户的借方或贷方，使本年有余额的账户的余额变为零。

（四）会计账簿的错误更正

根据规定，单位账簿记录发生错误时，不准涂改、挖补、刮擦或者用药水消除字迹，不准重新抄写，必须按照规定方法进行更正。

会计账簿错误的更正方法有以下三种：

1. 划线更正法。

划线更正法，又称红线更正法，是指每月结账前，登记账簿时发生错误，应当将错误的文字或者数字划红线注销，但必须使原有字迹仍可辨认；然后在划线上方填写正确的文字或者数字，并由记账人员在更正处盖章。对于错误的数字，应当全部划红线更正，不得只更正其中的错误数字。对于文字错误，可只划去错误的部分。这种方法一般只适用于手工记账。

2. 红字更正法。

红字更正法，是指用红字冲销原有错误的账户记录或凭证记录，用以更正和调整账簿记录的一种方法。通常有以下两种情况：

（1）不论是月份结账前或是结账后，如发现由于记账凭证科目对应关系或金额有错误，因而账簿上错记了账，可以用"红字更正法"更正。更正时，须填制两张记账凭证，其中一张记账凭证用红笔填写会计分录，冲销原账户的错误（采用计算机做记账凭证的，以负数表示，下同）。另一张记账凭证用蓝笔填写正确的会计分录，重新记账。

（2）如果发现原记账凭证中会计分录没有错误，只是所记金额大于应记金额，可以照正确数与错误数之间的差额，用红字填写一张记账凭证，据以冲销多记金额。

3. 补充登记法。

补充登记法，是指记账后发现记账凭证填写的会计科目无误，只是填写的金额小于实际金额时应采用的一种更正方法。更正时，应将少记数额用蓝字填制一张与原始记账凭证应借、应贷科目完全相同的记账凭证，并在摘要栏注明"补充×年×月×日凭证少记金额"以补充少记的金额，并据以记账。

需要指出，实行会计电算化的单位，用计算机打印的会计账簿必须连续编号，经审核无误后装订成册，并由记账人员和会计机构负责人、会计主管人员签字或者盖章。

# 三、会计报告

（一）财务报告

1. 财务报告的含义。

财务报告是反映政府会计主体某一特定日期的财务状况和某一会计期间的运行情况和现金流量等信息的文件。

2. 财务报告的种类。

（1）财务报告按照报告主体不同，分为政府综合财务报告和政府部门财务报告。

政府综合财务报告，是指由政府财政部门编制的，反映各级政府整体财务状况、运行情况和财政中长期可持续性的报告。政府部门财务报告，是指政府各部门、各单位按规定编制的财务报告。

（2）财务报告按照报告具体形式不同，分为财务报表和其他应当在财务报告中披露的相关信息和资料。

财务报表包括会计报表和附注。会计报表至少应当包括资产负债表、收入费用表和现金流量表。资产负债表是反映政府会计主体在某一特定日期的财务状况的报表。收入费用表是反映政府会计主体在一定会计期间运行情况的报表。现金流量表是反映政府会计主体在一定会计期间现金及现金等价物流入和流出情况的报表。附注是对在资产负债表、收入费用表、现金流量表等报表中列示项目所作的进一步说明，以及对未能在这些报表中列示项目的说明。政府会计主体应当根据相关规定编制合并财务报表。资产负债表、收入费用表和现金流量表的报表格式及具体填列方法详见第十三章财务报告。

附注是对在会计报表中列示的项目所作的进一步说明，以及对未能在会计报表中列示项目的说明。附注是财务报表的重要组成部分。凡对报表使用者的决策有重要影响的会计信息，不论《政府会计制度》是否有明确规定，单位均应当充分披露。附注的内容主要包括：单位的基本情况、会计报表编制基础、遵循政府会计准则、制度的声明、重要会计政策和会计估计、会计报表重要项目说明、本年盈余与预算结余的差异情况说明及其他重要事项说明等内容。具体说明详见第十三章财务报告。

相关信息资料，是指财务报表之外反映政府会计主体财务状况和某一会计期间的运行情况和现金流量的其他信息资料，一般体现为各种文字说明。

（二）决算报告

1. 决算报告的含义。

决算报告，是综合反映政府会计主体年度预算收支执行结果的文件。它是政府会计主体根据预算会计核算数据编制而成的，专门反映政府预算执行情况的年度会计信息资料。

2. 决算报告的种类。

政府决算报告应当包括决算报表和其他应当在决算报告中反映的相关信息和资料。

（1）决算报表。

决算报表，是指反映政府会计主体年度预算执行结果的报表。它由各种用预算会计核算的数字填列的政府决算表格所组成，是政府决算报告的重要组成部分。主要包括预算收入支出表、预算结转结余变动表和财政拨款预算收入支出表等。报表格式及具体填列方法详见第十四章决算报告。

（2）相关信息资料。

相关信息资料，是指决算报表之外，反映政府会计主体年度预算执行结果的其他信息资料，一般体现为各种文字说明。

# 第四章  资  产

## 第一节  资产概述

### 一、资产的含义与分类

（一）资产的含义与特征

资产，是指科学事业单位过去的经济业务或者事项形成的，由单位控制的，预期能够产生服务潜力或者带来经济利益流入的经济资源。具体包括以下三层含义：

1. 资产是由科学事业单位过去的经济业务或者事项形成的。

资产必须是现时的资产，它是科学事业单位过去的经济业务或事项形成的，而不是目标、规划中的资产。基于尚未发生的交易而产生的、单位占有或控制的经济资源不能确认为资产。例如，科学事业单位与企业签订一项科研合同，为企业研发某型专用设备，企业为该项目提供相应的研发经费。在签订合同时，由于合同约定条件尚未实现或交易未实际发生，则合同约定的经费投入就不能确认为资产。

2. 资产是由科学事业单位控制的。

资产是一种经济资源，只有当这种资源被控制时，科学事业单位才能获得和支配该项资产，资产预期产生的服务潜力或经济利益才会随资产转移到本单位。例如，融资租赁固定资产，虽然所有权并不在本单位，但本单位具有控制权，且与资产相关的经济利益也流入本单位，因此，应当确认为资产。

3. 资产预期能够产生服务潜力或者带来经济利益流入。

资产预期会给科学事业单位带来经济利益或提供服务潜力，是资产的本质特征。服务潜力，是指科学事业单位利用资产提供公共产品和服务以履行科学研究事业职能的潜在能力。经济利益流入表现为现金及现金等价物的流入，或者现金及现金等价物流出的减少。

（二）资产的分类

科学事业单位资产按照流动性，分为流动资产和非流动资产。

流动资产，是指预计在1年内（含1年）耗用或者可以变现的资产，包括货币资金、短期投资、应收及预付款项、存货等。

　　非流动资产，是指流动资产以外的资产，包括固定资产、在建工程、无形资产、长期投资等。

　　"待摊费用""长期待摊费用"和"待处理财产损溢"是已经消耗或损耗的资产；"受托代理资产"所有权不属于本单位，是一种特殊的资产形式，两者都不符合资产定义，不是真正意义上的资产。

　　科学事业单位资产分类及其相关科目情况如图 4-1 所示。

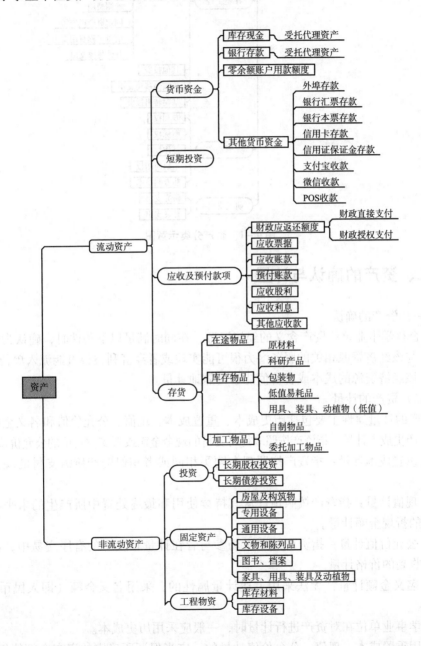

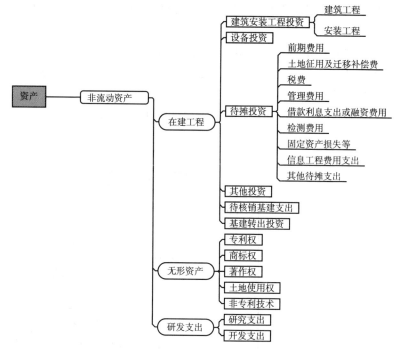

图 4 - 1 资产分类示意图

## 二、资产的确认与计量

（一）资产的确认

符合科学事业单位资产含义的经济资源，在同时满足以下条件时，确认为资产：

1. 与该经济资源相关的服务潜力很可能实现或者经济利益很可能流入单位。

2. 该经济资源的成本或者价值能够可靠地计量。

（二）资产的计量

资产的计量属性主要包括历史成本、重置成本、现值、公允价值和名义金额。

1. 历史成本计量：指资产按照取得时支付的现金金额或者支付对价的公允价值计量。

2. 重置成本计量：指资产按照现在购买相同或者相似资产所需支付的现金金额计量。

3. 现值计量：指资产按照预计从其持续使用和最终处置中所产生的未来净现金流入量的折现金额计量。

4. 公允价值计量：指资产按照市场参与者在计量日发生的有序交易中，出售资产所能收到的价格计量。

5. 名义金额计量：无法采用上述计量属性的，采用名义金额（即人民币 1 元）计量。

科学事业单位在对资产进行计量时，一般应采用历史成本。

采用重置成本、现值、公允价值计量的，应当保证所确定的资产金额能够持续、可靠计量。

符合资产含义和资产确认条件的项目，应当列入资产负债表。虽然符合资产含义，但不符合资产确认条件的项目，不应当列入资产负债表。

## 三、科学事业单位资产管理要求

科学事业单位应当根据《行政事业性国有资产管理条例》（国务院令第738号）、《事业单位财务规划》（财政部令第108号）和《科学事业单位财务制度》等规定，遵循安全规范、节约高效、公开透明、权责一致的原则，实现实物管理与价值管理相统一，资产管理与预算管理、财务管理相结合。

（一）建立健全资产管理制度

科学事业单位应当建立健全单位资产管理制度，加强和规范资产配置、使用和处置管理，维护资产安全完整，保障事业健康发展。

科学事业单位应当建立和完善内部控制管理制度，防控资产管理风险。合理设置岗位，明确相关岗位的职责权限，确保资产安全和有效使用。资产内部控制制度包括：

1. 对资产实施归口管理。明确资产使用和保管责任人，落实资产使用人在资产管理中的责任。贵重资产、危险资产、有保密等特殊要求的资产，应当指定专人保管、专人使用，并规定严格的接触限制条件和审批程序。

2. 按照国有资产管理相关规定，明确资产的调剂、租借、对外投资、处理的程序、审批权限和责任。

3. 建立资产台账，加强资产的实物管理。单位应当定期清查盘点资产，确保账实相符。财会、资产管理、资产使用等部门或岗位应当定期对账，发现不符的，应当及时查明原因，并按照相关规定处理。

4. 建立资产信息管理系统，做好资产的统计、报告、分析工作，实现对资产的动态管理。

（二）合理配置资产

科学事业单位应当按照科学规范、从严控制、保障事业发展需要的原则，合理配置资产。单位应当根据依法履行职能和事业发展的需要，结合资产存量、资产配置标准、绩效目标和财政承受能力配置资产，不得超标准配置资产。

科学事业单位应当合理选择资产配置方式，资产配置重大事项应当经可行性研究和集体决策，资产价值较高的，按照国家有关规定进行资产评估，并履行审批程序。资产配置包括调剂、购置、建设、租用、接受捐赠等方式。

科学事业单位应当优先通过调剂方式配置资产，不能调剂的，可以采用购置、建设、租用等方式。

科学事业单位应当组织建立、完善资产配置标准体系，明确配置的数量、价值、等级、最低使用年限等标准。资产配置标准应当按照勤俭节约、讲求绩效和绿色环保的要求，根据国家有关政策、经济社会发展水平、市场价格变化、科学技术进步等因素适时调整。

（三）规范高效使用资产

科学事业单位资产应当用于保障事业发展、提供公共服务。除法律另有规定外，不得以任何形式将国有资产用于对外投资或者设立营利性组织。

科学事业单位应当加强对本单位固定资产、在建工程、流动资产、无形资产等各类资产的管理，明确管理责任，规范使用流程，加强产权保护，推进相关资产安全有效使用。

科学事业单位应当在确保安全使用的前提下，推进本单位大型设备等资产共享共用工作。

科学事业单位应当及时收取各类资产收入，不得违反国家规定，多收、少收、不收、侵占、私分、截留、占用、挪用、隐匿、坐支。

（四）依法依规对外投资

科学事业单位利用国有资产对外投资应当有利于事业发展和实现国有资产保值增值，符合国家有关规定，经可行性研究和集体决策，按照规定权限和程序进行。

科学事业单位应当明确对外投资形成的股权及其相关权益管理责任，按照规定将对外投资形成的股权纳入经营性国有资产集中统一监管体系。

（五）规范处置资产

科学事业单位应当根据履行职能、事业发展需要和资产使用状况，经集体决策和履行审批程序，依据处置事项批复等相关文件及时处置国有资产。

科学事业单位应当对下列资产及时予以报废、报损：（1）因技术原因确需淘汰或者无法维修、无维修价值的资产；（2）涉及盘亏、坏账以及非正常损失的资产；（3）已超过使用年限且无法满足现有工作需要的资产；（4）因自然灾害等不可抗力造成毁损、灭失的资产。

科学事业单位在发生分立、合并、改制、撤销、隶属关系改变或者部分职能、业务调整等情形，应当根据国家有关规定办理相关国有资产划转、交接手续。

科学事业单位对其持有的科技成果的使用和处置，依照《中华人民共和国促进科技成果转化法》《中华人民共和国专利法》和国家有关规定执行。

科学事业单位处置资产应当及时核销相关资产台账信息，同时进行会计处理。

科学事业单位资产处置收入应当按照政府非税收入和国库集中收缴制度的有关规定管理。

（六）加强资产基础管理

科学事业单位应当按照国家规定设置国有资产台账，依照国家统一的会计制度进行会计核算，不得形成账外资产。

科学事业单位采用建设方式配置资产的，应当在建设项目竣工验收合格后及时办理资产交付手续，并在规定期限内办理竣工财务决算，期限最长不得超过1年。对已交付但未办理竣工财务决算的建设项目，应当按照国家统一的会计制度确认资产价值。

科学事业单位应当定期或者不定期对资产进行盘点、对账。出现资产盘盈盘亏的，应当按照财务、会计和资产管理制度有关规定处理，做到账实相符和账账相符。

除国家另有规定外，科学事业单位将单位资产进行转让、拍卖、置换、对外投资等，应当按照国家有关规定进行资产评估。单位资产以市场化方式出售、出租的，依照有关规定，可以通过相应公共资源交易平台进行。

科学事业单位对需要办理权属登记的资产，应当依法及时办理。

科学事业单位应当按照规定编制、报送国有资产管理情况报告，做到数据准确、报送及时。

科学事业单位应当建立资产管理责任追究制度，对在资产管理中存在的违法违规行为依法依规予以处理。

（七）做好资产清查及处理工作

科学事业单位有下列情况之一时，应当进行资产清查：（1）根据本级政府部署要求；（2）发生重大资产调拨、划转以及单位分立、合并、改制、撤销、隶属关系改变等情形；（3）因自然灾害等不可抗力造成资产毁损、灭失；（4）会计信息严重失真；（5）国家统一的会计制度发生重大变更，涉及资产核算方法发生重要变化；（6）其他应当进行资产清查的情形。

资产清查结果和涉及资产核实的事项，应当按照国务院财政部门的规定履行审批程序。

在资产清查中发现账实不符、账账不符的，应当查明原因予以说明，并随同清查结果一并履行审批程序。单位应当根据审批结果及时调整资产台账信息，同时进行会计处理。由于资产使用人、管理人的原因造成资产毁损、灭失的，应当依法追究相关责任。

# 第二节 货币资金

货币资金，是科学事业单位处于货币形态的资金，是流动资产的重要组成部分，是流动性最强的资产。科学事业单位货币资金包括库存现金、银行存款、零余额账户用款额度，以及外埠存款、银行汇票存款、银行本票存款、信用卡存款、信用证保证金存款、支付宝存款和微信存款等其他货币资金。

## 一、库存现金

（一）库存现金含义

库存现金，是指科学事业单位为了保证日常零星开支的需要保留的、存放在其财务部门由出纳人员保管的现金，包括人民币现金和外币现金。

（二）库存现金管理要求

科学事业单位应当严格按照《中华人民共和国现金管理暂行条例》（以下简称《现金管理暂行条例》）及《现金管理暂行条例实施细则》等现金管理和结算制度规定进行现金收支管理，包括按照核定限额留存库存现金、按照限定用途使用库存现金、不得坐收坐支现金等，建立健全单位现金管理内部控制制度，加强日常监督检查，确保现金资产安全和完整。

1. 完善库存现金内部控制。

科学事业单位应当建立和完善库存现金内部控制制度，强化对现金管理关键环节的风险控制。库存现金内部控制包括：

严格职责分工，不得由一人办理货币资金业务的全过程，确保出纳岗位不相容职务分离；出纳与会计岗位分设，出纳不得兼管稽核、会计档案保管和收入、支出、债权、债务账目的登记工作；实行定期岗位轮换；定期或不定期进行库存现金盘点；不得套取现金；不得将单位收入的现金存入以个人名义开设的储蓄或银行账户；不得私设"小金库"，不得"坐支"现金。

2. 遵循库存现金限额。

按照《现金管理暂行条例》规定，科学事业单位的现金收入应当于当日送存开户银行，当日送存有困难的，由开户银行确定送存时间。单位每日的现金结存数不得超过核定的限额，超过部分应及时送存银行，以保证现金管理安全，不足部分可向银行提取现金。库存现金限额是指企业根据现金管理制度的规定，确定每一个单位出纳部门留存现金的最高限额，确定限额的原则一般是以各单位日常零星开支所需现金为标准，由开户银行核定的，一般为单位 3~5 天所需的现金。

3. 控制库存现金使用范围。

按照《现金管理暂行条例》规定，科学事业单位现金的使用仅限于以下情况：

（1）职工工资，津贴。

（2）个人劳务报酬，包括单位支付给外聘教师的讲课费，以及设计费、装潢费、安装费、制图费、化验费、测试费、咨询费、医疗费、技术服务费、介绍服务费、经纪服务费、代办服务费、各种演出与表演费及其他劳务费用。

（3）根据国家制度条例的规定，颁发给个人的科学技术、文化艺术、体育等方面的各种奖金。

（4）各种劳保，福利费用以及国家规定的对个人的其他支出，如退休金、抚恤金、学生助学金、职工困难生活补助等。

（5）收购单位向个人收购农副产品和其他物资的价款，如金银、工艺品、废旧物资的价款。

（6）出差人员必须随身携带的差旅费。

（7）结算起点（1 000 元）以下的零星支出。

（8）中国人民银行确定需要现金支付的其他支出。如采购地点不确定、交通不便、抢险救灾以及其他特殊情况，办理转账结算不够方便，必须使用现金的支出。对于这类支出，现金支取单位应向开户银行提出书面申请，由本单位财会部门负责人签字盖章，开户银行审查批准后予以支付现金。

除上述（5）（6）两项外，其他各项在支付给个人的款项中，支付现金每人不得超过 1 000 元。超过限额的部分及与单位经济往来，均应通过开户银行办理转账结算。

当今网络信息化、财银融合快速发展，网上银行、数字货币等非传统现金支付方式广泛应用，必须使用现金的情形越来越少，鼓励实行"零现金"支付。

4. 严格现金收付。

科学事业单位办理任何现金收支，都必须具有合法的原始凭证，并由专人审核、连续编号。出纳员付出现金后，应当在原始单据上加盖"现金付讫"戳记，及时入账，不得以借据或白条等不符合财务制度的凭证抵库。收到各类收入的现金，应当给对方开具收款收据。收入的现金应在当日送存银行，并在解款单上注明款项的来源；支取现金时，应在现金支票上注明款项的用途。

5. 不得坐支现金。

科学事业单位支付现金，可以从本单位的库存现金限额中支付或者从开户银行提取，不得直接从本单位的现金收入中支付，即坐支。因特殊情况需要坐支现金的，应事先报经开户银行审查批准，由开户银行核定坐支范围和限额，坐支单位应定期向银行报送坐支金额和使用情况。

6. 如实反映现金库存情况。

科学事业单位收付现金需及时记账，每天业务终了要结出余额，做到日清月结，账款相符。单位应当指定不办理货币资金业务的会计人员定期和不定期抽查盘点库存现金，核对是否账实相符、账账相符。如发现库存现金长款或短款，应及时查明原因，并及时处理。

（三）库存现金核算

1. 科目设置。

科学事业单位应当设置"库存现金"科目，核算单位库存现金的收支和结存情况。单位如果有受托代管、代理现金的，应当设置"受托代理资产"明细科目，核算受托代管、代理的现金。如果有外币现金收支的，应当分别按人民币、外币种类设置"现金日记账"进行明细核算（参见"银行存款"科目外汇收支业务核算）。本科目期末借方余额，反映单位实际持有的库存现金。

科学事业单位应当设置"库存现金日记账"，由出纳人员根据收付款凭证，按照业务发生顺序逐笔登记。每日终了，应当计算当日的现金收入合计数、现金支出合计数和结余数，并将结余数与实际库存数相核对，做到账款相符。现金收入业务繁多、单独设有收款部门的单位，收款部门的收款员应当将每天所收现金连同收款凭据一并交财务部门核收记账，或者将每天所收现金直接送存开户银行后，将收款凭据及向银行送存现金的凭证等一并交财务部门核收记账。

2. 主要账务处理。

（1）银行提现和存入业务。

科学事业单位从在银行等金融机构开设的基本账户提取现金，按照实际提取的金额，借记本科目，贷记"银行存款"科目；将现金存入在银行等金融机构开设的基本账户，按照实际存入金额，借记"银行存款"科目，贷记本科目。预算会计不需处理。

【例4-1】1月5日，某科学事业单位开出现金支票，从银行基本户提取现金2 000元备用。该单位应编制如下会计分录：

财务会计：

借：库存现金                                                  2 000

    贷：银行存款                                            2 000

预算会计不做账务处理。

**【例4-2】**续**【例4-1】**。当日下班前，将当日库存现金余额500元存入单位银行账户。该单位应编制如下会计分录：

财务会计：

借：银行存款                                               500

    贷：库存现金                                            500

预算会计不做账务处理。

根据规定，从单位零余额账户提取现金，按照实际提取的金额，借记本科目，贷记"零余额账户用款额度"科目。同时，在预算会计中，借记"资金结存—货币资金"科目，贷记"资金结存—零余额账户用款额度"科目。

将现金退回单位零余额账户，按照实际退回的金额，借记"零余额账户用款额度"科目，贷记本科目。同时，在预算会计中，借记"资金结存—零余额账户用款额度"科目，贷记"资金结存—货币资金"科目。

**【例4-3】**1月10日，某科学事业单位根据规定，从单位零余额账户支取现金5 000元用作某专项采购农产品之需。该单位应编制如下会计分录：

财务会计：

借：库存现金                                            5 000

    贷：零余额账户用款额度                            5 000

预算会计：

借：资金结存—货币资金                        5 000

    贷：资金结存—零余额账户用款额度            5 000

**【例4-4】**续**【例4-3】**。当日，某科学事业单位将专项采购农产品现金结余450元存入单位零余额账户。该单位应编制如下会计分录：

财务会计：

借：零余额账户用款额度                           450

    贷：库存现金                                      450

预算会计：

借：资金结存—零余额账户用款额度           450

    贷：资金结存—货币资金                         450

（2）差旅费现金借款业务。

因内部职工出差等原因借出的现金，按照实际借出的现金金额，借记"其他应收款"科目，贷记本科目。预算会计不需处理。出差人员报销差旅费时，按照实际报销的金额，借记"业务活动费用""单位管理费用"等科目，按照实际借出的现金金额，贷记"其他应收款"科目，按照其差额，借记或贷记本科目。同时，在预算会计中，按实际报销金额，借记"事业支出"等科目，贷记"资金结存—货币资金"

科目。

科学事业单位在年末结账前，应当对暂收暂付款项进行全面清理，并对于纳入本年度部门预算管理的暂收暂付款项进行预算会计处理，确认相关预算收支，确保预算会计信息能够完整反映本年度部门预算收支执行情况。对于尚未结算或报销的暂付款项，单位应当按照暂付的金额，借记相关预算支出科目，贷记"资金结存"科目。以后年度，实际结算或报销金额与已计入预算支出的金额不一致的，单位应当通过相关预算结转结余科目"年初余额调整"明细科目进行处理。

【例4-5】2月5日，某科学事业单位职工王某因A项目需要，借差旅费和农产品采购费用3 000元，用库存现金支付。2月10日，王某实际报销差旅费320元、农产品采购款2 800元，以库存现金补付报销差额120元。该业务支出功能分类科目为"科学技术支出—基础研究—专项技术基础"。该单位应编制如下会计分录：

①2月5日借款时：

财务会计：

借：其他应收款—王某                                3 000

　　贷：库存现金                                       3 000

预算会计不做账务处理。

②2月10日报销时：

财务会计：

借：业务活动费用—科研活动费用—商品和服务费用        3 120

　　贷：其他应收款—王某                                3 000

　　　　库存现金                                         120

预算会计：

借：事业支出—科研支出—非财政专项资金支出—项目支出—商品和服务支出

　　—差旅费（A项目）                                  320

　　—专用材料费（A项目）                            2 800

　　贷：资金结存—货币资金                             3 120

（3）业务活动现金收支业务。

科学事业单位因提供服务、物品或者其他事项收到现金，按照实际收到的金额，借记本科目，贷记"事业收入""应收账款"等相关科目。同时，在预算会计中，借记"资金结存—货币资金"科目，贷记"事业预算收入"等科目。涉及增值税业务的，相关账务处理参见"应交增值税"科目。

【例4-6】3月5日，某科学事业单位收到B公司交来的技术活动收入现金2 000元，并开具了专用增值税发票。该业务支出功能分类科目为"科学技术支出—科技条件与服务—其他科技条件与服务支出"。该单位应编制如下会计分录：

财务会计：

借：库存现金                                        2 000

　　贷：事业收入—非科研收入—技术活动收入             2 000

预算会计：

借：资金结存—货币资金—库存现金　　　　　　　　　　　　　　2 000

　　贷：事业预算收入—非科研预算收入—技术活动预算收入—其他科技条件与

　　服务支出　　　　　　　　　　　　　　　　　　　　　　　　2 000

【例4－7】10月20日，某科学事业单位收到实验基地秋收卖粮款现金10 000元，并于当日存入单位开户银行基本户。该业务支出功能分类科目为"科学技术支出—科技条件与服务—其他科技条件与服务支出"。该单位应编制如下会计分录：

①收到卖粮款时：

财务会计：

借：库存现金　　　　　　　　　　　　　　　　　　　　　　　　10 000

　　贷：事业收入—非科研收入—其他收入　　　　　　　　　　　10 000

预算会计：

借：资金结存—货币资金　　　　　　　　　　　　　　　　　　　10 000

　　贷：事业预算收入—非科研预算收入—其他预算收入—其他科技条件与服务

　　支出　　　　　　　　　　　　　　　　　　　　　　　　　　10 000

②存入银行时：

财务会计：

借：银行存款　　　　　　　　　　　　　　　　　　　　　　　　10 000

　　贷：库存现金　　　　　　　　　　　　　　　　　　　　　　10 000

预算会计不做账务处理。

科学事业单位因购买服务、物品或者其他事项支付现金，按照实际支付的金额，借记"业务活动费用""单位管理费用""库存物品"等相关科目，贷记本科目。同时，在预算会计中，借记"事业支出"等科目，贷记"资金结存—货币资金"科目。涉及增值税业务的，相关账务处理参见"应交增值税"科目。

【例4－8】某科学事业单位收到职工住户交来的水费现金900元。该业务支出功能分类科目为"科学技术支出—科技条件与服务—机构运行"。该单位应编制如下会计分录：

财务会计：

借：库存现金　　　　　　　　　　　　　　　　　　　　　　　　900

　　贷：单位管理费用—商品和服务费用　　　　　　　　　　　　900

预算会计：

借：资金结存—货币资金　　　　　　　　　　　　　　　　　　　900

　　贷：事业支出—管理支出—财政拨款支出—机构运行—基本支出—商品服务支

　　出—水费　　　　　　　　　　　　　　　　　　　　　　　　900

【例4－9】某科学事业单位收到职工存饭卡现金300元。该业务支出功能分类科目为"科学技术支出—科技条件与服务—机构运行"。该单位应编制如下会计分录：

财务会计：

借：库存现金　　　　　　　　　　　　　　　　　　　　　　　　300

　　贷：单位管理费用—商品和服务费用　　　　　　　　　　　　300

预算会计：

借：资金结存—货币资金　　　　　　　　　　　　　　　　　　　300

　　贷：事业支出—管理支出—财政拨款支出—机构运行—基本支出—商品和服务

　　　　支出—福利费　　　　　　　　　　　　　　　　　　　　　300

【例4-10】某科学事业单位用现金购买办公用品180元。该业务支出功能分类科目为"科学技术支出—科技条件与服务—机构运行"。该单位应编制如下会计分录：

财务会计：

借：单位管理费用—商品和服务费用　　　　　　　　　　　　　　180

　　贷：库存现金　　　　　　　　　　　　　　　　　　　　　　　180

预算会计：

借：事业支出—管理支出—财政拨款支出—机构运行—基本支出—商品和服务支

　　出—办公费　　　　　　　　　　　　　　　　　　　　　　　180

　　贷：资金结存—货币资金　　　　　　　　　　　　　　　　　　180

（4）以现金对外捐赠业务。

科学事业单位以现金方式对外捐赠，按照实际捐出的金额，借记"其他费用"科目，贷记本科目。同时，在预算会计中，借记"其他支出"等科目，贷记"资金结存—货币资金"科目。

【例4-11】某科学事业单位用自有资金捐助遭受水灾的结对扶贫村5户群众，每户现金3 000元，共15 000元。该业务支出功能分类科目为"科学技术支出—其他科技技术支出—其他科技技术支出"。该单位应编制如下会计分录：

财务会计：

借：其他费用—现金捐赠支出　　　　　　　　　　　　　　　　15 000

　　贷：库存现金　　　　　　　　　　　　　　　　　　　　　15 000

预算会计：

借：事业支出—管理支出—其他资金支出—其他科学技术支出—基本支出—其他

　　支出—赠与　　　　　　　　　　　　　　　　　　　　　　15 000

　　贷：资金结存—货币资金　　　　　　　　　　　　　　　　15 000

（5）受托代理现金收支业务。

科学事业单位收到受托代理、代管的现金，按照实际收到的金额，借记本科目（受托代理资产），贷记"受托代理负债"科目；支付受托代理、代管的现金，按照实际支付的金额，借记"受托代理负债"科目，贷记本科目（受托代理资产）。预算会计不需会计处理。

【例4-12】某科学事业单位收到单位组织部门交来党费现金2 200元，并存入银行。该单位应编制如下会计分录：

①收到党费时：

财务会计：

借：库存现金—受托代理资产—党建经费　　　　　　　　　　　2 200

　　贷：受托代理负债—党建经费　　　　　　　　　　　　　　　2 200

预算会计不做账务处理。

②存入银行时：

财务会计：

借：银行存款—受托代理资产—党建经费      2 200

  贷：库存现金—受托代理资产—党建经费      2 200

预算会计不做账务处理。

（6）现金盘盈盘亏处理。

科学事业单位应当定期或不定期进行现金盘点或清查。清查人员应在出纳人员在场的情况下清点现金，并编制"现金盘点报告表"，列明实际库存、账面余额与盘盈盘亏金额。如有盘盈盘亏，要查明原因，按规定程序办理报批，并及时进行账务处理。

科学事业单位每日账款核对中发现有待查明原因的现金短缺或溢余的，应当通过"待处理财产损溢"科目核算。属于现金溢余，应当按照实际溢余的金额，借记本科目，贷记"待处理财产损溢"科目；属于现金短缺，应当按照实际短缺的金额，借记"待处理财产损溢"科目，贷记本科目。待查明原因后，及时进行账务处理，具体内容参见"待处理财产损溢"科目。

【例4-13】1月15日，某科学事业单位财务部门在出纳结账盘点时，发现现金长款180元。次日，经核对，昨日长款为少付李某报销款。该业务支出功能分类科目为"科学技术支出—其他科技技术支出—其他科技技术支出"。该单位应编制如下会计分录：

①发现现金长款时：

财务会计：

借：库存现金             180

  贷：待处理财产损溢          180

预算会计：

借：资金结存—货币资金          180

  贷：其他预算收入—现金盘盈收入—其他科学技术支出  180

②核实时：

财务会计：

借：待处理财产损溢           180

  贷：其他应付款—李某          180

预算会计不做账务处理。

③实际退还时：

财务会计：

借：其他应付款—李某          180

  贷：库存现金            180

预算会计：

借：其他预算收入—现金盘盈收入—其他科学技术支出  180

  贷：资金结存—货币资金         180

（7）外币现金业务。

有关外币现金业务的账务处理，参见"银行存款"科目。

## 二、银行存款

（一）银行存款的含义

银行存款是科学事业单位存入银行和其他金融机构的各种款项。

（二）银行存款管理要求

科学事业单位应当严格按照《支付结算办法》《人民币银行结算账户管理办法》等规定，办理银行存款收支业务，包括银行账户开户管理、结算管理和核算管理。

1. 银行账户开户管理。

科学事业单位应当按照《人民币银行结算账户管理办法》等规定，根据单位业务活动需要开设银行存款账户，并接受开户银行和中国人民银行的监控和管理。

单位银行结算账户按用途分为基本存款账户、一般存款账户、专用存款账户、临时存款账户。单位开立基本存款账户、临时存款账户和预算单位开立专用存款账户实行核准制度，经中国人民银行核准后，由开户银行核发开户登记证。但存款人因注册验资需要开立的临时存款账户除外。存款人可以自主选择银行开立银行结算账户。除国家法律、行政法规和国务院规定外，任何单位和个人不得强令存款人到指定银行开立银行结算账户。

根据财政部《关于进一步加强财政部门和预算单位资金存放管理的指导意见》（财库〔2017〕76号）和《中央预算单位资金存放管理实施办法》（财库〔2017〕176号）有关规定，纳入财政审批、备案管理范围的中央预算单位新开立银行结算账户以及变更银行结算账户开户银行，应当采取竞争性方式或集体决策方式选择开户银行。鼓励银行存款资金量较大、管理水平较高、所在同城银行数量较多的中央预算单位采取竞争性方式选择开户银行。开户银行一经确定，应保持稳定，除规定应变更开户银行的情形以及其他特殊原因外，不得频繁变更。

2. 银行账户结算和核算管理。

单位应当严格按照国家有关支付结算办法的规定，办理及核算银行存款收支业务。单位不得出租、出借银行结算账户；不得利用银行结算账户套取银行信用；不得利用银行结算账户进行偷逃税款、逃废债务、套取现金及其他违法犯罪活动；严禁为外单位或个人代收代支；不得签发空头支票和远期支票；严禁签发空白支票。

3. 银行存款内部控制。

科学事业单位应当加强对银行存款收支环节内部控制与日常监管，包括：合理设置银行存款出纳岗位，明确划分职责权限，确保银行出纳岗位不相容职务分离；定期岗位轮换；定期对账；银行空白支票、预留印鉴分开管理；网上银行授权管理；明确银行存款支付业务和事项的权限范围、审批程序和相关责任等。

（三）银行存款核算

1. 科目设置。

科学事业单位应设置"银行存款"科目，核算单位存入银行或者其他金融机构的各种存款收支和结余情况。

科学事业单位应当按存款的金融机构和银行账户，设置"银行存款明细账"进行明细核算。单位如有受托代理、代管的银行存款类资产，应当设置"受托代理资产"明细科目，核算受托代理、代管的银行存款。单位如有外币存款的，应当分别按人民币、外币种类、存款的金融机构和银行账户设置"银行存款明细账"进行明细核算。单位如有在某些特定情况下按规定从本单位零余额账户向本单位实有资金账户划转资金用于后续相关支出的，可在"银行存款"或"资金结存—货币资金"科目下设置"财政拨款资金"明细科目（或采用辅助核算等形式）。

本科目期末借方余额，反映单位实际存放在银行或其他金融机构的款项。

科学事业单位应当按照规定设置"银行存款日记账"，由出纳人员根据收付款凭证，按照业务的发生顺序逐笔登记，每日终了，应结出余额。"银行存款日记账"应定期与"银行对账单"核对，至少每月核对一次。月度终了，单位银行存款日记账账面余额与银行对账单余额之间如有差额，应当逐笔查明原因并进行处理，按月编制"银行存款余额调节表"，调节相符。

2. 主要账务处理。

（1）存入银行。

将款项存入银行或者其他金融机构，按照实际存入的金额，借记本科目，贷记"库存现金""应收账款""事业收入""经营收入""其他收入"等相关科目。除库存现金存入银行和非现金业务外，同时，在预算会计中，按实际收到金额，借记"资金结存"科目，贷记"事业预算收入""经营预算收入""其他预算收入"等相关科目。涉及增值税业务的，相关账务处理参见"应交增值税"科目。

收到银行存款利息，按照实际收到的金额，借记本科目，贷记"利息收入"科目。同时，在预算会计中，借记"资金结存"科目，贷记"其他预算收入"科目。

【例4-14】3月2日，某科学事业单位开户银行基本户收到横向课题F项目经费50 000元，项目计划年内完成。该业务支出功能分类科目为"科学技术支出—基础研究—其他基础研究支出"。该单位应编制如下会计分录：

财务会计：

借：银行存款　　　　　　　　　　　　　　　　　　　　50 000

　　贷：事业收入—科研收入—横向科研项目　　　　　　　　　　50 000

预算会计：

借：资金结存—货币资金　　　　　　　　　　　　　　　50 000

　　贷：事业预算收入—科研预算收入—其他基础研究支出—项目支出（F项目）

　　　　　　　　　　　　　　　　　　　　　　　　　　　　　50 000

【例4-15】3月21日，某科学事业单位开户银行基本户收到一季度银行利息2 575元。该业务支出功能分类科目为"科学技术支出—基础研究—其他基础研究支出"。

该单位应编制如下会计分录：

财务会计：

借：银行存款　　　　　　　　　　　　　　　　　　　2 575

　　贷：利息收入　　　　　　　　　　　　　　　　　　　　2 575

预算会计：

借：资金结存——货币资金　　　　　　　　　　　　　2 575

　　贷：其他预算收入——利息预算收入——其他基础研究支出　2 575

（2）银行提现。

从银行等金融机构提取现金，按照实际提取的金额，借记"库存现金"科目，贷记本科目。预算会计不需处理。

【例4-16】3月4日，某科学事业单位从单位开户银行基本户提取现金2 000元备用。该单位应编制如下会计分录：

财务会计：

借：库存现金　　　　　　　　　　　　　　　　　　　2 000

　　贷：银行存款　　　　　　　　　　　　　　　　　　　　2 000

预算会计不做账务处理。

（3）支付费用。

以银行存款支付相关费用，按照实际支付的金额，借记"业务活动费用""单位管理费用""其他费用"等相关科目，贷记本科目。同时，在预算会计中，借记"事业支出""经营支出""其他支出"等相关科目，贷记"资金结存"科目。涉及增值税业务的，相关账务处理参见"应交增值税"科目。

以银行存款对外捐赠，按照实际捐出的金额，借记"其他费用"科目，贷记本科目。同时，在预算会计中，借记"其他支出"科目，贷记"资金结存"科目。

【例4-17】3月5日，某科学事业单位职工王某因产品销售（经营项目）需要借差旅费2 000元，通过网上银行转账到职工个人银行卡。3月10日，王某实际报销差旅费2 380元，通过网上银行补付。该业务支出功能分类科目为"科学技术支出——其他科学技术支出——转制科研机构"。该单位应编制如下会计分录：

①借款时：

财务会计：

借：其他应收款——王某　　　　　　　　　　　　　　2 000

　　贷：银行存款　　　　　　　　　　　　　　　　　　　　2 000

预算会计不做账务处理。

②报销时：

财务会计：

借：经营费用——产品销售——商品和服务费用　　　　2 380

　　贷：其他应收款——王某　　　　　　　　　　　　　　　2 000

　　　　银行存款　　　　　　　　　　　　　　　　　　　　　380

预算会计：

借：经营支出—产品销售—转制科研机构—商品和服务支出—差旅费

                                            2 380

    贷：资金结存—货币资金                          2 380

【例 4 - 18】3 月 15 日，某科学事业单位购进一批 3 000 元办公用品用于评审答辩服务项目，以银行存款支付。该业务支出功能分类科目为"科学技术支出—科学技术管理事务—一般行政管理事务"。该单位应编制如下会计分录：

财务会计：

借：业务活动费用—非科研活动费用—商品和服务费用         3 000

    贷：银行存款                                    3 000

预算会计：

借：事业支出—非科研支出—技术活动支出—非财政专项资金支出—一般行政管理事务—项目支出—商品和服务支出—办公费（评审答辩服务项目）

                                            3 000

    贷：资金结存—货币资金                          3 000

（4）受托代理、代管的银行存款。

收到受托代理、代管的银行存款，按照实际收到的金额，借记本科目（受托代理资产），贷记"受托代理负债"科目；支付受托代理、代管的银行存款，按照实际支付的金额，借记"受托代理负债"科目，贷记本科目（受托代理资产）。预算会计不需处理。

【例 4 - 19】4 月 13 日，某科学事业单位财务收到离退休党费 230 元，已转账存入单位银行账户。该单位应编制如下会计分录：

财务会计：

借：银行存款—受托代理资产—党建经费                230

    贷：受托代理负债—党建经费                    230

预算会计不做账务处理。

【例 4 - 20】4 月 15 日，某科学事业单位组织部门上缴第一季度党费 3 500 元。该单位应编制如下会计分录：

财务会计：

借：受托代理负债—党建经费                        3 500

    贷：银行存款—受托代理资产—党建经费         3 500

预算会计不做账务处理。

【例 4 - 21】4 月 20 日，某科学事业单位报销组织部门给各党支部购买党员学习材料 800 元，从单位银行账户转账支付。该单位应编制如下会计分录：

财务会计：

借：受托代理负债—党建经费                        800

    贷：银行存款—受托代理资产—党建经费         800

预算会计不做账务处理。

（5）划转资金的核算处理。

**【例4-22】**某科学事业单位有一名离休人员工资未实行财政工资统发，由单位从基本户发放。4月5日，从单位财政零余额账户转单位基本户离休人员工资10 500元，4月8日发放工资。该业务支出功能分类科目为"科学技术支出—科技条件与服务—机构运行"。该单位应编制如下会计分录：

①划转资金时：

财务会计：

借：银行存款 10 500

  贷：零余额账户用款额度 10 500

预算会计：

借：资金结存—货币资金—财政拨款资金 10 500

  贷：资金结存—零余额账户用款额度 10 500

②应发工资：

财务会计：

借：单位管理费用—对个人和家庭补助费用 10 500

  贷：应付职工薪酬—基本工资—离休工资 10 500

预算会计不做账务处理。

③发放工资：

财务会计：

借：应付职工薪酬—基本工资—离休工资 10 500

  贷：银行存款 10 500

预算会计：

借：事业支出—管理支出—财政拨款支出—机构运行—基本支出—对个人和家庭

 补助支出—离休费 10 500

  贷：资金结存—货币资金—财政拨款资金 10 500

3. 外币业务的核算。

科学事业单位发生外币业务的，应当按照业务发生当日的即期汇率，将外币金额折算为人民币金额记账，并登记外币金额和汇率。期末，各种外币账户的期末余额，应当按照期末的即期汇率折算为人民币，作为外币账户期末人民币余额。调整后的各种外币账户人民币余额与原账面余额的差额，作为汇兑损益计入当期费用。

（1）以外币购买物资、设备等，按照购入当日的即期汇率，将支付的外币或应支付的外币折算为人民币金额，借记"库存物品""固定资产"等科目，贷记本科目、"应付账款"等科目的外币账户。同时，在预算会计中，按实际支付金额，借记"事业支出""经营支出""其他支出"等相关科目，贷记"资金结存"科目。涉及增值税业务的，相关账务处理参见"应交增值税"科目。

（2）销售物品、提供服务以外币收取相关款项等，按照收入确认当日的即期汇率，将收取的外币或应收取的外币折算为人民币金额，借记本科目、"应收账款"等科目的外币账户，贷记"事业收入"等相关科目。同时，在预算会计中，按实际收到金额，借记"资金结存"科目，贷记"事业预算收入""经营预算收入"等相关科目。

（3）期末，根据各外币银行存款账户按照期末汇率调整后的人民币余额与原账面人民币余额的差额，作为汇兑损益，借记或贷记本科目，贷记或借记"业务活动费用""单位管理费用"等科目。同时，在预算会计中，按汇兑损益金额，借记或贷记"资金结存"科目，贷记"事业支出"等相关科目。

"应收账款""应付账款"等科目有关外币账户期末汇率调整业务的账务处理参照本科目。

【例4-23】2月末，某科学事业单位外币账户（美元）余额180 000美元，账面汇率人民币兑美元6.993：1。该业务支出功能分类科目为"科学技术支出—应用研究—其他应用研究支出"。

（1）3月20日，从国外市场购入一批化学试剂13 500美元，已验收入库，货款从单位外币账户（美元）支付。当日银行即期汇率为人民币兑换美元7.097：1。

（2）3月25日，收到国外客户汇入测试费8 500美元。当日银行即期汇率为人民币兑换美元7.117：1。

（3）3月31日，银行即期汇率为人民币兑换美元7.082：1。

该单位应编制如下会计分录：

①3月20日，支付货款时：

支付货款美元折算金额 = 13 500 × 7.097 = 95 809.50（元）

财务会计：

借：库存物品 95 809.50

　　贷：银行存款—美元户 95 809.50

预算会计：

借：事业支出—非科研支出—技术活动支出—非财政专项资金支出—其他应用研究支出—项目支出—商品和服务支出—专用材料费 95 809.50

　　贷：资金结存—货币资金 95 809.50

②3月25日，收到测试费收入时：

测试费收入美元折算金额 = 8 500 × 7.117 = 60 494.50（元）

财务会计：

借：银行存款—美元户 60 494.50

　　贷：事业收入—科研收入 60 494.50

预算会计：

借：资金结存—货币资金 60 494.50

　　贷：事业预算收入—科研预算收入—其他应用研究支出 60 494.50

③3月31日，外币账户汇兑损益：

月初，外币账户人民币余额 = 180 000 × 6.993 = 1 258 740（元）

月末，外币账户美元余额 = 180 000 - 13 500 + 8 500 = 175 000（美元）

按当日汇率折算人民币金额 = 175 000 × 7.082 = 1 239 350（元）

汇兑差额 = 1 239 350 - （1 258 740 - 95 809.50 + 60 494.50）= 15 925（元）（汇

兑收益)

　　财务会计:

　　　借:银行存款—美元户　　　　　　　　　　　　　　　　15 925

　　　　贷:其他费用—利息费用　　　　　　　　　　　　　　　　15 925

　　预算会计:

　　　借:资金结存—货币资金　　　　　　　　　　　　　　　　15 925

　　　　贷:事业支出—非科研支出—技术活动支出—非财政专项资金支出—其他应
用研究支出—基本支出—商品和服务支出—其他商品和服务支出
　　　　　　　　　　　　　　　　　　　　　　　　　　　　　15 925

# 三、零余额账户用款额度

## (一) 国库集中收付制度

1. 含义及特点。

　　国库集中收付制度,也称国库单一账户制度,是对财政资金实行集中收缴和支付的制度,其核心是通过建立国库单一账户体系,将所有财政收入通过国库单一账户体系直接缴入国库或财政专户。将所有财政支出通过国库单一账户体系,由国库支付给商品或劳务供应者或用款单位的财政资金管理制度。国库集中收付制度包括国库集中支付制度和收入收缴管理制度。国库集中收付制度如图 4 - 2 所示。

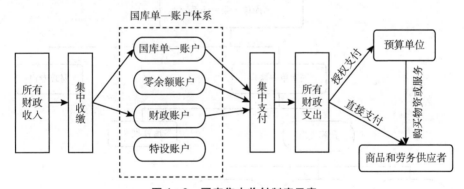

**图 4 - 2　国库集中收付制度示意**

　　国库集中支付制度,是指财政资金从预算分配到资金拨付、资金使用、银行清算,直到资金到达商品和劳务供应者账户的全过程的监督制度。其基本含义是:财政部门在中央银行设立一个统一的国库账户,各单位的预算资金不再拨付给各单位分散保存;各单位可根据自身履行职能的需要,在批准的预算额度内自行决定购买何种商品和劳务,但支付款项要由财政部门进行。除特殊用途外,资金要通过国库直接支付给商品和劳务供应者。

　　国库集中支付制度是国际上普遍采用的政府财政资金管理办法,它是市场经济国家为适应市场经济体制的要求,加强财政收支管理,完善公共财政支出管理体系,解决财政性资金分散支付所存在的弊端、提高财政资金使用效益的一种国际通用方式。

国库集中支付制度的主要特点表现在以下几方面：

（1）所有的财政收入都要进入国库单一账户，所有的最终付款，都必须从国库单一账户的总账户或者地区分账户中支付。

（2）总账户、分账户由财政部门管理，其他机构均不应开设有财政资金收支业务的银行账户。由财政部基于公共利益考虑专门授权开设的账户除外。

（3）从国库单一账户总账户、分账户中的提款，只能在要求政府付款的最终阶段才能发生。这就是说，在中间环节不发生支付，只有在最终支付拨款时，资金才从国库单一账户直接支付到商品或劳务供应者在银行开设的账户上。

（4）国库集中支付制度的本质是国库对政府资金最终付款的控制。

2. 国库单一账户体系。

国库单一账户体系，是指以财政国库存款账户为核心的各类财政性资金账户的集合。所有财政性资金的收入、支付、存储及资金清算活动均在该账户体系进行。

（1）国库单一账户体系构成。

财政部、中国人民银行发布《财政国库管理制度改革试点方案》，将我国财政国库账户设置为国库单一账户、财政部门零余额账户及预算单位零余额账户、财政专户和特设专户四类账户的集合，统称为国库单一账户体系。其中，单位最常使用的、最重要的账户为"财政部门零余额账户"和"预算单位零余额账户"。国库单一账户体系构成如图 4 - 3 所示。

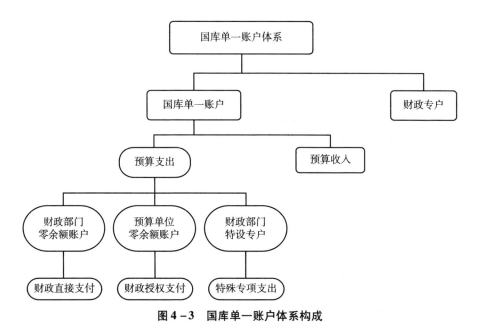

图 4 - 3　国库单一账户体系构成

国库单一账户体系由下列银行账户构成：

①国库单一账户：财政部门在中国人民银行开设的国库存款账户。

②零余额账户：是经财政部门批准，财政部门或预算单位在国库集中支付代理银行和非税收入收缴代理银行开立的，用于办理国库集中收付业务的银行结算账户，包

括三种零余额账户：财政部门零余额账户：财政部门在商业银行开设、用于财政部门直接支付与国库单一账户支出清算；预算单位零余额账户：财政部门为其在商业银行开设、用于财政部门授权支付与国库单一账户支出清算；财政汇缴零余额账户：财政部门在商业银行开设、用于非税收入收缴和资金清算。

③财政专户：是财政部门在银行业金融机构开设、用于管理核算特定专用资金的银行结算账户。

④特设专户：是指国务院或省级人民政府批准或授权财政部门开设的特殊过渡性专户。

（2）零余额账户的使用与管理。

财政部门是管理国库单一账户体系的职能部门，任何单位不得擅自设立、变更或撤销国库单一账户体系中的各类银行账户。中国人民银行按照有关规定，应加强对国库单一账户和代理银行的管理监督。这里所指的代理银行，是指财政部确定的、具体办理财政性资金支付业务的商业银行。

财政部门零余额账户用于财政直接支付。该账户每日发生的支付，于当日营业终了前由代理银行与国库单一账户清算；营业中单笔支出额 5 000 万元人民币以上的，应当及时与国库单一账户清算。财政部零余额账户在国库会计中使用。

科学事业单位使用预算单位零余额账户。预算单位零余额账户用于财政授权支付。该账户每日发生的支付，于当日营业终了前由代理银行在财政部批准的用款额度内与国库单一账户清算；营业中单笔支付额 5 000 万元人民币以上的，应当及时与国库单一账户清算。

预算单位零余额账户可以办理转账、提取现金等结算业务；可以向本单位按账户管理规定保留的相应账户划拨工会经费、住房公积金及提租补贴，以及经财政部批准的特殊款项，不得违反规定向本单位其他账户和上级主管单位、所属下级单位账户划拨资金。代理银行按照财政部批准的用款额度和《现金管理暂行条例》等规定，受理预算单位的现金结算业务。

3. 国库集中支付程序。

实行国库集中支付的单位，财政资金按发出支付令的主体不同，分为财政直接支付和财政授权支付两种方式。国库集中支付方式如图 4 - 4 所示。

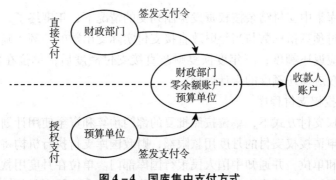

**图 4 - 4 国库集中支付方式**

（1）财政直接支付程序。

在财政直接支付方式下，单位在需要使用财政资金时，按照批复的部门预算和资金使用计划，向财政国库支付执行机构提出支付申请。财政国库支付执行机构根据批复的部门预算和资金使用计划及相关要求，对支付申请审核无误后，向代理银行发出支付令，并通知中国人民银行国库部门，通过代理银行进入全国银行清算系统实时清算，财政资金从国库单一账户划拨到收款人的银行账户。

在这种支付方式下，单位提出支付申请，由财政部门发出支付令，再由代理银行经办资金支付。所以，对于财政直接支付的资金，单位应于收到"财政直接支付入账通知书"时，按入账通知书中标明的金额确认财政拨款收入，同时计入相关支出或增记相关资产。财政直接支付程序如图4-5所示。

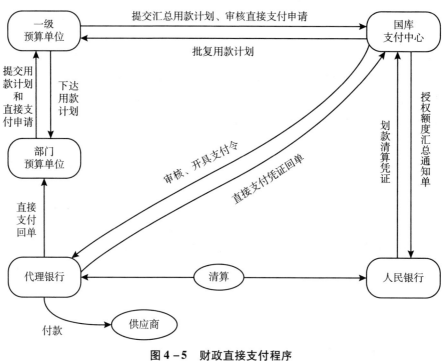

**图4-5 财政直接支付程序**

在财政国库集中支付结余按权责发生制列支的情况下，年度终了，单位依据本年度财政直接支付预算指标数与当年财政直接支付实际支出数的差额，确认财政拨款收入并增记财政应返还额度；下年度恢复财政直接支付额度后，单位在发生实际支出时，作冲减财政应返还额度的会计处理。

（2）财政授权支付程序。

在财政授权支付方式下，单位按照批复的部门预算和资金使用计划，向财政国库支付执行机构申请授权支付的月度用款限额，财政国库支付执行机构将批准后的限额通知代理银行和单位，并通知中国人民银行国库部门。单位在月度用款限额内，自行开具支付令，通过财政国库支付执行机构转由代理银行向收款人付款，并与国库单一账户清算。

在这种支付方式下，单位申请到的是用款限额而不是存入单位账户的实有资金，单位可以在用款限额内自行开具支付令，再由代理银行向收款人付款。所以，单位应于收到"授权支付到账通知书"时，按照通知书标明的数额确认财政拨款收入，并增记零余额账户用款额度，支用额度时作冲减零余额账户用款额度的会计处理。财政授权支付程序如图 4-6 所示。

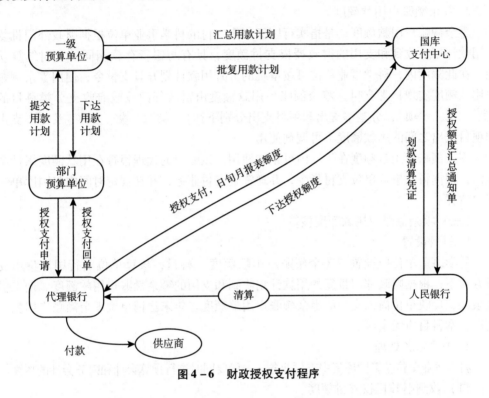

**图 4-6 财政授权支付程序**

在财政国库集中支付结余按权责发生制列支的情况下，年度终了，单位依据代理银行提供的对账单注销额度时，增记财政应返还额度，并冲减零余额账户用款额度；如果单位本年度财政授权支付预算指标数大于零余额账户用款额度下达数，根据两者的差额，确认财政拨款收入并增记财政应返还额度。下年年初恢复总额度或下年度收到财政部门批复的上年末未下达零余额账户用款额度时，作冲减财政应返还额度的会计处理。

（3）财政国库集中支付结余不再按权责发生制列支的情况。

按照《国务院关于进一步深化预算管理制度改革的意见》（国发〔2021〕5 号）规定，市县级财政国库集中支付结余不再按权责发生制列支。年度终了，当科学事业单位本年度财政直接支付预算指标大于当年财政直接支付实际支付发生数时，或本年度授权支付预算指标数大于零余额账户用款额度下达数时，相关单位 2021 年及以后年度年末不需要再进行账务处理。除此以外，中央级和省级单位根据同级财政部门规范国库集中支付结余权责发生制列支规定，需要相应进行会计处理。

（二）零余额账户用款额度的含义

1. 零余额账户。

科学事业单位的零余额账户是由同级财政部门为其在商业银行开设的用于本单位财政授权支付的账户。通过该账户，单位可以办理转账、汇兑、委托收款和提取现金等支付结算业务，但单位的非财政性资金不得进入。单位零余额账户是一个过渡账户，而不是实存账户。

2. 零余额账户用款额度。

零余额账户用款额度，是指实行国库集中支付的科学事业单位根据财政部门批复的用款计划，收到和支用的财政授权支付额度，具有与银行存款相同的支付结算功能。在此额度内，科学事业单位可按审批的分月用款计划开具支付令，使用零余额账户用款额度实现日常支付。零余额账户用款额度由财政部门按政府收支分类科目的"类""款""项"，分基本支出和项目支出分别下达，"类""款""项"及基本支出和项目支出之间的用款额度不可调剂使用。

零余额账户用款额度在年度内可累加使用。该账户的代理银行在用款额度累计余额内，根据科学事业单位支付指令，办理资金支付业务，并在规定时间内与国库单一账户清算。

（三）零余额账户用款额度核算

1. 科目设置。

科学事业单位应设置"零余额账户用款额度"科目，核算单位实行国库集中支付方式下，根据财政部门批复的用款计划收到和支用的零余额账户用款额度。期末借方余额，反映单位尚未支用的零余额账户用款额度。年末注销单位零余额账户用款额度后，本科目应无余额。

2. 主要账务处理。

科学事业单位核算国库集中支付业务，一般要同时进行预算会计和财务会计的核算。

（1）收到财政授权支付额度。

在财政授权支付方式下，单位收到代理银行盖章的"授权支付到账通知书"时，根据通知书所列数额，借记"零余额账户用款额度"科目，贷记"财政拨款收入"科目；同时，在预算会计中，借记"资金结存—零余额账户用款额度"科目，贷记"财政拨款预算收入"科目。

【例4－24】1月10日，某科学事业单位收到单位代理银行转来的"财政授权支付额度到账通知书"，财政部门下达本年科研项目补助经费100万元，其中：A项目50万元、B项目50万元。该业务支出功能分类科目为"科学技术支出—科技重大项目—科技重大专项"。该单位应编制如下会计分录：

财务会计：

借：零余额账户用款额度　　　　　　　　　　　　　　1 000 000

　　贷：财政拨款收入　　　　　　　　　　　　　　　　　1 000 000

预算会计：

借：资金结存—零余额账户用款额度　　　　　　　　　　　　1 000 000
　　贷：财政拨款预算收入—科技重大专项—项目支出—A项目　500 000
　　　　　　　　　　　　　　　　　　　　　　　　—B项目　500 000

【例4-25】4月1日，某科学事业单位收到单位代理银行转来的"财政授权支付额度到账通知书"，当月授权支付额度1 097 400元，其中：机构运行937 400元（人员经费537 400元、日常公用经费400 000元）、事业单位医疗90 000元、住房公积金70 000元。该单位应编制如下会计分录：

财务会计：

借：零余额账户用款额度　　　　　　　　　　　　　　　1 097 400
　　贷：财政拨款收入　　　　　　　　　　　　　　　　　　　1 097 400

预算会计：

借：资金结存—零余额账户用款额度　　　　　　　　　　　1 097 400
　　贷：财政拨款预算收入—机构运行—基本支出—人员经费　537 400
　　　　　　　　　　　　　　　　　—日常公用经费　400 000
　　　　　　　　　　　　—住房公积金—单位公积金　70 000
　　　　　　　　　　　　—事业单位医疗—职工医疗　90 000

【例4-26】5月2日，某科学事业单位收到同级财政部门批复的分月用款计划及代理银行"财政授权支付额度到账通知书"，拨入日常公用经费800 000元。该业务支出功能分类科目为"科学技术支出—应用研究—机构运行"。该单位应编制如下会计分录：

财务会计：

借：零余额账户用款额度　　　　　　　　　　　　　　　　800 000
　　贷：财政拨款收入　　　　　　　　　　　　　　　　　　　800 000

预算会计：

借：资金结存—零余额账户用款额度　　　　　　　　　　　　800 000
　　贷：财政拨款预算收入—机构运行—基本支出—日常公用经费　800 000

【例4-27】8月3日，某科学事业单位代理银行转来专用存款账户"财政授权支付额度到账通知书"，收到财政拨入离退休经费135 300元，其中：离退休人员经费1 450元、特殊经费1 350元、离退休工资126 000元，该业务支出功能分类科目为"科学技术支出—其他科学技术支出—转制科研机构"；医疗保险经费6 500元，该业务支出功能分类科目为"卫生健康支出—行政事业单位医疗—事业单位医疗"。该单位应编制如下会计分录：

财务会计：

借：零余额账户用款额度　　　　　　　　　　　　　　　　135 300
　　贷：财政拨款收入　　　　　　　　　　　　　　　　　　　135 300

预算会计：

借：资金结存—零余额账户用款额度　　　　　　　　　　　　135 300

贷：财政拨款预算收入—转制科研机构—基本支出—日常公用经费

1 450

—离退休人员支出

1 350

—离退休人员支出

126 000

—事业单位医疗—职工医疗

6 500

（2）支用财政授权支付额度。

按规定支用额度时，按照实际支用的额度，借记"库存物品""固定资产""应付职工薪酬""业务活动费用""单位管理费用"等科目，贷记"零余额账户用款额度"。同时，在预算会计中，借记"事业支出"等科目，贷记"资金结存—零余额账户用款额度"科目。

【例4-28】5月8日，某科学事业单位以财政授权支付方式支付科普材料印刷费5 000元。该业务支出功能分类科目为"科学技术支出—科学技术普及—机构运行"。该单位应编制如下会计分录：

财务会计：

借：业务活动费用—科研活动费用—商品和服务费用　　　　　　5 000

　　贷：零余额账户用款额度　　　　　　　　　　　　　　　　　　5 000

预算会计：

借：事业支出—科研支出—财政拨款支出—机构运行—基本支出—商品和服务支出—印刷费　　　　　　　　　　　　　　　　　　　　　　　5 000

　　贷：资金结存—零余额账户用款额度　　　　　　　　　　　　　5 000

【例4-29】11月28日，某科学事业单位C项目购入试验用材料3 000元，以授权支付方式转账。同日，材料直接领用。该业务支出功能分类科目为"科学技术支出—其他科技技术支出—其他科技技术支出"。该单位应编制如下会计分录：

①购入材料时：

财务会计：

借：库存物品　　　　　　　　　　　　　　　　　　　　　　　　3 000

　　贷：零余额账户用款额度　　　　　　　　　　　　　　　　　　3 000

预算会计：

借：事业支出—科研支出—财政拨款支出—其他科学技术支出—项目支出—商品和服务支出—专用材料费（C项目）　　　　　　　　　　　　　　3 000

　　贷：资金结存—零余额账户用款额度　　　　　　　　　　　　　3 000

②领用材料时：

财务会计：

借：业务活动费用—科研活动费用—商品和服务支出　　　　　　3 000

　　贷：库存物品　　　　　　　　　　　　　　　　　　　　　　　3 000

预算会计不做账务处理。

（3）购货退回。

因购货退回等发生财政授权支付额度退回的，按退回款项的授权支付年度分别处理：

如退回本年度授权支付的款项，按原记账分录做相反分录处理。即：按照退回的金额，借记本科目，贷记"库存物品"等科目。同时，在预算会计中，借记"资金结存—零余额账户用款额度"科目，贷记"事业支出"等科目。

【例4－30】续【例4－29】。12月5日，发现11月28日购入试验用材料质量不达标，退回商家。同日，货款按原转账渠道退回。该单位应编制如下会计分录：

财务会计：

借：零余额账户用款额度　　　　　　　　　　　　　　　　3 000
　　贷：业务活动费用—科研活动费用—商品和服务支出　　　　　　　3 000

预算会计：

借：资金结存—零余额账户用款额度　　　　　　　　　　　　3 000
　　贷：事业支出—科研支出—财政拨款支出—其他科学技术支出—项目支出—
　　　　商品和服务支出—专用材料费（C项目）　　　　　　　　3 000

如退回以前年度授权支付的款项，按照退回的金额，借记本科目，贷记"库存物品""以前年度盈余调整"等科目。同时，在预算会计中，借记"资金结存—零余额账户用款额度"科目，贷记"财政拨款结转（结余）—年初余额调整"等科目。

【例4－31】续【例4－29】。假如，次年1月8日，发现10月28日购入试验用材料质量不达标，退回商家。同日，货款按原转账渠道退回。C项尚未结项。该单位应编制如下会计分录：

财务会计：

借：零余额账户用款额度　　　　　　　　　　　　　　　　3 000
　　贷：以前年度盈余调整—业务活动费用　　　　　　　　　　　3 000
借：以前年度盈余调整—业务活动费用　　　　　　　　　　　3 000
　　贷：累计盈余　　　　　　　　　　　　　　　　　　　　3 000

预算会计：

借：资金结存—零余额账户用款额度　　　　　　　　　　　　3 000
　　贷：财政拨款结转—年初余额调整（C项目）　　　　　　　　3 000

（4）年末，未使用财政授权支付额度的会计处理。

在财政国库集中支付结余按权责发生制列支的情况下：

● 年末，单位根据代理银行提供的对账单做注销额度的相关账务处理，借记"财政应返还额度—财政授权支付"科目，贷记"零余额账户用款额度"科目。同时，在预算会计中，借记"资金结存—财政应返还额度"科目，贷记"资金结存—零余额账户用款额度"科目。

下年初，单位根据代理银行提供的上年度注销额度恢复到账通知书恢复额度时，借记"零余额账户用款额度"科目，贷记"财政应返还额度—财政授权支付"科目。同时，在预算会计中，借记"资金结存—零余额账户用款额度"科目，贷记"资金结存—财政应返还额度"科目。

在财政国库集中支付结余不再按权责发生制列支的情况下：

● 年末未使用的零余额账户用款额度由财政部门统一收回财政总预算，不再进行上述账务处理。年末，科学事业单位应根据零余额账户用款额度收回注销通知单，借记"财政拨款收入"科目，贷记"零余额账户用款额度"科目；同时，在预算会计中，借记"财政拨款预算收入"科目，贷记"资金结存—零余额账户用款额度"科目。

【例 4-32】12 月 31 日，某科学事业单位根据代理银行提供的"财政授权支付额度对账单"，注销授权支付额度 150 万元。

次年 1 月 2 日，代理银行转来"财政授权支付额度恢复到账通知书"，返还上年末零余额账户注销资金。

该单位应编制如下会计分录：

● 在财政国库集中支付结余按权责发生制列支的情况下：

①年末注销额度：

财务会计：

| | |
|---|---|
| 借：财政应返还额度—财政授权支付 | 1 500 000 |
| 贷：零余额账户用款额度 | 1 500 000 |

预算会计：

| | |
|---|---|
| 借：资金结存—财政应返还额度—财政授权支付 | 1 500 000 |
| 贷：资金结存—零余额账户用款额度 | 1 500 000 |

②次年初恢复额度：

财务会计：

| | |
|---|---|
| 借：零余额账户用款额度 | 1 500 000 |
| 贷：财政应返还额度—财政授权支付 | 1 500 000 |

预算会计：

| | |
|---|---|
| 借：资金结存—零余额账户用款额度 | 1 500 000 |
| 贷：资金结存—财政应返还额度—财政授权支付 | 1 500 000 |

● 在财政国库集中支付结余不再按权责发生制列支的情况下：

财务会计：

| | |
|---|---|
| 借：财政拨款收入 | 1 500 000 |
| 贷：零余额账户用款额度 | 1 500 000 |

预算会计：

| | |
|---|---|
| 借：财政拨款预算收入 | 1 500 000 |
| 贷：资金结存——零余额账户用款额度 | 1 500 000 |

（5）年末，未下达授权支付用款额度的会计处理。

● 在财政国库集中支付结余按权责发生制列支的情况下：

年末，单位本年度财政授权支付预算指标数大于零余额账户用款额度下达数的，根据未下达的用款额度，借记"财政应返还额度"科目，贷记"财政拨款收入"科目。同时，在预算会计中，借记"资金结存—财政应返还额度"科目，贷记"财政拨款预算收入"科目。

下年度，收到财政部门批复的上年末未下达零余额账户用款额度时，借记"零余额账户用款额度"科目，贷记"财政应返还额度—财政授权支付"科目。同时，在预算会计中，借记"资金结存—零余额账户用款额度"科目，贷记"资金结存—财政应返还额度"科目。

• 在财政国库集中支付结余不再按权责发生制列支的情况下，不需要再进行上述账务处理。

【例4-33】12月31日，某科学事业单位根据财政预算批复及银行对账单，本年财政授权支付额度7 450 000元，已到账支用7 200 000元，尚有D项目250 000元未到账。该业务支出功能分类科目为"科学技术支出—科技交流与合作—其他科技交流与合作支出"。

次年1月2日，代理银行转来"财政授权支付额度到账通知书"，上年末零余额账户未到账额度到账。

在财政国库集中支付结余不再按权责发生制列支的情况下，该业务不需要进行账务处理。

当财政国库集中支付结余按权责发生制列支时，该单位应编制如下会计分录：

①年末未到账额度：

财务会计：

借：财政应返还额度—财政授权支付　　　　　　　　　　　　250 000

　　贷：财政拨款收入　　　　　　　　　　　　　　　　　　　　250 000

预算会计：

借：资金结存—财政应返还额度　　　　　　　　　　　　　　250 000

　　贷：财政拨款预算收入—其他科技交流与合作支出—项目支出（D项目）

　　　　　　　　　　　　　　　　　　　　　　　　　　　　250 000

②年初额度到账：

财务会计：

借：零余额账户用款额度　　　　　　　　　　　　　　　　　250 000

　　贷：财政应返还额度—财政授权支付　　　　　　　　　　　　250 000

预算会计：

借：资金结存—零余额账户用款额度　　　　　　　　　　　　250 000

　　贷：资金结存—财政应返还额度—财政授权支付　　　　　　　250 000

（6）从本单位零余额账户向本单位实有资金账户划转资金的账务处理。

根据现行规定，单位在某些特定情况下按规定从本单位零余额账户向本单位实有资金账户划转资金用于后续相关支出的，可在"银行存款"或"资金结存—货币资金"科目下设置"财政拨款资金"明细科目，或采用辅助核算等形式，核算反映按规定从本单位零余额账户转入实有资金账户的资金金额，并应当按照以下规定进行账务处理：

①从本单位零余额账户向实有资金账户划转资金时，按照划转的资金金额，借记"银行存款"科目，贷记本科目；同时，在预算会计中，借记"资金结存—货币资金"科目，贷记"资金结存—零余额账户用款额度"科目。

②将本单位实有资金账户中从零余额账户划转的资金用于相关支出时，按照实际支付的金额，借记"应付职工薪酬""其他应交税费"等科目，贷记"银行存款"科目；同时，在预算会计中，借记"事业支出"等支出科目下的"财政拨款支出"明细科目，贷记"资金结存—货币资金"科目。

【例4-34】7月5日，某科学事业单位申请的本月工资计划2 800 000元从零余额账户转入单位基本账户。7月14日，发放工资2 780 000元、缴纳个人所得税20 000元。该业务支出功能分类科目为"科学技术支出—基础研究—机构运行"。（科研人员工资，工资应发过程及其他缴款略）。该单位应编制如下会计分录：

①划转资金时：

财务会计：

借：银行存款　　　　　　　　　　　　　　　　　　　2 800 000
　　贷：零余额账户用款额度　　　　　　　　　　　　　　　2 800 000

预算会计：

借：资金结存—货币资金—财政拨款资金　　　　　　　2 800 000
　　贷：资金结存—零余额账户用款额度　　　　　　　　　　2 800 000

②发放工资时：

财务会计：

借：应付职工薪酬—基本工资　　　　　　　　　　　　2 780 000
　　其他应交税费—应交个人所得税　　　　　　　　　　　　20 000
　　贷：银行存款　　　　　　　　　　　　　　　　　　　　2 800 000

预算会计：

借：事业支出—科研支出—财政拨款支出—机构运行—基本支出—工资福利支出
　　　　　　　　　　　　　　　　　　　　　　　　　2 800 000
　　贷：资金结存—货币资金—财政拨款资金　　　　　　　　2 800 000

# 四、其他货币资金

（一）其他货币资金的含义

其他货币资金，是指科学事业单位除库存现金、银行存款、零余额账户用款额度以外的货币形态资金，包括外埠存款、银行汇票存款、银行本票存款、信用卡存款、信用证保证金存款等，以及单位通过支付宝、微信、POS等方式收款存款。

1. 外埠存款，是指科学事业单位为了进行临时或零星采购，而汇往采购地银行开立采购专户的款项。采购专户只付不收，付完结束账户。

2. 银行汇票存款，是指科学事业单位为取得银行汇票按照规定存入银行的款项。

银行汇票，是指由出票银行签发的，由其在见票时按照实际结算金额无条件支付给收款人或者持票人的票据。

3. 银行本票存款，是指科学事业单位为取得银行本票按照规定存入银行的款项。银行本票，是指银行签发的，承诺自己在见票时无条件支付确定的金额给收款人或持票人的票据。

4. 信用卡存款，是指科学事业单位为取得信用卡按照规定存入银行信用卡专户的款项。

5. 信用证保证金存款，是指科学事业单位在开展进出口贸易业务中采用信用证结算方式时，要求开具信用证而存入银行信用证保证金专户的款项。

6. 支付宝、微信、POS 等方式收款，是指科学事业单位通过支付宝、微信、POS 等方式取得相关收入的，对于尚未转入单位开户银行的支付宝、微信等第三方支付平台账户及 POS 收单银行存款的余额，需要通过临时账户过渡转入开户银行基本户，存在一定的时延。

科学事业单位应当加强对其他货币资金的管理，及时办理结算，对于结算余额和逾期尚未办理结算的银行汇票、银行本票等，应当按照规定及时转回，并按照规定进行相应账务处理。加强支付宝、微信等新型收款方式开户的管理与日常监督，不得以个人名义办理支付宝、微信等方式的单位收款，并及时办理清算手续转入单位银行账户。

（二）其他货币资金核算

1. 科目设置。

科学事业单位应当设置"其他货币资金"科目，核算单位的外埠存款、银行本票存款、银行汇票存款、信用卡存款，以及支付宝、微信、POS 等方式收款的各种其他货币资金。本科目应当设置"外埠存款""银行本票存款""银行汇票存款""信用卡存款""支付宝收款""微信收款""POS 收款""其他收款"等明细科目，进行明细核算。期末借方余额，反映单位实际持有的其他货币资金。

2. 主要账务处理。

（1）外埠存款。

单位按照有关规定需要在异地开立银行账户，将款项委托本地银行汇往异地开立账户时，借记本科目，贷记"零余额账户用款额度""银行存款"科目，预算会计不需处理。收到采购员交来供应单位发票账单等报销凭证时，借记"库存物品"等科目，贷记本科目。同时，在预算会计中，按实际支付金额，借记"事业支出""经营支出"等相关科目，贷记"资金结存"科目。将多余的外埠存款转回本地银行时，根据银行的收账通知，借记"银行存款"科目，贷记本科目，预算会计不需处理。

【例 4-35】4 月 2 日，某科学事业单位李某的横向科研项目—A 项目需要收购林产品作为试验用料。李某为方便到某小镇收购林产品，通过单位开户银行汇往在当地镇农村信用社开设的采购专户 25 000 元。4 月 18 日，李某完成林产品收购，支出 23 500 元，并于当日办理了余款退回手续。4 月 20 日，单位银行入账。该业务支出功能分类科目为"科学技术支出—其他科技技术支出—其他科技技术支出"。该单位应编制如下会计分录：

①办理汇款时：

财务会计：

借：其他货币资金—外埠存款　　　　　　　　　　　　　　　25 000

　　贷：银行存款　　　　　　　　　　　　　　　　　　　　　25 000

预算会计不做账务处理。

②采购入库：

财务会计：

借：库存物品　　　　　　　　　　　　　　　　　　　　　　23 500

　　贷：其他货币资金—外埠存款　　　　　　　　　　　　　　23 500

预算会计：

借：事业支出—非财政专项资金支出—其他科技技术支出—项目支出—商品和服

　　务支出　　　　　　　　　　　　　　　　　　　　　　　23 500

　　贷：资金结存—货币资金　　　　　　　　　　　　　　　　23 500

③收到退回存款：

借：银行存款　　　　　　　　　　　　　　　　　　　　　　1 500

　　贷：其他货币资金—外埠存款　　　　　　　　　　　　　　1 500

（2）银行本票、银行汇票存款。

将款项交存银行取得银行本票、银行汇票，按照取得的银行本票、银行汇票金额，借记本科目，贷记"银行存款"科目，预算会计不需处理。使用银行本票、银行汇票购买库存物品等资产时，按照实际支付金额，借记"库存物品"等科目，贷记本科目。同时，在预算会计中，借记"事业支出""经营支出"等相关科目，贷记"资金结存"科目。如有余款或因本票、汇票超过付款期等原因而退回款项，按照退款金额，借记"银行存款"科目，贷记本科目，预算会计不需处理。

【例4－36】5月6日，A科学事业单位为甲科研项目向D公司定制设备一套，合同价35万元，工期3个月。根据合同约定，A单位需向D公司开具银行汇票作为预付货款，期限3个月，无息。5月7日，A单位开户银行出具了面值35万元的银行汇票一张，交与D公司。8月2日，定制设备运到A单位，并验收合格，D公司办理了银行汇票兑付手续。该业务支出功能分类科目为"科学技术支出—科技重大项目—重点研发计划"。该单位应编制如下会计分录：

①办理汇票时：

财务会计：

借：其他货币资金—银行汇票存款　　　　　　　　　　　　　350 000

　　贷：银行存款　　　　　　　　　　　　　　　　　　　　　350 000

预算会计不做账务处理。

②设备验收后：

财务会计：

借：固定资产—专用设备　　　　　　　　　　　　　　　　　350 000

> 贷：其他货币资金—银行汇票存款 350 000

预算会计：

借：事业支出—非财政专项资金支出—重点研发计划—项目支出—资本性支出

350 000

> 贷：资金结存—货币资金 350 000

（3）信用卡存款。

将款项交存银行取得信用卡，按照交存金额，借记本科目，贷记"零余额账户用款额度""银行存款"科目。用信用卡购物或支付有关费用，按照实际支付金额，借记"单位管理费用""库存物品"等科目，贷记本科目。同时，在预算会计中，借记"事业支出""经营支出"等相关科目，贷记"资金结存"科目。单位信用卡在使用过程中，需向其账户续存资金的，按照续存金额，借记本科目，贷记"零余额账户用款额度""银行存款"科目，预算会计不需处理。

（4）支付宝、微信、POS等方式收款。

通过支付宝、微信等方式收取货款或服务款项时，按收到金额，借记本科目，贷记"事业收入""经营收入""其他收入"等科目。同时，在预算会计中，借记"资金结存"科目，贷记"事业预算收入""经营预算收入""其他预算收入"等相关科目。款项转入单位银行账户时，按转入金额，借记"银行存款"，贷记本科目，预算会计不需处理。POS方式收款参照上述处理。

【例4-37】3月1日，某科学事业单位收到C公司技术活动收入3 000元，POS机收款，并开具了增值税发票，款项列当日"其他货币资金"。次日，收到银行入账通知，实际收到款项2 989.50元，银行手续费10.50元。该业务支出功能分类科目为"科学技术支出—其他科学技术支出—转制科研机构"。该单位应编制如下会计分录：

①3月1日收款，按POS票收款额入账：

财务会计：

借：其他货币资金—POS收款 3 000

> 贷：事业收入—非科研收入—技术活动收入 3 000

预算会计：

借：资金结存—货币资金 3 000

> 贷：事业预算收入—非科研预算收入—技术活动预算收入—转制科研机构

3 000

②次日转入开户银行时：

财务会计：

借：银行存款 2 989.50

　　单位管理费用—商品和服务支出 10.50

> 贷：其他货币资金—POS收款 3 000.00

预算会计：

借：事业支出—管理支出—其他资金支出—转制科研机构—基本支出—商品和服务支出 10.50

　　贷：资金结存—货币资金　　　　　　　　　　　　　　　　　　10.50

【例4-38】某科学事业单位从事计量检测业务。3月10日，某企业送检，并以POS刷卡方式支付检测费用30 000元，单位开具了增值税专用发票，其中增值税1 698.11元。次日，单位收到银行"待清算间联商户消费款户—人民币POS客户专用回单"，清算款30 000元已入账。该业务支出功能分类科目为"科学技术支出—其他科学技术支出—转制科研机构"。该单位应编制如下会计分录：

①收到检测费时：

财务会计：

借：其他货币资金—POS收款　　　　　　　　　　　　　　　　30 000

　　贷：事业收入—非科研收入　　　　　　　　　　　　　　28 301.89

　　　　应交增值税—应交税金—销项税额　　　　　　　　　 1 698.11

预算会计：

借：资金结存—货币资金　　　　　　　　　　　　　　　　　　30 000

　　贷：事业预算收入—非科研预算收入—转制科研机构　　　　 30 000

②次日转入开户银行时：

财务分录：

借：银行存款　　　　　　　　　　　　　　　　　　　　　　　30 000

　　贷：其他货币资金—POS收款　　　　　　　　　　　　　　 30 000

预算会计不做账务处理。

【例4-39】某科学事业单位从事计量检测业务。3月12日，某企业送检，并用微信支付检测费2 000元，单位开具了增值税专用发票，其中增值税113.21元。次日，单位收到银行"待清算间联商户消费款户—电子支付客户专用回单"，清算款2 000元已入账。该业务支出功能分类科目为"科学技术支出—其他科学技术支出—转制科研机构"。该单位应编制如下会计分录：

①微信收款时：

财务会计：

借：其他货币资金—微信收款　　　　　　　　　　　　　　　　 2 000

　　贷：事业收入—非科研收入　　　　　　　　　　　　　　 1 886.79

　　　　应交增值税—应交税金—销项税额　　　　　　　　　　 113.21

预算会计：

借：资金结存—货币资金　　　　　　　　　　　　　　　　　　 2 000

　　贷：事业预算收入—非科研预算收入—转制科研机构　　　　　 2 000

②次日转入开户银行时：

财务分录：

借：银行存款　　　　　　　　　　　　　　　　　　　　　　　 2 000

　　贷：其他货币资金—微信收款　　　　　　　　　　　　　　　 2 000

预算会计不做账务处理。

# 第三节　应收及预付款项

应收及预付款项，是指科学事业单位在其业务活动过程中形成的短期债权，包括财政应返还额度、应收票据、应收账款、预付账款、应收股利、应收利息和其他应收款项等。

## 一、财政应返还额度

（一）财政应返还额度的含义及内容

财政应返还额度，是指实行国库集中支付的科学事业单位在财政国库集中支付结余按权责发生制列支的情况下应收财政返还的资金额度。

《国务院关于进一步深化预算管理制度改革的意见》（国发〔2021〕5号）规定，市县级财政国库集中支付结余不再按权责发生制列支。因此，在财政国库集中支付结余不再按权责发生制列支的情况下，单位年末不再进行与"财政应返还额度"科目相关的账务处理。

科学事业单位的财政应返还额度包括以下内容：

1. 财政直接支付方式下，年末国库集中支付尚未使用的资金额度，即本年度财政直接支付预算指标数大于当年财政直接支付实际发生数的差额（未支用的支付额度）。

2. 财政授权支付方式下，年末国库集中支付尚未使用的资金额度，包括：

（1）本年度财政授权支付预算指标数大于零余额账户用款额度下达数的差额（未下达的用款额度）。

（2）本年度零余额账户用款额度下达数与零余额账户用款额度支用数的差额（未支用的用款额度）。

（二）财政应返还额度的确认和计量

科学事业单位的财政应返还额度应当按单位年末国库集中支付尚未使用的资金额度进行确认和计量，包括可以使用的以前年度财政直接支付资金额度和财政应返还的财政授权支付资金额度。

（三）财政应返还额度核算

1. 科目设置。

科学事业单位应当设置"财政应返还额度"科目，核算单位实行国库集中支付方式下应收财政返还的资金额度。本科目应当设置"财政直接支付""财政授权支付"两个明细科目进行明细核算。期末借方余额，反映单位应收财政返还的资金额度。

2. 主要账务处理。

（1）财政直接支付。

①注销额度。年末，单位根据本年度财政直接支付预算指标数大于当年财政直接

支付实际发生数的差额，借记本科目（财政直接支付），贷记"财政拨款收入"科目。同时，在预算会计中，借记"资金结存—财政应返还额度"科目，贷记"财政拨款预算收入"科目。

【例4-40】某科学事业单位执行财政国库集中支付结余按权责发生制列支政策。12月31日，某科学事业单位收到代理银行对账单，确认单位本年度财政直接支付预算指标299 000元，已支出278 000元，尚有D项目经费21 000元未使用。该业务支出功能分类科目为"科学技术支出—应用研究—社会公益研究"。该单位应编制如下会计分录：

财务会计：

借：财政应返还额度—财政直接支付      21 000

    贷：财政拨款收入      21 000

预算会计：

借：资金结存—财政应返还额度—财政直接支付      21 000

    贷：财政拨款预算收入—社会公益研究—项目支出（D项目）     21 000

需要指出，在财政国库集中支付结余不再按权责发生制列支的情况下，不需要进行上述会计处理。

②使用以前年度财政直接支付额度。在财政国库集中支付结余按权责发生制列支的情况下，单位使用以前年度财政直接支付额度支付款项时，借记"业务活动费用""单位管理费用""库存物品"等科目，贷记本科目（财政直接支付）。同时，在预算会计中，借记"事业支出""经营支出""其他支出"等相关科目，贷记"资金结存—财政应返还额度"科目。

【例4-41】续【例4-40】。3月7日，该单位收到代理银行转来"财政直接支付入账通知书"，支付设备款41 000元，其中包括上年度未使用财政直接支付额度21 000元。该设备为不需安装专用设备，已验收合格并交付使用。该业务支出功能分类科目为"科学技术支出—应用研究—社会公益研究"。该单位应编制如下会计分录：

财务会计：

借：固定资产—专用设备      41 000

    贷：财政应返还额度—财政直接支付      21 000

        财政拨款收入      20 000

预算会计：

借：事业支出—科研支出—财政拨款支出—社会公益研究—项目支出—资本性支出—专用设备购置支出      41 000

    贷：资金结存—财政应返还额度      21 000

        财政拨款预算收入—社会公益研究—项目支出（D项目）     20 000

（2）财政授权支付。

● 在财政国库集中支付结余按权责发生制列支的情况下：

年末，根据代理银行提供的对账单做注销额度的相关账务处理，借记本科目（财政授权支付），贷记"零余额账户用款额度"科目。同时，在预算会计中，借记"资金结存—财政应返还额度"科目，贷记"资金结存—零余额账户用款额度"科目。

年末，单位本年度财政授权支付预算指标数大于零余额账户用款额度下达数的，根据未下达的用款额度，借记本科目（财政授权支付），贷记"财政拨款收入"科目。同时，在预算会计中，借记"资金结存—财政应返还额度"科目，贷记"财政拨款预算收入"科目。

下年初，单位根据代理银行提供的上年度注销额度恢复到账通知书做恢复额度的相关账务处理，借记"零余额账户用款额度"科目，贷记本科目（财政授权支付）。单位收到财政部门批复的上年未下达零余额账户用款额度，借记"零余额账户用款额度"科目，贷记本科目（财政授权支付）。同时，在预算会计中，借记"资金结存—零余额账户用款额度"科目，贷记"资金结存—财政应返还额度"科目。

• 在财政国库集中支付结余不再按权责发生制列支的情况下：

年末，科学事业单位应根据零余额账户用款额度收回注销通知单，借记"财政拨款收入"科目，贷记"零余额账户用款额度"科目；同时，在预算会计中，借记"财政拨款预算收入"科目，贷记"资金结存—零余额账户用款额度"科目。而且，在本情况下不存在次年恢复额度问题。

【例 4-42】12 月 31 日，某科学事业单位根据代理银行提供的"财政授权支付额度注销通知"，注销授权支付额度 20 万元。其中，日常公用经费 7 万元、社会公益研究项目 10 万元、其他科学技术支出项目 1 万元、应用技术研究与开发项目 2 万元。

次年 1 月 6 日，单位收到代理银行转来的"财政授权支付额度恢复到账通知书"，恢复上年末注销的授权支付额度 20 万元。

• 在财政国库集中支付结余按权责发生制列支的情况下，该单位应编制如下会计分录：

①年末注销额度：

财务会计：

借：财政应返还额度—财政授权支付　　　　　　　　　　　200 000

　　贷：零余额账户用款额度　　　　　　　　　　　　　　　　　200 000

预算会计：

借：资金结存—财政应返还额度　　　　　　　　　　　　　200 000

　　贷：资金结存—零余额账户用款额度　　　　　　　　　　　　200 000

②次年初恢复额度：

财务会计：

借：零余额账户用款额度　　　　　　　　　　　　　　　　200 000

　　贷：财政应返还额度—财政授权支付　　　　　　　　　　　　200 000

预算会计：

借：资金结存—零余额账户用款额度　　　　　　　　　　　200 000

　　贷：资金结存—财政应返还额度　　　　　　　　　　　　　　200 000

• 在财政国库集中支付结余不再按权责发生制列支的情况下，年末注销额度时，该单位编制如下会计分录：

财务会计：

借：财政拨款收入 200 000

　　贷：零余额账户用款额度 200 000

预算会计：

借：财政拨款预算收入 200 000

　　贷：资金结存—零余额账户用款额度 200 000

【例4-43】12月31日，某科学事业单位根据代理银行提供的财政授权支付额度对账单，确认本年度财政授权支付预算指标120万元，零余额账户用款额度已到账95万元，尚有F项目经费指标25万元未下达。该业务支出功能分类科目为"科学技术支出—基础研究—自然科学基金"。

次年1月6日，单位收到代理银行转来的财政授权支付额度到账通知书，上年末授权支付额度25万元到账。

● 在财政国库集中支付结余按权责发生制列支的情况下，该单位应编制如下会计分录：

①年末根据未下达的授权支付额度：

财务会计：

借：财政应返还额度—财政授权支付 250 000

　　贷：财政拨款收入 250 000

预算会计：

借：资金结存—财政应返还额度 250 000

　　贷：财政拨款预算收入—自然科学基金—项目支出（F项目） 250 000

②次年初额度恢复到账：

财务会计：

借：零余额账户用款额度 250 000

　　贷：财政应返还额度—财政授权支付 250 000

预算会计：

借：资金结存—零余额账户用款额度 250 000

　　贷：资金结存—财政应返还额度 250 000

● 在财政国库集中支付结余不再按权责发生制列支的情况下，该项业务不需要进行会计处理。

## 二、应收票据

（一）应收票据的含义

应收票据，是指科学事业单位因开展业务活动销售科技产品、商品，提供技术转让、进行技术性服务等而收到的商业汇票，包括银行（承兑）汇票和商业（承兑）汇票。

科学事业单位应当设置"应收票据备查簿",逐笔登记每一应收票据的种类、号数、出票日期、到期日、票面金额、交易合同号和付款人、承兑人、背书人姓名或单位名称、背书转让日、贴现日期、贴现率和贴现净额、收款日期、收回金额和退票情况等。应收票据到期结清票款或退票后,应当在备查簿内逐笔注销。

(二)应收票据的确认与计量

应收票据应当在科技产品、商品已经销售或技术转让、技术服务等已经提供,且收到商业汇票时予以确认,并按照商业汇票的票面金额予以计量。

(三)应收票据核算

1. 科目设置。

科学事业单位应当设置"应收票据"科目,核算单位因开展业务活动销售科技产品、提供有偿技术服务等而收到的商业汇票。本科目应当按照不同的票据种类和出票单位等进行明细核算。期末借方余额,反映科学事业单位持有的尚未收回的商业汇票票面金额。

2. 主要账务处理。

(1)收到商业汇票。因销售产品、提供服务等收到商业汇票,按照商业汇票的票面金额,借记本科目,按照确认的收入金额,贷记"事业收入""经营收入"等科目。预算会计不需处理。涉及增值税业务的,相关账务处理参见"应交增值税"科目。

【例4-44】5月18日,C科学事业单位(一般纳税人,适用简易计税)向D公司提供环评技术咨询服务,合同约定主体业务已完成,已开具增值税专用发票10万元,其中服务费94 339.62元、增值税额5 660.38元。D公司支付电子银行承兑汇票一张,票面金额8.5万元,票面日期5月18日,期限3个月,无利息;另以银行汇款支付1.5万元。该业务支出功能分类科目为"科学技术支出—科技条件与服务—其他科技条件与服务支出"。该单位应编制如下会计分录:

财务会计:

借:应收票据—D公司 85 000

    银行存款 15 000

  贷:事业收入—非科研收入—技术活动收入—技术咨询收入 94 339.62

    应交增值税—简易计税 5 660.38

预算会计:

借:资金结存—货币资金 15 000

  贷:事业预算收入—非科研预算收入—技术活动预算收入—其他科技条件与

    服务支出 15 000

(2)商业汇票贴现。持未到期的商业汇票向银行贴现,按照实际收到的金额(即扣除贴现息后的净额),借记"银行存款"科目,按照贴现息金额,借记"其他费用""经营费用"等科目,按照商业汇票的票面金额,贷记本科目(无追索权)或"短期借款"科目(有追索权)。附追索权的商业汇票到期未发生追索事项的,按照商业汇票的票面金额,借记"短期借款"科目,贷记本科目。同时,在预算会计中,按照贴现净额,借记"资金结存"科目,贷记"事业预算收入""经营预算收入"等科目。

**【例4-45】**续【例4-44】。6月18日，假设C科学事业单位用收到的D公司银行承兑汇票向银行办理贴现，年贴现率5.4%。

贴现利息=85 000×61×5.4%÷360=777.75（元）

到账金额=85 000-777.75=84 222.25（元）

该单位应编制如下会计分录：

财务会计：

借：银行存款           84 222.25

  单位管理费用—商品和服务费用   777.75

   贷：应收票据—D公司      85 000.00

预算会计：

借：资金结存—货币资金       84 222.25

  事业支出—管理支出—其他资金支出—其他科技条件与服务支出—基本支出—商品和服务支出         777.75

   贷：事业预算收入—非科研预算收入—技术活动预算收入—其他科技条件与服务支出        85 000.00

（3）商业汇票转让。将持有的商业汇票背书转让以取得所需物资时，按照取得物资的成本，借记"库存物品"等科目，按照商业汇票的票面金额，贷记本科目，如有差额，借记或贷记"银行存款"等科目。同时，在预算会计中，按照收到的补价，借记"资金结存"科目，贷记"事业预算收入""经营预算收入"等科目；如有支付补价的，按实际支付金额，借记"事业支出""经营支出"等科目，贷记"资金结存"科目。涉及增值税业务的，相关账务处理参见"应交增值税"科目。

**【例4-46】**续【例4-44】。C科学事业单位办公室维修结束，需支付E公司维修费9万元。经与E公司协商，用收到的D公司银行承兑汇票支付8.5万元，其余0.5万元以银行存款补付。6月20日，汇票转让和银行付款完毕。该单位应编制如下会计分录：

借：单位管理费用—商品和服务费用    90 000

  贷：应收票据—D公司       85 000

    银行存款         5 000

预算会计：

借：事业支出—财政拨款支出—其他科技条件与服务支出—基本支出—商品和服务支出—维修费        5 000

  贷：资金结存—货币资金       5 000

（4）商业汇票到期。①收回票款时，按照实际收到的商业汇票票面金额，借记"银行存款"科目，贷记本科目。同时，在预算会计中，借记"资金结存"科目，贷记"事业预算收入""经营预算收入"等科目。②付款人无力支付票款，收到银行退回的商业承兑汇票、委托收款凭证、未付票款通知书或拒付款证明等，按照商业汇票的票面金额，借记"应收账款"科目，贷记本科目。预算会计不需处理。

【例 4 – 47】续【例 4 – 44】。8 月 18 日，C 科学事业单位持有的 D 公司汇票到期承兑，款项存入单位银行账户。该单位应编制如下会计分录：

财务会计：

借：银行存款           85 000

  贷：应收票据—D 公司       85 000

预算会计：

借：资金结存—货币资金       85 000

  贷：事业预算收入—非科研预算收入—技术活动预算收入—其他科技条件与

    服务支出           85 000

## 三、应收账款

（一）应收账款的含义

应收账款，是指科学事业单位销售科技产品、商品，提供技术转让、进行技术性服务或学术、科普活动等应收取的款项，以及出租资产、出售物资等应收取的款项。

（二）应收账款的分类

科学事业单位的应收账款按照收回后是否需要上缴财政，主要分为以下两类：

1. 收回后不需要上缴财政的应收账款。

收回后不需要上缴财政的应收账款，是指科学事业单位按照规定收回应收账款后做单位收入处理，而不需要上缴财政的款项。这类款项主要包括科学事业单位销售科技产品、商品，提供技术转让、进行技术性服务或学术、科普等活动发生的应收账款。

2. 收回后需要上缴财政的应收账款。

收回后需要上缴财政的应收账款，是指科学事业单位按照规定收回应收账款后需要上缴财政的款项，而不做单位收入处理。这类款项主要包括科学事业单位出租资产、出售物资等业务发生的应收账款。

需要指出的是，不同类别的应收账款账务处理方法不尽相同，应加以区别。

（三）应收账款的特点

科学事业单位的应收账款有以下特点：

1. 应收账款是因提供技术服务、销售科技产品等活动而形成的债权，不包括各种非主要业务活动发生的应收款项，如应收职工欠款、应收债务人的利息等其他应收款；也不包括本单位付出的各类存出保证金，如投标保证金和租入包装物等保证金等。

2. 应收账款是流动资产性质债权，不包括长期的债权，如购买长期债券等。

3. 应收账款的确认与收入的确认密切相关。通常在确认收入的同时，确认应收账款。

（四）应收账款的管理要求

科学事业单位应当建立应收账款内部控制制度，及时收回应收账款以弥补单位在业务活动中的各种耗费，保证单位业务活动持续；对于被拖欠的应收账款应采取措施，组织催收，防止坏账的发生，减少财务费用及财务损失；对于确实无法收回的应收账款，凡符合坏账条件的，应在取得有关证明并按规定程序报批后，进行坏账损失处理。

科学事业单位应当于每年年末，对应收账款进行全面检查，积极组织催收。对于收回后不需上缴财政部分的应收账款，应当按规定计提坏账准备。对于账龄超过规定年限、确认无法收回的应收账款，按照规定报经批准后予以核销。核销的应收账款应在备查簿中保留登记。

（五）应收账款的确认与计量

应收账款应当在科技产品、商品已经销售或技术服务已经提供，取得收款权利且尚未收到款项时予以确认，并按照应收未收的金额予以计量。

（六）应收账款核算

1. 科目设置。

科学事业单位应设置"应收账款"科目，核算单位提供技术服务、销售科技产品等应收取的款项，以及单位因出租资产、出售物资等应收取的款项。本科目应当按照债务单位（或个人）进行明细核算。期末借方余额，反映单位尚未收回的应收账款。

2. 主要账务处理。

（1）应收账款收回后不需上缴财政的。

科学事业单位按照应收未收金额，借记本科目，贷记"事业收入""经营收入""其他收入"等科目。预算会计不需处理。

收回应收账款时，按照实际收到的金额，借记"银行存款"等科目，贷记本科目。同时，在预算会计中，借记"资金结存"科目，贷记"事业预算收入""经营预算收入""其他预算收入"等相关科目。

涉及增值税业务的，相关账务处理参见"应交增值税"科目。

【例4-48】5月11日，某科学事业单位为E建筑公司提供6组建筑材料检测服务，开具检测服务费发票3 500元，款项未付。5月14日，检测时发现其中2组材料本单位不具备检测条件，应退检测费1 400元，开红字发票冲销。5月20日，款项入账。该业务支出功能分类科目为"科学技术支出—其他科学技术支出—转制科研机构"。该单位应编制如下会计分录：

①5月11日开具发票：

财务会计：

借：应收账款—E公司　　　　　　　　　　　　　　　　　　3 500

　　贷：事业收入—非科研收入—技术活动收入—检测费收入　　　　3 500

预算会计不做账务处理。

②5月14日开具红字发票：

财务会计：

借：事业收入—非科研收入—技术活动收入—检测费收入　　1 400

　　贷：应收账款—E公司　　　　　　　　　　　　　　　　　　　1 400

预算会计不做账务处理。

③5月20日收到款项：

财务会计：

借：银行存款　　　　　　　　　　　　　　　　　　　　2 100

　　贷：应收账款—E公司　　　　　　　　　　　　　　　　2 100

预算会计：

借：资金结存—货币资金　　　　　　　　　　　　　　　　2 100

　　贷：事业预算收入—非科研预算收入—技术活动预算收入—转制科研机构

　　　　　　　　　　　　　　　　　　　　　　　　　　　2 100

【例4-49】某科学事业单位为转制科研机构，纳税认定为一般纳税人。5月6日，为本系统内D事业单位提供环评技术咨询服务，合同约定出具报告后3个月内付款。合同约定业务已完成，向D单位开具了增值税专用发票10万元（税率6%，票面收入额94 339.62元，税金5 660.38元），款项尚未收到。该单位应编制如下会计分录：

财务会计：

借：应收账款—D单位　　　　　　　　　　　　　　　100 000.00

　　贷：经营收入—技术咨询服务　　　　　　　　　　　　94 339.62

　　　　应交增值税—应交税金—销项税额　　　　　　　　5 660.38

预算会计不做账务处理。

（2）应收账款收回后需上缴财政的。

单位出租资产、出售物资发生应收未收租金或货款时，按照应收未收金额，借记本科目，贷记"应缴财政款"科目。收回应收账款时，按照实际收到的金额，借记"银行存款"等科目，贷记本科目。预算会计不需处理。

涉及增值税业务的，相关账务处理参见"应交增值税"科目。

【例4-50】6月25日，某科学事业单位与B单位（本系统外同级预算单位）签订合同，约定将一闲置厂房出租给B单位使用，合同期限2年，每月租金18 000元，签约后每半年支付一次租金。根据规定，该项租金应上缴财政部门。12月20日，收到半年租金108 000元。该单位应编制如下会计分录：

①7~12月份每月确认应收出租收入：

财务会计：

借：应收账款—B单位　　　　　　　　　　　　　　　　18 000

　　贷：应缴财政款—出租收入　　　　　　　　　　　　　18 000

预算会计不做账务处理。

②12月20日收到租金：

财务会计：

借：银行存款　　　　　　　　　　　　　　　　　　　108 000

　　贷：应收账款—B单位　　　　　　　　　　　　　　　108 000

预算会计不做账务处理。

③上缴财政：

财务会计：

借：应缴财政款—出租收入　　　　　　　　　　　　　108 000

  贷：银行存款            108 000

预算会计不做账务处理。

（3）逾期无法收回的应收账款的处理。

对于账龄超过规定年限、确认无法收回的应收账款，按照规定报经批准后予以核销。按照核销金额，对收回后不需上缴财政的应收账款，借记"坏账准备"科目，贷记本科目；对收回需上缴财政的应收账款，借记"应缴财政款"科目，贷记本科目。核销的应收账款应在备查簿中保留登记。

【例4-51】12月20日，某科学事业单位所在年终结账前清查"应收账款"时发现，3年前承接F公司建筑设计项目设计费尚欠8万元未结清。经查询，F公司已宣告破产，无力偿付欠款。经请示批复可以核销。该单位应编制如下会计分录：

财务会计：

借：坏账准备—应收账款         80 000

  贷：应收账款—F公司        80 000

预算会计不做账务处理。

【例4-52】续【例4-50】。12月20日，根据厂房租赁合同，B单位应当支付半年租金108 000元。B单位提出因疫情影响导致工厂开工不足，经营困难，希望减免部分租金。经协商，并经财政部门审核批准，同意减免2个月租金。同日，B单位将72 000元转入单位开户银行。该单位应编制如下会计分录：

①12月20日收到租金：

财务会计：

借：银行存款             72 000

  应缴财政款—出租收入       36 000

  贷：应收账款—B单位        108 000

预算会计不做账务处理。

②上缴财政（同【例4-50】，略）。

已核销的应收账款在以后期间又收回的：

对收回后不需上缴财政的应收账款，按实际收到金额，借记本科目，贷记"坏账准备"科目；借记"银行存款"科目，贷记本科目。同时，在预算会计中，借记"资金结存"科目，贷记"非财政拨款结余"等科目。

对收回需上缴财政的应收账款，按实际收到金额，借记"银行存款"科目，贷记"应缴财政款"科目。预算会计不需处理。

【例4-53】续【例4-51】。次年6月10日，收到法院转来的F公司破产清算款1 200元。该单位应编制如下会计分录：

财务会计：

借：应收账款—F公司         1 200

  贷：坏账准备—应收账款       1 200

借：银行存款             1 200

  贷：应收账款—F公司        1 200

预算会计：

借：资金结存—货币资金　　　　　　　　　　　　　1 200

　　贷：非财政拨款结余—年初余额调整　　　　　　　1 200

【例4-54】某科学事业单位4年前与B公司签订了办公室租赁合同，B公司因经营不善，于2年前倒闭，正在破产清算中。本单位"应收账款—B公司"账面余额50 000元。去年年终结账前，单位报经批准核销该笔欠款。10月16日，收到法院转来的B公司破产清算款1 500元。该单位应编制如下会计分录：

财务会计：

①收到款项时：

借：银行存款　　　　　　　　　　　　　　　　　　1 500

　　贷：应缴财政款—出租收入　　　　　　　　　　　1 500

②上缴财政时：

借：应缴财政款—出租收入　　　　　　　　　　　　1 500

　　贷：银行存款　　　　　　　　　　　　　　　　　1 500

预算会计不做账务处理。

## 四、预付账款

（一）预付账款的含义

预付账款，是指科学事业单位购入专用材料、委托其他单位承担研究开发项目或课题、组织学术、科普活动等任务，按照购货、服务合同或协议规定预付给供应单位（或个人）的款项，包括预付的材料、商品采购货款、必须预先发放的在以后收回的农副产品预购定金等，以及按照合同规定向承包工程的施工企业预付的备料款和工程款。

预付账款有如下特点：

1. 单位根据采购或定制物品、委托研究或服务、工程建造等合同或协议的规定向供应单位预付的款项，不包括支付的押金和个人预借的款项等。

2. 预付款项情况不多的单位，可以不设置"预付账款"科目，而直接通过"应付账款"科目核算。

单位应当于每年年末，对预付账款进行全面检查。如果有确凿证据表明预付账款不再符合预付款项性质，或者因供应单位破产、撤销等原因可能无法收到所购货物、服务的，应当先将其转入其他应收款，再按照规定进行处理。

（二）预付账款的确认与计量

科学事业单位的预付账款应当在按照购货、服务合同或协议规定支付给供应单位（或个人）款项，或按照合同规定向承包工程的施工企业预付备料款和工程款，且尚未收到物资或服务时予以确认，并按实际支付金额予以计量。

（三）预付账款核算

1. 科目设置。

科学事业单位应当设置"预付账款"科目，核算单位按照采购物资、服务合同或协议规定预付给供应单位（或个人）的款项，以及按照合同规定向承包工程的施工企业预付的备料款和工程款。本科目应当按照供应单位（或个人）及项目进行明细核算；对于基本建设项目发生的预付账款，还应当在本科目所属基建项目明细科目下设置"预付备料款""预付工程款""其他预付款"等明细科目，进行明细核算。期末借方余额，反映单位实际预付但尚未结算的款项；如为贷方余额，反映单位尚未补付的款项。

2. 主要账务处理。

（1）根据采购物资、服务合同或协议规定预付款项时，按照预付金额，借记本科目，贷记"财政拨款收入""零余额账户用款额度""银行存款"等科目。同时，在预算会计中，借记"事业支出""经营支出""其他支出"等相关科目的"待处理支出"，贷记"财政拨款预算收入""资金结存"等科目。

【例4-55】5月8日，A科学事业单位委托B单位定制一批科研专用零配件，总价15万元。合同约定先支付货款的30%，B单位收到预付款后开始制作，货物验收合格后支付剩余款项。5月9日，从单位零余额账户用款额度中预付货款4.5万元。该业务支出功能分类科目为"科学技术支出—应用研究—专项科研试制"。该单位应编制如下会计分录：

财务会计：

借：预付账款—B单位　　　　　　　　　　　　　　45 000

　　贷：零余额账户用款额度　　　　　　　　　　　　　45 000

预算会计：

借：事业支出—待处理　　　　　　　　　　　　　　45 000

　　贷：资金结存—零余额账户用款额度　　　　　　　　45 000

（2）收到所购物资或提供服务时，按照购入物资或服务的成本，借记"库存物品""固定资产""无形资产""业务活动费用"等相关科目，按照相关预付账款的账面余额，贷记本科目，按照实际补付的金额，贷记"财政拨款收入""零余额账户用款额度""银行存款"等科目。同时，在预算会计中，按实际补付金额，借记"事业支出""经营支出""其他支出"等相关科目，贷记"财政拨款预算收入""资金结存"等科目。涉及增值税业务的，相关账务处理参见"应交增值税"科目。

【例4-56】续【例4-55】。6月20日，定制专用零配件到货，验收合格入库。财务收到增值税专用发票，票面金额（含税）15万元。剩余货款从零余额账户支付。该单位应编制如下会计分录：

财务会计：

借：库存物品—零配件　　　　　　　　　　　　　150 000

　　贷：预付账款—B单位　　　　　　　　　　　　　　45 000

　　　　零余额账户用款额度　　　　　　　　　　　　105 000

预算会计：

借：事业支出—科研活动支出—财政拨款支出—专项科研试制—项目支出—商品

　　和服务支出—专用材料费　　　　　　　　　　150 000

贷：事业支出—待处理 　　　　　　　　　　　　　　45 000

　　资金结存—零余额账户用款额度　　　　　　　　105 000

（3）根据工程进度结算工程价款及备料款时，按照结算金额，借记"在建工程"科目，按照相关预付账款的账面余额，贷记本科目，按照实际补付的金额，贷记"财政拨款收入""零余额账户用款额度""银行存款"等科目。同时，在预算会计中，按实际补付的金额，借记"事业支出""经营支出""其他支出"等相关科目，贷记"财政拨款预算收入""资金结存"等科目。

【例4-57】C科学事业单位准备建设一幢科研试验用厂房，已办妥各项前期手续。5月25日，通过招标与E建筑公司签订了建造合同，合同金额1 500万元，工期10个月。合同约定，单位需在合同签订后十日内按总价款的20%预付备料款，且在支付工程款达到总价款的50%时开始抵扣，抵扣比例为当月工程进度款的40%。工程进度款每月按已完工程量的85%支付，工程竣工结算前工程款支付不超过90%。

5月28日，C单位向E公司支付了300万元备料款，以单位银行存款支付。

11月20日，支付本月工程进度款150万元，以单位银行存款支付。

本例业务支出功能分类科目为"科学技术支出—技术研究与开发—其他技术研究与开发支出"。该单位应编制如下会计分录：

①预付备料款时：

财务会计：

借：预付账款—预付备料款—E建筑公司　　　　　　3 000 000

　　贷：银行存款　　　　　　　　　　　　　　　　　　3 000 000

预算会计：

借：事业支出—科研活动支出—非财政专项资金支出—其他技术研究与开发支
　　出—项目支出—资本性支出—房屋建筑物购建　　3 000 000

　　贷：资金结存—货币资金　　　　　　　　　　　　　3 000 000

②11月至次年3月抵扣备料款：

假如工程每月进度匀速，则前5个月，每月工程进度款150万元，累计进度款750万元，达到50%。实际支付85%，共637.5万元。会计分录略。

从11月开始抵扣备料款：

应付工程进度款=150×85%=127.5（万元）

当月应扣预付备料款=150×40%=60（万元）

当月实付工程进度款=127.5-60=67.5（万元）

财务会计：

借：在建工程—建筑安装工程投资—建筑工程—厂房　　1 275 000

　　贷：预付账款—预付备料款—E建筑公司　　　　　　　600 000

　　　　银行存款　　　　　　　　　　　　　　　　　　　675 000

预算会计：

借：事业支出—科研活动支出—非财政专项资金支出—其他技术研究与开发支
　　出—项目支出—资本性支出—房屋建筑物购建　　675 000

　　贷：资金结存—货币资金　　　　　　　　　　　　　　　　　675 000

（4）发生预付账款退回的，按照实际退回金额，借记"财政拨款收入"（本年直接支付）、"财政应返还额度"（以前年度直接支付）、"零余额账户用款额度"、"银行存款"等科目，贷记本科目。同时，在预算会计中，借记"财政拨款预算收入"（本年直接支付）、"资金结存"等相关科目，贷记"事业支出""经营支出""其他支出"（本年直接支付）、"财政拨款结转/结余—年初余额调整"（以前年度直接支付）等科目。

【例4－58】12月21日，A科学事业单位因B项目科研计划调整，经与C单位协商，取消委托定制的一批零配件订单，请求退回预付款5万元。因C单位审批和年末结算原因，当年决算前未能退回。次年1月10日，收到C单位按原支付渠道退回零余额账户的预付款5万元。该单位应编制如下会计分录：

财务会计：

借：零余额账户用款额度　　　　　　　　　　　　　　　　　　50 000
　　贷：预付账款—C单位　　　　　　　　　　　　　　　　　　50 000

预算会计：

借：资金结存—零余额账户用款额度　　　　　　　　　　　　　50 000
　　贷：财政拨款结转—年初余额调整（B项目）　　　　　　　　50 000

【例4－59】续【例4－58】。假设上例中，12月25日，收到C单位按原支付渠道退回零余额账户的预付款5万元。该业务支出功能分类科目为"科学技术支出—应用研究—专项科研试制"。则该单位应编制如下会计分录：

财务会计：

借：零余额账户用款额度　　　　　　　　　　　　　　　　　　50 000
　　贷：预付账款—C单位　　　　　　　　　　　　　　　　　　50 000

预算会计：

借：资金结存—零余额账户用款额度　　　　　　　　　　　　　50 000
　　贷：事业支出—科研活动支出—财政专项资金支出—专项科研试制—项目支
　　　　出—资本性支出—专用设备购置（B项目）　　　　　　　50 000

（5）逾期无法收回的预付账款转为其他应收款。按无法收回的预收账款金额，借记"其他应收款"科目，贷记本科目。预算会计不需处理。

【例4－60】12月20日，某科学事业单位在年末往来清查中发现，D公司已经宣告破产，当年预付货款2万元未发货未退回。根据制度规定，应当转为"其他应收款"待处理。该单位应编制如下会计分录：

财务会计：

借：其他应收款—D公司　　　　　　　　　　　　　　　　　　20 000
　　贷：预付账款—D公司　　　　　　　　　　　　　　　　　　20 000

预算会计不做账务处理。

# 五、应收股利

## (一) 应收股利的含义

应收股利，是指科学事业单位持有长期股权投资应当收取的现金股利或应当分得的利润，包括单位购入股票实际支付的款项中所包括的已宣告发放但尚未领取的现金股利和单位因对外投资应分得的现金股利或利润等，但不包括应收的股票股利。应收的股票股利需要在备查簿中登记股数的增加。

## (二) 应收股利核算

1. 科目设置。

科学事业单位应当设置"应收股利"科目，核算单位持有长期股权投资应当收取的现金股利或应当分得的利润。本科目应当按照被投资单位等进行明细核算。期末借方余额，反映单位应当收取但尚未收到的现金股利或利润。

2. 主要账务处理。

(1) 取得长期股权投资，按照支付的价款中所包含的已宣告但尚未发放的现金股利，借记本科目，按照确定的长期股权投资成本，借记"长期股权投资"科目，按照实际支付的金额，贷记"银行存款"等科目。同时，在预算会计中，按实际支付的全部价款，借记"投资支出"科目，贷记"资金结存"科目。

收到取得投资时实际支付价款中所包含的已宣告但尚未发放的现金股利时，按照收到的金额，借记"银行存款"科目，贷记本科目。同时，在预算会计中，借记"资金结存"科目，贷记"投资支出"科目。

【例4-61】2×19年4月20日，A科学事业单位经批准使用自有资金受让B公司10%股份，协议金额1 450万元，其中包含B公司已宣告但尚未支付的股利34万元。

2×19年4月25日，以银行存款支付，已办妥过户手续。

2×19年5月2日，单位开户银行转来到账通知，收到B公司股利34万元。

该业务支出功能分类科目为"科学技术支出—其他科学技术支出—转制科研机构"。该单位应编制如下会计分录：

①4月25日支付股份价款时：

财务会计：

借：长期股权投资—B公司　　　　　　　　　　　　14 160 000

　　应收股利—B公司　　　　　　　　　　　　　　　 340 000

　　贷：银行存款　　　　　　　　　　　　　　　　　　　14 500 000

预算会计：

借：投资支出—股权投资—B公司—转制科研机构—资本性支出—其他资本性支出

　　　　　　　　　　　　　　　　　　　　　　　　14 500 000

　　贷：资金结存—货币资金　　　　　　　　　　　　　　14 500 000

②5月2日收到股利时：

财务会计：

借：银行存款              340 000

  贷：应收股利—B 公司         340 000

预算会计：

借：资金结存—货币资金        340 000

  贷：投资支出—股权投资—B 公司—转制科研机构—资本性支出—其他资本性

   支出               340 000

（2）长期股权投资持有期间，被投资单位宣告发放现金股利或利润的，按照应享有的份额，借记本科目，贷记"投资收益"（成本法下）或"长期股权投资"（权益法下）科目。预算会计不需处理。

实际收到现金股利或利润时，按照收到的金额，借记"银行存款"等科目，贷记本科目。同时，在预算会计中，借记"资金结存"科目，贷记"投资预算收益"等科目。

【例 4-62】续【例 4-61】。2×20 年 3 月 20 日，B 公司宣告上年利润分配方案，本单位按股份比例应享有股利 42 万元。3 月 24 日，股利到账。该单位应编制如下会计分录：

①3 月 20 日宣告发放股利时：

财务会计：

借：应收股利—B 公司          420 000

  贷：投资收益—股权投资        420 000

预算会计不做账务处理。

②3 月 24 日收到股利时：

财务会计：

借：银行存款              420 000

  贷：应收股利—B 公司         420 000

预算会计：

借：资金结存—货币资金        420 000

  贷：投资预算收益—转制科研机构     420 000

（3）科学事业单位按规定需将长期股权投资持有期间取得的投资收益上缴财政的账务处理。

科学事业单位按规定需将长期股权投资持有期间取得的投资收益上缴本级财政的，应当按照以下规定进行账务处理：

①长期股权投资采用成本法核算的，被投资单位宣告发放现金股利或利润时，事业单位按照应收的金额，借记本科目，贷记"投资收益"科目；收到现金股利或利润时，借记"银行存款"等科目，贷记"应缴财政款"科目，同时按照此前确定的应收股利金额，借记"投资收益"科目或"累计盈余"科目（此前确认的投资收益已经结转的），贷记本科目；将取得的现金股利或利润上缴财政时，借记"应缴财政款"科目，贷记"银行存款"等科目。上述业务预算会计不需处理。

【例 4-63】假设 A 科学事业单位投资收益按规定应当上缴财政，A 科学事业单位（转制院所）持有 B 公司 10% 股份，使用成本法核算。

2×20 年 3 月 20 日，B 公司宣告上年利润分配方案，本单位按股份比例应享有股利 42 万元。3 月 24 日，股利到账。同日，上缴财政。

该业务支出功能分类科目为"科学技术支出—其他科学技术支出—转制科研机构"。该单位应编制如下会计分录：

财务会计：

①3 月 20 日宣告发放股利时：

借：应收股利—A 公司 420 000

　　贷：投资收益—股权投资 420 000

②3 月 24 日收到股利时：

借：银行存款 420 000

　　贷：应缴财政款—投资收益 420 000

借：投资收益—股权投资 420 000

　　贷：应收股利—A 公司 420 000

③上缴财政时：

借：应缴财政款—投资收益 420 000

　　贷：银行存款 420 000

上述业务预算会计不做账务处理。

②长期股权投资采用权益法核算的，被投资单位实现净利润的，按照应享有的份额，借记"长期股权投资—损益调整"科目，贷记"投资收益"科目；被投资单位宣告发放现金股利或利润时，单位按照应享有的份额，借记本科目，贷记"长期股权投资—损益调整"科目；收到现金股利或利润时，借记"银行存款"等科目，贷记"应缴财政款"科目，同时按照此前确定的应收股利金额，借记"投资收益"科目或"累计盈余"科目（此前确认的投资收益已经结转的），贷记本科目；将取得的现金股利或利润上缴财政时，借记"应缴财政款"科目，贷记"银行存款"等科目。上述业务预算会计不需处理。

【例 4 – 64】假设 A 科学事业单位投资收益按规定应当上缴财政。2×19 年末，A 科学事业单位持有 B 公司 25% 股份，且有部分控制权，已按准则要求调整为权益法核算。

2×19 年 12 月 31 日，已按 B 公司报表记载的所有者权益金额及持股比例调整了本单位"长期股权投资"科目（会计分录略）。

2×20 年 3 月 20 日，B 公司宣告上年利润分配方案，本单位按股份比例应享有股利 105 万元。3 月 24 日，现金股利到账。同日，上缴财政。

该业务支出功能分类科目为"科学技术支出—其他科学技术支出—转制科研机构"。该单位应编制如下会计分录：

财务会计：

①3 月 20 日宣告发放现金股利时：

借：应收股利—B 公司 1 050 000

　　贷：长期股权投资—B 公司—损益调整 1 050 000

②3 月 24 日收到股利时：

借：银行存款             1 050 000

  贷：应缴财政款—投资收益       1 050 000

借：累计盈余             1 050 000

  贷：应收股利—B 公司         1 050 000

③上缴财政时：

借：应缴财政款—投资收益         1 050 000

  贷：银行存款            1 050 000

上述业务预算会计不做账务处理。

# 六、应收利息

（一）应收利息的含义

应收利息，是指科学事业单位因长期债券投资而应收取的利息。包括购入长期债券的价款中已到付息期但尚未领取的债券利息，和分期付息到期还本的长期债券在持有期间产生的利息。但不包括单位购入到期一次还本付息的长期债券应收取的利息。

（二）应收利息核算

1. 科目设置。

科学事业单位应当设置"应收利息"科目，核算单位长期债券投资应当收取的利息。本科目应当按照被投资单位等进行明细核算。期末借方余额，反映单位应收未收的长期债券投资利息。

事业单位购入的到期一次还本付息的长期债券投资持有期间的利息，应当通过"长期债券投资—应计利息"科目核算，不通过本科目核算。

2. 主要账务处理。

（1）取得长期债券投资，按照确定的投资成本，借记"长期债券投资"科目，按照支付的价款中包含的已到付息期但尚未领取的利息，借记本科目，按照实际支付的金额，贷记"银行存款"等科目。同时，在预算会计中，按实际支付的全部价款，借记"投资支出"等科目，贷记"资金结存"科目。

收到取得投资时实际支付价款中所包含的已到付息期但尚未领取的利息时，按照收到的金额，借记"银行存款"等科目，贷记本科目。同时，在预算会计中，借记"资金结存"科目，贷记"投资支出"等科目。

【例 4－65】2×19 年 3 月 21 日，C 科学事业单位经批准以自有资金从二级债券市场购买五年期国债 525 万元，其中包括未付利息 17.25 万元，每年 3 月 20 日计息。3 月 23 日，银行账户收到国债利息 17.25 万元。该业务支出功能分类科目为"科学技术支出—其他科学技术支出—转制科研机构"。该单位应编制如下会计分录：

①3 月 21 日购入国债时：

财务会计：

借：长期债券投资——国债        5 077 500

  应收利息——国债利息       172 500

   贷：银行存款          5 250 000

预算会计：

借：投资支出——债券投资——国债——转制科研机构——资本性支出——其他资本性支出

              5 250 000

   贷：资金结存——货币资金     5 250 000

②3月23日收到利息时：

财务会计：

借：银行存款          172 500

   贷：应收利息——国债利息     172 500

预算会计：

借：资金结存——货币资金      172 500

   贷：投资支出——债券投资——国债——转制科研机构——资本性支出——其他资本性

    支出           172 500

（2）按期计算确认长期债券投资利息收入时，对于分期付息、一次还本的长期债券投资，按照以票面金额和票面利率计算确定的应收未收利息金额，借记本科目，贷记"投资收益"科目。预算会计不需处理。

实际收到应收利息时，按照收到的金额，借记"银行存款"等科目，贷记本科目。同时，在预算会计中，借记"资金结存"科目，贷记"投资预算收益"等科目。

【例4-66】续【例4-65】。2×20年3月20日国债计息日，该单位国债应计利息17.25万元。3月23日，利息到账。该单位应编制如下会计分录：

①3月20日国债计息：

财务会计：

借：应收利息——国债利息      172 500

   贷：投资收益——债券投资     172 500

预算会计不做账务处理。

②3月23日收到国债利息：

财务会计：

借：银行存款          172 500

   贷：应收利息——国债利息     172 500

预算会计：

借：资金结存——货币资金      172 500

   贷：投资预算收益——转制科研机构   172 500

5年国债持有期间，第2年起每年3月20日国债计息日均做上述相同的会计处理。

## 七、其他应收款

（一）其他应收款的含义

其他应收款，是指科学事业单位除财政应返还额度、应收票据、应收账款、预付账款、应收股利、应收利息等以外的其他各种应收或暂付款项，如职工预借的差旅费、已经偿还银行尚未报销的本单位公务卡欠款、拨付给内部有关部门的备用金、应向职工收取的各种垫付款项、支付的可以收回的订金或押金、应收的上级补助和附属单位上缴款项等。

科学事业单位以下几种款项也通过本科目核算：

1. 通过实拨方式转拨下级单位的预算拨款。

2. 纳入下年度预算的暂借财政拨款。

3. 按规定报经财政部门审核批准，在财政授权支付用款额度或财政直接支付用款计划下达之前，用本单位实有资金账户资金垫付相关支出，再通过财政授权支付方式或财政直接支付方式将资金归还原垫付资金账户的。

（二）其他应收款的管理要求

科学事业单位应当建立健全其他应收款项内部控制制度，包括：

1. 建立明确的职责分工制度。

2. 建立备用金领用和报销制度，合理确定备用金限额。

3. 建立周转包装物的收受、领发、回收、退回等制度，专人保管，单独账簿记录。

4. 建立定期检查清理制度，及时组织催收工作。

5. 计提坏账准备。科学事业单位应当合理预计其他应收款可能发生的坏账损失，定期计提坏账准备，以备其减值。

（三）其他应收款的确认与计量

科学事业单位的其他应收款应当在职工差旅费借款、代偿未报销的公务卡欠款、拨付备用金、垫付应收职工款项、支付订金或押金、应收上级补助和附属单位上缴款项等业务发生时予以确认，并按照实际发生额予以计量。

（四）其他应收款核算

1. 科目设置。

为核算科学事业单位除财政应返还额度、应收票据、应收账款、预付账款、应收股利、应收利息以外的其他各项应收及暂付款项，应当设置"其他应收款"科目。本科目应当按照其他应收款的类别以及债务单位（或个人）进行明细核算。期末借方余额，反映单位尚未收回的各种其他应收款项。

科学事业单位应当于每年年末，对其他应收款进行全面检查，预计其可能发生的坏账损失，并计提坏账准备。对于超过规定年限或有证据表明债务人死亡、破产等原因确认无法收回的其他应收款，应当按照有关规定报经批准后予以核销。核销的其他应收款应在备查簿中保留登记。

2. 主要账务处理。

（1）发生其他各种应收及暂付款项时，按照实际发生金额，借记本科目，贷记"零余额账户用款额度""银行存款""库存现金""上级补助收入""附属单位上缴收入"等科目。预算会计不需处理。涉及增值税业务的，相关账务处理参见"应交增值税"科目。

【例4-67】6月5日，某科学事业单位购买需要加固包装运输的试剂，以单位银行存款支付B公司试剂包装物押金2 000元。该单位应编制如下会计分录：

财务会计：

借：其他应收款—B公司　　　　　　　　　　　　　　　2 000

　　贷：银行存款　　　　　　　　　　　　　　　　　　　　2 000

预算会计不做账务处理。

【例4-68】6月15日，某科学事业单位科研人员李某参加外省培训会，按文件要求先汇培训费8 000元，培训期间学员不再负担住宿及餐费。6月28日，李某返回报销培训费借款8 000元；报销往返差旅费及补助2 660元，从零余额账户支付。该业务支出功能分类科目为"科学技术支出—应用研究—专项科研试制"。该单位应编制如下会计分录：

①借培训费时：

财务会计：

借：其他应收款—李某　　　　　　　　　　　　　　　　8 000

　　贷：零余额账户用款额度　　　　　　　　　　　　　　　8 000

预算会计不做账务处理。

②报销培训费及差旅费：

财务会计：

借：业务活动费用—科研活动费用—商品和服务支出　　　10 660

　　贷：零余额账户用款额度　　　　　　　　　　　　　　　2 660

　　　　其他应收款—李某　　　　　　　　　　　　　　　　8 000

预算会计：

借：事业支出—科研支出—财政拨款支出—专项科研试制—项目支出—商品和服务
　　支出—培训费　　　　　　　　　　　　　　　　　　　10 660

　　贷：资金结存—零余额账户用款额度　　　　　　　　　　10 660

（2）收回其他各种应收及暂付款项时，按照收回的金额，借记"库存现金""银行存款"等科目，贷记本科目。预算会计不需处理。

【例4-69】续【例4-67】。6月20日，某科学事业单位收到退回的运输加固包装物押金2 000元。该单位应编制如下会计分录：

财务会计：

借：银行存款　　　　　　　　　　　　　　　　　　　　2 000

　　贷：其他应收款—B公司　　　　　　　　　　　　　　　2 000

预算会计不做账务处理。

（3）单位内部实行备用金制度的，有关部门使用备用金以后应当及时到财务部门报销并补足备用金。

财务部门核定并发放备用金时，按照实际发放金额，借记本科目，贷记"库存现金"等科目。预算会计不需处理。

根据报销金额用现金补足备用金定额时，借记"业务活动费用""单位管理费用"等科目，贷记"库存现金"等科目，报销数和拨补数都不再通过本科目核算。同时，在预算会计中，按报销金额，借记"事业支出""其他支出"等科目，贷记"资金结存"科目。

【例4-70】某科学事业单位食堂实行定额备用金制度。1月6日，食堂管理员周某借采购用备用金3 000元。1月11日，报销蔬菜及调味品采购款2 650元。该业务支出功能分类科目为"科学技术支出—科技条件与服务—机构运行"。该单位应编制如下会计分录：

①借备用金时：

财务会计：

借：其他应收款—食堂备用金—周某        3 000

  贷：银行存款           3 000

预算会计不做账务处理。

②报销时：

财务会计：

借：单位管理费用—商品和服务费用      2 650

  贷：银行存款           2 650

预算会计：

借：事业支出—管理支出—财政拨款支出—机构运行—基本支出—商品和服务支出—福利费                2 650

  贷：资金结存—货币资金        2 650

（4）偿还尚未报销的本单位公务卡欠款时，按照偿还的款项，借记本科目，贷记"零余额账户用款额度""银行存款"等科目；持卡人报销时，按照报销金额，借记"业务活动费用""单位管理费用"等科目，贷记本科目。同时，在预算会计中，按报销金额，借记"事业支出""其他支出"等科目，贷记"资金结存"科目。

【例4-71】12月19日，某科学事业单位朱某因科研项目（非同级财政拨款科研项目）出差刷公务卡购机票2 820元，年末业务报销截止日期前行程尚未结束。次年1月4日（星期六）为公务卡还款日，单位从开户银行账户先行偿还公务卡2 820元。1月10日，朱某报销差旅费6 120元（含机票），报销差额从单位银行账户转账支付。该业务支出功能分类科目为"节能环保支出—环境保护管理事务—其他环境保护管理事务支出"。该单位应编制如下会计分录：

①垫付时：

财务会计：

借：其他应收款—代垫公务卡—朱某      2 820

　　贷：银行存款　　　　　　　　　　　　　　　　　　　　　2 820

预算会计不做账务处理。

②报销时：

财务会计：

借：业务活动费用—科研活动费用—商品和服务支出　　　　6 120

　　贷：其他应收款—代垫公务卡—朱某　　　　　　　　　　2 820

　　　　银行存款　　　　　　　　　　　　　　　　　　　　3 300

预算会计：

借：事业支出—科研支出—非财政专项资金支出—其他环境保护管理事务支出—
　　项目支出—商品和服务支出—差旅费　　　　　　　　　　6 120

　　贷：资金结存—货币资金　　　　　　　　　　　　　　　6 120

（5）将预付账款账面余额转入其他应收款时，借记本科目，贷记"预付账款"科目。具体说明参见"预付账款"科目。

（6）有关其他应收款计提坏账准备和核销的处理，参见"坏账准备"科目。

（7）年末暂付款的处理。

在年终结账前，单位应当对暂付款按如下办法处理：

①对于纳入本年度部门预算管理的暂付款项，按照《政府会计制度》规定，单位在支付款项时可不做预算会计处理，待结算或报销时，按照结算或报销的金额，借记相关预算支出科目，贷记"资金结存"科目。但是，在年末结账前，对于尚未结算或报销的暂付款项，单位应当按照暂付的金额，借记相关预算支出科目，贷记"资金结存"科目。以后年度，实际结算或报销金额与已计入预算支出的金额不一致的，单位应当通过相关预算结转结余科目"年初余额调整"明细科目进行处理。

【例4-72】2×19年11月20日，某科学事业单位因科研业务需要，与A物流公司签订物流费用汇总支付协议。11月26日，根据协议从单位银行账户向A物流公司支付履约保证金30 000元。12月25日，业务部门报销12月份物流费用汇总账单15 650元，已先从保证金中抵扣。至年末结账前，物流履约保证金余额14 350元。

2×20年1月10日，单位根据协议补齐履约保证金15 650元。1月25日，报销1月份物流费用18 500元。

该业务支出功能分类科目为"科学技术支出—技术研究与开发—其他技术研究与开发支出"。该单位应编制如下会计分录：

①2×19年11月26日预付款时：

财务会计：

借：其他应收款—A物流公司　　　　　　　　　　　　　　30 000

　　贷：银行存款　　　　　　　　　　　　　　　　　　　30 000

预算会计不做账务处理。

②2×19年12月25日报销物流费用时：

财务会计：

借：业务活动费用—科研活动费用—商品和服务费用　　　　15 650

　　贷：其他应收款—A 物流公司　　　　　　　　　　　　　　15 650

预算会计：

借：事业支出—科研支出—财政拨款支出—其他技术研究与开发支出—基本支出—商品和服务支出—其他商品和服务支出　　　　15 650

　　贷：资金结存—货币资金　　　　　　　　　　　　　　　　15 650

③2×19 年 12 月 31 日年末结账前，将未报销物流保证金列入支出：

预算会计：

借：事业支出—科研支出—财政拨款支出—其他技术研究与开发支出—基本支出—商品和服务支出—其他商品和服务支出　　　　14 350

　　贷：资金结存—货币资金　　　　　　　　　　　　　　　　14 350

财务会计不做处理。

④2×20 年 1 月 10 日补付物流保证金时：

财务会计：

借：其他应收款—A 物流公司　　　　　　　　　　　　　　15 650

　　贷：银行存款　　　　　　　　　　　　　　　　　　　　15 650

预算会计不做账务处理。

⑤2×20 年 1 月 25 日报销物流费用时：

财务会计：

借：业务活动费用—科研活动费用—商品和服务费用　　　　18 500

　　贷：其他应收款—A 物流公司　　　　　　　　　　　　　　18 500

预算会计：

本次报销物流费用中，含上年保证金余额 14 350 元（科研支出），应当扣除，预算会计按 4 150 元（18 500 – 14 350）列支。

借：事业支出—科研支出—财政拨款支出—其他技术研究与开发支出—基本支出—商品和服务支出—其他商品和服务支出　　　　4 150

　　贷：资金结存—货币资金　　　　　　　　　　　　　　　　4 150

该笔业务报销后，"其他应收款—A 物流公司"账面余额为 11 500 元。

②对于应当纳入下一年度部门预算管理的暂付款项，单位在付出款项时，借记本科目，贷记"零余额账户用款额度""银行存款"等科目，本年度不做预算会计处理。待下一年实际结算或报销时，单位应当按照实际结算或报销的金额，借记有关费用科目，按照之前暂付的款项金额，贷记本科目，按照退回或补付的金额，借记或贷记"零余额账户用款额度""银行存款"等科目；同时，在预算会计中，按照实际结算或报销的金额，借记有关支出科目，贷记"资金结存"科目。下一年度内尚未结算或报销的，按照上述①中的规定处理。

【例 4-73】12 月 20 日，某科学事业单位零余额账户收到财政部门紧急下拨的下年度预算指标额度 300 000 元，用于疫情防控科研项目。12 月 24 日，科研部门申请使用该项目资金 180 000 元用于采购试剂，从零余额账户支付给 C 公司。该业务支出功能分类科目为"科学技术支出—技术研究与开发—其他技术研究与开发支出"。该单位应编制如下会计分录：

①12 月 20 日收到拨款时：

财务会计：

借：零余额账户用款额度 300 000

　　贷：其他应付款—预拨下年度预算款 300 000

预算会计不做账务处理。

②12 月 24 日申请使用时：

财务会计：

借：其他应收款—C 公司 180 000

　　贷：零余额账户用款额度 180 000

预算会计不做账务处理。

③次年初，调整会计处理：

a. 调整增加拨款时：

财务会计：

借：其他应付款—预拨下年度预算款 300 000

　　贷：财政拨款收入 300 000

预算会计：

借：资金结存—零余额账户用款额度 300 000

　　贷：财政拨款预算收入—其他技术研究与开发支出—项目支出（疫情防控）

300 000

b. 调整采购试剂业务时：

财务会计不做账务调整。

预算会计：

借：事业支出—待处理 180 000

　　贷：资金结存—零余额账户用款额度 180 000

③对于不纳入部门预算管理的暂收暂付款项（如应上缴、应转拨或应退回的资金），单位应当按照《政府会计制度》规定，仅做财务会计处理，不做预算会计处理。

（8）归垫资金的处理。

科学事业单位按规定报经财政部门审核批准，在财政授权支付用款额度或财政直接支付用款计划下达之前，用本单位实有资金账户资金垫付相关支出，再通过财政授权支付方式或财政直接支付方式将资金归还原垫付资金账户的，应当按照以下规定进行账务处理：

①用本单位实有资金账户资金垫付相关支出时，按照垫付的资金金额，借记"其他应收款"科目，贷记"银行存款"科目；预算会计不需处理。

②通过财政直接支付方式或授权支付方式将资金归还原垫付资金账户时，按照归垫的资金金额，借记"银行存款"科目，贷记"零余额账户用款额度""财政拨款收

入"科目，并按照相同的金额，借记"业务活动费用"等科目，贷记"其他应收款"科目；同时，在预算会计中，按照相同的金额，借记"事业支出"等科目，贷记"资金结存""财政拨款预算收入"科目。

【例4-74】3月2日，某科学事业单位接到上级主管部门某项紧急防疫科研项目任务需要立即启动，但项目立项审批及拨款程序需要一段时间。经与上级主管部门及财政部门协商后，同意单位先行垫付前期费用，待拨款到位后归还。

3月4日，单位批准项目采购专用材料款15万元的申请，从单位银行支付给C公司。3月10日，材料到达验收入库。

3月20日，单位零余额账户收到该项目拨款额度50万元。同日，单位申请从零余额账户归还单位银行账户垫付的采购款15万元。

该业务支出功能分类科目为"科学技术支出—基础研究—专项基础科研"。该单位应编制如下会计分录：

①3月4日支付采购款时：

财务会计：

借：其他应收款—C公司         150 000

  贷：银行存款            150 000

预算会计不做账务处理。

②3月10日收到专用材料并领用时：

财务会计：

借：库存物品           150 000

  贷：其他应收款—C公司        150 000

借：其他应收款—财政防疫项目拨款     150 000

  贷：库存物品           150 000

预算会计不做账务处理。

③3月20日收到项目拨款时：

财务会计：

借：零余额账户用款额度        500 000

  贷：财政拨款收入          500 000

预算会计：

借：资金结存—零余额账户用款额度     500 000

  贷：财政拨款预算收入—专项基础科研—项目支出（防疫项目）

                  500 000

④归还代垫费用：

财务会计：

借：银行存款           150 000

  贷：零余额账户用款额度        150 000

借：业务活动费用—科研费用—商品和服务费用  150 000

  贷：其他应收款—财政防疫项目拨款    150 000

预算会计：

借：事业支出—财政拨款支出—专项基础科研—项目支出—商品和服务支出—专
　　用材料费（防疫项目）　　　　　　　　　　　　　　　　　150 000
　　贷：资金结存—零余额账户用款额度　　　　　　　　　　　150 000

# 八、坏账准备

（一）坏账准备的含义及内容

坏账准备，是指科学事业单位对收回后不需上缴财政的应收账款和其他应收款因
可能存在的坏账损失而提取的减值准备。

科学事业单位计提坏账准备的应收款项包括：

1. 收回后不需上缴财政的应收账款。包括科学事业单位销售科技产品、商品，
提供技术转让、进行技术性服务或学术、科普等活动发生的应收账款。

2. 其他应收款。包括职工预借的差旅费、已经偿还银行尚未报销的本单位公务
卡欠款、拨付给内部有关部门的备用金、应向职工收取的各种垫付款项、支付的可以
收回的订金或押金、应收的上级补助和附属单位上缴款项等。

（二）坏账损失的确认条件

科学事业单位在科研和非科研业务活动及其辅助活动中发生的应收账款和其他应
收款，因各种原因导致的坏账损失是不可避免的，如债务单位撤销、破产、资不抵
债、现金流量严重不足、发生严重的自然灾害等导致停产而在短时间内无法偿付债务
等。一般来说，确定坏账损失的条件主要有两点：

1. 因债务人破产或死亡，以其破产财产或遗产清偿后，仍不能收回的应收款项。

2. 债务人逾期未履行偿债义务，且有明显特征表明无法收回。

科学事业单位的应收款项只要符合上述任何一个条件，均可作为坏账损失确认处理。

需要注意的是，当单位的应收款项按照第二个条件已经作为坏账损失后，并非意
味着单位放弃了对该项应收款项的索取权。实际上，单位仍然拥有继续收款的法定权
利，单位与欠款人之间的债权债务关系不会因为单位已做坏账处理而解除。既然应收
款项的坏账损失无法避免，因此，遵循谨慎性原则，对坏账损失的可能性预先进行估
计，并建立弥补坏账损失的准备制度，即提取坏账准备就显得极为重要。对确实收不
回的应收款项，在取得有关方面的证明并按照规定的程序批准后，列作坏账损失处
理，冲减坏账准备。

（三）计提坏账准备应注意的问题

科学事业单位的应收款项计提坏账准备应注意以下几点：

1. 现行政府会计制度规定，科学事业单位仅需对收回后不需上缴财政的应收账
款和其他应收款部分提取坏账准备，而对行政单位的应收账款和其他应收款以及事业
单位收回后上缴财政的应收账款和其他应收款部分则不需计提坏账准备。

2. 科学事业单位持有的未到期应收票据，如有确凿证据证明不能收回或收回的
可能性不大时，应将其账面余额转入应收账款，并计提相应的坏账准备。

3. 科学事业单位的预付账款如有确凿证据表明其不符合预付账款性质，或者因供货单位破产、撤销等原因已无望再收到所购货物的，应将预付账款转入其他应收款，并计提相应的坏账准备。

（四）坏账损失的内部控制

科学事业单位应当建立坏账损失内部控制制度，采取恰当的措施控制可能发生坏账损失的重点环节，降低呆账或坏账损失的发生风险。

1. 严格遵守政府会计制度的规定，确定坏账准备的计提范围和计提标准。

2. 建立坏账审批制度。明确坏账损失的处理审批程序与坏账批复手续。

3. 建立坏账预警和追偿机制。加强客户信用档案管理、合同管理和风险管理，明确已核销坏账的追索责任和机制。

（五）确定坏账准备计提比例的因素

科学事业单位在确定坏账准备的计提比例时，应根据债务人的实际财务状况、还款能力、信用程度、形成原因、实际用途和单位会计人员的职业判断等，按欠款时间的长短对应提坏账准备的应收款项进行分类，在此基础上估计合理的损失比例。

但下列情况一般不能全额计提坏账准备：

1. 当年发生的应收款项。

2. 计划对应收款项进行重组。

3. 与关联方发生的应收款项。

4. 其他已逾期，但无确凿证据证明不能收回的应收款项。

（六）坏账准备的计提方法

科学事业单位应当于每期期末，对应计提坏账准备的应收款项进行全面检查，分析其可收回性，对预计可能产生的坏账损失计提坏账准备、确认坏账损失。

科学事业单位可以采用应收款项余额百分比法、账龄分析法、个别认定法等方法计提坏账准备。坏账准备计提方法一经确定，不得随意变更。如需变更，应当按照规定报经批准，并在财务报表附注中予以说明。

1. 余额百分比法。

余额百分比法，指按照期末应收款项余额的一定百分比估计坏账损失的方法。坏账百分比由单位根据以往的资料或经验自行确定。在余额百分比法下，单位应在每个会计期末根据期末应提坏账准备的应收款项的余额和相应的坏账率估计出期末坏账准备账户应有的余额，它与调整前坏账准备账户已有的余额的差额，就是当期应补提或冲减的坏账准备金额。

采用余额百分比法计提坏账准备的计算公式如下：

（1）首次计提坏账准备的计算公式：

当期应计提的坏账准备 = 期末应提坏账准备的应收款项余额 × 坏账准备计提百分比

（2）以后计提坏账准备的计算公式：

当期应补提或冲减的坏账准备 = 按照期末应收款项和其他应收款项计算应计提的坏账准备金额 – 本科目期末贷方余额（或 + 本科目期末借方余额）

2. 账龄分析法。

账龄分析法，指根据应收账款账龄的长短来估计坏账损失的方法。通常而言，应收账款的账龄越长，发生坏账的可能性越大。为此，将单位的应提坏账准备的应收款项按账龄长短进行分组，分别确定不同的计提百分比估算坏账损失，使坏账损失的计算结果更符合客观情况。

采用账龄分析法计提坏账准备的计算公式如下：

（1）首次计提坏账准备的计算公式：

当期应计提的坏账准备 = $\sum$ （期末各账龄组应收款项余额 × 各账龄组坏账准备计提百分比）

（2）以后计提坏账准备的计算公式：

当期应补提或冲减的坏账准备 = 按照期末应收账款和其他应收款计算应计提的坏账准备金额 − 本科目期末贷方余额（或 + 本科目期末借方余额）

3. 个别认定法。

个别认定法，指针对每项应收款项的实际情况分别估计坏账损失的方法。例如，单位是根据应提坏账准备的应收款项的5%来计算坏账，但是有一债务人有明显的迹象表明还款困难，就可以对这一债务人的应收款项以个别认定法按10%或其他比例计提坏账准备。

在同一会计期间内运用个别认定法的应收款项应从按其他方法计提坏账准备的应收款项中剔除。

个别认定法区别于余额百分比法的主要特点在于两个方面：

（1）对坏账准备计提的依据不再是应收款项总额，而是债务人的信用状况和偿还能力。

（2）计提坏账准备的比率不再是所有的债务人都用一个相同的比例，而是信用状况不同其适用的比率也不同。只有在调查清楚每个债务人的信用状况和偿还能力后，并据此确定每个债务人的应收款项金额和计提比率，才能计提合适的坏账准备。

（七）坏账准备核算

1. 科目设置。

科学事业单位应当设置"坏账准备"科目，作为"应收账款"和"其他应收款"科目的备抵项目，核算单位对收回后不需上缴财政的应收账款和其他应收款提取的坏账准备。本科目应当分别按"应收账款"和"其他应收款"进行明细核算。期末贷方余额，反映科学事业单位提取的坏账准备金额。

2. 主要账务处理。

（1）提取坏账准备时，借记"其他费用"科目，贷记本科目；冲减坏账准备时，借记本科目，贷记"其他费用"科目。预算会计均不需处理。

【例4-75】某科学事业单位按账龄分析法计提应收账款和其他应收款坏账准备：1年以内账龄计提比例5%，1~3年10%，3~5年30%，5年以上80%。单位本年初"坏账准备"贷方余额205 000元，其中：应收账款坏账准备150 000元，其他应收款坏账准备55 000元。

12月31日，单位统计的收回后不需上缴财政的应收账款和其他应收款余额及账龄情况如表4-1所示：

表4-1　　　　　　　　　　　年末应收款项余额及账龄情况表　　　　　　　　单位：元

| 账龄 | 应收账款余额 | 其他应收款余额 | 合计 |
|---|---|---|---|
| 1年以内 | 100 000 | 60 000 | 160 000 |
| 1~3年 | 310 000 | 250 000 | 560 000 |
| 3~5年 | 148 000 | 46 000 | 194 000 |
| 5年以上 | 78 000 | 76 000 | 154 000 |
| 合计 | 636 000 | 432 000 | 1 068 000 |

年末应收款项需计提的坏账准备计算如表4-2所示：

表4-2　　　　　　　　　　　　　坏账准备计算表　　　　　　　　　　　单位：元

| 账龄 | 计提比例（%） | 应收账款应计提金额 | 其他应收款应计提金额 | 合计 |
|---|---|---|---|---|
| 1年以内 | 5 | 5 000 | 3 000 | 8 000 |
| 1~3年 | 10 | 31 000 | 25 000 | 56 000 |
| 3~5年 | 30 | 44 400 | 13 800 | 58 200 |
| 5年以上 | 80 | 62 400 | 60 800 | 123 200 |
| 合计 | — | 142 800 | 102 600 | 245 400 |

年末应计提坏账准备金额=245 400元

本年应补提坏账准备金额=245 400-205 000=40 400（元）

其中：应收账款=142 800-150 000=-7 200（元）

其他应收款=102 600-55 000=47 600（元）

根据应收账款账龄划分及坏账准备计提表，该单位应编制如下会计分录：

财务会计：

借：其他费用—计提坏账准备　　　　　　　　　　　　　40 400

　　坏账准备—应收账款　　　　　　　　　　　　　　　7 200

　　　贷：坏账准备—其他应收款　　　　　　　　　　　　　　47 600

预算会计不做账务处理。

【例4-76】某科学事业单位按账龄分析法计提坏账准备，计提比例为5‰。年初坏账准备余额57 900元，其中：应收账款坏账准备余额17 400元，其他应收款坏账准备余额40 500元。年末，应提坏账准备的应收账款余额1 627 000元，其他应收款余额11 622 000元。该单位应编制如下会计分录：

年末计提坏账准备计算如下：

年末应收账款应计提金额=1 627 000×5‰=8 135（元）

应补提或冲减金额=8 135-17 400=-9 265（元）（冲减）

年末其他应收款应计提金额=11 622 000×5‰=58 110（元）

应补提或冲减金额 = 58 110 − 40 500 = 17 610（元）（补提）

财务会计：

借：其他费用—计提坏账准备　　　　　　　　　　　　8 345

　　坏账准备—应收账款　　　　　　　　　　　　　　9 265

　　贷：坏账准备—其他应收款　　　　　　　　　　　　　　17 610

预算会计不做账务处理。

（2）对于账龄超过规定年限并确认无法收回的应收账款、其他应收款，应当按照有关规定报经批准后，按照无法收回的金额，借记本科目，贷记"应收账款""其他应收款"科目。预算会计均不需处理。

已核销的应收账款、其他应收款在以后期间又收回的，按照实际收回金额，借记"应收账款""其他应收款"科目，贷记本科目；同时，借记"银行存款"等科目，贷记"应收账款""其他应收款"科目。同时，在预算会计中，按照实际收回金额，借记"资金结存"科目，贷记"非财政拨款结余"科目。

【例4－77】某科学事业单位（转制科研单位）应收账款计提坏账准备采用个别认定法确认。本年经过确认，A、B公司两家企业已不存在（其中，A公司账面余额30 000元、B公司账面余额40 000元），另有C公司临时项目部余额8 000元，已撤销多年，且其放弃收尾工程，这三家企业的具体情况经单位研究同意，并报经同级财政部门审核批准确认为坏账。该单位应编制如下会计分录：

财务会计：

借：坏账准备—应收账款　　　　　　　　　　　　　　78 000

　　贷：应收账款—A公司　　　　　　　　　　　　　　30 000

　　　　　　　　—B公司　　　　　　　　　　　　　　40 000

　　　　　　　　—C公司　　　　　　　　　　　　　　8 000

预算会计不做账务处理。

【例4－78】3月4日，业务部门告知D企业资不抵债已宣告破产，其名下应收账款20 000元已无法收回。单位报经同级财政部门审批后予以核销。

8月5日，收到原已核销的本单位辞职人员李某交回的其他应收款3 500元，已存入单位银行账户。

该单位应编制如下会计分录：

①3月4日核销应收账款时：

财务会计：

借：坏账准备—应收账款　　　　　　　　　　　　　　20 000

　　贷：应收账款—D企业　　　　　　　　　　　　　　20 000

预算会计不做账务处理。

②8月5日收回已核销其他应收款时：

财务会计：

借：其他应收款—李某　　　　　　　　　　　　　　　3 500

　　贷：坏账准备—其他应收款　　　　　　　　　　　　3 500

借：银行存款                 3 500

  贷：其他应收款—李某             3 500

预算会计：

借：资金结存—货币资金              3 500

  贷：非财政拨款结余—累计结余          3 500

**【例 4 - 79】** 某科学事业单位按余额百分比法提取坏账准备，计提比例为 5%。年初其他应收款的余额为 800 000 元，已提取坏账准备 40 000 元。11 月 20 日，经财政部门批复确认因 D 公司倒闭而形成的坏账损失 6 000 元。年末，其他应收款的余额 950 000 元。该单位应编制如下会计分录：

①11 月 20 日核销坏账损失：

财务会计：

借：坏账准备—其他应收款             6 000

  贷：其他应收款—D 公司            6 000

预算会计不做账务处理。

②年末计提坏账准备：

年末应提坏账准备 = 950 000 × 5% = 47 500（元）

应补提或冲减坏账准备 = 47 500 - (40 000 - 6 000) = 13 500（元）（补提）

财务会计：

借：其他费用—计提坏账准备            13 500

  贷：坏账准备—其他应收款            13 500

预算会计不做账务处理。

# 第四节  存    货

## 一、存货概述

（一）存货的含义与特点

存货，是指科学事业单位在开展科研和非科研及其辅助活动中为耗用而储存的资产，包括材料、燃料、科研自制半成品、科研产品、包装物和低值易耗品等，以及未达到固定资产标准的用具、装具、动植物等。

存货一般具有以下特点：

1. 存货具有实物形态，属于有形资产，不同于无形资产。

2. 存货具有较强的流动性。在单位中，存货经常处于不断耗用、销售、购买或重置中，具有较快的变现能力和明显的流动性。

3. 存货具有时效性和发生潜在损失的可能性。在正常业务活动下，存货能够规律地转换为货币资产或其他资产，但长期不能耗用的存货就有可能造成有形或无形损耗，从而造成单位的损失。

（二）存货的分类

科学事业单位存货可以按以下方式分类：

1. 按其经济内容分类。

（1）原材料，是指科学事业单位在科研试制过程中经加工改变其形态或性质并构成产品主要实体的各种原料及主要材料、辅助材料、燃料、试剂、修理用备料（备品备件）、包装材料、外购半成品（外购件）等。

（2）科研在产品，是指在科学事业单位科研试制尚未加工完成，需要进一步加工且正在加工的在制品。

（3）科研半成品，是指科学事业单位科研试制已完成一定生产过程的加工任务，已验收合格入库，但需要进一步加工的中间产品。

（4）科研产成品，是指科学事业单位科研试制已完成全部生产过程并验收合格入库，可以按照合同规定的条件送交订货单位，或可以作为商品对外销售的产品。

（5）商品，是指科学事业单位外购或委托加工完成验收入库用于销售的各种商品。

（6）包装物和低值易耗品，是指单位能够多次使用、逐渐转移其价值仍保持原有形态，不确认为固定资产的材料。

2. 按其存放地点分类。

（1）库存物品，是指已验收合格并入库的各种存货。

（2）在途物品，是指货款已经支付、正在途中运输的存货，以及已经运达单位但尚未验收入库的存货。

（3）加工物品，是指单位正在试制加工中的存货和委托其他单位代为加工的存货。

（三）存货的管理要求

1. 科学事业单位应当建立、健全存货的内部管理制度，明确各职能部门的岗位职责，严格执行采购、验收、保管、使用等不相容岗位分离原则。

2. 应当对存货进行定期或者不定期的清查盘点，保证账实相符。

3. 对存货盘盈、盘亏应当及时查明原因，报经批准后调账。

（四）存货的确认

科学事业单位存货同时满足下列条件的，应当予以确认：

1. 与该存货相关的服务潜力很可能实现或者经济利益很可能流入本单位。

2. 该存货的成本或者价值能够可靠地计量。

科学事业单位存货应当拥有其确定的产权。凡是在资产负债表日，产权属于单位的物品，不论其存放在何处或处于何种状态，都应确认为单位的存货。反之，凡是产权不属于单位的物品，即使存放于本单位，也不应确认为单位的存货。

下列各项存货属于单位的存货：

1. 已确认为购进但尚未到达入库的在途存货。

2. 已入库但未收到有关结算单据的存货。

3. 已发出但所有权尚未转移的存货。

4. 委托其他单位销售或代为加工的存货。

下列各项存货不属于单位的存货：

1. 按合同、协议规定已确认交货，但尚未发运给对方的存货。

2. 来料加工的存货。

3. 约定未来购入的存货。

（五）存货的初始计量

存货在取得时应当按照成本进行初始计量。按照不同的取得方式，分别确定其存货成本：

1. 购入的存货。

科学事业单位购入的存货，其成本包括购买价款、相关税费、运输费、装卸费、保险费以及使得存货达到目前场所和状态所发生的归属于存货成本的其他支出。

2. 自制的存货。

科学事业单位自行试制或加工的存货，其成本包括耗用的直接材料费用、发生的直接人工费用和按照一定方法分配的与存货加工有关的间接费用。

3. 委托加工的存货。

科学事业单位委托加工的存货，其成本包括委托加工前存货成本、委托加工的成本（如委托加工费以及按规定应计入委托加工存货成本的相关税费等）以及使存货达到目前场所和状态所发生的归属于存货成本的其他支出。

在购入、自制或委托加工存货时，下列各项应当在发生时确认为当期费用，不计入存货成本：

（1）非正常消耗的直接材料、直接人工和间接费用（如发生自然灾害损毁的存货等）。

（2）存货购入后发生的仓储费用（不包括在加工过程中为达到下一个加工阶段所必需的费用）。

（3）不能归属于使存货达到目前场所和状态所发生的其他支出。

4. 置换取得的存货。

科学事业单位通过置换取得的存货，其成本按照换出资产的评估价值，加上支付的补价或减去收到的补价，加上为换入存货发生的其他相关支出确定。

5. 接受捐赠的存货。

科学事业单位接受捐赠的存货，其成本按照有关凭据注明的金额加上相关税费、运输费等确定；没有相关凭据可供取得，但按规定经过资产评估的，其成本按照评估价值加上相关税费、运输费等确定；没有相关凭据可供取得、也未经资产评估的，其成本比照同类或类似资产的市场价格加上相关税费、运输费等确定；没有相关凭据且未经资产评估、同类或类似资产的市场价格也无法可靠取得的，按照名义金额入账，相关税费、运输费等计入当期费用。

上述条款中所称"凭据"，包括发票、报关单、有关协议等。有确凿证据表明凭据上注明的金额高于受赠资产同类或类似资产的市场价格30%或达不到其70%的，则应当以同类或类似资产的市场价格确定成本。上述条款中所称"同类或类似资产的市场价格"，一般指取得资产当日捐赠方自产物资的出厂价、所销售物资的销售价、非自产或销售物资在知名大型电商平台同类或类似商品价格等。如果存在政府指导价或政府定价的，应符合其规定。

6. 无偿调入的存货。

科学事业单位无偿调入的存货，其成本按照调出方账面余额加上相关税费、运输费等确定。

7. 盘盈的存货。

科学事业单位盘盈的存货，按规定经过资产评估的，其成本按照评估价值确定；未经资产评估的，其成本按照重置成本确定。

（六）存货的后续计量

1. 发出存货的计价方法。

科学事业单位应当根据实际情况采用先进先出法、加权平均法或者个别计价法确定发出存货的实际成本。计价方法一经确定，不得随意变更。

（1）先进先出法：指以先入库的存货先发出为前提来假定成本的流转顺序，对发出及结存存货进行计价的一种方法。

【例4-80】某科学事业单位甲材料的购入、发出及库存情况如表4-3所示，计算先进先出法下本月发出存货及库存存货的成本。

表4-3　　　　　　　　　　　甲材料明细账（简式）　　　　　　　　金额单位：元

| 日期 | 收入 | | | 发出 | | | 结存 | | |
|---|---|---|---|---|---|---|---|---|---|
| | 数量 | 单价 | 金额 | 数量 | 单价 | 金额 | 数量 | 单价 | 金额 |
| 4月1日 | | | | | | | 350 | 8 | 2 800 |
| 4月6日 | 800 | 7.20 | 5 760 | | | | | | |
| 4月9日 | | | | 750 | | | | | |
| 4月16日 | 600 | 8.50 | 5 100 | | | | | | |
| 4月22日 | | | | 360 | | | | | |
| 4月28日 | | | | 220 | | | | | |
| 合计 | 1 400 | — | 10 860 | 1 330 | — | — | 420 | — | — |

在先进先出法下，甲材料的购入、发出及库存情况如表4-4所示：

表4-4　　　　　　　　　　甲材料明细账（先进先出法）　　　　　　金额单位：元

| 日期 | 收入 | | | 发出 | | | 结存 | | |
|---|---|---|---|---|---|---|---|---|---|
| | 数量 | 单价 | 金额 | 数量 | 单价 | 金额 | 数量 | 单价 | 金额 |
| 4月1日 | | | | | | | 350 | 8.00 | 2 800 |
| 4月6日 | 800 | 7.20 | 5 760 | | | | 350<br>800 | 8.00<br>7.20 | 2 800<br>5 760 |

| 日期 | 收入 | | | 发出 | | | 结存 | | |
|---|---|---|---|---|---|---|---|---|---|
| | 数量 | 单价 | 金额 | 数量 | 单价 | 金额 | 数量 | 单价 | 金额 |
| 4 月 9 日 | | | | 350<br>400 | 8.00<br>7.20 | 2 800<br>2 880 | 400 | 7.20 | 2 880 |
| 4 月 16 日 | 600 | 8.50 | 5 100 | | | | 400<br>600 | 7.20<br>8.50 | 2 880<br>5 100 |
| 4 月 22 日 | | | | 360 | 7.20 | 2 592 | 40<br>600 | 7.20<br>8.50 | 288<br>5 100 |
| 4 月 28 日 | | | | 40<br>180 | 7.20<br>8.50 | 288<br>1 530 | 420 | 8.50 | 3 570 |
| 合计 | 1 400 | — | 10 860 | 1 330 | — | 10 090 | 420 | 8.50 | 3 570 |

（2）加权平均法：又称月末一次加权平均法。指以本月全部收入数量加月初存货数量作为权数，去除本月全部收货成本加月初存货成本，先计算出本月存货的加权平均单位成本，然后计算本月发出存货成本及月末库存存货成本的一种方法。计算公式如下：

存货加权平均单位成本 = （月初结存存货实际成本 + 本月收入存货实际成本）
÷（月初结存存货数量 + 本月收入存货数量）

本月发出存货成本 = 本月发出存货数量 × 加权平均单位成本

月末库存存货成本 = 月末库存存货数量 × 加权平均单位成本

【例 4 - 81】续【例 4 - 80】。根据表 4 - 3 资料，采用加权平均法计算结果如下：

甲材料单位成本 = （2 800 + 5 760 + 5 100）÷（350 + 800 + 600）= 7.81（元）

本月发出甲材料成本 = 1 330 × 7.81 = 10 387.30（元）

月末库存甲材料成本 = （2 800 + 5 760 + 5 100）- 10 387.30 = 3 272.70（元）

采用月末一次加权平均法，只在月末计算月份内发出存货和结存存货的成本，这样可以简化存货核算工作，但平时不能确定发出存货成本和结存存货金额，当市场存货价格快速变动时，使用加权平均成本法时不易掌握存货购入时机。

（3）个别计价法：又称个别认定法、具体辨认法、分批实际法。本方法是假定存货的成本流转与实物流转一致，按照各种存货逐一辨认各批发出存货和期末存货所属的购进批次或者生产批别，分别按其购入或生产时所确定的单位成本作为计算各批发出存货和期末存货成本的方法。

需要指出，对于性质和用途相似的存货，应当采用相同的成本计价方法确定发出存货的成本。对于不能替代使用的存货、为特定项目专门购入或加工的存货，通常采用个别计价法确定发出存货的成本。

【例 4 - 82】续【例 4 - 80】。假设，该单位 9 日发出的 750 件均为 6 日购入的；22 日发出的 360 件，包括上月结存的 150 件、16 日购入的 210 件；28 日发出的 220 件，包括上月结存的 200 件、16 日购进的 20 件。

则采用个别计价法计算发出和结存甲材料成本如表 4 - 5 所示：

表 4 - 5 甲材料明细账（个别认定法） 金额单位：元

| 日期 | 收入 | | | 发出 | | | 结存 | | |
|---|---|---|---|---|---|---|---|---|---|
| | 数量 | 单价 | 金额 | 数量 | 单价 | 金额 | 数量 | 单价 | 金额 |
| 4 月 1 日 | | | | | | | 350 | 8.00 | 2 800 |
| 4 月 6 日 | 800 | 7.20 | 5 760 | | | | 350<br>800 | 8.00<br>7.20 | 2 800<br>5 760 |
| 4 月 9 日 | | | | 750 | 7.20 | 5 400 | 350<br>50 | 8.00<br>7.20 | 2 800<br>360 |
| 4 月 16 日 | 600 | 8.50 | 5 100 | | | | 350<br>50<br>600 | 8.00<br>7.20<br>8.50 | 2 800<br>360<br>5 100 |
| 4 月 22 日 | | | | 150<br>210 | 8.00<br>8.50 | 1 200<br>1 785 | 200<br>50<br>390 | 8.00<br>7.20<br>8.50 | 1 600<br>360<br>3 315 |
| 4 月 28 日 | | | | 200<br>20 | 8.00<br>8.50 | 1 600<br>170 | 50<br>370 | 7.20<br>8.50 | 360<br>3 145 |
| 合计 | 1 400 | — | 10 860 | 1 330 | | 10 155 | 420 | | 3 505 |

采用个别认定法，本月发出甲材料成本 10 155 元，期末结存甲材料成本 3 505 元。

2. 存货成本的结转或转销。

（1）科学事业单位对于已发出的存货，应当将其成本结转为当期费用或者计入相关资产成本。

（2）科学事业单位按规定报经批准对外捐赠、无偿调出的存货，应当将其账面余额予以转销，对外捐赠、无偿调出中发生的归属于捐出方、调出方的相关费用应当计入当期费用。

（3）科学事业单位应当采用一次转销法或者五五摊销法对低值易耗品、包装物进行摊销，将其成本计入当期费用或者相关资产成本。

（4）科学事业单位对于发生的存货毁损，应当将存货账面余额转销计入当期费用，并将毁损存货处置收入扣除相关处置税费后的差额按规定作应缴款项处理（差额为净收益时）或计入当期费用（差额为净损失时）。

（5）科学事业单位存货盘亏造成的损失，按规定报经批准后应当计入当期费用。

## 二、在途物品

（一）在途物品的含义

在途物品，是指科学事业单位采购材料等物资时货款已付或已开出商业汇票但尚未验收入库的物品。

（二）在途物品核算

1. 科目设置。

科学事业单位应当设置"在途物品"科目，核算单位采购材料等物资时货款已付或已开出商业汇票但尚未验收入库的在途物品的采购成本。本科目可按照供应单位和物品种类进行明细核算。期末借方余额，反映单位在途物品的采购成本。

2. 主要账务处理。

（1）单位购入材料等物品，按照确定的物品采购成本的金额，借记本科目，按照实际支付的金额，贷记"财政拨款收入""零余额账户用款额度""银行存款"等科目。同时，在预算会计中，借记"事业支出""经营支出""其他支出"等相关科目，贷记"财政拨款预算收入""资金结存"等科目。涉及增值税业务的，相关账务处理参见"应交增值税"科目。

（2）所购材料等物品到达验收入库，按照确定的库存物品成本金额，借记"库存物品"科目，按照物品采购成本金额，贷记本科目，按照使得入库物品达到目前场所和状态所发生的其他支出，贷记"财政拨款收入""零余额账户用款额度""银行存款"等科目。同时，在预算会计中，按照实际支付的金额，借记"事业支出""经营支出""其他支出"等相关科目，贷记"财政拨款预算收入""资金结存"科目。

【例4-83】7月8日，某科学事业单位与C公司签订合同，采购化学试剂用于甲项目，合同总价50 000元，合同约定试剂由单位自提并自行承担运输责任。同日，单位从零余额账户支付合同货款，并办结了提货手续。单位租用专用运输车，约定运费2 500元。7月15日，化学试剂到货，验收入库，并从单位开户银行支付运费2 500元。该业务支出功能分类科目为"科学技术支出—应用研究—专项科研试制"。该单位应编制如下会计分录：

①支付货款时：

财务会计：

借：在途物品—化学试剂         50 000

  贷：零余额账户用款额度         50 000

预算会计：

借：事业支出—科研支出—财政拨款支出—专项科研试制—项目支出—商品和服务

  费用—专用材料费（甲项目）         50 000

  贷：资金结存—零余额账户用款额度       50 000

②收到货物时：

财务会计：

借：库存物品—化学试剂         52 500

  贷：在途物品—化学试剂         50 000

    银行存款           2 500

预算会计：

借：事业支出—科研支出—财政拨款支出—专项科研试制—项目支出—商品和服务
　　费用—专用材料费（甲项目）　　　　　　　　　　　　　　　2 500
　　贷：资金结存—零余额账户用款额度　　　　　　　　　　　　　2 500

## 三、库存物品

（一）库存物品的含义

库存物品，是指科学事业单位在开展科研和非科研业务及其辅助活动中为耗用或出售而储存的各种材料、产品、包装物、低值易耗品，以及达不到固定资产标准的用具、装具、动植物等。

（二）库存物品核算

1. 科目设置。

科学事业单位应设置"库存物品"科目，核算单位在开展科研和非科研业务活动及其辅助活动中为耗用或出售而储存的各种材料、产品、包装物、低值易耗品，以及达不到固定资产标准的用具、装具、动植物等的成本。已完工科技产品也在本科目核算。本科目应当按照库存物品的种类、规格、保管地点等进行明细核算。单位储存的低值易耗品、包装物较多的，可以在本科目（低值易耗品、包装物）下按照"在库""在用"和"摊销"等进行明细核算。本科目期末借方余额，反映单位库存物品的实际成本。

下列几种情形，不通过本科目核算：

（1）单位随买随用的零星办公用品，可以在购进时直接列作费用。

（2）单位控制的政府储备物资，应当通过"政府储备物资"科目核算。

（3）单位受托存储保管和受托转赠的物资，应当通过"受托代理资产"科目核算。

（4）单位为在建工程购买和使用的材料物资，应当通过"工程物资"科目核算。

2. 主要账务处理。

（1）库存物品取得的核算。

取得的库存物品，应当按照其取得时的成本入账。

①外购的库存物品验收入库，按照确定的成本，借记本科目，贷记"财政拨款收入""零余额账户用款额度""银行存款""应付账款""在途物品"等科目。同时，在预算会计中，按实际支付的金额，借记"事业支出""经营支出""其他支出"等相关科目，贷记"财政拨款预算收入""资金结存"等科目。涉及增值税业务的，相关账务处理参见"应交增值税"科目。

【例4-84】3月11日，某科学事业单位与A公司签订合同，采购化验用标样50个，每个100元，合同总价5 000元，合同约定货到付款。3月18日，该批标样验收合格入库，收到增值税专用发票5 000元（其中货物金额4 424.78元，增值税税率13%，税额575.22元），款项从单位零余额账户支付。本月化验室全部领用。该业务支出功能分类科目为"科学技术支出—应用研究—其他应用研究支出"。该单位应编制如下会计分录：

财务会计：

借：库存物品—标样     5 000

    贷：银行存款     5 000

预算会计：

借：事业支出—科研支出—财政拨款支出—其他应用研究支出—基本支出—商品

和服务支出—专用材料费     5 000

    贷：资金结存—零余额账户用款额度     5 000

②自制的库存物品加工完成并验收入库，按照确定的成本，借记本科目，贷记"加工物品—自制物品"科目。预算会计不需处理。

【例4-85】4月20日，某科学事业单位实验室配制新型测试用试剂一批100盒，已验收入库。该项目领用原材料36 000元、包装材料3 000元、配制人员工资12 000元，共51 000元，通过"加工物品"科目核算。该单位应编制如下会计分录：

财务会计：

借：库存物品—测试试剂     51 000

    贷：加工物品—自制物品—测试试剂—直接材料     39 000

    —直接人工     12 000

预算会计不做账务处理。

③委托外单位加工收回的库存物品验收入库，按照确定的成本，借记本科目，贷记"加工物品—委托加工物品"等科目。预算会计不需处理。

【例4-86】6月20日，某科学事业单位A项目委托其他科研机构加工试制设备用精密仪器配件10件完成加工，验收入库。该项目领用专用材料122 000元，支付加工费45 000元、运输费2 100元，共169 100元，通过"加工物品"科目核算。该单位应编制如下会计分录：

财务会计：

借：库存物品—试制设备配件     169 100

    贷：加工物品—委托加工物品—试制设备配件     169 100

预算会计不做账务处理。

④接受捐赠的库存物品验收入库，按照确定的成本，借记本科目，按照发生的相关税费、运输费等，贷记"零余额账户用款额度""银行存款"等科目，按照其差额，贷记"捐赠收入"科目。同时，在预算会计中，按实际支付的金额，借记"其他支出"等相关科目，贷记"资金结存"科目。

【例4-87】4月1日，某科学事业单位接受某企业捐赠口罩、洗手液等防疫物资一批，价值35 000元。该批物资由物流中心转运，支付运输费、搬运费500元，从零余额账户支付。该业务支出功能分类科目为"科学技术支出—社会科学—其他社会科学支出"。该单位应编制如下会计分录：

财务会计：

借：库存物品—防疫物资     35 500

    贷：捐赠收入—防疫物资     35 000

　　　零余额账户用款额度　　　　　　　　　　　　　　　　　　　　500
　预算会计：
　借：其他支出—调入非现金资产税费支出—财政拨款支出—其他社会科学支出—
　　　基本支出—商品和服务支出—其他商品和服务支出　　　　　　　500
　　　贷：资金结存—零余额账户用款额度　　　　　　　　　　　　　500
　　　接受捐赠的库存物品按照名义金额入账的，按照名义金额，借记本科目，贷记
"捐赠收入"科目；同时，按照发生的相关税费、运输费等，借记"其他费用"科
目，贷记"零余额账户用款额度""银行存款"等科目。同时，在预算会计中，按实
际支付的金额，借记"其他支出"等相关科目，贷记"资金结存"科目。

　　　**【例4-88】** 6月20日，某科学事业单位根据协议接受国外捐赠的科研材料样品一
件，无市场估价或参考价，经请示主管部门同意暂按名义金额入账。单位支付该批物品
关税1 500元、国内运输费380元，从零余额账户支付。该业务支出功能分类科目为
"科学技术支出—应用研究—其他应用研究支出"。该单位应编制如下会计分录：
　　　财务会计：
　　　借：库存物品—科研材料样品　　　　　　　　　　　　　　　　1
　　　　　贷：捐赠收入—科研材料样品　　　　　　　　　　　　　　　1
　　　借：其他费用—税费支出　　　　　　　　　　　　　　　　　1 880
　　　　　贷：零余额账户用款额度　　　　　　　　　　　　　　　1 880
　　　预算会计：
　　　借：其他支出—调入非现金资产税费支出—财政拨款支出—其他应用研究支出—
　　　　　基本支出—商品和服务支出—其他商品和服务支出　　　　1 880
　　　　　贷：资金结存—零余额账户用款额度　　　　　　　　　　1 880
　　　⑤无偿调入的库存物品验收入库，按照确定的成本，借记本科目，按照发生的相
关税费、运输费等，贷记"零余额账户用款额度""银行存款"等科目，按照其差
额，贷记"无偿调拨净资产"科目。同时，在预算会计中，按实际支付的金额，借
记"其他支出"等相关科目，贷记"资金结存"科目。

　　　**【例4-89】** 3月15日，某科学事业单位收到同级政府卫生健康部门转拨的防疫
物资一批，价值48 500元。从零余额账户支付市内运输费、搬运费400元。该业务
支出功能分类科目为"科学技术支出—科学技术管理事务—机关服务"。该单位应编
制如下会计分录：
　　　财务会计：
　　　借：库存物品—防疫物资　　　　　　　　　　　　　　　　48 900
　　　　　贷：无偿调拨净资产　　　　　　　　　　　　　　　　48 500
　　　　　　　零余额账户用款额度　　　　　　　　　　　　　　　400
　　　预算会计：
　　　借：其他支出—调入非现金资产税费支出—财政拨款支出—机关服务—基本支
　　　　　出—商品和服务支出—其他商品和服务支出　　　　　　　400
　　　　　贷：资金结存—零余额账户用款额度　　　　　　　　　　　400

⑥置换换入的库存物品验收入库，按照确定的成本，借记本科目，按照换出资产的账面余额，贷记相关资产科目（换出资产为固定资产、无形资产的，还应当借记"固定资产累计折旧""无形资产累计摊销"科目），按照置换过程中发生的其他相关支出，贷记"零余额账户用款额度""银行存款"等科目，按照借贷方差额，借记"资产处置费用"科目或贷记"其他收入"科目。同时，在预算会计中，按照置换过程中发生的其他相关支出，借记"其他支出"等相关科目，贷记"资金结存"科目。涉及补价的，分别按以下情况处理：

➤ 支付补价的，按照确定的成本，借记本科目，按照换出资产的账面余额，贷记相关资产科目（换出资产为固定资产、无形资产的，还应当借记"固定资产累计折旧""无形资产累计摊销"科目），按照支付的补价和置换过程中发生的其他相关支出，贷记"财政拨款收入""零余额账户用款额度""银行存款"等科目，按照借贷方差额，借记"资产处置费用"科目或贷记"其他收入"科目。同时，在预算会计中，按照支付的补价和置换过程中发生的其他相关支出，借记"其他支出"等相关科目，贷记"财政拨款预算收入""资金结存"科目。

【例 4 – 90】3 月 15 日，某科学事业单位经与同级财政部门另一科研事业单位协商，并经同级财政部门审核批准，拟用本单位试制的新型复合肥一批换购对方单位生产的有机大豆作为科研原料，实际结算差额以现金补齐。

4 月 20 日，发出农用化肥 5 吨，价值 35 000 元，并从零余额账户支付运输费 1 200 元。4 月 22 日，收到对方单位发来的有机大豆 7 吨，价值 37 800 元（到货价格），差价 2 800 元从零余额账户支付。该业务支出功能分类科目为"科学技术支出—应用研究—专项科研试制"。该单位应编制如下会计分录：

换入库存物品成本 = 37 800 + 1 200 = 35 000 + 1 200 + 2 800 = 39 000（元）

财务会计：

借：库存物品—大豆　39 000
　　贷：库存物品—农用复合肥　35 000
　　　　零余额账户用款额度　4 000

预算会计：

借：其他支出—资产置换税费支出—财政拨款支出—专项科研试制—基本支出—商品和服务支出—其他商品和服务支出　1 200
　　　　　　　　　　　　　　　　　　—专用材料费　2 800
　　贷：资金结存—零余额账户用款额度　4 000

➤ 收到补价的，按照确定的成本，借记本科目，按照收到的补价，借记"银行存款"等科目，按照换出资产的账面余额，贷记相关资产科目（换出资产为固定资产、无形资产的，还应当借记"固定资产累计折旧""无形资产累计摊销"科目），按照置换过程中发生的其他相关支出，贷记"财政拨款收入""零余额账户用款额度""银行存款"等科目，按照补价扣减其他相关支出后的净收入，贷记"应缴财政款"科目，按照借贷方差额，借记"资产处置费用"科目或贷记"其他收入"科目。同时，在预算会计中，如果收到的补价大于或等于其他相关支出，预算会计不需处理；如果收到的补价扣减其他相关支出后为净支出的，则按净支出金额，借记"其他支出"等相关科目，贷记"财政拨款预算收入""资金结存"科目。

【例4-91】续【例4-90】。假如上例中，4月22日，收到对方单位发来的有机大豆6吨，价值32 400元（到货价格），单位银行收到差价2 600元。该单位应编制如下会计分录：

换入库存物品成本=32 400+1 200=35 000+1 200-2 600=33 600（元）

应缴财政金额=2 600-1 200=1 400（元）

财务会计：

借：库存物品—大豆      33 600

  银行存款        2 600

  资产处置费用—存货—置换  1 400

  贷：库存物品—农用复合肥  35 000

    零余额账户用款额度  1 200

    应缴财政款     1 400

预算会计：

借：资金结存—货币资金    1 200

 贷：资金结存—零余额账户用款额度  1 200

（2）库存物品发出的核算。

①科学事业单位开展科研和非科研活动及其辅助活动等领用、按照规定自主出售发出或加工发出库存物品，按照领用、出售等发出物品的实际成本，借记"业务活动费用""单位管理费用""经营费用""加工物品"等科目，贷记本科目。预算会计不需处理。

【例4-92】续【例4-84】。3月化验室领用标样。该单位应编制如下会计分录：

财务会计：

借：业务活动费用—非科研活动费用—技术活动费用—商品和服务费用

            5 000

  贷：库存物品—标样     5 000

预算会计不做账务处理。

采用一次转销法摊销低值易耗品、包装物的，在首次领用时将其账面余额一次性摊销计入有关成本费用，借记有关科目，贷记本科目。预算会计不需处理。

采用五五摊销法摊销低值易耗品、包装物的，首次领用时，将其账面余额的50%摊销计入有关成本费用，借记有关科目，贷记本科目；报废时，将剩余的账面余额转销计入有关成本费用，借记有关科目，贷记本科目。预算会计不需处理。

【例4-93】10月12日，某科学事业单位实验室A项目购入可调式瓶口分液器18 480元（20件，单价924元），从零余额账户支付，已验收入库。同日领用。按低值易耗品管理，五五摊销。该业务支出功能分类科目为"科学技术支出—基础研究—重点实验室及相关设施"。该单位应编制如下会计分录：

①购入时：

财务会计：

借：库存物品—低值易耗品—在库—瓶口分液器      18 480

    贷：零余额账户用款额度      18 480

预算会计：

借：事业支出—科研支出—财政拨款支出—重点实验室及相关设施—项目支出—

    商品和服务支出—专用材料费（A项目）      18 480

    贷：资金结存—零余额账户用款额度      18 480

②领用时（摊销50%）：

财务会计：

借：库存物品—低值易耗品—在用—瓶口分液器      18 480

    贷：库存物品—低值易耗品—在库—瓶口分液器      18 480

借：业务活动费用—科研活动费用—商品和服务费用      9 240

    贷：库存物品—低值易耗品—摊销—瓶口分液器      9 240

预算会计不做账务处理。

③报废时（摊销50%）：

财务会计：

借：业务活动费用—科研活动费用—商品和服务费用      9 240

    贷：库存物品—低值易耗品—摊销—瓶口分液器      9 240

借：库存物品—低值易耗品—摊销—瓶口分液器      18 480

    贷：库存物品—低值易耗品—在用—瓶口分液器      18 480

预算会计不做账务处理。

②经批准对外出售的库存物品（不含可自主出售的库存物品）发出时，按照库存物品的账面余额，借记"资产处置费用"科目，贷记本科目；同时，按照收到的价款，借记"银行存款"等科目，按照处置过程中发生的相关费用，贷记"财政拨款收入""零余额账户用款额度""银行存款"等科目，按照其差额，贷记"应缴财政款"科目。预算会计不需处理。

【例4-94】10月15日，某科学事业单位实验室因项目调整，经批准将不需用的库存某型号进口试剂出售给其他科研单位。该批试剂账面余额24 800元，售价30 000元，从单位银行账户支付运输费、搬运费400元。同日，货款入账。该单位应编制如下会计分录：

①试剂出库时：

财务会计：

借：资产处置费用—存货—出售      24 800

    贷：库存物品—试剂      24 800

②收到货款及支付运输费时：

借：银行存款      30 000

    贷：银行存款      400

        应缴财政款—资产处置      29 600

预算会计不做账务处理。

③经批准对外捐赠的库存物品发出时，按照库存物品的账面余额和对外捐赠过程中发生的归属于捐出方的相关费用合计数，借记"资产处置费用"科目，按照库存物品账面余额，贷记本科目，按照对外捐赠过程中发生的归属于捐出方的相关费用，贷记"财政拨款收入""零余额账户用款额度""银行存款"等科目。同时，在预算会计中，按照实际支付金额，借记"其他支出"等相关科目，贷记"财政拨款预算收入""资金结存"科目。

【例4－95】3月6日，某科学事业单位经批准将试制的新型消毒剂一批账面余额32 000元，捐赠给卫生防疫部门紧急使用。同日，支付包装物品费用1 200元，运输费和搬运费800元，从零余额账户支付。该业务支出功能分类科目为"科学技术支出—应用研究—专项科研试制"。该单位应编制如下会计分录：

财务会计：

借：资产处置费用—流动资产—捐赠　　　　　　　　　　34 000

　　贷：库存物品—试剂　　　　　　　　　　　　　　　　　32 000

　　　　零余额账户用款额度　　　　　　　　　　　　　　　2 000

预算会计：

借：其他支出—资产处置税费支出—财政拨款支出—专项科研试制—基本支出—商品和服务支出—其他商品和服务支出　　　　　　　　　2 000

　　贷：资金结存—货币资金　　　　　　　　　　　　　　　2 000

④经批准无偿调出的库存物品发出时，按照库存物品的账面余额，借记"无偿调拨净资产"科目，贷记本科目；同时，按照无偿调出过程中发生的归属于调出方的相关费用，借记"资产处置费用"科目，贷记"财政拨款收入""零余额账户用款额度""银行存款"等科目。同时，在预算会计中，按照实际支付金额，借记"其他支出"等相关科目，贷记"财政拨款预算收入""资金结存"科目。

【例4－96】续【例4－94】。假如该批试剂无偿调拨给同一主管部门所属的其他科研单位，该业务支出功能分类科目为"科学技术支出—基础研究—重点实验室及相关设施"。则该单位应编制如下会计分录：

财务会计：

①经批准无偿调出的库存物品发出时：

借：无偿调拨净资产　　　　　　　　　　　　　　　　　24 800

　　贷：库存物品—试剂　　　　　　　　　　　　　　　　24 800

②支付运费时：

借：资产处置费用—存货—无偿调拨　　　　　　　　　　　400

　　贷：银行存款　　　　　　　　　　　　　　　　　　　　400

预算会计：

借：其他支出—资产处置税费支出—财政拨款支出—重点实验室及相关设施—基本支出—商品和服务支出—其他商品和服务支出　　　　　400

　　贷：资金结存—货币资金　　　　　　　　　　　　　　　400

⑤经批准置换换出的库存物品，参照本科目有关置换换入库存物品的规定进行账务处理。

（3）库存物品盘盈盘亏的核算。

单位应当定期对库存物品进行清查盘点，每年至少盘点一次。对于发生的库存物品盘盈、盘亏或者报废、毁损，应当先记入"待处理财产损溢"科目，按照规定报经批准后及时进行后续账务处理。

①盘盈的库存物品，其成本按照有关凭据注明的金额确定；没有相关凭据、但按照规定经过资产评估的，其成本按照评估价值确定；没有相关凭据、也未经过评估的，其成本按照重置成本确定。如无法采用上述方法确定盘盈的库存物品成本的，按照名义金额入账。盘盈的库存物品，按照确定的入账成本，借记本科目，贷记"待处理财产损溢"科目。预算会计不需处理。

【例4-97】12月18日，某科学事业单位年末存货盘点中，盘盈A型超滤离心管10个（B科研试制产品项目用）。经查该型号最后购入单价78元。该单位应编制如下会计分录：

①盘盈时：

财务会计：

借：库存物品—耗材 780

　　贷：待处理财产损溢—存货盘盈 780

预算会计不做账务处理。

②按照规定报经批准后处理：

借：待处理财产损溢—存货盘盈 780

　　贷：业务活动费用—科研费用—商品和服务费用 780

②盘亏或者毁损、报废的库存物品，按照待处理库存物品的账面余额，借记"待处理财产损溢"科目，贷记本科目。预算会计不需处理。

属于增值税一般纳税人的单位，若因非正常原因导致的库存物品盘亏或毁损，还应当将与该库存物品相关的增值税进项税额转出，按照其增值税进项税额，借记"待处理财产损溢"科目，贷记"应交增值税—应交税金（进项税额转出）"科目。预算会计不需处理。

【例4-98】7月15日，某科学事业单位遭受水灾，库存物品中部分试剂盒受污染无法继续使用。经盘点，损失存货账面余额13 600元。经请示核销处理。该批存货不涉及进项税抵扣。该单位应编制如下会计分录：

①毁损时：

财务会计：

借：待处理财产损溢—存货毁损 13 600

　　贷：库存物品—试剂盒 13 600

预算会计不做账务处理。

②经批准核销时：

财务会计：

借：资产处置费用—存货—存货毁损　　　　　　　　　　13 600

　　贷：待处理财产损溢—存货毁损　　　　　　　　　　　　13 600

预算会计不做账务处理。

## 四、加工物品

（一）加工物品的含义

加工物品，是指科学事业单位自制或委托外单位加工的各种物品，包括科技产品的加工与试制。

（二）加工物品核算

1. 科目设置。

科学事业单位应设置"加工物品"科目，核算单位自制或委托外单位加工的各种物品的实际成本。本科目应当设置"自制物品""委托加工物品"两个一级明细科目，并按照物品类别、品种、项目等设置明细账，进行明细核算。

本科目"自制物品"一级明细科目下应当设置"直接材料""直接人工""其他直接费用"等二级明细科目归集自制物品发生的直接材料、直接人工（专门从事物品制造人员的人工费）等直接费用；对于自制物品发生的间接费用，应当在本科目"自制物品"一级明细科目下单独设置"间接费用"二级明细科目予以归集，期末，再按照一定的分配标准和方法，分配计入有关物品的成本。

本科目期末借方余额，反映单位自制或委托外单位加工但尚未完工的各种物品的实际成本。

2. 主要账务处理。

（1）自制物品。

①为自制物品领用材料等，按照材料成本，借记本科目（自制物品—直接材料），贷记"库存物品"科目。预算会计不需处理。

【例4-99】某科学事业单位B项目为试制一项新型仪器需要自制30件仪器检测配件。5月3日，领用材料一批，账面余额4 500元。该业务支出功能分类科目为"科学技术支出—应用研究—专项科研试制"。该单位应编制如下会计分录：

财务会计：

借：加工物品—自制物品—直接材料—检测用配件（B项目）　　4 500

　　贷：库存物品—材料　　　　　　　　　　　　　　　　　　　4 500

预算会计不做账务处理。

②专门从事物品制造的人员发生的直接人工费用，按照实际发生的金额，借记本科目（自制物品—直接人工），贷记"应付职工薪酬"科目。预算会计不需处理。

【例4-100】续【例4-99】。5月14日，财务部门计发加工部门人员工资及费用16 500元，其中检测配件加工人员工资及费用2 400元。该单位应编制如下会计分录：

财务会计：

借：加工物品—自制物品—直接人工—检测用配件（B项目）　　2 400

　　　　　贷：应付职工薪酬—基本工资　　　　　　　　　　　　　　　2 400
预算会计不做账务处理。

　　③为自制物品发生的其他直接费用，按照实际发生的金额，借记本科目（自制物品—其他直接费用），贷记"零余额账户用款额度""银行存款"等科目。同时，在预算会计中，按照实际支付金额，借记"事业支出""经营支出""其他支出"等相关科目，贷记"资金结存"科目。

　　【例 4 - 101】续【例 4 - 99】。5 月 25 日，仓库汇算出库单显示，检测配件加工领用加工用各类耗材 760 元。该单位应编制如下会计分录：

　　财务会计：

　　借：加工物品—自制物品—其他直接费用—检测用配件（B 项目）　760

　　　　　贷：库存物品—耗材　　　　　　　　　　　　　　　　　　　760
预算会计不做账务处理。

　　④为自制物品发生的间接费用，按照实际发生的金额，借记本科目（自制物品—间接费用），贷记"零余额账户用款额度""银行存款""应付职工薪酬""固定资产累计折旧""无形资产累计摊销"等科目。同时，在预算会计中，按照实际支付金额，借记"事业支出""经营支出""其他支出"等相关科目，贷记"资金结存"科目。

　　间接费用一般按照生产人员工资、生产人员工时、机器工时、耗用材料的数量或成本、直接费用（直接材料和直接人工）或产品产量等进行分配。单位可根据具体情况自行选择间接费用的分配方法。分配方法一经确定，不得随意变更。

　　【例 4 - 102】续【例 4 - 99】。5 月 25 日，后勤部门结算加工部门电费 1 200 元、水费 500 元，其中检测配件加工应分摊电费 330 元、水费 120 元。该单位应编制如下会计分录：

　　财务会计：

　　借：加工物品—自制物品—间接费用—检测用配件（B 项目）　　　450

　　　　　贷：其他应付款—内部结算水电费　　　　　　　　　　　　　450
预算会计不做账务处理。

　　⑤已经制造完成并验收入库的物品，按照所发生的实际成本（包括耗用的直接材料费用、直接人工费用、其他直接费用和分配的间接费用），借记"库存物品"科目，贷记本科目（自制物品）。预算会计不需处理。

　　【例 4 - 103】续【例 4 - 99】。5 月 30 日，配件加工完成，验收入库。

　　检测用配件加工应结转成本 = 4 500 + 2 400 + 750 + 450 = 8 100（元）

　　检测用配件单件成本 = 8 100 ÷ 30 = 270（元/件）

　　该单位应编制如下会计分录：

　　借：库存物品—检测用配件（B 项目）　　　　　　　　　　　　8 100

　　　　　贷：加工物品—自制物品—直接材料—检测用配件（B 项目）　　　4 500

　　　　　　　　　　　　—直接人工—检测用配件（B 项目）　　　2 400

　　　　　　　　　　　　—其他直接费用—检测用配件（B 项目）　750

　　　　　　　　　　　　—间接费用—检测用配件（B 项目）　　　450

（2）委托加工物品。

①发给外单位加工的材料等，按照其实际成本，借记本科目（委托加工物品），贷记"库存物品"科目。预算会计不需处理。

**【例4－104】** 6月7日，某科学事业单位C项目与B公司签订委托加工合同，约定精密加工15件某自研仪器用部件，单件加工费用300元。

10日，从单位仓库发出加工用零部件，成本16 500元，并从单位零余额账户支付运输和搬运费260元。该业务支出功能分类科目为"科学技术支出—应用研究—其他应用研究支出"。该单位应编制如下会计分录：

①领用材料时：

财务会计：

借：加工物品—委托加工物品—精密加工零部件（C项目） 16 500

　　贷：库存物品—零部件 16 500

预算会计不做账务处理。

②支付运输费时：

借：加工物品—委托加工物品—精密加工零部件（C项目） 260

　　贷：零余额账户用款额度 260

预算会计：

借：事业支出—科研支出—财政拨款支出—其他应用研究支出—项目支出—商品

　　和服务支出—其他商品和服务支出（C项目） 260

　　贷：资金结存—零余额账户用款额度 260

②支付加工费、运输费等费用，按照实际支付的金额，借记本科目（委托加工物品），贷记"零余额账户用款额度""银行存款"等科目。同时，在预算会计中，借记"事业支出""经营支出""其他支出"等相关科目，贷记"资金结存"科目。涉及增值税业务的，相关账务处理参见"应交增值税"科目。

**【例4－105】** 续【例4－104】。6月26日，零部件加工完成。财务部门根据委托加工验收报告，按合同约定支付加工费用4 500元，并支付运输和搬运费280元，款项均从单位零余额账户支付。该单位应编制如下会计分录：

财务会计：

借：加工物品—委托加工物品—精密加工零部件（C项目） 4 780

　　贷：零余额账户用款额度 4 780

预算会计：

借：事业支出—科研支出—财政拨款支出—其他应用研究支出—项目支出—商品

　　和服务支出—委托业务费（C项目） 4 500

　　　　　　—其他商品和服务支出（C项目） 280

　　贷：资金结存—零余额账户用款额度 4 780

③委托加工完成的材料等验收入库，按照加工前发出材料的成本和加工、运输成本等，借记"库存物品"等科目，贷记本科目（委托加工物品）。预算会计不需处理。

【例4-106】续【例4-104】。6月26日，加工零部件验收入库。

加工零部件应结转成本 = 16 500 + 260 + 4 500 + 280 = 21 540（元）

零部件单件成本 = 21 540 ÷ 15 = 1 436（元/件）

财务部门根据零部件验收入库单、成本计算单等，该单位应编制如下会计分录：

财务会计：

借：库存物品—检测工具                              21 540

    贷：加工物品—委托加工物品—精密加工零部件（C项目）    21 540

# 第五节　待摊费用及长期待摊费用

科学事业单位待摊费用按分摊期长短，包括分摊期在1年以内（含1年）的待摊费用和分摊期在1年以上的长期待摊费用两种。

## 一、待摊费用

（一）待摊费用的含义

待摊费用，是指科学事业单位已经支付，但应当由本期和以后各期分别负担的、分摊期在1年以内（含1年）的各项费用，如预付航空保险费、预付租金等。

待摊费用应当在其受益期限内分期平均摊销，如预付航空保险费应在保险期的有效期内、预付租金应在租赁期内分期平均摊销，计入当期费用。

（二）待摊费用核算

1. 科目设置。

科学事业单位应设置"待摊费用"科目，核算分摊期在1年以内（含1年）的各项费用。本科目应当按照待摊费用种类进行明细核算。期末借方余额，反映单位各种已支付但尚未摊销的分摊期在1年以内（含1年）的费用。

摊销期限在1年以上的租入固定资产改良支出和其他费用，应当通过"长期待摊费用"科目核算，不通过本科目核算。

2. 主要账务处理。

（1）发生待摊费用时，按照实际预付的金额，借记本科目，贷记"财政拨款收入""零余额账户用款额度""银行存款"等科目。同时，在预算会计中，借记"事业支出""经营支出""其他支出"等相关科目，贷记"财政拨款预算收入""资金结存"等科目。

【例4-107】6月28日，某科学事业单位与某车辆租赁公司签订班车服务协议，约定租用2辆大客车（含司机）为单位提供班车服务，期限为7月1日至次年6月30日，费用每月每辆10 000元，每半年预付一次，合同签订后10日内预付半年服务费用。

6月30日，7~12月服务费120 000元从单位零余额账户支付。

该业务支出功能分类科目为"科学技术支出—其他科学技术支出—转制科研机构"。该单位应编制如下会计分录：

财务会计：

借：待摊费用—班车服务费　　　　　　　　　　　　　　120 000

　　贷：零余额账户用款额度　　　　　　　　　　　　　　120 000

预算会计：

借：事业支出—管理支出—财政拨款支出—转制科研机构—基本支出—商品和服务
支出—租赁费　　　　　　　　　　　　　　　　　　　120 000

　　贷：资金结存—零余额账户用款额度　　　　　　　　　120 000

（2）按照受益期限分期平均摊销时，按照摊销金额，借记"业务活动费用""单位管理费用""经营费用"等科目，贷记本科目。预算会计不需处理。

【例4-108】续【例4-107】。每月摊销时，该单位应编制如下会计分录：

财务会计：

借：单位管理费用—商品和服务支出　　　　　　　　　　20 000

　　贷：待摊费用—班车服务费　　　　　　　　　　　　　20 000

预算会计不做账务处理。

（3）如果某项待摊费用已经不能使单位受益，应当将其摊余金额一次全部转入当期费用。按照摊销金额，借记"业务活动费用""单位管理费用""经营费用"等科目，贷记本科目。预算会计不需处理。

【例4-109】续【例4-107】。假如，11月28日，某科学事业单位因业务活动变更与车辆租赁公司协商一致，从下月起仅需提供一辆班车服务。根据合同约定，车辆租赁公司不需要退回未使用期间的预付费用。该单位应编制如下会计分录：

财务会计：

借：单位管理费用—商品和服务支出　　　　　　　　　　30 000

　　贷：待摊费用—班车服务费　　　　　　　　　　　　　30 000

预算会计不做账务处理。

## 二、长期待摊费用

（一）长期待摊费用的含义

长期待摊费用，是指科学事业单位已经支出，但应由本期和以后各期负担的分摊期限在1年以上（不含1年）的各项费用，如以经营租赁方式租入的固定资产发生的改良支出等。

（二）长期待摊费用核算

1. 科目设置。

科学事业单位应设置"长期待摊费用"科目，核算分摊期限在1年以上（不含1年）的各项待摊费用。本科目应当按照费用项目进行明细核算。期末借方余额，反映单位尚未摊销完毕的长期待摊费用。

2. 主要账务处理。

（1）发生长期待摊费用时，按照支出金额，借记本科目，贷记"财政拨款收入""零余额账户用款额度""银行存款"等科目。同时，在预算会计中，借记"事业支出""经营支出""其他支出"等相关科目，贷记"财政拨款预算收入""资金结存"等科目。

【例4-110】12月20日，某科学事业单位与某乡镇签订租用科研用地协议，约定租用乡集体用地10公顷3年，租用期限为2×19年1月1日至2×21年12月31日，一次支付租金252 000元。该项用地由A项目和B项目共同使用，分别承担80%和20%的租金费用。同日，款项从单位开户银行账户支付。

该业务支出，A项目功能分类科目为"农林水支出—农业农村—农村合作经济"，B项目功能分类科目为"农林水支出—农业农村—科技转化与推广服务"。支付租金时，该单位应编制如下会计分录：

财务会计：

借：长期待摊费用—土地租赁费　　　　　　　　　　　　252 000

　　贷：银行存款　　　　　　　　　　　　　　　　　　　　　252 000

预算会计：

借：事业支出—科研活动支出—其他资金支出—农村合作经济—项目支出—商品和服务支出—租赁费（A项目）　　　　　　　　　　　　201 600

　　　　　　　　　　　—科技转化与推广服务—项目支出—

　　　　　　　　　　　商品和服务支出—租赁费（B项目）

　　　　　　　　　　　　　　　　　　　　　　　　　　　　50 400

　　贷：资金结存—货币资金　　　　　　　　　　　　　　　252 000

（2）按照受益期间摊销长期待摊费用时，按照摊销金额，借记"业务活动费用""单位管理费用""经营费用"等科目，贷记本科目。预算会计不需处理。

【例4-111】续【例4-110】。每月摊销时，该单位应编制如下会计分录：

财务会计：

借：业务活动费用—科研活动费用—商品和服务支出—A项目　5 600

　　　　　　　　　　　　　　　　　　　　　　　　　—B项目　1 400

　　贷：长期待摊费用—土地租赁费　　　　　　　　　　　　7 000

预算会计不做账务处理。

（3）如果某项长期待摊费用已经不能使单位受益，应当将其摊余金额一次全部转入当期费用。按照摊销金额，借记"业务活动费用""单位管理费用""经营费用"等科目，贷记本科目。预算会计不需处理。

【例4-112】续【例4-110】。假如，2×21年8月，因A项目和B项目已经提前结项，单位与乡镇协商一致终止协议，但不需退还已支付租金。8月摊销时，应将未到期租金（5个月）一次性摊销。该单位应编制如下会计分录：

财务会计：

借：业务活动费用—科研活动费用—商品和服务支出—A 项目　　28 000
　　　　　　　　　　　　　　　　　　　　　—B 项目　　 7 000
　　贷：长期待摊费用—土地租赁费　　　　　　　　　　　　35 000
预算会计不做账务处理。

# 第六节　投　　资

## 一、投资概述

（一）投资的含义与特点

投资，是指科学事业单位按规定经批准以货币资金、实物资产、无形资产等方式形成的债权或股权投资。

投资具有以下特点：

1. 投资是科学事业单位在科研和非科研活动及其辅助活动之外持有的资产。

2. 投资是以让渡其他资产而换取的另一项资产。

3. 投资是一种以权利为表现形式的资产。

4. 投资是一种具有财务风险的资产。

5. 股权投资周期较长。一般持有股权投资是为了获得长期、稳定、未来的收益。

（二）投资的管理要求

科学事业单位应当根据《行政事业性国有资产管理条例》《事业单位财务规则》和《事业单位国有资产管理暂行办法》规定，严格控制本单位的对外投资，加强对外投资的管理。具体管理要求如下：

1. 事业单位利用国有资产对外投资应当有利于事业发展和实现国有资产保值增值，符合国家有关规定，经可行性研究和集体决策，按照规定权限和程序进行。

2. 科学事业单位在保证单位正常运转和事业发展的前提下，按照国家有关规定可以对外投资的，应当报经主管部门、国有资产管理部门和财政部门批准或者备案。

但是，对国家设立的研究开发机构、高等院校对其持有的科技成果，可以自主决定作价投资的，按照规定不需报主管部门、财政部门审批或者备案，并通过协议定价、在技术交易市场挂牌交易、拍卖等方式确定价格。通过协议定价的，应当在本单位公示科技成果名称和拟交易价格。

3. 科学事业单位不得使用财政拨款及其结余进行对外投资，不得从事股票、期货、基金、企业债券等投资，国家另有规定的除外。

4. 科学事业单位以实物、无形资产等非货币性资产对外投资的，应当按照国家有关规定进行资产评估，合理确定资产价值。但以下两种情况除外：

（1）国家设立的研究开发机构、高等院校将其持有的科技成果转让、许可或者作价投资给国有全资企业的，可以不进行资产评估。

（2）国家设立的研究开发机构、高等院校将其持有的科技成果转让、许可或者作价投资给非国有全资企业的，由单位自主决定是否进行资产评估。

5. 科学事业单位用于对外投资资产的保值增值，按照规定应及时、足额缴纳国有资产收益。

6. 科学事业单位应当明确对外投资形成的股权及其相关权益管理责任，按照规定将对外投资形成的股权纳入经营性国有资产集中统一监管体系。

（三）投资的分类

科学事业单位投资按持有时间分为短期投资和长期投资。

短期投资，是指科学事业单位取得的，持有时间不超过1年（含1年）的投资。

长期投资，是指科学事业单位取得的，除短期投资以外的债权和股权性质的投资，即包括长期债权（债券）投资、长期股权投资。

## 二、短期投资

（一）短期投资的含义

短期投资，是指科学事业单位按照规定取得的，持有时间不超过1年（含1年）的投资，主要为国债投资。

（二）短期投资的确认与计量

1. 在取得时，应当按照实际成本（包括购买价款和相关税费）作为初始投资成本。实际支付价款中包含的已到付息期但尚未领取的利息，应当于收到时冲减短期投资成本。

2. 短期投资持有期间的利息，应当于实际收到时确认为投资收益。

3. 期末，短期投资应当按照账面余额计量。

4. 按规定出售或到期收回短期投资，应当将收到的价款扣除短期投资账面余额和相关税费后的差额计入投资损益。

（三）短期投资核算

1. 科目设置。

科学事业单位应当设置"短期投资"科目，核算单位按照规定取得的，持有时间不超过1年（含1年）的投资。本科目应当按照投资的种类等进行明细核算。期末借方余额，反映事业单位持有短期投资的成本。

2. 主要账务处理。

（1）取得短期投资时，按照确定的投资成本，借记本科目，贷记"银行存款"等科目。同时，在预算会计中，借记"投资支出"科目，贷记"资金结存"科目。

收到取得投资时实际支付价款中包含的已到付息期但尚未领取的利息，按照实际收到的金额，借记"银行存款"科目，贷记本科目。同时，在预算会计中，借记"资金结存"科目，贷记"投资支出"科目。

【例4-113】4月2日，某科学事业单位经批准用自有闲置资金从开户银行购入一年期凭证式国债30万元，票面年利率2.66%，每半年付息一次。该业务支出功能分类科目为"科学技术支出—其他科学技术支出—转制科研机构"。该单位应编制如下会计分录：

财务会计：

借：短期投资—国债　　　　　　　　　　　　　　300 000

　　贷：银行存款　　　　　　　　　　　　　　　　　300 000

预算会计：

借：投资支出—债券投资—国债—转制科研机构—资本性支出—其他资本性支出

　　　　　　　　　　　　　　　　　　　　　　　300 000

　　贷：资金结存—货币资金　　　　　　　　　　　　300 000

**【例4-114】**3月22日，某科学事业单位经批准以自有资金从二级债券市场购入三年期国债21.50万元（一年内到期），其中包括本年未付利息0.72万元。3月25日，银行账户收到国债利息0.72万元。该业务支出功能分类科目为"科学技术支出—其他科学技术支出—转制科研机构"。该单位应编制如下会计分录：

①3月22日购入国债时：

财务会计：

借：短期投资—国债　　　　　　　　　　　　　　215 000

　　贷：银行存款　　　　　　　　　　　　　　　　　215 000

预算会计：

借：投资支出—债券投资—国债—转制科研机构—资本性支出—其他资本性支出

　　　　　　　　　　　　　　　　　　　　　　　215 000

　　贷：资金结存—货币资金　　　　　　　　　　　　215 000

②3月25日收到利息时：

财务会计：

借：银行存款　　　　　　　　　　　　　　　　　7 200

　　贷：短期投资—国债　　　　　　　　　　　　　　7 200

预算会计：

借：资金结存—货币资金　　　　　　　　　　　　7 200

　　贷：投资支出—债券投资—国债—转制科研机构—资本性支出—其他资本性支出

　　　　　　　　　　　　　　　　　　　　　　　7 200

（2）收到短期投资持有期间的利息，按照实际收到的金额，借记"银行存款"科目，贷记"投资收益"科目。同时，在预算会计中，借记"资金结存"科目，贷记"投资预算收益"科目。

**【例4-115】**续【例4-113】。10月2日，收到半年利息3 990元。该单位应编制如下会计分录：

财务会计：

借：银行存款　　　　　　　　　　　　　　　　　3 990

　　贷：投资收益—国债　　　　　　　　　　　　　　3 990

预算会计：

借：资金结存—货币资金 3 990

    贷：投资预算收益—转制科研机构 3 990

（3）出售短期投资或到期收回短期投资本息，按照实际收到的金额，借记"银行存款"科目，按照出售或收回短期投资的账面余额，贷记本科目，按照其差额，借记或贷记"投资收益"科目。同时，在预算会计中，按照实际收到的金额，借记"资金结存"科目，贷记"投资支出"（出售或收回当年投资的）或"其他结余"（出售或收回以前年度投资的），按实收款小于或大于投资成本的差额，借记或贷记"投资预算收益"。涉及增值税业务的，相关账务处理参见"应交增值税"科目。

【例4-116】续【例4-113】。次年4月8日，国债到期本息合计303 990元转入单位银行账户。该单位应编制如下会计分录：

借：银行存款 303 990

    贷：短期投资—国债 300 000

        投资收益—国债 3 990

预算会计：

借：资金结存—货币资金 303 990

    贷：其他结余 300 000

        投资预算收益—转制科研机构 3 990

# 三、长期股权投资

（一）长期股权投资的含义

长期股权投资，是指科学事业单位按照规定取得的，持有时间超过1年（不含1年）的股权性质的投资。

（二）长期股权投资的计量

1. 长期股权投资的初始计量。

科学事业单位在取得长期股权投资时，应当按照实际成本作为初始投资成本。不同方式取得的长期股权投资各自实际成本参见"长期股权投资取得的核算"。

2. 长期股权投资的后续计量。

科学事业单位在长期股权投资持有期间，应当根据对被投资单位的财务和经营政策的影响程度，分别采用成本法及权益法进行核算。具体参见长期股权投资的成本法和权益法，以及成本法与权益法的相互转换的核算。

（三）长期股权投资的核算方法

科学事业单位在长期股权投资持有期间，应当根据对被投资单位能够施加的影响程度进行划分，分别采用成本法及权益法进行核算。科学事业单位通常应当采用权益法进行核算，但无权决定被投资单位的财务和经营政策或无权参与被投资单位的财务和经营政策决策的，应当采用成本法进行核算。

科学事业单位通常可以通过以下一种或几种情形来判断是否对被投资单位具有重大影响：

（1）在被投资单位的董事会或类似权力机构中派有代表。这种情况下，由于在被投资单位的董事会或类似权力机构中派有代表，并享有实质性的参与决策权，投资方可以通过该代表参与被投资单位经营决策的制定，达到对被投资单位施加重大影响的目的。

（2）参与被投资单位财务和经营政策制定过程，包括股利分配政策等的制定。这种情况下，因可以参与被投资单位的政策制定过程，在政策制定过程中可以为其自身利益提出建议和意见，从而对被投资单位施加重大影响。

（3）与被投资单位之间发生重要交易。有关的交易因对被投资单位的日常经营具有重要性，一定程度上可以影响被投资单位的生产经营决策。

（4）向被投资单位派出管理人员。这种情况下，投资方通过向被投资单位派出管理人员，管理人员有权力并负责被投资单位的财务和经营活动，从而能够对被投资单位施加重大影响。

（5）向被投资单位提供关键技术资料。因被投资单位的生产经营需要依赖投资方的技术或技术资料，表明投资方对被投资单位具有重大影响。

1. 成本法。

成本法，是指投资按照投资成本计量的方法。

在成本法下，长期股权投资的账面余额通常保持不变，但追加或收回投资时，应当相应调整其账面余额。

长期股权投资持有期间，被投资单位宣告分派的现金股利或利润，科学事业单位应当按照宣告分派的现金股利或利润中属于本单位应享有的份额确认为投资收益。

2. 权益法。

权益法，是指投资最初以投资成本计量，以后根据科学事业单位在被投资单位所享有的所有者权益份额的变动对投资的账面余额进行调整的方法。

采用权益法的，按照如下原则进行会计处理：

（1）科学事业单位取得长期股权投资后，对于被投资单位所有者权益的变动，应当按照下列规定进行处理：

①按照应享有或应分担的被投资单位实现的净损益的份额，确认为投资损益，同时调整长期股权投资的账面余额。

②按照被投资单位宣告分派的现金股利或利润计算应享有的份额，确认为应收股利，同时减少长期股权投资的账面余额。

③按照被投资单位除净损益和利润分配以外的所有者权益变动的份额，确认为净资产，同时调整长期股权投资的账面余额。

（2）科学事业单位确认被投资单位发生的净亏损，应当以长期股权投资的账面余额减记至零为限，单位负有承担额外损失义务的除外。

被投资单位发生净亏损，但以后年度又实现净利润的，科学事业单位应当在其收益分享额弥补未确认的亏损分担额等之后，恢复确认投资收益。

（3）科学事业单位采用权益法核算长期股权投资、且被投资单位编制合并财务报表的，在持有投资期间，应当以被投资单位合并财务报表中归属于母公司的净利润和其他所有者权益变动为基础，计算确定应当调整长期股权投资账面余额的金额。

3. 成本法与权益法的变更转换。

（1）权益法变更为成本法核算。

科学事业单位因处置部分长期股权投资等原因无权再决定被投资单位的财务和经营政策或者参与被投资单位的财务和经营政策决策的，应当对处置后的剩余股权投资改按成本法核算，并以该剩余股权投资在权益法下的账面余额作为按照成本法核算的初始投资成本。其后，被投资单位宣告分派现金股利或利润时，属于已计入投资账面余额的部分，作为成本法下长期股权投资成本的收回，冲减长期股权投资的账面余额。

（2）成本法变更为权益法核算。

科学事业单位因追加投资等原因对长期股权投资的核算从成本法改为权益法的，应当自有权决定被投资单位的财务和经营政策或者参与被投资单位的财务和经营政策决策时，按成本法下长期股权投资的账面余额加上追加投资的成本作为按照权益法核算的初始投资成本。

（四）长期股权投资科目设置

科学事业单位应设置"长期股权投资"科目，核算单位按照规定取得的，持有时间超过1年（不含1年）的股权性质的投资。本科目应当按照被投资单位和长期股权投资取得方式等进行明细核算。长期股权投资采用权益法核算的，还应当按照"成本""损益调整""其他权益变动"设置明细科目，进行明细核算。期末借方余额，反映单位持有的长期股权投资的价值。

（五）长期股权投资的核算

1. 长期股权投资取得的核算。

长期股权投资在取得时，应当按照其实际成本作为初始投资成本。

（1）以现金取得的长期股权投资。

以支付现金取得的长期股权投资，按照实际支付的全部价款（包括购买价款和相关税费）作为实际成本。实际支付价款中包含的已宣告但尚未发放的现金股利，应当单独确认为应收股利，不计入长期股权投资初始投资成本。

以支付现金取得的长期股权投资，按照确定的投资成本，借记本科目或本科目（成本），按照支付的价款中包含的已宣告但尚未发放的现金股利，借记"应收股利"科目，按照实际支付的全部价款，贷记"银行存款"等科目。同时，在预算会计中，按照实际支付的全部价款，借记"投资支出"科目，贷记"资金结存"科目。

实际收到取得投资时所支付价款中包含的已宣告但尚未发放的现金股利时，借记"银行存款"科目，贷记"应收股利"科目。同时，在预算会计中，借记"资金结存"科目，贷记"投资支出"科目。

【例4-117】2×19年3月，科学事业单位A研究院经批准用自有资金独资设立资产经营公司，负责单位科研成果转化市场化运作。3月18日，从单位开户银行支付300万元到资产经营公司临时账户办理设立登记。3月25日，完成工商注册手续。该业务支出功能分类科目为"科学技术支出—其他科学技术支出—转制科研机构"。该单位应编制如下会计分录：

财务会计：

该项投资系独资设立，应当使用权益法核算。

借：长期股权投资—成本—资产经营公司 3 000 000

　　贷：银行存款 3 000 000

预算会计：

借：投资支出—股权投资—转制科研机构—资本性支出—其他资本性支出 3 000 000

　　贷：资金结存—货币资金 3 000 000

【例4-118】2×19年3月25日，B科学事业单位经批准使用自有资金受让甲公司15%股份，不参与经营管理。协议金额1 500万元，其中包含甲公司已宣告但尚未支付的股利50万元。

2×19年4月15日，以银行存款支付协议转让费1 500万元。

2×19年4月25日，办妥过户手续，支付协助产权中介事务所咨询费20万元。

2×19年5月10日，单位开户银行转来到账通知，收到甲公司股利50万元。

该业务支出功能分类科目为"科学技术支出—其他科学技术支出—转制科研机构"。该单位应编制如下会计分录：

①4月15日支付转让价款时：

该项交易B单位占有甲公司15%股权且不参与经营管理，因此适用成本法核算。

财务会计：

借：长期股权投资—甲公司 14 500 000

　　应收股利—甲公司 500 000

　　贷：银行存款 15 000 000

预算会计：

借：投资支出—股权投资—转制科研机构—资本性支出—其他资本性支出

15 000 000

　　　　贷：资金结存—货币资金 15 000 000

②4月25日支付咨询费时：

财务会计：

借：长期股权投资—甲公司 200 000

　　贷：银行存款 200 000

预算会计：

借：投资支出—股权投资—转制科研机构—资本性支出—其他资本性支出

200 000

　　　　贷：资金结存—货币资金 200 000

③5月10日收到股利时：

财务会计：

借：银行存款 500 000

　　贷：应收股利—甲公司 500 000

预算会计：

借：资金结存—货币资金　　　　　　　　　　　　　　　500 000

　　贷：投资支出—股权投资—转制科研机构—资本性支出—其他资本性支出

　　　　　　　　　　　　　　　　　　　　　　　　　　　500 000

（2）置换取得的长期股权投资。

以现金以外的其他资产置换取得的长期股权投资，其成本按照换出资产的评估价值加上支付的补价或减去收到的补价，加上换入长期股权投资发生的其他相关支出确定。

科学事业单位以其持有的科技成果取得的长期股权投资，应当按照评估价值加相关税费作为投资成本。科学事业单位按规定通过协议定价、在技术交易市场挂牌交易、拍卖等方式确定价格的，应当按照以上方式确定的价格加相关税费作为投资成本。

以现金以外的其他资产置换取得的长期股权投资，参照"库存物品"科目中置换取得库存物品的相关规定进行账务处理。

（3）以未入账的无形资产取得的长期股权投资。

以未入账的无形资产取得的长期股权投资，按照评估价值加相关税费作为投资成本，借记本科目，按照发生的相关税费，贷记"银行存款""其他应交税费"等科目，按其差额，贷记"其他收入"科目。同时，在预算会计中，按照实际支付金额，借记"其他支出"科目，贷记"资金结存"科目。

【例4-119】2×19年3月26日，科学事业单位C科研所经主管部门和财政部门批准，以本所土地使用权入股乙股份有限公司，作为单位产学研基地，但不参与乙公司经营事项，土地评估价527万元，占乙公司股份20%。以单位开户银行存款支付评估费15万元。该业务支出功能分类科目为"科学技术支出—其他科学技术支出—转制科研机构"。该单位应编制如下会计分录：

该项投资以划拨土地入股，无账面资产价值，比照无形资产进行账务处理。入股乙公司且不参与经营，适用成本法核算。

财务会计：

借：长期股权投资—乙公司　　　　　　　　　　　　　　5 420 000

　　贷：银行存款　　　　　　　　　　　　　　　　　　　　150 000

　　　　其他收入—评估增值　　　　　　　　　　　　　　5 270 000

预算会计：

借：其他支出—其他资金支出—转制科研机构—商品和服务支出—其他商品和服务支出　　　　　　　　　　　　　　　　　　　　　　　150 000

　　贷：资金结存—货币资金　　　　　　　　　　　　　　　150 000

（4）接受捐赠的长期股权投资。

接受捐赠的长期股权投资，其成本按照有关凭据注明的金额加上相关税费确定；没有相关凭据可供取得，但按规定经过资产评估的，其成本按照评估价值加上相关税费确定；没有相关凭据可供取得、也未经资产评估的，其成本比照同类或类似资产的市场价格加上相关税费确定。

接受捐赠的长期股权投资，按照确定的投资成本，借记本科目或本科目（成本），按照发生的相关税费，贷记"银行存款"等科目，按照其差额，贷记"捐赠收入"科目。同时，在预算会计中，按照实际支付金额，借记"其他支出"科目，贷记"资金结存"科目。

【例4－120】2×19年4月6日，科学事业单位D研究院经相关部门批准，接受丙医药公司捐赠5%公司股权，作为院企科研合作基金，捐赠日捐赠股权公允价值180万元。单位从基本账户支付股权过户手续费2.4万元。该业务支出功能分类科目为"科学技术支出—其他科学技术支出—转制科研机构"。该单位应编制如下会计分录：

财务会计：

借：长期股权投资—丙公司     1 800 000

    贷：银行存款     24 000

        捐赠收入—股权投资     1 776 000

预算会计：

借：其他支出—其他资金支出—转制科研机构—商品和服务支出—其他商品和服务支出     24 000

    贷：资金结存—货币资金     24 000

（5）无偿调入的长期股权投资。

无偿调入的长期股权投资，其成本按照调出方账面余额加上相关税费确定。

无偿调入的长期股权投资，按照确定的投资成本，借记本科目或本科目（成本），按照发生的相关税费，贷记"银行存款"等科目，按照其差额，贷记"无偿调拨净资产"科目。同时，在预算会计中，按照实际支付金额，借记"其他支出"科目，贷记"资金结存"科目。

【例4－121】2×19年5月6日，科学事业单位A研究院根据上级主管部门批复，另一事业单位附属丁公司100%股权无偿并入本单位资产经营公司。合并基准日，丁公司评估公允价值350万元。同日，从单位银行账户支付股权变更服务费8万元。该业务支出功能分类科目为"科学技术支出—其他科学技术支出—转制科研机构"。该单位应编制如下会计分录：

财务会计：

该项转让100%股权合并，适用权益法核算。

借：长期股权投资—成本—丁公司     3 580 000

    贷：无偿调拨净资产     3 500 000

        银行存款     80 000

预算会计：

借：其他支出—其他资金支出—转制科研机构—商品和服务支出—其他商品和服务支出     80 000

    贷：资金结存—货币资金     80 000

2. 长期股权投资持有期间的核算。

长期股权投资持有期间，应当按照规定采用成本法或权益法分别进行核算。

（1）采用成本法核算。

被投资单位宣告发放现金股利或利润时，按照应收的金额，借记"应收股利"科目，贷记"投资收益"科目。预算会计不需处理。

【例 4 - 122】续【例 4 - 119】。2×20 年 3 月 20 日，C 单位收到乙公司分派股利公告，本单位应分股利 38 万元。该单位应编制如下会计分录：

财务会计：

借：应收股利—乙公司 380 000

　　贷：投资收益—股权投资 380 000

预算会计不做账务处理。

科学事业单位在收到现金股利或利润时，分两种情形处理：

①按照规定将投资收益纳入本单位预算管理的，按照实际收到的金额，借记"银行存款"等科目，贷记"应收股利"科目。同时，在预算会计中，借记"资金结存"科目，贷记"投资预算收益"科目。

【例 4 - 123】续【例 4 - 122】。3 月 22 日股利到账。根据规定，该项投资股利不需要上缴财政部门，纳入单位预算管理。该单位应编制如下会计分录：

财务会计：

借：银行存款 380 000

　　贷：应收股利—乙公司 380 000

预算会计：

借：资金结存—货币资金 380 000

　　贷：投资预算收益—股权投资—转制科研机构 380 000

②按规定需将投资收益上缴本级财政的，借记"银行存款"等科目，贷记"应缴财政款"科目，同时按照此前确定的应收股利金额，借记"投资收益"科目或"累计盈余"科目（此前确认的投资收益已经结转的），贷记"应收股利"科目；将取得的现金股利或利润上缴财政时，借记"应缴财政款"科目，贷记"银行存款"等科目。预算会计不需处理。

【例 4 - 124】续【例 4 - 123】。假设 C 单位根据规定，该项投资股利上缴财政部门。同日，股利上缴财政。该单位应编制如下会计分录：

①收到股利时：

借：银行存款 380 000

　　贷：应缴财政款—投资收益 380 000

借：投资收益—股权投资 380 000

　　贷：应收股利—乙公司 380 000

预算会计不做账务处理。

②上缴股利时：

借：应缴财政款—投资收益 380 000

　　贷：银行存款 380 000

（2）采用权益法核算。

①被投资单位实现净利润的，按照应享有的份额，借记本科目（损益调整），贷记"投资收益"科目。预算会计不需处理。

被投资单位发生净亏损的，按照应分担的份额，借记"投资收益"科目，贷记本科目（损益调整），但以本科目的账面余额减记至零为限。发生亏损的被投资单位以后年度又实现净利润的，按照收益分享额弥补未确认的亏损分担额等后的金额，借记本科目（损益调整），贷记"投资收益"科目。预算会计不需处理。

【例 4 – 125】 续【例 4 – 121】。2×20 年 2 月 5 日，科学事业单位 A 研究院收到附属企业资产经营公司 2×19 年度会计报表，审计后的所有者权益总额 750 万元。2×19 年末，A 研究院"长期股权投资—成本—资产经营公司"科目余额 658 万元。该单位应编制如下会计分录：

财务会计：

本年权益调整 = 750 – 658 = 92（万元）

借：长期股权投资—损益调整—资产经营公司 920 000

　　贷：投资收益—股权投资 920 000

预算会计不做账务处理。

【例 4 – 126】 续【例 4 – 125】。假设资产经营公司 2×19 年度会计报表的所有者权益总额为 620 万元。该单位应编制如下会计分录：

财务会计：

本年权益调整 = 620 – 658 = – 38（万元）

借：投资收益—股权投资 380 000

　　贷：长期股权投资—损益调整—资产经营公司 380 000

预算会计不做账务处理。

②被投资单位宣告分派现金股利或利润的，按照应享有的份额，借记"应收股利"科目，贷记本科目（损益调整）。预算会计不需处理。

【例 4 – 127】 2×20 年 3 月 20 日，A 研究院收到资产经营公司 2×19 年度利润分配方案，本单位应享有股利 25 万元。该单位应编制如下会计分录：

财务会计：

借：应收股利—资产经营公司 250 000

　　贷：长期股权投资—损益调整—资产经营公司 250 000

预算会计不做账务处理。

科学事业单位在收到现金股利或利润时，分两种情形处理：

一是，按照规定将投资收益纳入本单位预算管理的，按照实际收到的金额，借记"银行存款"等科目，贷记"应收股利"科目。同时，在预算会计中，借记"资金结存"科目，贷记"投资预算收益"科目。

【例 4 – 128】 续【例 4 – 127】。3 月 22 日，股利转入单位开户银行账户。根据规定，该项投资收益纳入单位预算管理。该单位编制如下会计分录：

财务会计：

借：银行存款 250 000

　　　　贷：应收股利—资产经营公司　　　　　　　　　　　　　　250 000

　　预算会计：

　　借：资金结存—货币资金　　　　　　　　　　　　　　　　250 000

　　　　贷：投资预算收益—股权投资—转制科研机构　　　　　　　250 000

　　二是，按规定需将投资收益上缴本级财政的，借记"银行存款"等科目，贷记"应缴财政款"科目，同时按照此前确定的应收股利金额，借记"投资收益"科目或"累计盈余"科目（此前确认的投资收益已经结转的），贷记"应收股利"科目；将取得的现金股利或利润上缴财政时，借记"应缴财政款"科目，贷记"银行存款"等科目。预算会计不需处理。

　　【例 4 - 129】续【例 4 - 128】。假设根据规定，该项投资收益应当上缴财政部门。3 月 22 日，股利转入单位开户银行账户。同日，上缴财政。该单位应编制如下会计分录：

　　财务会计：

　　①收到股利时：

　　借：银行存款　　　　　　　　　　　　　　　　　　　　　250 000

　　　　贷：应缴财政款—股权投资　　　　　　　　　　　　　　250 000

　　借：投资收益—股权投资　　　　　　　　　　　　　　　　250 000

　　　　贷：应收股利—资产经营公司　　　　　　　　　　　　　250 000

　　②上缴股利时：

　　借：应缴财政款—股权投资　　　　　　　　　　　　　　　250 000

　　　　贷：银行存款　　　　　　　　　　　　　　　　　　　　250 000

　　上述业务预算会计不做账务处理。

　　③被投资单位发生除净损益和利润分配以外的所有者权益变动的，按照应享有或应分担的份额，借记或贷记"权益法调整"科目，贷记或借记本科目（其他权益变动）。预算会计不需处理。

　　【例 4 - 130】7 月 12 日，某科学事业单位独资附属企业科技创新中心经批准参股其他企业，根据参股协议，聘请事务所进行了评估，评估基准日科技创新中心所有者权益的公允价值为 120 万元。同日，科技创新中心账面所有者权益 85 万元。

　　科技创新中心系单位独资设立，适用权益法核算。评估增值记入企业"资本公积"科目。因此，权益调整额 = 120 - 85 = 35（万元）。该单位应编制如下会计分录：

　　财务会计：

　　借：长期股权投资—其他权益变动—科技创新中心　　　　　350 000

　　　　贷：权益法调整—科技创新中心　　　　　　　　　　　　350 000

　　预算会计不做账务处理。

　　（3）成本法与权益法转换的核算。

　　①单位因处置部分长期股权投资等原因而对处置后的剩余股权投资由权益法改按成本法核算的，应当按照权益法下本科目账面余额作为成本法下本科目账面余额（成本）。

其后，被投资单位宣告分派现金股利或利润时，属于单位已计入投资账面余额的部分，按照应分得的现金股利或利润份额，借记"应收股利"科目，贷记本科目。预算会计不需处理。

【例4-131】2×20年4月1日，科学事业单位A研究院（转制科研机构）接主管部门通知，其附属企业资产经营公司无偿划转到省国资部门，A研究院留有企业10%股权。资产经营公司2×19年度经审计后的所有者权益总额750万元。A研究院"长期股权投资"科目下"成本"明细科目余额658万元、"损益调整"明细科目余额67万元。

因本单位留存企业10%股权［750×10%＝75（万元）］，不再控股，因此需要改为成本法核算。该单位应编制如下会计分录：

财务会计：

借：长期股权投资—资产经营公司 750 000

无偿调拨净资产—资产经营公司 6 500 000

　贷：长期股权投资—成本—资产经营公司 6 580 000

　　　—损益调整—资产经营公司 670 000

预算会计不做账务处理。

②单位因追加投资等原因对长期股权投资的核算从成本法改为权益法的，应当按照成本法下本科目账面余额与追加投资成本的合计金额，借记本科目（成本），按照成本法下本科目账面余额，贷记本科目，按照追加投资的成本，贷记"银行存款"等科目。同时，在预算会计中，按照实际支付金额，借记"投资支出"科目，贷记"资金结存"科目。

【例4-132】续【例4-119】。2×20年10月20日，经双方协商，同意C单位以乙公司所需某项专利作价263.5万元，受让乙公司10%股份，持股增至30%，可以委派一名副总经理参与公司经营。11月10日，办妥专利权转让手续。该项专利权账面150万元，已摊销30万元。

该项交易后，C单位持有乙公司30%股份，且参与经营管理，应当由成本法改为权益法核算。

增资后股份总额＝527＋263.50＝790.50（万元）

增资后股份取得成本总额＝527＋15＋263.50＝805.50（万元）（15万元为原评估费）

专利权溢价＝263.50－（150－30）＝143.50（万元）

该单位应编制如下会计分录：

财务会计：

借：长期股权投资—成本—乙公司 8 055 000

无形资产累计摊销—专利权 300 000

　贷：长期股权投资—乙公司 5 420 000

　　　无形资产—专利权 1 500 000

　　　其他收入—评估增值 1 435 000

预算会计不做账务处理。

（4）长期股权投资处置的核算。

科学事业单位按规定报经批准处置长期股权投资，应当冲减长期股权投资的账面余额，并按规定将处置价款扣除相关税费后的余额作应缴款项处理，或者按规定将处置价款扣除相关税费后的余额与长期股权投资账面余额的差额计入当期投资损益。

采用权益法核算的长期股权投资，因被投资单位除净损益和利润分配以外的所有者权益变动而将应享有的份额计入净资产的，处置该项投资时，还应当将原计入净资产的相应部分转入当期投资损益。

①按照规定报经批准出售（转让）长期股权投资时，应当区分长期股权投资取得方式分别进行处理。

首先是处置以现金取得的长期股权投资。

处置以现金取得的长期股权投资，按照实际取得的价款，借记"银行存款"等科目，按照被处置长期股权投资的账面余额，贷记本科目，按照尚未领取的现金股利或利润，贷记"应收股利"科目，按照发生的相关税费等支出，贷记"银行存款"等科目，按照借贷方差额，借记或贷记"投资收益"科目。同时，在预算会计中，按照取得价款扣减支付的相关税费后的金额，借记"资金结存"科目，对以前年度投资的金额，借记"其他结余"科目；按本年投资的金额，贷记"投资支出"科目；按借贷方差额，贷记"投资预算收益"科目。

【例4－133】某科学事业单位根据上级文件要求进行企业改制，将独资附属企业科技创新中心转让给其控股企业。改制基准日为6月30日，评估价180万元。同日，单位"长期股权投资"科目下"成本"明细科目余额85万元，"其他权益变动"明细科目余额35万元。7月15日，单位收到转让款。假设该项交易不需要上缴财政部门，无其他税费。该业务支出功能分类科目为"科目技术产出—其他科学技术支出—转制科研机构"。该单位应编制如下会计分录：

股权处置权益额＝180－85－35（其他权益变动）＝60（万元）

预算会计下投资收益＝60＋35（其他权益变动）＝95（万元）

财务会计：

借：银行存款 1 800 000

    贷：长期股权投资—成本—科技创新中心 850 000

              —其他权益变动—科技创新中心 350 000

      投资收益—股权投资 600 000

预算会计：

借：资金结存—货币资金 1 800 000

    贷：其他结余 850 000

      投资预算收益—转制科研机构 950 000

预算会计不做账务处理。

其次是处置以现金以外的其他资产取得的长期股权投资。

➤处置以现金以外的其他资产取得的长期股权投资，按照被处置长期股权投资的账面余额，借记"资产处置费用"科目，贷记本科目；同时，按照实际取得的价款，借记"银行存款"等科目，按照尚未领取的现金股利或利润，贷记"应收股利"科目，按照发生的相关税费等支出，贷记"银行存款"等科目，按照贷方差额，贷记"应缴财政款"科目。同时，在预算会计中，按照实际收到的尚未领取的现金股利或利润，借记"资金结存"科目，贷记"投资预算收益"科目。

按照规定将处置时取得的投资收益纳入本单位预算管理的，应当按照所取得价款大于被处置长期股权投资账面余额、应收股利账面余额和相关税费支出合计的差额，贷记"投资收益"科目。同时，在预算会计中，按照取得价款扣减投资账面余额、尚未领取的现金股利或利润和支付的相关税费后的差额，借记"资金结存"科目，贷记"投资预算收益"科目。

➢ 科学事业单位处置以科技成果转化形成的长期股权投资，按规定所取得的收入全部留归本单位的，应当按照实际取得的价款，借记"银行存款"等科目，按照被处置长期股权投资的账面余额，贷记"长期股权投资"科目，按照尚未领取的现金股利或利润，贷记"应收股利"科目，按照发生的相关税费等支出，贷记"银行存款"等科目，按照借贷方差额，借记或贷记"投资收益"科目；同时，在预算会计中，按照实际取得的价款，借记"资金结存—货币资金"科目，按照处置时确认的投资收益金额，贷记"投资预算收益"科目，按照贷方差额，贷记"其他预算收入"科目。

➢ 权益法下，科学事业单位处置以现金以外的其他资产取得的（不含科技成果转化形成的）长期股权投资时，按规定将取得的投资收益（此处的投资收益，是指长期股权投资处置价款扣除长期股权投资成本和相关税费后的差额）纳入本单位预算管理的，分别以下面两种情况处理：

一是，长期股权投资的账面余额大于其投资成本的，应当按照被处置长期股权投资的成本，借记"资产处置费用"科目，贷记"长期股权投资—成本"科目；同时，按照实际取得的价款，借记"银行存款"等科目，按照尚未领取的现金股利或利润，贷记"应收股利"科目，按照发生的相关税费等支出，贷记"银行存款"等科目，按照长期股权投资的账面余额减去其投资成本的差额，贷记"长期股权投资—损益调整、其他权益变动"科目（以上明细科目为贷方余额的，借记相关明细科目），按照实际取得的价款与被处置长期股权投资账面余额、应收股利账面余额和相关税费支出合计数的差额，贷记或借记"投资收益"科目，按照贷方差额，贷记"应缴财政款"科目。预算会计的账务处理按照《政府会计制度》进行。

二是，长期股权投资的账面余额小于或等于其投资成本的，应当按照被处置长期股权投资的账面余额，借记"资产处置费用"科目，按照长期股权投资各明细科目的余额，贷记"长期股权投资—成本"科目，贷记或借记"长期股权投资—损益调整、其他权益变动"科目；同时，按照实际取得的价款，借记"银行存款"等科目，按照尚未领取的现金股利或利润，贷记"应收股利"科目，按照发生的相关税费等支出，贷记"银行存款"等科目，按照实际取得的价款大于被处置长期股权投资成本、应收股利账面余额和相关税费支出合计数的差额，贷记"投资收益"科目，按照贷方差额，贷记"应缴财政款"科目。预算会计的账务处理按照《政府会计制度》

进行。

➤ 科学事业单位按规定应将长期股权投资持有期间取得的投资净收益，以及以现金取得的长期股权投资处置时取得的净收入（处置价款扣除投资本金和相关税费后的净额）上缴本级财政并纳入一般公共预算管理的，在应收或收到上述有关款项时不确认投资收益，应通过"应缴财政款"科目核算。

【例4-134】2×22年9月20日，科学事业单位C科研所经有关部门批准，将本所持有的全部乙股份有限公司股份以1 500万元价格转让给其他单位，扣除交易税费65万元，剩余资金1 435万元已进入单位开户银行账户。同日，支付产权交易事务所咨询服务费30万元。该项投资收益应当上缴财政。

至交易日，单位"长期股权投资"科目余额958.5万元，其中明细科目余额如下："成本"805.50万元、"损益调整"115万元、"其他权益变动"38万元；"应收股利"科目余额24万元。

该业务支出功能分类科目为"科学技术支出—其他科学技术支出—转制科研机构"。该单位应编制如下会计分录：

①结转投资账面余额：

财务会计：

借：资产处置费用—投资—交易转让     9 585 000

  贷：长期股权投资—成本—乙公司     8 055 000

      —损益调整—乙公司     1 150 000

      —其他权益变动—乙公司     380 000

预算会计不做账务处理。

②结转"权益法调整"账面余额：

财务会计：

借：权益法调整—乙公司     380 000

  贷：投资收益—股权投资     380 000

预算会计不做账务处理。

③银行到账：

财务会计：

借：银行存款     14 350 000

  贷：银行存款     300 000

    应收股利—乙公司     240 000

    应缴财政款—资产处置     13 810 000

预算会计：

借：资金结存—货币资金     240 000

  贷：投资预算收益—股权投资—转制科研机构     240 000

【例4-135】续【例4-134】。假设，上述投资收益不需上缴财政，纳入单位预算管理。则单位会计处理如下：

①结转投资账面余额：

财务会计：

借：资产处置费用—投资—交易转让　　　　　　　　　　9 585 000

　　贷：长期股权投资—成本—乙公司　　　　　　　　　　　8 055 000

　　　　　　　　　—损益调整—乙公司　　　　　　　　　　1 150 000

　　　　　　　　　—其他权益变动—乙公司　　　　　　　　　380 000

预算会计不做账务处理。

②结转"权益法调整"账面余额：

财务会计：

借：权益法调整—乙公司　　　　　　　　　　　　　　　　380 000

　　贷：投资收益—股权投资　　　　　　　　　　　　　　　　380 000

预算会计不做账务处理。

③银行到账：

财务会计：

借：银行存款　　　　　　　　　　　　　　　　　　　14 350 000

　　贷：银行存款　　　　　　　　　　　　　　　　　　　　300 000

　　　　应收股利—乙公司　　　　　　　　　　　　　　　　240 000

　　　　投资收益—股权投资　　　　　　　　　　　　　　13 810 000

预算会计：

借：资金结存—货币资金　　　　　　　　　　　　　　14 050 000

　　贷：投资预算收益—股权投资—转制科研机构　　　　　14 050 000

②因被投资单位破产清算等原因，有确凿证据表明长期股权投资发生损失，按照规定报经批准后予以核销时，按照予以核销的长期股权投资的账面余额，借记"资产处置费用"科目，贷记本科目。预算会计不需处理。

【例4－136】2×20年8月20日，科学事业单位D中心在事业单位所属企业改制中，将中心早期兴办的、现已成"僵尸企业"的丙公司予以注销，已办妥工商注销手续。单位"长期股权投资—成本—丙公司"账面余额10万元，已按要求上报申请核销。该业务支出功能分类科目为"科学技术支出—其他科学技术支出—转制科研机构"。该单位应编制如下会计分录：

财务会计：

借：资产处置费用—投资—核销　　　　　　　　　　　　100 000

　　贷：长期股权投资—成本—丙公司　　　　　　　　　　　100 000

预算会计不做账务处理。

③报经批准置换转出长期股权投资时，参照"库存物品"科目中置换换入库存物品的规定进行账务处理。

④采用权益法核算的长期股权投资的处置，除进行上述账务处理外，还应结转原直接计入净资产的相关金额，借记或贷记"权益法调整"科目，贷记或借记"投资收益"科目。预算会计不需处理。

长期股权投资的处置核算参见【例4－134】。

（5）履行国家出资人职责出资的核算。

《政府会计准则第3号》对单位履行出资人职责的会计处理规定如下：

①科学事业单位对国家出资企业履行出资人职责的，其出资行为不适用《政府会计准则第2号——投资》规定，不属于单位投资行为。通过单位账户对国家出资企业投入货币资金，纳入本单位预算管理的，在费用中列支；不纳入本单位预算管理的，通过往来科目核算。

【例4-137】2×20年3月1日，科学事业单位T研究院零余额账户收到财政拨入科创专项资金500万元，用于设立科研创新成果孵化中心（股份有限公司）。该公司业务管理由T研究院负责，股权由省国有资产管理部门统一监管。3月5日，完成资金划转。该业务支出功能分类科目为"科学技术支出—技术研究与开发—科技成果转化与扩散"。

该项投资属于单位代表国家或政府履行出资人职责，不属于单位投资行为。因此，该单位应编制如下会计分录：

①收到拨款：

财务会计：

借：零余额账户用款额度　　　　　　　　　　　　　5 000 000

　　贷：财政拨款收入　　　　　　　　　　　　　　　　　5 000 000

预算会计：

借：资金结存—零余额账户用款额度　　　　　　　　5 000 000

　　贷：财政拨款预算收入—科技成果转化与扩散—项目支出　5 000 000

②划拨款项：

财务会计：

借：业务活动费用—科研活动费用—其他费用　　　　5 000 000

　　贷：零余额账户用款额度　　　　　　　　　　　　　5 000 000

预算会计：

借：事业支出—科研活动支出—财政拨款支出—科技成果转化与扩散—资本性支出—其他资本性支出　　　　　　　　　　　　　　　　5 000 000

　　贷：资金结存—零余额账户用款额度　　　　　　　5 000 000

在《政府会计准则制度解释第2号》首次施行前，有关单位将国家出资企业计入本单位长期股权投资的，应当自《政府会计准则制度解释第2号》施行之日（2020年1月1日），将原"长期股权投资"科目余额中的相关账面余额转出，以前年度出资冲减"累计盈余"科目，本年度出资记入"其他费用"科目，并将相应的"权益法调整"科目余额（如有）转入"累计盈余"科目。

【例4-138】2×19年初，科学事业单位L研究所接到省国有资产管理部门通知，事业单位履行国家出资企业职责的股权统一划转至国有资产管理部门管理，该所持有的甲公司股份做减持处理。

2×19年4月30日，单位"长期股权投资—成本—甲公司"账面余额1 415万元，"应收股利"账面余额34万元。5月2日，收到甲公司转入的股利34万元。该项投资收益纳入单位预算管理。

该业务支出功能分类科目为"科学技术支出—其他科学技术支出—转制科研机构"。该单位应编制如下会计分录：

①收到股利：

财务会计：

借：银行存款 340 000

　　贷：应收股利—甲公司 340 000

预算会计：

借：资金结存—货币资金 340 000

　　贷：投资预算收益—转制科研机构 340 000

②核减股份：

财务会计：

借：累计盈余 14 150 000

　　贷：长期股权投资—成本—甲公司 14 150 000

预算会计不做账务处理。

②单位按规定出资成立非营利法人单位，如事业单位、社会团体、基金会等，不适用《政府会计准则第2号——投资》的规定，出资时应当按照出资金额，计入其他费用。单位应当对出资成立的非营利法人单位设置备查簿进行登记。

【例4-139】5月4日，科学事业单位J研究院经批准使用自有资金10万元资助设立青少年科普基金会，款项从单位开户银行账户支付。5月28日，该基金会完成省民间组织管理部门注册登记手续。该业务支出功能分类科目为"科学技术支出—科学技术普及—科普活动"。该单位应编制如下会计分录：

财务会计：

借：其他费用—其他 100 000

　　贷：银行存款 100 000

预算会计：

借：其他支出—其他资金支出—科普活动—基本支出—商品和服务支出—其他商品和服务支出 100 000

　　贷：资金结存—货币资金 100 000

在《政府会计准则制度解释第2号》首次施行前，单位出资成立非营利法人单位并将出资金额计入长期股权投资的，应当自《政府会计准则制度解释第2号》施行之日（2020年1月1日），将原"长期股权投资"科目余额中对非营利法人单位的出资金额转出，以前年度出资冲减"累计盈余"科目，本年度出资记入"其他费用"科目。

【例4-140】2×19年12月，科学事业单位Y中心经批准，按照《政府会计准则制度解释第2号》规定，将单位2×16年设立"青年科技创新协会"的出资5万元予以核销。该业务支出功能分类科目为"科学技术支出—应用研究—社会公益研究"。该单位应编制如下会计分录：

财务会计：

借：累计盈余                                                50 000

    贷：长期股权投资——青年科技创新协会                50 000

预算会计不做账务处理。

## 四、长期债券投资

（一）长期债券投资的含义

长期债券投资，是指科学事业单位按照规定取得的，持有时间超过 1 年（不含 1 年）的债券投资。科学事业单位进行除债券以外的其他债权投资，也参照长期债券投资进行会计处理。

（二）长期债券投资的确认与计量

长期债券投资在取得时，应当按照实际成本作为初始投资成本。实际支付价款中包含的已到付息期但尚未领取的债券利息，应当单独确认为应收利息，不计入长期债券投资初始投资成本。

长期债券投资持有期间，应当按期以票面金额与票面利率计算确认利息收入。对于分期付息、一次还本的长期债券投资，应当将计算确定的应收未收利息确认为应收利息，计入投资收益；对于一次还本付息的长期债券投资，应当将计算确定的应收未收利息计入投资收益，并增加长期债券投资的账面余额。

（三）长期债券投资科目设置

科学事业单位应设置"长期债券投资"科目，核算单位按照规定取得的，持有时间超过 1 年（不含 1 年）的债券投资。本科目应当设置"成本"和"应计利息"明细科目，并按照债券投资的种类进行明细核算。期末借方余额，反映事业单位持有的长期债券投资的价值。

（四）长期债券投资的核算

1. 长期债券投资取得的核算。

取得的长期债券投资，按照确定的投资成本，借记本科目（成本），按照支付的价款中包含的已到付息期但尚未领取的利息，借记"应收利息"科目，按照实际支付的金额，贷记"银行存款"等科目。同时，在预算会计中，按照实际支付的全部价款，借记"投资支出"科目，贷记"资金结存"科目。

实际收到取得债券时所支付价款中包含的已到付息期但尚未领取的利息时，借记"银行存款"科目，贷记"应收利息"科目。同时，在预算会计中，按照实际支付的全部价款，借记"资金结存"科目，贷记"投资支出"科目。

【例 4－141】2×20 年 6 月 18 日，科学事业单位 Y 研究院经批准用自有资金购买五年期特别国债 300 万元，发行利率 2.41%，每年 6 月 19 日付息。该业务支出功能分类科目为"科学技术支出——其他科学技术支出——转制科研机构"。该单位应编制如下会计分录：

财务会计：

借：长期债券投资—成本—五年期特别国债　　　　　　　3 000 000

　　贷：银行存款　　　　　　　　　　　　　　　　　　　　　3 000 000

预算会计：

借：投资支出—债券投资—转制科研机构—资本性支出—其他资本性支出

　　　　　　　　　　　　　　　　　　　　　　　　　　　　　3 000 000

　　贷：资金结存—货币资金　　　　　　　　　　　　　　　　3 000 000

【例4-142】2×19年3月10日，科学事业单位Y研究院经批准用自有资金购买三年期凭证式国债100万元，到期一次还本付息，票面年利率4%。该业务支出功能分类科目为"科学技术支出—其他科学技术支出—转制科研机构"。该单位应编制如下会计分录：

财务会计：

借：长期债券投资—成本—三年期国债　　　　　　　　　1 000 000

　　贷：银行存款　　　　　　　　　　　　　　　　　　　　　1 000 000

预算会计：

借：投资支出—债券投资—转制科研机构—资本性支出—其他资本性支出

　　　　　　　　　　　　　　　　　　　　　　　　　　　　　1 000 000

　　贷：资金结存—货币资金　　　　　　　　　　　　　　　　1 000 000

2. 长期债券投资持有期间的核算。

长期债券投资持有期间，按期以债券票面金额与票面利率计算确认利息收入时，如为到期一次还本付息的债券投资，借记本科目（应计利息），贷记"投资收益"科目；如为分期付息、到期一次还本的债券投资，借记"应收利息"科目，贷记"投资收益"科目。预算会计不需处理。

收到分期支付的利息时，按照实收的金额，借记"银行存款"等科目，贷记"应收利息"科目。同时，在预算会计中，借记"资金结存"科目，贷记"投资预算收益"科目。

【例4-143】续【例4-141】。2×21年6月18日，特别国债应计利息7.23万元。6月19日，单位开户银行账户收到特别国债利息。该单位应编制如下会计分录：

财务会计：

①计提利息时：

借：应收利息—五年期特别国债　　　　　　　　　　　　　72 300

　　贷：投资收益—国债利息　　　　　　　　　　　　　　　　72 300

预算会计不做账务处理。

②收到利息时：

借：银行存款　　　　　　　　　　　　　　　　　　　　　72 300

　　贷：应收利息—五年期特别国债　　　　　　　　　　　　　72 300

预算会计：

借：资金结存—货币资金　　　　　　　　　　　　　　　　72 300

　　贷：投资预算收益—国债利息—转制科研机构　　　　　　　72 300

**【例4-144】** 续【例4-142】。2×20年3月9日，三年期国债应计利息4万元。该单位应编制如下会计分录：

财务会计：

借：长期债券投资——应收利息——三年期国债     40 000

  贷：投资收益——国债利息          40 000

预算会计不做账务处理。

3. 长期债券投资处置的核算。

科学事业单位按规定出售或到期收回长期债券投资，应当将实际收到的价款扣除长期债券投资账面余额和相关税费后的差额计入投资损益。

（1）到期收回长期债券投资，按照实际收到的金额，借记"银行存款"科目，按照长期债券投资的账面余额，贷记本科目，按照相关应收利息金额，贷记"应收利息"科目，按照其差额，贷记"投资收益"科目。同时，在预算会计中，按照实际收到的金额，借记"资金结存"科目，按以前年度投资成本金额，贷记"其他结余"科目；按照本年投资成本金额，贷记"投资支出"科目；按照贷方差额，贷记"投资预算收益"科目。

**【例4-145】** 续【例4-142】。2×22年3月10日，三年期国债到期，本息合计112万元已转入单位开户银行账户。该单位应编制如下会计分录：

财务会计：

借：银行存款              1 120 000

  贷：长期债券投资——成本——三年期国债     1 000 000

       ——应收利息——三年期国债     80 000

    投资收益——国债利息        40 000

预算会计：

借：资金结存——货币资金         1 120 000

  贷：其他结余            1 000 000

    投资预算收益——国债利息——转制科研机构   120 000

（2）对外出售长期债券投资，按照实际收到的金额，借记"银行存款"科目，按照长期债券投资的账面余额，贷记本科目，按照已记入"应收利息"科目但尚未收取的金额，贷记"应收利息"科目，按照其差额，贷记或借记"投资收益"科目。同时，在预算会计中，按照实际收到的金额，借记"资金结存"科目，按以前年度投资成本金额，贷记"其他结余"科目；按照本年投资成本金额，贷记"投资支出"科目；按照借方或贷方差额，借记或贷记"投资预算收益"科目。涉及增值税业务的，相关账务处理参见"应交增值税"科目。

**【例4-146】** 续【例4-142】。2×21年6月30日，Y研究院将其持有的三年期凭证式国债100万元在国债二级市场出售，扣除交易费用后净收入109.5万元，已转入单位开户银行账户。假设该项业务不涉及所得税。该单位应编制如下会计分录：

财务会计：

已计提利息=2（年）×4（万元/年）=8（万元）

借：银行存款 1 095 000
　　贷：长期债券投资—成本—三年期国债 1 000 000
　　　　—应收利息—三年期国债 80 000
　　　投资收益—国债利息 15 000
预算会计：
借：资金结存—货币资金 1 095 000
　　贷：其他结余 1 000 000
　　　投资预算收益—国债利息—转制科研机构 95 000

# 第七节　固定资产

## 一、固定资产概述

（一）固定资产的含义与特点

固定资产，是指科学事业单位为满足自身开展科研和非科研活动及其辅助活动、提供科技劳务或其他活动需要而控制的，使用期限超过 1 年（不含 1 年）、单位价值在规定标准以上，并在使用过程中基本保持原有物质形态的资产。单位价值虽未达到规定标准，但是耐用时间在一年以上的大批同类物质，作为固定资产管理。

科学事业单位固定资产的概念具有以下四层含义：

1. 持有目的是满足自身使用。

科学事业单位固定资产持有目的是为了开展科研和非科研活动及其辅助活动、提供科技劳务、出租或管理。单位持有的固定资产是单位的劳动工具或手段，而不是用于出售的产品。其中，出租是指单位以经营租赁方式出租的机器设备类固定资产。

2. 使用年限超过 1 年。

通常情况下，固定资产的使用年限，是指单位使用固定资产的预计期间，或者该固定资产所能开展科研和非科研活动及其辅助活动、加工科研产品或提供劳务的期限。比如，自用房屋建筑物的预计使用年限，机器设备的预计使用工时，运输设备的预计行驶或飞行里程估计等。

固定资产在科研、生产过程中不属于一次性消耗，它能长期作用于科学试验和生产过程，并能保持其原有的实物形态，其价值也是随着使用过程的有形和无形磨损而逐渐转移。与存货等流动资产相比，固定资产不会在 1 年内或长于 1 年的一个经营周期内变现或耗用，这是固定资产的重要特征。

3. 单位价值在规定标准以上。

根据《事业单位财务规则》《科学事业单位财务制度》规定，科学事业单位固定资产的单位标准为：单位价值在 1 000 元以上；单位价值虽未达到规定标准，但是使用时间超过 1 年（不含 1 年）的大批同类物资，如图书、家具、用具、装具等，应当确认为固定资产。

4. 固定资产是有形资产。

固定资产具有实物特征，这一特征将固定资产与无形资产区别开来。有些无形资产可能同时符合固定资产的其他特征，如无形资产为开展科技活动、加工科研产品、提供劳务而持有，使用年限也超过 1 年，但是由于其没有实物形态，所以不属于固定资产。

科学事业单位固定资产与其他企事业单位固定资产不同，具有以下特点：

1. 资金来源多来自于科研专项拨款。

科学事业单位固定资产投资用于提高科学研究水平、推动技术进步，以社会进步与发展提供公益性服务为目的，其固定资产的资金来源主要是根据科学事业发展的计划和任务，由国家财政专项拨款或由科研专项经费解决。而一般企业固定资产投资是以改善生产条件、提高生产率，为企业取得长期的经济效益为目的，其固定资产投资可以通过长期的生产过程，逐渐将价值转移到生产的产品中，通过销售收入实现价值补偿。

2. 专业性强。

与其他事业单位相比，科学事业单位固定资产中有相当数量的仪器设备与单位研究领域、学科专业密切相关，具有大型、精密、技术先进的特点。如核磁共振仪、隧道显微镜、电子显微镜、质谱仪、色谱仪、质构仪、细胞能量实时分析仪等。

3. 投入大及运行维护费用高。

科学事业单位的仪器设备，特别是大型精密仪器和大型的科研设施，如高能物理对撞机、遥感卫星地面站、授时台、大口径天文望远镜等，性能高、工艺技术复杂，购置或建造成本巨大，运行所需能源与耗料多、维护费用较高。

4. 更新换代快。

由于科学技术的进步，特别是由于新兴、综合和交叉学科领域的发展，科学研究用的仪器设备在精度、速度和功能等多方面要求越来越高，需要不断更新设备或技术升级，因而设备仪器的无形损耗明显加快，缩短了专业设备仪器的实际使用寿命。

（二）固定资产的分类

固定资产一般分为六类：房屋及构筑物；专用设备；通用设备；文物和陈列品；图书、档案；家具、用具、装具及动植物。

1. 房屋和构筑物。即科学事业单位拥有占有权和使用权的房屋、建筑物及其附属设施。其中，房屋指办公用房、科研试验用房、库房、职工宿舍用房、职工食堂、锅炉房等；构筑物指房屋以外的建筑物，包括塔、池、井、架、棚、场、路、桥、坝、平台以及独立于房屋和机器设备以外的管道、烟囱、围墙等，如温室、蓄水池、水塔、储油室、道路、坑道、围墙等；附属设施指安装在房屋内部与房屋、建筑物不可分割的不能单独计算价值的各种配套设施，包括房屋、建筑物内的电梯、通信线路、输电线路、输油管道、水暖、除尘、通风、卫生设施等。

2. 专用设备。即用于自然科学、社会科学、科学普及等业务活动需要购置的各种具有专门性能和专门用途的仪器设备，包括各类专用测试分析、测量计量仪器及动力、传导、通信、视听设备，以及科学考察及观测专用的车、船、飞机等。

3. 通用设备。即单位用于科研业务工作的通用性设备，以及办公用的家具、交通工具等。

4. 文物和陈列品。文物是指由国家文物行政管理部门认定并由科学事业单位负责保管的不可移动和可移动文物。陈列品是指进行科学普及、教育以及反映科学原理的由博物馆、展览馆收藏保管的标本、模型及字画、古玩、雕塑等其他陈列品。标本指保持实物原样或经过整理，反映动、植、矿物自然特征，供科学研究、科学普及时参考用的动、植、矿物等。

5. 图书、档案。图书指科学事业单位信息中心、图书馆、资料室的藏书（含电子图书）、期刊及特种文献、缩微、视听、机读等各类资料。档案指科学事业单位档案馆（室）保管的纸质、声像、照片、电子、缩微胶片及实物等档案资料。

6. 家具、用具、装具及动植物。其中，属于非流动资产的动植物，包括农业科研单位的经济林、薪炭林、种畜和役畜等，单位持有该类资产的目的是为产出农产品、提供劳务或出租等目的，而不是用于短期内出售目的。

科学事业单位等行政事业单位的固定资产明细目录由国务院主管部门制定，报国务院财政部门备案。

（三）固定资产的管理要求

科学事业单位要严格按照《事业单位国有资产管理暂行办法》《关于加强行政事业单位固定资产管理的通知》《行政事业单位内部控制规范（试行）》等规定，做好固定资产管理工作，重点关注资产配置、资产使用和资产处置等环节。

1. 资产配置要求。

严格按照配置标准配置。对于明确配备标准的固定资产，单位应当严格按照标准进行配备；对没有规定配备标准的固定资产，应当结合本单位履职需要和事业发展需求，厉行节约，合理配备。上级部门要求配置的固定资产，能通过调剂解决的，原则上不重新购置。

2. 资产使用要求。

落实使用保管责任，坚持谁使用、谁保管、谁负责的原则。单位应当建立健全固定资产使用管理制度，规范固定资产使用行为，落实使用责任，对所占有、使用的固定资产应当定期清查盘点，定期对账，做到家底清楚，账、卡、实相符，防止国有资产流失。

3. 资产处置要求。

严格固定资产处置程序。明确固定资产内部处置程序，严格按规定权限履行报批程序，及时处置固定资产。对长期积压的待处置资产，按"三重一大"事项履行集体决策程序，在规定权限内予以处置，切实解决"销账难"的问题。固定资产处置要做到公开、公正、公平。出售、出让、转让固定资产应依法依规进行资产评估，数量较多或者价值较高的，通过进场交易、拍卖等公开方式处置。确实不具备使用价值的处置资产，鼓励通过网络拍卖等方式公开处置。处置收入扣除相关税金、评估费、拍卖佣金等费用后，按照政府非税收入收缴管理有关规定及时缴入国库，实行"收支两条线"管理。

4. 日常管理要求。

科学事业单位固定资产的日常管理包括如下几个方面：

（1）分工明确、职责到位。

科学事业单位要制定和完善固定资产管理内部控制制度，明确采购、验收、保管、使用和维修部门及岗位职责，并将责任落实到人。实行集中与分级归口管理，确保固定资产安全完整和有效利用。贵重或危险的实物资产，以及有保密等特殊要求的固定资产，应当指定专人保管、专人使用。

（2）加强固定资产卡片管理。

科学事业单位要重视固定资产建档立卡，保持固定资产卡片内容与记录完整，做到有物必登、登记到人、一物一卡、不重不漏。对于权证手续不全、但长期占有使用并实际控制的固定资产，应当建立并登记固定资产卡片；对于租入固定资产，应当单独登记备查，并做好维护和管理。固定资产卡片应当符合规定格式，载明固定资产基本信息、财务信息以及使用信息，并随资产全生命周期管理动态更新，在国有资产年度报告中如实反映。

（3）建立固定资产定期清查盘点制度。

科学事业单位应当定期或不定期地进行固定资产清查盘点。尤其是在年度终了前必须进行一次全面的清查盘点，全面掌握并真实反映固定资产的数量、价值和使用状况，确保账账相符、账实相符。盘盈固定资产，应当按照政府会计准则制度等规定合理确定资产价值，按权限报批后登记入账。出现固定资产盘亏，应当查明原因、及时规范处理。

（4）加强大型仪器设备专项维护。

科学事业单位大型仪器设备是现代科学研究和试制生产的重要手段，应当加强大型仪器设备购置的计划管理与论证，履行必要的审批程序。建立大型精密仪器的调剂共享平台，提升其使用效益；加强大型精密仪器操作专业人员的配备和培训；建立健全大型精密仪器使用的技术档案；合理安排设备的维修保养，保证大型精密仪器的正常运行。

## 二、固定资产的确认与计量

（一）固定资产的确认

1. 固定资产的确认条件。

固定资产在符合其定义的前提下，还应当同时满足以下两个条件，才能予以确认：

（1）与该固定资产相关的服务潜力很可能实现或者经济利益很可能流入科学事业单位。

资产最重要的特征是预期会给单位带来经济利益。单位在确认固定资产时，需要判断与该项固定资产有关的经济利益是否很可能流入单位。如果与该项固定资产有关的服务潜力很可能实现或者经济利益很可能流入单位，并同时满足固定资产确认的其他条件，那么单位应将其确认为固定资产，否则不应将其确认为固定资产。

（2）该固定资产的成本或者价值能够可靠地计量。

成本能够可靠地计量是资产确认的一项基本条件。单位在确定固定资产成本时必须取得确凿证据，但是，有时需要根据所获得的最新资料，对固定资产的成本进行合理的估计。比如，单位对于已达到预定可使用状态但尚未办理竣工决算的固定资产，需要根据工程预算、工程造价或者工程实际发生的成本等资料，按估计价值确定其成本，办理竣工决算后，再按照实际成本调整原来的暂估价值。

2. 固定资产确认时点。

（1）通常情况下，购入、换入、接受捐赠、无偿调入不需安装的固定资产，在固定资产验收合格时确认。

（2）购入、换入、接受捐赠、无偿调入需要安装的固定资产，在固定资产安装完成交付使用时确认。

（3）自行建造、改建、扩建的固定资产，在建造完成交付使用时确认。

3. 确认固定资产应当考虑四种情况。

（1）固定资产的各组成部分具有不同使用年限或者以不同方式为科学事业单位实现服务潜力或提供经济利益，适用不同折旧率或折旧方法且可以分别确定各自价值的，应当分别将各组成部分确认为单项固定资产。

（2）应用软件构成相关硬件不可缺少的组成部分的，应当将该软件的价值包括在所属的硬件价值中，一并确认为固定资产；不构成相关硬件不可缺少的组成部分的，应当将该软件确认为无形资产。

（3）购建房屋及构筑物时，不能分清购建成本中的房屋及构筑物部分与土地使用权部分的，应当全部确认为固定资产；能够分清购建成本中的房屋及构筑物部分与土地使用权部分的，应当将其中的房屋及构筑物部分确认为固定资产，将其中的土地使用权部分确认为无形资产。

（4）固定资产在使用过程中发生的后续支出，符合固定资产的确认条件的，应当计入固定资产成本；不符合固定资产的确认条件的，应当在发生时计入当期费用或者相关资产成本。将发生的固定资产后续支出计入固定资产成本的，应当同时从固定资产账面余额中扣除被替换部分的账面余额。

（二）固定资产的计量

1. 固定资产的初始计量。

固定资产的初始计量，是指确定固定资产的取得成本。取得成本包括科学事业单位为购建某项固定资产达到预定可使用状态前所发生的一切合理的、必要的支出。在实务中，科学事业单位取得固定资产的方式是多种多样的，包括外购、自行建造、非货币性资产置换、融资租赁、捐赠和无偿调入等，取得的方式不同，其成本的具体构成内容及确定方法也不尽相同。参见"固定资产取得的核算"。

2. 固定资产的后续计量。

固定资产的后续计量包括固定资产折旧和处置。具体计量方法参见"固定资产折旧和固定资产处置的核算"。

### 三、固定资产的科目设置

科学事业单位应当设置"固定资产"科目,核算单位固定资产的原值,并按照固定资产类别和项目进行明细核算。期末借方余额,反映单位固定资产的原值。

使用"固定资产"科目时,应当考虑以下情况:

1. 购入需要安装的固定资产,应当先通过"在建工程"科目核算,安装完毕交付使用时再转入"固定资产"科目核算。

2. 以借入、经营租赁租入方式取得的固定资产,不通过"固定资产"科目核算,应当设置备查簿进行登记。

3. 采用融资租入方式取得的固定资产,通过"固定资产"科目核算,并应设置"融资租入固定资产"明细科目。

4. 经批准在境外购买具有所有权的土地,作为固定资产,通过"固定资产"科目核算,并应设置"境外土地"明细科目,进行相应明细核算。

### 四、固定资产取得的核算

(一)外购固定资产

科学事业单位外购固定资产的成本,包括购买价款、相关税费、使固定资产达到预定可使用状态前所发生的归属于该项资产的运输费、装卸费、安装费和专业人员服务费等。

外购固定资产是否达到预定可使用状态,需要根据具体情况进行分析判断。如果购入不需安装的固定资产,购入后即可发挥作用,因此,购入后即可达到预定可使用状态。如果购入需安装的固定资产,只有在安装调试后,达到设计要求或合同规定的标准,该项固定资产才可发挥作用,才意味着达到预定可使用状态。

在实务中,单位可能以一笔款项同时购入多项没有单独标价的资产。如果这些资产均符合固定资产的含义,并满足固定资产的确认条件,则应将各项资产单独确认为固定资产,应当按照同类或类似资产市场价格的比例对总成本进行分配,分别确定各项固定资产的成本。如果以一笔款项购入的多项资产中还包括固定资产以外的其他资产,也应按类似的方法予以处理。

1. 购入不需安装的固定资产。

购入不需安装的固定资产验收合格时,按照确定的固定资产成本,借记"固定资产"科目,贷记"财政拨款收入""零余额账户用款额度""应付账款""银行存款"等科目。同时,在预算会计中,借记"事业支出""经营支出"等科目,贷记"财政拨款预算收入""资金结存"等科目。

【例4-147】3月15日,某科学事业单位通过零余额账户支付购买A项目科研设备款10万元,设备已验收,收到对方单位开来的普通增值税发票。该业务支出功能分类科目为"科学技术支出—基础研究—自然科学基金"。该单位应编制如下会计分录:

财务会计：

借：固定资产——专用设备         100 000

  贷：零余额账户用款额度        100 000

预算会计：

借：事业支出——科研支出——财政拨款支出——自然科学基金——项目支出——资本性支出——专用设备购置（A项目）  100 000

  贷：资金结存——零余额账户用款额度    100 000

【例4-148】7月15日，某科学事业单位B项目向C公司采购化验设备一台，合同价款35 100元（含税），合同约定首付款50%，从单位开户银行支付。8月6日，设备到货，调试验收完毕，用银行存款支付剩余款项。该业务支出功能分类科目为"科学技术支出——基础研究——自然科学基金"。该单位应编制如下会计分录：

①支付首付款时：

财务会计：

借：预付账款——C公司         17 550

  贷：银行存款          17 550

预算会计：

借：事业支出——科研支出——非财政专项资金支出——自然科学基金——项目支出——资本性支出——专用设备购置（B项目） 17 550

  贷：资金结存——货币资金      17 550

②设备验收时：

财务会计：

借：固定资产——专用设备        35 100

  贷：预付账款——C公司       17 550

    银行存款         17 550

预算会计：

借：事业支出——科研支出——非财政专项资金支出——自然科学基金——项目支出——资本性支出——专用设备购置（B项目） 17 550

  贷：资金结存——货币资金      17 550

2. 购入需要安装的固定资产。

购入需要安装的固定资产，在安装完毕交付使用前通过"在建工程"科目核算，安装完毕交付使用时再转入"固定资产"科目。预算会计不需处理。

3. 购入固定资产扣留质量保证金的处理。

（1）购入固定资产扣留质量保证金的，应当在取得固定资产时，按照确定的固定资产成本，借记"固定资产"科目（不需安装）或"在建工程"科目（需要安装），按照实际支付或应付的金额，贷记"财政拨款收入""零余额账户用款额度""应付账款"（不含质量保证金）、"银行存款"等科目，按照扣留的质量保证金数额，贷记"其他应付款"［扣留期在1年以内（含1年）］或"长期应付款"（扣留期超过1年）科目。同时，在预算会计中，按实际支付金额，借记"事业支出""经营支出"等科目，贷记"财政拨款预算收入""资金结存"等科目。

（2）质保期满支付质量保证金时，借记"其他应付款""长期应付款"科目，贷记"财政拨款收入""零余额账户用款额度""银行存款"等科目。同时，在预算会计中，按实际支付金额，借记"事业支出""经营支出"等科目，贷记"财政拨款预算收入""资金结存"等科目。

【例4-149】4月30日，某科学事业单位购买业务用检测设备一台，设备总价款565 000元（含增值税65 000元）。通过政府采购确定E供应商并签订采购合同，约定合同签订后首次付款30%，到货验收合格后付款65%，预留质量保证金5%，一年后支付。

5月9日，从单位开户银行支付首款。

6月21日，设备到货，收到增值税专用发票。

6月30日，设备安装调试完毕，验收合格，从单位开户银行支付设备基座施工费8 500元和剩余设备款。

次年7月6日，质保到期，退还质保金。

该业务支出功能分类科目为"科学技术支出—基础研究—重点实验室及相关设施"。该单位应编制如下会计分录：

①5月9日支付首款时：

财务会计：

借：预付账款—E供应商　　　　　　　　　　　　　　　169 500
　　贷：银行存款　　　　　　　　　　　　　　　　　　　169 500

预算会计：

借：事业支出—科研支出—财政拨款支出—重点实验室及相关设施—项目支出—
　　资本性支出—专用设备购置　　　　　　　　　　　　169 500
　　贷：资金结存—货币资金　　　　　　　　　　　　　　169 500

②6月21日设备到货时：

财务会计：

借：在建工程—建筑安装工程投资—安装工程—检测设备　565 000
　　贷：预付账款—E供应商　　　　　　　　　　　　　　169 500
　　　　应付账款—E供应商　　　　　　　　　　　　　　395 500

预算会计不做账务处理。

③6月30日支付安装费时：

借：在建工程—建筑安装工程投资—安装工程—检测设备　8 500
　　贷：银行存款　　　　　　　　　　　　　　　　　　　8 500

预算会计：

借：事业支出—科研支出—财政拨款支出—重点实验室及相关设施—项目支出—
　　资本性支出—专用设备购置　　　　　　　　　　　　8 500
　　贷：资金结存—货币资金　　　　　　　　　　　　　　8 500

④6月30日交付使用时：

借：固定资产—专用设备　　　　　　　　　　　　　　　573 500
　　贷：在建工程—建筑安装工程投资—安装工程—检测设备　573 500
预算会计不做账务处理。

⑤6 月 30 日支付设备款费时：
借：应付账款—E 供应商　　　　　　　　　　　　　　　395 500
　　贷：银行存款　　　　　　　　　　　　　　　　　　367 250
　　　　其他应付款—质保金—E 供应商　　　　　　　　　 28 250

预算会计：
借：事业支出—科研支出—财政拨款支出—重点实验室及相关设施—项目支出—
　　资本性支出—专用设备购置　　　　　　　　　　　　367 250
　　贷：资金结存—货币资金　　　　　　　　　　　　　367 250

⑥次年 7 月 6 日支付质保金时：
财务会计：
借：其他应付款—质保金—E 供应商　　　　　　　　　　 28 250
　　贷：银行存款　　　　　　　　　　　　　　　　　　 28 250

预算会计：
借：事业支出—科研支出—财政拨款支出—重点实验室及相关设施—项目支出—
　　资本性支出—专用设备购置　　　　　　　　　　　　 28 250
　　贷：资金结存—货币资金　　　　　　　　　　　　　 28 250

（二）自行建造固定资产

1. 自行建造固定资产成本确定。

（1）科学事业单位自行建造固定资产的成本，由建造该项资产达到预定可使用状态前所发生的全部必要支出构成，包括工程物资成本、人工成本、交纳的相关税费、应予资本化的借款费用以及应分摊的间接费用等。

（2）在原有固定资产基础上进行改建、扩建、修缮后的固定资产，其成本按照原固定资产账面价值加上改建、扩建、修缮发生的支出，再扣除固定资产被替换部分的账面价值后的金额确定。

（3）为建造固定资产借入的专门借款的利息，属于建设期间发生的，计入在建工程成本；不属于建设期间发生的，计入当期费用。

（4）已交付使用但尚未办理竣工决算手续的固定资产，应当按照估计价值入账，待办理竣工决算后再按实际成本调整原来的暂估价值。

2. 自行建造固定资产的账务处理。

科学事业单位自行建造固定资产方式包括自营方式和出包方式。单位以自营方式建造固定资产，意味着单位自行组织工程物资采购、自行组织施工人员从事工程施工。实务中，单位较少采用自营方式建造固定资产，多数情况下采用出包方式。无论自营或出包方式建造，其固定资产成本包括该项资产至交付使用前所发生的全部必要支出。

单位自行建造的固定资产，发生的工程成本应通过"在建工程"科目核算，工程完工达到预定可使用状态时，从"在建工程"科目转入"固定资产"科目。

自行建造的固定资产交付使用时，按照在建工程成本，借记"固定资产"科目，贷记"在建工程"科目。预算会计不需处理。

【例 4 - 150】4 月 16 日，某科学事业单位通过招标方式与 E 建筑公司签订建设一栋危险品仓库，合同价款 140 万元。7 月 30 日，工程完工，经验收后交付使用。7 月 30 日，"在建工程"（危险品仓库）科目余额 135.6 万元。9 月 25 日，经工程竣工财务决算审计，审定工程总额 130.5 万元，除留存质量保证金 5%外（质保期 2 年），其余工程款已支付完毕。该项业务支出功能分类列"科学技术支出—应用研究—社会公益研究"。该单位应编制如下会计分录：

①交付使用时（暂估入账）：

财务会计：

借：固定资产—房屋建筑物　　　　　　　　　　　　　　　1 356 000

　　贷：在建工程—建筑安装工程投资—建筑工程—危险品仓库　1 356 000

预算会计不做账务处理。

②按审定额调整（也可使用蓝字更正法）：

借：固定资产—房屋建筑物　　　　　　　　　　　　　　　　-51 000

　　贷：在建工程—建筑安装工程投资—建筑工程—危险品仓库　-51 000

预算会计不做账务处理。

（三）融资租赁固定资产

融资租赁固定资产，是指科学事业单位由于资金不足，或因资金周转暂时困难，或为了减少投资风险，借助于租赁公司或其他金融机构的资金而租入的固定资产。虽然在租赁期内，租入固定资产所有权不属于本单位，但是单位实质上获得了该资产所提供的主要经济利益，同时承担了与资产有关的风险。因此，按实质重于形式原则，在租赁期内视同自有固定资产进行管理。

在现行政府会计准则制度中，未要求确认或核算融资费用。在不考虑融资费用或分期付款折现率的情况下，融资租入与分期付款方式相同。但是，分期付款购买情况下，该项固定资产所有权属于本单位所有，这是与融资租入方式实质上的区别。

融资租赁取得的固定资产，其成本按照租赁协议或者合同确定的租赁价款、相关税费以及固定资产交付使用前所发生的可归属于该项资产的运输费、途中保险费、安装调试费等确定。

融资租入的固定资产，按照确定的成本，借记"固定资产"科目（不需安装）或"在建工程"科目（需安装），按照租赁协议或者合同确定的租赁付款额，贷记"长期应付款"科目，按照支付的运输费、途中保险费、安装调试费等金额，贷记"财政拨款收入""零余额账户用款额度""银行存款"等科目。同时，在预算会计中，按实际支付金额，借记"事业支出""经营支出"等科目，贷记"财政拨款预算收入""资金结存"等科目。

定期支付租金时，按照实际支付金额，借记"长期应付款"科目，贷记"财政拨款收入""零余额账户用款额度""银行存款"等科目。同时，在预算会计中，按实际支付金额，借记"事业支出""经营支出"等科目，贷记"财政拨款预算收入""资金结存"等科目。

【例4-151】6月12日，某科学事业单位为一项新增科研项目急需某新型高精度自动光学测量设备一套，与乙设备租赁公司协商签订了设备租赁合同，约定设备由厂家负责安装到位，设备价款150万元，安装调试合格后支付设备款的30%，其余设备款分3年支付（除第1个月外），每月支付租金3万元。

7月15日，设备安装调试合格并交付使用。设备首付款45万元从零余额账户付讫。同时，从零余额账户支付设备调试用耗材款3 500元、设备吊装机械费1 200元、设备间维修改造费6 800元。该业务支出功能分类科目为"科学技术支出—基础研究—专项基础科研"。该单位应编制如下会计分录：

①设备到货安装时：

财务会计：

借：在建工程—建筑安装工程投资—安装工程—光测设备　　　1 500 000

　　贷：长期应付款—乙公司　　　　　　　　　　　　　　　　　1 500 000

预算会计不做账务处理。

②支付安装调试款项时：

财务会计：

借：在建工程—建筑安装工程投资—安装工程—光测设备　　　11 500

　　贷：零余额账户用款额度　　　　　　　　　　　　　　　　　11 500

预算会计：

借：事业支出—科研支出—财政拨款支出—项目支出—资本性支出—专用设备购

　　置（光测设备）　　　　　　　　　　　　　　　　　　　　11 500

　　贷：资金结存—零余额账户用款额度　　　　　　　　　　　　11 500

③设备交付使用时：

财务会计：

借：固定资产—专用设备　　　　　　　　　　　　　　　　　　1 511 500

　　贷：在建工程—建筑安装工程投资—安装工程—光测设备　　　1 511 500

预算会计不做账务处理。

④支付首付款时：

财务会计：

借：长期应付款—乙公司　　　　　　　　　　　　　　　　　　450 000

　　贷：零余额账户用款额度　　　　　　　　　　　　　　　　　450 000

预算会计：

借：事业支出—科研支出—财政拨款支出—项目支出—资本性支出—专用设备购

　　置（光测设备）　　　　　　　　　　　　　　　　　　　　450 000

　　贷：资金结存—零余额账户用款额度　　　　　　　　　　　　450 000

⑤每月支付租金时：

财务会计：

借：长期应付款—乙公司         30 000

  贷：零余额账户用款额度       30 000

预算会计：

借：事业支出—科研支出—财政拨款支出—项目支出—资本性支出—专用设备购

  置（光测设备）         30 000

  贷：资金结存—零余额账户用款额度    30 000

（四）置换取得的固定资产

科学事业单位通过置换取得的固定资产，其成本按照换出资产的评估价值加上换入固定资产发生的其他相关支出确定。如果涉及补价，再加上支付的补价或减去收到的补价。

1. 置换固定资产不涉及补价的。

科学事业单位通过置换取得固定资产不涉及补价的，其成本按照换出资产的评估价值加上换入固定资产发生的其他相关支出确定。通过置换换入固定资产时，按照确定的成本，借记"固定资产"科目，按照换出资产的账面余额，贷记有关资产科目（换出资产为固定资产、无形资产的，还应当借记"固定资产累计折旧""无形资产累计摊销"科目），按照置换过程中发生的其他相关支出，贷记"银行存款"等科目，按照借贷方差额，借记"资产处置费用"科目或贷记"其他收入"科目。同时，在预算会计中，按照置换过程中发生的其他相关支出，借记"事业支出""经营支出"等科目，贷记"资金结存"科目。

【例4-152】10月8日，某科学事业单位以本单位生产的一批科研产品换入其他单位一套生产设备。换出时，该批科研产品账面余额15万元，评估价值18.5万元，与换入设备评估价相当。单位从零余额账户支付设备运输费2 400元、相关税费800元。该业务支出功能分类科目为"科学技术支出—基础研究—其他基础研究支出"。该单位应编制如下会计分录：

换入固定资产价值 = 18.5 + 0.24 + 0.08 = 18.82（万元）

财务会计：

借：固定资产—专用设备         188 200

  贷：库存物品—科研产品       185 000

    零余额账户用款额度      3 200

预算会计：

借：事业支出—科研支出—财政拨款支出—其他基础研究支出—项目支出—资本

  性支出—专用设备购置       3 200

  贷：资金结存—零余额账户用款额度    3 200

2. 置换固定资产涉及补价的。

补价，是指对资产置换中不等价部分用货币资金所作的平衡。通过置换取得固定资产涉及补价时，换入固定资产成本是按照换出资产的评估价值加上支付的补价或减去收到的补价，加上换入固定资产发生的其他相关支出确定。

（1）换入固定资产支付补价的，应将支付的补价计入固定资产成本，其实务处理与不涉及补价的处理相同。

【例4-153】5月10日，某科学事业单位经批准以一批科研产品库存换入乙单位某型专用车辆。换出物品账面余额25万元，评估价值为28万元，车辆评估价值29.5万元。本单位以银行存款支付补付乙单位1.5万元、相关税费1.28万元。该业务支出功能分类科目为"科学技术支出—应用研究—其他应用研究支出"。该单位应编制如下会计分录：

换入固定资产价值 = 28 + 1.5 + 1.28 = 30.78（万元）

财务会计：

| 借：固定资产—通用设备—车辆 | 307 800 |
|---|---|
| 贷：库存物品—科技产品 | 250 000 |
| 银行存款 | 27 800 |
| 其他收入—置换资产评估增值 | 30 000 |

预算会计：

| 借：其他支出—资产置换税费—非财政专项资金支出—其他应用研究支出—项目支出—商品和服务支出—其他商品和服务支出 | 27 800 |
|---|---|
| 贷：资金结存—货币资金 | 27 800 |

（2）换入固定资产收到补价的，按照换出资产的评估价值减去收到的补价，加上换入固定资产发生的其他相关支出确定固定资产成本，借记"固定资产"科目，按照收到的补价，借记"银行存款"等科目，按照换出资产的账面余额，贷记相关资产科目（换出资产为固定资产、无形资产的，还应当借记"固定资产累计折旧""无形资产累计摊销"科目），按照置换过程中发生的其他相关支出，贷记"银行存款"等科目，按照补价扣减其他相关支出的净收入，贷记"应缴财政款"科目，按照借贷方差额，借记"资产处置费用"科目或贷记"其他收入"科目。同时，在预算会计中，如果补价大于其他相关支出的，不做账务处理；如果其他相关支出大于补价的，按净支出额，借记"事业支出""经营支出"等科目，贷记"资金结存"科目。

【例4-154】6月16日，某科学事业单位经批准以一台闲置设备换入丙单位生产的一批会议室桌椅，换入的会议室桌椅按固定资产管理。换出时，设备的账面价值10万元，已提折旧3.6万元，评估价值8.5万元。办公家具评估价值7.8万元。本单位开户银行账户收到丙单位支付补价7 000元，从零余额账户支付换入家具的搬运及运输费等2 200元。该业务支出功能分类科目为"科学技术支出—应用研究—其他应用研究支出"。该单位应编制如下会计分录：

换入家具成本 = 85 000 - 7 000 + 2 200 = 80 200（元）

财务会计：

| 借：固定资产—家具、用具、装具及动植物 | 80 200 |
|---|---|
| 固定资产累计折旧 | 36 000 |
| 银行存款 | 7 000 |
| 贷：固定资产—专用设备 | 100 000 |

| | |
|---|---|
| 银行存款 | 2 200 |
| 应缴财政款 | 4 800 |
| 其他收入—置换资产评估增值 | 16 200 |

预算会计不做账务处理。

（五）接受捐赠的固定资产

科学事业单位接受捐赠的固定资产，其成本按照有关凭据注明的金额加上相关税费、运输费等确定；没有相关凭据可供取得，但按规定经过资产评估的，其成本按照评估价值加上相关税费、运输费等确定；没有相关凭据可供取得、也未经资产评估的，其成本比照同类或类似资产的市场价格加上相关税费、运输费等确定；没有相关凭据且未经资产评估、同类或类似资产的市场价格也无法可靠取得的，按照名义金额入账，相关税费、运输费等计入当期费用。

上述所称"凭据"，包括发票、报关单、有关协议等。有确凿证据表明凭据上注明的金额高于受赠资产同类或类似资产的市场价格30%或达不到其70%的，则应当以同类或类似资产的市场价格确定成本。上述所称"同类或类似资产的市场价格"，一般指取得资产当日捐赠方自产物资的出厂价、所销售物资的销售价、非自产或销售物资在知名大型电商平台同类或类似商品价格等。如果存在政府指导价或政府定价的，应符合其规定。

如受赠的系旧的固定资产，在确定其初始入账成本时应当考虑该项资产的新旧程度。

接受捐赠的固定资产，按照确定的固定资产成本，借记"固定资产"科目（不需安装）或"在建工程"科目（需安装），按照发生的相关税费、运输费等，贷记"零余额账户用款额度""银行存款"等科目，按照其差额，贷记"捐赠收入"科目。同时，在预算会计中，按实际支付金额，借记"其他支出"科目，贷记"资金结存"科目。

接受捐赠的固定资产按照名义金额（人民币1元）入账的，按照名义金额，借记"固定资产"科目，贷记"捐赠收入"科目；按照发生的相关税费、运输费等，借记"其他费用"科目，贷记"零余额账户用款额度""银行存款"等科目。同时，在预算会计中，按实际支付金额，借记"其他支出"科目，贷记"资金结存"科目。

固定资产取得时涉及增值税业务的，相关账务处理参见"应交增值税"科目。

【例4－155】8月12日，某科学事业单位接受外国科研机构捐赠的一套专用设备到货，通过验收交付使用。该设备报关金额2.1万美元折合人民币15.6万元。同日，从单位零余额账户转付至进口代理公司账户19 200元，包括进口环节税费8 500元、国内运费3 200元、进口代理费7 500元。该项支出由B科研项目承担，支出功能分类科目为"科学技术支出—应用研究—社会公益研究"。该单位应编制如下会计分录：

设备入账金额 = 156 000 + 19 200 = 175 200（元）

财务会计：

| | |
|---|---|
| 借：固定资产—专用设备 | 175 200 |
| 贷：零余额账户用款额度 | 19 200 |
| 捐赠收入 | 156 000 |

预算会计：

借：其他支出—捐赠资产税费—财政拨款支出—社会公益研究—项目支出—资本
性支出—专用设备购置（B项目）　　　　　　　　　　　19 200
　　贷：资金结存—零余额账户用款额度　　　　　　　　　　　　　　19 200

（六）无偿调入的固定资产

科学事业单位无偿调入的固定资产，其成本按照调出方账面价值加上相关税费、运输费等确定。但是，无偿调入资产在调出方的账面价值为零（即已经按制度规定提足折旧）或者账面余额为名义金额的，应当将调入过程中其承担的相关税费计入当期费用，不计入调入资产的初始入账成本。

无偿调入的固定资产，按照确定的固定资产成本，借记"固定资产"科目（不需安装）或"在建工程"科目（需安装），按照发生的相关税费、运输费等，贷记"零余额账户用款额度""银行存款"等科目，按照其差额，贷记"无偿调拨净资产"科目。同时，在预算会计中，按实际支付金额，借记"其他支出"科目，贷记"资金结存"科目。

【例4-156】12月20日，因机构改革和业务整合，经主管部门和国有资产管理部门批准，某科学事业单位接收其他研究所办公楼一栋。原单位该项资产账面余额321.6万元，已使用5年，已提折旧40.2万元。从单位开户银行账户支付产权过户费等税费1.26万元。该业务支出功能分类科目为"科学技术支出—应用研究—机构运行"。该单位应编制如下会计分录：

调入固定资产成本=321.6-40.2+1.26=282.66（万元）

财务会计：

借：固定资产—房屋及构筑物—办公用房　　　　　　　　　　2 826 600
　　贷：银行存款　　　　　　　　　　　　　　　　　　　　　　　12 600
　　　　无偿调拨净资产　　　　　　　　　　　　　　　　　　　2 814 000

预算会计：

借：其他支出—调入资产税费—财政拨款支出—机构运行—基本支出—商品和服
务支出—其他商品和服务支出　　　　　　　　　　　　　　12 600
　　贷：资金结存—货币资金　　　　　　　　　　　　　　　　　　12 600

科学事业单位无偿调入固定资产在调出方的账面价值为零或名义金额时，账务处理如下：

1. 无偿调入固定资产在调出方的账面价值为零的，单位（调入方）应当按照该项固定资产在调出方的账面余额，借记"固定资产"科目，按照该项资产在调出方已经计提的折旧金额（与资产账面余额相等），贷记"固定资产累计折旧"科目；按照支付的相关税费，借记"其他费用"科目，贷记"零余额账户用款额度""银行存款"等科目。同时，在预算会计中，按照支付的相关税费，借记"其他支出"科目，贷记"资金结存"科目。

【例4-157】9月12日，某科学事业单位接收国有资产管理部门划拨来中型客车一辆用作班车使用，车况良好，预计尚可行驶5万公里。原单位该项资产账面余额

18.5 万元，已提足折旧。从单位零余额账户支付产权过户费等税费 850 元、车辆检修和座椅翻新费用 18 600 元。该业务支出功能分类科目为"科学技术支出—应用研究—机构运行"。该单位应编制如下会计分录：

根据准则制度解释，调入固定资产已提足折旧，按原账面价值入账，单位支出费用计入"其他费用"。

①固定资产入账：

财务会计：

借：固定资产—通用设备—车辆         185 000

  贷：固定资产累计折旧          185 000

预算会计不做账务处理。

②支付费用：

财务会计：

借：其他费用—调入资产税费         19 450

  贷：零余额账户用款额度         19 450

预算会计：

借：其他支出—调入资产税费—财政拨款支出—机构运行—基本支出—商品和服务支出—其他商品和服务支出         19 450

  贷：资金结存—零余额账户用款额度      19 450

2. 无偿调入资产在调出方的账面余额为名义金额的，单位（调入方）应当按照名义金额，借记"固定资产"科目，贷记"无偿调拨净资产"科目；按照支付的相关税费，借记"其他费用"科目，贷记"零余额账户用款额度""银行存款"等科目。同时，在预算会计中，按照支付的相关税费，借记"其他支出"科目，贷记"资金结存"科目。

【例 4-158】经主管部门批准，某科学事业单位通过无偿划拨方式获得其他研究所拥有的一套国外捐赠的大型工程技术图书资料。原单位该项资产按名义金额记账，从单位零余额账户支付资料搬运及整理费 500 元。该业务支出功能分类科目为"科学技术支出—应用研究—机构运行"。该单位应编制如下会计分录：

根据准则制度解释，调入固定资产按名义金额入账的，支出费用计入"其他费用"。

①固定资产入账：

财务会计：

借：固定资产—图书档案           1

  贷：无偿调拨净资产           1

预算会计不做账务处理。

②支付费用时：

财务会计：

借：其他费用—调入资产税费         500

  贷：零余额账户用款额度         500

预算会计：

借：其他支出—调入资产税费—财政拨款支出—机构运行—基本支出—商品和服
　　务支出—其他商品和服务支出　　　　　　　　　　　　　　　　500
　　贷：资金结存—零余额账户用款额度　　　　　　　　　　　　　500

（七）分期付款购入固定资产

按照规定跨年度分期付款购入固定资产的账务处理，参照融资租入固定资产核算。

# 五、与固定资产有关的后续支出

固定资产的后续支出，是指固定资产使用过程中发生的更新改造支出、修理费用等。

后续支出的处理原则为：符合资本化条件的，应当计入固定资产成本，同时将拆除或被替换部分的账面价值扣除；不符合资本化条件的，应当计入当期损益。

拆除或被替换部分的账面价值，指拆除或被替换部分的账面余额减去已计提折旧额后的余额。

通常情况下，为增加固定资产使用效能或延长其使用年限而发生的改建、扩建、大型维修改造等后续支出，应当计入固定资产成本；为维护固定资产的正常使用而发生的日常维修、养护等后续支出，应当计入当期费用。

科学事业单位应当根据上述原则，结合有关行业主管部门对维修养护、改建扩建等的规定以及本单位实际，确定本单位固定资产后续支出资本化和费用化划分的具体会计政策。

科学事业单位对于租入等不由本单位入账核算但实际使用的固定资产，发生的符合资产确认条件的后续支出，应当按照《政府会计制度》中"长期待摊费用"科目相关规定进行会计处理。

（一）符合固定资产确认条件的后续支出

科学事业单位发生的某些固定资产后续支出可能涉及替换原固定资产的某组成部分，当发生的后续支出符合固定资产确认条件时，应将其计入固定资产成本，同时将被替换部分的账面价值扣除。这样可以避免将替换部分的成本和被替换部分的成本同时计入固定资产成本，导致固定资产成本高估。

符合固定资产确认条件的固定资产，在更新改造完成后，应当按确认的成本及重新评估的预计使用年限重新计算每期折旧额。

在原有固定资产基础上进行改建、扩建、大型维修改造等建造活动后的固定资产，其成本按照原固定资产账面价值加上改建、扩建等建造活动发生的支出，再扣除固定资产被替换部分的账面价值后的金额确定。被替换部分的账面价值难以确定的，单位可以采用合理的分配方法计算确定，或组织专家参照资产评估方法进行估价。单位确定被替换部分的账面价值不切实可行或不符合成本效益原则的，可以不予扣除，但应当在报表附注中予以披露。

通常情况下，将固定资产转入改建、扩建、大型维修改造时，按照固定资产的账面价值，借记"在建工程"科目，按照固定资产已计提折旧，借记"固定资产累计折旧"科目，按照固定资产的账面余额，贷记"固定资产"科目。预算会计不需处理。

为增加固定资产使用效能或延长其使用年限而发生的改建、扩建、大型维修改造等后续支出，借记"在建工程"科目，贷记"财政拨款收入""零余额账户用款额度""银行存款"等科目。同时，在预算会计中，按实际支付金额，借记"事业支出""经营支出"等科目，贷记"财政拨款预算收入""资金结存"等科目。

固定资产改建、扩建、大型维修改造等完成交付使用时，按照在建工程成本，借记"固定资产"科目，贷记"在建工程"科目。预算会计不需处理。

【例4-159】5月5日，某科学事业单位一台大型精密科研仪器因需要技术升级进行改良及维修（非保修期内）。该项仪器账面余额1 258 000元，已提折旧880 600元。

7月30日，仪器升级完成，验收合格并交付使用，预计尚可继续使用5年。维修期间，升级更换零部件135 000元，拆除零部件账面余额126 000元，支付专家咨询费3 000元、维修人工费4 800元、外购耗材2 600元，均已从单位零余额账户付讫。

该项支出由C科研专项资金承担，支出功能分类科目为"科学技术支出—科技条件与服务—科技条件专项"。该单位应编制如下会计分录：

①转入改造时：

财务会计：

借：在建工程—建筑安装工程投资—安装工程—设备升级　　　377 400

　　固定资产累计折旧　　　　　　　　　　　　　　　　　880 600

　　贷：固定资产—专用设备　　　　　　　　　　　　　　　　　1 258 000

预算会计不做账务处理。

②拆除零部件：

拆除部件账面价值=126 000×（1-880 600÷1 258 000）=37 800（元）

财务会计：

借：待处理资产损溢—固定资产　　　　　　　　　　　　　37 800

　　贷：在建工程—建筑安装工程投资—安装工程—设备升级　　　　37 800

预算会计不做账务处理。

③发生维修费用：

财务会计：

借：在建工程—建筑安装工程投资—安装工程—设备升级　　　145 400

　　贷：零余额账户用款额度　　　　　　　　　　　　　　　　145 400

预算会计：

借：事业支出—科研支出—财政拨款支出—科技条件专项—项目支出—资本性支
　　出—专用设备购置（C项目）　　　　　　　　　　　　145 400

　　贷：资金结存—零余额账户用款额度　　　　　　　　　　　　145 400

④升级完成交付使用：

设备升级后价值=1 258 000-880 600-37 800+135 000+3 000+4 800+2 600=485 000（元）

设备升级改造后应重新计算月折旧额。

财务会计：

借：固定资产—专用设备　　　　　　　　　　　　　　　　485 000
　　贷：在建工程—建筑安装工程投资—安装工程—设备升级　　485 000
预算会计不做账务处理。

（二）不符合固定资产确认条件的后续支出

与固定资产有关的修理费用等后续支出，不符合资本化条件的，应当根据不同情况分别在发生时计入当期业务活动费用或管理费用。

一般情况下，固定资产投入使用之后，由于固定资产磨损、各组成部分耐用程度不同，可能导致固定资产的局部损坏，为了维护固定资产的正常运转和使用，充分发挥其使用效能，单位将对固定资产进行必要的日常维护。除与科研产品的生产和加工相关的固定资产修理费用按照存货成本确定原则进行处理外，科研业务部门发生的固定资产修理费用等后续支出计入业务活动费用；行政管理和后勤保障部门等发生的固定资产修理费用等后续支出计入单位管理费用。

为保证固定资产正常使用发生的日常维修等支出，借记"业务活动费用""单位管理费用"等科目，贷记"财政拨款收入""零余额账户用款额度""银行存款"等科目。同时，在预算会计中，按实际支付金额，借记"事业支出""经营支出"等科目，贷记"财政拨款预算收入""资金结存"等科目。

【例4－160】6月30日，某科学事业单位汇总固定资产日常维护领用维修材料12 700元，其中科研业务部门7 800元、行政管理和后勤部门领用4 900元。该业务支出功能分类科目为"科学技术支出—基础研究—机构运行"。该单位应编制如下会计分录：

财务会计：

借：业务活动费用—科研活动费用—商品和服务费用　　　　7 800
　　单位管理费用—商品和服务费用　　　　　　　　　　　4 900
　　贷：库存物品—维修材料　　　　　　　　　　　　　　12 700
预算会计不做账务处理。

# 六、固定资产折旧的核算

（一）固定资产折旧的含义

固定资产折旧，是指科学事业单位在固定资产的预计使用年限内，按照确定的方法对应计折旧额进行的系统分摊。应计折旧额，是指应当计提折旧的固定资产的原价扣除其预计净残值后的金额。

（二）固定资产折旧范围

根据现行政府会计准则制度及财务制度，科学事业单位应当对固定资产计提折旧，但下列各项固定资产不计提折旧：

1. 文物和陈列品。

2. 动植物。

3. 图书、档案。

4. 单独计价入账的土地。

5. 以名义金额计量的固定资产。

（三）计提折旧时应注意的几种情形：

1. 固定资产应计的折旧额为其成本，科学事业单位计提固定资产折旧时不考虑预计净残值。

2. 固定资产应当按月计提折旧，并根据用途计入当期费用或者相关资产成本。

3. 固定资产提足折旧后，不论能否继续使用，均不再计提折旧；提前报废的固定资产也不再补提折旧。已提足折旧的固定资产，可以继续使用的，应当继续使用，规范实物管理。所谓提足折旧，是指已经提足该项固定资产的应计折旧额。

4. 已达到预定可使用状态但尚未办理竣工决算的固定资产，应当按照估计价值确定其成本，并计提折旧；待办理竣工决算后再按实际成本调整原来的暂估价值，但不需要调整原已计提的折旧额。

5. 单位计提融资租入固定资产折旧时，应当采用与自有固定资产相一致的折旧政策。能够合理确定租赁期届满时将会取得租入固定资产所有权的，应当在租入固定资产尚可使用年限内计提折旧；无法合理确定租赁期届满时能够取得租入固定资产所有权的，应当在租赁期与租入固定资产尚可使用年限两者中较短的期间内计提折旧。

6. 固定资产的折旧年限一经确定，不得随意变更。固定资产因改建、扩建或修缮等原因而延长其使用年限的，应当按照重新确定的固定资产的成本以及重新确定的折旧年限计算折旧额。

7. 科学事业单位盘盈、无偿调入、接受捐赠以及置换的固定资产，应当考虑该项资产的新旧程度，按照其尚可使用的年限计提折旧。

（四）固定资产折旧年限

1. 固定资产折旧年限的一般性规定。

《〈政府会计准则第3号——固定资产〉应用指南》对政府会计主体的固定资产折旧年限作出了一般性规定，如表4-6所示。国务院有关部门在遵循该规定情况下，可以根据实际需要进一步细化本行业固定资产的类别，具体确定各类固定资产的折旧年限，并报财政部审核批准。

表4-6 政府固定资产折旧年限表

| 固定资产类别 | 内容 | | 折旧年限（年） |
|---|---|---|---|
| 房屋及构筑物 | 业务及管理用房 | 钢结构 | 不低于50 |
| | | 钢筋混凝土结构 | 不低于50 |
| | | 砖混结构 | 不低于30 |
| | | 砖木结构 | 不低于30 |
| | 简易房 | | 不低于8 |
| | 房屋附属设施 | | 不低于8 |
| | 构筑物 | | 不低于8 |

| 固定资产类别 | 内容 | 折旧年限（年） |
|---|---|---|
| 通用设备 | 计算机设备 | 不低于 6 |
| | 办公设备 | 不低于 6 |
| | 车辆 | 不低于 8 |
| | 图书档案设备 | 不低于 5 |
| | 机械设备 | 不低于 10 |
| | 电气设备 | 不低于 5 |
| | 雷达、无线电和卫星导航设备 | 不低于 10 |
| | 通信设备 | 不低于 5 |
| | 广播、电视、电影设备 | 不低于 5 |
| | 仪器仪表 | 不低于 5 |
| | 电子和通信测量设备 | 不低于 5 |
| | 计量标准器具及量具、衡器 | 不低于 5 |
| 专用设备 | 探矿、采矿、选矿和造块设备 | 10 ~ 15 |
| | 石油天然气开采专用设备 | 10 ~ 15 |
| | 石油和化学工业专用设备 | 10 ~ 15 |
| | 炼焦和金属冶炼轧制设备 | 10 ~ 15 |
| | 电力工业专用设备 | 20 ~ 30 |
| | 非金属矿物制品工业专用设备 | 10 ~ 20 |
| | 核工业专用设备 | 20 ~ 30 |
| | 航空航天工业专用设备 | 20 ~ 30 |
| | 工程机械 | 10 ~ 15 |
| | 农业和林业机械 | 10 ~ 15 |
| | 木材采集和加工设备 | 10 ~ 15 |
| | 食品加工专用设备 | 10 ~ 15 |
| | 饮料加工设备 | 10 ~ 15 |
| | 烟草加工设备 | 10 ~ 15 |
| | 粮油作物和饲料加工设备 | 10 ~ 15 |
| | 纺织设备 | 10 ~ 15 |
| | 缝纫、服饰、制革和毛皮加工设备 | 10 ~ 15 |
| | 造纸和印刷机械 | 10 ~ 20 |
| | 化学药品和中药专用设备 | 5 ~ 10 |
| | 医疗设备 | 5 ~ 10 |
| | 电工、电子专用生产设备 | 5 ~ 10 |

| 固定资产类别 | 内容 | 折旧年限（年） |
|---|---|---|
| 专用设备 | 安全生产设备 | 10 ~ 20 |
| | 邮政专用设备 | 10 ~ 15 |
| | 环境污染防治设备 | 10 ~ 20 |
| | 公安专用设备 | 3 ~ 10 |
| | 水工机械 | 10 ~ 20 |
| | 殡葬设备及用品 | 5 ~ 10 |
| | 铁路运输设备 | 10 ~ 20 |
| | 水上交通运输设备 | 10 ~ 20 |
| | 航空器及其配套设备 | 10 ~ 20 |
| | 专用仪器仪表 | 5 ~ 10 |
| | 文艺设备 | 5 ~ 15 |
| | 体育设备 | 5 ~ 15 |
| | 娱乐设备 | 5 ~ 15 |
| 家具、用具及装具 | 家具 | 不低于 15 |
| | 用具、装具 | 不低于 5 |

2. 确定固定资产的折旧年限时应当考虑的因素。

科学事业单位应当在遵循《〈政府会计准则第 3 号——固定资产〉应用指南》和主管部门有关折旧年限规定的情况下，根据固定资产的性质和实际使用情况，合理确定其折旧年限。

具体确定固定资产的折旧年限时，应当考虑下列因素：

（1）固定资产预计实现服务潜力或提供经济利益的期限。

（2）固定资产预计有形损耗和无形损耗。

（3）法律或者类似规定对固定资产使用的限制。

（五）固定资产折旧方法

科学事业单位应当根据与该固定资产相关的服务潜力很可能实现或者经济利益的预期消耗方式，合理选择折旧方法。根据现行相关规定，科学事业单位可选用的折旧方法包括年限平均法和工作量法。科学事业单位选用不同的固定资产折旧方法，将影响固定资产使用年限期间内不同时期的折旧费用，因此，固定资产的折旧方法一经确定，不得随意变更。如需变更，应当符合相关准则制度的规定，履行必要的审批程序，并在报表附注中予以详尽披露。

1. 年限平均法。

年限平均法又称直线法，是指将固定资产的应计折旧额均衡地分摊到固定资产预计使用年限内的一种方法。采用这种方法计算的每期折旧额均相等。计算公式如下：

$$年折旧额 = 固定资产原值 \div 预计使用年限$$

$$月折旧额 = 年折旧额 \div 12$$

【例4-161】某科学事业单位有一台科研用机械设备账面原值28.2万元，预计使用年限10年。

年折旧额＝282 000÷10＝28 200（元）

月折旧额＝（282 000÷10）÷12＝28 200÷12＝2 350（元）

2. 工作量法。

工作量法是根据实际工作量计算每期应提折旧额的一种方法。计算公式如下：

单位工作量折旧额＝固定资产原价÷预计总工作量

某项固定资产月折旧额＝该项固定资产当月工作量×单位工作量折旧额

工作量法假定固定资产价值的降低不是由于时间的推移，而是由于使用。对于在使用期内工作量负担程度差异大，提供的经济效益不均衡的固定资产而言，特别是在有形磨损比经济折旧更为重要的情况下，工作量法的这一假定是合理的。但是，由于无形损耗的客观存在，固定资产即使不使用也会发生损耗，使用工作量法难以反映无形损耗。

工作量法主要适用于车辆、船舶等运输工具，以及大型精密设备的折旧。

【例4-162】某科学事业单位有一台科研用检测设备账面原值36万元，预计可使用时间为12 000小时。2×20年3月，该设备工作132小时。

单位小时折旧额＝360 000÷12 000＝30（元）

本月折旧额＝132×30＝3 960（元）

（六）固定资产折旧科目设置

科学事业单位应当设置"固定资产累计折旧"科目，作为"固定资产"科目的备抵项目，核算科学事业单位计提的固定资产累计折旧。本科目应当按照所对应固定资产的明细分类进行明细核算。期末贷方余额，反映单位计提的固定资产折旧累计数。

（七）固定资产折旧核算

1. 按月计提固定资产折旧时，按照应计提折旧金额，借记"业务活动费用""单位管理费用""经营费用""加工物品""在建工程"等科目，贷记"固定资产累计折旧"科目。预算会计不需处理。

【例4-163】1月31日，某科学事业单位固定资产折旧统计汇总如表4-7所示。

表4-7　　　　　　　　固定资产折旧汇总表（1月）　　　　　　　　单位：元

| 使用部门 | 房屋 | 专用设备 | 通用设备 | 家具 | 合计 |
|---|---|---|---|---|---|
| 科研部门 | 25 400 | 66 300 | 18 700 | 1 200 | 111 600 |
| 技术支持部门 | 15 800 | 23 200 | 8 600 | 800 | 48 400 |
| 行政管理部门 | 125 600 | 15 500 | 24 500 | 8 600 | 174 200 |
| 合计 | 166 800 | 105 000 | 51 800 | 10 600 | 334 200 |

编制分录如下：

借：业务活动费用—科研活动费用—固定资产折旧　　　　　　111 600

　　　—非科研活动费用—技术活动费用—固定资产折旧

　　　　　　　　　　　　　　　　　　　　　　　　　48 400

| | |
|---|---|
| 单位管理费用—固定资产折旧 | 174 200 |
| 贷：固定资产累计折旧—房屋和构筑物 | 166 800 |
| —专用设备 | 105 000 |
| —通用设备 | 51 800 |
| —家具 | 10 600 |

预算会计不做账务处理。

2. 经批准处置或处理固定资产时，按照所处置或处理固定资产的账面价值，借记"资产处置费用""无偿调拨净资产""待处理财产损溢"等科目，按照已计提折旧，借记"固定资产累计折旧"科目，按照固定资产的账面余额，贷记"固定资产"科目。预算会计不需处理。

【例 4－164】10 月 30 日，某科学事业单位报经主管部门批准，报废到期通用设备 48 台（套），资产账面余额 48.535 万元；专用设备 4 台，资产账面余额 1.4 万元，均已提足折旧。资产处置残值收入 0.15 万元，已全额上缴财政。该单位应编制如下会计分录：

①处置固定资产：

财务会计：

| | |
|---|---|
| 借：固定资产累计折旧—通用设备 | 485 350 |
| —专用设备 | 14 000 |
| 贷：固定资产—通用设备 | 485 350 |
| —专用设备 | 14 000 |

预算会计不做账务处理。

②收到资产处置收入：

财务会计：

| | |
|---|---|
| 借：银行存款 | 1 500 |
| 贷：应缴财政款—国有资产处置收入 | 1 500 |

预算会计不做账务处理。

③上缴处置收入：

财务会计：

| | |
|---|---|
| 借：应缴财政款—国有资产处置收入 | 1 500 |
| 贷：银行存款 | 1 500 |

预算会计不做账务处理。

# 七、固定资产处置的核算

（一）固定资产终止的确认条件

科学事业单位的固定资产满足下列条件之一的，应当予以终止确认：

1. 该固定资产处于处置状态。

固定资产处置包括：固定资产的出售、转让、报废或毁损、对外投资、非货币性资产交换、债务重组等。处于处置状态的固定资产不再用于科学研究、科研生产、提供劳务、出租或经营管理，因此不再符合固定资产的定义，应予终止确认。

2. 与该固定资产相关的服务潜力预期无法实现或经济利益预期不再流入。

固定资产的确认条件之一是"与该固定资产相关的服务潜力很可能实现或者经济利益很可能流入"，如果一项固定资产预期通过使用或处置不能提供服务或产生经济利益，那么，它就不再符合固定资产的定义和确认条件，应予终止确认。

科学事业单位固定资产处置包括：出售、转让、对外投资、无偿调出、对外捐赠，以及报废、毁损等。固定资产的处置应当按规定报经主管部门、财政部门或者国有资产管理部门批准。大型、精密、贵重的设备、仪器处置，应当经过有关部门鉴定或评估。具体审批权限和程序由财政部门会同国有资产管理部门规定。

（二）固定资产处置的账务处理

按照规定报经批准处置固定资产，应当分别按以下情况处理：

1. 出售、转让固定资产。

科学事业单位按规定报经批准出售、转让固定资产的，应当将固定资产账面价值转销计入当期费用，并将处置收入扣除相关处置税费后的差额按规定作应缴款项处理（差额为净收益时）或计入当期费用（差额为净损失时）。

报经批准出售、转让固定资产，按照被出售、转让固定资产的账面价值，借记"资产处置费用"科目，按照固定资产已计提的折旧，借记"固定资产累计折旧"科目，按照固定资产账面余额，贷记"固定资产"科目；同时，按照收到的价款，借记"银行存款"等科目，按照处置过程中发生的相关费用，贷记"银行存款"等科目，按照其差额，贷记"应缴财政款"科目。预算会计不需处理。

【例4-165】4月25日，某科学事业单位经批准向其他科研单位转让五成新设备一台，设备账面余额25万元，已提折旧15万元。该设备评估价为12万元，转让价款已存入单位开户银行账户。同时，支付搬运及运输费8 000元。该单位应编制如下会计分录：

①设备转让时：

借：资产处置费用—固定资产—转让　　　　　　　　　100 000
　　固定资产累计折旧—专用设备　　　　　　　　　　150 000
　　贷：固定资产—专用设备　　　　　　　　　　　　　　　250 000

②转让收入及支付费用：

借：银行存款　　　　　　　　　　　　　　　　　　　120 000
　　贷：银行存款　　　　　　　　　　　　　　　　　　　　　8 000
　　　　应缴财政款—国有资产处置收入　　　　　　　　　　112 000

2. 对外捐赠固定资产。

科学事业单位按规定报经批准对外捐赠固定资产的，应当将固定资产的账面价值予以转销，对外捐赠中发生的归属于捐出方的相关费用应当计入当期费用。

报经批准对外捐赠固定资产，按照固定资产已计提的折旧，借记"固定资产累计折旧"科目，按照被处置固定资产账面余额，贷记"固定资产"科目，按照捐赠过程中发生的归属于捐出方的相关费用，贷记"银行存款"等科目，按照其差额，借记"资产处置费用"科目。同时，在预算会计中，按实际支付金额，借记"其他支出"科目，贷记"资金结存"科目。

【例4-166】8月10日，某科学事业单位经批准捐赠一批图书给扶贫帮扶地区小学。该批图书账面余额35 000元，未计提折旧。从零余额账户支付图书搬运和运输费500元。该该业务支出功能分类科目为"科学技术支出—社会科学—其他社会科学支出"。该单位应编制如下会计分录：

财务会计：

借：资产处置费用—固定资产—捐赠　　　　　　　　　　　　35 500

　　贷：零余额账户用款额度　　　　　　　　　　　　　　　　　　　500

　　　　固定资产—图书、档案　　　　　　　　　　　　　　　　35 000

预算会计：

借：其他支出—调入非现金资产税费支出—财政拨款支出—其他社会科学支出—

　　基本支出—商品和服务支出—其他商品和服务支出　　　　　500

　　贷：资金结存—零余额账户用款额度　　　　　　　　　　　　　　500

3. 无偿调出固定资产。

科学事业单位按规定报经批准无偿调出固定资产的，应当将固定资产的账面价值予以转销，无偿调出中发生的归属于调出方的相关费用应当计入当期费用。

报经批准无偿调出固定资产，按照固定资产已计提的折旧，借记"固定资产累计折旧"科目，按照被处置固定资产账面余额，贷记"固定资产"科目，按照其差额，借记"无偿调拨净资产"科目。按照无偿调出过程中发生的归属于调出方的相关费用，借记"资产处置费用"科目，贷记"银行存款"等科目。同时，在预算会计中，按实际支付金额，借记"其他支出"科目，贷记"资金结存"科目。

【例4-167】12月20日，某科学事业单位因单位科研职能调整需要，部分科研职能及科研设备转拨其他科研院所。该批划拨专用设备35台（件），账面余额125.8万元，已提折旧88.6万元。从零余额账户支付该批设备拆除、搬运及运输费3.6万元。该业务支出功能分类科目为"科学技术支出—社会科学—其他社会科学支出"。该单位应编制如下会计分录：

①调出资产时：

借：无偿调拨净资产　　　　　　　　　　　　　　　　　　　372 000

　　固定资产累计折旧—专用设备　　　　　　　　　　　　　886 000

　　贷：固定资产—专用设备　　　　　　　　　　　　　　　1 258 000

预算会计不做账务处理。

②支付费用时：

借：资产处置费用—固定资产—无偿调拨　　　　　　　　　　36 000

　　贷：零余额账户用款额度　　　　　　　　　　　　　　　　36 000

预算会计：

借：其他支出—资产处置税费支出—财政拨款支出—其他社会科学支出—基本支

出—其他商品和服务支出 36 000

　　贷：资金结存—零余额账户用款额度 36 000

4. 置换换出固定资产。

科学事业单位报经批准置换换出固定资产，参照"库存物品"中置换换入库存物品的规定进行账务处理。

5. 对外投资的固定资产。

科学事业单位报经批准以固定资产对外投资的，应当将该固定资产的账面价值予以转销，并将固定资产在对外投资时的评估价值与其账面价值的差额计入当期收入或费用。

相关账务处理及举例，参见本章"长期股权投资的核算"。

固定资产处置时涉及增值税业务的，相关账务处理参见"应交增值税"科目。

## 八、固定资产清查的核算

科学事业单位应当定期对固定资产进行清查盘点，每年至少盘点一次。对于发生的固定资产盘盈、盘亏或毁损、报废，应当先记入"待处理财产损溢"科目，按规定程序报经批准后及时进行后续账务处理。大型、精密、贵重的设备、仪器的毁损、报废，应当经过有关部门鉴定或评估。

固定资产盘亏造成的损失，按规定报经批准后应当计入当期费用。

（一）盘盈的固定资产

盘盈的固定资产，其成本按照有关凭据注明的金额确定；没有相关凭据、但按照规定经过资产评估的，其成本按照评估价值确定；没有相关凭据、也未经过评估的，其成本按照重置成本确定。如无法采用上述方法确定盘盈固定资产成本的，按照名义金额（人民币1元）入账。

盘盈的固定资产，按照确定的入账成本，借记"固定资产"科目，贷记"待处理财产损溢"科目。预算会计不需处理。

【例4-168】12月22日，某科学事业单位固定资产盘点时，盘盈检测仪一台，按同类设备价格及成新评估其价值约4 800元。次年1月20日，经批准按盘盈处理。该单位应编制如下会计分录：

①盘盈时：

财务会计：

借：固定资产—专用设备 4 800

　　贷：待处理财产损溢—固定资产盘盈 4 800

预算会计不做账务处理。

②次年批复处理时：

财务会计：

借：待处理财产损溢—固定资产盘盈 4 800

　　贷：以前年度盈余调整 4 800

借：累计盈余　　　　　　　　　　　　　　　　　　　　　　　4 800
　　贷：以前年度盈余调整　　　　　　　　　　　　　　　　　　4 800
预算会计不做账务处理。

（二）盘亏、毁损或报废的固定资产

盘亏、毁损或报废的固定资产，按照待处理固定资产的账面价值，借记"待处理财产损溢"科目，按照已计提折旧，借记"固定资产累计折旧"科目，按照固定资产的账面余额，贷记"固定资产"科目。按规定报经批准后应当计入当期费用。预算会计不需处理。

【例4-169】6月30日，某科学事业单位盘点时，发现有业务部门办公家具已毁损不能使用，需要报废。该家具账面余额2 000元，已提折旧1 800元，无处置收入。7月20日，收到批复文件，准予核销。该单位应编制如下会计分录：

①报废时：

财务会计：

借：待处理财产损溢—固定资产毁损　　　　　　　　　　　　　200
　　固定资产累计折旧—家具　　　　　　　　　　　　　　　　1 800
　　　贷：固定资产—家具　　　　　　　　　　　　　　　　　　2 000
预算会计不做账务处理。

②核销时：

财务会计：

借：资产处置费用—固定资产—毁损　　　　　　　　　　　　　200
　　贷：待处理财产损溢—固定资产毁损　　　　　　　　　　　　200
预算会计不做账务处理。

# 九、关于共管固定资产的会计处理规定

固定资产按规定由本级政府机关事务管理等部门统一管理（如仅持有资产的产权证等），但具体由其他部门占有、使用的共管固定资产，应当由占有、使用该资产的部门作为会计确认主体，对该资产进行会计核算。

2019年1月1日前未按照上述规定对某项固定资产进行会计核算的，在新旧会计制度转换时，按照以下规定处理：

1. 该项固定资产已经在其统一管理的部门入账的，负责资产统一管理的部门冲减该项固定资产的账面余额及已计提折旧；占有、使用该资产的部门应当按照该项固定资产在统一管理部门记录的账面余额及折旧补充登记入账。

2. 该项固定资产尚未登记入账的，应当由占有、使用该项资产的部门按照盘盈资产进行处理，具体账务处理参照财政部已经印发的相关衔接规定执行。

在按照上述规定进行新旧制度衔接时，相关会计主体的会计处理应当协调一致，确保资产确认不重复、不遗漏。在新旧制度衔接中，如涉及资产产权变更或实物资产划拨等事项，相关会计主体应当按照资产管理有关规定办理。

多个部门共同占用、使用同一项固定资产，且该项固定资产由本级政府机关事务管理等部门统一管理并负责后续维护、改造的，由本级政府机关事务管理等部门作为确认主体，对该项固定资产进行会计核算。

同一部门内部所属单位共同占有、使用同一项固定资产，或者所属事业单位占有、使用部门本级拥有产权的固定资产的，按照本部门规定对固定资产进行会计核算。

科学事业单位如有占有、使用政府机关事务管理等部门统一管理的固定资产情形的，以及与其他部门或所属单位共同占有、使用同一项固定资产情形的，应当遵照上述规定办理。

# 第八节　工 程 物 资

## 一、工程物资的含义

工程物资，是指科学事业单位为在建工程准备的各种物资的成本，包括工程用材料、设备等。

## 二、工程物资核算

（一）科目设置

科学事业单位应当设置"工程物资"科目，核算单位为在建工程准备的各种物资的成本，包括工程用材料、设备等。本科目可按照"库存材料""库存设备"等工程物资类别进行明细核算。期末借方余额，反映单位为在建工程准备的各种物资的成本。

（二）主要账务处理

1. 购入为工程准备的物资，按照确定的物资成本，借记本科目，贷记"财政拨款收入""零余额账户用款额度""银行存款""应付账款"等科目。同时，在预算会计中，按实际支付金额，借记"事业支出""经营支出""其他支出"等科目，贷记"财政拨款预算收入""资金结存"等科目。

2. 领用工程物资，按照物资成本，借记"在建工程"科目，贷记本科目。工程完工后将领出的剩余物资退库时做相反的会计分录。预算会计不需处理。

3. 工程完工后将剩余的工程物资转作本单位存货等的，按照物资成本，借记"库存物品"等科目，贷记本科目。预算会计不需处理。

【例4－170】某科学事业单位为转制科研机构，一般纳税人，购入设备、材料进项税额经认证后均可用于抵扣，拟自制一台科研中试设备。该业务支出功能分类科目为"科学技术支出—其他科学技术支出—转制科研机构"。

（1）4月15日，购进工程专用设备，增值税专用发票价款348 800元，其中增值税税额 28 800 元，设备已入库，款项从零余额账户支付。

（2）4 月 20 日，购进工程物资一批，增值税专用发票价款 74 200 元，其中增值税税额为 4 200 元；支付运输费 5 724 元，其中增值税税额 324 元，全部款项以银行存款支付。

（3）月末，经汇总，本工程项目领用设备成本 320 000 元、材料成本 62 400 元。

（4）5 月 24 日，工程完工，验收合格并交付使用。假定无其他费用。

（5）剩余工程物资 13 000 元转作单位存货。

该单位应编制如下会计分录：

①购入设备时：

财务会计：

借：工程物资—库存设备 320 000

　　应交增值税—应交税金—进项税额 28 800

　　贷：零余额账户用款额度 348 800

预算会计：

借：事业支出—科研支出—财政拨款支出—转制科研机构—项目支出—资本性支出—专用设备购置 348 800

　　贷：资金结存—零余额账户用款额度 348 800

②购入工程材料时：

财务会计：

借：工程物资—库存材料 75 400

　　应交增值税—应交税金—进项税额 4 524

　　贷：银行存款 79 924

预算会计：

借：事业支出—科研支出—财政拨款支出—转制科研机构—项目支出—资本性支出—专用设备购置 79 924

　　贷：资金结存—货币资金 79 924

③领用设备材料时：

财务会计：

借：在建工程—建筑安装工程投资—安装工程—中试设备 382 400

　　贷：工程物资—库存设备 320 000

　　　　　　—库存材料 62 400

预算会计不做账务处理。

④设备交付使用时：

财务会计：

借：固定资产—专用设备 382 400

　　贷：在建工程—建筑安装工程—安装工程—中试设备 382 400

预算会计不做账务处理。

⑤剩余工程物资转存货时：

财务会计：

借：库存物品             13 000

  贷：工程物资—库存材料        13 000

预算会计不做账务处理。

# 第九节　在建工程

## 一、在建工程的含义

在建工程，是指科学事业单位实施新建、续建、改扩建、迁建、大型维修改造等，已经发生必要支出，但尚未达到交付使用状态的建设工程。在建工程所发生的各种建筑和安装支出均属于资本性支出，所形成的资产为固定资产。在建工程核算内容包括建筑安装工程投资、设备投资、待摊投资、其他投资、待核销基建支出、基建转出投资等。

## 二、在建工程管理

（一）建设项目核算主体

科学事业单位基本建设项目应当由负责编报基本建设项目预决算的单位（即建设单位）作为会计核算主体。建设单位应当按照《政府会计制度》规定在相关会计科目下分项目对基本建设项目进行明细核算。基本建设项目管理涉及多个主体难以明确识别会计核算主体的，项目主管部门应当按照《基本建设财务规则》相关规定确定建设单位。建设项目按照规定实行代建制的，代建单位应当配合建设单位做好项目会计核算和财务管理的基础工作。

（二）建设项目的财务管理

科学事业单位是实施基本建设项目的法人单位和责任主体，依据《中华人民共和国建筑法》《中华人民共和国招标投标法》《中华人民共和国政府采购法》《中华人民共和国合同法》及《国务院建设工程质量管理条例》《基本建设财务规则》等法律法规和规范性文件，规范基本建设财务行为，加强基本建设财务管理和监督，提高财政资金使用效益；严格履行基本建设立项、调整等审批程序，严格按照审批内容和要求实施项目建设，严格执行竣工验收规定，确保施工现场和单位安全，保证单位科研活动的正常进行。

科学事业单位应当按照相关要求做好基本建设财务管理的基础工作，加强对基本建设活动的财务控制和监督，职责如下：

1. 合理编制项目资金预算，根据批准的项目概（预）算、年度投资计划和预算、建设进度等控制项目投资规模。

2. 按项目单独核算，及时掌握建设进度，定期进行财产物资清查，做好核算资料档案管理，并按照规定向财政部门、项目主管部门报送执行情况及相关报表和资料。

3. 及时准确编制项目竣工决算，办理资产交付使用手续，全面反映基本建设财务状况。

4. 建立健全本单位基本建设财务管理制度和内部控制制度。

5. 财政部门和项目主管部门要求的其他工作。

（三）建设项目的竣工决算管理

科学事业单位的在建工程达到交付使用状态时，应当按照规定办理工程竣工财务决算和资产交付使用，期限最长不得超过 1 年。

1. 项目完工可投入使用或者试运行合格后，应当在 3 个月内编报竣工财务决算，特殊情况确需延长的，中小型项目不得超过 2 个月，大型项目不得超过 6 个月，期限最长不得超过 1 年。

2. 项目竣工财务决算未经审核前，项目建设单位一般不得撤销，项目负责人及财务主管人员、重大项目的相关工程技术主管人员、概（预）算主管人员一般不得撤离。

3. 编制项目竣工财务决算前，项目建设单位应当完成各项财务处理及财产物资的盘点核实，做到账账、账证、账实、账表相符。

4. 建设周期长、建设内容多的大型项目，单项工程竣工财务决算可单独报批，单项工程结余资金在整个项目竣工财务决算中一并处理。

5. 项目一般不得预留尾工工程，确需预留尾工工程的，尾工工程不得超过批准的项目概（预）算总投资的 5%。

（四）建设项目转入固定资产要求

根据政府会计准则制度规定，项目竣工验收合格后应当及时办理资产交付使用手续，即基建项目并非一定要在竣工财务决算批复后才能进行在建工程转固，已交付使用但尚未办理竣工决算手续的固定资产，应当按照估计价值入账，待办理竣工决算后再按实际成本调整原来的暂估价值。

科学事业单位应当规范基建管理，全面清理基建会计账务。对于尚不具备转固条件、计入在建工程科目核算的实际成本，进行核实、确认；对于已交付使用的建设项目，应按规定及时办理基建项目竣工财务决算相关手续，确认固定资产入账成本等，不得出现故意不办理在建工程转固、继续从已完工在建工程中列支各种费用支出、项目运行维护费用等行为。

# 三、在建工程科目设置

科学事业单位应当设置"在建工程"科目，核算单位在建的建设项目工程的实际成本。期末借方余额，反映单位尚未完工的建设项目工程发生的实际成本。

科学事业单位在建的信息系统项目等工程的实际成本，也通过本科目核算。

本科目应当设置"建筑安装工程投资""设备投资""待摊投资""其他投资""待核销基建支出""基建转出投资"等明细科目，并按照具体项目进行明细核算。

1. "建筑安装工程投资"明细科目，核算科学事业单位发生的构成建设项目实际支出的建筑工程和安装工程的实际成本，不包括被安装设备本身的价值以及按照合同规定支付给施工单位的预付备料款和预付工程款。本明细科目应当设置"建筑工程"和"安装工程"两个明细科目进行明细核算。

2. "设备投资"明细科目，核算科学事业单位发生的构成建设项目实际支出的各种设备的实际成本。

3. "待摊投资"明细科目，核算科学事业单位发生的构成建设项目实际支出的、按照规定应当分摊计入有关工程成本和设备成本的各项间接费用和税费支出。本明细科目的具体核算内容包括以下方面：

（1）勘察费、设计费、研究试验费、可行性研究费及项目其他前期费用。

（2）土地征用及迁移补偿费、土地复垦及补偿费、森林植被恢复费及其他为取得土地使用权、租用权而发生的费用。

（3）土地使用税、耕地占用税、契税、车船税、印花税及按照规定缴纳的其他税费。

（4）项目建设管理费、代建管理费、临时设施费、监理费、招投标费、社会中介审计（审查）费及其他管理性质的费用。

（5）项目建设管理费是指项目建设单位自项目筹建之日起至办理竣工财务决算之日止发生的管理性质的支出，包括不在原单位发工资的工作人员工资及相关费用、办公费、办公场地租用费、差旅交通费、劳动保护费、工具用具使用费、固定资产使用费、招募生产工人费、技术图书资料费（含软件）、业务招待费、施工现场津贴、竣工验收费等。

（6）项目建设期间发生的各类专门借款利息支出或融资费用。

（7）工程检测费、设备检验费、负荷联合试车费及其他检验检测类费用。

（8）固定资产损失、器材处理亏损、设备盘亏及毁损、单项工程或单位工程报废、毁损净损失及其他损失。

（9）系统集成等信息工程的费用支出。

（10）其他待摊性质支出。

本明细科目应当按照上述费用项目进行明细核算，其中有些费用（如项目建设管理费等），还应当按照更为具体的费用项目进行明细核算。

4. "其他投资"明细科目，核算单位发生的构成建设项目实际支出的房屋购置支出，基本畜禽、林木等购置、饲养、培育支出，办公生活用家具、器具购置支出，软件研发和不能计入设备投资的软件购置等支出。单位为进行可行性研究而购置的固定资产，以及取得土地使用权支付的土地出让金，也通过本明细科目核算。本明细科目应当设置"房屋购置""基本畜禽支出""林木支出""办公生活用家具、器具购置""可行性研究固定资产购置""无形资产"等明细科目。

5. "待核销基建支出"明细科目，核算建设项目发生的江河清障、航道清淤、飞播造林、补助群众造林、水土保持、城市绿化、取消项目的可行性研究费以及项目整体报废等不能形成资产部分的基建投资支出。本明细科目应按照待核销基建支出的类别进行明细核算。

6. "基建转出投资"明细科目，核算为建设项目配套而建成的、产权不归属本单位的专用设施的实际成本。本明细科目应按照转出投资的类别进行明细核算。

## 四、在建工程的核算

（一）建筑安装工程投资

1. 将固定资产等资产转入改建、扩建等时，按照固定资产等资产的账面价值，借记本科目（建筑安装工程投资），按照已计提的折旧或摊销，借记"固定资产累计折旧"等科目，按照固定资产等资产的原值，贷记"固定资产"等科目。预算会计不需处理。

固定资产等资产改建、扩建过程中涉及替换（或拆除）原资产的某些组成部分的，按照被替换（或拆除）部分的账面价值，借记"待处理财产损溢"科目，贷记本科目（建筑安装工程投资）。预算会计不需处理。

【例 4 – 171】9 月 25 日，某科学事业单位（转制科研单位）科研楼应急储能系统由乙公司负责升级改造。原系统账面余额 128 000 元，已计折旧 51 200 元。改造中拆除更新储能电池组，账面余额 38 000 元，处理收入 1 200 元，存入单位开户银行账户。同日，从零余额账户预付乙公司新电池组货款 45 000 元。

该业务支出功能分类科目为"科学技术支出—其他科学技术支出—转制科研机构"。该单位应编制如下会计分录：

①转入改造时：

财务会计：

借：在建工程—建筑安装工程投资—安装工程（应急储能）　　　76 800

　　固定资产累计折旧—专用设备　　　　　　　　　　　　　　51 200

　　　贷：固定资产—专用设备　　　　　　　　　　　　　　　　　　128 000

预算会计不做账务处理。

②拆除部件时：

拆除部分账面价值 = 拆除部分账面余额 − 拆除部分已提折旧 = $38\,000 \times (1 - 51\,200 \div 128\,000) = 22\,800$（元）

财务会计：

借：待处理财产损溢—固定资产更新　　　　　　　　　　　　　21 600

　　银行存款　　　　　　　　　　　　　　　　　　　　　　　1 200

　　　贷：在建工程—建筑安装工程投资—安装工程（应急储能）　　　22 800

预算会计：

借：资金结存—货币资金　　　　　　　　　　　　　　　　　　1 200

　　　贷：事业支出—其他资金支出—转制科研机构—项目支出—资本性支出—专用设备购置　　　　　　　　　　　　　　　　　　　　　　　　　1 200

③预付款：

财务会计：

借：预付账款—预付工程款—乙公司 45 000

　　贷：零余额账户用款额度 45 000

预算会计：

借：事业支出—科研支出—财政拨款支出—转制科研机构—项目支出—资本性支
　　出—专用设备购置 45 000

　　贷：资金结存—零余额账户用款额度 45 000

2. 单位对于发包建筑安装工程，根据建筑安装工程价款结算账单与施工企业结算工程价款时，按照应承付的工程价款，借记本科目（建筑安装工程投资），按照预付工程款余额，贷记"预付账款"科目，按照其差额，贷记"财政拨款收入""零余额账户用款额度""银行存款""应付账款"等科目。同时，在预算会计中，按实际支付金额，借记"事业支出"等科目，贷记"财政拨款预算收入""资金结存"等科目。

【例 4-172】续【例 4-171】。10 月 8 日，电池组到货，实际结算价款 48 000元，从零余额账户补付 3 000 元。该单位应编制如下会计分录：

财务会计：

借：在建工程—建筑安装工程投资—安装工程（应急储能） 48 000

　　贷：零余额账户用款额度 3 000

　　　　预付账款—预付工程款—乙公司 45 000

预算会计：

借：事业支出—科研支出—财政拨款支出—转制科研机构—项目支出—资本性支
　　出—专用设备购置 3 000

　　贷：资金结存—零余额账户用款额度 3 000

3. 单位自行施工的小型建筑安装工程，按照发生的各项支出金额，借记本科目（建筑安装工程投资），贷记"工程物资""零余额账户用款额度""银行存款""应付职工薪酬"等科目。同时，在预算会计中，按实际支付金额，借记"事业支出"等科目，贷记"资金结存"等科目。

【例 4-173】续【例 4-171】。10 月 10 日，从零余额账户支付升级材料费 2 400元、人工费及杂费 1 500 元。该单位应编制如下会计分录：

财务会计：

借：在建工程—建筑安装工程投资—安装工程（应急储能） 3 900

　　贷：零余额账户用款额度 3 900

预算会计：

借：事业支出—科研支出—财政拨款支出—转制科研机构—项目支出—资本性支
　　出—专用设备购置 3 900

　　贷：资金结存—零余额账户用款额度 3 900

4. 工程竣工，办妥竣工验收交接手续交付使用时，按照建筑安装工程成本（含应分摊的待摊投资），借记"固定资产"等科目，贷记本科目（建筑安装工程投资）。

预算会计不需处理。

【例 4 - 174】 续【例 4 - 171】。10 月 10 日，应急储能项目升级改造完成，验收合格，交付使用。

升级后固定资产价值 = 128 000 - 51 200 - 22 800 + 48 000 + 3 900 = 105 900（元）

按升级后固定资产价值和预计使用年限重新计算折旧额。

该单位应编制如下会计分录：

财务会计：

借：固定资产—专用设备　　　　　　　　　　　　　　　105 900

　　贷：在建工程—建筑安装工程投资—安装工程（应急储能）　105 900

预算会计不做账务处理。

（二）设备投资

1. 购入设备时，按照购入成本，借记本科目（设备投资），贷记"财政拨款收入""零余额账户用款额度""银行存款"等科目。同时，在预算会计中，按实际支付金额，借记"事业支出"等科目，贷记"财政拨款预算收入""资金结存"等科目。采用预付款方式购入设备的，有关预付款的账务处理参照本科目"建筑安装工程投资"明细科目的核算。

【例 4 - 175】 某科学事业单位年初财政安排技改专项经费（政府采购）200 万元。该项支出功能分类科目为"科学技术支出—科技条件与服务—其他科技条件与服务支出"。

4 月 16 日，通过政府采购方式采购需安装专用计量设备一批，甲公司中标价格 198 万元。采购合同约定设备到货支付价款 80%，待设备安装调试并验收合格后，支付 15% 货款，剩余 5% 留作质量保证金，1 年后无质量故障退还。

5 月 11 日，设备到货，供应商发票已开具，通过财政直接支付的方式支付约定货款。

7 月 8 日，从单位开户银行支付安装期间材料费、施工费及调试用耗材共 10 800 元。

该单位应编制如下会计分录：

①设备到货时：

财务会计：

借：在建工程—设备投资—技改项目　　　　　　　　　　1 980 000

　　贷：财政拨款收入　　　　　　　　　　　　　　　　1 584 000

　　　　应付账款—甲公司　　　　　　　　　　　　　　　297 000

　　　　其他应付款—质保金—甲公司　　　　　　　　　　 99 000

预算会计：

借：事业支出—科研支出—财政拨款支出—其他科技条件与服务支出—项目支出—

　　资本性支出—专用设备购置（技改专项）　　　　　　1 584 000

　　贷：财政预算拨款收入—其他科技条件与服务支出—项目支出（技改专项）

　　　　　　　　　　　　　　　　　　　　　　　　　1 584 000

②支付安装费用：

财务会计：

借：在建工程—建筑安装工程投资—安装工程—技改项目　　　　10 800

　　贷：银行存款　　　　　　　　　　　　　　　　　　　　　　10 800

预算会计：

借：事业支出—科研支出—财政拨款支出—其他科技条件与服务支出—项目支

　　出—资本性支出—专用设备购置（技改专项）　　　　　　　　10 800

　　贷：资金结存—货币资金　　　　　　　　　　　　　　　　　　10 800

2. 设备安装完毕，办妥竣工验收交接手续交付使用时，按照设备投资成本（含设备安装工程成本和分摊的待摊投资），借记"固定资产"等科目，贷记本科目（设备投资、建筑安装工程投资—安装工程）。将不需要安装的设备和达不到固定资产标准的工具、器具交付使用时，按照相关设备、工具、器具的实际成本，借记"固定资产""库存物品"科目，贷记本科目（设备投资）。预算会计不需处理。

【例4－176】续【例4－175】。7月8日，设备安装调试完成，验收合格，交付使用。按合同约定，通过财政直接支付方式支付15%货款。该单位应编制如下会计分录：

①设备交付使用时：

财务会计：

借：固定资产—专用设备　　　　　　　　　　　　　　　　　1 990 800

　　贷：在建工程—设备投资—技改项目　　　　　　　　　　　1 980 000

　　　　　—建筑安装工程投资—安装工程—技改项目　　　　　　10 800

预算会计不做账务处理。

②支付15%货款：

财务会计：

借：应付账款—甲公司　　　　　　　　　　　　　　　　　　　297 000

　　贷：财政拨款收入　　　　　　　　　　　　　　　　　　　　297 000

预算会计：

借：事业支出—科研支出—财政拨款支出—其他科技条件与服务支出—项目支

　　出—资本性支出—专用设备购置（技改专项）　　　　　　　297 000

　　贷：财政预算拨款收入—其他科技条件与服务支出—项目支出（技改专项）

　　　　　　　　　　　　　　　　　　　　　　　　　　　　　297 000

（三）待摊投资

建设工程发生的构成建设项目实际支出的、按照规定应当分摊计入有关工程成本和设备成本的各项间接费用和税费支出，先在本明细科目中归集；建设工程办妥竣工验收手续交付使用时，按照合理的分配方法，摊入相关工程成本、安装设备成本等。

1. 单位发生的构成待摊投资的各类费用，按照实际发生金额，借记本科目（待摊投资），贷记"财政拨款收入""零余额账户用款额度""银行存款""应付利息""长期借款""其他应交税费""固定资产累计折旧""无形资产累计摊销"等科目。同时，在预算会计中，按实际支付金额，借记"事业支出"等科目，贷记"财政拨款预算收入""资金结存"等科目。

【例4-177】某科学事业单位经批准建设一栋危险品仓库和一套废液处理系统。该项支出功能分类科目为"科学技术支出—应用研究—社会公益研究"。

经汇总,该工程建设期间发生的待摊费用如表4-8所示,均已从单位开户银行账户支付。

表4-8　　　　　　　　　　待摊费用明细表　　　　　　　　　单位:元

| 序号 | 项目 | 金额 |
|---|---|---|
| 1 | 勘察费 | 22 000 |
| 2 | 设计费 | 192 000 |
| 3 | 监理费 | 92 000 |
| 4 | 印花税 | 4 600 |
| 5 | 项目建设管理费 | 10 500 |
| 6 | 其中:差旅费 | 7 800 |
| 7 | 技术图书资料费 | 1 400 |
| 8 | 劳动保护费 | 1 300 |
| 9 | 招投标费 | 1 820 |
| 10 | 社会中介机构审计(查)费 | 53 600 |
| 11 | 借款利息 | 4 950 |
| 12 | 减:存款利息收入 | 1 250 |
| 13 | 其他待摊投资性质支出 | 46 300 |
| | 合计 | 426 520 |

该单位应编制如下会计分录:

财务会计:

借:在建工程—待摊投资—勘察设计费　　　　　　214 000

　　　　　　　　　　　—监理费　　　　　　　92 000

　　　　　　　　　　　—税费　　　　　　　　4 600

　　　　　　　　　　　—管理费—差旅费　　　　7 800

　　　　　　　　　　　　　　—图书资料费　　1 400

　　　　　　　　　　　　　　—劳动保护费　　1 300

　　　　　　　　　　　—中介费　　　　　　　55 420

　　　　　　　　　　　—借款利息(净额)　　　3 700

　　　　　　　　　　　—其他支出　　　　　　46 300

　　　贷:银行存款　　　　　　　　　　　　　　　　426 520

预算会计:

借：事业支出—科研支出—其他资金支出—社会公益研究—项目支出—资本性支出—房屋建筑物购建　　　　　　　　　　　　　　　426 520

　　贷：资金结存—货币资金　　　　　　　　　　　　　　　　　426 520

2. 对于建设过程中试生产、设备调试等产生的收入，按照取得的收入金额，借记"银行存款"等科目，按照依据有关规定应当冲减建设工程成本的部分，贷记本科目（待摊投资），按照其差额贷记"应缴财政款"或"其他收入"科目。同时，在预算会计中，按不需要上缴财政的收入净额，借记"资金结存"科目，贷记"其他预算收入"等科目。

【例4-178】7月8日，某科学事业单位将在设备安装调试过程中生产科研产品出售获得收入1 360元，已存入单位开户银行账户。按规定该项收入可以冲减待摊投资。该业务支出功能分类科目为"科学技术支出—科技条件与服务—其他科技条件与服务支出"。该单位应编制如下会计分录：

财务会计：

借：银行存款　　　　　　　　　　　　　　　　　　　　　　1 360

　　贷：在建工程—待摊投资—其他支出　　　　　　　　　　　1 360

预算会计：

借：资金结存—货币资金　　　　　　　　　　　　　　　　　1 360

　　贷：事业支出—科研支出—其他资金支出—其他科技条件与服务支出—项目支出—资本性支出—专用设备购置　　　　　　　　　1 360

3. 由于自然灾害、管理不善等原因造成的单项工程或单位工程报废或毁损，扣除残料价值和过失人或保险公司等赔款后的净损失，报经批准后计入继续施工的工程成本的，按照工程成本扣除残料价值和过失人或保险公司等赔款后的净损失，借记本科目（待摊投资），按照残料变价收入、过失人或保险公司赔款等，借记"银行存款""其他应收款"等科目，按照报废或毁损的工程成本，贷记本科目（建筑安装工程投资）。预算会计不需处理。

【例4-179】8月20日，某科学事业单位在建蔬菜基地项目因遭遇洪水，有50米围墙及部分屋顶倒塌，经评估损失85 000元。该项目投保了财产保险，保险公司理赔了70%，即59 500元，款项已转入单位开户银行账户。其余损失经批准计入工程项目成本。该业务支出功能分类科目为"科学技术支出—技术研究与开发—科技成果转化与扩散"。该单位应编制如下会计分录：

财务会计：

借：银行存款　　　　　　　　　　　　　　　　　　　　　　59 500

　　在建工程—待摊投资—其他支出　　　　　　　　　　　　25 500

　　贷：在建工程—建筑安装工程投资—蔬菜基地项目　　　　　85 000

预算会计：

借：资金结存—货币资金　　　　　　　　　　　　　　　　　59 500

　　贷：事业支出—科研支出—其他资金支出—科技成果转化与扩散—项目支出—资本性支出—房屋建筑物购建　　　　　　　　　59 500

4. 工程交付使用时，按照合理的分配方法分配待摊投资，借记本科目（建筑安装工程投资、设备投资），贷记本科目（待摊投资）。待摊投资中有按规定应当分摊计入转出投资价值和待核销基建支出的，还应当借记"在建工程—待核销基建支出、基建转出投资"科目，贷记本科目（待摊投资）。预算会计不需处理。

待摊投资的分配方法，可按照下列公式计算：

（1）按照实际投资分配率分配。适用于建设工期较短、整个项目的所有单项工程一次性竣工的建设项目。

$$实际投资分配率 = \frac{待摊投资明细科目余额}{（建筑工程明细科目余额 + 安装工程明细科目余额 + 设备投资明细科目余额）} \times 100\%$$

（2）按照概算分配率分配。适用于建设工期长、单项工程分期分批建成投入使用的建设项目。

$$概算分配率 = （概算中各待摊投资项目的合计数 - 其中可直接分配部分） \div （概算中建筑工程、安装工程和设备投资合计） \times 100\%$$

（3）某项固定资产应分配的待摊投资 = 该项固定资产的建筑工程成本或该项固定资产（设备）的采购成本和安装成本合计 × 分配率

【例 4 - 180】续【例 4 - 177】。10 月 20 日，危险品仓库项目和废液处理系统项目建设完成，通过验收，交付使用。待摊费用按实际投资分摊。"在建工程"科目明细余额如表 4 - 9 所示：

表 4 - 9         "在建工程"科目余额表         单位：元

| 明细科目 | 项目 | 金额 |
|---|---|---|
| 建筑安装工程投资 | 危险品仓库 | 4 485 000 |
| | 废液处理系统 | 324 000 |
| 设备投资 | 废液处理系统 | 1 452 000 |
| 待摊投资 | | 426 520 |
| 合计 | | 6 687 520 |

待摊投资分配率 = 待摊投资明细科目余额 ÷（建筑安装工程投资明细科目余额 + 设备投资明细科目余额）× 100% = 426 520 ÷（4 485 000 + 324 000 + 1 452 000）× 100% = 6.81233%

危险品仓库分摊额 = 4 485 000 × 6.81233% = 305 533（元）

废液处理系统分摊额 =（324 000 + 1 452 000）× 6.81233% = 120 987（元）

该单位应编制如下会计分录：

借：在建工程—建筑安装工程投资—建筑工程—危险品仓库     305 533

            —安装工程—废液处理系统   120 987

   贷：在建工程—待摊投资                        426 520

预算会计不做账务处理。

（四）其他投资

1. 单位为建设工程发生的房屋购置支出，基本畜禽、林木等的购置、饲养、培育支出，办公生活用家具、器具购置支出，软件研发和不能计入设备投资的软件购置等支出，按照实际发生金额，借记本科目（其他投资），贷记"财政拨款收入""零余额账户用款额度""银行存款"等科目。同时，在预算会计中，按实际支付金额，借记"事业支出"等科目，贷记"财政拨款预算收入""资金结存"等科目。

【例4－181】续【例4－177】。6月20日，单位为危险品仓库工地购建活动板房一间作为工地值班室，价值3 600元，为工地工作人员购置炊具一批，价值1 760元，从单位开户银行账户支付。该单位应编制如下会计分录：

财务会计：

借：在建工程—其他投资—危险品仓库　　　　　　　　　　　　　　5 360
　　贷：银行存款　　　　　　　　　　　　　　　　　　　　　　　　5 360

预算会计：

借：事业支出—科研支出—其他资金支出—社会公益研究—项目支出—资本性支
　　出—房屋建筑物购建　　　　　　　　　　　　　　　　　　　　5 360
　　贷：资金结存—货币资金　　　　　　　　　　　　　　　　　　　5 360

2. 工程完成将形成的房屋、基本畜禽、林木等各种财产以及无形资产交付使用时，按照其实际成本，借记"固定资产""无形资产"等科目，贷记本科目（其他投资）。预算会计不需处理。

【例4－182】续【例4－181】。10月20日，工程完工，活动板房仍作为值班室使用，账面余额1 200元；炊具移交给职工食堂使用，账面余额730元。该单位应编制如下会计分录：

财务会计：

借：固定资产—房屋构筑物　　　　　　　　　　　　　　　　　　　1 200
　　　　　—家具　　　　　　　　　　　　　　　　　　　　　　　　730
　　贷：在建工程—其他投资—危险品仓库　　　　　　　　　　　　　1 930

预算会计不做账务处理。

（五）待核销基建支出

1. 建设项目发生的江河清障、航道清淤、飞播造林、补助群众造林、水土保持、城市绿化等不能形成资产的各类待核销基建支出，按照实际发生金额，借记本科目（待核销基建支出），贷记"财政拨款收入""零余额账户用款额度""银行存款"等科目。同时，在预算会计中，按实际支付金额，借记"事业支出"等科目，贷记"财政拨款预算收入""资金结存"等科目。

【例4－183】9月20日，某科学事业单位危险品仓库项目按规定配套建设城市绿化项目，工程结算总支出85 480元，从单位开户银行账户支付。该项支出功能分类科目为"科学技术支出—应用研究—社会公益研究"。该单位应编制如下会计分录：

财务会计：

借：在建工程—待核销基建支出　　　　　　　　　　　　　　85 480
　　　贷：银行存款　　　　　　　　　　　　　　　　　　　　　85 480
预算会计：
借：事业支出—科研支出—其他资金支出—社会公益研究—项目支出—资本性支
　　出—房屋建筑物购建　　　　　　　　　　　　　　　　　　85 480
　　　贷：资金结存—货币资金　　　　　　　　　　　　　　　　85 480

2. 取消的建设项目发生的可行性研究费，按照实际发生金额，借记本科目（待核销基建支出），贷记本科目（待摊投资）。预算会计不需处理。

【例4-184】某科学事业单位科研楼建设项目因故取消，项目前期可行性研究费用25 800元转作"待核销基建支出"处理。该项支出功能分类科目为"科学技术支出—应用研究—社会公益研究"。该单位应编制如下会计分录：

财务会计：
借：在建工程—待核销基建支出　　　　　　　　　　　　　　25 800
　　　贷：在建工程—待摊投资　　　　　　　　　　　　　　　　25 800
预算会计不做账务处理。

3. 由于自然灾害等原因发生的建设项目整体报废所形成的净损失，报经批准后转入待核销基建支出，按照项目整体报废所形成的净损失，借记本科目（待核销基建支出），按照报废工程回收的残料变价收入、保险公司赔款等，借记"银行存款""其他应收款"等科目，按照报废的工程成本，贷记本科目（建筑安装工程投资等）。预算会计不需处理。

【例4-185】某科学事业单位在建蔬菜基地项目因遭遇洪水，泥沙淤积严重。经评估，认为该地址不宜继续作为蔬菜基地建设。截至目前，该项目"在建工程"科目余额126 200元，回收处理建筑材料36 800元，保险公司承诺理赔59 500元。该项支出功能分类科目为"科学技术支出—技术研究与开发—科技成果转化与扩散"。该单位应编制如下会计分录：

财务会计：
借：在建工程—待核销基建支出　　　　　　　　　　　　　　29 900
　　　银行存款　　　　　　　　　　　　　　　　　　　　　　36 800
　　　其他应收款—保险公司　　　　　　　　　　　　　　　　59 500
　　　贷：在建工程—建筑安装工程投资—蔬菜基地项目　　　　126 200
预算会计：
借：资金结存—货币资金　　　　　　　　　　　　　　　　　36 800
　　　贷：事业支出—科研支出—其他资金支出—科技成果转化与扩散—项目支
　　　　出—资本性支出—房屋建筑物购建　　　　　　　　　　36 800

4. 建设项目竣工验收交付使用时，对发生的待核销基建支出进行冲销，借记"资产处置费用"科目，贷记本科目（待核销基建支出）。预算会计不需处理。

【例4-186】续【例4-185】。经批准蔬菜基地项目损失予以核销。该单位应编制如下会计分录：

财务会计：

借：资产处置费用—在建工程—损失　　　　　　　　　　　29 900

　　贷：在建工程—待核销基建支出　　　　　　　　　　　　　29 900

预算会计不做账务处理。

（六）基建转出投资

科学事业单位为建设项目配套而建成的、产权不归属本单位的专用设施，建设项目竣工验收交付使用时，按规定直接转入建设单位以外的会计主体的，建设单位应当按照转出的建设项目的成本，借记本科目（基建转出投资），贷记本科目（建筑安装工程投资、设备投资）；同时，借记"无偿调拨净资产"科目，贷记本科目（基建转出投资）。预算会计不需处理。

【例 4 - 187】10 月 25 日，某科学事业单位为危险品仓库建设的一条连接市政道路水泥专用路完工交付使用。该水泥专用路长 800 米，其中单位院内 600 米，院外至市政道路连接处 200 米，工程总支出 75.6 万元。该项支出功能分类科目为"科学技术支出—应用研究—社会公益研究"。该单位应编制如下会计分录：

财务会计：

①转出投资：

院外道路部分成本 = 75.6 × （200 ÷ 800） = 18.9 （万元）

借：在建工程—基建转出投资—水泥专用路　　　　　　　　189 000

　　贷：在建工程—建筑安装工程投资—建筑工程—水泥专用路　189 000

②核销转出投资：

借：无偿调拨净资产　　　　　　　　　　　　　　　　　　189 000

　　贷：在建工程—基建转出投资—水泥专用路　　　　　　　　189 000

上述业务预算会计不做账务处理。

建设项目竣工验收交付使用时，按规定先转入建设单位、再无偿划拨给其他会计主体的，建设单位应当按照《政府会计制度》规定，先将在建工程转入"固定资产"等科目，再按照无偿调拨资产相关规定进行账务处理。

建设单位与资产调入方应当按规定做好资产核算工作的衔接和相关会计资料的交接，确保交付使用资产在记账上不重复、不遗漏。

# 五、在建工程按照估计价值转固相关会计处理

科学事业单位已交付使用但尚未办理竣工决算手续的固定资产，应当按照估计价值入账，待办理竣工决算后再按实际成本调整原来的暂估价值。

（一）估计价值的确定

1. 估计价值的含义。

估计价值是指在办理竣工财务决算前，单位在建的建设项目工程的实际成本，包括项目建设资金安排的各项支出，以及应付未付的工程价款、职工薪酬等。估计价值应当根据"在建工程"科目相关明细科目的账面余额确定。

2. 估计价值的确定条件及要求。

（1）对于建设周期长、建设内容多的大型项目，单项工程已交付使用但尚未办理竣工财务决算手续的，单位应当先按照估计价值将单项工程转为固定资产。对于一项在建工程涉及多项固定资产的，在建工程按照估计价值转固时，单位应当分别确定各项固定资产的估计价值。

（2）在建工程按照估计价值转固之后、办理竣工财务决算之前，发生调整已确认的应付工程价款等影响估计价值的事项，单位应当先通过"在建工程"科目进行会计处理，再由在建工程转入固定资产。

（3）在建工程按照估计价值转固时，单位应当将该项目的工程竣工结算书、各项费用归集表或交付使用资产明细表等材料作为原始凭证。

（4）单位应当在报表附注中披露按照估计价值入账的固定资产的金额。

（二）按实际成本调整暂估价值的会计处理

科学事业单位办理竣工财务决算后，按实际成本调整资产暂估价值时，应当将实际成本与暂估价值的差额计入净资产，借记或贷记"固定资产"科目，贷记或借记"以前年度盈余调整"科目。经上述调整后，应将"以前年度盈余调整"科目的余额转入"累计盈余"科目。

单位应当对暂估入账的固定资产计提折旧（根据政府会计准则制度规定无须计提折旧的除外），实际成本确定后不需调整原已计提的折旧额。单位按实际成本调整暂估价值后，应当以相关资产的账面价值（实际成本减去已提折旧后的金额）作为应计提折旧额，在规定的折旧年限扣除已计提折旧年限的剩余年限内计提折旧。

单位通过"在建工程"科目核算的信息系统项目工程等，应当参照上述规定进行会计处理。

【例4-188】9月28日，某科学事业单位自行建造研发设计实验中心大楼（以下简称"研发中心大楼"）工程完工，钢筋混凝土结构，经验收合格后交付使用。

（1）9月30日，"在建工程"（研发中心大楼）科目余额1 246.20万元，其中"建筑安装工程"986.10万元、"设备投资"152万元、"待摊投资"108.10万元（按投资额分摊）。

（2）10月20日，该项目绿化及道路工程（尾工工程）完工交付使用，从零余额账户支付工程价款18万元。

（3）11月6日，编制工程竣工财务决算，总价款1 264.20万元。次年2月10日，收到工程竣工财务决算批复，研发中心大楼主体建安工程审减11.40万元，审定工程投资总额为1 252.80万元。

（4）除留存质量保证金5%外（质保期2年），其余工程款已结算支付完毕。

该项业务支出功能分类列"科学技术支出—基础研究—重点实验室及相关设施"。对本项目的有关转固业务，该单位应编制如下会计分录：

①9月30日交付使用时，按照估计价值入账，并按月计提折旧。

a. 分摊"待摊投资"：

待摊投资分配率＝108.10÷（986.10＋152）≈0.094983

建安工程投资分摊额 = 986.10 × 0.094983 ≈ 93.66（万元）

设备投资分摊额 = 152.00 × 0.094983 ≈ 14.44（万元）

b. 明细科目余额（估计价值）：

建筑安装工程投资 = 986.10 + 93.66 = 1 079.76（万元）

设备投资 = 152.00 + 14.44 = 166.44（万元）

c. 按估计价值入账的会计分录：

财务会计：

借：固定资产—房屋建筑物          10 797 600

    —专用设备           1 664 400

  贷：在建工程—建筑安装工程投资—建筑工程—研发中心大楼

                   10 797 600

       —设备投资        1 664 400

d. 按月计提折旧会计分录（略）。

预算会计不做账务处理。

②10 月 20 日支付绿化和道路工程款。

a. 支付工程款：

财务会计：

借：在建工程—建筑安装工程投资—建筑工程—辅助设施  180 000

  贷：零余额账户用款额度          180 000

预算会计：

借：事业支出—科研支出—其他资金支出—重点实验室及相关设施—项目支出—

  资本性支出—房屋建筑物购建        180 000

  贷：资金结存—零余额账户用款额度     180 000

b. 按估计价值转入固定资产：

财务会计：

借：固定资产—房屋附属设施        180 000

  贷：在建工程—建筑安装工程投资—建筑工程—辅助设施 180 000

预算会计不做账务处理。

③次年 2 月 10 日按批复调整差额（也可使用红字更正法）。

财务会计：

借：以前年度盈余调整          114 000

  贷：固定资产—房屋建筑物        114 000

借：累计盈余            114 000

  贷：以前年度盈余调整        114 000

预算会计不做账务处理。

该项目按实际成本调整暂估价值后，账面原值分别为：房屋建筑物 1 068.36 万元（ = 1 079.76 - 11.40）、辅助设施 18 万元、专用设备 166.44 万元。

固定资产按实际成本调整后，应当以该项资产的账面价值（实际成本减去已提折旧后的余额）作为应计提折旧额，在规定的折旧年限扣除已计提折旧年限的剩余年限内计提折旧。

## 六、代建制在建工程项目的核算

科学事业单位的建设项目实行代建制的，建设单位应当要求代建单位通过工程结算或年终对账确认在建工程成本的方式，提供项目明细支出、建设工程进度和项目建设成本等资料，归集"在建工程"成本，及时核算所形成的"在建工程"资产，全面核算项目建设成本等情况。

（一）建设单位的账务处理

1. 拨付代建单位工程款时，按照拨付的款项金额，借记"预付账款—预付工程款"科目，贷记"财政拨款收入""零余额账户用款额度""银行存款"等科目。同时，在预算会计中，借记"事业支出"等科目，贷记"财政拨款预算收入""资金结存"科目。

【例4－189】A科学事业单位经批准与同一主管部门所属的科研单位合建一幢研发中心大楼。该项大楼总投资3 600万元，工期一年半，由B单位负责建设。A单位与B单位签订了合作建设研发中心大楼协议，A单位采用代建形式参与该项目建设，占项目30%即1 080万元份额，代建管理费为承担部分工程概算的2%。该业务支出功能分类科目为"科学技术支出—基础研究—专项技术基础"。

2×19年7月15日，A单位按合同约定，从单位开户银行账户拨付工程款324万元。

该单位应编制如下会计分录：

财务会计：

借：预付账款—预付工程款—研发中心　　　　　　　　　　3 240 000

　　贷：银行存款　　　　　　　　　　　　　　　　　　　　　　3 240 000

预算会计：

借：事业支出—科研支出—其他资金支出—专项技术基础—项目支出—资本性支出—房屋建筑物购建　　　　　　　　　　　　　　　　　3 240 000

　　贷：资金结存—货币资金　　　　　　　　　　　　　　　　　3 240 000

2. 按照工程进度结算工程款或年终代建单位对账确认在建工程成本时，按照确定的金额，借记"在建工程"科目下的"建筑安装工程投资"等明细科目，贷记"预付账款—预付工程款"等科目。预算会计不需处理。

【例4－190】续【例4－189】。2×19年12月20日，A单位收到B单位发来的工程进度结算单，工程实际进度40%，按A单位应承担份额计算，应付工程款432万元。截至2×19年12月20日，A单位已拨付B单位工程款486万元。该单位应编制如下会计分录：

财务会计：

借：在建工程—建筑安装工程投资—研发中心　　　　　　　4 320 000

　　　　贷：预付账款—预付工程款—研发中心　　　　　　　　　　4 320 000

预算会计不做账务处理。

3. 确认代建管理费时，按照确定的金额，借记"在建工程"科目下的"待摊投资"明细科目，贷记"预付账款—预付工程款"等科目。预算会计不需处理。

【例4-191】续【例4-189】。2×19年12月20日，A单位按合同约定，确认工程代建管理费8.64万元（432万元×2%），从工程预付款中支付。该单位应编制如下会计分录：

财务会计：

借：在建工程—待摊投资—研发中心　　　　　　　　　　　　86 400

　　贷：预付账款—预付工程款—研发中心　　　　　　　　　　86 400

预算会计不做账务处理。

4. 项目完工交付使用资产时，按照代建单位转来在建工程成本中尚未确认入账的金额，借记"在建工程"科目下的"建筑安装工程投资"等明细科目，贷记"预付账款—预付工程款"等科目；同时，按照在建工程成本，借记"固定资产"等科目，贷记"在建工程"科目。预算会计不需处理。

工程结算、确认代建费或竣工决算时涉及补付资金的，应当在确认在建工程的同时，按照补付的金额，贷记"财政拨款收入""零余额账户用款额度""银行存款"等科目。同时，在预算会计中，借记"事业支出"等科目，贷记"财政拨款预算收入""资金结存"科目。

【例4-192】续【例4-189】。2×20年9月30日，研发中心大楼完工。B单位发来工程竣工结算单，按A单位应承担份额计算，应付工程总额1 120万元、代建管理费22.4万元，合计1 142.40万元。截至2×20年9月30日，A单位已拨付B单位工程款及代建管理费1 100万元。A单位从单位开户银行账户补付42.40万元。该单位应编制如下会计分录：

①确认工程成本：

财务会计：

本年应确认工程成本=1 120-432=688（万元）

本年确认代建管理费=22.40-8.64=13.76（万元）

冲减预付账款=1 100-432-8.64=659.36（万元）

财务会计：

借：在建工程—建筑安装工程投资—研发中心　　　　　　　6 880 000

　　　　　—待摊投资—研发中心　　　　　　　　　　　　137 600

　　贷：预付账款—预付工程款—研发中心　　　　　　　　　6 593 600

　　　银行存款　　　　　　　　　　　　　　　　　　　　　424 000

预算会计：

借：事业支出—科研支出—其他资金支出—专项技术基础—项目支出—资本性支出—房屋建筑物购建　　　　　　　　　　　　　　　424 000

　　贷：资金结存—货币资金　　　　　　　　　　　　　　　424 000

②结转固定资产：

财务会计：

● 结转待摊投资：

因本项目为单一建设项目，因此待摊投资全部转入研发中心建设成本。

借：在建工程—建筑安装工程投资—研发中心　　　　　　　224 000

　　贷：在建工程—待摊投资—研发中心　　　　　　　　　　　224 000

● 结转固定资产：

借：固定资产—房屋构筑物　　　　　　　　　　　　　　11 424 000

　　贷：在建工程—建筑安装工程投资—研发中心　　　　　　11 424 000

预算会计不做账务处理。

（二）代建单位的账务处理

代建单位为科学事业单位的，应当设置"1615 代建项目"一级科目，并与建设单位相对应，按照工程性质和类型设置"建筑安装工程投资""设备投资""待摊投资""其他投资""待核销基建支出""基建转出投资"等明细科目，对所承担的代建项目建设成本进行会计核算，全面反映工程的资金资源消耗情况；同时，在"代建项目"科目下设置"代建项目转出"明细科目，通过工程结算或年终对账确认在建工程成本的方式，将代建项目的成本转出，体现在建设单位相应"在建工程"账上。年末，"代建项目"科目应无余额。有关账务处理规定如下：

1. 收到建设单位拨付的建设项目资金时，按照收到的款项金额，借记"银行存款"等科目，贷记"预收账款—预收工程款"科目。预算会计不需处理。

【例 4-193】续【例 4-189】。B 科学事业单位作为建设项目负责单位，全面负责研发中心大楼建设项目。该业务支出功能分类科目为"科学技术支出—基础研究—专项技术基础"。有关代建业务如下：

2×19 年 7 月 15 日，B 单位收到 A 单位转来的预付工程款 324 万元。该单位应编制如下会计分录：

财务会计：

借：银行存款　　　　　　　　　　　　　　　　　　　　3 240 000

　　贷：预收账款—预收工程款—A 单位　　　　　　　　　　3 240 000

预算会计不做账务处理。

2. 工程项目使用资金或发生其他耗费时，按照确定的金额，借记"代建项目"科目下的"建筑安装工程投资"等明细科目，贷记"银行存款""应付职工薪酬""工程物资""累计折旧"等科目。预算会计不需处理。

【例 4-194】续【例 4-193】。2×19 年 7~12 月，B 单位研发中心大楼项目完成建安投资 1 440 万元，以银行存款支付给施工单位（其他项目略）。其中按 A 单位应承担份额计算，代建工程部分 432 万元。在支付工程款时，该单位应编制如下会计分录：

财务会计：

借：代建项目—建筑安装工程投资—研发中心　　　　　　　4 320 000

贷：银行存款　　　　　　　　　　　　　　　　　　　　　　　4 320 000

预算会计不做账务处理。

3. 按工程进度与建设单位结算工程款或年终与建设单位对账确认在建工程成本并转出时，按照确定的金额，借记"代建项目—代建项目转出"科目，贷记"代建项目"科目下的"建筑安装工程投资"等明细科目，同时，借记"预收账款—预收工程款"等科目，贷记"代建项目—代建项目转出"科目。

【例4-195】续【例4-193】。2×19年12月20日，B单位给A单位发去工程竣工结算单，确认A单位应承担工程成本432万元。截至2×19年12月20日，已预收A单位工程款486万元。该单位应编制如下会计分录：

财务会计：

借：代建项目—代建项目转出—研发中心　　　　　　　　　　4 320 000

　　贷：代建项目—建筑安装工程投资—研发中心　　　　　　　4 320 000

借：预收账款—预收工程款—A单位　　　　　　　　　　　　4 320 000

　　贷：代建项目—代建项目转出—研发中心　　　　　　　　　4 320 000

预算会计不做账务处理。

4. 确认代建费收入时，按照确定的金额，借记"预收账款—预收工程款"等科目，贷记有关收入科目；同时，在预算会计中，借记"资金结存"科目，贷记有关预算收入科目。

【例4-196】续【例4-195】。2×19年12月20日，B单位给A单位发去本年代建管理费确认单8.64万元，已收到A单位回函确认。该单位应编制如下会计分录：

财务会计：

借：预收账款—预收工程款—A单位　　　　　　　　　　　　　86 400

　　贷：其他收入—代建管理费收入　　　　　　　　　　　　　　86 400

预算会计：

借：资金结存—货币资金　　　　　　　　　　　　　　　　　　86 400

　　贷：其他预算收入—专项基础科研　　　　　　　　　　　　　86 400

5. 项目完工交付使用资产时，按照代建项目未转出的在建工程成本，借记"代建项目—代建项目转出"科目，贷记"代建项目"科目下的"建筑安装工程投资"等明细科目，同时，借记"预收账款—预收工程款"等科目，贷记"代建项目—代建项目转出"科目。

工程竣工决算时收到补付资金的，按照补付的金额，借记"银行存款"等科目，贷记"预收账款—预收工程款"科目。预算会计不需处理。

【例4-197】续【例4-196】。2×20年9月30日，研发中心大楼完工。根据工程竣工结算，A单位分担工程总额1 120万元、代建管理费22.40万元，合计1 142.40万元。截至2×20年9月30日，B单位已预收A单位工程款及代建管理费1 100万元。同日，收到A单位补付工程款42.40万元。该单位应编制如下会计分录：

①确认代建工程成本：

本年应确认代建工程成本=1 120-432=688（万元）

本年确认代建管理费 = 22.40 - 8.64 = 13.76（万元）

冲减预收账款 = 1 100 - 432 - 8.64 = 659.36（万元）

财务会计：

| | |
|---|---|
| 借：代建项目—代建项目转出—研发中心 | 6 880 000 |
| 贷：代建项目—建筑安装工程投资—研发中心 | 6 880 000 |

预算会计不做账务处理。

②确认代建管理费、冲减预收款：

本年确认代建管理费 = 22.40 - 8.64 = 13.76（万元）

冲减预收账款 = 1 100 - 432 - 8.64 = 659.36（万元）

财务会计：

| | |
|---|---|
| 借：预收账款—预收工程款—A 单位 | 6 593 600 |
| 银行存款 | 424 000 |
| 贷：代建项目—代建项目转出—研发中心 | 6 880 000 |
| 其他收入—代建管理费收入 | 137 600 |

预算会计：

| | |
|---|---|
| 借：资金结存—货币资金 | 137 600 |
| 贷：其他预算收入—专项基础科研 | 137 600 |

如果代建单位为企业的，按照企业类会计准则制度相关规定进行账务处理。

（三）新旧衔接规定

科学事业单位作为建设单位，在首次执行《政府会计准则制度解释第 2 号》时（2020 年 1 月 1 日），尚未登记应确认的在建工程的，应当按照《政府会计准则制度解释第 2 号》规定确定的建设成本，借记"在建工程"科目，贷记"累计盈余"科目。代建单位在首次执行《政府会计准则制度解释第 2 号》时已将代建项目登记为在建工程的，应当按照"在建工程"科目余额，借记"累计盈余"科目，贷记"在建工程"科目。预算会计不需处理。

建设单位应与代建单位做好在建工程入账的协调，确保在建工程在记账上不重复、不遗漏。

# 第十节　无 形 资 产

## 一、无形资产概述

（一）无形资产的含义与特点

无形资产，是指科学事业单位控制的、没有实物形态的、可辨认非货币性资产，如专利权、商标权、著作权、土地使用权、非专利技术等。

无形资产作为科学事业单位一种特殊的、重要的资产，是科学事业单位宝贵的经济资源。随着科技与经济的结合，知识产权意识的提高，已逐渐成为科学事业单位资产管理的重要内容。无形资产一般具有以下特征：

1. 不具有实物形态。

无形资产不具有独立的物质实体，这是无形资产与固定资产、存货等其他资产区别的突出标志。科学事业单位无形资产通常表现为单位所拥有的一种特殊权利，即通过无形的知识形态、法律或合同所赋予的某种法定或特许的权利（如专利权、商标权）等方式来实现的。

2. 具有可辨认性。

无形资产虽然不具有独立的物质实体，但具有可辨认性。资产满足下列条件之一的，表明其具有可辨认性：

（1）能够从科学事业单位中分离或者划分出来，并能单独或者与相关合同、资产或负债一起，用于出售、转移、授予许可、租赁或者交换；

（2）源自合同性权利或其他法定权利，无论这些权利是否可以从科学事业单位或其他权利和义务中转移或者分离。

3. 属于非货币性长期资产。

无形资产虽然不具有物质实体，但一经取得或形成，就能在单位若干运行期内使用或发挥作用，预期能够产生服务潜力或带来未来的经济利益。因而，无形资产属于一项长期资产，并且是非货币性资产。非货币性资产是指货币性资产以外的资产，如存货、固定资产、无形资产、股权投资以及不准备持有至到期的债券投资等。

4. 带来的服务潜力或经济利益具有不确定性。

无形资产属于储备性资产，在没有得到利用时，只处于一种"准备"状态，只有被利用，才能产生利益。科学事业单位的科研成果、知识产品只有对特定的使用者才有价值，并与有形资产的状况、社会经济条件等直接相关。因此，受科学事业单位外部因素、有形资产使用状况等影响，无形资产提供的服务潜力或带来的未来经济利益具有较大的不确定性，有些无形资产确认的账面价值与以后实际价值往往出现较大差距。多数情况下，无形资产的潜在价值可能是分布在零至很大金额的范围内，具有高度不确定性。

5. 持有资产的目的是供运行活动使用。

科学事业单位拥有无形资产的目的是开展科研和非科研活动及其辅助活动，其产生服务潜力或带来经济利益只能在运行中得以体现。

6. 具有明显的排他性。

科学事业单位无形资产是一种专有权利，禁止非所有者无偿取得。这种排他的专有性，有时通过单位自身的保密和反不正当竞争法来维护；有时则通过适当公开其内容作为代价以取得法律的保护，如专利权、著作权；也可以借助法律保护及社会信誉、公认的方式取得，如商标权、商誉。

（二）无形资产的内容

科学事业单位无形资产包括专利权、商标权、著作权、土地使用权、非专利技术等。

1. 专利权，是指国家专利主管机关依法授予发明创造专利申请人对其发明创造在法定期限内所享有的专有权利，包括发明专利权、实用新型专利权和外观设计专利权。

2. 商标权，是指专门在某类指定的商品或产品上使用特定的名称或图案的权利。

3. 著作权，是指制作者对其创作的文学、科学和艺术作品依法享有的某些特殊权利。

4. 土地使用权，是指国家准许某单位在一定期间内对国有土地享有开发、利用、运营的权利。

5. 非专利技术，也称专有技术，是指不为外界所知，在科研活动中应采用了的、不享有法律保护的、可以带来经济效益的各种技术和诀窍。

无形资产按可使用期限划分，可分为使用年限有限和使用年限不确定两类。前者的使用年限为法律所规定，如专利权、著作权、商标权等；后者法律上未对其使用年限作出规定，即该类资产为单位提供服务的潜力或者带来经济利益的期限不确定。

## 二、无形资产的管理要求

科学事业单位具有知识密集型和技术密集型的特点。科技成果是其基本的产品形态。加速科技成果转化是科技面向经济建设服务，贯彻科教兴国战略任务的重要内容。科学事业单位应加强无形资产的开发、保护、利用，促进科学事业的发展。无形资产管理的根本目的是提高无形资产的使用效益，应当做好以下工作：

1. 重视无形资产的形成和保护。

科学事业单位应利用其自身特点和优势，积极组织开发，同时要充分运用国家颁布的有关法律、法规，加强对所拥有的知识产权等无形资产的保护，将知识产权管理体现在项目的选题、立项、实施、结题、成果转移转化等各个环节，实行分类归口管理。

2. 提高无形资产的利用率。

科学事业单位应依据单位拥有无形资产构成的特点，加强专利运用实施，促进成果转移转化，积极有效地利用无形资产，发挥其经济资源作用，特别是利用单位已有的科技成果等知识产权为社会提供有效的服务。

3. 合理确定无形资产的价格。

科学事业单位转让无形资产应根据其所能创造的价值或成本，合理定价，有法定评估程序的应按规定进行评估，保证受让双方的合理权益。

4. 加强未入账无形资产的管理。

科学事业单位取得无形资产的某种权利时，并不一定都反映在财务核算中，特别是自行开发形成的无形资产或无形资产某种权利，仅在发生转让行为并经过评估后，才能确认其价值，即只有在使用无形资产时才会纳入财务核算管理。

科学事业单位无形资产处置应当遵循公开、公平、公正和竞争、择优的原则，严格履行相关审批程序。单位转让无形资产，应当按照有关规定进行资产评估，取得的收入除国家另有规定外，计入事业收入。

科学事业单位应当定期对无形资产进行清查盘点，每年至少盘点一次。单位资产清查盘点过程中发现的无形资产盘盈、盘亏等，参照"固定资产"科目相关规定进行账务处理。

## 三、无形资产的确认与计量

（一）无形资产的确认条件

无形资产同时满足下列条件的，应当予以确认：

1. 与该无形资产相关的服务潜力很可能实现或者经济利益很可能流入科学事业单位。

2. 该无形资产的成本或者价值能够可靠地计量。

（二）无形资产确认的几种情形

1. 科学事业单位在判断无形资产的服务潜力或经济利益是否很可能实现或流入时，应当对无形资产在预计使用年限内可能存在的各种社会、经济、科技因素作出合理估计，并且应当有确凿的证据支持。

2. 科学事业单位自行研究开发项目开发阶段的支出，先按合理方法进行归集，如果最终形成无形资产的，应当确认为无形资产。

3. 科学事业单位自行研究开发项目尚未进入开发阶段，或者确实无法区分研究阶段支出和开发阶段支出，但按法律程序已申请取得无形资产的，应当将依法取得时发生的注册费、聘请律师费等费用确认为无形资产。

4. 科学事业单位购入的不构成相关硬件不可缺少组成部分的软件，应当确认为无形资产。

5. 与无形资产有关的后续支出，符合无形资产确认条件的，应当计入无形资产成本；不符合无形资产确认条件的，应当在发生时计入当期费用或者相关资产成本。

6. 科学事业单位自创商誉及内部产生的品牌、报刊名等，不应确认为无形资产。

7. 非大批量购入、单价小于 1 000 元的无形资产，可以于购买的当期将其成本一次性全部转销，可以不确认为无形资产。

（三）无形资产的计量

1. 无形资产的初始计量。

无形资产在取得时应当按照成本进行初始计量。不同方式取得的无形资产的成本构成不尽相同。具体参见"无形资产取得的核算"。

2. 无形资产的后续计量。

无形资产的后续计量包括无形资产的摊销和处置。具体计量方法参见无形资产摊销和处置的核算。

## 四、无形资产的科目设置

科学事业单位应当设置"无形资产"科目，核算单位无形资产的原值。本科目应当按照无形资产的类别、项目等进行明细核算。期末借方余额，反映单位无形资产的成本。

## 五、无形资产的取得核算

科学事业单位无形资产的取得方式主要包括外购、委托开发、自行研究开发、接受捐赠、无偿调入、置换取得等。

（一）外购的无形资产

科学事业单位外购的无形资产，其成本包括购买价款、相关税费以及可归属于该项资产达到预定用途前所发生的其他支出。

外购的无形资产，按照确定的成本，借记"无形资产"科目，贷记"财政拨款收入""零余额账户用款额度""应付账款""银行存款"等科目。同时，在预算会计中，按实际支付金额，借记"事业支出""经营支出"等科目，贷记"财政拨款预算收入""资金结存"等科目。

【例4-198】8月16日，某科学事业单位购入一项专利权，合同价120 000元、专利权过户登记费等相关费用6 500元，均从单位零余额账户支付。该业务支出功能分类科目为"科学技术支出—应用研究—专项科研试制"。该单位应编制如下会计分录：

财务会计：

借：无形资产—专利权　　　　　　　　　　　　　　　　126 500

　　贷：零余额账户用款额度　　　　　　　　　　　　　　　　126 500

预算会计：

借：事业支出—科研支出—财政拨款支出—专项科研试制—资本性支出—无形资产购置　　　　　　　　　　　　　　　　　　　　126 500

　　贷：资金结存—零余额账户用款额度　　　　　　　　　　　　126 500

（二）委托开发的软件

科学事业单位委托软件公司开发软件，视同外购无形资产进行处理。

合同中约定预付开发费用的，按照预付金额，借记"预付账款"科目，贷记"财政拨款收入""零余额账户用款额度""银行存款"等科目。同时，在预算会计中，按实际支付金额，借记"事业支出""经营支出"等科目，贷记"财政拨款预算收入""资金结存"等科目。

软件开发完成交付使用并支付剩余或全部软件开发费用时，按照软件开发费用总额，借记"无形资产"科目，按照相关预付账款金额，贷记"预付账款"科目，按照支付的剩余金额，贷记"财政拨款收入""零余额账户用款额度""银行存款"等科目。同时，在预算会计中，按实际支付金额，借记"事业支出""经营支出"等科目，贷记"财政拨款预算收入""资金结存"等科目。

【例4-199】6月3日，某科学事业单位为开展专项业务活动，委托丙软件公司开发平台系统一套，合同价款22万元。6月10日，根据协议约定预付开发费10万元，从单位零余额账户支付。11月20日，软件开发完成，验收合格并交付使用。根据协议约定，从零余额账户支付剩余价款。该业务支出功能分类科目为"科学技术支出—应用研究—专项科研试制"。该单位应编制如下会计分录：

①预付合同款：

财务会计：

借：预付账款—丙软件公司     100 000

  贷：零余额账户用款额度     100 000

预算会计：

借：事业支出—科研支出—财政拨款支出—专项科研试制—项目支出—资本性支出—无形资产购置     100 000

  贷：资金结存—零余额账户用款额度     100 000

②交付软件：

财务会计：

借：无形资产—软件     220 000

  贷：预付账款—丙软件公司     100 000

    零余额账户用款额度     120 000

预算会计：

借：事业支出—科研支出—财政拨款支出—专项科研试制—项目支出—资本性支出—无形资产购置     120 000

  贷：资金结存—零余额账户用款额度     120 000

（三）自行研究开发的无形资产

科学事业单位自行开发的无形资产，其成本包括自该项目进入开发阶段后至达到预定用途前所发生的支出总额。

有关科学事业单位自行研究开发项目的识别、支出的范围及会计处理、研究阶段和开发阶段的划分等，参见本章第十一节"研发支出"。

自行研究开发形成的无形资产，按照研究开发项目进入开发阶段后至达到预定用途前所发生的支出总额，借记"无形资产"科目，贷记"研发支出—开发支出"科目。预算会计不需处理。

自行研究开发项目尚未进入开发阶段，或者确实无法区分研究阶段支出和开发阶段支出，按以下方法处理：

1. 按照法律程序已申请取得无形资产的（如专利权），按照依法取得时发生的注册费、聘请律师费等费用，借记"无形资产"科目，贷记"财政拨款收入""零余额账户用款额度""银行存款"等科目。同时，在预算会计中，按实际支付金额，借记"事业支出""经营支出"等科目，贷记"财政拨款预算收入""资金结存"等科目。

2. 按照依法取得前所发生的研究开发支出，借记"业务活动费用"等科目，贷记"研发支出"科目。预算会计不需处理。

【例4-200】某科学事业单位一项自行研究开发项目经评审，确认自2×19年3月进入开发阶段，至年末共领用材料120万元、开发人员薪酬75万元、专用设备折旧费用26万元。年末，该项目完成。经确认达到预定用途形成无形资产的开发支出为210万元。项目支出中有材料费11万元不属于本项目，应予剔除。该单位应编制如下会计分录：

财务会计：

借：无形资产—专利权　　　　　　　　　　　　　　　　　　2 100 000

　业务活动费用—科研活动费用—商品和服务费用　　　　　110 000

　贷：研发支出—开发支出　　　　　　　　　　　　　　　　2 210 000

预算会计不做账务处理。

（四）接受捐赠的无形资产

科学事业单位接受捐赠的无形资产，其成本按照有关凭据注明的金额加上相关税费确定；没有相关凭据可供取得，但按规定经过资产评估的，其成本按照评估价值加上相关税费确定；没有相关凭据可供取得、也未经资产评估的，其成本比照同类或类似资产的市场价格加上相关税费确定；没有相关凭据且未经资产评估、同类或类似资产的市场价格也无法可靠取得的，按照名义金额入账，相关税费计入当期费用。

上述所称"凭据"，包括发票、报关单、有关协议等。有确凿证据表明凭据上注明的金额高于受赠资产同类或类似资产的市场价格30%或达不到其70%的，则应当以同类或类似资产的市场价格确定成本。上述所称"同类或类似资产的市场价格"，一般指取得资产当日捐赠方自产物资的出厂价、所销售物资的销售价、非自产或销售物资在知名大型电商平台同类或类似商品价格等。如果存在政府指导价或政府定价的，应符合其规定。

确定接受捐赠无形资产的初始入账成本时，应当考虑该项资产尚可为科学事业单位带来服务潜力或经济利益的能力。

接受捐赠的无形资产，按照确定的无形资产成本，借记"无形资产"科目，按照发生的相关税费等，贷记"零余额账户用款额度""银行存款"等科目，按照其差额，贷记"捐赠收入"科目。同时，在预算会计中，按照发生的相关税费等，借记"其他支出"科目，贷记"资金结存"等科目。

接受捐赠的无形资产按照名义金额入账的，按照名义金额，借记"无形资产"科目，贷记"捐赠收入"科目；同时，按照发生的相关税费等，借记"其他费用"科目，贷记"零余额账户用款额度""银行存款"等科目。同时，在预算会计中，按照发生的相关税费等，借记"其他支出"科目，贷记"资金结存"等科目。

【例4-201】5月12日，A科学事业单位接受甲企业捐赠的一套大型工业设计软件平台系统，用于院企合作。该系统市场售价28万元。该单位应编制如下会计分录：

财务会计：

借：无形资产—软件　　　　　　　　　　　　　　　　　　　280 000

　贷：捐赠收入—软件　　　　　　　　　　　　　　　　　　　280 000

预算会计不做账务处理。

【例4-202】6月15日，A科学事业单位收到个人捐赠的早期著作权用于科普活动。该项著作权没有相关凭据、同类或类似资产的市场价格，按照名义金额入账。以银行存款支付公证费等400元。该业务支出功能分类科目为"科学技术支出—科学技术普及—科普活动"。该单位应编制如下会计分录：

①著作权入账：

财务会计：

借：无形资产—著作权     1

  贷：捐赠收入     1

预算会计不做账务处理。

②支付费用：

财务会计：

借：其他费用—捐赠税费     400

  贷：银行存款     400

预算会计：

借：其他支出—调入非现金资产税费支出—非财政专项资金支出—科普活动—基
本支出—其他商品和服务支出     400

  贷：资金结存—货币资金     400

（五）无偿调入的无形资产

科学事业单位无偿调入的无形资产，其成本按照调出方账面价值加上相关税费确定。无偿调入资产在调出方的账面价值为零（即已经按制度规定摊销完毕）或者账面余额为名义金额的，科学事业单位（调入方）应当将调入过程中其承担的相关税费计入当期费用，不计入调入资产的初始入账成本。

无偿调入的无形资产，按照确定的无形资产成本，借记"无形资产"科目，按照发生的相关税费等，贷记"零余额账户用款额度""银行存款"等科目，按照其差额，贷记"无偿调拨净资产"科目。同时，在预算会计中，按照发生的相关税费等，借记"其他支出"科目，贷记"资金结存"等科目。

【例4-203】7月20日，B科学事业单位经批准接受C科学事业单位无偿转让一项专利权，用于某攻关项目。C单位资产卡片显示，该项专利权账面余额48 000元，已摊销12 000元。B单位从零余额账户支付过户登记费等200元。该业务支出功能分类科目为"科学技术支出—应用研究—专项科研试制"。该单位应编制如下会计分录：

财务会计：

借：无形资产—专利权     36 200

  贷：无偿调拨净资产     36 000

    零余额账户用款额度     200

预算会计：

借：其他支出—调入非现金资产税费支出—财政拨款支出—专项科研试制—基本
支出—其他商品和服务支出     200

  贷：资金结存—零余额账户用款额度     200

（六）置换取得的无形资产

科学事业单位通过置换取得的无形资产，其成本按照换出资产的评估价值加上支付的补价或减去收到的补价，加上换入无形资产发生的其他相关支出确定。

单位置换换入无形资产，按照确定的成本，借记"无形资产"科目，按换出资产的账面余额，贷记相关资产科目（换出资产为固定资产、无形资产，还应当借记"固定资产累计折旧""无形资产累计摊销"科目），按置换过程中发生的其他相关支出，贷记"银行存款"等科目，按照借贷方差额，借记"资产处置费用"科目或贷记"其他收入"科目。同时，在预算会计中，按置换过程中发生的其他相关支出，借记"其他支出"科目，贷记"资金结存"科目。

涉及补价的，账务处理参照固定资产置换换入固定资产的规定进行账务处理。

无形资产取得时涉及增值税业务的，相关账务处理参见"应交增值税"科目。

【例4-204】8月16日，A科学事业单位为了提高科研试制产品质量，以其持有的甲公司长期股权投资交换B事业单位拥有的一项专利权。在交换日，A单位持有的甲公司长期股权投资账面余额120万元，评估价值为145万元，并从单位开户银行账户支付过户费等相关费用1.2万元。B单位拥有的专利权评估价值152万元，A单位从单位开户银行账户支付补价7万元。该业务支出功能分类科目为"科学技术支出——应用研究——专项科研试制"。该单位应编制如下会计分录：

财务会计：

借：无形资产——专利权　　　　　　　　　　　　　　　　　1 532 000
　　贷：长期股权投资——成本——甲公司　　　　　　　　　　1 200 000
　　　　其他收入——置换评估增值　　　　　　　　　　　　　　250 000
　　　　银行存款　　　　　　　　　　　　　　　　　　　　　　82 000

预算会计：

借：其他支出——资产处置税费——非财政专项资金支出——专项科研试制——项目支出——资本性支出——无形资产购置　　　　　　　　　　　　　　82 000
　　贷：资金结存——货币资金　　　　　　　　　　　　　　　　82 000

## 六、无形资产的摊销

无形资产摊销，是指在无形资产有效使用年限内，按照确定的方法对应摊销金额进行系统分摊。无形资产属于非流动资产，且其能长期为单位提供科研服务潜力或经济利益，其价值也会随着提供科研服务或带来经济利益而递减，无形资产成本也应在各个会计期间进行合理摊配，以便正确反映无形资产价值，提供相关的会计信息。

（一）摊销年限

科学事业单位应当于取得或形成无形资产时合理确定其使用年限。无形资产的使用年限为有限的，应当估计该使用年限。无法预见无形资产为科学事业单位提供服务潜力或者带来经济利益期限的，应当视为使用年限不确定的无形资产。

对于使用年限有限的无形资产，科学事业单位应当按照以下原则确定无形资产的摊销年限：

1. 法律规定了有效年限的，按照法律规定的有效年限作为摊销年限。

2. 法律没有规定有效年限的，按照相关合同或单位申请书中的受益年限作为摊销年限。

3. 法律没有规定有效年限、相关合同或单位申请书也没有规定受益年限的，应当根据无形资产为科学事业单位带来服务潜力或经济利益的实际情况，预计其使用年限。

4. 《中华人民共和国企业所得税法实施条例》（中华人民共和国国务院令第512号）规定，无形资产按照直线法计算的摊销费用，准予扣除。无形资产的摊销年限不得低于10年。

5. 非大批量购入、单价小于1 000元的无形资产，可以于购买的当期将其成本一次性全部转销。

（二）摊销方法

科学事业单位应当按月对使用年限有限的无形资产进行摊销，并根据用途计入当期费用或者相关资产成本。但已摊销完毕仍继续使用的无形资产、以名义金额计量和使用年限不确定的无形资产不需要摊销。

因发生后续支出而增加无形资产成本的，对于使用年限有限的无形资产，应当按照重新确定的无形资产成本以及重新确定的摊销年限计算摊销额。

根据现行规定，科学事业单位无形资产摊销的方法包括年限平均法或者工作量法，应摊销金额为其成本，不考虑预计残值。

1. 年限平均法。

年限平均法又称直线法，是指将无形资产的应摊销额均衡地分摊到无形资产预计使用年限内的一种方法。采用这种方法计算的每期摊销额均相等。计算公式如下：

$$年摊销额 = 无形资产原值 \div 预计使用（摊销）年限$$
$$月摊销额 = 年摊销额 \div 12$$

【例4 - 205】某科学事业单位自行开发并依法取得一项专利权，取得时发生的注册费、律师费等66 000元。按有关法律规定，该项专利有效期限为5年。采用年限平均法进行摊销。则摊销计算如下：

年摊销额 = 66 000 ÷ 5 = 13 200（元）

月摊销额 = 66 000 ÷ (5 × 12) = 13 200 ÷ 12 = 1 100（元）

2. 工作量法。

工作量法是根据无形资产实际工作总量计算应计摊销额的一种方法。采用这种方法，每期计提的摊销额随当期无形资产提供工作量的多少而变动，提供的工作量多，就多摊销；反之，则少摊销，而单位工作量所负担的摊销费是相同的。该方法适用于价值与使用量密切相关的无形资产，如大型精密仪器。计算公式如下：

$$单位工作量摊销额 = 无形资产原价 \div 预计总工作量$$
$$某项无形资产月摊销额 = 该项无形资产当月工作量 \times 单位工作量摊销额$$

【例4 - 206】某科学事业单位购入一套精密检测用系统软件36万元，根据协议预计可使用时间为12 000小时。2 × 20年3月，该设备工作132小时。

单位小时摊销额 = 360 000 ÷ 12 000 = 30（元）

本月摊销额 = 132 × 30 = 3 960（元）

（三）无形资产摊销的核算

1. 科目设置。

科学事业单位应当设置"无形资产累计摊销"科目，作为"无形资产"科目的备抵项目，核算科学事业单位对使用年限有限的无形资产计提的累计摊销。本科目应当按照所对应无形资产的明细分类进行明细核算。期末贷方余额，反映单位计提的无形资产摊销累计数。

2. 主要业务账务处理。

（1）按月对无形资产进行摊销时，按照应摊销金额，借记"业务活动费用""单位管理费用""加工物品""在建工程"等科目，贷记"无形资产累计摊销"科目。预算会计不需处理。

【例4-207】10月30日，某科学事业单位无形资产应计摊销汇总如表4-10所示：

表4-10 　　　　　　　　　　无形资产摊销汇总表（10月）　　　　　　　　　单位：元

| 项目 | 入账成本 | 摊销期限（月） | 本月摊销额 | 使用方向 |
|---|---|---|---|---|
| 专利权甲 | 135 600 | 120 | 1 130 | 业务活动费用 |
| 专利权乙 | 88 000 | 80 | 1 100 | 加工物品（A） |
| 土地使用权 | 1 590 000 | 300 | 5 300 | 单位管理费用 |
| 合计 | 1 812 600 | — | 7 530 | — |

该单位应编制如下会计分录：

借：业务活动费用—科研活动费用—无形资产摊销费　　　　　　　　1 130

　　加工物品—自制物品—间接费用（A）　　　　　　　　　　　　1 100

　　单位管理费用—无形资产摊销费　　　　　　　　　　　　　　　5 300

　　贷：无形资产累计摊销—专利权　　　　　　　　　　　　　　　　　2 230

　　　　　　　　　　　　—土地使用权　　　　　　　　　　　　　　　5 300

预算会计不做账务处理。

【例4-208】7月2日，某科学事业单位购入财务软件一套，价款72 000元，通过零余额账户支付货款。预计使用10年，采用直线法摊销，不考虑残值。该业务支出功能分类科目为"科学技术支出—应用研究—机构运行"。该单位应编制如下会计分录：

①购入软件：

财务会计：

借：无形资产—软件　　　　　　　　　　　　　　　　　　　　　72 000

　　贷：零余额账户用款额度　　　　　　　　　　　　　　　　　　　　72 000

预算会计：

借：事业支出—科研支出—财政拨款支出—机构运行—基本支出—资本性支出—

　　无形资产购置　　　　　　　　　　　　　　　　　　　　　　72 000

　　　贷：资金结存——零余额账户用款额度　　　　　　　　72 000

②每月摊销：

财务会计：

月摊销额 = 72 000 ÷ (10 × 12) = 600 （元）

借：单位管理费用——无形资产摊销　　　　　　　　　　600

　　贷：无形资产累计摊销　　　　　　　　　　　　　　　　600

　　（2）经批准处置无形资产时，按照所处置无形资产的账面价值，借记"资产处置费用""无偿调拨净资产""待处理财产损溢"等科目，按照已计提摊销，借记"无形资产累计摊销"科目，按照无形资产的账面余额，贷记"无形资产"科目。预算会计不需处理。

　　【例4-209】6月30日，某科学事业单位财务软件系统更新升级，原系统经批准予以报废。该系统账面余额55 200元，已摊销44 160元。该单位应编制如下会计分录：

财务会计：

借：资产处置费用——无形资产——报废　　　　　　　　11 040

　　无形资产累计摊销　　　　　　　　　　　　　　　　44 160

　　贷：无形资产——软件　　　　　　　　　　　　　　　　55 200

预算会计不做账务处理。

## 七、无形资产的后续支出

　　无形资产投入使用后，科学事业单位为了适应新技术发展的需要，或者为维护或提高无形资产的使用效能，往往需要对现有无形资产进行漏洞修补、技术维护、升级改造或扩展其功能等工作。无形资产投入使用后发生的相关支出，称为无形资产的后续支出。按照后续支出是否计入无形资产成本，将无形资产的后续支出分为计入无形资产的后续支出（资本化）和计入事业（或经营）支出的后续支出（费用化）两类。

　　（一）符合无形资产确认条件的后续支出

　　科学事业单位为增加无形资产的使用效能对其进行升级改造或扩展其功能时，如需暂停对无形资产进行摊销的，按照无形资产的账面价值，借记"在建工程"科目，按照无形资产已摊销金额，借记"无形资产累计摊销"科目，按照无形资产的账面余额，贷记"无形资产"科目。预算会计不需处理。

　　无形资产后续支出符合无形资产确认条件的，按照支出的金额，借记"无形资产"科目（无须暂停摊销的）或"在建工程"科目（需暂停摊销的），贷记"财政拨款收入""零余额账户用款额度""银行存款"等科目。同时，在预算会计中，按实际支付金额，借记"事业支出""经营支出"等科目，贷记"财政拨款预算收入""资金结存"等科目。

　　暂停摊销的无形资产升级改造或扩展功能等完成交付使用时，按照在建工程成本，借记"无形资产"科目，贷记"在建工程"科目。预算会计不需处理。

【例4-210】2×19年5月6日，某科学事业单位购买OA办公软件一套，已安装通过验收，根据合同通过零余额账户支付款项158 000元，收到增值税专用发票。

2×24年6月，因技术进步需要，OA软件开发方提供功能性升级，从零余额账户支付升级开发费用60 000元。

该业务支出功能分类科目为"科学技术支出—应用研究—机构运行"。该单位应编制如下会计分录：

①2×19年5月购入软件：

财务会计：

借：无形资产—软件                                            158 000
　　贷：零余额账户用款额度                                          158 000

预算会计：

借：事业支出—管理支出—财政拨款支出—机构运行—项目支出—资本性支出—
　　无形资产购置                                              158 000
　　贷：资金结存—零余额账户用款额度                                  158 000

②2×19年5月至2×24年5月每月摊销：

OA软件未限定使用期限，暂按10年摊销，不预计残值。

月摊销额=158 000÷(10×12)=1 317（元）（取整）

财务会计：

借：单位管理费用—无形资产摊销                                    1 317
　　贷：无形资产摊销—软件                                          1 317

预算会计不做账务处理。

③2×24年6月支付升级费：

该项软件升级时间较短，不需暂停摊销。

财务会计：

借：无形资产—软件                                            60 000
　　贷：零余额账户用款额度                                          60 000

预算会计：

借：事业支出—管理支出—财政拨款支出—机构运行—项目支出—资本性支出—
　　无形资产购置                                              60 000
　　贷：资金结存—零余额账户用款额度                                  60 000

④升级后摊销：

根据规定，OA软件系统功能升级，符合无形资产确认条件，应当计入无形资产成本；重新预计摊销年限，仍按10年摊销，不预计残值。

升级前账面价值=158 000-1 317×(8+12×4+5)=77 663（元）

升级后账面价值=77 663+60 000=137 663（元）

月摊销额=137 663÷(10×12)=1 148（元）（取整）

财务会计：

借：单位管理费用—无形资产摊销                                    1 148

贷：无形资产摊销—软件　　　　　　　　　　　　　　　1 148

预算会计不做账务处理。

（二）不符合无形资产确认条件的后续支出

科学事业单位为保证无形资产正常使用发生的日常维护等支出，借记"业务活动费用""单位管理费用"等科目，贷记"财政拨款收入""零余额账户用款额度""银行存款"等科目。同时，在预算会计中，按实际支付金额，借记"事业支出""经营支出"等科目，贷记"财政拨款预算收入""资金结存"等科目。

科学事业单位按照《政府会计准则第 4 号——无形资产》规定，将依法取得的专利权确认为无形资产，并进行后续摊销。在以后年度，单位按照相关规定发生的专利权维护费，在发生时计入当期费用，原确定的无形资产摊销年限不据此调整。

【例 4 - 211】续【例 4 - 210】。2×21 年 1 月 11 日，根据原采购合同约定，通过零余额账户支付年度软件维护费 6 000 元。该单位应编制如下会计分录：

根据规定，该项软件系统维护费不确认为无形资产支出，计入当期费用。

财务会计：

借：单位管理费用—商品和服务支出　　　　　　　　　　6 000

　　贷：零余额账户用款额度　　　　　　　　　　　　　　　6 000

预算会计：

借：事业支出—管理支出—财政拨款支出—机构运行—基本支出—商品和服务支

　　出—委托业务费　　　　　　　　　　　　　　　　　　6 000

　　贷：资金结存—零余额账户用款额度　　　　　　　　　　6 000

## 八、无形资产处置的核算

科学事业单位无形资产处置包括：出售、转让、对外投资、无偿调出、对外捐赠及报废等。无形资产的处置应当按规定报经主管部门、财政部门或者国有资产管理部门批准。

按照规定报经批准处置无形资产，应当分别按以下情况处理：

（一）出售、转让无形资产

科学事业单位按规定报经批准出售、转让的无形资产，应当将无形资产账面价值转销计入当期费用，并将处置收入大于相关处置税费后的差额按规定计入当期收入或者做应缴款项处理，将处置收入小于相关处置税费后的差额计入当期费用。

报经批准出售、转让无形资产，按照被出售、转让无形资产的账面价值，借记"资产处置费用"科目，按照无形资产已计提的摊销，借记"无形资产累计摊销"科目，按照无形资产账面余额，贷记"无形资产"科目；同时，按照收到的价款，借记"银行存款"等科目，按照处置过程中发生的相关费用，贷记"银行存款"等科目，按照其差额，贷记"应缴财政款"（按照规定应上缴无形资产转让净收入的）或"其他收入"（按照规定将无形资产转让收入纳入本单位预算管理的）科目。同时，在预算会计中，按照规定将无形资产转让收入纳入本单位预算管理的，按照收到的价款，借记"资金结存"科目，贷记"其他预算收入"等科目。

【例4-212】3月10日，某科学事业单位经批准将单位拥有的某项专利权出售，该专利权账面余额320 000元，已累计摊销180 000元。出售专利权取得价款82 800元，已存入单位开户银行账户。另从零余额账户支付过户费等费用4 800元。按规定，该项无形资产处置净收入纳入本单位预算管理。该业务支出功能分类科目为"科学技术支出—其他科学技术支出—转制科研机构"。该单位应编制如下会计分录：

财务会计：

借：资产处置费用—无形资产—出售 140 000

无形资产累计摊销 180 000

银行存款 82 800

贷：无形资产—专利权 320 000

零余额账户用款额度 4 800

其他收入 78 000

预算会计：

借：资金结存—货币资金 82 800

贷：其他预算收入—无形资产处置收入—转制科研机构 78 000

资金结存—零余额账户用款额度 4 800

（二）对外捐赠、无偿调出无形资产

科学事业单位按规定报经批准对外捐赠、无偿调出无形资产的，应当将无形资产的账面价值予以转销，对外捐赠、无偿调出中发生的归属于捐出方、调出方的相关费用应当计入当期费用。

报经批准对外捐赠、无偿调出无形资产，按照无形资产已计提的摊销，借记"无形资产累计摊销"科目，按照被处置无形资产账面余额，贷记"无形资产"科目，按照其差额，借记"资产处置费用""无偿调拨净资产"科目。按照捐赠、调出过程中发生的归属于捐出方、调出方的相关费用，借记"资产处置费用"科目，贷记"银行存款"等科目。同时，在预算会计中，按照捐赠、调出过程中发生的归属于捐出方、调出方的实际支付金额，借记"其他支出"科目，贷记"资金结存"等科目。

【例4-213】4月5日，某科学事业单位经批准将单位拥有的某项专利权赠予合作单位。该专利权账面余额26万元，已累计摊销12万元。从零余额账户支付过户费等费用3 450元。该业务支出功能分类科目为"科学技术支出—应用研究—专项科研试制"。该单位应编制如下会计分录：

财务会计：

借：资产处置费用—无形资产—捐赠 143 450

无形资产累计摊销 120 000

贷：无形资产—专利权 260 000

零余额账户用款额度 3 450

预算会计：

借：其他支出—调入非现金资产税费支出—财政拨款支出—专项科研试制—基本
　　支出—其他商品和服务支出　　　　　　　　　　　　　　 3 450
　　贷：资金结存—零余额账户用款额度　　　　　　　　　　 3 450

【例4-214】5月8日，某科学事业单位经批准将单位拥有的土地使用权无偿划拨给下属事业单位。该项土地使用权账面余额128万元，已累计摊销52万元。从零余额账户支付过户费等费用2.56万元。该业务支出功能分类科目为"科学技术支出—其他科学技术支出—转制科研机构"。该单位应编制如下会计分录：

①调出无形资产：

财务会计：

借：无偿调拨净资产　　　　　　　　　　　　　　　　　 760 000
　　无形资产累计摊销　　　　　　　　　　　　　　　　　 520 000
　　贷：无形资产—土地使用权　　　　　　　　　　　　 1 280 000

预算会计不做账务处理。

②支付相关费用：

财务会计：

借：资产处置费用—无形资产—无偿调出　　　　　　　　　 25 600
　　贷：零余额账户用款额度　　　　　　　　　　　　　　 25 600

预算会计：

借：其他支出—调入非现金资产税费支出—财政拨款支出—转制科研机构—基本
　　支出—其他商品和服务支出　　　　　　　　　　　　　 25 600
　　贷：资金结存—零余额账户用款额度　　　　　　　　　 25 600

（三）对外投资无形资产

科学事业单位按规定报经批准以无形资产对外投资的，应当将该无形资产的账面价值予以转销，并将无形资产在对外投资时的评估价值与其账面价值的差额计入当期收入或费用。

以无形资产对外投资经批准转销时，按照无形资产已计提的摊销，借记"无形资产累计摊销"科目，按照被处置无形资产账面余额，贷记"无形资产"科目，按照其差额，借记"长期股权投资"等科目。将无形资产在对外投资时的评估价值大于账面价值的差额计入当期收入，贷记"其他收入"科目；评估价值小于账面价值的差额计入当期费用，借记"资产处置费用"科目。对外投资过程中发生的归属于投资方的相关费用，借记"资产处置费用"科目，贷记"银行存款"等科目。同时，在预算会计中，按照投资过程中发生的归属于投资方的实际支付金额，借记"其他支出"科目，贷记"资金结存"等科目。

具体会计核算可参见固定资产对外投资的核算。

（四）置换换出无形资产

科学事业单位按规定报经批准无形资产置换换出的，应当将该无形资产的账面价值予以转销。换入资产的入账价值为换出资产的评估价值加上支付的补价或减去收到的补价，加上为换入资产支付的其他税费。

科学事业单位以无形资产换入库存物品、固定资产等资产时，按照确定的成本，借记"库存物品""固定资产"等科目，按照换出无形资产的账面余额，贷记"无形资产"科目，按照换出无形资产的累计摊销，借记"无形资产累计摊销"科目，按照置换过程中支付的补价和置换过程中发生的其他相关支出，贷记"银行存款""零余额账户用款额度"等科目，按照借贷方差额，借记"资产处置费用"科目或贷记"其他收入"科目。同时，在预算会计中，按照资产置换过程中发生的其他税费实际支付金额，借记"其他支出"科目，贷记"资金结存"等科目。

如果资产置换中收到补价的，按照确定的换入资产成本，借记"库存物品""固定资产"等科目，按照收到的补价，借记"银行存款""零余额账户用款额度"等科目，按照换出无形资产的账面余额，贷记"无形资产"科目，按照换出无形资产的累计摊销，借记"无形资产累计摊销"科目，按照置换过程中发生的其他相关支出，贷记"银行存款""零余额账户用款额度"等科目，按照补价扣减其他相关支出后的净收入，贷记"应缴财政款"科目，按照借贷方差额，借记"资产处置费用"科目或贷记"其他收入"科目。同时，在预算会计中，按照资产置换过程中发生的其他税费实际支付金额，借记"其他支出"科目，贷记"资金结存"等科目。

【例4-215】5月10日，某科学事业单位经批准以本单位拥有的一项专利权换入乙单位的一台设备。换出无形资产账面余额35万元，已累计摊销12万元。经评估，该项无形资产评估值26万元，换入固定资产评估值28万元。单位从零余额账户支付补价2万元、过户手续费等税费0.39万元。该业务支出功能分类科目为"科学技术支出—应用研究—其他应用研究支出"。该单位应编制如下会计分录：

换入固定资产价值=26+2+0.39=28.39（万元）

借：固定资产　　　　　　　　　　　　　　　　　283 900
　　无形资产累计摊销　　　　　　　　　　　　　120 000
　　贷：无形资产—专利权　　　　　　　　　　　350 000
　　　　零余额账户用款额度　　　　　　　　　　 23 900
　　　　其他收入—置换资产评估增值　　　　　　 30 000

预算会计：

借：其他支出—调入非现金资产税费支出—财政拨款支出—其他应用研究支出—基本支出—其他商品和服务支出　　　　　　　　　　　　 23 900
　　贷：资金结存—零余额账户用款额度　　　　　 23 900

【例4-216】续【例4-215】。假定上例中，换出无形资产评估值26万元，换入固定资产评估值25万元。对方单位支付的补价1万元已存入单位开户银行账户。本单位从单位开户银行账户支付过户手续费等税费0.375万元。其他条件不变。该单位应编制如下会计分录：

换入固定资产价值=26-1+0.375=25.375（万元）

借：固定资产　　　　　　　　　　　　　　　　　253 750
　　无形资产累计摊销　　　　　　　　　　　　　120 000
　　银行存款　　　　　　　　　　　　　　　　　 10 000

贷：无形资产—专利权 　　　　　　　　　　　　350 000

　　银行存款 　　　　　　　　　　　　　　　　3 750

　　应缴财政款—资产置换收入 　　　　　　　　6 250

　　其他收入—置换资产评估增值 　　　　　　　23 750

预算会计不做账务处理。

（五）核销无形资产

无形资产预期不能为科学事业单位带来服务潜力或者经济利益的，应当在报经批准后将该无形资产的账面价值予以转销。

无形资产按照规定报经批准核销时，按照待核销无形资产的账面价值，借记"资产处置费用"科目，按照已计提摊销，借记"无形资产累计摊销"科目，按照无形资产的账面余额，贷记"无形资产"科目。预算会计不需处理。

【例4-217】6月28日，某科学事业单位一套科研管理平台因系统更新淘汰，经批准核销。该系统账面余额18万元，已摊销16万元。该单位应编制如下会计分录：

财务会计：

借：资产处置费用—无形资产—报废 　　　　　20 000

　　无形资产累计摊销—软件 　　　　　　　　160 000

　　贷：无形资产—软件 　　　　　　　　　　180 000

预算会计不做账务处理。

无形资产处置时涉及增值税业务的，相关账务处理参见"应交增值税"科目。

# 第十一节　研发支出

## 一、研发支出的含义与识别

（一）研发支出的含义

研发支出，是指科学事业单位自行研究开发项目研究阶段和开发阶段发生的各项支出，自行研究开发项目形成的无形资产，其成本包括自该项目进入开发阶段后至达到预定用途前所发生的支出总额。

（二）自行研究开发项目的识别

科学事业单位自行研究开发项目，应当同时满足以下条件：

1. 该项目以科技成果创造和运用为目的，预期形成至少一项科技成果。科技成果是指通过科学研究与技术开发所产生的具有实用价值的成果。

科学研究按研究内容一般可分为基础研究和应用研究两类，基础研究成果形式一般多以科学论文、专著为主；应用研究成果形式一般以科学论文、专著、原理性模型或发明专利为主，如重大仪器项目、新药项目、创新技术项目等。科学研究项目在申请立项时，均需填写明确的研究成果目标，结项验收以研究目标是否达成为主要考核手段。

2. 该项目的研发活动起点可以明确。利用财政资金等单位外部资金设立的科研项目，应当以立项之日作为起点；利用单位自有资金设立的科研项目，应当以单位决策机构批准同意立项之日，或科研人员将研发计划书提交单位科研管理部门审核通过之日作为起点。

## 二、研发支出阶段的划分

通常情况下，单位内部产生的无形资产不予确认，如自创商誉及单位内部产生的品牌、报刊名等。但是，由于确定研究与开发费用是否符合无形资产的含义和相关特征（如可辨认性）、能否或者何时能够为单位产生预期未来经济利益，以及成本能否可靠地计量尚存在不确定因素，因此，研究与开发活动发生的费用，除了要遵循无形资产确认和初始计量的一般要求外，还需要满足其他特定的条件，才能够确定为一项无形资产。首先，为评价内部产生的无形资产是否满足确认标准，单位应当将资产的形成过程分为研究阶段与开发阶段两部分；其次，对于开发过程中发生的费用，在符合一定条件的情况下，才可确认为一项无形资产。在实务工作中，具体划分研究阶段与开发阶段，以及是否符合资本化的条件，应当根据单位的实际情况以及相关信息予以判断。

（一）研究阶段

所谓研究是为获得新的科学技术知识而从事的有计划有创造性的调查、分析和实验活动，包括基础性研究和应用性研究，其目的在于发现新知识，并期望利用这种知识能开发出新材料、新产品或新的配方技术，或对现有产品的性能、质量所作的较大改进。有关研究活动的例子包括：为获取知识而进行的活动；研究成果或其他知识的应用研究、评价和最终选择；材料、设备、产品、工序、系统或服务替代品的研究；新的或经改进的材料、设备、产品、工序、系统或服务的可能替代品的配制、设计、评价和最终选择等。

研究阶段的特点在于：

1. 计划性。研究阶段是建立在有计划的调研基础上，即研发项目已经单位批准，并着手收集相关资料、进行市场调查等。例如，某科学事业单位为研究开发某新药，经单位批准，进行有计划的收集相关资料、市场调查、比较市场中相关药品的药性效用等活动。

2. 探索性。研究阶段基本上是探索性的，为进一步的开发活动进行资料及相关方面的准备，在这一阶段一般不会形成阶段性成果。

从研究活动的特点看，研究是否能在未来形成成果，即通过开发后是否会形成无形资产均具有很大的不确定性，单位也无法证明其能够带来未来经济利益的无形资产的存在，因此，研究阶段的有关支出在发生时，较多地予以费用化即计入当期损益。

（二）开发阶段

开发是在开始商品生产或使用前将研究成果转化为一种新产品或工艺的系列活

动，包括概念的形成、样品的设计、不同产品的测试和模型的建造以及中试运行等。有关开发活动的例子包括：生产前或使用前的原型和模型的设计、建造和测试；含新技术的工具、夹具、模具和冲模的设计；不具有商业性生产经济规模的试生产设施的设计、建造和运营；新的或经改造的材料、设备、产品、工序、系统或服务所选定的替代品的设计、建造和测试等。因此，研究是一个技术可行性的探索阶段，能否给单位带来经济效益具有很大的不确定性，风险较大，而开发活动是将研究成果应用于实践，将技术转化为产品的阶段，因而带来经济效益的确定性较高。

开发阶段的特点在于：

1. 具有针对性。开发阶段建立在研究阶段基础上，因而，对项目的开发具有针对性。

2. 形成成果的可能性较大。进入开发阶段的研发项目往往形成成果的可能性较大。

由于开发阶段相对于研究阶段更进一步，相对于研究阶段来讲，进入开发阶段，则很大程度上形成一项新产品或新技术的基本条件已经具备，此时，如果单位能够证明满足无形资产的含义及相关确认条件，所发生的开发支出可予以资本化，确认为无形资产的成本。

（三）研究阶段与开发阶段的差异

1. 目标不同。研究阶段一般目标不具体、不具有针对性；而开发阶段多是针对具体目标、产品、工艺等。

2. 对象不同。研究阶段一般很难具体化到特定项目上；而开发阶段往往形成对象化的成果。

3. 风险不同。研究阶段的成功概率很难判断，一般成功率很低，风险比较大；而开发阶段的成功率较高，风险相对较小。

4. 结果不同。研究阶段的结果多是研究报告等基础性成果；而开发阶段的结果则多是具体的新技术、新产品等。

在当前社会，科研作为第一生产力，研发支出在科学事业单位支出总额中比重越来越大，表现为一种经常性支出、固定性支出，为单位发展和核心能力的建设与形成提供了基础支撑和动力。科学事业单位在投入一定的人力、物力、财力用于研究开发活动之后，若开发成功，设计出了新的产品，形成了新的技术，则构成单位的一项自创无形资产，若开发失败则研发支出成为单位的一项沉没成本。

## 三、开发阶段有关支出资本化的条件

科学事业单位自行研究开发项目的支出，应当区分研究阶段支出与开发阶段支出。对于研究阶段的支出，应当计入当期费用。对于开发阶段的支出，先按合理方法进行归集，最终形成无形资产的，应当确认为无形资产；最终未形成无形资产的，应当计入当期费用。

当单位自行研究开发项目预期形成的无形资产同时满足以下条件时，可以认定该自行研究开发项目进入开发阶段：

1. 完成该无形资产以使其能够使用或出售在技术上具有可行性。科学事业单位在判断是否满足该条件时，应以目前阶段的成果为基础，说明在此基础上进一步进行开发所需的技术条件等已经具备，基本上不存在技术上的障碍或其他不确定性，单位在判断时，应提供相关的证据和材料。

2. 具有完成该无形资产并使用或出售的意图。科学事业单位开发某项产品或专利技术产品等，是使用或出售通常由经单位批准决定该项研发活动的目的或者意图所决定，即研发项目形成成果以后，是为出售，还是为自己使用并从使用中获得经济利益，应当以单位意图而定。因此，科学事业单位应能够说明其持有拟开发无形资产的目的，并具有完成该项无形资产开发并使其能够使用或出售的可能性。

3. 无形资产能够为单位带来经济利益或服务潜能。该无形资产自身或运用该无形资产生产的产品存在市场，或者该无形资产在内部使用具有有用性。作为无形资产确认，其基本条件是能够为单位带来未来经济利益或服务潜能。

4. 有足够的技术、财务资源和其他资源支持，以完成该无形资产的开发，并有能力使用或出售该无形资产。这一条件主要包括：（1）为完成该项无形资产开发具有技术上的可靠性。开发的无形资产并使其形成成果在技术上的可靠性，是继续开发活动的关键。因此，科学事业单位必须有足够继续开发该项无形资产的技术支持和技术能力；（2）财务资源和其他资源支持。财务和其他资源支持是能够完成该项无形资产开发的经济基础，因此，科学事业单位必须有为完成该项无形资产的开发所需的财务和其他资源，是否能够足以支持完成该项无形资产的开发；（3）科学事业单位在开发过程中所需的技术、财务和其他资源，以及单位获得这些资源的相关计划等。

5. 归属于该无形资产开发阶段的支出能够可靠地计量。科学事业单位对于开发活动发生的支出应单独核算，如发生的开发人员的工资、材料费等，在单位同时从事多项开发活动的情况下，所发生的支出同时用于支持多项开发活动的，应按照一定的标准在各项开发活动之间进行分配，无法明确分配的，应予费用化计入当期损益，不计入开发活动的成本。

通常情况下，单位可以将样品样机试制成功、可行性研究报告通过评审等作为自行研究开发项目进入开发阶段的标志，但该时点不满足上述进入开发阶段五个条件的除外。

## 四、研发支出的确认与计量

科学事业单位研发活动形成的项目研发支出成本，包括项目研究阶段和开发阶段的支出，但项目研究阶段支出仅作费用汇集，期（月）末转入当期费用；开发阶段费用和成本，在年末评估后，预期达不到项目预定用途的，则需全部转入当期费用。

自行研究开发项目的支出，包括从事研究开发及其辅助活动人员计提的薪酬，研究开发活动领用的库存物品，使用的固定资产折旧和无形资产摊销，支付的其他各类研发费用等。其中，计提的薪酬根据《政府会计制度》，包括基本工资、国家统一规定的津贴补贴、规范津贴补贴（绩效工资）、改革性补贴、社会保险费、住房公积金等；为研发活动支付的其他各类费用，包括业务费、劳务费、水电气暖费用等。

自行研究开发项目的支出，由可直接归属于该项支出的研究、创造、生产并使该支出能够以项目预定的方式运作的所有必要支出组成。直接归属成本包括：开发项目耗费的材料、劳务成本、注册费，在项目开发过程中使用的其他专利权和特许权的摊销，以及按照借款费用的处理原则可资本化的利息支出。但在项目研究与开发无形资产过程中，发生的除上述可直接归属于项目研发活动的其他间接费用、项目达到预定用途前发生的可辨认的无效和初始运作损失、为运行该无形资产发生的培训支出等不构成无形资产项目的研发成本。

自行研究开发项目先通过"研发支出"科目归集项目支出费用，在满足资本化条件的时点至无形资产达到预定用途前发生的支出总和形成"无形资产"；对于同一项无形资产在研发过程中未达到资本化条件之前发生的支出计入当期费用，且已经费用化计入当期损益的支出在项目达到资本化条件后也不再进行调整。

科学事业单位所发生的不属于政府会计准则制度所指的自行研究开发项目支出，应当在实际发生时计入当期费用。

## 五、研发支出核算

（一）科目设置

科学事业单位应当设置"研发支出"科目，核算单位自行研究开发项目研究阶段和开发阶段发生的各项支出。本科目应当按照自行研究开发项目，分别按"研究支出""开发支出"进行明细核算。期末借方余额，反映单位预计能达到预定用途的研发项目在开发阶段发生的累计支出数。

建设项目中的软件研发支出，应当通过"在建工程"科目核算，不通过本科目核算。

（二）主要账务处理

1. 自行研究开发项目研究阶段的支出。

自行研究开发项目研究阶段的支出，应当先在本科目归集。按照从事研究及其辅助活动人员计提的薪酬，研究活动领用的库存物品，发生的与研究活动相关的管理费、间接费和其他各项费用，借记本科目（研究支出），贷记"应付职工薪酬""库存物品""固定资产累计折旧""无形资产累计摊销""财政拨款收入""零余额账户用款额度""银行存款""预提费用"等科目。同时，在预算会计中，按实际支出金额，借记"事业支出""经营支出"等科目，贷记"财政拨款预算收入""资金结存"等科目。

期（月）末，应当将本科目归集的研究阶段的支出金额转入当期费用，借记"业务活动费用"等科目，贷记本科目（研究支出）。预算会计不需处理。

【例4－218】2×19年初，某科学事业单位在基本专项科研经费预算中批准F研发项目经费20万元，研究目标为取得一项实用新型专利，项目研究期3年，其中第1年为研究阶段，第2、3年为开发阶段。

3月，F项目专职科研人员工资4.80万元；购买课题项目专用材料2.45万元，已验收入库；购买设备5.58万元，按固定资产规定管理，预计使用5年；支付文献出版费0.56万元、专家咨询费0.5万元，均通过零余额账户支付。月末，课题组领料单汇总出库材料2.45万元。

2×20年5月，F项目经专家组鉴定后，验收合格，项目研究阶段结题，同时，批准转入开发阶段工作。

该业务支出功能分类科目为"科学技术支出—应用研究—专项科研试制"。该单位应编制如下会计分录：

①支付各类费用：

财务会计：

借：库存物品—专用材料 24 500

固定资产—专用设备 55 800

研发支出—研究支出—F项目—直接费用 58 600

贷：零余额账户用款额度 90 900

应付职工薪酬 48 000

预算会计：

借：事业支出—科研支出—财政拨款支出—专项科研试制—项目支出—商品和服务支出—专用材料费（F项目） 80 300

—咨询费（F项目） 5 000

—印刷费（F项目） 5 600

贷：资金结存—零余额账户用款额度 90 900

②月末领用专用材料：

借：研发支出—研究支出—F项目—直接费用 24 500

贷：库存物品—专用材料 24 500

预算会计不做账务处理。

③月末固定资产折旧：

购入固定资产月折旧额=55 800÷（5×12）=930（元）

在本项目结束前，该项固定资产折旧费直接计入项目成本。

借：研发支出—研究支出—F项目—直接费用 930

贷：固定资产累计折旧 930

预算会计不做账务处理。

④月末结转项目费用：

借：业务活动费—科研活动费用—商品和服务费用 35 100

—固定资产折旧费 930

—工资福利费用 48 000

贷：研发支出—研究支出—F项目—直接费用 84 030

预算会计不做账务处理。

【例4-219】某科研院所2×20年承接省级重大科技专项，任务书中约定的研究时间为 2×20 年 1 月份至 2×21 年 12 月，主要任务目标为开发突破一定技术指标的大型农业机械并进行应用推广，专项资金金额为 240 万元，全部为财政拨款。单位研发支出中研究阶段和开发阶段的确认由项目组报单位技术委员会研究决定。研发支出采用项目成本核算归集费用。该业务支出功能分类科目为"科学技术支出—应用研究—专项科研试制"。

2×20 年共计支出 140 万元，包括材料费 80 万元、测试加工费 15 万元、差旅会议费 4 万元、劳务费 5 万元（含专家咨询费 2 万元）；经过单位成本核算计入本项目人员工资 18 万元、仪器设备折旧 4 万元、水电费 2 万元、绩效支出 12 万元。

2×20 年 12 月份试制的样机通过专业检测和专家论证，批准转入科技成果开发阶段工作。项目组 12 月份申请发明专利 1 项。

该单位在支付各类费用时，按月归集和结转费用（研究阶段的研发支出直接计入当期费用）。汇总的会计分录如下：

①归集项目各类费用：

财务会计：

借：研发支出—研究支出—农机推广—直接费用　　　　1 220 000
　　　　　　　　　　　　　　　—间接费用　　　　　　180 000
　　贷：零余额账户用款额度（加工费、差旅费、劳务费）　240 000
　　　　库存物品—专用材料（已入库）　　　　　　　　800 000
　　　　应付职工薪酬（工资）　　　　　　　　　　　　180 000
　　　　应付职工薪酬（绩效）　　　　　　　　　　　　120 000
　　　　固定资产累计折旧　　　　　　　　　　　　　　40 000
　　　　其他应付款—水电费　　　　　　　　　　　　　20 000

预算会计：

借：事业支出—科研支出—财政拨款支出—专项科研试制—
　　项目支出—商品和服务支出　　　　　　　　　　　1 060 000
　　　　　　—工资福利支出　　　　　　　　　　　　　300 000
　　贷：资金结存—零余额账户用款额度　　　　　　　1 360 000

②结转项目费用：

财务会计：

借：业务活动费用—科研活动费用—商品和服务费用　　1 060 000
　　　　　　　　　　　　　　　—工资福利费用　　　　300 000
　　　　　　　　　　　　　　　—固定资产折旧费　　　40 000
　　贷：研发支出—研究支出—农机推广—直接费用　　1 220 000
　　　　　　　　　　　　　　　—间接费用　　　　　　180 000

预算会计不做账务处理。

2. 自行研究开发项目开发阶段的支出。

自行研究开发项目开发阶段的支出，先通过本科目进行归集。按照从事开发及其辅助活动人员计提的薪酬，开发活动领用的库存物品，发生的与开发活动相关的管理费、间接费和其他各项费用，借记本科目（开发支出），贷记"应付职工薪酬""库存物品""固定资产累计折旧""无形资产累计摊销""财政拨款收入""零余额账户用款额度""银行存款""预提费用"等科目。同时，在预算会计中，按实际支出金额，借记"事业支出""经营支出"等科目，贷记"财政拨款预算收入""资金结存"等科目。

**【例 4-220】** 续【例 4-218】。假定，2×20 年 5 月，某科学事业单位批准 F 研发项目进入开发阶段。本年预算经费 50 万元。

5 月，F 项目购买试制设备所需仪器及零配件 5.4 万元、材料 1.8 万元，支付试制人员经费 1.6 万元、其他费用 0.6 万元，均通过零余额账户支付。

该单位应编制如下会计分录：

财务会计：

借：研发支出—开发支出—F 项目—直接费用　　　　　　　　94 000
　　贷：零余额账户用款额度　　　　　　　　　　　　　　　　　　94 000

预算会计：

借：事业支出—科研支出—财政拨款支出—专项科研试制—项目支出
　　　—工资福利支出—基本工资（F 项目）　　　　　　　　16 000
　　　—商品和服务支出—专用材料费（F 项目）　　　　　　72 000
　　　　　　　　—其他商品和服务支出（F 项目）　　　　　6 000
　　贷：资金结存—零余额账户用款额度　　　　　　　　　　　94 000

**【例 4-221】** 续【例 4-219】。2×20 年 12 月，农机推广项目组研究阶段结项申请提交单位技术委员会并得到确认，自 2×21 年开始进入科技成果开发阶段。

2021 年共支出 100 万元，包括材料费 30 万元、加工费 22 万元、差旅费 5 万元、劳务费 5 万元、专利申请费 2 万元、发表论文 2 万元；单位经成本核算分摊本项目人员工资 16 万元、仪器设备折旧 4 万元、水电费 2 万元、绩效支出 12 万元。

该单位在支付各类费用时，按月归集，归集的开发阶段的研发支出不按期结转。汇总的会计分录如下：

财务会计：

借：研发支出—开发支出—农机推广—直接费用　　　　　　　820 000
　　　　　　　　　　　　　　　　—间接费用　　　　　　　180 000
　　贷：零余额账户用款额度（加工费、差旅费、出版费）　　360 000
　　　　库存物品—专用材料（已入库）　　　　　　　　　　300 000
　　　　应付职工薪酬（工资）　　　　　　　　　　　　　　160 000
　　　　应付职工薪酬（绩效）　　　　　　　　　　　　　　120 000
　　　　固定资产累计折旧　　　　　　　　　　　　　　　　40 000
　　　　其他应付款—水电费　　　　　　　　　　　　　　　20 000

预算会计：

借：事业支出—科研支出—财政拨款支出—专项科研试制—项目支出

　　—商品和服务支出—专用材料费（农机推广）　　　　　300 000

　　　　　　　　—差旅费（农机推广）　　　　　　　　　50 000

　　　　　　　　—印刷费（农机推广）　　　　　　　　　20 000

　　　　　　　　—劳务费（农机推广）　　　　　　　　　50 000

　　　　　　　　—委托业务费（农机推广）　　　　　　　240 000

　　　　　　　　—水电费（农机推广）　　　　　　　　　20 000

　　—工资福利支出—基本工资（农机推广）　　　　　　　160 000

　　　　　　　　—绩效工资（农机推广）　　　　　　　　120 000

　　贷：资金结存—零余额账户用款额度　　　　　　　　　960 000

自行研究开发项目完成，达到预定用途形成无形资产的，按照本科目归集的开发阶段的支出金额，借记"无形资产"科目，贷记本科目（开发支出）。预算会计不需处理。

【例4-222】续【例4-220】。2×21年11月末，F研发项目完成，取得实用型专利一项，经专家组验收合格，同意项目结项。该项目"研发支出"科目余额98.5万元。该单位应编制如下会计分录：

财务会计：

借：无形资产—专利权　　　　　　　　　　　　　　　　985 000

　　贷：研发支出—开发支出—F项目　　　　　　　　　　985 000

预算会计不做账务处理。

【例4-223】续【例4-221】。2×21年12月末，农机推广项目通过单位技术委员会验收，并获批科技成果专利证书1件。该项目"研发支出"科目余额100万元。该单位应编制如下会计分录：

财务会计：

借：无形资产—专利权（农机推广）　　　　　　　　　1 000 000

　　贷：研发支出—开发支出—农机推广　　　　　　　　1 000 000

预算会计不做账务处理。

单位应于每年年度终了评估研究开发项目是否能达到预定用途，如预计不能达到预定用途（如无法最终完成开发项目并形成无形资产的），应当将已发生的开发支出金额全部转入当期费用，借记"业务活动费用"等科目，贷记本科目（开发支出）。预算会计不需处理。

【例4-224】续【例4-220】。假定2×20年末，经科研管理机构期中评估，认为F项目前期研究存在不足，无法达到预期设计目的，终止该项目的继续开发研究。截至年末，F项目"研发支出"科目余额47.6万元，其中人员工资12.8万元、专用材料费32.2万元、其他费用2.6万元。该单位应编制如下会计分录：

财务会计：

借：业务活动费—科研活动费用—工资福利费用　　　　128 000

　　　　　　　　　　—商品和服务费用　　　　　　　348 000

　　　　贷：研发支出—开发支出—F 项目　　　　　　　　　　476 000
预算会计不做账务处理。

　　自行研究开发项目时涉及增值税业务的，相关账务处理参见"应交增值税"科目。

# 第十二节　受托代理资产

## 一、受托代理资产的含义

　　受托代理资产，是指科学事业单位接受委托方委托管理的各项资产，包括受托指定转赠的物资、受托存储保管的物资、由本单位管理的罚没物资等，但不包括受托代理的现金和银行存款。

　　原则上科学事业单位受托代理资产所有权不属于本单位，但本单位有权利和义务对受托代理资产行使管理权，应视同自有资产予以管理。

　　科学事业单位受托代理资产不纳入部门预算管理，因此，受托代理资产业务不需要平行记账。但发生的应由本单位承担的相关税费、运输费等，应当平行记账。

## 二、受托代理资产核算

　　（一）科目设置

　　科学事业单位应设置"受托代理资产"科目，核算单位接受委托方委托管理的各项资产，包括受托指定转赠的物资、受托存储保管的物资、由本单位管理的罚没物资等的成本。本科目应当按照资产的种类和委托人进行明细核算；属于转赠资产的，还应当按照受赠人进行明细核算。期末借方余额，反映单位受托代理实物资产的成本。

　　单位代管的未独立核算的党组织党费、工会经费等也通过本科目核算。单位收到的受托代理资产为现金和银行存款的，不通过本科目核算，应当通过"库存现金""银行存款"科目进行核算。

　　（二）主要账务处理

　　1. 受托转赠物资。

　　（1）接受委托人委托需要转赠给受赠人的物资，其成本按照有关凭据注明的金额确定。接受委托转赠的物资验收入库，按照确定的成本，借记本科目，贷记"受托代理负债"科目。

　　受托协议约定由受托方承担相关税费、运输费等的，还应当按照实际支付的相关税费、运输费等金额，借记"其他费用"科目，贷记"银行存款"等科目。同时，在预算会计中，借记"其他支出"科目，贷记"资金结存"科目。

　　（2）将受托转赠物资交付受赠人时，按照转赠物资的成本，借记"受托代理负债"科目,贷记本科目。

(3) 转赠物资的委托人取消了对捐赠物资的转赠要求,且不再收回捐赠物资的,应当将转赠物资转为单位的存货、固定资产等。按照转赠物资的成本,借记"受托代理负债"科目,贷记本科目;同时,借记"库存物品""固定资产"等科目,贷记"其他收入"科目。

【例4-225】1月20日,某科学事业单位收到慈善组织转来春节慰问品一批,价值7 800元,委托本单位发放给脱贫帮扶对象。单位从物流中转站取回,以现金支付搬运费80元。1月22日,该批慰问品发放到帮扶对象手中。该业务支出功能分类科目为"科学技术支出—技术研究与开发—机构运行"。该单位应编制如下会计分录:

①收到转存物资:

财务会计:

借:受托代理资产—慰问品　　　　　　　　　　　　　　　　7 800

　　贷:受托代理负债—慰问品　　　　　　　　　　　　　　　　　　7 800

预算会计不做账务处理。

②支付搬运费:

财务会计:

借:其他费用—其他税费　　　　　　　　　　　　　　　　　　80

　　贷:库存现金　　　　　　　　　　　　　　　　　　　　　　　　80

预算会计:

借:其他支出—其他税费支出—财政拨款支出—机构运行—基本支出—商品和服

　　务支出—其他商品和服务支出　　　　　　　　　　　　　80

　　贷:资金结存—货币资金　　　　　　　　　　　　　　　　　　　80

③发放代管物资:

财务会计:

借:受托代理负债—慰问品　　　　　　　　　　　　　　　　7 800

　　贷:受托代理资产—慰问品　　　　　　　　　　　　　　　　　　7 800

预算会计不做账务处理。

【例4-226】10月18日,某科学事业单位年初受国外科研院所委托代管捐赠的防汛应急物资一批,价值25万元,其中设备18万元、物品7万元。因本年汛期已过未使用,根据捐赠协议由本单位自行处置。该业务支出功能分类科目为"科学技术支出—技术研究与开发—机构运行"。该单位应编制如下会计分录:

①转销代理资产:

借:受托代理负债—防汛物资　　　　　　　　　　　　　　250 000

　　贷:受托代理资产—防汛物资　　　　　　　　　　　　　　　　250 000

预算会计不做账务处理。

②转为本单位物资:

财务会计:

借:固定资产—通用设备　　　　　　　　　　　　　　　　180 000

| | |
|---|---|
| 库存物品 | 70 000 |
| 贷：其他收入—捐赠 | 250 000 |

预算会计不做账务处理。

2. 受托存储保管物资。

（1）接受委托人委托存储保管的物资，其成本按照有关凭据注明的金额确定。接受委托储存的物资验收入库，按照确定的成本，借记本科目，贷记"受托代理负债"科目。

（2）发生由受托单位承担的与受托存储保管的物资相关的运输费、保管费等费用时，按照实际发生的费用金额，借记"其他费用"等科目，贷记"银行存款"等科目。同时，在预算会计中，借记"其他支出"科目，贷记"资金结存"科目。

（3）根据委托人要求交付或发出受托存储保管的物资时，按照发出物资的成本，借记"受托代理负债"科目，贷记本科目。

【例4-227】2月16日，某科学事业单位收到卫健部门发来的交由本单位代储防疫物资一批，价值15万元。单位从零余额账户支付运输费、搬运费等费用2 600元。2月26日，该批物资分发完毕。该业务支出功能分类科目为"科学技术支出—技术研究与开发—机构运行"。该单位应编制如下会计分录：

①收到代储物资时：

财务会计：

| | |
|---|---|
| 借：受托代理资产—防疫物资 | 150 000 |
| 贷：受托代理负债—防疫物资 | 150 000 |

预算会计不做账务处理。

②支付费用时：

借：其他费用—其他税费 2 600

贷：零余额账户用款额度 2 600

预算会计：

借：其他支出—其他税费支出—财政拨款支出—机构运行—基本支出—商品和服务支出—其他商品和服务支出 2 600

贷：资金结存—货币资金 2 600

③发放代储物资时：

财务会计：

| | |
|---|---|
| 借：受托代理负债—防疫物资 | 150 000 |
| 贷：受托代理资产—防疫物资 | 150 000 |

预算会计不做账务处理。

3. 代管罚没物资。

（1）取得罚没物资时，其成本按照有关凭据注明的金额确定。罚没物资验收（入库），按照确定的成本，借记本科目，贷记"受托代理负债"科目。罚没物资成本无法可靠确定的，单位应当设置备查簿进行登记。

（2）按照规定处置或移交罚没物资时，按照罚没物资的成本，借记"受托代理负债"科目，贷记本科目。处置时取得款项的，按照实际取得的款项金额，借记"银行存款"等科目，贷记"应缴财政款"等科目。

4. 代管其他实物资产。

单位受托代理的其他实物资产，参照本科目有关受托转赠物资、受托存储保管物资的规定进行账务处理。

【例4-228】某科学事业单位党员经费由财务部门代管。3月11日，财务部门收到退休党支部交来党费2 000元，已存入单位开户银行。

3月15日，单位组织部门通过财务部门上缴上级党组织党费12 400元。

3月20日，单位组织部门使用党费购入学习材料一批1 800元，从单位开户银行支付。

该单位应编制如下会计分录：

财务会计：

①收到党费现金：

借：库存现金——受托代理资产——党员经费 2 000
　　贷：受托代理负债——党员经费 2 000

②党费存入银行：

借：银行存款——受托代理资产——党员经费 2 000
　　贷：库存现金——受托代理资产——党员经费 2 000

③上缴党费：

借：受托代理负债——党员经费 12 400
　　贷：银行存款——受托代理资产——党员经费 12 400

④报销费用：

借：受托代理负债——党员经费 1 800
　　贷：银行存款——受托代理资产——党员经费 1 800

上述业务预算会计均不做账务处理。

# 第十三节　待处理财产损溢

## 一、待处理财产损溢的含义

待处理财产损溢，是指科学事业单位等待批准核销的、资产清查中查明的各种资产盘盈、盘亏、报废和毁损的价值。

科学事业单位持有的各类资产发生以下情形，应作为待处理财产损溢处理：（1）自然损耗、意外灾害造成的毁损；（2）管理不善或责任者的过失造成的毁损；（3）因手续不健全或制度不严密而发生的资产盘盈或盘亏；（4）由于计量或检验不准确，造成多收多付或少收少付等。

科学事业单位清查的各种财产的损溢，应于期末前查明原因，并根据单位的管理权限，报经单位、主管部门或同级财政部门批准后，在期末结账前处理完毕。如清查的各种财产损溢，在期末结账前尚未经批准的，在对外提供财务会计报告时，先按上述规定进行处理，并在会计报表附注中作出说明；如果其后批准处理的金额与已处理的金额不一致的，按《政府会计准则第 7 号——会计调整》规定调整会计报表相关项目的年初数。

# 二、待处理财产损溢核算

（一）科目设置

科学事业单位应当设置"待处理财产损溢"科目，核算单位在资产清查过程中查明的各种资产盘盈、盘亏和报废、毁损的价值。本科目应当按照待处理的资产项目进行明细核算；对于在资产处理过程中取得收入或发生相关费用的项目，还应当设置"待处理财产价值""处理净收入"明细科目，进行明细核算。期末如为借方余额，反映尚未处理完毕的各种资产的净损失；期末如为贷方余额，反映尚未处理完毕的各种资产净溢余。年末，经批准处理后，本科目一般应无余额。

（二）主要账务处理

1. 账款核对时发现的库存现金短缺或溢余。

（1）每日账款核对中发现现金短缺或溢余，属于现金短缺，按照实际短缺的金额，借记本科目，贷记"库存现金"科目。同时，在预算会计中，借记"其他支出"科目，贷记"资金结存"科目；属于现金溢余，按照实际溢余的金额，借记"库存现金"科目，贷记本科目。同时，在预算会计中，借记"资金结存"科目，贷记"其他预算收入"科目。

（2）如为现金短缺，属于应由责任人赔偿或向有关人员追回的，借记"其他应收款"科目，贷记本科目；实际收回时，借记"库存现金"科目，贷记"其他应收款"科目。同时，在预算会计中，借记"资金结存"科目，贷记"其他支出"科目。属于无法查明原因的，报经批准核销时，借记"资产处置费用"科目，贷记本科目。预算会计不需处理。

（3）如为现金溢余，属于应支付给有关人员或单位的，借记本科目，贷记"其他应付款"科目；实际退还时，借记"其他应付款"科目，贷记"库存现金"科目。同时，在预算会计中，借记"其他预算收入"科目，贷记"资金结存"科目。属于无法查明原因的，报经批准后，借记本科目，贷记"其他收入"科目。预算会计不需处理。

【例 4 - 229】4 月 20 日，某科学事业单位现金盘点时，发现库存现金比其账面余额多 100.30 元，原因待查。经查，其中长款 100 元为少付李某差旅费报销款，其他为找零原因的长款。22 日，退还李某现金 100 元，其他长款 0.30 元经批准确认为其他收入。该业务支出功能分类科目为"科学技术支出—技术研究与开发—机构运行"。该单位应编制如下会计分录：

①现金溢余时：

财务会计：

借：库存现金 100.30

　　贷：待处理财产损溢—现金盘盈盘亏 100.30

预算会计：

借：资金结存—货币资金 100.30

　　贷：其他预算收入—现金盘盈收入—机构运行 100.30

②查实后处理：

借：待处理财产损溢—现金盘盈盘亏 100.30

　　贷：其他应付款—李某 100.00

　　　　其他收入 0.30

③支付款项：

借：其他应付款—李某 100

　　贷：库存现金 100

预算会计：

借：其他预算收入—现金盘盈收入—机构运行 100

　　贷：资金结存—货币资金 100

【例4-230】5月25日，某科学事业单位现金盘点时，发现库存现金比其账面余额少130元，原因待查。经查，现金短缺100元为出纳员张某多付造成，已收到赔款100元，其他部分无法查明原因，经批准核销。该业务支出功能分类科目为"科学技术支出—技术研究与开发—机构运行"。该单位应编制如下会计分录：

①现金短缺时：

财务会计：

借：待处理财产损溢—现金盘盈盘亏 130

　　贷：库存现金 130

预算会计：

借：其他支出—现金盘亏—财政拨款支出—机构运行—基本支出—其他支出

130

　　贷：资金结存—货币资金 130

②收回和核销时：

财务会计：

借：库存现金 100

　　资产处置费用—流动资产—损失 30

　　贷：待处理财产损溢—现金盘盈盘亏 130

预算会计：

借：资金结存—货币资金 100

　　贷：其他支出—现金盘亏—财政拨款支出—机构运行—基本支出—其他支出

100

2. 资产清查过程中发现的存货、固定资产、无形资产等各种资产盘盈、盘亏或报废、毁损。

（1）盘盈的各类资产。

①转入待处理资产时，按照确定的成本，借记"库存物品""固定资产""无形资产"等科目，贷记本科目。预算会计不需处理。

②按照规定报经批准后处理时，对于盘盈的流动资产，借记本科目，贷记"单位管理费用"科目。对于盘盈的非流动资产，如属于本年度取得的，按照当年新取得相关资产进行账务处理；如属于以前年度取得的，按照前期差错处理，借记本科目，贷记"以前年度盈余调整"科目。预算会计不需处理。

【例4-231】6月30日，某科学事业单位进行资产清查盘点，发现有一台使用中的专用设备未入账。经调查，该型号设备市场价格为36 000元。7月10日，上级主管部门批复将盘盈资产作为前期差错处理。该单位应编制如下会计分录：

财务会计：

①设备盘盈时：

借：固定资产—专用设备　　　　　　　　　　　　　36 000
　　贷：待处理财产损溢—固定资产盘盈　　　　　　　　　　36 000

②转销盘盈设备：

借：待处理财产损溢—固定资产盘盈　　　　　　　　36 000
　　贷：以前年度盈余调整　　　　　　　　　　　　　　　　36 000
借：以前年度盈余调整　　　　　　　　　　　　　　36 000
　　贷：累计盈余　　　　　　　　　　　　　　　　　　　　36 000

上述业务预算会计均不做账务处理。

（2）盘亏或者毁损、报废的各类资产。

①转入待处理资产时，借记本科目（待处理财产价值）[盘亏、毁损、报废固定资产、无形资产的，还应借记"固定资产累计折旧""无形资产累计摊销"科目]，贷记"库存物品""固定资产""无形资产""在建工程"等科目。报经批准处理时，借记"资产处置费用"科目，贷记本科目（待处理财产价值）。预算会计不需处理。

②处理毁损、报废实物资产过程中取得的残值或残值变价收入、保险理赔和过失人赔偿等，借记"库存现金""银行存款""库存物品""其他应收款"等科目，贷记本科目（处理净收入）；处理毁损、报废实物资产过程中发生的相关费用，借记本科目（处理净收入），贷记"库存现金""银行存款"等科目。预算会计不需处理。

处理收支结清，如果处理收入大于相关费用的，按照处理收入减去相关费用后的净收入，借记本科目（处理净收入），贷记"应缴财政款"等科目，预算会计不需处理。如果处理收入小于相关费用的，按照相关费用减去处理收入后的净支出，借记"资产处置费用"科目，贷记本科目（处理净收入）。同时，在预算会计中，按净支出金额，借记"其他支出"科目，贷记"资金结存"科目。

涉及增值税业务的，相关账务处理参见"应交增值税"科目。

【例4-232】11月20日，某科学事业单位在资产清查中，发现通用设备62台

（件）已不再使用等待报废。该批资产账面余额499 000元，已计提折旧400 000元。12月初，上级部门批复同意报废处理。12月25日，收到处置收入2 550元存入单位开户银行账户，同时，以现金支付装车人工费150元。12月26日，将处置净收入上缴财政。该单位应编制如下会计分录：

财务会计：

①清查转待报废：

借：待处理财产损溢—待处理财产价值　　　　　　　99 000

　　固定资产累计折旧—通用设备　　　　　　　　　400 000

　　贷：固定资产—通用设备　　　　　　　　　　　　　　499 000

②批复报废时：

借：资产处置费用—固定资产—报废　　　　　　　　99 000

　　贷：待处理财产损溢—待处理财产价值　　　　　　　　99 000

③收到处置收入及支付装车费：

借：银行存款　　　　　　　　　　　　　　　　　　2 550

　　贷：待处理财产损溢—处置净收入　　　　　　　　　　2 400

　　　　库存现金　　　　　　　　　　　　　　　　　　　150

借：待处理财产损溢—处置净收入　　　　　　　　　2 400

　　贷：应缴财政款　　　　　　　　　　　　　　　　　　2 400

④上缴财政：

借：应缴财政款　　　　　　　　　　　　　　　　　2 400

　　贷：银行存款　　　　　　　　　　　　　　　　　　　2 400

上述业务预算会计均不做账务处理。

# 第五章　负　　债

## 第一节　负债概述

### 一、负债的含义及分类

（一）负债的含义

负债，是指科学事业单位过去的经济业务或者事项形成的，预期会导致经济资源流出科学事业单位的现时义务。

现时义务，是指科学事业单位在现行条件下已承担的义务，未来发生的经济业务或者事项形成的义务不属于现时义务。

现时义务包括法定义务和推定义务。法定义务，是指因合同、法律法规或其他司法解释等产生的义务；推定义务，是指根据以往的习惯做法、已公布的政策或者已公开的承诺或声明，科学事业单位向其他方表明其将承担并且其他方也合理预期科学事业单位将履行的相关义务。

（二）负债的分类

按流动性分类，科学事业单位的负债分为流动负债和非流动负债。

流动负债，是指预计在1年内（含1年）偿还的负债，包括短期借款、应付短期政府债券、应付及预收款项、应缴款项等。

非流动负债，是指流动负债以外的负债，包括长期借款、长期应付款、应付长期政府债券等。

按偿还时间和金额是否确定，科学事业单位的负债分为偿还时间与金额基本确定的负债和由或有事项形成的预计负债。

对于偿还时间与金额基本确定的负债，按业务性质及风险程度，分为融资活动形成的举借债务及其应付利息；运营活动形成的应付及预收款项和暂收性负债。

将偿还时间与金额基本确定的负债按业务性质及风险程度分类，有助于按照负债的类别揭示不同程度的偿债压力和债务风险，促进相关方面更为科学地开展债务风险分析和管理。例如，融资活动形成的举借债务是科学事业单位因资金短缺而主动举借的债务，受债务合同或协议的约束，使科学事业单位面临的偿债压力较大；运营活动形成的应付及预收款项是科学事业单位在运营过程中因购买了商品、接受服务或履行公共职能等应付而未付的款项，这类负债需要科学事业单位在未来运用自身的资产或服务来偿还，但其在偿还期限和偿还方式方面，相对于举借债务一般具有更大的弹性，使科学事业单位面临的偿债压力相对较小；运营活动形成的暂收性负债是科学事业单位暂时收到、随后应上缴或者退还、转拨给其他方的款项，这类负债由暂收的款项来偿还，因而使科学事业单位未来面临的偿债压力很小、基本不存在债务风险。

科学事业单位举借债务形成的负债包括：向银行和其他金融机构及上级单位取得借款形成的长、短期借款。

科学事业单位运营活动形成的应付及预收款项包括因以赊购方式购入材料、物资和其他资产等形成的应付账款和应付票据；因承担科研、试验等研究性项目，按合同约定预收合同款项形成的预收账款；单位应支付给职工各类工资、社会保障、住房公积金等形成的应付职工薪酬；根据国家税法应缴纳各种税费形成的应交增值税和其他应交税费；按规定从科研项目中计提间接费用形成的预提费用以及因融资租入固定资产发生的长期应付款等。

科学事业单位暂收性负债包括根据有关规定，应向财政上交的各种款项，即应缴财政款，发生的除应付账款和预收账款以外的临时收支的押金、保证金等形成的其他应付款。

## 二、负债确认与计量

符合负债定义的现时义务在同时满足以下条件时，确认为负债：

1. 履行该义务很可能导致含有服务潜力或者经济利益的经济资源流出科学事业单位。

从负债的定义来看，预期会导致经济资源的流出是负债的一个基本特征。在实务中，履行现时义务所需流出的经济资源带有不确定性，尤其是与预计负债相关的经济利益的流出需要大量估计，因此负债的确定应当与经济资源的流出的不确定性程度的判断结合起来。如果有确凿证据表明与现时义务有关的经济资源很可能流出，就应当将其确认为负债；如果承担了现时义务，但预期不是很可能导致经济资源流出，那么就不能将其作为负债予以确认。

可能性通常按照一定的概率区间加以判断。很可能是指发生的可能性大于50%但小于或等于95%。

2. 该义务的金额能够可靠地计量。

科学事业单位负债的确认在考虑预期经济利益流出可能性的同时，还应考虑未来流出经济资源的金额是否能够可靠计量。如果这种经济资源流出的金额不能够确定，即使流出的可能性大于50%，也不能确认为负债。

确定经济资源流出的金额，对于法定义务来说，通常可以根据合同或法律规定的金额予以确定。对于与预计负债有关经济资源流出金额的确定，科学事业单位应当根据履行相关义务所需支出的最佳估计数进行初始计量。

负债的计量属性主要包括历史成本、现值和公允价值：

（1）在历史成本计量下，负债按照因承担现时义务而实际收到的款项或者资产的金额，或者承担现时义务的合同金额，或者按照为偿还负债预期需要支付的现金计量。

（2）在现值计量下，负债按照预计期限内需要偿还的未来净现金流出量的折现金额计量。

（3）在公允价值计量下，负债按照市场参与者在计量日发生的有序交易中，转移负债所需支付的价格计量。

科学事业单位在对负债进行计量时，一般应当采用历史成本。采用现值、公允价值计量的，应当保证所确定的负债金额能够持续、可靠计量。

符合负债定义和负债确认条件的项目，应当列入资产负债表。

## 三、负债的管理

科学事业单位应当对不同性质和不同期限的负债进行分类管理，具体包括：

（一）借入款项的管理

科学事业单位在开展科研、生产经营活动中，当经批准的科研项目资金暂时不到位、科技新产品试制开发所需流动资金不足、升级改造科学仪器设备急需资金时，可能采取举借债务方式来缓解资金压力。科学事业单位应当建立健全财务风险防控机制，规范和加强借入款项管理，严格执行审批程序，不得违反规定举借债务和提供担保。

1. 充分论证、科学决策，适度控制举借债务规模。

科学事业单位借入资金前应就必要性、可行性进行充分的论证，对借入资金的总量要有严格控制，要根据单位编制的预算资金缺口，结合实际需要举借债务。在充分论证的基础上，应按单位"三重一大"议事决策机制进行科学决策和民主决策，防止随意举借债务造成损失。

2. 严格履行审批手续，防止违规举借债务。

科学事业单位举借债务必须严格履行报批手续。由科学事业单位提出申请，经主管部门审核后报送同级财政部门审批。

3. 科学规划、周密安排，防范财务风险。

科学事业单位应充分关注举借债务后的财务风险。短期借款金额（含1年内到期的长期负债）应与可变现的流动资产总额相匹配，应根据还款时间和还款金额妥善安排，不能影响单位资金周转；对于长期借款，应适度控制借款规模，要编制资金还款计划，通过对未来还款期间内的现金流量进行合理预测，统筹安排，制定科学的还款计划，防范财务风险。

4. 合理确定举借债务时间和融资方式，降低资金成本。

资金成本，是指借款利息和借款费用，其中借款利息是主要的资金成本，与借款金额、期限和举借债务种类密切相关。科学事业单位应根据事业发展规划、项目实施情况合理确定借款方式、借款时间和借款期限，避免资金闲置，有效降低资金成本。

5. 建立全过程跟踪反馈机制，对借入款项的使用实施有效监管。

借入款项通常与项目实施有关，在管理上要建立跟踪反馈机制，一是借款应按照合同和国家有关规定专款专用；二是要按规定纳入预算管理并按政府会计制度组织核算；三是要对借款使用情况进行定期检查；四是要按合同约定及时归还借款，特别是长期借款应提前规划准备充足的还款资金，避免出现违约风险。

（二）科研项目合同预收款项的管理

合同预收款项，是指科学事业单位与国家有关部门或外部单位签订研究和试制合同以及其他经济合同后，按合同约定预收的款项。科研项目预收款项是保证后续科研项目顺利实施的经费保障。科学事业单位应当加强科研业务管理和财务管理的相互融合，严格按《政府会计制度》要求，按权责发生制原则，根据合同完成进度及时将预收账款确认为科研收入。在确定合同完成进度时，应当根据业务实质，选择累计实际发生的合同成本占合同预计总成本的比例、已经完成的合同工作量占合同预计总工作量的比例、已经完成的时间占合同期限的比例、实际测定的完工进度等方法中的一种方法，合理确定合同完成进度。

（三）应付款项及暂收性负债的管理

科学事业单位购买材料、设备，已验收入库尚未支付款项的，应按政府会计准则制度规定，以权责发生制及时确认有关负债；各项应缴税费，应当依据国家税收法律、征收条例和有关规定计算确定，及时缴纳；对按照规定上缴国库或者财政专户的资金，应当按照国库集中收缴的有关规定及时足额上缴，不得隐瞒、滞留、截留、挪用和坐支，严禁设立小金库，严禁账外设账，严禁公款私存。

# 第二节　短期借款和长期借款

科学事业单位从银行或其他金融机构等借入的款项按照借款的期限可分为短期借款和长期借款两种。

## 一、短期借款

（一）短期借款的含义

短期借款，是指科学事业单位借入的期限在1年内（含1年）的各种借款。短期借款是有偿使用的资金，需要按期偿还并支付借款利息。

（二）短期借款的确认与计量

科学事业单位应当在与债权人签订短期借款合同或协议并取得举借资金时确认，应当按照借款本金计量，借款本金与取得的借款资金的差额应当计入当期费用。

（三）短期借款的核算

1. 科目设置。

科学事业单位应设置"短期借款"科目，核算经批准向银行或其他金融机构等借入的期限在 1 年内（含 1 年）的各种借款。该科目贷方反映科学事业单位借入的短期借款的本金，借方反映偿还的短期借款的本金；期末贷方余额反映尚未偿还的短期借款的本金。该科目应按照贷款单位和贷款种类进行明细核算。

2. 主要账务处理。

（1）事业单位取得短期借款时，按实际借入金额，借记"银行存款"科目，贷记"短期借款"科目。同时，在预算会计中，借记"资金结存—货币资金"科目，贷记"债务预算收入"科目。

（2）银行承兑汇票到期，本单位无力支付票款的，按照银行承兑汇票的票面金额，借记"应付票据"，贷记"短期借款"。同时，在预算会计中，借记"经营支出"等科目，贷记"债务预算收入"科目。

（3）按期计提利息费用时，借记"其他费用"科目，贷记"应付利息"科目。预算会计不做账务处理。

（4）支付短期借款利息时，借记"应付利息"科目，贷记"银行存款"科目。同时，在预算会计中，借记"其他支出"科目，贷记"资金结存—货币资金"科目。

（5）归还短期借款时，借记"短期借款"科目，贷记"银行存款"科目。同时，在预算会计中，借记"债务还本支出"科目，贷记"资金结存—货币资金"科目。

【例 5-1】某省机电研究设计院由于业务需要，为了缓解资金压力，于 2×20 年 4 月 1 日与交通银行签订借款合同，借入一年期短期借款 500 000 元，借款利率 6%，按季支付利息，2×21 年 4 月 1 日到期。当日款项已经收到。该项业务支出功能分类科目为"科学技术支出—技术研究与开发—机构运行"。该单位应编制如下会计分录：

①4 月 1 日取得借款资金时：

财务会计：

借：银行存款　　　　　　　　　　　　　　　　　　　500 000
　　贷：短期借款—交通银行　　　　　　　　　　　　　　　　500 000

预算会计：

借：资金结存—货币资金　　　　　　　　　　　　　　500 000
　　贷：债务预算收入—机构运行　　　　　　　　　　　　　　500 000

②每月计提当月应负担的借款利息时：

财务会计：

借：其他费用　　　　　　　　　　　　　　　　　　　　2 500
　　贷：应付利息—交通银行　　　　　　　　　　　　　　　　2 500

预算会计不做账务处理

③季末支付借款利息时：

财务会计：

借：应付利息—交通银行　　　　　　　　　　　　　　7 500
　　贷：银行存款　　　　　　　　　　　　　　　　　　　　7 500

预算会计：

借：其他支出—其他资金支出—机构运行—债务利息及费用支出—国内债务利息
　　　　　　　　　　　　　　　　　　　　　　　　　　7 500

　　　　贷：资金结存—货币资金　　　　　　　　　　　　　　　　　7 500

④2×21 年 4 月 1 日到期还本时：

财务会计：

借：短期借款—交通银行　　　　　　　　　　　　　　　　500 000

　　应付利息—交通银行　　　　　　　　　　　　　　　　　7 500

　　　　贷：银行存款　　　　　　　　　　　　　　　　　　　　507 500

预算会计：

借：债务还本支出—机构运行—商品和服务支出—其他商品和服务支出

　　　　　　　　　　　　　　　　　　　　　　　　　　　　500 000

　　其他支出—其他资金支出—机构运行—债务利息及费用支出—国内债务利息

　　　　　　　　　　　　　　　　　　　　　　　　　　　　　7 500

　　　　贷：资金结存—货币资金　　　　　　　　　　　　　　　507 500

　　【例 5-2】 某科学事业单位（增值税一般纳税人）为某企业委托的研究项目购入试验材料一批，金额 50 000 元，取得增值税发票，进项税额 6 500 元，该单位开具不带息银行承兑汇票一张，期限 3 个月，金额 56 500 元。票据到期后该单位兑付票款 56 500 元。该业务支出功能分类为"科学技术支出—应用研究—其他技术研究与开发支出"，该单位应编制如下会计分录：

　　①材料验收入库时：

财务会计：

借：库存物品　　　　　　　　　　　　　　　　　　　　50 000

　　应交增值税—应交税金（进项税额）　　　　　　　　　6 500

　　　　贷：应付票据　　　　　　　　　　　　　　　　　　　56 500

预算会计不做账务处理。

　　②票据到期时：

财务会计：

借：应付票据　　　　　　　　　　　　　　　　　　　　56 500

　　　　贷：银行存款　　　　　　　　　　　　　　　　　　　56 500

预算会计：

借：事业支出—科研支出—非财政专项资金支出—其他技术研究与开发支出—项目支出—商品和服务支出—专用材料费　　　　　　　　　　56 500

　　　　贷：资金结存—货币资金　　　　　　　　　　　　　　56 500

　　【例 5-3】 续【例 5-2】。上述银行承兑汇票到期，假设该单位无力支付票款。该单位应编制如下会计分录：

财务会计：

借：应付票据　　　　　　　　　　　　　　　　　　　　56 500

　　　　贷：短期借款　　　　　　　　　　　　　　　　　　　56 500

预算会计：

借：事业支出—科研支出—非财政专项资金支出—其他技术研究与开发支出—项

目支出—商品和服务支出—专用材料费      56 500

    贷：债务预算收入      56 500

## 二、长期借款

（一）长期借款的含义

长期借款，是指科学事业单位经批准向银行或其他金融机构借入的偿还期限在 1 年以上（不含 1 年）的各项借款。

科学事业单位借入长期借款通常用于改善基础设施建设，如购建大型固定资产、开展基本建设项目等。特点是偿还期限较长、借款数额较大。

（二）长期借款的确认与计量

长期借款应当在与债权人签订借款合同并取得举借资金时予以确认，按照借款本金计量；借款本金与取得的借款资金的差额应当计入当期费用。

（三）长期借款的核算

1. 科目设置。

科学事业单位应设置"长期借款"科目，核算单位经批准向银行或其他金融机构借入的期限超过 1 年（不含 1 年）的各种借款。本科目应设置"本金"和"应计利息"明细科目，并按照贷款单位和贷款种类进行明细核算，对于基建项目借款，还应按具体项目进行明细核算。本科目期末贷方余额，反映事业单位尚未偿还的长期借款本息金额。

2. 主要账务处理。

（1）借入各项长期借款时，按照实际借入的金额，借记"银行存款"科目，贷记"长期借款—本金"科目。同时，在预算会计中，借记"资金结存—货币资金"科目，贷记"债务预算收入"科目。

（2）为购建固定资产发生的专门借款费用分别按以下情况处理：

科学事业单位为购建固定资产等工程项目借入专门借款的，对于发生的专门借款费用，应当按照借款费用减去尚未动用的借款资金产生的利息收入后的金额：

①属于工程项目建设期间发生的，计入工程成本，按照计算确定的应支付的利息金额，借记"在建工程"科目，贷记"应付利息"科目。预算会计不做账务处理。

②属于工程项目完工交付使用后发生的利息，计入当期费用，按照计算确定的应支付的利息金额，借记"其他费用"科目，贷记"应付利息"科目。预算会计不做账务处理。

工程项目建设期间，是指自工程项目开始建造起至交付使用时止的期间。工程项目建设期间发生非正常中断且中断时间连续超过 3 个月（含 3 个月）的，科学事业单位应当将非正常中断期间的借款费用计入当期费用。如果中断是使工程项目达到交付使用所必须的程序，则中断期间所发生的借款费用仍应计入工程成本。

借款费用，是指科学事业单位因举借债务而发生的利息及其他相关费用，包括借款利息、辅助费用以及因外币借款而发生的汇兑差额等。其中，辅助费用是指科学事业单位在举借债务过程中发生的手续费、佣金等费用。

（3）按期计提其他长期借款的利息时，按照计算确定的应支付的利息金额，借记"其他费用"科目，贷记"应付利息"科目（分期付息、到期还本借款的利息）或"长期借款——应计利息"科目（到期一次还本付息借款的利息）。预算会计不做账务处理。

（4）到期归还长期借款本金、利息时，借记"长期借款（本金、应计利息）"科目，贷记"银行存款"科目。同时，在预算会计中，对于本金部分借记"债务还本支出"科目，贷记"资金结存——货币资金"科目；对于支付的利息部分，借记"其他支出"科目，贷记"资金结存——货币资金"科目。

【例5-4】某科学事业单位经批准建设综合办公楼，前期各项手续已经办理完毕，2×20年1月1日正式开工，工程采用出包方式，工期预计为1年零6个月。该科学事业单位为解决建设资金缺口，开工前经批准向商业银行申请贷款。2×20年1月1日，该单位取得建设银行专门借款5 000万元。其中：3年期借款2 000万元，到期日2×23年1月1日；5年期借款3 000万元，到期日2×25年1月1日，年利率均为6%。假设借款利息均按年支付。

该单位于2×20年1月1日支付预付工程进度款1 500万元、2×20年7月1日支付预付工程进度款2 000万元，2×21年1月1日支付预付工程进度款1 500万元。假设专门借款闲置资金全部存入银行，月存款利率为0.25%。由于地处北方，受气温影响办公楼建设于2×20年12月至2×21年3月停工，预计2×21年6月30日完工达到预定可使用状态。该项业务支出功能分类为"科学技术支出——技术研究与开发——机构运行"。根据以上资料，该单位进行如下会计处理：

①确认项目资本化期间：

由于该单位使用了专门借款建造办公楼，办公楼建造支出没有超过专门借款金额，且工程停工是由于受气温影响，属于正常停工，在确认借款费用资本化金额时，停工期间借款费用仍然要进行资本化。因此，该事业单位为建造办公楼应予资本化期间为2×20年1月1日至2×21年6月30日。

②2×20年账务处理：

首先，计算应资本化的专门借款利息金额：

2×20年借款发生的利息金额=5 000×6%=300（万元）

2×20年闲置借款资金存款利息=3 500×0.25%×6+1 500×0.25%×6=75（万元）

由于在资本化期间内，资本化金额应当按照借款费用减去尚未动用的借款资金产生的利息收入后的金额确定，因此：

2×20年借款费用资本化金额=300-75=225（万元）

具体应按月计算：

2×20年1~6月，每月贷款利息=5 000×6%÷12=300÷12=25（万元）

2×20年1~6月，每月存款利息=3 500×0.25%=8.75（万元）

2×20年1~6月，每月应资本化借款利息=25-8.75=16.25（万元）

2×20 年 7~12 月，每月贷款利息 = 5 000 × 6% ÷ 12 = 300 ÷ 12 = 25（万元）

2×20 年 7~12 月，每月存款利息 = 1 500 × 0.25% = 3.75（万元）

2×20 年 7~12 月，每月应资本化借款利息 = 25 - 3.75 = 21.25（万元）

然后，做如下会计分录（假设存款利息当月转入银行账户）：

2×20 年 1 月 1 日取得专门借款时：

财务会计：

借：银行存款　　　　　　　　　　　　　　　　　　　　50 000 000

　　贷：长期借款—建设银行　　　　　　　　　　　　　　　50 000 000

预算会计：

借：资金结存—货币资金　　　　　　　　　　　　　　　50 000 000

　　贷：债务预算收入　　　　　　　　　　　　　　　　　　50 000 000

2×20 年 1 月 1 日支付工程预付款时：

财务会计：

借：预付账款—预付工程款—综合办公楼　　　　　　　　15 000 000

　　贷：银行存款　　　　　　　　　　　　　　　　　　　　15 000 000

预算会计：

借：事业支出—管理支出—非财政专项资金支出—机构运行—项目支出—资本性
　　支出—房屋建筑物构建　　　　　　　　　　　　　　　15 000 000

　　贷：资金结存—货币资金　　　　　　　　　　　　　　　15 000 000

2×20 年 1~6 月，每月计提利息费用时：

财务会计：

借：在建工程—待摊投资—借款费用—综合办公楼　　　　　162 500

　　银行存款　　　　　　　　　　　　　　　　　　　　　　87 500

　　贷：应付利息　　　　　　　　　　　　　　　　　　　　　250 000

预算会计：

借：资金结存—货币资金　　　　　　　　　　　　　　　　　87 500

　　贷：其他预算收入—利息收入　　　　　　　　　　　　　　87 500

2×20 年 7 月 1 日支付工程预付款时：

财务会计：

借：预付账款—预付工程款—综合办公楼　　　　　　　　20 000 000

　　贷：银行存款　　　　　　　　　　　　　　　　　　　　20 000 000

预算会计：

借：事业支出—管理支出—非财政专项资金支出—机构运行—项目支出—资本性
　　支出—房屋建筑物构建　　　　　　　　　　　　　　　20 000 000

　　贷：资金结存—货币资金　　　　　　　　　　　　　　　20 000 000

2×20 年 7~12 月，每月计提利息费用时：

财务会计：

借：在建工程—待摊投资—借款费用—综合办公楼　　　　　212 500

　　银行存款　　　　　　　　　　　　　　　　　　　37 500

　　　贷：应付利息　　　　　　　　　　　　　　　　　　　　　250 000

预算会计：

借：资金结存—货币资金　　　　　　　　　　　　　　37 500

　　贷：其他预算收入—利息收入　　　　　　　　　　　　　　37 500

2×20年末支付利息：

财务会计：

借：应付利息　　　　　　　　　　　　　　　　　　3 000 000

　　贷：银行存款　　　　　　　　　　　　　　　　　　　　3 000 000

预算会计：

借：其他支出—非财政专项资金支出—机构运行—债务利息及费用支出—综合办

公楼　　　　　　　　　　　　　　　　　　　　　3 000 000

　　贷：资金结存—货币资金　　　　　　　　　　　　　　3 000 000

③2×21年账务处理：

首先，计算应资本化的利息费用：

2×21年专门借款发生的利息金额=5 000×6%=300（万元）

2×21年专门借款闲置资金存款取得的利息金额=0（万元）

2×21年1~6月确认借款费用资本化金额=5 000×6%×6÷12-0=150（万元），每月应资本化借款利息=150÷6=25（万元）

然后，计算应费用化的利息费用：

2×21年6月30日达到可使用状态，2×21年7月至借款到期日，借款利息应计入当期损益。每月月末确认利息费用25万元。

最后，做如下会计分录：

2×21年1月1日支付工程预付款时：

财务会计：

借：预付账款—预付工程款—综合办公楼　　　　　　15 000 000

　　贷：银行存款　　　　　　　　　　　　　　　　　　　　15 000 000

预算会计：

借：事业支出—管理支出—非财政专项资金支出—机构运行—项目支出—资本性

支出—房屋建筑物构建　　　　　　　　　　　　　15 000 000

　　贷：资金结存—货币资金　　　　　　　　　　　　　　15 000 000

2×21年1~6月，每月做如下分录：

财务会计：

借：在建工程—待摊投资—借款费用—综合办公楼　　　250 000

　　贷：应付利息　　　　　　　　　　　　　　　　　　　　250 000

预算会计不做账务处理。

2×21年7~12月，每月做如下会计分录：

财务会计：

借：其他费用—利息费用          250 000

  贷：应付利息            250 000

预算会计不做账务处理。

2×21年末支付利息：

财务会计：

借：应付利息            3 000 000

  贷：银行存款           3 000 000

预算会计：

借：其他支出—非财政专项资金支出—机构运行—债务利息及费用支出—综合办

  公楼              3 000 000

  贷：资金结存—货币资金        3 000 000

④2×22年账务处理：

2×22年1月至2×22年12月，每月计提借款利息时：

财务会计：

借：其他费用—利息费用          250 000

  贷：应付利息            250 000

预算会计不做账务处理。

2×22年末支付借款利息时：

财务会计：

借：应付利息            3 000 000

  贷：银行存款            3 000 000

预算会计：

借：其他支出—非财政专项资金支出—机构运行—债务利息及费用支出—综合办

  公楼              3 000 000

  贷：资金结存—货币资金        3 000 000

⑤2×23年至2×25年账务处理：

2×23年1月1日偿还贷款本金2 000万元时：

财务会计：

借：长期借款—建设银行          20 000 000

  贷：银行存款            20 000 000

预算会计：

借：债务还本支出—机构运行—资本性支出—房屋建筑物构建

                20 000 000

  贷：资金结存—货币资金        20 000 000

2×23年1月1日至2×25年12月31日，每月计提借款利息时：

每月应计提借款利息 = 3 000×6%÷12 = 15（万元）

财务会计：

借：其他费用—利息费用          150 000

| | |
|---|---|
| 　　贷：应付利息 | 150 000 |

预算会计不做账务处理。

2×23 年、2×24 年末支付利息时：

财务会计：

| | |
|---|---|
| 借：应付利息 | 1 800 000 |
| 　　贷：银行存款 | 1 800 000 |

预算会计：

| | |
|---|---|
| 借：其他支出—非财政专项资金支出—机构运行—债务利息及费用支出—综合办公楼 | 1 800 000 |
| 　　贷：资金结存—货币资金 | 1 800 000 |

2×25 年 1 月 1 日偿还贷款 3 000 万元时：

财务会计：

| | |
|---|---|
| 借：长期借款—建设银行 | 30 000 000 |
| 　　贷：银行存款 | 30 000 000 |

预算会计：

| | |
|---|---|
| 借：债务还本支出—机构运行—资本性支出—房屋建筑物构建 | 30 000 000 |
| 　　贷：资金结存—货币资金 | 30 000 000 |

【例5-5】续【例5-4】。假设上述工程停工的原因是由于出现安全生产事故，导致工程于 2×21 年 1 月至 2×21 年 4 月停工 4 个月，重新开工后，工期顺延至 2×21 年 10 月 30 日，其他资料不变。

①确认资本化期间：

由于停工原因为非正常停工，发生非正常中断且中断时间连续超过 3 个月，该事业单位应将非正常中断期间的借款费用计入当期费用，因此，为建造办公楼应予资本化期间为 2×20 年 1 月 1 日至 2×20 年 12 月 31 日和 2×21 年 5 月 1 日至 2×21 年 10 月 30 日。

②该单位 2×21 年应编制如下会计分录（其他年度会计分录无变化）：

2×21 年 1 月 1 日支付工程预付款时：

财务会计：

| | |
|---|---|
| 借：预付账款—预付工程款—综合办公楼 | 15 000 000 |
| 　　贷：银行存款 | 15 000 000 |

预算会计：

| | |
|---|---|
| 借：事业支出—管理支出—非财政专项资金支出—机构运行—项目支出—资本性支出—房屋建筑物构建 | 15 000 000 |
| 　　贷：资金结存—货币资金 | 15 000 000 |

2×21 年 1~4 月，将计提的借款利息费用化时：

财务会计：

| | |
|---|---|
| 借：其他费用—利息费用 | 250 000 |

　　　　贷：应付利息　　　　　　　　　　　　　　　　　　　　250 000

预算会计不做账务处理。

2×21 年 5~10 月，将计提的借款利息资本化时：

财务会计：

借：在建工程—待摊投资—借款费用—综合办公楼　　　　　250 000

　　　　贷：应付利息　　　　　　　　　　　　　　　　　　　　250 000

预算会计不做账务处理。

2×21 年 10~12 月，将计提的借款利息费用化时：

财务会计：

借：其他费用—利息费用　　　　　　　　　　　　　　　　　250 000

　　　　贷：应付利息　　　　　　　　　　　　　　　　　　　　250 000

预算会计不做账务处理。

2×21 年末支付利息时：

财务会计：

借：应付利息　　　　　　　　　　　　　　　　　　　　　3 000 000

　　　　贷：银行存款　　　　　　　　　　　　　　　　　　　3 000 000

预算会计：

借：其他支出—非财政专项资金支出—机构运行—债务利息及费用支出—综合办

公楼　　　　　　　　　　　　　　　　　　　　　　　　3 000 000

　　　　贷：资金结存—货币资金　　　　　　　　　　　　　　3 000 000

# 第三节　应交税费

科学事业单位核算的应交税费包括应交增值税和其他应交税费两大类。

## 一、应交增值税

（一）增值税概述

1. 含义及计税原理。

增值税是以商品（含应税劳务）在流转过程中产生的增值额作为计税依据而征收的一种流转税。

从计税原理上说，增值税是对商品生产、流通、劳务服务中多个环节的新增价值或商品的附加值征收的一种流转税。增值税实行价外税。

2. 纳税义务人和扣缴义务人。

增值税的纳税义务人：在中华人民共和国境内销售或进口货物、劳务、服务、无形资产、不动产的单位和个人。其中，单位是指企业、行政单位、事业单位、军事单位、社会团体和其他单位；个人是指个体工商户和其他个人。

增值税的扣缴义务人：中华人民共和国境外单位、个人在境内发生应税行为，在境内没有设置经营机构的，以购买方为增值税扣缴义务人，财政部和国家税务总局另有规定的除外。

3. 一般纳税人和小规模纳税人。

《增值税一般纳税人登记管理办法》（国家税务总局令第 43 号）规定：

增值税纳税人年应税销售额超过财政部、国家税务总局规定的小规模纳税人标准（以下简称"规定标准"）的，除按照政策规定，选择按照小规模纳税人纳税和年应税销售额超过规定标准的其他个人之外，应当向主管税务机关办理一般纳税人登记。

年应税销售额，是指纳税人在连续不超过 12 个月或 4 个季度的经营期内累计应征增值税销售额，包括纳税申报销售额、稽查查补销售额、纳税评估调整销售额。

销售服务、无形资产或者不动产有扣除项目的纳税人，其应税行为年应税销售额按未扣除之前的销售额计算。纳税人偶然发生的销售无形资产、转让不动产的销售额，不计入应税行为年应税销售额。

年应税销售额未超过规定标准的纳税人，会计核算健全（能够按照国家统一的会计制度规定设置账簿，根据合法、有效凭证进行核算），能够提供准确税务资料的，可以向主管税务机关办理一般纳税人登记。

4. 税率和征收率。

（1）税率。

2019 年，《财政部　税务总局　海关总署关于深化增值税改革有关政策的公告》（财政部　税务总局　海关总署公告 2019 年第 39 号），对增值税税率作出了调整：

①增值税一般纳税人（以下简称"纳税人"）发生增值税应税销售行为或者进口货物，原适用 16% 税率的，税率调整为 13%；原适用 10% 税率的，税率调整为 9%。

②纳税人购进农产品，原适用 10% 扣除率的，扣除率调整为 9%。纳税人购进用于生产或者委托加工 13% 税率货物的农产品，按照 10% 的扣除率计算进项税额。

自 2019 年 4 月 1 日起执行以下税率：13%，9%，6%，0%，具体税目如表 5 - 1所示。

表 5 - 1　　　　　　　　　　　　　增值税税率表

| 序号 | 税目 | 税率 |
| --- | --- | --- |
| 1 | 销售或者进口货物（除 9 ~ 12 项外） | 13% |
| 2 | 加工、修理修配劳务 | 13% |
| 3 | 有形动产租赁服务 | 13% |
| 4 | 不动产租赁服务 | 9% |
| 5 | 销售不动产 | 9% |
| 6 | 建筑服务 | 9% |
| 7 | 运输服务 | 9% |

| 序号 | 税目 | 税率 |
|---|---|---|
| 8 | 转让土地使用权 | 9% |
| 9 | 饲料、化肥、农药、农机、农膜 | 9% |
| 10 | 粮食等农产品、食用植物油、食用盐 | 9% |
| 11 | 自来水、暖气、冷气、热水、煤气、石油液化气、天然气、二甲醚、沼气、居民用煤炭制品 | 9% |
| 12 | 图书、报纸、杂志、音像制品、电子出版物 | 9% |
| 13 | 邮政服务 | 9% |
| 14 | 基础电信服务 | 9% |
| 15 | 增值电信服务 | 6% |
| 16 | 金融服务 | 6% |
| 17 | 现代服务 | 6% |
| 18 | 生活服务 | 6% |
| 19 | 销售无形资产（除土地使用权外） | 6% |
| 20 | 出口货物 | 0% |
| 21 | 跨境销售国务院规定范围内的服务、无形资产 | 0% |

注：上表税率来源于《财政部　税务总局　海关总署关于深化增值税改革有关政策的公告》（财政部　税务总局　海关总署公告2019年第39号）。

（2）增值税征收率。

增值税征收率，是指对特定的货物或特定的纳税人销售的货物、应税劳务、应税行为在某一生产流通环节应纳税额与销售额的比率。

增值税征收率主要是针对小规模纳税人和一般纳税人适用或者选择采用简易计税方法计税的项目。采用征收率计税的，不得抵扣进项税额。

①小规模纳税人销售货物或者加工、修理修配劳务，销售应税服务、无形资产；一般纳税人发生按规定适用或者可以选择适用简易计税方法计税的特定应税行为（但适用5%征收率的除外）征收税率为3%。

②销售不动产。符合条件的经营租赁不动产（土地使用权）；转让营改增前取得的土地使用权；房地产开发企业销售、出租自行开发的房地产老项目；符合条件的不动产融资租赁；选择差额纳税的劳务派遣、安全保护服务；一般纳税人提供人力资源外包服务适用征收税率为5%。

③个人出租住房，按照5%的征收率减按1.5%计算应纳税额。

④纳税人销售旧货；小规模纳税人（不含其他个人）以及符合规定情形的一般纳税人销售自己使用过的固定资产，可依3%征收率减按2%征收增值税。

科学事业单位提供技术转让、技术开发和与之相关的技术咨询、技术服务属于《财政部　国家税务总局关于全面推开营业税改征增值税试点的通知》（财税〔2016〕36号）附件3《营业税改征增值税试点过渡政策的规定》第一条第（二十六）项规定的免征增值税项目，可免征增值税。

（二）应交增值税的确认与计量

对于应交增值税，科学事业单位应当在发生应税事项导致承担纳税义务时予以确认，按照税法等规定计算的应交税费金额进行计量。

（三）应交增值税的核算

1. 科目设置。

科学事业单位应设置"应交增值税"科目，核算按照税法规定计算应交纳的增值税。本科目期末贷方余额，反映单位应交未交的增值税；期末如为借方余额，反映单位尚未抵扣或多交的增值税。

属于增值税一般纳税人的单位，应当在本科目下设置"应交税金""未交税金""预交税金""待抵扣进项税额""待认证进项税额""待转销项税额""简易计税""转让金融商品应交增值税""代扣代交增值税"等9个明细科目。其中："应交税金""未交税金""预交税金"是为了反映与增值税归集、计算、税金缴纳情况设置的明细科目；"待抵扣进项税额""待认证进项税额""待转销项税额"是属于过渡性的明细科目，反映未经税务机关认证而不得从当期销项税额中抵扣的进项税额或经税务机关认证、按照现行增值税制度规定准予以后期间从销项税额中抵扣的进项税额以及由于收入确认时点早于纳税义务发生时间需在以后期间确认为销项税额的增值税额。"简易计税""转让金融商品应交增值税""代扣代交增值税"这3个明细科目则是与特定行为有关的明细科目。

属于增值税小规模纳税人的单位只需在本科目下设置"转让金融商品应交增值税""代扣代交增值税"明细科目。

各明细科目的核算内容：

（1）"应交税金"明细账内应当设置"进项税额""已交税金""转出未交增值税""减免税款""销项税额""进项税额转出""转出多交增值税"等专栏，归集计算当月应缴、实缴、未缴的增值税。如表5-2所示。

表5-2　　　　　　　　　　　应交税金明细账的6个专栏

| 专栏名称 | 核算内容 |
|---|---|
| 进项税额 | 记录单位购进货物、加工修理修配劳务、服务、无形资产或不动产而支付或负担的、准予从当期销项税额中抵扣的增值税额 |
| 已交税金 | 记录单位当月已交纳的应交增值税额 |
| 转出未交增值税和转出多交增值税 | 分别记录一般纳税人月度终了转出当月应交未交或多交的增值税额 |
| 减免税款 | 记录单位按照现行增值税税制规定准予减免的增值税额 |
| 销项税额 | 记录单位销售货物、加工修理修配劳务、服务、无形资产或不动产应收取的增值税额 |
| 进项税额转出 | 记录单位购进货物、加工修理修配劳务、服务、无形资产或不动产等发生非正常损失以及其他原因不应从销项税额中抵扣、按照规定转出的进项税额 |

（2）"未交税金"明细科目，核算单位月度终了从"应交税金"或"预交税金"明细科目转入当月应交未交、多交或预缴的增值税额，以及当月交纳以前期间未交的增值税额。

（3）"预交税金"明细科目，核算单位转让不动产、提供不动产经营租赁服务等，以及其他按照现行增值税制度规定应预缴的增值税额。

（4）"待抵扣进项税额"明细科目，核算单位已取得增值税扣税凭证并经税务机关认证，按照现行增值税制度规定准予以后期间从销项税额中抵扣的进项税额。

（5）"待认证进项税额"明细科目，核算单位由于未经税务机关认证而不得从当期销项税额中抵扣的进项税额。包括：一般纳税人已取得增值税扣税凭证并按规定准予从销项税额中抵扣，但尚未经税务机关认证的进项税额；一般纳税人已申请稽核但尚未取得稽核相符结果的海关缴款书进项税额。

（6）"待转销项税额"明细科目，核算单位销售货物、加工修理修配劳务、服务、无形资产或不动产，已确认相关收入（或利得）但尚未发生增值税纳税义务而需于以后期间确认为销项税额的增值税额。

（7）"简易计税"明细科目，核算单位采用简易计税方法发生的增值税计提、扣减、预缴、缴纳等业务。

（8）"转让金融商品应交增值税"明细科目，核算单位转让金融商品发生的增值税额。

（9）"代扣代交增值税"明细科目，核算单位购进在境内未设经营机构的境外单位或个人在境内的应税行为代扣代缴的增值税。

2. 主要账务处理。

（1）单位取得资产或接受劳务等业务。

①采购等业务进项税额允许抵扣。

单位购买用于增值税应税项目的资产或服务等时，按照应计入相关成本费用或资产的金额，借记"业务活动费用""在途物品""库存物品""工程物资""在建工程""固定资产""无形资产"等科目，按照当月已认证的可抵扣增值税额，借记"应交增值税—应交税金（进项税额）"科目，按照当月未认证的可抵扣增值税额，借记"应交增值税—待认证进项税额"科目，按照应付或实际支付的金额，贷记"应付账款""应付票据""银行存款""零余额账户用款额度"等科目。同时，在预算会计中按实际支付的金额，借记"事业支出"或"经营支出"科目，贷记"资金结存"科目。发生退货的，如原增值税专用发票已做认证，应根据税务机关开具的红字增值税专用发票做相反的会计分录；如原增值税专用发票未做认证，应将发票退回并做相反的会计分录。

小规模纳税人购买资产或服务等不能抵扣增值税，发生的增值税计入资产成本或相关成本费用。

【例5-6】某科学事业单位（增值税一般纳税人）开展非独立核算经营业务。2×20年6月购进材料一批，取得增值税专用发票，发票上注明金额100万元，税额13万元，并于当月在增值税发票查询平台对该发票进行了认证。材料已验收入库。

该业务支出功能分类科目为"科学技术支出—科技条件与服务—机构运行",该单位应编制如下会计分录:

财务会计:

借:库存物品　　　　　　　　　　　　　　　　　　　　1 000 000

　　应交增值税—应交税金(进项税额)　　　　　　　　　130 000

　　　贷:银行存款　　　　　　　　　　　　　　　　　　　　1 130 000

预算会计:

借:经营支出—机构运行—商品和服务支出—专用材料费　1 130 000

　　　贷:资金结存—货币资金　　　　　　　　　　　　　　　1 130 000

【例5-7】2×20年6月,某科研事业单位(小规模纳税人)开展非独立核算经营活动,购入产品研发实验材料一批,取得增值税专用发票,发票上注明金额5万元,增值税进项税0.65万元,材料已验收入库,款项已经支付。该业务支出功能分类为"科学技术支出—科技条件与服务—机构运行"。该单位应编制如下会计分录:

财务会计:

借:库存物品　　　　　　　　　　　　　　　　　　　　　56 500

　　　贷:银行存款　　　　　　　　　　　　　　　　　　　　56 500

预算会计:

借:经营支出—机构运行—商品和服务支出—专用材料费　56 500

　　　贷:资金结存—货币资金　　　　　　　　　　　　　　　56 500

②采购等业务进项税额不得抵扣。

单位购进资产或服务等,用于简易计税方法计税项目、免征增值税项目、集体福利或个人消费等,其进项税额按照现行增值税制度规定不得从销项税额中抵扣的,取得增值税专用发票时,应按照增值税发票注明的金额,借记相关成本费用或资产科目,按照待认证的增值税进项税额,借记"应交增值税—待认证进项税额",按照实际支付或应付的金额,贷记"银行存款""应付账款""零余额账户用款额度"等科目。同时,在预算会计中,按实际支付的金额,借记"事业支出"或"经营支出"科目,贷记"资金结存"科目。经税务机关认证为不可抵扣进项税时,借记"应交增值税—应交税金(进项税额)"科目,贷记"应交增值税—待认证进项税额"科目,同时,将进项税额转出,借记相关成本费用科目,贷记"应交增值税—应交税金(进项税额转出)"科目。

【例5-8】某科学事业单位(增值税一般纳税人)本月购入低值易耗品一批用于职工食堂,取得增值税专用发票注明价款20 000元,增值税进项税额2 600元,货物已验收入库,款项以银行存款支付。该业务支出功能分类为"科学技术支出—科技条件与服务—机构运行"。该单位应编制如下会计分录:

购入低值易耗品验收入库时:

财务会计:

借:库存物品　　　　　　　　　　　　　　　　　　　　　20 000

　　应交增值税—待认证进项税额　　　　　　　　　　　　2 600

```
        贷：银行存款                                              22 600
    预算会计：
    借：事业支出—管理支出—其他资金支出—机构运行—基本支出—商品和服务支出
                                                              22 600
        贷：银行存款                                              22 600
```

经税务机关认证不可抵扣进项税额时：

财务会计：

```
    借：应交增值税—应交税金（进项税额）                          2 600
        贷：应交增值税—待认证进项税额                            2 600
```

同时：

```
    借：库存物品                                                 2 600
        贷：应交增值税—应交税金（进项税额转出）                   2 600
```

预算会计不做账务处理。

③购进不动产或不动产在建工程按照规定进项税额分年抵扣。

单位取得应税项目为不动产或者不动产在建工程，其进项税额按照现行增值税制度规定自取得之日起分 2 年从销项税额中抵扣的，应当按照取得成本，借记"固定资产""在建工程"等科目，按照当期可抵扣的增值税额，借记"应交增值税—应交税金（进项税额）"科目，按照以后期间可抵扣的增值税额，借记"应交增值税—待抵扣进项税额"科目，按照应付或实际支付的金额，贷记"应付账款""应付票据""银行存款""零余额账户用款额度"等科目。同时，在预算会计中按实际支付的金额，借记"事业支出"或"经营支出"科目，贷记"资金结存"科目。尚未抵扣的进项税额待以后期间允许抵扣时，按照允许抵扣的金额，借记"应交增值税—应交税金（进项税额）"科目，贷记"应交增值税—待抵扣进项税额"科目。

【例5-9】2×20 年6 月，某科学事业单位（增值税一般纳税人）购进办公楼一栋用于办公，计入固定资产。6 月 20 日，该单位取得该楼交易的增值税专用发票并认证相符，专用发票注明的金额为 2 000 万元，增值税税额为 180 万元。按现行增值税制度规定，该办公楼自取得之日起分 2 年在销项税额中抵扣，第一年抵扣 60%，第二年于取得扣税凭证的当月起第 13 个月抵扣 40%。该业务支出功能分类为"科学技术支出—科技条件与服务—机构运行"。该单位应编制如下会计分录：

购入时：

财务会计：

```
    借：固定资产—房屋及构筑物—办公楼                         20 000 000
        应交增值税—应交税金（进项税额）                       1 080 000
        应交增值税—待抵扣进项税额                               720 000
        贷：银行存款                                          21 800 000
```

预算会计：

```
    借：事业支出—管理支出—非财政专项资金支出—机构运行—项目支出—资本性
        支出—房屋建筑物购建                                  21 800 000
```

　　贷：资金结存—货币资金　　　　　　　　　　　　　　21 800 000

2×21 年 6 月抵扣剩余的 40% 进项税时：

财务会计：

借：应交增值税—应交税金（进项税额）　　　　　　　　720 000

　　贷：应交增值税—待抵扣进项税额　　　　　　　　　　　720 000

预算会计不做账务处理。

④进项税额抵扣情况发生改变。

　　单位因发生非正常损失或改变用途等，原已计入进项税额、待抵扣进项税额或待认证进项税额，但按照现行增值税制度规定不得从销项税额中抵扣的，借记"待处理财产损溢""固定资产""无形资产"等科目，贷记"应交增值税—应交税金（进项税额转出）""应交增值税—待抵扣进项税额"或"应交增值税—待认证进项税额"科目；原不得抵扣且未抵扣进项税额的固定资产、无形资产等，因改变用途等用于允许抵扣进项税额的应税项目的，应按照允许抵扣的进项税额，借记"应交增值税—应交税金（进项税额）"科目，贷记"固定资产""无形资产"等科目。固定资产、无形资产等经上述调整后，应按照调整后的账面价值在剩余尚可使用年限内计提折旧或摊销。

　　单位购进时已全额计入进项税额的货物或服务等转用于不动产在建工程的，对于结转以后期间的进项税额，应借记"应交增值税—待抵扣进项税额"科目，贷记"应交增值税—应交税金（进项税额转出）"科目。

　　【例 5-10】某科学事业单位（一般纳税人）开展非独立核算经营业务购入的原材料，在清查时发现损失材料 A 一批，价值 5 000 元，增值税进项税 650 元，转入待处理财产损溢。该业务支出功能分类科目为"科学技术支出—科技条件与服务—机构运行"。该单位应编制如下会计分录：

财务会计：

借：待处理财产损溢　　　　　　　　　　　　　　　　　5 650

　　贷：应交增值税—应交税金（进项税额转出）　　　　　　　650

　　　　库存物品—A 材料　　　　　　　　　　　　　　　　5 000

预算会计不做账务处理。

⑤购买方作为扣缴义务人。

　　按照现行增值税制度规定，境外单位或个人在境内发生应税行为，在境内未设有经营机构的，以购买方为增值税扣缴义务人。境内一般纳税人购进服务或资产时，按照应计入相关成本费用或资产的金额，借记"业务活动费用""在途物品""库存物品""工程物资""在建工程""固定资产""无形资产"等科目，按照可抵扣的增值税额，借记"应交增值税—应交税金（进项税额）"（小规模纳税人应借记相关成本费用或资产科目），按照应付或实际支付的金额，贷记"银行存款""应付账款"等科目，按照应代扣代缴的增值税额，贷记"应交增值税—代扣代交增值税"。同时，在预算会计中按实际支付的金额，借记"事业支出"或"经营支出"科目，贷记"资金结存"科目。实际缴纳代扣代缴增值税时，按照代扣代缴的增值税额，借记

"应交增值税—代扣代交增值税",贷记"银行存款""零余额账户用款额度"等科目。同时,在预算会计中按实际支付的金额,借记"事业支出"或"经营支出"科目,贷记"资金结存"科目。

【例5-11】某科研事业单位(一般纳税人)从某国外品牌代理机构(非经营机构)采购某科研项目专用进口科研仪器设备一台,取得增值税专用发票,设备价款10万元,增值税进项税1.3万元,以银行存款支付上述款项。该业务支出功能分类科目为"科学技术支出—科技条件与服务—机构运行"。该单位应编制如下会计分录:

代扣增值税时:

财务会计:

借:固定资产—专用设备 100 000

应交增值税—应交税金(进项税额) 13 000

贷:应交增值税—代扣代交增值税 13 000

银行存款 100 000

预算会计:

借:事业支出—科研支出—非财政专项资金支出—机构运行—项目支出—资本性支出—专用设备购置 100 000

贷:资金结存—货币资金 100 000

缴纳代扣代缴增值税时:

财务会计:

借:应交增值税—代扣代交增值税 13 000

贷:银行存款 13 000

预算会计:

借:事业支出—科研支出—非财政专项资金支出—机构运行—项目支出—资本性支出—专用设备购置 13 000

贷:资金结存—货币资金 13 000

(2)单位销售资产或提供服务等业务。

①销售资产或提供服务业务。

单位销售货物或提供服务,应当按照应收或已收的金额,借记"应收账款""应收票据""银行存款"等科目,按照确认的收入金额,贷记"经营收入""事业收入"等科目,按照现行增值税制度规定计算的销项税额(或采用简易计税方法计算的应纳增值税额),贷记"应交增值税—应交税金(销项税额)""应交增值税—简易计税"(一般纳税人采用简易计税方式)、"应交增值税"(小规模纳税人)。同时,在预算会计中按实际收到的金额借记"资金结存—货币资金"科目,贷记"事业预算收入"或"经营预算收入"科目。发生销售退回的,应根据按照规定开具的红字增值税专用发票做相反的会计分录。

按照政府会计制度及相关政府会计准则确认收入的时点早于按照增值税制度确认增值税纳税义务发生时点的,应将相关销项税额计入"应交增值税—待转销项税额",待实际发生纳税义务时再转入"应交增值税—应交税金(销项税额)"或"应交增值税—简易计税"科目。

按照增值税制度确认增值税纳税义务发生时点早于按照本制度及相关政府会计准则确认收入的时点的，应按照应纳增值税额，借记"应收账款"科目，贷记"应交增值税—应交税金（销项税额）"或"应交增值税—简易计税"科目。

②金融商品转让按照规定以盈亏相抵后的余额作为销售额。

金融商品实际转让月末，如产生转让收益，则按照应纳税额，借记"投资收益"科目，贷记"应交增值税—转让金融商品应交增值税"科目；如产生转让损失，则按照可结转下月抵扣税额，借记"应交增值税—转让金融商品应交增值税"科目，贷记"投资收益"科目。交纳增值税时，应借记"应交增值税—转让金融商品应交增值税"科目，贷记"银行存款"等科目。同时，在预算会计中，按实际支付的金额，借记"投资预算收益"科目，贷记"资金结存—货币资金"科目。年末，"应交增值税—转让金融商品应交增值税"科目如有借方余额，则借记"投资收益"科目，贷记"应交增值税—转让金融商品应交增值税"科目。

（3）月末转出多交增值税和未交增值税。

月度终了，单位应当将当月应交未交或多交的增值税自"应交税金"明细科目转入"未交税金"明细科目。对于当月应交未交的增值税，借记"应交增值税—应交税金（转出未交增值税）"，贷记"应交增值税—未交税金"；对于当月多交的增值税，借记"应交增值税—未交税金"，贷记"应交增值税—应交税金（转出多交增值税）"。

（4）交纳增值税。

①交纳当月应交增值税。

单位交纳当月应交的增值税，借记"应交增值税—应交税金（已交税金）"；小规模纳税人借记"应交增值税"，贷记"银行存款"等科目。同时，在预算会计中，按支付的金额，借记"事业支出"科目或"经营支出"科目，贷记"资金结存"科目。

②交纳以前期间未交增值税。

单位交纳以前期间未交的增值税，借记"应交增值税—未交税金"；小规模纳税人借记"应交增值税"科目，贷记"银行存款"等科目。同时，在预算会计中，按支付的金额，借记"事业支出"科目或"经营支出"科目，贷记"资金结存"科目。

③预交增值税。

单位预交增值税时，借记"应交增值税—预交税金"，贷记"银行存款"等科目。同时，在预算会计中，按支付的金额，借记"事业支出"科目或"经营支出"科目，贷记"资金结存"科目。月末，单位应将"预交税金"明细科目余额转入"未交税金"明细科目，借记"应交增值税—未交税金"，贷记"应交增值税—预交税金"。

④减免增值税。

对于当期直接减免的增值税，借记"应交增值税—应交税金（减免税款）"，贷记"业务活动费用""经营费用"等科目。

按照现行增值税制度规定，单位初次购买增值税税控系统专用设备支付的费用以及缴纳的技术维护费允许在增值税应纳税额中全额抵减的，按照规定抵减的增值税应纳税额，借记"应交增值税—应交税金（减免税款）"（小规模纳税人借记"应交增值税"），贷记"业务活动费用""经营费用"等科目。

【例 5 – 12】某科学事业单位（增值税一般纳税人）开展非独立经营活动。2 × 20 年 7 月发生如下业务：

7 月 2 日购入库存商品一批，取得增值税专用发票，发票上注明商品采购价款 100 万元，增值税进项税额 13 万元，款项已付。该事业单位于当月在增值税发票查询平台对该发票进行了确认，准予抵扣。

7 月 5 日销售商品一批，商品已经发货，开具增值税专用发票，商品价款 300 万元，销项税 39 万元，款项已收到。

7 月 15 日缴纳当月增值税 200 000 元。

7 月 16 日支付的税控系统维护费 1 000 元，按税法规定享受减免税政策。

7 月末计算当月应交未交增值税。

上述业务支出功能分类科目均为"科学技术支出—科技条件与服务—机构运行"。该单位编制如下会计分录：

①购入库存物品验收入库时：

财务会计：

| | | |
|---|---|---|
| 借：库存商品 | 1 000 000 | |
| 　　应交增值税—应交税金（进项税额） | 130 000 | |
| 　　贷：银行存款 | | 1 130 000 |

预算会计：

| | | |
|---|---|---|
| 借：经营支出—机构运行—商品和服务支出—其他商品和服务支出 | | |
| | 1 130 000 | |
| 　　贷：资金结存—货币资金 | | 1 130 000 |

②7 月 5 日销售商品时：

财务会计：

| | | |
|---|---|---|
| 借：银行存款 | 3 390 000 | |
| 　　贷：经营收入 | | 3 000 000 |
| 　　　　应交增值税—应交税金（销项税额） | | 390 000 |

预算会计：

| | | |
|---|---|---|
| 借：资金结存—货币资金 | 3 390 000 | |
| 　　贷：经营预算收入—机构运行 | | 3 390 000 |

③7 月 15 日缴纳当月增值税时：

| | | |
|---|---|---|
| 借：应交增值税—应交税金（已交税金） | 200 000 | |
| 　　贷：银行存款 | | 200 000 |
| 借：经营支出—机构运行—商品和服务支出—税金及附加费用 | 200 000 | |
| 　　贷：资金结存—货币资金 | | 200 000 |

④7 月 16 日支付税控系统维护费时：

财务会计：

借：经营费用—商品和服务费用　　　　　　　　　　1 000

　　贷：银行存款　　　　　　　　　　　　　　　　　　　1 000

同时：

借：应交增值税—应交税金（减免税款）　　　　　　1 000

　　贷：经营费用—商品和服务费用　　　　　　　　　　　1 000

预算会计：

借：经营支出—机构运行—商品和服务支出　　　　　1 000

　　贷：资金结存—货币资金　　　　　　　　　　　　　　1 000

⑤7月末计算应交未交增值税时：

应交增值税 = 39 - 13 - 20 - 0.1 = 5.9（万元）

财务会计：

借：应交增值税—应交税金（转出未交增值税）　　119 000

　　贷：应交增值税—未交税金　　　　　　　　　　　119 000

预算会计不做账务处理。

# 二、其他应交税费

（一）其他应交税费的含义

其他应交税费，是指科学事业单位按照税法等规定计算应交纳的除增值税以外的各种税费，包括城市维护建设税、教育费附加、地方教育费附加、车船税、房产税、城镇土地使用税和企业所得税等。

（二）其他应交税费的确认与计量

对于其他应交税费，科学事业单位应当在发生应税事项导致承担纳税义务时予以确认，按照税法等规定计算的应交税费金额进行计量。

（三）其他应交税费的核算

1. 科目设置。

科学事业单位应设置"其他应交税费"科目，核算城市维护建设税、教育费附加、地方教育费附加、车船税、房产税、城镇土地使用税和企业所得税等。

科学事业单位代扣代缴的个人所得税，也通过"其他应交税费"科目核算。科学事业单位应交纳的印花税不需要预提应交税费，直接通过"业务活动费用""单位管理费用""经营费用"等科目核算，不通过"其他应交税费"科目核算。

本科目应当按照应交纳的税费种类进行明细核算，期末贷方余额，反映单位应交未交的除增值税以外的税费金额；期末如为借方余额，反映单位多交纳的除增值税以外的税费金额。

2. 主要账务处理。

（1）科学事业单位发生城市维护建设税、教育费附加、地方教育费附加、车船税、房产税、城镇土地使用税等纳税义务的，按照税法规定计算的应缴税费金额，借记"业务活动费用""单位管理费用""经营费用"等科目，贷记"其他应交税费（应交城市维护建设税、应交教育费附加、应交地方教育费附加、应交车船税、应交房产税、应交城镇土地使用税等）"科目。

（2）科学事业单位按照税法规定计算应代扣代缴职工（含长期聘用人员）的个人所得税，借记"应付职工薪酬"科目，贷记"其他应交税费（应交个人所得税）"科目。

按照税法规定计算应代扣代缴支付给职工（含长期聘用人员）以外人员劳务费的个人所得税，借记"业务活动费用""单位管理费用"等科目，贷记"其他应交税费（应交个人所得税）"科目。

（3）科学事业单位发生企业所得税纳税义务的，按照税法规定计算的应交所得税额，借记"所得税费用"科目，贷记"其他应交税费"科目（单位应交所得税）。

（4）单位实际交纳上述各种税费时，借记"其他应交税费（应交城市维护建设税、应交教育费附加、应交地方教育费附加、应交车船税、应交房产税、应交城镇土地使用税、应交个人所得税、单位应交所得税等）"科目，贷记"财政拨款收入""零余额账户用款额度""银行存款"等科目。同时，在预算会计中，按支付的金额，借记"事业支出"科目或"经营支出"科目，贷记"资金结存"科目。

【例5-13】某科学事业单位（增值税一般纳税人）2×20年6月按税法规定计算应缴纳的城市维护建设税1 400元、教育费附加600元、地方教育费附加400元，2×20年7月5日以银行存款支付上述税款。该业务支出功能分类科目为"科学技术支出—科技条件与服务—机构运行"。该单位应编制如下会计分录：

①计算确认应交各项税金时：

财务会计：

借：经营费用—税金及附加 2 400
　　贷：其他应交税费—应交城市维护建设税 1 400
　　　　　　　　　—应交教育费附加 600
　　　　　　　　　—应交地方教育费附加 400

预算会计不做账务处理。

②实际缴纳各项税金时：

财务会计：

借：其他应交税费—应交城市维护建设税 1 400
　　　　　　　—应交教育费附加 600
　　　　　　　—应交地方教育费附加 400
　　贷：银行存款 2 400

预算会计：

借：经营支出—机构运行—商品和服务支出—税金及附加费用 2 400
　　贷：资金结存—货币资金 2 400

【例5-14】某科学事业单位2×20年3月工资表代扣款项中应代扣代缴职工的个人所得税金额35 000元。

财务会计：

借：应付职工薪酬——基本工资　　　　　　　　　　　　　　35 000

　　贷：其他应交税费——应交个人所得税　　　　　　　　　　　　35 000

预算会计不做账务处理。

【例5-15】某研究所2×20年3月以零余额账户发放A科研项目外请专家咨询费5 000元（税后）。该业务支出功能分类"科学技术支出——基础研究——机构运行"。该单位应编制如下会计分录：

①计算含税劳务费应发额：

含税劳务费应发额＝5 000÷（1-80%×20%）＝5 952.38（元）

②计算应代扣代缴的个人所得税：

应代扣代缴的个人所得税＝5 952.38-5 000＝952.38（元）

③财务处理：

财务会计：

借：业务活动费用——科研活动费用——商品服务费用——劳务费　　5 952.38

　　贷：其他应交税费——应交个人所得税　　　　　　　　　　　　952.38

　　　　零余额账户用款额度　　　　　　　　　　　　　　　　　5 000

预算会计：

借：事业支出——科研支出——财政拨款支出——机构运行——项目支出——商品和服务支出——劳务费——A科研项目　　　　　　　　　　　　　　　5 000

　　贷：资金结存——零余额账户用款额度　　　　　　　　　　　5 000

【例5-16】续【例5-15】。2×20年4月，通过零余额账户上交3月份代扣个人所得税35 952.38元，其中上交外请专家劳务费代扣个人所得税952.38元。

财务会计：

借：其他应交税费——应交个人所得税　　　　　　　　　　　35 952.38

　　贷：零余额账户用款额度　　　　　　　　　　　　　　　35 952.38

预算会计：

借：事业支出——科研支出——财政拨款支出——机构运行——基本支出——工资福利支出——基本工资　　　　　　　　　　　　　　　　　　35 000

　　事业支出——科研支出——财政拨款支出——机构运行——项目支出——商品和服务支出——劳务费——A科研项目　　　　　　　　　　　　　　952.38

　　贷：资金结存——零余额账户用款额度　　　　　　　　　　35 952.38

【例5-17】某科学事业单位（增值税一般纳税人）2×20年5月按照税法规定计算的应缴所得税5 600元并于次月上缴税款。该业务支出功能分类科目为"科学技术支出——基础研究——机构运行"。该单位应编制如下会计分录：

①计算应缴纳所得税时：

财务会计：

借：所得税费用　　　　　　　　　　　　　　　　　　　　　　5 600

　　贷：其他应交税费——单位应交所得税　　　　　　　　　　　5 600

预算会计不做账务处理。

②实际缴纳时：

财务会计：

借：其他应交税费——单位应交所得税　　　　　　　　5 600

　　贷：银行存款　　　　　　　　　　　　　　　　　　　　5 600

预算会计：

借：非财政拨款结余——累计结余——机构运行　　　　5 600

　　贷：资金结存——货币资金　　　　　　　　　　　　　　5 600

# 第四节　应缴财政款

## 一、应缴财政款的含义及内容

应缴财政款，是指科学事业单位暂时收取、按规定应当上缴国库或财政专户的款项而形成的负债。包括应缴国库的款项和应缴财政专户的款项。不包括科学事业单位按照国家税法等有关规定应当缴纳的各种税费。

科学事业单位应缴财政款主要包括资产对外出租取得的收入、资产处置净收入和报废残值收入。

《中华人民共和国预算法实施条例》第五十六条规定："除依法缴入财政专户的社会保险基金等预算收入外，一切有预算收入上缴义务的部门和单位，必须将应当上缴的预算收入，按照规定的预算级次、政府收支分类科目、缴库方式和期限缴入国库，任何部门、单位和个人不得截留、占用、挪用或者拖欠。"财政部《关于进一步加强和改进行政事业单位国有资产管理工作的通知》（财资〔2018〕108号）第七款："行政事业单位国有资产处置收入和行政单位资产出租出借收入，要按照政府非税收入管理和国库集中收缴制度的有关规定，在扣除相关税费后及时上缴国库，实行'收支两条线'管理。事业单位对外投资和出租出借收入，要纳入单位预算，统一核算、统一管理，严禁形成'账外账'和小金库。"

因此，科学事业单位的资产处置收入应上缴财政，资产的出租、出借收入，如果出租、出借单位属于全额拨款的公益一类科学事业单位，则比照行政单位，应将出租、出借收入上缴财政，其他科学事业单位可不上缴财政，但应纳入单位预算，统一核算、统一管理。科学事业单位应严格按上述有关规定，切实加强应缴财政款的管理，确保各项应缴款项及时上缴，防范违规风险。

## 二、应缴财政款的确认与计量

对于应缴财政款，科学事业单位通常应当在实际收到相关款项时，按照相关规定计算确定的上缴金额予以确认。

## 三、应缴财政款的核算

(一) 科目设置

科学事业单位应设置"应缴财政款"科目，核算单位取得或应收的按照规定应当上缴财政的款项。该科目应当按照应缴财政款项的类别进行明细核算，期末贷方余额，反映单位应当上缴财政但尚未缴纳的款项。年终清缴后，本科目一般应无余额。

(二) 主要账务处理

应缴财政款的主要账务处理如下：

1. 单位取得或应收按照规定应缴财政的款项时，借记"银行存款""应收账款"等科目，贷记本科目。

2. 单位处置资产取得的应上缴财政的处置净收入的账务处理，参见"待处理财产损溢"等科目。

3. 单位上缴应缴财政的款项时，按照实际上缴的金额，借记本科目，贷记"银行存款"科目。

【例5-18】2×20年1月，某全额拨款公益一类科学事业单位经批准将一套闲置设备对外出租，取得租金收入50 000元，款项已收到。该单位应编制如下会计分录：

①收到租金时：

财务会计：

借：银行存款     50 000

    贷：应缴财政款—租金收入     50 000

预算会计不做账务处理。

②上缴财政时：

财务会计：

借：应缴财政款—租金收入     50 000

    贷：银行存款     50 000

预算会计不做账务处理。

【例5-19】2×20年3月，某科学事业单位经批准提前报废复印机一台，账面余额26 000元，已提折旧24 000元，取得变价收入3 000元存入开户行，从银行账户支付清理费用500元。该单位应编制如下会计分录：

①注销处置资产账面价值时：

财务会计：

借：待处理财产损溢—待处理资产价值     2 000

    固定资产累计折旧     24 000

    贷：固定资产—复印机     26 000

预算会计不做账务处理。

②收到处置收入时：

财务会计：

借：银行存款　　　　　　　　　　　　　　　　　　　　　3 000

　　　贷：待处理财产损溢—处理净收入　　　　　　　　　　3 000

预算会计不做账务处理。

③支付清理费用时：

财务会计：

借：待处理财产损溢—处理净收入　　　　　　　　　　　　　500

　　　贷：银行存款　　　　　　　　　　　　　　　　　　　　500

预算会计不做账务处理。

④处置净收入上缴财政时：

处置净收入 = 3 000 - 500 = 2 500（元）

财务会计：

借：待处理财产损溢—处理净收入　　　　　　　　　　　　2 500

　　　贷：应缴财政款—资产处置净收入　　　　　　　　　　2 500

预算会计不做账务处理。

⑤经批准后核销该项资产账面价值时：

财务会计：

借：资产处置费用—通用设备—复印机　　　　　　　　　　2 000

　　　贷：待处理财产损溢—待处理资产价值　　　　　　　　2 000

预算会计不做账务处理。

# 第五节　应付职工薪酬

## 一、应付职工薪酬的含义及内容

应付职工薪酬，是指科学事业单位为获得职工（含长期聘用人员）提供的服务而给予各种形式的报酬或因辞退等原因而给予职工补偿所形成的负债。

应付职工薪酬包括基本工资、国家统一规定的津贴补贴、规范津贴补贴（绩效工资）、改革性补贴、社会保险费（如职工基本养老保险费、职业年金、基本医疗保险费等）、住房公积金等。

## 二、应付职工薪酬的确认与计量

除因辞退等原因给予职工的补偿和下列情形外，科学事业单位应当在职工为其提供服务的会计期间，将应支付的职工薪酬确认为负债，并计入当期费用。

1. 科学事业单位因辞退等原因给予职工的补偿，应当于相关补偿金额报经批准时确认为负债，并计入当期费用。

2. 在将应付职工薪酬计入当期费用时，科学事业单位应当根据职工提供服务的受益对象，分情况处理：应由自制物品负担的职工薪酬，计入自制物品成本；应由工程项目负担的职工薪酬，属于工程项目建设期间发生的，计入工程成本；不属于工程项目建设期间发生的，计入当期费用；应由自行研发项目负担的职工薪酬，在研究阶段发生的，计入当期费用，在开发阶段发生并且最终形成无形资产的，计入无形资产成本。

应付职工薪酬按有关规定计算确定的金额进行计量。

## 三、应付职工薪酬的核算

（一）科目设置

科学事业单位应当设置"应付职工薪酬"科目，核算应付给职工（含长期聘用人员）及为职工支付的各种薪酬，"应付职工薪酬"科目应当根据国家有关规定按照"基本工资（含离退休费）""国家统一规定的津贴补贴""规范津贴补贴（绩效工资）""改革性补贴""社会保险费""住房公积金""其他个人收入"等进行明细核算。其中，"社会保险费""住房公积金"明细科目核算内容包括单位从职工工资中代扣代缴的社会保险费、住房公积金，以及单位为职工计算缴纳的社会保险费、住房公积金。"应付职工薪酬"科目期末贷方余额，反映单位应付未付的职工薪酬。

（二）主要账务处理

应付职工薪酬的核算主要包括：

1. 单位计算确认当期应付职工薪酬（含单位为职工计算缴纳的社会保险费、住房公积金）。

（1）计提从事专业及其辅助活动人员的职工薪酬，借记"业务活动费用""单位管理费用"科目，贷记"应付职工薪酬"科目。

（2）计提应由在建工程、加工物品、自行研发无形资产负担的职工薪酬，借记"在建工程""加工物品""研发支出"等科目，贷记"应付职工薪酬"科目。

（3）计提从事专业及其辅助活动之外的经营活动人员的职工薪酬，借记"经营费用"科目，贷记"应付职工薪酬"科目。

（4）因解除与职工的劳动关系而给予的补偿，借记"单位管理费用"等科目，贷记"应付职工薪酬"科目。

2. 向职工支付工资、津贴补贴等薪酬时，按照实际支付的金额，借记"应付职工薪酬"科目，贷记"财政拨款收入""零余额账户用款额度""银行存款"等科目。同时，在预算会计中，按支付的金额，借记"事业支出"或"经营支出"科目，贷记"财政拨款预算收入"或"资金结存"科目。

3. 按照税法规定代扣职工个人所得税时，借记"应付职工薪酬"科目（基本工资），贷记"其他应交税费—应交个人所得税"科目。

从应付职工薪酬中代扣为职工垫付的水电费、房租等费用时，按照实际扣除的金额，借记"应付职工薪酬"科目（基本工资），贷记"其他应收款"等科目。

从应付职工薪酬中代扣社会保险费和住房公积金，按照代扣的金额，借记"应付职工薪酬"科目（基本工资），贷记"应付职工薪酬（社会保险费、住房公积金）"科目。

4. 按照国家有关规定缴纳职工社会保险费和住房公积金时，按照实际支付的金额，借记"应付职工薪酬"科目（社会保险费、住房公积金），贷记"财政拨款收入""零余额账户用款额度""银行存款"等科目。同时，在预算会计中，按支付的金额，借记"事业支出"或"经营支出"科目，贷记"财政拨款预算收入"或"资金结存"科目。

5. 从应付职工薪酬中支付的其他款项，借记"应付职工薪酬"科目，贷记"零余额账户用款额度""银行存款"等科目。同时，在预算会计中，按支付的金额，借记"事业支出"或"经营支出"科目，贷记"财政拨款预算收入"或"资金结存"科目。

【例5－20】某研究院2×20年7月工资表如表5－3所示：

表5－3

单位：某研究院　　　　　　　　　　2×20年7月工资表　　　　　　　　　　单位：元

| 人员类别＼工资项目 | 基本工资（含岗位工资和薪级工资） | 规范津贴补贴（含基础绩效和奖励绩效） | 取暖补贴 | 住房公积金 | 应发工资合计 | 扣公积金 | | | 扣医疗保险 | 扣养老保险 | 扣个人职业年金 | 代扣税金 | 扣款合计 | 实发工资 |
| | | | | | | 单位部分 | 个人部分 | 小计 | | | | | | |
|---|---|---|---|---|---|---|---|---|---|---|---|---|---|---|
| 行政后勤人员 | 60 000 | 80 000 | 6 000 | 16 800 | 162 800 | 16 800 | 9 800 | 26 600 | 2 800 | 11 200 | 5 600 | 2 300 | 48 500 | 114 300 |
| 科研人员 | 120 000 | 140 000 | 8 000 | 31 200 | 299 200 | 31 200 | 16 200 | 47 400 | 5 200 | 20 800 | 10 400 | 4 600 | 88 400 | 210 800 |
| 合计 | 180 000 | 220 000 | 14 000 | 48 000 | 462 000 | 48 000 | 26 000 | 74 000 | 8 000 | 32 000 | 16 000 | 6 900 | 136 900 | 325 100 |

当月，该单位发生如下业务：

（1）7月12日，计提当月应付职工薪酬并代扣个人所得税、社会保险费、住房公积金等；

（2）7月12日，以零余额账户用款额度转入基本户代发当月工资；

（3）7月15日，从零余额账户用款额度转入基本户74 000元上缴住房公积金（单位部分48 000元，个人部分26 000元）；

（4）7月25日，根据"医疗生育保险费征缴通知单"，从零余额账户用款额度转入基本户40 000元上缴本月医疗保险费，单位部分32 000元（其中：行政后勤人员11 200元，科研人员20 800元），个人部分8 000元（其中：行政后勤人员2 800元，科研人员5 200元）；

（5）7月25日，根据社会保险基金缴费专用票据，从零余额账户用款额度转入基本户 96 000 元上缴本月养老保险费，单位部分 64 000 元（其中：行政后勤人员 22 400元，科研人员 41 600 元），个人部分 32 000 元（其中：行政后勤人员 11 200 元，科研人员 20 800 元）；

（6）7 月 26 日，从零余额账户用款额度转入基本户 16 000 元上缴个人部分职业年金（其中：行政后勤人员 5 600 元，科研人员 10 400 元）。

该业务支出功能分类科目为"科学技术支出—基础研究—机构运行"。根据以上资料，该单位应做如下会计分录：

（1）7 月 12 日，计提当月应付职工薪酬并代扣个人所得税、社会保险费、住房公积金时：

财务会计：

| | | |
|---|---|---|
| 借：单位管理费用—工资福利费用 | | 162 800 |
| 业务活动费用—科研活动费用—工资福利费用 | | 299 200 |
| 贷：应付职工薪酬—基本工资 | | 180 000 |
| —规范津贴补贴 | | 220 000 |
| —改革性补贴 | | 14 000 |
| —住房公积金 | | 48 000 |

预算会计不做账务处理。

代扣个人所得税、社会保险费、住房公积金时：

财务会计：

| | | |
|---|---|---|
| 借：应付职工薪酬—基本工资 | | 88 900 |
| 贷：应付职工薪酬—住房公积金 | | 26 000 |
| —社会保险费—医疗保险费 | | 8 000 |
| —社会保险费—养老保险费 | | 32 000 |
| —社会保险费—职业年金 | | 16 000 |
| 其他应交税费—应交个人所得税 | | 6 900 |

预算会计不做账务处理。

（2）7 月 12 日，以零余额账户用款额度转入基本户代发当月工资时：

①从零余额账户转入基本户时：

财务会计：

| | | |
|---|---|---|
| 借：银行存款 | | 325 100 |
| 贷：零余额账户用款额度 | | 325 100 |

预算会计：

| | | |
|---|---|---|
| 借：资金结存—货币资金—财政拨款资金 | | 325 100 |
| 贷：资金结存—零余额账户用款额度 | | 325 100 |

②代发工资时：

财务会计：

| | | |
|---|---|---|
| 借：应付职工薪酬—基本工资 | | 91 100 |
| —规范津贴补贴 | | 220 000 |

    —改革性补贴         14 000

   贷：银行存款          325 100

预算会计：

借：事业支出—管理支出—财政拨款支出—机构运行—基本支出—工资福利支出—

 基本工资             28 300

   —科研支出—财政拨款支出—机构运行—基本支出—工资福利支

   出—基本工资        62 800

   —管理支出—财政拨款支出—机构运行—基本支出—工资福利支

   出—津贴补贴        86 000

   —科研支出—财政拨款支出—机构运行—基本支出—工资福利支

   出—津贴补贴       148 000

   贷：资金结存—货币资金—财政拨款资金    325 100

（3）7月15日，从零余额账户转入基本户上缴住房公积金时：

①从零余额账户转入基本户时：

财务会计：

借：银行存款            74 000

   贷：零余额账户用款额度       74 000

预算会计：

借：资金结存—货币资金—财政拨款资金     74 000

   贷：资金结存—零余额账户用款额度    74 000

②上缴公积金时：

财务会计：

借：应付职工薪酬—住房公积金       74 000

   贷：银行存款          74 000

预算会计：

借：事业支出—管理支出—财政拨款支出—机构运行—基本支出—工资福利支

 出—基本工资          9 800

   —科研支出—财政拨款支出—机构运行—基本支出—工资福利支

   出—基本工资        16 200

   —管理支出—财政拨款支出—住房公积金—基本支出—工资福利

   支出—住房公积金       16 800

   —科研支出—财政拨款支出—住房公积金—基本支出—工资福利

   支出—住房公积金       31 200

   贷：资金结存—货币资金—财政拨款资金    74 000

（4）7月25日，从零余额账户转入基本户并上缴本月医疗保险费：

①计提单位承担部分医疗保险费时：

财务会计：

借：业务活动费—科研活动费用—工资福利费用   20 800

      单位管理费用—工资福利费用                        11 200

        贷：应付职工薪酬—社会保险费—医疗保险费        32 000

预算会计不做账务处理。

②从零余额账户转入基本户时：

财务会计：

借：银行存款                      40 000

    贷：零余额账户用款额度           40 000

预算会计：

借：资金结存—货币资金—财政拨款资金      40 000

    贷：资金结存—零余额账户用款额度    40 000

③上缴时：

财务会计：

借：应付职工薪酬—社会保险费—医疗保险费   40 000

    贷：银行存款              40 000

预算会计：

借：事业支出—管理支出—财政拨款支出—机构运行—基本支出—工资福利支出—基本工资    2 800

        —科研支出—财政拨款支出—机构运行—基本支出—工资福利支出—基本工资    5 200

        —管理支出—财政拨款支出—事业单位医疗—基本支出—工资福利支出—职工基本医疗保险缴费    11 200

        —科研支出—财政拨款支出—事业单位医疗—基本支出—工资福利支出—职工基本医疗保险缴费    20 800

    贷：资金结存—货币资金—财政拨款资金   40 000

（5）7月25日，从零余额账户转入基本户上缴本月养老保险费：

①计提单位承担部分养老保险费时：

财务会计：

借：业务活动费—科研活动费用—工资福利费用   41 600

    单位管理费用—工资福利费用          22 400

    贷：应付职工薪酬—社会保险费—养老保险费  64 000

预算会计不做账务处理。

②转入基本户时：

财务会计：

借：银行存款                 96 000

    贷：零余额账户用款额度      96 000

预算会计：

借：资金结存—货币资金—财政拨款资金     96 000

    贷：资金结存—零余额账户用款额度  96 000

③上缴时：

财务会计：

借：应付职工薪酬—社会保险费—养老保险费 96 000

　　贷：银行存款 96 000

预算会计：

借：事业支出—管理支出—财政拨款支出—机构运行—基本支出—工资福利支出—基本工资 11 200

　　　　—科研支出—财政拨款支出—机构运行—基本支出—工资福利支出—基本工资 20 800

　　　　—管理支出—财政拨款支出—机关事业单位基本养老保险缴费支出—基本支出—工资福利支出—机关事业单位基本养老缴费 22 400

　　　　—科研支出—财政拨款支出—机关事业单位基本养老保险缴费支出—基本支出—工资福利支出—机关事业单位基本养老缴费 41 600

　　贷：资金结存—货币资金—财政拨款资金 96 000

（6）7月26日，从零余额账户转入基本户上缴个人部分职业年金：

①转入基本户时：

财务会计：

借：银行存款 16 000

　　贷：零余额账户用款额度 16 000

预算会计：

借：资金结存—货币资金—财政拨款资金 16 000

　　贷：资金结存—零余额账户用款额度 16 000

②上缴时：

财务会计：

借：应付职工薪酬—社会保险费—职业年金缴费 16 000

　　贷：银行存款 16 000

预算会计：

借：事业支出—管理支出—财政拨款支出—机构运行—基本支出—工资福利支出—基本工资 5 600

　　　　—科研支出—财政拨款支出—机构运行—基本支出—工资福利支出—基本工资 10 400

　　贷：资金结存—货币资金—财政拨款资金 16 000

【例5－21】续【例5－20】。8月5日从零余额账户转入基本户6 900元，上缴7月份个人所得税（其中：行政后勤人员2 300元，科研人员4 600元）。

①转入基本户时：

财务会计：

借：银行存款　　　　　　　　　　　　　　　　　　6 900
　　贷：零余额账户用款额度　　　　　　　　　　　　6 900
预算会计：
借：资金结存—货币资金—财政拨款资金　　　　　　6 900
　　贷：资金结存—零余额账户用款额度　　　　　　　6 900
②缴纳税款时：
财务会计：
借：其他应交税费—应交个人所得税　　　　　　　　6 900
　　贷：银行存款　　　　　　　　　　　　　　　　　6 900
预算会计：
借：事业支出—管理支出—财政拨款支出—机构运行—基本支出—工资福利支
　　出—基本工资　　　　　　　　　　　　　　　　　2 300
　　　　　—科研支出—财政拨款支出—机构运行—基本支出—工资福利支
　　　　　出—基本工资　　　　　　　　　　　　　　4 600
　　贷：资金结存—货币资金—财政拨款资金　　　　　6 900

# 第六节　应付及预收款项

应付及预收款项，是科学事业单位在开展业务活动中发生的除短期借款、应交税金、应付职工薪酬和应缴财政款以外的各项债务，包括应付票据、应付账款、应付利息、预收账款、其他应付款、长期应付款等。

## 一、应付票据

（一）应付票据的含义及种类

应付票据，是指在商品购销活动中采用商业汇票结算方式而发生的，由出票人出票，委托付款人在指定日期无条件支付确定的金额给收款人或者持票人的票据。

商业汇票，是指收款人或付款人（或承兑申请人）签发，由承兑人承兑，并于到期日向收款人或被背书人支付款项的票据。

商业汇票按照不同的承兑人可以分为商业承兑汇票和银行承兑汇票。由银行承兑的汇票为银行承兑汇票，由银行以外的单位承兑的汇票为商业承兑汇票。

在我国，商业汇票的付款期限最长为 6 个月。商业汇票按是否带息，分为带息票据和不带息票据。带息票据是指按票据上表明的利率，在票据票面金额上加上利息的票据，所以，到期承兑时，除支付票面金额外，还要支付利息。不带息票据是指票据到期时按面值支付，票据上无利息的规定。

（二）应付票据的核算

1. 科目设置。

科学事业单位应设置"应付票据"科目，核算因购买材料、物资等而开出、承兑的商业汇票。本科目应当按照债权单位进行明细核算。科目期末贷方余额，反映科学事业单位开出承兑的尚未到期的应付票据金额。

科学事业单位应当设置"应付票据备查簿"，详细登记每一个应付票据的种类号数、出票日期、到期日、票面金额、交易合同号、收款人姓名或单位名称，以及付款日期和金额等资料。应付票据到期结清票款后，应当在备查簿内逐笔注销。

2. 主要账务处理。

（1）开出、承兑商业汇票时，借记"库存物品""固定资产"等科目，贷记"应付票据"科目。涉及增值税业务的，相关账务处理参见"应交增值税"科目。以商业汇票抵付应付账款时，借记"应付账款"科目，贷记"应付票据"科目。

（2）支付银行承兑汇票的手续费时，借记"业务活动费用""经营费用"等科目，贷记"银行存款""零余额账户用款额度"等科目。同时，在预算会计中，按支付的金额，借记"事业支出"或"经营支出"科目，贷记"资金结存"科目。

（3）商业汇票到期时，应当分别按以下情况处理：

①收到银行支付到期票据的付款通知时，借记"应付票据"科目，贷记"银行存款"科目。同时，在预算会计中，按支付的金额，借记"事业支出"或"经营支出"科目，贷记"资金结存"科目。

②银行承兑汇票到期，单位无力支付票款的，按照应付票据账面余额，借记"应付票据"科目，贷记"短期借款"科目。同时，在预算会计中，按支付的金额，借记"事业支出"或"经营支出"科目，贷记"债务预算收入"科目。

③商业承兑汇票到期，单位无力支付票款的，按照应付票据账面余额，借记"应付票据"科目，贷记"应付账款"科目。

【例 5－22】2×20 年 6 月 5 日，某科学事业单位（小规模纳税人）开展非独立核算经营业务，购买材料一批，取得增值税专用发票注明材料价款 50 000 元，进项税额 6 500 元。开出一张不带息商业承兑汇票面额为 56 500 元，期限 3 个月，银行收取手续费 30 元。材料已经验收入库。该业务支出功能分类科目为"科学技术支出—基础研究—机构运行"。该单位应编制如下会计分录：

财务会计：

借：库存物品—×材料 　　　　　　　　　　　　　　56 500

　　贷：应付票据—某供应商 　　　　　　　　　　　　　　56 500

借：经营费用—商品和服务费用—手续费 　　　　　　　30

　　贷：银行存款 　　　　　　　　　　　　　　　　　　　30

预算会计：

借：经营支出—机构运行—商品和服务支出—手续费 　30

　　贷：资金结存—货币资金 　　　　　　　　　　　　　　30

【例 5－23】2×20 年 7 月 23 日，某科学事业单位（一般纳税人）购入实验室备品一批，取得增值税专用发票注明价款 30 000 元，进项税额 3 900 元，发票已经税务机关认证，准予抵扣。该单位开出一张银行承兑汇票，面额 33 900 元，期限 3 个月。备品已验收入库。该业务支出功能分类科目为"科学技术支出—科技条件与服务—机构运行"。该单位应编制如下会计分录：

财务会计：

借：库存物品—×备品　　　　　　　　　　　　　　　　　30 000

　　应交增值税—应交税金（进项税额）　　　　　　　　　3 900

　　　贷：应付票据—某供应商　　　　　　　　　　　　　　　33 900

预算会计不做账务处理。

【例 5－24】续【例 5－22】。2×20 年 9 月 5 日，该科学事业单位上述商业汇票已经到期，收到银行通知，兑付票据款 56 500 元。该单位应编制如下会计分录：

财务会计：

借：应付票据—某供应商　　　　　　　　　　　　　　　56 500

　　　贷：银行存款　　　　　　　　　　　　　　　　　　　56 500

预算会计：

借：经营支出—机构运行—商品和服务支出—专用材料费　　56 500

　　　贷：资金结存—货币资金　　　　　　　　　　　　　　56 500

【例 5－25】续【例 5－22】。假设 2×20 年 9 月 5 日，上述商业汇票到期后，该事业单位因资金紧张，无力承兑。该单位应编制如下会计分录：

财务会计：

借：应付票据　　　　　　　　　　　　　　　　　　　　56 500

　　　贷：应付账款　　　　　　　　　　　　　　　　　　　56 500

预算会计不做账务处理。

【例 5－26】续【例 5－23】。2×20 年 10 月 23 日，该银行承兑汇票到期，因该科学事业单位暂时的资金周转问题，账户余额不足不能承兑，转为短期借款。

财务会计：

借：应付票据—某供应商　　　　　　　　　　　　　　　33 900

　　　贷：短期借款　　　　　　　　　　　　　　　　　　　33 900

预算会计：

借：事业支出—科研活动支出—非财政专项资金支出—机构运行—项目支出—商

　　品和服务支出—专用材料费　　　　　　　　　　　　　33 900

　　　贷：债务预算收入　　　　　　　　　　　　　　　　　33 900

## 二、应付账款

### （一）应付账款的含义

应付账款，是指科学事业单位因取得资产、接受劳务、开展工程建设等而形成的偿还期限在 1 年以内（含 1 年）的应付款项。

（二）应付账款的确认与计量

科学事业单位应当在取得资产、接受劳务，或外包工程完成规定进度时，按照应付未付款项的金额予以确认。

（三）应付账款的核算

1. 科目设置。

科学事业单位设置"应付账款"科目，核算因购买物资、接受服务、开展工程建设等而应付的偿还期限在1年以内（含1年）的款项。本科目应当按照债权人进行明细核算。对于建设项目，还应设置"应付器材款""应付工程款"等明细科目，并按照具体项目进行明细核算。本科目期末贷方余额，反映科学事业单位尚未支付的应付账款金额。

2. 主要财务处理。

（1）收到所购材料、物资、设备或服务以及确认完成工程进度但尚未付款时，根据发票及账单等有关凭证，按照应付未付款项的金额，借记"库存物品""固定资产""在建工程"等科目，贷记"应付账款"科目。涉及增值税业务的，相关账务处理参见"应交增值税"科目。

【例5-27】某科学事业单位（一般纳税人）2×20年6月25日购买办公用电脑2台，取得专用发票，注明不含增值税价格10 000元，增值税1 300元，电脑已收到并验收合格，款项未付。该业务支出功能分类科目为"科学技术支出—科技条件与服务—机构运行"。该单位应编制如下会计分录：

①电脑验收合格交付使用时：

财务会计：

借：固定资产—通用设备　　　　　　　　　　　　　　　　　10 000

　　应交增值税—待认证进项税额　　　　　　　　　　　　　　1 300

　　　贷：应付账款—某供应商　　　　　　　　　　　　　　　　　11 300

预算会计不做账务处理。

②经税务机关认证，该业务增值税进项税不可抵扣时：

财务会计：

借：应交增值税—应交税金（进项税额）　　　　　　　　　　1 300

　　　贷：应交增值税—待认证进项税额　　　　　　　　　　　　　1 300

借：固定资产—通用设备　　　　　　　　　　　　　　　　　1 300

　　　贷：应交增值税—应交税金（进项税额转出）　　　　　　　　1 300

预算会计不做账务处理。

（2）偿付应付账款时，按照实际支付的金额，借记"应付账款"科目，贷记"财政拨款收入""零余额账户用款额度""银行存款"等科目。同时，在预算会计中，按支付的金额，借记"事业支出"科目，贷记"资金结存"科目。

【例5-28】续【例5-27】。该单位2×20年7月10日以零余额账户支付上述购买电脑所欠款项11 300元。该单位应编制如下会计分录：

财务会计：

借：应付账款—某供应商　　　　　　　　　　　　　　　　　11 300

　　　　贷：零余额账户用款额度　　　　　　　　　　　　　　　　11 300

预算会计：

借：事业支出—管理支出—财政拨款支出—机构运行—基本支出—资本性支出—

　　办公设备购置　　　　　　　　　　　　　　　　　　　　　11 300

　　贷：资金结存—零余额账户用款额度　　　　　　　　　　　　11 300

　　（3）开出、承兑商业汇票抵付应付账款时，借记"应付账款"科目，贷记"应付票据"科目。

【例5－29】续【例5－27】。假设该单位2×20年7月10日，该科学事业单位开具商业承兑汇票一张，金额11 300元，用于抵付前欠采购电脑的应付账款。该单位应编制如下会计分录：

财务会计：

借：应付账款—某供应商　　　　　　　　　　　　　　　　　11 300

　　贷：应付票据　　　　　　　　　　　　　　　　　　　　　11 300

预算会计不做账务处理。

　　（4）无法偿付或债权人豁免偿还的应付账款，应当按照规定报经批准后进行账务处理。经批准核销时，借记"应付账款"科目，贷记"其他收入"科目。核销的应付账款应在备查簿中保留登记。

【例5－30】某科学事业单位开展往来款项清查工作，在清理应付账款时发现单位2007年采购物品形成的应付账款因对方企业注销已确定无法支付，金额3 800元。经批准予以核销。

财务会计：

借：应付账款—某供应商　　　　　　　　　　　　　　　　　3 800

　　贷：其他收入—无法偿付的款项　　　　　　　　　　　　　3 800

预算会计不做账务处理。

## 三、应付利息

（一）应付利息的含义

应付利息，是指科学事业单位按照合同约定应支付的借款利息，包括短期借款、分期付息到期还本的长期借款等应支付的利息。

（二）应付利息的确认与计量

科学事业单位应当按照借款本金和合同或协议约定的利率按期计提举借债务的利息。对于属于流动负债的举借债务以及属于非流动负债的分期付息、一次还本的举借债务，应当将计算确定的应付未付利息确认为流动负债，计入应付利息；对于其他举借债务，应当将计算确定的应付未付利息确认为非流动负债，计入相关非流动负债的账面余额。

（三）应付利息的核算

1. 科目设置。

科学事业单位应设置"应付利息"科目，核算单位按照合同约定应支付的借款利息，包括短期借款、分期付息到期还本的长期借款等应支付的利息。本科目应当按照债权人等进行明细核算，期末贷方余额，反映事业单位应付未付的利息金额。

2. 主要账务处理。

（1）为建造固定资产、公共基础设施等借入的专门借款的利息，属于建设期间发生的，按期计提利息费用时，按照计算确定的金额，借记"在建工程"科目，贷记"应付利息"科目；不属于建设期间发生的，按期计提利息费用时，按照计算确定的金额，借记"其他费用"科目，贷记"应付利息"科目。

（2）对于其他借款，按期计提利息费用时，按照计算确定的金额，借记"其他费用"科目，贷记"应付利息"科目。

（3）实际支付应付利息时，按照支付的金额，借记"应付利息"科目，贷记"银行存款"等科目。同时，在预算会计中，按支付的金额，借记"其他支出"科目，贷记"资金结存"科目。

【例5-31】某省机电研究设计院由于业务需要，经批准于2×20年4月1日向交通银行借入期限为一年的流动资金借款1 000万元，借款利率6%，并在该行开立贷款账户，双方约定按季度支付利息，2×21年4月1日到期偿还本金。该业务支出功能分类科目为"科学技术支出—科技条件与服务—机构运行"。该单位应编制如下会计分录：

①2×20年4月1日取得借款时：

财务会计：

借：银行存款—交通银行（贷款账户）　　　　　　　　　　10 000 000

　　贷：短期借款—交通银行　　　　　　　　　　　　　　　10 000 000

预算会计：

借：资金结存—货币资金　　　　　　　　　　　　　　　　10 000 000

　　贷：债务预算收入—机构运行　　　　　　　　　　　　　10 000 000

②按月计提借款利息时：

财务会计：

借：其他费用—利息费用　　　　　　　　　　　　　　　　　　50 000

　　贷：应付利息—交通银行　　　　　　　　　　　　　　　　　50 000

预算会计不做账务处理。

③每季末支付借款利息时：

财务会计：

借：应付利息—交通银行　　　　　　　　　　　　　　　　　150 000

　　贷：银行存款—交通银行　　　　　　　　　　　　　　　　150 000

预算会计：

借：其他支出—其他资金支出—机构运行—债务利息及费用支出　50 000

　　贷：资金结存—货币资金　　　　　　　　　　　　　　　　　50 000

④2×21年4月1日到期归还借款本金时：

财务会计：

借：短期借款—交通银行　　　　　　　　　　　　　　10 000 000
　　贷：银行存款—交通银行　　　　　　　　　　　　　10 000 000
预算会计：
借：债务还本支出—机构运行—商品和服务支出—其他商品和服务支出
　　　　　　　　　　　　　　　　　　　　　　　　　10 000 000
　　贷：资金结存—货币资金　　　　　　　　　　　　10 000 000

## 四、预收账款

（一）预收账款的含义

预收账款，是指科学事业单位按照货物、服务合同或协议或者相关规定，向接受货物或服务的主体预先收款而形成的负债。一般包括预收的货款、预收服务费、预收非同级财政项目款、预收横向课题项目款等。

（二）确认与计量

对于预收账款，科学事业单位应当在收到预收款项时，按照实际收到款项的金额予以确认。

（三）预收账款的核算

1. 科目设置。

科学事业单位应设置"预收账款"科目，核算预先收取但尚未结算的款项。该科目应当按照债权人进行明细核算。本科目期末贷方余额，反映科学事业单位预收但尚未结算的款项金额。

2. 主要账务处理。

（1）从付款方预收款项时，按照实际预收的金额，借记"银行存款"等科目，贷记本科目。同时，在预算会计中，按收到的金额，借记"资金结存—货币资金"科目，贷记"事业预算收入"或"经营预算收入"科目。

【例5-32】某科研事业单位（增值税一般纳税人）2×20年5月5日开展非独立核算经营业务，与A公司签订销货合同，销售物品一批，物品价款50 000元，销项税额6 500元，双方约定合同签订后A公司预先支付购货款30 000元，其余款项在交货后付清，交货期为20天。2×20年5月8日该科研事业单位银行账户收到A公司预付货款30 000元。该业务支出功能分类科目为"科学技术支出—科技条件与服务—机构运行"。该单位应编制如下会计分录：

财务会计：
借：银行存款　　　　　　　　　　　　　　　　　　　　30 000
　　贷：预收账款—A公司　　　　　　　　　　　　　　30 000
预算会计：
借：资金结存—货币资金　　　　　　　　　　　　　　　30 000
　　贷：经营预算收入—机构运行　　　　　　　　　　　30 000

（2）确认有关收入时，按照预收账款账面余额，借记本科目，按照应确认的收入金额，贷记"事业收入""经营收入"等科目，按照付款方补付或退回付款方的金额，借或贷记"银行存款"等科目。同时，在预算会计中，按照收到的补付款项金额，借记"资金结存—货币资金"科目，贷记"事业预算收入"或"经营预算收入"科目，按退回付款方的金额，借记"事业预算收入"或"经营预算收入"科目，贷记"资金结存—货币资金"科目。涉及增值税业务的，相关账务处理参见"应交增值税"科目。

【例5-33】续【例5-32】。2×20年5月25日，该科学事业单位将货物交付给A公司并开具增值税发票，价款50 000元，增值税6 500元，A公司收到物品验收合格后支付剩余货款26 500元。该单位应编制如下会计分录：

财务会计：

借：预收账款                           30 000

     银行存款                        26 500

    贷：经营收入                     50 000

        应交增值税—应交税金（销项税额）  6 500

预算会计：

借：资金结存—货币资金            26 500

    贷：经营预算收入—机构运行       26 500

（3）无法偿付或债权人豁免偿还的预收账款，应当按照规定报经批准后进行账务处理。经批准核销时，借记本科目，贷记"其他收入"科目。核销的预收账款应在备查簿中保留登记。

【例5-34】甲研究院2003年形成的一笔预收账款，金额12 000元，由于对方单位已注销，无法偿还，经批准转入其他收入。该业务支出功能分类科目为"科学技术支出—应用研究—机构运行"。该单位应编制如下会计分录：

财务会计：

借：预收账款                     12 000

    贷：其他收入                 12 000

预算会计不做账务处理。

（4）合作项目款的账务处理。

合作项目款，是指科学事业单位从非同级政府财政部门取得的，需要与其他单位合作完成的科技项目（课题）款项。

①从付款方预收款项时，在财务会计下，按照收到的款项金额，借记"银行存款"等科目，贷记"预收账款"科目；同时，在预算会计中，按照相同的金额，借记"资金结存—货币资金"科目，贷记"事业预算收入"科目。

②按照合同规定将合作项目款转拨合作单位时，在财务会计下，按照实际转拨的金额，借记"预收账款"科目，贷记"银行存款"等科目；同时，在预算会计中，按照相同的金额，借记"事业预算收入"科目［转拨当年收到的合作项目款］或"非财政拨款结转"科目［转拨以前年度收到的合作项目款］，贷记"资金结存—货币资金"科目。

③按照合同完成进度确认本单位科研收入时，可以根据实际从累计实际发生的合同成本占合同预计总成本的比例、已经完成的合同工作量占合同预计总工作量的比例、已经完成的时间占合同期限的比例、实际测定的完工进度等方法中选择合适的方法，合理确定合同完成进度。按照计算确认收入的金额，借记"预收账款"科目，贷记"事业收入"科目。

④发生因科技项目（课题）终止等情形，需按照规定将项目剩余资金退回项目（课题）立项部门时，对本单位承担项目使用的剩余资金，在财务会计中，按照实际退回的金额，借记"预收账款"科目［尚未确认收入］或"事业收入"科目［已经确认收入］，贷记"银行存款"等科目；同时，在预算会计中，按照相同的金额，借记"事业预算收入"科目［本年度取得的合作项目款］或"非财政拨款结转"科目［以前年度取得的合作项目款］，贷记"资金结存—货币资金"科目。

对合作单位承担项目使用的剩余资金，于收回时按照收回的金额，借记"银行存款"等科目，贷记"其他应付款"科目；转退回给项目（课题）立项部门时，借记"其他应付款"科目，贷记"银行存款"等科目。

【例5-35】A研究所为某省科学技术厅下属科学研究事业单位。2×20年3月1日，A研究所收到该省教育厅拨入科研项目经费120万元，按项目任务书规划，该项目由A研究所与B单位合作完成。2×20年3月10日，A研究所按照项目任务书约定转拨给B合作单位科研项目经费60万元。A研究所采用根据实际测定完工进度的方法确认事业收入。2×20年末，A研究所经测算，已完成合同工作量的50%。该业务支出功能分类科目为"科学技术支出—应用研究—机构运行"。该单位应编制如下会计分录：

①A研究所收到项目拨款时：

财务会计：

借：银行存款 1 200 000
　　贷：预收账款—某省教育厅 1 200 000

预算会计：

借：资金结存—货币资金 1 200 000
　　贷：事业预算收入—科研预算收入—机构运行—非同级财政拨款预算收入—某省教育厅 1 200 000

②A研究所转拨给B单位合作款时：

财务会计：

借：预收账款—某省教育厅 600 000
　　贷：银行存款 60 000

预算会计：

借：事业预算收入—科研预算收入—机构运行—非同级财政拨款预算收入—某省教育厅 600 000
　　贷：资金结存—货币资金 600 000

③A研究所年底按完工进度确认收入：

财务会计：

借：预收账款—某省教育厅 300 000

贷：事业收入—科研收入—非同级财政拨款收入—某省教育厅 300 000

预算会计不做账务处理。

【例5-36】续【例5-35】。假设上述项目2×21年2月5日因故终止，研究所项目剩余资金250 000元，合作单位B单位项目剩余资金300 000元，按项目任务书约定返回给拨款单位。2×21年2月6日，A研究所将本单位剩余资金支付给某省教育厅。2×21年2月10日收到B单位转来的项目剩余资金并于次日转给某省教育厅。该单位应编制如下会计分录：

①A研究所将本单位剩余资金转回省教育厅时：

财务会计：

借：预收账款—某省教育厅 250 000

贷：银行存款 250 000

预算会计：

借：非财政拨款结转—缴回资金—机构运行—某科研项目 250 000

贷：资金结存—货币资金 250 000

②A研究所收到合作单位转来剩余资金时：

财务会计：

借：银行存款 300 000

贷：其他应付款—某省教育厅 300 000

预算会计不做账务处理。

③A研究所将合作单位剩余资金转回省教育厅时：

财务会计：

借：其他应付款—某省教育厅 300 000

贷：银行存款 300 000

预算会计不做账务处理。

# 五、其他应付款

（一）其他应付款的含义

其他应付款，是指各项偿还期限在1年内（含1年）的，除应交增值税、其他应交税费、应缴财政款、应付职工薪酬、应付票据、应付账款、应付政府补贴款、应付利息、预收账款以外的应付及暂收款项，包括科学事业单位暂时收取，随后应退还给其他方的押金或保证金；同级政府财政部门预拨的下期预算款和没有纳入预算的暂付款项，以及采用实拨资金方式通过本单位转拨给下属单位的财政拨款，随后应转付给其他方的转拨款等款项；已经报销但尚未偿还银行的本单位公务卡欠款等。

（二）其他应付款的确认与计量

其他应付款在相关义务满足负债定义和确认条件时，按照确定应承担的负债金额予以确认。

（三）其他应付款的核算

1. 科目设置。

科学事业单位设置"其他应付款"科目，核算单位除应缴财政款以外，其他各项偿还期限在1年内（含1年）的应付及暂收款项，如收取的押金、存入保证金、已经报销但尚未偿还银行的本单位公务卡欠款等。

同级政府财政部门预拨的下期预算款和没有纳入预算的暂付款项，以及采用实拨资金方式通过本单位转拨给下属单位的财政拨款，也通过本科目核算。

"其他应付款"科目应当按照其他应付款的类别以及债权人等进行明细核算，期末贷方余额，反映单位尚未支付的其他应付款金额。

2. 主要账务处理。

（1）发生其他应付及暂收款项时，借记"银行存款"等科目，贷记本科目。支付（或退回）其他应付及暂收款项时，借记本科目，贷记"银行存款"等科目。将暂收款项转为收入时，借记本科目，贷记"事业收入"等科目。

【例5-37】某科学事业单位2×20年8月1日与C公司签订采购科研物品购货合同，双方约定，为了保证C公司在2×20年10月15日前如期供货，C公司须向该事业单位存入履约保证金25 000元。C公司如期供货后，保证金全额退还。合同签订当日该科学事业单位收到C公司存入的保证金25 000元。

财务会计：

借：银行存款　　　　　　　　　　　　　　　　　　　25 000

　　贷：其他应付款—履约保证金—C公司　　　　　　　　　25 000

预算会计不做账务处理。

【例5-38】续【例5-37】。2×20年10月10日，C公司如期交货，该事业单位以银行存款返还C公司履约保证金25 000元。该单位应编制如下会计分录：

财务会计：

借：其他应付款—履约保证金—C公司　　　　　　　　25 000

　　贷：银行存款　　　　　　　　　　　　　　　　　　　25 000

预算会计不做账务处理。

（2）收到同级政府财政部门预拨的下期预算款和没有纳入预算的暂付款项，按照实际收到的金额，借记"银行存款"等科目，贷记本科目；待到下一预算期或批准纳入预算时，借记本科目，贷记"财政拨款收入"科目，同时，在预算会计中，借记"资金结存"科目，贷记"财政拨款预算收入"科目。

采用实拨资金方式通过本单位转拨给下属单位的财政拨款，按照实际收到的金额，借记"银行存款"科目，贷记本科目；向下属单位转拨财政拨款时，按照转拨的金额，借记本科目，贷记"银行存款"科目。

【例5-39】某科学事业单位为全额拨款事业单位，2×20年10月18日收到同级政府财政部门预拨的下年预算款100 000元，用于支付取暖费。该业务支出功能分类科目为"科学技术支出—应用研究—机构运行"。该单位应编制如下会计分录：

①收到款项时：

财务会计：

借：银行存款　　　　　　　　　　　　　　　　　　　　　100 000

　　贷：其他应付款　　　　　　　　　　　　　　　　　　　　100 000

预算会计不做账务处理。

②2×21 年 1 月 1 日：

财务会计：

借：其他应付款　　　　　　　　　　　　　　　　　　　　　100 000

　　贷：财政拨款收入—基本支出拨款　　　　　　　　　　　　100 000

预算会计：

借：资金结存—货币资金　　　　　　　　　　　　　　　　　100 000

　　贷：财政拨款预算收入—机构运行—基本支出—日常公用经费　100 000

（3）本单位公务卡持卡人报销时，按照审核报销的金额，借记"业务活动费用""单位管理费用"等科目，贷记本科目；偿还公务卡欠款时，借记本科目，贷记"零余额账户用款额度"等科目。同时，在预算会计中，按还款金额，借记"事业支出"科目，贷记"资金结存"科目。

【例 5-40】2×20 年 6 月 8 日，某科研事业单位职工张某报销科研会议差旅费 3 450 元，费用发生时张某使用公务卡进行结算。报销次日财务部门将报销款项存入张某公务卡。该业务支出功能分类科目为"科学技术支出—基础研究—机构运行"。该单位应编制如下会计分录：

①报销时：

财务会计：

借：业务活动费—商品和服务费用　　　　　　　　　　　　　3 450

　　贷：其他应付款　　　　　　　　　　　　　　　　　　　　3 450

预算会计不做账务处理。

②次日公务卡还款时：

财务会计：

借：其他应付款　　　　　　　　　　　　　　　　　　　　　3 450

　　贷：零余额账户用款额度　　　　　　　　　　　　　　　　3 450

预算会计：

借：事业支出—科研支出—财政拨款支出—机构运行—基本支出—商品和服务支出—差旅费　　　　　　　　　　　　　　　　　3 450

　　贷：资金结存—零余额账户用款额度　　　　　　　　　　　3 450

（4）无法偿付或债权人豁免偿还的其他应付款项，应当按照规定报经批准后进行账务处理。经批准核销时，借记本科目，贷记"其他收入"科目。核销的其他应付款应在备查簿中保留登记。

【例 5-41】某科研事业单位在开展往来款项清查中发现，单位 2015 年房屋屋面防水工程维修质保金 5 000 元，因对方单位破产挂账多年无法支付，经批准转为单位收入。该单位应编制如下会计分录：

财务会计：

借：其他应付款—质保金—某单位　　　　　　　　　　　　5 000

　　贷：其他收入—无法偿付的应付及预收款项　　　　　　　　　5 000

预算会计不做账务处理。

## 六、预提费用

（一）预提费用的含义

预提费用，是指科学事业单位按规定预先提取但尚未实际支付的各项费用。如预提租金费用、预提的科研项目间接费用或管理费等。

（二）预提费用的核算

1. 科目设置。

科学事业单位应设置"预提费用"科目，核算单位预先提取的已经发生但尚未支付的费用。科学事业单位按规定从科研项目收入中提取的项目间接费用或管理费，也通过本科目核算。科学事业单位计提的借款利息费用，通过"应付利息""长期借款"科目核算，不通过本科目核算。

"预提费用"科目应当按照预提费用的种类进行明细核算。对于提取的项目间接费用或管理费，应当在本科目下设置"项目间接费用或管理费"明细科目，并按项目进行明细核算。该科目期末贷方余额，反映单位已预提但尚未支付的各项费用。

2. 主要账务处理。

（1）从财政科研项目中计提项目间接费用或管理费。

①从财政科研项目中计提项目间接费用或管理费时，按照计提的金额，借记"业务活动费用""单位管理费用"等科目，贷记"预提费用—项目间接费用或管理费"科目；预算会计不做处理。

②按规定将计提的项目间接费用或管理费从本单位零余额账户划转到实有资金账户的，可在"银行存款"或"资金结存—货币资金"科目下设置"财政拨款资金"明细科目，或采用辅助核算等形式，核算反映按规定从本单位零余额账户转入实有资金账户的资金金额，划转资金时，按照划转的资金金额，借记"银行存款"科目，贷记"零余额账户用款额度"科目；同时，在预算会计中，借记"资金结存—货币资金"科目，贷记"资金结存—零余额账户用款额度"科目。将本单位实有资金账户中从零余额账户划转的资金用于相关支出时，按照实际支付的金额，借记"应付职工薪酬""其他应交税费"等科目，贷记"银行存款"科目；同时，在预算会计中，借记"事业支出"科目下的"财政拨款支出"明细科目，贷记"资金结存—货币资金"科目。

③使用计提的项目间接费用或管理费时，在财务会计中，按照实际支付的金额，借记"预提费用—项目间接费用或管理费"科目，贷记"银行存款""零余额账户用款额度""财政拨款收入"等科目。使用计提的项目间接费用或管理费购买固定资

产、无形资产的，按照固定资产、无形资产的成本金额，借记"固定资产""无形资产"科目，贷记"银行存款""零余额账户用款额度""财政拨款收入"等科目；同时，按照相同的金额，借记"预提费用—项目间接费用或管理费"科目，贷记"累计盈余"科目。同时，在预算会计中，按照实际支付的金额，借记"事业支出"等支出科目下的"财政拨款支出"明细科目，贷记"资金结存""财政拨款预算收入"科目。

【例 5 - 42】某研究所 2×20 年 2 月 3 日，从同级财政拨入的 A 科研项目收入中，按项目预算中直接费用减去设备费的 20% 提取项目间接费用和管理费用 100 000 元。2 月 5 日，经批准将款项从零余额账户转入基本户。2×20 年 4 月 8 日，使用提取的间接费用购买办公用电脑 2 台，单价 5 000 元（不考虑增值税影响），共支付款项 10 000 元。2×20 年 12 月 2 日，项目验收通过，支付项目研究人员科研绩效奖励 50 000 元。该项目支出功能分类科目为"科学技术支出—技术研究与开发—其他技术研究与开发支出"。该单位应编制如下会计分录：

①提取项目管理费时：

财务会计：

借：业务活动费用—商品和服务费用　　　　　　　　　　　　　100 000

　　贷：预提费用—项目间接费用或管理费—A 项目　　　　　　　100 000

预算会计不做账务处理。

②经批准转入单位基本户时：

财务会计：

借：银行存款　　　　　　　　　　　　　　　　　　　　　　　100 000

　　贷：零余额账户用款额度　　　　　　　　　　　　　　　　　100 000

预算会计：

借：资金结存—货币资金—财政拨款资金　　　　　　　　　　　100 000

　　贷：资金结存—零余额账户用款额度　　　　　　　　　　　　100 000

③支付采购电脑款项时：

财务会计：

借：固定资产—通用设备　　　　　　　　　　　　　　　　　　 10 000

　　贷：银行存款　　　　　　　　　　　　　　　　　　　　　　 10 000

借：预提费用—项目间接费用或管理费—A 项目　　　　　　　　 10 000

　　贷：累计盈余　　　　　　　　　　　　　　　　　　　　　　 10 000

预算会计：

借：事业支出—科研支出—财政拨款支出—其他技术研究与开发支出—项目支出—资本性支出—办公设备购置　　　　　　　　　　　　　 10 000

　　贷：资金结存—货币资金（财政拨款资金）　　　　　　　　　 10 000

④支付科研人员科研绩效奖励时：

财务会计：

借：预提费用—项目间接费用或管理费—A 项目　　　　　　　　 50 000

贷：应付职工薪酬—其他个人收入　　　　　　　　　　　50 000

借：应付职工薪酬—其他个人收入　　　　　　　50 000

　　贷：银行存款　　　　　　　　　　　　　　　　　　50 000

预算会计：

借：事业支出—科研支出—财政拨款支出—其他技术研究与开发支出—项目支出—工资福利支出—其他工资福利支出　　　　　50 000

　　贷：资金结存—货币资金　　　　　　　　　　　　　50 000

（2）从非同级财政拨款科研项目中提取项目间接费用或管理费。

科学事业单位按规定从非同级财政拨款科研项目收入中提取项目间接费用或管理费时，按照提取的金额，借记"业务活动费用""单位管理费用"等科目，贷记"预提费用"科目（项目间接费用或管理费）；同时，在预算会计中，按照提取金额，借记"非财政拨款结转—项目间接费用或管理费"，贷记"非财政拨款结余—项目间接费用或管理费"科目。

实际使用计提的项目间接费用或管理费时，按照实际支付的金额，借记"预提费用"科目（项目间接费用或管理费），贷记"银行存款""库存现金"等科目。

科学事业单位使用计提的项目间接费用或管理费购买固定资产、无形资产的，借记"固定资产""无形资产"科目，贷记"银行存款"等科目，同时，借记"预提费用"科目（项目间接费用或管理费），贷记"累计盈余"科目。

【例5-43】某研究所2×20年6月5日从非同级财政拨入的科研项目收入中提取项目管理费用20 000元。2×20年7月2日从预提的管理费用中购买办公用品850元，购买电脑1台，价值4 500元（不考虑增值税），上述款项以银行存款支付。该科研项目支出功能分类科目为"科学技术支出—科技条件与服务—科技条件专项"。该单位应编制如下会计分录：

①提取项目管理费时：

财务会计：

借：业务活动费用—商品和服务费用　　　　　20 000

　　贷：预提费用—项目间接费用或管理费—某项目　　　20 000

预算会计：

借：非财政拨款结转—项目间接费用或管理费—科技条件专项—某项目

　　　　　　　　　　　　　　　　　　　　　　　　　　20 000

　　贷：非财政拨款结余—项目间接费用或管理费—科技条件专项—某项目

　　　　　　　　　　　　　　　　　　　　　　　　　　20 000

②支付办公用品及电脑款项时：

财务会计：

借：预提费用—项目间接费用或管理费—某项目　　850

　　固定资产—通用设备　　　　　　　　　　　4 500

　　贷：银行存款　　　　　　　　　　　　　　　　　　5 350

借：预提费用—项目间接费用或管理费—某项目　　4 500

    贷：累计盈余                4 500

 预算会计：

 借：事业支出—管理支出—其他资金支出—科技条件专项—资本性支出—办公设备购置

                      4 500

         —商品和服务支出—办公费

                      850

    贷：资金结存—货币资金            5 350

（3）其他预提费用。

按期预提租金等费用时，按照预提的金额，借记"业务活动费用""单位管理费用""经营费用"等科目，贷记"预提费用"。

实际支付款项时，按照支付金额，借记"预提费用"，贷记"零余额账户用款额度""银行存款"等科目。同时，在预算会计中，按支付的金额，借记"事业支出""经营支出"等科目，贷记"资金结存"科目。

【例 5-44】某科学事业单位为开展非独立核算经营活动租用库房一间，2×20年1月1日与B公司签订房屋租赁合同，租用库房一间，全年租金36 000元，合同约定采用后付租金方式，每季度支付租金9 000元。该业务支出功能分类科目为"科学技术支出—科技条件与服务—机构运行"。该单位应编制如下会计分录：

①每月预提租金时：

财务会计：

 借：经营费用                 3 000

    贷：预提费用—房屋租金            3 000

预算会计不做账务处理。

②每季度支付租金时：

财务会计：

 借：预提费用—房屋租金             9 000

    贷：银行存款               9 000

预算会计：

 借：经营支出—机构运行—商品和服务支出—租赁费     9 000

    贷：资金结存—货币资金            9 000

# 七、长期应付款

（一）长期应付款的含义

长期应付款，是指科学事业单位发生的偿还期限在1年以上（不含1年）的应付款项。长期应付款通常与大型资产购买和租赁业务有关，主要包括以融资租赁方式租入固定资产的租赁费和跨年度分期付款购入固定资产的价款。

（二）长期应付款的确认与计量

对于长期应付款，科学事业单位应当在取得相应资产时，按照应付未付款项的金额予以确认。

（三）长期应付款的核算

1. 科目设置。

科学事业单位应设置"长期应付款"科目，核算单位发生的偿还期限超过1年（不含1年）的应付款项，如以融资租赁方式取得的固定资产的租赁费等。本科目应当按照长期应付款的类别以及债权人进行明细核算，本科目期末贷方余额，反映单位尚未支付的长期应付款。

2. 主要账务处理。

（1）科学事业单位以融资租赁方式租入固定资产或以跨年度分期付款购入固定资产时，按照确定的成本，借记"固定资产"科目（不需安装）或"在建工程"科目（需要安装），贷记"长期应付款"科目。

【例5-45】某光学机械研究所以分期付款方式购入大型实验设备一台，价款2 400万元，合同约定设备款分3年支付，每年支付设备款800万元。该设备不需要安装，以银行存款支付设备运费2万元。该业务支出功能分类科目为"科学技术支出—应用研究—机构运行"。该单位应编制如下会计分录：

财务会计：

借：固定资产—专用设备        24 020 000

  贷：长期应付款—某实验设备     24 000 000

    银行存款         20 000

预算会计：

借：事业支出—科研支出—非财政专项资金支出—机构运行—资本性支出—专用

  设备购置          20 000

  贷：资金结存—货币资金       20 000

（2）支付长期应付款时，按照实际支付的金额，借记"长期应付款"科目，贷记"财政拨款收入""零余额账户用款额度""银行存款"科目。同时，在预算会计中，按支付的金额，借记"事业支出""经营支出"科目，贷记"资金结存"科目。涉及增值税业务的，应按"应交增值税"科目核算要求进行相应的账务处理。

【例5-46】续【例5-45】。该研究所按合同约定支付当年应支付的上述实验设备款800万元。该单位应编制如下会计分录：

财务会计：

借：长期应付款—检测设备款      8 000 000

  贷：银行存款         8 000 000

预算会计：

借：事业支出—科研支出—非财政专项资金支出—机构运行—资本性支出—专用

  设备购置         8 000 000

  贷：资金结存—货币资金      8 000 000

（3）无法偿付或债权人豁免偿还的长期应付款，应当按照规定报经批准后进行账务处理。经批准核销时，借记"长期应付款"科目，贷记"其他收入"等科目。已核销的长期应付款应在备查簿中保留登记。

【例5-47】某科学事业单位2×20年6月开展往来款项清理，在清理过程中发现，以前年度分期付款购入实验设备形成的长期应付款账面余额5 600元，由于对方单位已注销，无法偿还，经批准转为本单位收入。该业务支出功能分类科目为"科学技术支出—应用研究—机构运行"。该单位应编制如下会计分录：

财务会计：

借：长期应付款—某公司                                                 5 600

    贷：其他收入                                              5 600

预算会计不做账务处理。

（4）购入固定资产涉及质保金形成长期应付款的，应当在取得固定资产时，按取得固定资产的成本，借记"固定资产"科目（不需安装）或"在建工程"科目（需要安装），按照实际支付的金额，贷记"零余额账户用款额度"或"银行存款"等科目，按照扣留的质量保证金数额，贷记"其他应付款"［扣留期在1年以内（含1年)］或"长期应付款"［扣留期超过1年］科目。质保期满支付质量保证金时，借记"其他应付款"或"长期应付款"科目，贷记"零余额账户用款额度"或"银行存款"等科目。同时，在预算会计中，按支付的金额，借记"事业支出""经营支出"科目，贷记"资金结存"科目。

【例5-48】某科研事业单位以自筹资金购入实验设备一台。通过政府采购，以单一来源方式与A单位签订采购合同，设备金额300万元。为了保证实验室平稳运行，双方约定质保期为2年，该科学事业单位扣留3%设备款作为质量保证金，在工程完工验收合格交付使用后2年内无质量问题支付给A单位。该业务支出功能分类科目为"科学技术支出—应用研究—机构运行"。该单位应编制如下会计分录：

财务会计：

借：固定资产                                               3 000 000

    贷：银行存款                                          2 910 000

        长期应付款—质保金—A单位                     90 000

预算会计：

借：事业支出—科研支出—非财政专项资金支出—机构运行—资本性支出—专用设备购置                            2 910 000

    贷：资金结存—货币资金                              2 910 000

【例5-49】续【例5-48】。上述设备交付使用2年后，未发现质量问题，2年质保期到期后支付A单位质保金9万元。该单位应编制如下会计分录：

财务会计：

借：长期应付款—质保金—A单位                            90 000

    贷：银行存款                                           90 000

预算会计：

借：事业支出—科研支出—非财政专项资金支出—机构运行—资本性支出—专用

```
    设备购置                                    90 000
    贷：资金结存—货币资金                          90 000
```

# 第七节　预计负债

## 一、预计负债的含义

预计负债，是指因或有事项产生的现时义务而确认的负债。如对未决诉讼等确认的负债。

或有事项，是指由过去的经济业务或事项形成的，其结果须由某些未来事项的发生或不发生才能决定的不确定事项。这种未来事项是否发生对于科学事业单位来说并不能够掌控。

或有事项具有以下特征：

首先，或有事项是由过去的经济业务或事项形成的，不是未来将要发生的事项，是过去的经济业务或事项引起的客观存在。

其次，或有事项的结果具有不确定性。如未决诉讼，被起诉的一方是否败诉，在案件的审理过程中是不确定的。

最后，或有事项的结果须由未来事项决定。如本单位为其他单位提供担保，是否承担连带责任是由被担保单位未来能否如期履约来决定的。

## 二、预计负债的确认与计量

（一）预计负债的确认

与或有事项有关的现时义务应当在同时满足三个条件时才能确认为预计负债。

1. 该义务是科学事业单位承担的现时义务，即这种义务是科学事业单位在当前条件下已承担的义务，没有其他现实的选择，只能履行该现时义务。

2. 履行该义务很可能导致含有服务潜力或者经济利益的经济资源流出科学事业单位，即履行该义务导致服务潜力或经济资源流出科学事业单位的可能性超过50%，但尚未达到基本确定的程度。

3. 该义务的金额能够可靠地计量，即这种现时义务的金额能够合理地估计。

下列与或有事项相关的义务不应确认为负债，但应当按照相关规定对该类义务进行披露：

（1）过去的经济业务或者事项形成的潜在义务，其存在须通过未来不确定事项的发生或不发生予以证实，未来事项是否能发生不在科学事业单位控制范围内。潜在义务是指结果取决于不确定未来事项的可能义务。例如：本单位为其他单位提供担保，担保协议生效后本单位就具有一种潜在的承担连带责任的义务，是一种潜在的义务，是否承担连带责任是由被担保单位未来能否如期履约来决定的。虽然潜在义务也是由过去的事项形成的，但由于不是现时义务，因此不符合负债定义，不应确认为负债。只有有迹象表明被担保单位很可能违约，这时这种潜在义务就变成了现时义务，才能确认为负债。

（2）过去的经济业务或者事项形成的现时义务，履行该义务不是很可能导致经济资源流出科学事业单位或者该义务的金额不能可靠计量。

（二）预计负债的计量

1. 预计负债的初始计量。

预计负债应当按照履行相关现时义务所需支出的最佳估计数进行初始计量。

所需支出存在一个连续范围，且该范围内各种结果发生的可能性相同的，最佳估计数应当按照该范围内的中间值确定。

在其他情形下，最佳估计数应当分别按下列情况确定：

（1）或有事项涉及单个项目的，按照最可能发生金额确定。

（2）或有事项涉及多个项目的，按照各种可能结果及相关概率计算确定。

在确定最佳估计数时，一般应当综合考虑与或有事项有关的风险、不确定性等因素。

科学事业单位清偿预计负债所需支出预期全部或部分由第三方补偿的，补偿金额只有在基本确定能够收到时才能作为资产单独确认。确认的补偿金额不应当超过预计负债的账面余额。

【例5-50】某研究所2×20年3月5日涉及一起经济纠纷诉讼案，被A公司起诉，单位聘请的法律顾问认为，研究所胜诉或败诉无法确定。2×20年5月25日案件仍在审理中，但有证据表明该研究所胜诉的可能性为30%，败诉的可能性为70%，如败诉，单位须赔偿对方经济损失300 000元。则该研究所2×20年5月25日应按最可能发生的金额300 000元确认预计负债。

【例5-51】2×20年8月1日，某科学事业单位因合同违约被甲公司起诉。截至12月31日，该科学事业单位尚未接到法院的判决。经咨询，法律顾问认为最终的法律判决很可能对该科学事业单位不利。假定该科学事业单位预计将要支付的赔偿金额为600 000~750 000元之间的某一金额，而且这个区间内每个金额的可能性都大致相同。

该科学事业单位应确认的预计负债金额＝（600 000＋750 000）÷2＝675 000（元）

2. 预计负债的后续计量。

科学事业单位应当在报告日对预计负债的账面余额进行复核。有确凿证据表明该账面余额不能真实反映当前最佳估计数的，应当按照当前最佳估计数对该账面余额进行调整。履行该预计负债的相关义务不是很可能导致经济资源流出科学事业单位，应当将该预计负债的账面余额予以转销。

【例5-52】续【例5-50】。假设到2×20年12月31日该起诉讼案仍未判决，单位聘请的律师根据案件进展中的一些新情况综合判断，该研究所无须赔偿对方单位30万元，最有可能赔偿的金额为20万元。则在2×20年12月31日应将该项预计负债账面余额调整为 20 万元。

## 三、预计负债核算

### （一）科目设置

科学事业单位应设置"预计负债"科目，核算单位对因或有事项所产生的现时义务而确认的负债，如未决诉讼等确认的负债。该科目应按照预计负债的项目进行明细核算。本科目期末贷方余额，反映单位已确认但尚未支付的预计负债金额。

### （二）主要账务处理

1. 确认预计负债时，按照应确定的金额，借记"业务活动费用""其他费用""经营费用"等科目，贷记"预计负债"科目。

【例 5-53】某科学事业单位开展非独立核算经营活动，因未能及时交货，2×20年 7 月 25 日被甲公司起诉。单位聘用的法律顾问认为最终的法律判决很可能对该科学事业单位不利。败诉赔偿的金额在 100 000~120 000 元之间的某一金额，而且这个区间内每个金额的可能性都大致相同。该业务支出功能分类科目为"科学技术支出—科技条件与服务—机构运行"。该单位应编制如下会计分录：

该科学事业单位应确认的预计负债金额 = （100 000 + 120 000）÷ 2 = 110 000 （元）

财务会计：

借：经营费用—商品和服务费用—诉讼赔偿　　　　　　　　　　110 000

　　贷：预计负债—未决诉讼　　　　　　　　　　　　　　　　　110 000

预算会计不做账务处理。

2. 实际清偿预计负债时，按偿付的金额，借记"预计负债"科目，贷记"银行存款""零余额账户用款额度"等科目。同时，在预算会计中，按支付的金额，借记"事业支出""经营支出""其他支出"科目，贷记"资金结存"科目。

【例 5-54】续【例 5-53】。2×20 年 8 月 26 日，该研究所收到法院判决书，法院判决该研究所赔偿原告损失 100 000 元，同时支付诉讼费 5 000 元。该单位应编制如下会计分录：

财务会计：

借：预计负债—未决诉讼　　　　　　　　　　　　　　　　　　110 000

　　经营费用—商品和服务费用—诉讼费　　　　　　　　　　　　5 000

　　贷：银行存款　　　　　　　　　　　　　　　　　　　　　　105 000

　　　　经营费用—商品和服务费用—诉讼赔偿　　　　　　　　　　10 000

预算会计：

借：经营支出—机构运行—商品和服务支出—其他商品和服务支出

　　　　　　　　　　　　　　　　　　　　　　　　　　　　　105 000

　　贷：资金结存—货币资金　　　　　　　　　　　　　　　　　105 000

3. 根据确凿证据需要对已确认的预计负债账面余额进行调整的，按照调整增加的金额，借记有关科目，贷记"预计负债"科目；按照调整减少的金额，借记"预计负债"科目，贷记有关科目。

【例 5 – 55】续【例 5 – 53】。假设到 2 × 20 年 12 月 31 日法院仍未判决，单位法律顾问认为，案件有了新的进展，该研究所最有可能赔偿的金额应为 70 000 ~ 90 000元之间的某一金额，而且这个区间内每个金额的可能性都大致相同。该单位应编制如下会计分录：

该研究所应确认的预计负债金额 = (70 000 + 90 000) ÷ 2 = 80 000（元）

应调整减少预计负债金额 = 110 000 – 80 000 = 30 000（元）

该研究所应做如下会计分录：

财务会计：

借：预计负债—未决诉讼　　　　　　　　　　　　　　　30 000

　　贷：经营费用—商品和服务费用—诉讼赔偿　　　　　　　30 000

预算会计不做账务处理。

# 第八节　受托代理负债

## 一、受托代理负债的含义

受托代理负债，是指科学事业单位因接受委托，在取得受托代理资产时形成的负债。科学事业单位的受托代理负债，包括因接受转赠资产形成的受托代理负债和因接受代储物资形成的受托代理负债等。单位代管的未独立核算的党组织党费、工会经费等也通过本科目核算。

## 二、受托代理负债的确认与计量

科学事业单位受托代理负债是因取得受托代理资产而形成的，由于对受托代理资产不拥有控制权，因此"受托代理资产"并不符合《政府会计准则——基本准则》所规定的资产的定义及其确认标准。因此，在确认一项受托代理资产的同时就确认一项受托代理负债，按照相对应的受托代理资产的金额予以确认和计量。

## 三、受托代理负债的核算

（一）科目设置

科学事业单位应设置"受托代理负债"科目，核算单位接受委托，取得受托管理资产时形成的负债。该科目应按委托人等进行明细核算；属于指定转赠物资和资金的，还应当按照指定受赠人进行明细核算。本科目期末贷方余额，反映单位尚未清偿的受托代理负债。

（二）主要账务处理

1. 收到受托代理资产。

单位接受委托人的委托，收到需要转赠他人的物资、现款或储存管理的物资时，借记"受托代理资产""库存现金""银行存款"等科目，贷记"受托代理负债"科目。

2. 交付受托代理资产。

单位根据委托人要求交付受托管理的资产时，借记"受托代理负债"科目，贷记"受托代理资产""库存现金""银行存款"等科目。

【例5-56】某科学事业单位收到职工为灾区捐款10 000元，并于次日将款项汇往灾区。该单位应编制如下会计分录：

①收到职工捐款时：

财务会计：

借：银行存款——受托代理资产　　　　　　　　　　　10 000

　　贷：受托代理负债——职工捐款　　　　　　　　　　　10 000

预算会计不做账务处理。

②款项汇往灾区时：

财务会计：

借：受托代理负债——职工捐款　　　　　　　　　　　10 000

　　贷：银行存款——受托代理资产　　　　　　　　　　　10 000

预算会计不做账务处理。

# 第六章　净　资　产

## 第一节　净资产概述

### 一、净资产的含义及内容

净资产，是指科学事业单位资产扣除负债后的净额。科学事业单位净资产体现的是其拥有的资产净值。

科学事业单位净资产类科目包括本期盈余、本年盈余分配、累计盈余、专用基金、权益法调整、无偿调拨净资产、以前年度盈余调整。

### 二、净资产的确认与计量

净资产的确认与计量取决于其他会计要素的确认与计量。从静态上看是会计期末资产总额与负债总额相减后的差额。即会计期末：

$$净资产 = 资产 - 负债$$

从动态来看，当本期取得收入时，会导致净资产增加，当本期发生费用时，会导致净资产减少。因此，从动态来看，净资产是资产总额与负债总额相减后的差额加上收入减去费用的差额。即：

$$净资产 = 资产 - 负债 + 收入 - 费用$$

因此，净资产的确认和计量取决于对资产、负债、收入、费用的确认和计量。

## 第二节　本　期　盈　余

### 一、本期盈余的含义

本期盈余，是指科学事业单位本期各项收入、费用相抵后的余额。

科学事业单位本期收入包括：财政拨款收入、事业收入、上级补助收入、非同级财政拨款收入、捐赠收入、附属单位上缴收入、利息收入、租金收入、经营收入、其他收入和投资收益；费用包括：业务活动费用、单位管理费用、经营费用、资产处置费用、上缴上级费用、对附属单位补助费用、所得税费用、其他费用。本期盈余的金额取决于本期各项收入和发生的费用，即：

本期盈余 = 本期收入 − 本期费用

## 二、本期盈余的核算

（一）科目设置

科学事业单位应设置"本期盈余"科目，核算单位本期各项收入、费用相抵后的余额。本科目期末如为贷方余额，反映单位自年初至当期期末累计实现的盈余；如为借方余额，反映单位自年初至当期期末累计发生的亏损。年末结账后，本科目应无余额。

（二）主要账务处理

1. 期末，将各类收入科目的本期发生额转入本期盈余，借记"财政拨款收入""事业收入""上级补助收入""附属单位上缴收入""经营收入""非同级财政拨款收入""投资收益""捐赠收入""利息收入""租金收入""其他收入"等科目，贷记"本期盈余"科目；将各类费用科目本期发生额转入本期盈余，借记"本期盈余"科目，贷记"业务活动费用""单位管理费用""经营费用""所得税费用""资产处置费用""上缴上级费用""对附属单位补助费用""其他费用"科目。

2. 年末，完成上述结转后，将"本期盈余"科目余额转入"本年盈余分配"科目，借记或贷记"本期盈余"科目，贷记或借记"本年盈余分配"科目。

【例6-1】某科学事业单位2×20年11月30日"本期盈余"科目余额1 440 000元，2×20年12月各项收入和费用的本月发生额如表6-1所示：

表6-1　　　　某科学事业单位12月收入、费用发生额　　　　单位：元

| 收入 | 12月份发生额 | 费用 | 12月份发生额 |
| --- | --- | --- | --- |
| 财政拨款收入 | 300 000 | 业务活动费用 | 400 000 |
| 事业收入 | 100 000 | 单位管理费用 | 150 000 |
| 上级补助收入 | 20 000 | 经营费用 | 150 000 |
| 附属单位上缴收入 | 50 000 | 资产处置费用 | 5 000 |
| 经营收入 | 200 000 | 上缴上级费用 | 15 000 |
| 非同级财政拨款收入 | 120 000 | 对附属单位补助费用 | 25 000 |
| 投资收益 | 30 000 | 所得税费用 | 12 500 |

| 收入 | 12 月份发生额 | 费用 | 12 月份发生额 |
|---|---|---|---|
| 捐赠收入 | 15 000 | 其他费用 | 8 000 |
| 利息收入 | 4 000 | | |
| 租金收入 | 150 000 | | |
| 其他收入 | 10 000 | | |
| 合计 | 999 000 | 合计 | 765 500 |

根据上述资料，结转 12 月当月收入和费用，该单位应编制如下会计分录：

①结转各类收入科目本期发生额时：

借：财政拨款收入            300 000

  事业收入             100 000

  上级补助收入           20 000

  附属单位上缴收入         50 000

  经营收入            200 000

  非同级财政拨款收入        120 000

  投资收益            30 000

  捐赠收入            15 000

  利息收入             4 000

  租金收入            150 000

  其他收入            10 000

  贷：本期盈余          999 000

②结转各类费用科目本期发生额时：

借：本期盈余             765 500

  贷：业务活动费用         400 000

    单位管理费用         150 000

    经营费用           150 000

    资产处置费用          5 000

    上缴上级费用         15 000

    对附属单位补助费用       25 000

    所得税费用          12 500

    其他费用           8 000

③将"本期盈余"贷方余额转入"本年盈余分配"科目时：

"本期盈余"科目余额 = 1 440 000 + 999 000 - 765 500 = 1 673 500（元）

借：本期盈余            1 673 500

  贷：本年盈余分配         1 673 500

# 第三节　本年盈余分配

## 一、本年盈余分配的含义

本年盈余分配反映科学事业单位本年度盈余的分配情况和结果。

根据科学事业单位财务制度规定，科学事业单位可以对其他结余（非财政、非专项的结余）和经营结余按规定的比例提取专用基金。

## 二、本年盈余分配的核算

（一）科目设置

科学事业单位应设置"本年盈余分配"科目，核算单位本年度盈余分配的情况和结果，年末结账后，本科目应无余额。

（二）主要账务处理

1. 年末，将"本期盈余"科目余额转入本科目，借记或贷记"本期盈余"科目，贷记或借记本科目。

【例6-2】某科学事业单位年末"本期盈余"科目贷方余额1 673 500元，转入"本年盈余分配"。

借：本期盈余　　　　　　　　　　　　　　　　　　1 673 500

　　贷：本年盈余分配　　　　　　　　　　　　　　　　　1 673 500

2. 年末，根据有关规定，从本年度非财政拨款结余或经营结余中提取专用基金的，按照预算会计下计算的提取金额，借记本科目，贷记"专用基金"科目。

【例6-3】续【例6-2】。该单位预算会计"非财政拨款结余分配"结果如下：该单位按可分配结余的40%计提专用结余（职工福利基金）400 000元。该单位应编制如下会计分录：

财务会计：

该单位根据预算会计计提专用结余的金额：

借：本年盈余分配　　　　　　　　　　　　　　　　　400 000

　　贷：专用基金—职工福利基金　　　　　　　　　　　　400 000

预算会计：

借：非财政拨款结余分配　　　　　　　　　　　　　　400 000

　　贷：专用结余—职工福利基金　　　　　　　　　　　　400 000

3. 年末，在提取专用基金后，将"本年盈余分配"科目余额转入累计盈余，借记或贷记"本年盈余分配"科目，贷记或借记"累计盈余"科目。

【例6-4】续【例6-2】和【例6-3】。将"本年盈余分配"科目余额转入累计盈余。该单位应编制如下会计分录：

提取专用基金后，"本年盈余分配"科目余额 = 1 673 500 - 400 000 = 1 273 500（元）

借：本年盈余分配      1 273 500

    贷：累计盈余      1 273 500

# 第四节　累　计　盈　余

## 一、累计盈余的含义及内容

累计盈余，是指科学事业单位历年实现的盈余扣除盈余分配后滚存的金额，以及因无偿调入调出资产产生的净资产变动额。

累计盈余包括：一是科学事业单位历年实现的盈余扣除盈余分配后滚存的金额；二是无偿调入、调出资产形成的净资产变动金额；三是按规定上缴、缴回和单位间调剂结转结余资金形成的净资产变动金额；四是对以前年度盈余的调整金额；五是使用专用基金购置固定资产、无形资产时，从专用基金科目转入的金额；六是使用从科研项目计提的项目间接费用或管理费购买固定资产、无形资产，从预提费用科目转入的金额。

## 二、累计盈余的核算

（一）科目设置

科学事业单位设置"累计盈余"总账科目，核算单位历年实现的盈余扣除盈余分配后滚存的金额，以及因无偿调入调出资产产生的净资产变动额。按照规定上缴、缴回、单位间调剂结转结余资金产生的净资产变动额，以及对以前年度盈余的调整金额，也通过本科目核算。本科目期末余额，反映单位未分配盈余（或未弥补亏损）的累计数以及截至上年末无偿调拨净资产变动的累计数。本科目年末余额，反映单位未分配盈余（或未弥补亏损）以及无偿调拨净资产变动的累计数。

（二）主要账务处理

1. 年末，将"本年盈余分配"科目的余额转入累计盈余，借记或贷记"本年盈余分配"科目，贷记或借记本科目。

【例6-5】某科学事业单位年末"本年盈余分配"科目贷方余额50 000元，转入累计盈余。该单位应编制如下会计分录：

借：本年盈余分配      500 000

    贷：累计盈余      500 000

2. 年末，将"无偿调拨净资产"科目的余额转入累计盈余，借记或贷记"无偿调拨净资产"科目，贷记或借记本科目。

【例6-6】年末，某科学事业单位"无偿调拨净资产"科目贷方余额为120 000元，转入累计盈余。该单位应编制如下会计分录：

借：无偿调拨净资产　　　　　　　　　　　　　　　　　　120 000
　　贷：累计盈余　　　　　　　　　　　　　　　　　　　　　120 000

3. 按照规定上缴财政拨款结转结余、缴回非财政拨款结转资金、向其他单位调出财政拨款结转资金时，按照实际上缴、缴回、调出金额，借记本科目，贷记"财政应返还额度""零余额账户用款额度""银行存款"等科目。同时，在预算会计中，按照实际上缴财政拨款结转结余的金额，借记"财政拨款结转—归集上缴""财政拨款结余—归集上缴"科目，贷记"资金结存—财政应返额度/零余额账户用款额度/货币资金"科目；按向其他单位调出财政拨款结转资金的金额，借记"财政拨款结转—归集调出"科目，贷记"资金结存—财政应返额度/零余额账户用款额度/货币资金"科目；按缴回非财政拨款结转资金的金额，借记"非财政拨款结转—缴回资金"科目，贷记"资金结存—货币资金"科目。

按照规定从其他单位调入财政拨款结转资金时，按照实际调入金额，借记"零余额账户用款额度""银行存款"等科目，贷记本科目。同时，在预算会计中，按照实际调入的金额，借记"资金结存—零余额账户用款额度/货币资金"科目，贷记"财政拨款结转—归集调入"科目。

【例6-7】2×20年3月6日，某科研单位从零余额账户缴回以前年度A项目结余资金20 000元。该项目支出功能分类科目为"科学技术支出—技术研究与开发—其他技术研究与开发支出"。该单位应编制如下会计分录：

财务会计：

借：累计盈余　　　　　　　　　　　　　　　　　　　　　20 000
　　贷：零余额用款额度　　　　　　　　　　　　　　　　　　20 000

预算会计：

借：财政拨款结余—归集上缴—其他技术研究与开发支出—A项目
　　　　　　　　　　　　　　　　　　　　　　　　　　　20 000
　　贷：资金结存—零余额账户用款额度　　　　　　　　　　　20 000

【例6-8】某科研机构根据省财政厅下发的文件要求，于2×20年6月25日从零余额账户上缴以前年度B项目结转资金30 000元。该项目支出功能分类科目为"科学技术支出—科技条件与服务—科技条件专项"。该单位应编制如下会计分录：

财务会计：

借：累计盈余　　　　　　　　　　　　　　　　　　　　　30 000
　　贷：零余额账户用款额度　　　　　　　　　　　　　　　　30 000

预算会计：

借：财政拨款结转—归集上缴—科技条件专项—B项目　　　30 000
　　贷：资金结存—零余额账户用款额度　　　　　　　　　　　30 000

4. 将"以前年度盈余调整"科目的余额转入本科目，借记或贷记"以前年度盈余调整"科目，贷记或借记本科目。

【例6-9】2×20年7月28日，某科研单位在固定资产清查时发现，2×19年12月25日购进的一台科研设备未计入固定资产，发票金额6 000元。经批准入账。该单位应编制如下会计分录：

①补计固定资产时：

财务会计：

借：固定资产—专用设备　　　　　　　　　　　　　　　　6 000

　　贷：待处理财产损溢　　　　　　　　　　　　　　　　　6 000

预算会计不做账务处理。

②经批准后：

财务会计：

借：待处理财产损溢　　　　　　　　　　　　　　　　　　6 000

　　贷：以前年度盈余调整—业务活动费用　　　　　　　　　6 000

同时：

借：以前年度盈余调整—业务活动费用　　　　　　　　　　6 000

　　贷：累计盈余　　　　　　　　　　　　　　　　　　　　6 000

预算会计不做账务处理。

5. 按照规定使用专用基金购置固定资产、无形资产的，按照固定资产、无形资产成本金额，借记"固定资产""无形资产"科目，贷记"银行存款"等科目；同时，按照专用基金使用金额，借记"专用基金"科目，贷记本科目。在预算会计中，区分不同情况：使用从非财政拨款结余或经营结余中提取的专用基金时，借记"专用结余"科目，贷记"资金结存—货币资金"科目；使用从收入中提取并列入费用的专用基金时，借记"事业支出"等科目，贷记"资金结存—货币资金"科目。

【例6-10】某科研事业单位2×20年2月使用职工福利基金为职工活动室购入健身器材1套，以银行存款支付器材款12 000元。该单位应编制如下会计分录：

财务会计：

借：固定资产—专用设备　　　　　　　　　　　　　　　12 000

　　贷：银行存款　　　　　　　　　　　　　　　　　　　12 000

借：专用基金—职工福利基金　　　　　　　　　　　　　12 000

　　贷：累计盈余　　　　　　　　　　　　　　　　　　　12 000

预算会计：

借：专用结余　　　　　　　　　　　　　　　　　　　　12 000

　　贷：资金结存—货币资金　　　　　　　　　　　　　　12 000

# 第五节　专 用 基 金

## 一、专用基金的含义及内容

专用基金，是指科学事业单位按照规定提取或设置的具有专门用途的净资产。科学事业单位专用基金主要包括职工福利基金和科技成果转化基金。

（一）职工福利基金

根据《关于执行〈科学事业单位财务制度〉有关问题的通知》（财教〔2014〕10号）文件，科学事业单位职工福利基金按非财政拨款结余不超过40%的比例提取，用于职工集体福利。

（二）科技成果转化基金

科技成果转化，是指为提高生产力水平而对科技成果所进行的后续试验、开发、应用、推广直至形成新技术、新工艺、新材料、新产品，发展新产业等活动。国家鼓励设立科技成果转化基金或者风险基金，用于支持高投入、高风险、高产出的科技成果的转化，加速重大科技成果的产业化。根据《关于执行〈科学事业单位财务制度〉有关问题的通知》（财教〔2014〕10号）文件，科技成果转化基金从事业收入和经营收支结余中提取，按事业收入扣除从财政部门、财务主管部门和其他相关部门取得的有指定项目和用途的专项资金形成的事业收入后，按照不超过10%的比例提取并在事业支出的相关科目中列支；以及按照当年经营收支结余的10%提取。单位在使用科技成果转化基金时，应当对投入的项目进行充分的风险分析和可行性论证。

需要说明的是：根据《关于执行〈科学事业单位财务制度〉有关问题的通知》（财教〔2014〕10号）文件，科学事业单位不再提取修购基金，修购基金如有余额，继续用于固定资产的维修和购置，直至余额为零；不再提取医疗基金。医疗基金如有余额，继续按照原制度规定的使用范围优先使用，直至余额为零。

## 二、专用基金的管理

（一）专用基金的提取或设置要坚持合法性原则

国家有统一规定的，按国家统一规定执行；没有规定的，不得随意设置和计提专用基金。

（二）专用基金的使用应坚持专款专用原则

专用基金具有专门用途，有明确的使用范围，因此，应保证专款专用，不得挤占挪用。

（三）专用基金应坚持先提后用的原则

专用基金应在提取的额度内使用，做到收支平衡，不得超过提取额度使用专用基金。

## 三、专用基金的会计核算

（一）科目设置

科学事业单位应设置"专用基金"科目，核算科学事业单位按照规定提取或设置的具有专门用途的净资产，主要包括职工福利基金、科技成果转换基金等。本科目应当按照专用基金的类别进行明细核算。期末贷方余额，反映科学事业单位累计提取或设置的尚未使用的专用基金。

(二) 主要账务处理

1. 年末，根据有关规定，从本年度非财政拨款结余或经营结余中提取专用基金的，按照预算会计下计算的提取金额，借记"本年盈余分配"科目，贷记本科目。

【例 6-11】2×20 年 12 月 31 日，某科学事业单位预算会计科目非财政拨款结余分配余额为贷方，金额 100 000 元，按 40% 提取专用结余 40 000 元，依据预算会计提取专用结余金额，计提专用基金并进行账务处理。该单位应编制如下会计分录：

财务会计：

借：本年盈余分配           40 000

 贷：专用基金—职工福利基金        40 000

预算会计：

借：非财政拨款结余分配         40 000

 贷：专用结余           40 000

2. 根据有关规定，从收入中提取专用基金并计入费用的，一般按照预算会计下基于预算收入计算提取的金额，借记"业务活动费用"等科目，贷记本科目。国家另有规定的，从其规定。

【例 6-12】2×20 年 12 月 31 日，某科学事业单位科技成果转化收入累计金额 500 000 元，按 1% 提取科技成果转化基金 5 000 元。该单位应编制如下会计分录：

财务会计：

借：业务活动费用—科研活动费用—计提专用基金   5 000

 贷：专用基金—科技成果转化基金      5 000

预算会计不做账务处理。

3. 按照规定使用提取的专用基金时，借记本科目，贷记"银行存款"等科目。使用提取的专用基金购置固定资产、无形资产的，按照固定资产、无形资产成本金额，借记"固定资产""无形资产"科目，贷记"银行存款"等科目；同时，按照专用基金使用金额，借记本科目，贷记"累计盈余"科目。在预算会计中，区分不同情况：使用从非财政拨款结余或经营结余中提取的专用基金时，借记"专用结余"科目，贷记"资金结存—货币资金"科目；使用从收入中提取并列入费用的专用基金时，借记"事业支出"等科目，贷记"资金结存—货币资金"科目。

【例 6-13】2×20 年 4 月 15 日，某蚕业研究院交纳某项专利维护费 140 元，由科技成果转化基金支付。该业务支出功能分类科目为"科学技术支出—应用研究—机构运行"。该单位应编制如下会计分录：

财务会计：

借：专用基金—科技成果转化基金       140

 贷：银行存款            140

预算会计：

借：事业支出—科研支出—其他资金支出—机构运行—商品和服务支出—其他商

品和服务支出　　　　　　　　　　　　　　　　　140
　　　贷：资金结存—货币资金　　　　　　　　　　140

【例6-14】2×20年9月26日，某科学事业单位用职工福利基金购置职工活动用健身器材，金额5 500元。该单位应编制如下会计分录：

财务会计：

借：固定资产—专用设备　　　　　　　　　　　　5 500
　　贷：银行存款　　　　　　　　　　　　　　　　5 500
借：专用基金—职工福利基金　　　　　　　　　　5 500
　　贷：累计盈余　　　　　　　　　　　　　　　　5 500

预算会计：

借：专用结余—职工福利基金　　　　　　　　　　5 500
　　贷：资金结存—货币资金　　　　　　　　　　　5 500

# 第六节　权益法调整

## 一、权益法调整的含义

权益法调整，是指科学事业单位持有长期股权投资在采用权益法核算时，按照被投资单位除净损益和利润分配以外的所有者权益变动份额调整长期股权投资账面余额。

权益法调整反映事业单位在被投资单位除净损益和利润分配以外的所有者权益变动中累计享有的份额。

## 二、管理要求

科学事业单位应加强对外投资跟踪管理，及时确认权益法核算的长期股权投资除净损益和利润分配以外的所有者权益变动份额，确保单位权益不受损害。采用权益法核算的长期股权投资，因被投资单位除净损益和利润分配以外的所有者权益变动而将应享有（或应分担）的份额计入单位净资产的，处置该项投资时，应当将原计入净资产的相应部分转入当期投资损益。

## 三、权益法调整的核算

（一）科目设置

科学事业单位应设置"权益法调整"科目，核算单位持有的长期股权投资采用权益法核算时，按照被投资单位除净损益和利润分配以外的所有者权益变动份额调整长期股权投资账面余额而计入净资产的金额。本科目应当按照被投资单位进行明细核算，期末余额反映科学事业单位在被投资单位除净损益和利润分配以外的所有者权益变动中累计享有（或分担）的份额。

（二）主要账务处理

1. 年末，按照被投资单位除净损益和利润分配以外的所有者权益变动应享有（或应分担）的份额，借记或贷记"长期股权投资—其他权益变动"科目，贷记或借记本科目。

【例6-15】2×20年1月，某科学事业单位以一项新取得尚未入账的专利权出资与某公司共同设立A公司，经评估，该专利权作价100万元（不考虑税费影响），占A公司股权的51%。2×20年12月31日，A公司实现净利润50万元，除净损益和利润分配以外的所有者权益增加了30万元。该业务支出功能分类科目为"科学技术支出—科技条件与服务—机构运行"。该单位应编制如下会计分录：

①2×20年1月，以专利权作价对外投资时：

财务会计：

借：长期股权投资—成本—A公司　　　　　　　　　　　1 000 000

　　贷：其他收入—A公司　　　　　　　　　　　　　　　　1 000 000

预算会计不做账务处理。

②2×20年12月31日：

该科学事业单位除净利润外应享有的份额 = 30 × 51% = 15.3（万元）

该科学事业单位应分得的利润额 = 50 × 51% = 25.5（万元）

财务会计：

借：长期股权投资—其他权益变动—A公司　　　　　　　　153 000

　　贷：权益法调整—A公司　　　　　　　　　　　　　　　153 000

借：长期股权投资—损益调整—A公司　　　　　　　　　　255 000

　　贷：投资收益—A公司　　　　　　　　　　　　　　　　255 000

预算会计不做账务处理。

2. 采用权益法核算的长期股权投资，因被投资单位除净损益和利润分配以外的所有者权益变动而将应享有（或应分担）的份额计入单位净资产的，处置该项投资时，按照原计入净资产的相应部分金额，借记或贷记本科目，贷记或借记"投资收益"科目。

【例6-16】续【例6-15】。假设2×21年5月31日，经批准，该科学事业单位将持有的A公司51%的股权对外转让，转让价款160万元，处置收入留归本单位所有，转让过程中发生税费10万元。该单位应编制如下会计分录：

①转让股份时：

计算转让长期股权投资收益 = 160 - (100 + 25.5 + 15.3) - 10 = 9.2（万元）

财务会计：

借：银行存款　　　　　　　　　　　　　　　　　　　　1 600 000

　　贷：长期股权投资—成本—A公司　　　　　　　　　　　1 000 000

|  |  |
|---|---|
| —损益调整—A 公司 | 255 000 |
| —其他权益变动—A 公司 | 153 000 |
| 银行存款 | 100 000 |
| 投资收益 | 92 000 |

预算会计：

借：资金结存—货币资金　　　　　　　　　　　　　　　1 600 000

　　贷：投资预算收益　　　　　　　　　　　　　　　　　　92 000

　　　　其他预算收入　　　　　　　　　　　　　　　　1 508 000

借：事业支出—其他资金支出—机构运行—商品和服务支出—税金及附加费用

　　　　　　　　　　　　　　　　　　　　　　　　　　100 000

　　贷：资金结存—货币资金　　　　　　　　　　　　　　100 000

②转出权益法调整账面余额：

借：权益法调整—A 公司　　　　　　　　　　　　　　　153 000

　　贷：投资收益—A 公司　　　　　　　　　　　　　　153 000

# 第七节　无偿调拨净资产

## 一、无偿调拨净资产的含义及管理

无偿调拨净资产，是指科学事业单位无偿调入或调出非现金资产形成的净资产。无偿调拨的净资产包括除现金（广义）以外的存货、固定资产、长期股权投资、无形资产等。

1. 按照行政事业单位国有资产管理的相关规定，经财政部门批准，科学事业单位之间可以无偿调拨资产。

2. 无偿调拨资产属于科学事业单位之间净资产的变化，调出方与调入方不确认收入和费用。由于无偿调拨净资产不涉及现金业务，因此，不需要进行预算会计核算；但发生的以现金支付的运输费、搬运费等相关费用除外。

3. 科学事业单位无偿调拨资产应严格遵守国有资产管理的相关规定，履行审批程序，并做好单位国有资产变动登记等相关工作。

## 二、无偿调拨净资产的核算

（一）科目设置

科学事业单位应设置"无偿调拨净资产"科目，核算单位无偿调入或调出非现金资产所引起的净资产变动金额。年末结账后，本科目应无余额。

（二）主要账务处理

1. 按照规定取得无偿调入的存货、长期股权投资、固定资产、无形资产等资产时，按照确定的成本，借记"库存物品""长期股权投资""固定资产""无形资产"等科目，按照调入过程中发生的归属于调入方的相关费用，贷记"零余额账户用款额度""银行存款"等科目，按照其差额，贷记本科目。同时，在预算会计中，按发生的归属于调入方的相关费用，借记"其他支出"科目，贷记"资金结存"科目。

【例6-17】A科学事业单位经主管部门和财政部门批准，将一台闲置的科研仪器设备转给同一部门内的B科研单位。该设备账面原值120 000元，已提折旧80 000元，B单位以银行存款支付设备运费3 000元。支付运费业务支出功能分类科目为"科学技术支出—基础研究—机构运行"。B单位应编制如下会计分录：

财务会计：

借：固定资产　　　　　　　　　　　　　　　　　　　43 000

　　贷：无偿调拨净资产　　　　　　　　　　　　　　　40 000

　　　　银行存款　　　　　　　　　　　　　　　　　　 3 000

预算会计：

借：其他支出—其他资金支出—机构运行—商品和服务支出—其他交通费用

　　　　　　　　　　　　　　　　　　　　　　　　　　 3 000

　　贷：资金结存—货币资金　　　　　　　　　　　　　 3 000

2. 按照规定经批准无偿调出存货、长期股权投资、固定资产、无形资产等，按照调出资产的账面余额或账面价值，借记本科目，按照固定资产累计折旧、无形资产累计摊销的金额，借记"固定资产累计折旧""无形资产累计摊销"科目，按照调出资产的账面余额，贷记"库存物品""长期股权投资""固定资产""无形资产"等科目；同时，按照调出过程中发生的归属于调出方的相关费用，借记"资产处置费用"科目，贷记"零余额账户用款额度""银行存款"等科目。同时，对归属于调出方的相关费用进行预算会计核算，借记"其他支出"科目，贷记"资金结存"科目。

【例6-18】续【例6-17】。假设上述设备运费由A科学事业单位承担，以银行存款支付，其他资料不变。A单位应编制如下会计分录：

财务会计：

借：固定资产累计折旧　　　　　　　　　　　　　　　 80 000

　　无偿调拨净资产　　　　　　　　　　　　　　　　　40 000

　　贷：固定资产　　　　　　　　　　　　　　　　　　120 000

借：资产处置费用　　　　　　　　　　　　　　　　　　3 000

　　贷：银行存款　　　　　　　　　　　　　　　　　　 3 000

预算会计：

借：其他支出—其他资金支出—机构运行—商品和服务支出—其他交通费用

　　　　　　　　　　　　　　　　　　　　　　　　　　 3 000

　　贷：资金结存—货币资金　　　　　　　　　　　　　 3 000

3. 年末，将本科目余额转入累计盈余，借记或贷记本科目，贷记或借记"累计盈余"科目。

【例6-19】续【例6-17】。假设年度内A、B两个单位年度内未再发生其他无偿调拨净资产业务。A、B单位应当编制年度结转无偿调拨净资产的会计分录如下：

①A单位：

借：累计盈余　　　　　　　　　　　　　　　　40 000
　　贷：无偿调拨净资产　　　　　　　　　　　　　　　40 000

②B单位：

借：无偿调拨净资产　　　　　　　　　　　　　40 000
　　贷：累计盈余　　　　　　　　　　　　　　　　　　40 000

# 第八节　以前年度盈余调整

## 一、以前年度盈余调整的含义

以前年度盈余调整，是指科学事业单位因调整事项需要对以前年度盈余进行的调整。

调整事项，是指科学事业单位对单位因按照国家法律、行政法规和会计制度的要求，或者因特定情况下按照会计制度规定对单位原采用的会计政策、会计估计，以及发现的会计差错等所做的调整，以准确反映科学事业单位的会计信息，提高会计信息质量。

以前年度盈余调整事项通常包括：由于会计政策变更，需要对以前年度盈余进行调整的事项；本期发现的与前期相关的重大会计差错更正需要对以前年度盈余进行调整的事项。

## 二、以前年度盈余调整的核算

（一）科目设置

科学事业单位设置"以前年度盈余调整"科目，核算单位本年度发生的调整以前年度盈余的事项，包括本年度发生的重要前期差错更正涉及调整以前年度盈余的事项。本科目结转后应无余额。

（二）主要账务处理

1. 调整增加以前年度收入时，按照调整增加的金额，借记有关科目，贷记本科目。调整减少的，做相反会计分录。调整后，同时将本科目的余额转入累计盈余，借记或贷记"累计盈余"科目，贷记或借记本科目。

【例6-20】2×19年11月5日，某转制科研院所向A公司提供环评技术咨询服务，价款20万元，双方约定合同签订后5日内预付50%价款，11月10日，该科研院所收到预付款 10 万元，财务会计记入预收账款，同时确认为事业预算收入。2×20 年 3 月 10 日，该科研院所在往来款项清理中发现，该项咨询服务已于 2×19 年 12 月 25 日完成，上述预收款项未确认为事业收入。该单位应编制如下会计分录：

财务会计：

借：预收账款—A 公司       100 000

    贷：以前年度盈余调整—事业收入       100 000

借：以前年度盈余调整—事业收入       100 000

    贷：累计盈余       100 000

预算会计不做账务处理。

【例 6-21】某转制科研单位 2×20 年 3 月 20 日收到 B 单位询证函，核对双方业务往来情况，财务部门在对账时发现 2×19 年 11 月 5 日财务部门根据测绘合同开具了 250 000 元勘测费发票，确认为事业收入，同时记入应收账款。后因故取消了该合同，但未通知财务部门，导致会计记录未更正。该单位应编制如下会计分录：

财务会计：

借：以前年度盈余调整—事业收入       250 000

    贷：应收账款—B 单位       250 000

借：累计盈余       250 000

    贷：以前年度盈余调整—事业收入       250 000

预算会计不做账务处理。

2. 调整增加以前年度费用时，按照调整增加的金额，借记本科目，贷记有关科目。调整减少的，做相反会计分录。调整后，同时将本科目的余额转入累计盈余，借记或贷记"累计盈余"科目，贷记或借记本科目。

【例 6-22】某计量院 2×19 年 4 月 15 日新购入不需要安装的大型设备一台，当月记入固定资产，入账价值 240 万元，预计使用寿命 10 年。2×20 年 3 月发现未对该项固定资产计提折旧。该单位应编制如下会计分录：

$2×19$ 年，该设备应补提折旧 $= 240 ÷ 10 ÷ 12 × 9 = 18$（万元）

$2×20$ 年，该设备应补提折旧 $= 240 ÷ 10 ÷ 12 × 3 = 6$（万元）

财务会计：

借：以前年度盈余调整—固定资产累计折旧       180 000

   业务活动费用—科研活动费用—固定资产折旧费       60 000

    贷：固定资产累计折旧       240 000

借：累计盈余       180 000

    贷：以前年度盈余调整—固定资产累计折旧       180 000

预算会计不做账务处理。

3. 盘盈的各种非流动资产，报经批准后处理时，借记"待处理财产损溢"科目，贷记本科目。调整后，同时将本科目的余额转入累计盈余，借记或贷记"累计盈余"科目，贷记或借记本科目。

【例 6-23】2×20 年 5 月，某科学事业单位在开展资产清查时发现盘盈检测设备一台。经查，该设备系 2×19 年 11 月由某公司捐赠的一项全新资产，未及时入账，发票价格 24 000 元，预计使用期限为 5 年。该项盘盈资产经批准后转入固定资产。该单位应编制如下会计分录：

该设备应补提折旧 = 24 000÷5÷12×7 = 2 800（元）

①盘盈资产入账时：

财务会计：

借：固定资产—专用设备　　　　　　　　　　　　　　　　　　24 000
　　贷：待处理财产损溢　　　　　　　　　　　　　　　　　　　　24 000

②经批准后：

借：待处理财产损溢　　　　　　　　　　　　　　　　　　　　24 000
　　贷：以前年度盈余调整—捐赠收入　　　　　　　　　　　　　　24 000

同时：

借：以前年度盈余调整—捐赠收入　　　　　　　　　　　　　　24 000
　　贷：累计盈余　　　　　　　　　　　　　　　　　　　　　　　24 000

预算会计不做账务处理。

③补提折旧时：

借：业务活动费用—科研活动费—固定资产折旧费　　　　　　　2 800
　　贷：固定资产累计折旧　　　　　　　　　　　　　　　　　　25 800

# 第七章　收　　入

## 第一节　收 入 概 述

### 一、收入的含义及分类

（一）收入的含义

收入，是指报告期内导致科学事业单位净资产增加的、含有服务潜力或者经济利益的经济资源的流入。具体包括以下几层含义：

1. 收入是经济资源的流入。

2. 流入的经济资源应含有服务潜力或者经济利益。

3. 收入会导致净资产增加。

4. 收入是报告期内取得的。

（二）收入的分类

科学事业单位的收入渠道较多。既有政府和上级部门的拨款形成的收入，也有科学事业单位利用自身优势组织的收入等。按照收入来源，科学事业单位可将收入划分为财政拨款收入、事业收入、上级补助收入、附属单位上缴收入、经营收入、非同级财政拨款收入、投资收益、捐赠收入、利息收入、租金收入及其他收入等。

结合科学事业单位业务特点，事业收入又分为科研收入和非科研收入两类，其中，非科研收入有技术活动收入、学术活动收入、科普活动收入、试制产品活动收入、教学活动收入等。各项收入的具体概念详见各节内容。

科学事业单位收入内容及分类，如图7-1所示。

从图7-1中可以看出，对科学事业单位收入的内容及分类，体现了《政府会计制度》对事业单位收入的内容及分类的基本原则，同时也体现了科学事业单位自身的特点，即根据科学事业单位科研业务和技术活动的特点及收入的不同性质进行分类，突出科研技术性收入为主的事业收入体系。

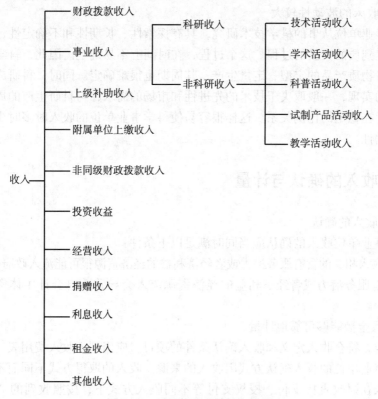

图7-1 科学事业单位收入分类

## 二、收入的特点

科学事业单位的科研、生产经营及其专业服务和管理活动的性质决定了它的收入具有自身的特点。

（一）收入渠道广泛，形式多样

经过社会主义市场经济体制的改革发展，科学事业单位收入的渠道和形式呈现多元化。收入渠道除同级财政部门以外，还有同级政府部门以及非同级政府财政和政府部门取得的各类财政款；有从市场通过投标、竞争取得的，有通过社会团体或人士捐赠取得的，还有通过各种有偿服务活动取得的；收入方式有以科研方式取得的，还有以非科研方式取得的；有以技术开发的方式取得的，有以中间试验生产的方式取得的，也有以科学普及、学术交流等方式取得的，还有以生产批量产品、经营服务、对外投资的方式取得的，等等。

（二）科研技术性收入占主导地位

科学事业单位的主要任务，是为社会创新发展提供科技成果和科技服务。科学事业单位的收入，除财政拨付的基本运行经费，多数是通过科研任务和技术转让、技术咨询、技术服务、技术开发等形式来实现的。因此，科研和技术性收入在科学事业收入中占有明显的主导地位，体现了科学事业单位组织收入的方向。

（三）收入的波动性较大

科学事业单位从事的科学技术研究，具有探索性、长期性和不确定性，需要一个从量的积累到质的突破的过程。这个过程，在时间上不易确定。因此，科学技术研究不同于一般物质产品的定型、定量生产，其周期也很难确定。同时，科研成果和技术产品价值的实现，一般取决于技术的先进性和市场的需求，与科研生产的周期和投入之间，不存在稳定的比例关系。这样很容易使科学事业单位的收入时多时少，呈现出较大的波动性。

# 三、收入的确认与计量

（一）收入的确认

科学事业单位收入的确认应当同时满足以下条件：

1. 与收入相关的含有服务潜力或者经济利益的经济资源很可能流入政府会计主体。

2. 含有服务潜力或者经济利益的经济资源流入会导致政府会计主体资产增加或者负债减少。

3. 流入金额能够可靠地计量。

按规定，符合收入定义和收入确认条件的项目，应当列入收入费用表。

科学事业单位的收入确认方式因收入的来源、收入的取得方式不同而不同。如财政拨款收入在财政直接支付、授权支付等不同收入方式下，按照收到的"财政直接支付入账通知书"及相关原始凭证、或者按照收到的"财政授权支付额度到账通知书"确认；事业收入按照收入方式，如财政专户返还方式、预收方式、应收方式和其他方式而进行确认等。详细的收入确认内容，在各个收入内容中分别详细阐述，在此不进行总体介绍。

（二）收入的计量

科学事业单位的收入，应按照不同的收入方式确认的金额进行计量。具体的计量金额包括实际收到的货币资金金额、合同约定的金额、评估确认的金额和名义金额等，具体计量方法，详见各项收入的计量。

# 四、收入的管理要求

1. 科学事业单位的收入应当遵守国家政策规定，依法取得各项收入。

2. 科学事业单位应当将各项收入全部纳入单位预算，统一核算，统一管理，未纳入预算的收入不得安排支出。

3. 事业单位对按照规定上缴国库或者财政专户的资金，应当按照国库集中收缴的有关规定及时足额上缴，不得隐瞒、滞留、截留、占用、挪用、拖欠或坐支。

# 第二节　财政拨款收入

## 一、财政拨款收入的概念

财政拨款收入，是指科学事业单位从同级政府财政部门取得的各类财政拨款。主要包括两层含义：第一，"从同级财政部门取得"是指科学事业单位直接或者按照部门预算隶属关系从同一级次财政部门取得的财政拨款。第二，"各类财政拨款"是指科学事业单位从同级财政部门取得的所有财政拨款，强调全面、完整。按照款项来源，财政拨款收入既包括一般公共预算财政拨款，也包括政府性基金预算财政拨款等。财政拨款是科学事业单位最主要的收入来源，也是科学事业单位开展各项业务活动的基本财力保障。

财政拨款收入强调从"同级"财政部门取得，主要原因是：在实际工作中，事业单位取得的财政拨款除来自同级财政部门外，还可能来自非同级财政部门。为避免对财政拨款的重复计算，"财政拨款收入"被界定为科学事业单位按照部门预算隶属关系从同级财政部门直接取得的各类财政拨款。科学事业单位从非同级财政部门取得的财政拨款，作为"非同级财政拨款收入"或"事业收入—非同级财政拨款"等管理。例如，部属科学事业单位从地方财政部门取得的补助性质的财政拨款，作为"非同级财政拨款收入"管理。又如，科学事业单位通过承担科研课题，以合同形式从科技主管部门取得的财政拨款科研收入，虽然来源上属财政拨款，但不是通过部门预算隶属关系获得的，作为"事业收入—非同级财政拨款"管理。

## 二、财政拨款收入的确认与计量

财政拨款收入因财政拨付方式的不同，其收入的确认时点也不一样。

1. 在财政直接支付方式下，科学事业单位在收到的"财政直接支付入账通知书"及相关原始凭证时确认财政拨款收入，并按照通知书中的直接支付入账金额计量。

2. 在财政授权支付方式下，科学事业单位在收到的"财政授权支付额度到账通知书"时确认财政拨款收入，并按照通知书中的授权支付额度计量。

3. 单位实际从同级财政取得政府债券资金的，科学事业单位在收到的开户银行转来的收款通知或"财政授权支付额度到账通知书"时确认财政拨款收入，并按照实际收到的金额或通知书中的授权支付额度计量。

4. 在其他方式下，科学事业单位收到开户银行转来的收款通知时确认财政拨款收入，并按照实际收到的金额计量。

5. 年末，在财政国库集中支付结余按权责发生制列支的情况下，对本年度财政直接支付预算指标数与当年财政直接支付实际支付数的差额、本年度财政授权支付预算指标数大于当年零余额账户用款额度下达数的差额予以确认和计量。

## 三、财政拨款收入的核算

（一）科目设置

科学事业单位应当设置"财政拨款收入"科目，核算从同级政府财政部门取得的各类财政拨款。同级政府财政部门预拨的下期预算款和没有纳入预算的暂付款项，以及采用实拨资金方式通过本单位转拨给下属单位的财政拨款，通过"其他应付款"科目核算，不通过本科目核算。

本科目可按照一般公共预算财政拨款、政府性基金预算财政拨款等拨款种类进行明细核算。按照预算管理要求需对政府债券资金单独反映的，应当在"财政拨款收入"科目下，根据地方政府债券类别，按照"地方政府一般债券资金收入""地方政府专项债券资金收入"等进行明细核算。

"财政拨款收入"科目平时贷方余额反映单位财政拨款收入的累计数；期末结转后，本科目应无余额。

（二）主要账务处理

科学事业单位财政拨款收入应当区分财政直接支付、财政授权支付、从同级财政部门取得政府债券资金以及其他等不同方式进行相应的账务处理。

1. 在财政直接支付方式下：

（1）科学事业单位根据收到的"财政直接支付入账通知书"及相关原始凭证，按照通知书中的直接支付入账金额，借记"库存物品""固定资产""业务活动费用""单位管理费用""应付职工薪酬"等科目，贷记"财政拨款收入"科目。涉及增值税业务的，相关账务处理参见"应交增值税"科目。同时，在预算会计下，借记"事业支出"科目，贷记"财政拨款预算收入"科目。

（2）科学事业单位因差错更正或购货退回等发生国库直接支付款项退回的，应区分本年度支付的款项和以前年度支付的款项两种情况分别进行账务处理。

属于本年度支付的款项，按照退回金额，借记"财政拨款收入"科目，贷记"业务活动费用""库存物品"等科目。同时，在预算会计下，借记"财政拨款预算收入"科目，贷记"事业支出"科目。

属于以前年度支付的款项，按照退回金额，借记"财政应返还额度—财政直接支付"科目，贷记"以前年度盈余调整""库存物品"等科目。同时，在预算会计下，借记"资金结存—财政应返还额度"科目，贷记"财政拨款结转—年初余额调整"或"财政拨款结余—年初余额调整"等科目。

（3）年末，在财政国库集中支付结余按权责发生制列支的情况下，科学事业单位应根据本年度财政直接支付预算指标数与当年财政直接支付实际支付数的差额，借记"财政应返还额度—财政直接支付"科目，贷记"财政拨款收入"科目。同时，在预算会计下，借记"资金结存—财政应返还额度"科目，贷记"财政拨款预算收入"科目。

在财政国库集中支付结余不再按权责发生制列支的情况下，科学事业单位不再进行上述账务处理。

【例7-1】某科学事业单位发生以下业务：

①2×19年2月9日，单位以财政直接支付的方式，支付专用设备购置费80万元，单位收到"财政直接支付入账通知书"及相关原始凭证，该业务支出功能分类科目为"科学技术支出—科技条件与服务—科技条件专项"。该单位应编制如下会计分录：

财务会计：

借：固定资产—专用设备—××设备　　　　　　　　　　　　800 000

　　贷：财政拨款收入　　　　　　　　　　　　　　　　　　800 000

预算会计：

借：事业支出—科研支出—财政拨款支出—科技条件专项—项目支出—××研究项目—资本性支出—专用设备购置　　　　　　　　　　　800 000

　　贷：财政拨款预算收入—科技条件专项—项目支出—××研究项目

　　　　　　　　　　　　　　　　　　　　　　　　　　　800 000

②6月，单位发现2月购置的该设备存在质量问题，经与供应商联系，按照合同约定予以退回，供应商将款项退回80万元。财务会计处理不考虑折旧因素。该单位应编制如下会计分录：

财务会计：

借：财政拨款收入　　　　　　　　　　　　　　　　　　　　800 000

　　贷：固定资产—专用设备××设备　　　　　　　　　　　800 000

预算会计：

借：财政拨款预算收入—科技条件专项—项目支出—××研究项目

　　　　　　　　　　　　　　　　　　　　　　　　　　　800 000

　　贷：事业支出—科研支出—财政拨款支出—科技条件专项—项目支出—××研究项目—资本性支出—专用设备购置　　　　　800 000

③如单位于次年发现上述问题，在按原支付渠道退回款项，单位收到相关原始凭证后，该单位应编制如下会计分录：

财务会计：

借：财政应返还额度—财政直接支付　　　　　　　　　　　　800 000

　　贷：固定资产—专用设备—××设备　　　　　　　　　　800 000

预算会计：

借：资金结存—财政应返还额度—财政直接支付　　　　　　　800 000

　　贷：财政拨款结转—年初余额调整—科技条件专项—项目支出结转—××研究项目　　　　　　　　　　　　　　　　　　800 000

④年末，单位尚有科技条件专项款的财政直接支付指标20万元尚未使用，按规定结转下年继续使用。

在财政国库集中支付结余按权责发生制列支的情况下，该单位应编制如下会计分录：

财务会计：

借：财政应返还额度—财政直接支付                    200 000

贷：财政拨款收入                                      200 000

预算会计：

借：资金结存—财政应返还额度—财政直接支付            200 000

贷：财政拨款预算收入—科技条件专项—项目支出—××研究项目

200 000

在财政国库集中支付结余不再按权责发生制列支的情况下，该单位不需要进行上述会计处理。

2. 在财政授权方式下：

（1）科学事业单位收到零余额账户用款额度时，根据收到的"财政授权支付额度到账通知书"，按照通知书中的授权支付额度，借记"零余额账户用款额度"科目，贷记"财政拨款收入"科目。同时，在预算会计下，借记"资金结存—零余额账户用款额度"科目，贷记"财政拨款预算收入"科目。

（2）年末，在财政国库集中支付结余按权责发生制列支的情况下，科学事业单位本年度财政授权支付预算指标数大于零余额账户用款额度下达数的，根据未下达的用款额度，借记"财政应返还额度—财政授权支付"科目，贷记"财政拨款收入"科目。同时，在预算会计下，借记"资金结存—财政应返还额度"科目，贷记"财政拨款预算收入"科目。

在财政国库集中支付结余不再按权责发生制列支的情况下，科学事业单位不再进行上述账务处理。

【例7－2】某科学事业单位发生以下业务：

①2×19年2月1日，单位收到了代理银行转来的"财政授权支付额度到账通知书"，通知书中注明人员经费授权支付额度为20万元，该业务支出功能分类科目为"科学技术支出—应用研究—机构运行"。该单位应编制如下会计分录：

财务会计：

借：零余额账户用款额度                               200 000

贷：财政拨款收入                                      200 000

预算会计：

借：资金结存—零余额账户用款额度                     200 000

贷：财政拨款预算收入—机构运行—基本支出—人员经费   200 000

②年终清算时，单位尚有日常公用经费的财政授权支付指标20万元未下达，该业务支出功能分类科目为"科学技术支出—应用研究—机构运行"，按规定结转下年继续使用。

在财政国库集中支付结余按权责发生制列支的情况下，该单位应编制如下会计分录：

财务会计：

借：财政应返还额度—财政授权支付 200 000
  贷：财政拨款收入 200 000

预算会计：

借：资金结存—财政应返还额度—财政授权支付 200 000
  贷：财政拨款预算收入—机构运行—基本支出—日常公用经费 200 000

在财政国库集中支付结余不再按权责发生制列支的情况下，单位不需要进行上述会计处理。

3. 科学事业单位使用政府债券资金的：

科学事业单位实际从同级财政取得政府债券资金的，根据收到的开户银行转来的收款通知或"财政授权支付额度到账通知书"，按照实际收到的金额或者通知书中的授权支付额度，借记"银行存款""零余额账户用款额度"科目，贷记"财政拨款收入"科目。同时，在预算会计下，借记"资金结存"等科目，贷记"财政拨款预算收入"科目。

【例7-3】2×19年3月，某科学事业单位收到财政部门拨付的债券资金200万元，专项用于单位购买学科建设的科学设备。专项债券资金已拨到单位实有资金账户，该单位已收到开户银行收款通知及预算批复文件等相关原始凭证。该业务支出功能分类科目为"科学技术支出—科技条件与服务—科技条件专项"。该单位应编制如下会计分录：

财务会计：

借：银行存款 2 000 000
  贷：财政拨款收入—地方政府专项债券资金收入 2 000 000

预算会计：

借：资金结存—货币资金 2 000 000
  贷：财政拨款预算收入—科技条件专项—项目支出—××学科建设 2 000 000

4. 在其他方式下：

科学事业单位收到财政拨款收入时，按照实际收到的金额，借记"银行存款"等科目，贷记"财政拨款收入"科目。同时，在预算会计下，借记"资金结存—货币资金"科目，贷记"财政拨款预算收入"科目。

【例7-4】2×19年2月，某科学事业单位收到财政部门拨入25万元人员经费，为单位负担的医疗保险费，款项已拨至该单位基本户。单位已收到银行回单及预算指标文件等相关原始凭证。该业务支出功能分类科目为"科学技术支出—应用研究—机构运行"。该单位应编制如下会计分录：

财务会计：

借：银行存款 250 000
  贷：财政拨款收入 250 000

预算会计：

借：资金结存—货币资金 250 000
  贷：财政拨款预算收入—机构运行—基本支出—人员经费 250 000

5. 期末结转：

期末结转时，将"财政拨款收入"科目本期发生额转入本期盈余，借记"财政拨款收入"科目，贷记"本期盈余"科目。

【例7-5】续【例7-4】期末，单位对收入进行结转。该单位应编制如下会计分录：

财务会计：

借：财政拨款收入          250 000

  贷：本期盈余           250 000

# 第三节 事业收入

## 一、事业收入的概念

事业收入，是指科学事业单位开展专业业务活动及其辅助活动实现的收入，不包括从同级政府财政部门取得的各类财政拨款。其中：按照国家有关规定应当上缴国库的资金或者应上缴财政专户的资金，不作为事业收入，而应作为应缴款项管理；经核准不上缴国库的资金或者从财政专户核拨给科学事业单位的资金，作为事业收入管理。同时，因单位开展专业活动及其辅助活动从非同级财政部门和非同级政府部门取得的经费拨款，也应作为事业收入管理。

## 二、事业收入的分类

科学事业单位事业收入主要分为科研收入和非科研收入。其中：非科研收入包括技术活动收入、学术活动收入、科普活动收入、试制产品活动收入、教学活动收入等。

科研收入，是指科学事业单位开展科研活动及其辅助活动实现的收入，比如承担科研课题（项目）和接受委托研制样品样机取得的收入，包括科学事业单位承担国家科研项目，如国家重点研发项目、重大科技专项、国家自然科学基金项目等，同时也包括科学事业单位承担地方有关部门以及企业的各类科研业务。

非科研收入，是指开展科研活动以外的其他业务活动及其辅助活动实现的收入，包括技术活动收入、学术活动收入、科普活动收入、试制产品活动收入、教学活动收入等。

技术活动收入，是指科学事业单位对外提供技术咨询、技术服务等活动实现的收入。

学术活动收入，是指科学事业单位开展学术交流、学术期刊出版等活动实现的收入。

科普活动收入，是指科学事业单位开展科学知识宣传、讲座和科技展览等活动实现的收入。

试制产品活动收入，是指科学事业单位试制中间试验产品等活动实现的收入。

教学活动收入，是指科学事业单位开展教学活动实现的收入。

## 三、事业收入的确认与计量

1. 采用财政专户返还方式管理的事业收入，在收到从财政专户返还的事业收入时，按照实际收到的返还金额确认事业收入。

2. 采用预收款方式确认的事业收入，以合同完成进度确认事业收入时，按照基于合同完成进度计算的金额确认事业收入。

3. 采用应收款方式确认的事业收入，根据合同完成进度计算本期应收的款项确认事业收入。

4. 其他方式下确认的事业收入，按照实际收到的金额确认事业收入。

上述 2~4 项中涉及增值税业务的，应考虑税金对事业收入确认金额的影响。

## 四、事业收入的核算

（一）科目设置

科学事业单位应当设置"事业收入"科目，用于核算科学事业单位开展科研和非科研业务活动及其辅助活动实现的收入。

"事业收入"科目应当按规定设置"科研收入"和"非科研收入"明细科目。"科研收入"明细科目，核算科学事业单位开展科研活动及其辅助活动实现的收入。"非科研收入"明细科目，核算科学事业单位开展科研活动以外的其他业务活动及其辅助活动实现的收入，包括技术活动收入、学术活动收入、科普活动收入、试制产品活动收入、教学活动收入等。

对于因开展科研和非科研及其辅助活动从非同级政府财政部门取得的经费拨款，应当在"事业收入"科目下单设"非同级财政拨款"明细科目进行核算。

"事业收入"科目平时贷方余额，反映科学事业单位事业收入累计数；期末结账后，本科目应无余额。

（二）主要账务处理

1. 采用财政专户返还方式管理的事业收入。

（1）实现应上缴财政专户的事业收入时，按照实际收到或应收的金额，借记"银行存款""应收账款"等科目，贷记"应缴财政款"科目。预算会计不做账务处理。

（2）向财政专户上缴款项时，按照实际上缴的款项金额，借记"应缴财政款"科目，贷记"银行存款"等科目。预算会计不做账务处理。

（3）收到从财政专户返还的事业收入时，按照实际收到的返还金额，借记"银行存款"等科目，贷记"事业收入"科目。同时，在预算会计下，按照实际收到的返还金额，借记"资金结存—货币资金"，贷记"事业预算收入"科目。

2. 采用预收款方式确认的事业收入。

科学事业单位以合同完成进度确认事业收入时，应当根据业务实质，选择累计实际发生的合同成本占合同预计总成本的比例、已经完成的合同工作量占合同预计总工作量的比例、已经完成的时间占合同期限的比例、实际测定的完工进度等方法，合理确定合同完成进度。

实际工作中，单位可以根据自身规模、管理水平、基础材料等，选择上述方法的一种。需要注意的是，一旦选定，不得随意调整。单位在新旧制度转换时，对于已经开始执行，尚未执行完毕的合同，无需按照新制度规定的会计核算基础对已经确认的收入进行调整。

（1）科学事业单位实际收到预收款项时，按照收到的款项金额，借记"银行存款"等科目，贷记"预收账款""应交增值税"（收款时开具增值税专用发票）科目。同时，在预算会计下，按照收到的款项金额，借记"资金结存—货币资金"，贷记"事业预算收入"科目。

（2）以合同完成进度确认事业收入时，按照基于合同完成进度计算的金额，借记"预收账款"科目，贷记"事业收入""应交增值税"（收款时开具增值税专用发票）科目。由于在实际收到款项金额时，预算会计已经全额确认"事业预算收入"，此时，在预算会计下不再做账务处理。

【例 7 - 6】某科学事业单位发生如下业务：

①2 × 19 年 6 月 14 日，某科学事业单位与 A 公司签订技术研究合同，研究期限为 2 年。同时收到全部款项，不含增值税的金额为 100 万元，增值税为 6 万元，已经开具增值税专用发票。该业务支出功能分类科目为"科学技术支出—技术研究与开发—机构运行"。该单位按累计实际发生的合同成本占合同预计总成本的比例方法确认事业收入。该单位应编制如下会计分录：

财务会计：

借：银行存款　　　　　　　　　　　　　　　　　　　1 060 000

　　贷：预收账款—某研究项目—A 公司　　　　　　　　　1 000 000

　　　　应交增值税—销项税额　　　　　　　　　　　　　　60 000

预算会计：

借：资金结存—货币资金　　　　　　　　　　　　　　1 060 000

　　贷：事业预算收入—科研预算收入—机构运行—非专项资金收入—××研究收入　　　　　　　　　　　　　　　　　　　　　　　1 060 000

②12 月 31 日，该科学事业单位已经实际发生该项研究费用 60 万元。该单位应编制如下会计分录：

财务会计：

借：预收账款　　　　　　　　　　　　　　　　　　　　600 000

　　贷：事业收入—科研收入—××研究收入　　　　　　　　600 000

预算会计不做账务处理。

3. 采用应收款方式确认的事业收入。

科学事业单位根据合同完成进度计算本期应收的款项，借记"应收账款"科目，贷记"事业收入"科目;根据应交增值税,贷记"应交增值税"科目。实际收到款项时,借记"银行存款"等科目,贷记"应收账款"科目。由于此时单位尚未实际收到款项,在预算会计下不做账务处理。

【例7-7】某科学事业单位受B公司委托,实施一项野外考察科研项目,不含增值税合同金额为50万元,增值税税额为3万元。合同实施期5个月,项目结束后由公司一次性付款,该业务支出功能分类科目为"科学技术支出—技术研究与开发—机构运行"。该单位应编制如下会计分录:

①第1~4月每个月,单位按照完成合同约定任务确认事业收入的25%。

财务会计:

借:应收账款—B公司　　　　　　　　　　　　　　　　100 000

　　贷:事业收入—科研收入—××项目—B公司　　　　　　　100 000

预算会计不做账务处理。

②第5个月,单位按合同要求完成合同任务,并收到B公司支付的50万元,单位开具增值税专用发票。

财务会计:

借:银行存款　　　　　　　　　　　　　　　　　　　530 000

　　贷:应收账款—B公司　　　　　　　　　　　　　　　　400 000

　　　事业收入—科研收入—××项目—B公司　　　　　　　100 000

　　　应交增值税—销项税额　　　　　　　　　　　　　　　30 000

预算会计:

借:资金结存—货币资金　　　　　　　　　　　　　　530 000

　　贷:事业预算收入—科研预算收入—机构运行—专项资金收入—××项目

　　　　　　　　　　　　　　　　　　　　　　　　　　530 000

4. 其他方式下确认的事业收入。

科学事业单位在其他方式下收到事业收入时,按照实际收到的金额,借记"银行存款""库存现金"等科目,贷记"事业收入"科目。同时,在预算会计下,借记"资金结存—货币资金"科目,贷记"事业预算收入"科目。

【例7-8】2×19年10月,A省级科学事业单位收到A省发改委转来课题费10万元,开展项目调研活动,资金已汇至该单位基本存款户。该业务支出功能分类科目为"科学技术支出—社会科学—其他社会科学支出"。该单位应编制如下会计分录:

财务会计:

借:银行存款　　　　　　　　　　　　　　　　　　　100 000

　　贷:事业收入—科研收入—××课题　　　　　　　　　　100 000

预算会计:

借:资金结存—货币资金　　　　　　　　　　　　　　100 000

　　贷:事业预算收入—科研预算收入—其他社会科学支出—专项资金收入—非

　　　　同级财政拨款—××课题　　　　　　　　　　　　　100 000

5. 合作项目款的账务处理。

合作项目款，是指科学事业单位从非同级政府财政部门取得的，需要与其他单位合作完成的科技项目（课题）款项。科学事业单位对合作项目款核算的账务处理如下：

（1）从付款方预收款项时，按照收到的款项金额，借记"银行存款"等科目，贷记"预收账款"科目。同时，在预算会计下，按照收到的款项金额，借记"资金结存—货币资金"科目，贷记"事业预算收入"科目。

（2）按照合同规定将合作项目款转拨合作单位时，按照实际转拨的金额，借记"预收账款"科目，贷记"银行存款"等科目。同时，在预算会计下，按照实际转拨的金额，借记"事业预算收入"科目［转拨当年收到的合作项目款］或"非财政拨款结转"科目［转拨以前年度收到的合作项目款］，贷记"资金结存—货币资金"科目。

（3）按照合同完成进度确认本单位科研收入时，按照计算确认收入的金额，借记"预收账款"科目，贷记"事业收入"科目。由于在实际收到款项金额时，预算会计已经全额确认"事业预算收入"，此时，在预算会计下不再做账务处理。

（4）发生因科技项目（课题）终止等情形，需按照规定将项目剩余资金退回项目（课题）立项部门时，对本单位承担项目使用的剩余资金，按照实际退回的金额，借记"预收账款"科目［尚未确认收入］或"事业收入"科目［已经确认收入］，贷记"银行存款"等科目。同时，在预算会计下，按照实际退回的金额，借记"事业预算收入"科目［本年度取得的合作项目款］或"非财政拨款结转"科目［以前年度取得的合作项目款］，贷记"资金结存—货币资金"科目。

对合作单位承担项目使用的剩余资金，于收回时按照收回的金额，借记"银行存款"等科目，贷记"其他应付款"科目；转退回给项目（课题）立项部门时，借记"其他应付款"科目，贷记"银行存款"等科目。由于收到退回款项金额时，不纳入单位预算管理，此时，在预算会计下不再做账务处理。

【例7-9】某科学事业单位发生以下业务：

（1）2×19年取得国家重点研发项目，项目任务合同书总金额为500万元，项目任务期为2年，其中，项目合作单位A企业200万元。该收入专项用于专项基础科研，该业务支出功能分类科目为"科学技术支出—基础研究—专项基础科研"。1月15日，款项已汇入单位在××银行开设的基本账户。

（2）根据任务书约定，1月30日转拨给A企业200万元项目合作款。

（3）2×21年1月15日，该项目通过结题验收。根据验收意见，A企业结余资金4万元原渠道上缴。科研院所于1月20日收到A企业转来的4万元，1月30日按原渠道上缴。

该单位应编制如下会计分录：

①2×19年1月15日：

财务会计：

借：银行存款                              5 000 000

　　　　贷：预收账款——××项目　　　　　　　　　　　　　5 000 000

预算会计：

借：资金结存——货币资金　　　　　　　　　　　　　　　5 000 000

　　　贷：事业预算收入——科研预算收入——专项基础科研——专项收入——非同级财政

　　　　　拨款——××项目　　　　　　　　　　　　　　　5 000 000

②2×19年1月30日：

财务会计：

借：预收账款——××项目　　　　　　　　　　　　　　　2 000 000

　　　贷：银行存款　　　　　　　　　　　　　　　　　　　　2 000 000

预算会计：

借：事业预算收入——科研预算收入——专项基础科研——专项收入——非同级财政拨

　　款——××项目　　　　　　　　　　　　　　　　　　2 000 000

　　　贷：资金结存——货币资金　　　　　　　　　　　　　　2 000 000

③2×21年1月20日：

财务会计：

借：银行存款　　　　　　　　　　　　　　　　　　　　　　40 000

　　　贷：其他应付款——××部门　　　　　　　　　　　　　　40 000

预算会计不做账务处理。

④2×21年1月30日：

财务会计：

借：其他应付款——××部门　　　　　　　　　　　　　　　40 000

　　　贷：银行存款　　　　　　　　　　　　　　　　　　　　40 000

预算会计不做账务处理。

6. 期末结转。

　　期末结转时，单位将"事业收入"科目本期发生额转入本期盈余，借记"事业收入"科目，贷记"本期盈余"科目。

# 第四节　上级补助收入

## 一、上级补助收入的概念

　　上级补助收入，是指科学事业单位从主管部门和上级单位取得的非财政拨款收入。"主管部门"是指科学事业单位按照行政隶属关系归属的部门或单位；"上级单位"是指与科学事业单位无行政隶属关系但发生经费领拨关系的部门或单位；"非财政拨款"是指经费来源是除财政拨款以外的其他资金，比如捐赠资金。

　　一般地，上级补助收入是由科学事业单位主管部门或上级部门用于弥补科学事业单位完成特定任务或达到特定目标，所需资金不足而拨付的补助资金，前提条件是资金来源不能为财政资金。如果取得的补助是上级部门本身的财政拨款，则不属于上级补助收入。

## 二、上级补助收入的核算

（一）科目设置

科学事业单位应设置"上级补助收入"科目，核算科学事业单位从主管部门和上级单位取得的非财政拨款收入。"上级补助收入"科目应当按照发放补助单位、补助项目等进行明细核算。"上级补助收入"科目平时贷方余额反映事业单位上级补助收入的累计数；期末结账后，本科目应无余额。

（二）主要账务处理

1. 确认上级补助收入时，按照应收或实际收到的金额，借记"其他应收款""银行存款"等科目，贷记"上级补助收入"科目。同时，在预算会计下，按照实际收到的金额，借记"资金结存—货币资金"科目，贷记"上级补助预算收入"科目。

实际收到应收的上级补助款时，按照实际收到的金额，借记"银行存款"等科目，贷记"其他应收款"科目。同时，在预算会计下，按照实际收到的金额，借记"资金结存—货币资金"科目，贷记"上级补助预算收入"科目。

【例7-10】2×19年2月，某科学事业单位收到上级主管部门发来的拨款通知单，通知单中注明该单位A项目补助资金10万元，B项目补助资金20万元，资金性质为主管部门自有资金。其中，A项目资金已经到位，B项目补助资金20万元尚未到账。该业务支出功能分类科目为"科学技术支出—基础研究—重点实验室及相关设施"。该单位应编制如下会计分录：

财务会计：

借：银行存款　　　　　　　　　　　　　　　　100 000

　　其他应收款—××主管部门　　　　　　　　200 000

　　贷：上级补助收入—××主管部门—A项目　　　　　100 000

　　　　上级补助收入—××主管部门—B项目　　　　　200 000

预算会计：

借：资金结存—货币资金　　　　　　　　　　　100 000

　　贷：上级补助预算收入—重点实验室及相关设施—××主管部门—专项资金

　　　　收入—A项目　　　　　　　　　　　　　　100 000

2. 期末结转。

期末结转时，将"上级补助收入"科目本期发生额转入本期盈余，借记"上级补助收入"科目，贷记"本期盈余"科目。

# 第五节　附属单位上缴收入

## 一、附属单位上缴收入的概念

附属单位上缴收入，是指科学事业单位取得的附属独立核算单位按照有关规定上缴的收入。

所谓附属独立核算单位是指科学事业单位内部设立的，具有独立的法人资格，独立的财务会计组织体系、独立完整地进行会计核算的下级单位，与上级单位存在一定的体制关系，包括附属的事业单位和附属的企业单位。一般而言，附属事业单位与主体科学事业单位之间存在预算上的拨付关系及行政上的隶属关系；附属企业通常在历史上曾经属于主体科学事业单位的一个组成部分，从事专业业务及其辅助业务，后因种种原因，从原科学事业单位中独立出来，成为管理上和财务上独立核算的法人实体。但它仍旧在许多方面与原科学事业单位存在联系。这些联系一般包括：主体科学事业单位有权任免其管理人员的职务；修改或通过其预算；支持、否决或修改其决策。存在这些联系，是判断一个单位是否为其附属单位的依据，尤其是否为其附属企业。如一个企业只与该科学事业单位存在资金上的联系，则一般认为该企业只是科学事业单位的投资单位，而非附属单位。

按规定上缴的收入包括附属的事业单位上缴的收入和附属企业上缴的利润。科学事业单位应当对附属单位上缴款项实施必要的监督与计划管理。

需要注意的是，科学事业单位与附属单位之间的往来款项和对附属企业投资获得的投资收益均不属于附属单位上缴收入。

## 二、附属单位上缴收入的核算

（一）科目设置

科学事业单位应设置"附属单位上缴收入"科目，核算科学事业单位取得的附属独立核算单位按照有关规定上缴的收入。"附属单位上缴收入"科目应当按照附属单位、缴款项目等进行明细核算。"附属单位上缴收入"科目平时贷方余额反映事业单位附属单位上缴收入的累计数；期末结转后，本科目应无余额。

（二）主要账务处理

1. 确认附属单位上缴收入时，按照应收或收到的金额，借记"其他应收款""银行存款"等科目，贷记"附属单位上缴收入"科目。同时，在预算会计下，按照实际收到的金额，借记"资金结存—货币资金"科目，贷记"附属单位上缴预算收入"科目。

实际收到应收附属单位上缴款时，按照实际收到的金额，借记"银行存款"等科目，贷记"其他应收款"科目。同时，在预算会计下，按照实际收到的金额，借记"资金结存—货币资金"科目，贷记"附属单位上缴预算收入"科目。

【例7-11】2×19年2月，某科学事业单位与A附属单位签订上缴协议，合同注明A单位应于12月31日前上缴管理费100万元，折旧费20万元，A单位于签订合同当日将管理费100万元存至该单位基本户。按照财政部门批复的预算，该笔款项用于补充单位的日常公用经费缺口，该业务支出功能分类科目为"科学技术支出—科技条件与服务—机构运行"。该单位应编制如下会计分录：

财务会计：

借：银行存款            1 000 000

  其他应收款—A附属单位       200 000

   贷：附属单位上缴收入—A附属单位—管理费   1 000 000

           —折旧费    200 000

预算会计：

借：资金结存—货币资金         1 000 000

   贷：附属单位上缴预算收入—机构运行—A附属单位—管理费 1 000 000

2. 期末结转。

期末结转时，将本科目本期发生额转入本期盈余，借记"附属单位上缴收入"科目，贷记"本期盈余"科目。

# 第六节　经　营　收　入

## 一、经营收入的概念及内容

经营收入是科学事业单位在专业业务活动及其辅助活动之外开展非独立核算经营活动取得的收入。

"专业业务活动及其辅助活动"是指科学事业单位开展的科研和非科研活动及其辅助活动等，而"专业业务活动及其辅助活动之外"比如科学事业单位的车队、食堂等后勤单位，财务上不实行独立核算，其对外经营取得的收入由单位集中进行会计核算，这部分收入应当作为经营收入处理。

"非独立核算"是指经营活动的核算在科学事业单位的整体会计体系中进行，而未成立新的具有企业法人资格的、独立核算的经济实体。

例如，某研究所内的一些经营部门，占用单位一定数目的资金或物资从事经营活动，并且不独立计算盈亏，没有独立法人的资格，把日常发生的经济业务资料，交由单位财务部门进行统一核算和管理，其取得的经营收入为非独立核算的生产经营活动收入；而某研究所兴办的独资企业，要单独设置财会机构，配备财会人员，单独设置账目，单独计算盈亏和纳税，属于独立核算的经营活动。企业将税后利润的一部分上缴给研究所，研究所收到后应当作为附属单位上缴的收入，不能作为经营收入处理。

与事业收入的主要区别的标志是看取得收入业务活动的性质，如果是科学事业单位开展专业业务活动及其辅助活动取得的收入，比如开展科研和非科研活动，就是事业收入，那么在专业业务活动及其辅助活动之外开展非独立核算经营活动取得的收入则是经营收入。

同时还要注意，如果科学事业单位从附属企业获得属于对外投资收益性质的收入，比如科学事业单位与附属企业之间建立了以产权为纽带的分配关系，科学事业单位据此分配的投资收益，就不再属于经营收入或附属单位上缴收入，而应作为投资收益管理。

## 二、经营收入的种类

各事业单位的经营收入内容，因其从事的经营活动的内容不同，收入的具体项目不同而不尽相同。但概括起来主要包括以下几种：

1. 产品（商品）销售收入。即科学事业单位非独立核算部门在专业业务活动及其辅助活动之外销售商品取得的收入。

2. 经营服务收入。即科学事业单位非独立核算部门对外提供经营服务取得的收入。

3. 其他经营收入。即科学事业单位在专业业务活动及其辅助活动之外取得的除上述各项收入以外的收入。

## 三、经营收入的确认

经营收入的确认，应在发出产品（商品）、提供劳务等，同时收讫价款或取得收取价款的凭据时，按照实际收到或应收的金额确认收入的实现。根据经营收入的内容，经营收入的确认又分为产品（商品）销售收入的确认和提供劳务收入的确认。提供劳务包括经营服务、工程承包、租赁服务和其他经营服务等。

（一）产品（商品）销售收入的确认

产品（商品）销售收入的确认，应根据以下不同的销售方式，予以确认：

1. 科学事业单位已将商品的所有权转移给买方，而不论商品是否发出，都作为销售收入的实现。因为产品已经卖给买方，买方可以随时凭提货单提货，尚未发出的产品已不属于科学事业单位所有，而属于代管物品。

2. 科学事业单位采用预收货款方式销售产品或商品，在产品或商品发出时作为销售收入的实现。

3. 科学事业单位委托其他单位代销的产品，在收到代销单位的代销清单时，作为收入的实现，因为代销清单标志着产品已经卖出。科学事业单位委托其他单位代销产品（商品）时，应与代销单位订立代销合同，确保代销单位于代销后及时、定期或至少按月报送已销产品（商品）清单。代销清单应列明如下内容：售出商品名称、数量、单价、金额、应扣的代交税金和代销手续费等。

4. 科学事业单位采用托收承付或委托银行收款结算方式销售产品，应当在产品或商品已经发出，并已将发票账单提交银行办妥托收手续后作为销售收入的实现。

5. 科学事业单位采用分期收款结算方式销售产品，按合同约定的收款日期作为收入的实现，并按全部销售成本与销售收入的比率，计算本期应结转的已销产品（商品）的成本。

6. 科学事业单位出口销售的产品（商品），陆路运输的以取得承运货物单据或铁路联运单，海路运输的以取得出口装船提单，空运的以取得运单，并向银行交单后作为销售收入的实现。预收货款不通过银行交单的，取得上述提单、运单后，作为销售收入的实现。委托出口销售的产品（商品），在收到外贸公司转来的销售清单（货款）时作为销售收入的实现。

（二）提供劳务收入的确认

如果提供劳务的期间在一个会计期间内时，应按照完成合同法确认收入。完成合同法是在完成或基本完成合同规定的劳务时确认收入的方法。在使用该种方法时，只要劳务已经提供、价款已经收讫，或者已经取得收取价款的权利时，即可确认收入的实现。如提供餐饮、住宿、承包短期工程、一年内的租赁等经营服务时，可按照完成合同法确认收入。

如果提供劳务的期间需跨越会计年度时，应按照完工比例法确认收入。完工比例法是按照合同规定劳务的完成程度确认收入的方法。完成比例可根据已经提供的劳务占应提供劳务的比例、或已经发生的成本占估计总成本的比例确定。完工比例与合同收入的乘积，即为当期实现的经营收入。如承包长期工程、提供长期租赁时，可按照完工比例法确认收入。

# 四、经营收入的核算

（一）科目设置

科学事业单位应设置"经营收入"科目，核算科学事业单位在专业业务活动及其辅助活动以外开展非独立核算经营活动取得的收入。"经营收入"科目应当按照经营活动类别、项目和收入来源等进行明细核算。"经营收入"科目平时贷方反映科学事业单位取得的经营收入的累计数，借方反映销售退回、折让及结转的经营收入；期末结转后"经营收入"科目应无余额。

（二）主要账务处理

1. 实现经营收入时，按照确定的收入金额，借记"银行存款""应收账款""应收票据"等科目，贷记"经营收入"科目。涉及增值税业务的，相关账务处理参见"应交增值税"科目。同时，在预算会计下，按照实际收到的金额，借记"资金结存—货币资金"科目，贷记"经营预算收入"科目。

【例7-12】某科学事业单位属于增值税一般纳税人，使用6%的增值税税率。单位12月对外销售××产品，取得含税收入10.6万元，其中增值税0.6万元，该业务支出功能分类科目为"科学技术支出—应用研究—其他应用研究支出"。货款已收到并存入银行。

财务会计：

借：银行存款　　　　　　　　　　　　　　　　　　106 000

　　贷：经营收入—产品生产—××产品　　　　　　　　　　100 000

　　　　应交增值税—应交税金—销项税额　　　　　　　　　　6 000

预算会计：

借：资金结存—货币资金　　　　　　　　　　　　　106 000

　　贷：经营预算收入—其他应用研究支出—产品生产—××产品　106 000

2. 期末结转时，将"经营收入"科目本期发生额转入本期盈余，借记"经营收入"科目，贷记"本期盈余"科目。

【例7-13】续【例7-12】。期末，科学事业单位将上述业务形成的收入进行转账处理。

财务会计：

借：经营收入—产品生产—××产品　　　　　　　　100 000

　　贷：本期盈余　　　　　　　　　　　　　　　　　　100 000

# 第七节　非同级财政拨款收入

## 一、非同级财政拨款收入的概念

非同级财政拨款收入是科学事业单位从非同级政府财政部门取得的经费拨款。科学事业单位取得的非同级财政拨款收入包括两大类：一类是从同级财政部门以外的同级政府部门取得的横向转拨财政款，比如某省农科院收到本省人社厅转来的人才培养经费；另一类是从上级或下级政府（包括政府财政和政府部门）取得的各类财政款，比如某市民政局收到民政部转来的款项等。

对于科学事业单位因开展科研和非科研业务活动及其辅助活动取得的非同级财政拨款收入，不属于非同级财政拨款收入，应当纳入事业收入业务范围。

## 二、非同级财政拨款收入与事业收入的区别

非同级财政拨款收入与事业收入的区别标志在于，科学事业单位收到同级财政以外的同级政府部门取得的横向转拨财政款和从上级或下级政府（包括政府财政和政府部门）取得的各类财政款，是否与开展专业业务活动及其辅助活动有关。

如果因开展专业业务活动及其辅助活动所取得的收入，则这项非财政拨款收入就应当纳入科学事业单位的事业收入范畴，作为事业收入处理，而不作为非同级财政拨款收入处理。

## 三、非同级财政拨款收入的核算

（一）科目设置

科学事业单位应设置"非同级财政拨款收入"科目，用于核算单位从非同级政府财政部门取得的经费拨款，包括从同级财政以外的同级政府部门取得的横向转拨财政款和从上级或下级政府（包括政府财政和政府部门）取得的各类财政款。"非同级财政拨款收入"科目应当按照本级横向转拨财政款和非本级财政拨款进行明细核算，并按照收入来源进行明细核算。对于科学事业单位因开展专业业务活动及其辅助活动取得的经费拨款，应当通过"事业收入—非同级财政拨款"科目核算，不通过"非同级财政拨款收入"科目核算。

"非同级财政拨款收入"科目平时贷方余额反映单位取得非同级财政拨款收入的累计数；期末结账后，本科目应无余额。

（二）主要账务处理

1. 科学事业单位确认非同级财政拨款收入时，按照应收或实际收到的金额，借记"其他应收款""银行存款"等科目，贷记"非同级财政拨款收入"科目。同时，在预算会计下，按照实际收到的金额，借记"资金结存—货币资金"科目，贷记"非同级财政拨款预算收入"科目。

【例7-14】某省属科学事业单位收到开户银行的到账通知，收到所在地某市财政局拨付给本单位的经费200万元，用于单位的科技人才建设，该业务支出功能分类科目为"科学技术支出—基础研究—科技人才队伍建设"。该单位应编制如下会计分录：

财务会计：

借：银行存款           2 000 000

  贷：非同级财政拨款收入—非本级财政拨款—××市财政局（人才经费）

                  2 000 000

预算会计：

借：资金结存—货币资金        2 000 000

  贷：非同级财政拨款预算收入—科技人才队伍建设—××市财政局—专项资金收入—人才项目经费        2 000 000

2. 期末结转时，将"非同级财政拨款收入"科目本期发生额转入本期盈余，借记"非同级财政拨款收入"科目，贷记"本期盈余"科目。

# 第八节　投资收益

## 一、投资收益的概念

投资收益是指科学事业单位股权投资和债券投资所实现的收益或发生的损失。具体包括对外投资持有期间的利息、股利或利润，以及按照权益法核算长期投资时被投资单位实现的净损益，出售或到期收回长、短期债券投资确认的投资收益或投资损失，按照规定报经批准出售（转让）长期股权投资时将处置时取得的纳入本单位预算管理的投资收益等。

## 二、投资收益的确认

短期投资利息，按照实际收到的金额进行确认。

1. 出售短期债券或短期债券到期收回本息时，按照实际收到的金额与出售或收回短期投资的成本的差额，确认投资收益或投资损失。

2. 长期债券投资利息，采取"分期付息、一次还本"的方式，根据合同或协议的约定，根据权责发生制原则，按期预计利息并确认投资收益。

3. 出售长期债券投资或到期收回长期债券投资，应根据收到的金额与债券初始投资成本和已计未收利息金额的差额，确认投资收益或投资损失。

4. 以成本法核算的长期股权投资，在持有期间，当被投资单位宣告分派现金股利或利润时，根据权责发生制原则，确认应归属于当期的投资收益。

5. 以权益法核算的长期股权投资，在持有期间，当被投资单位实现净损益时，根据权责发生制原则，按照应享有的份额，确认应归属于当期的投资收益，或按照应分担的份额确认应归属于当期的投资损失。

6. 出售或转让长期股权投资时，投资收益的确认参见"长期股权投资"科目。

## 三、投资收益的核算

（一）科目设置

科学事业单位应设置"投资收益"科目，核算单位股权投资和债券投资所实现的收益或发生的损失。"投资收益"科目应当按照投资的种类等进行明细核算。"投资收益"平时贷方余额反映科学事业单位在投资持有期间的净收益；如为借方余额，反映单位在投资持有期间的净损失；期末结转后，本科目应无余额。

（二）主要账务处理

1. 短期投资。

（1）收到短期投资持有期间的利息，按照实际收到的金额，借记"银行存款"科目，贷记"投资收益"科目。同时，在预算会计下，借记"资金结存—货币资金"科目，贷记"投资预算收益"科目。

【例 7 - 15】2×19 年 1 月 1 日，某科学事业单位经批准购入短期国债 10 万元，期限为 6 个月，年利率为 4%。3 月末，该单位收到第一季度利息 1 000 元。该业务支出功能分类科目为"科学技术支出—基础研究—机构运行"，部门预算支出经济分类列"其他支出—其他支出"。3 月份，收到利息时，该单位应编制如下会计分录：

财务会计：

借：银行存款            1 000

  贷：投资收益—债券投资—短期投资—国库券    1 000

预算会计：

借：资金结存—货币资金        1 000

  贷：投资预算收益—机构运行—债券投资—债券利息  1 000

（2）出售或到期收回短期债券本息，按照实际收到的金额，借记"银行存款"科目，按照出售或收回短期投资的成本，贷记"短期投资"科目，按照其差额，贷记或借记"投资收益"科目。涉及增值税业务的，相关账务处理参见"应交增值税"科目。

同时，在预算会计下，根据短期债券的持有时间分为以下两种情况进行账务处理：

其一，出售或到期收回本年度取得的短期债券，按照实际取得的价款或实际收到的本息金额，借记"资金结存—货币资金"科目，按照取得债券时"投资支出"科目的发生额，贷记"投资支出"科目，按照其差额，贷记或借记"投资预算收益"科目。

其二，出售或到期收回以前年度取得的短期债券，按照实际取得的价款或实际收到的本息金额，借记"资金结存—货币资金"科目，按照取得债券时"投资支出"科目的发生额，贷记"其他结余"科目，按照其差额，贷记或借记"投资预算收益"科目。

【例 7 - 16】续【例 7 - 15】。6 月 30 日，某科学事业单位收到国库券本金及利息，其中本金 10 万元，第二季度利息 1 000 元。该单位应编制如下会计分录：

财务会计：

借：银行存款           101 000

  贷：短期投资—国库券        100 000

    投资收益—债券投资—短期投资—国库券   1 000

预算会计：

借：资金结存—货币资金       101 000

  贷：投资支出—短期投资—国库券—机构运行—其他支出 100 000

    投资预算收益         1 000

2. 长期债券投资。

（1）持有的分期付息、一次还本的长期债券投资：

按期确认利息收入时，按照计算确定的应收未收利息，借记"应收利息"科目，贷记"投资收益"科目。由于未实际收到款项，此时预算会计下不进行账务处理。

持有的到期一次还本付息的债券投资，按期确认利息收入时，按照计算确定的应收未收利息，借记"长期债券投资—应计利息"科目，贷记"投资收益"科目。由于未实际收到款项，此时预算会计下不进行账务处理。

【例7-17】某科学事业单位经相关部门批准，发生以下业务：

2×19年1月1日，某科学事业单位经批准购入分期付息、到期还本的5年期国债10万元，年利率为4%，1年付息一次，付息日为每年1月1日。3月末，该单位确认第一季度利息1 000元。该业务支出功能分类科目为"科学技术支出—基础研究—机构运行"，部门预算支出经济分类列"其他支出—其他支出"。3月份，确认利息时，该单位应编制如下会计分录：

购入时：

财务会计：

借：长期债券投资—成本—××国债       100 000

  贷：银行存款             100 000

预算会计：

借：投资支出—长期债券投资—××国债—机构运行—其他支出

                  100 000

  贷：资金结存—货币资金       100 000

3月末计息：

财务会计：

借：应收利息—国债          1 000

  贷：投资收益—长期债券投资—××国债    1 000

预算会计不做账务处理。

（2）出售长期债券投资或到期收回长期债券投资本息，按照实际收到的金额，借记"银行存款"等科目，按照债券初始投资成本和已计未收利息金额，贷记"长期债券投资—成本、应计利息"科目［到期一次还本付息债券］或"长期债券投资""应收利息"科目［分期付息债券］，按照其差额，贷记或借记"投资收益"科目。涉及增值税业务的，相关账务处理参见"应交增值税"科目。

同时，在预算会计下，根据长期债券的持有时间分为以下两种情况进行账务处理：

其一，出售或到期收回本年度取得的长期债券，按照实际取得的价款或实际收到的本息金额，借记"资金结存—货币资金"科目，按照取得债券时"投资支出"科目的发生额，贷记"投资支出"科目，按照其差额，贷记或借记"投资预算收益"科目。

其二，出售或到期收回以前年度取得的长期债券，按照实际取得的价款或实际收到的本息金额，借记"资金结存—货币资金"科目，按照取得债券时"投资支出"

科目的发生额，贷记"其他结余"科目，按照其差额，贷记或借记"投资预算收益"科目。

【例7-18】续【例7-17】。如该科学事业单位持有××国债6个月后，即7月1日将其全部转让，取得转让价款102 000元。单位持有期间，尚未收到利息。该单位应编制如下会计分录：

财务会计：

借：银行存款　　　　　　　　　　　　　　　　　　　　　102 000

　　贷：长期债券投资—成本—××国债　　　　　　　　　　　100 000

　　　　应收利息—××国债　　　　　　　　　　　　　　　　　1 000

　　　　投资收益—长期债券投资—××国债　　　　　　　　　　1 000

预算会计：

借：资金结存—货币资金　　　　　　　　　　　　　　　　　102 000

　　贷：投资支出—长期债券投资—××国债—机构运行—其他支出

　　　　　　　　　　　　　　　　　　　　　　　　　　　　100 000

　　　　投资预算收益—机构运行　　　　　　　　　　　　　　　2 000

3. 长期股权投资。

（1）成本法核算。

科学事业单位采用成本法核算的长期股权投资持有期间，被投资单位宣告分派现金股利或利润时，按照宣告分派的现金股利或利润中属于单位应享有的份额，借记"应收股利"科目，贷记"投资收益"科目。由于此时单位实际并未收到股利或利润，在预算会计下不做账务处理。

科学事业单位按规定需将长期股权投资持有期间取得的投资收益上缴本级财政的，被投资单位宣告发放现金股利或利润时，科学事业单位按照应收的金额，借记"应收股利"科目，贷记"投资收益"科目；收到现金股利或利润时，借记"银行存款"等科目，贷记"应缴财政款"科目，同时按照此前确定的应收股利金额，借记"投资收益"科目或"累计盈余"科目（此前确认的投资收益已经结转的），贷记"应收股利"科目。无论单位是否收到股利或利润，该类业务不纳入预算管理，在预算会计下均不做账务处理。

【例7-19】某科学事业单位发生如下业务：

①单位持有甲公司20%的股份，采用成本法核算。年底，甲公司宣布分派10万元的现金股利。该单位应编制如下会计分录：

财务会计：

借：应收股利—甲公司　　　　　　　　　　　　　　　　　100 000

　　贷：投资收益—长期股权投资—甲公司　　　　　　　　　100 000

预算会计不做账务处理。

②下一年4月25日，收到现金股利。该业务支出功能分类科目为"科学技术—基础研究—其他基础研究支出"，该单位应编制如下会计分录：

财务会计：

借：银行存款  100 000
  贷：应收股利—甲公司  100 000

预算会计：

借：资金结存—货币资金  100 000
  贷：投资预算收益—其他基础研究支出  100 000

【例7-20】某科学事业单位持有乙公司10%的股份，采用成本法核算。2×19年5月2日，乙公司宣布发放投资收益为20万元。2×19年5月20日，该单位收到现金股利存入基本户。按国有资产管理相关规定，单位应将投资收益上缴同级财政部门国库。2×19年5月26日，该单位将收益上缴同级财政。该单位应编制如下会计分录：

①2×19年5月2日，确认投资收益：

财务会计：

借：应收股利—乙公司  200 000
  贷：投资收益—长期股权投资—乙公司  200 000

预算会计不做账务处理。

②2×19年5月20日，收到股利：

财务会计：

借：银行存款  800 000
  贷：应缴财政款  800 000

借：投资收益—长期股权投资—乙公司  200 000
  贷：应收股利—乙公司  200 000

预算会计不做账务处理。

③2×19年5月26日，上缴投资收益：

财务会计：

借：应缴财政款  200 000
  贷：银行存款  200 000

预算会计不做账务处理。

（2）权益法核算。

科学事业单位采用权益法核算的长期股权投资持有期间，按照应享有或应分担的被投资单位实现的净损益的份额，借记或贷记"长期股权投资—损益调整"科目，贷记或借记"投资收益"科目；被投资单位发生净亏损，但以后年度又实现净利润的，单位在其收益分享额弥补未确认的亏损分担额等后，恢复确认投资收益，借记"长期股权投资—损益调整"科目，贷记"投资收益"科目。由于此时单位并未实际收到股利或利润或者付出款项，因此在预算会计下不做账务处理。

科学事业单位按规定需将长期股权投资持有期间取得的投资收益上缴本级财政的，被投资单位实现净利润的，按照应享有的份额，借记"长期股权投资—损益调整"科目，贷记"投资收益"科目；被投资单位宣告发放现金股利或利润时，单位按照应享有的份额，借记"应收股利"科目，贷记"长期股权投资—损益调整"科目；收到现金股利或利润时，借记"银行存款"等科目，贷记"应缴财政款"科目，同时按照此前确定的应收股利金额，借记"投资收益"科目或"累计盈余"科目（此前确认的投资收益已经结转的），贷记"应收股利"科目。

无论单位是否收到股利或利润，该类业务不纳入预算管理，在预算会计下均不做账务处理。

【例7-21】某科学事业单位持有乙公司40%的股份，采用权益法核算。截至上一年年末，单位对乙公司的"长期股权投资"科目余额为300万元。今年年末，乙公司实现净亏损800万元。

单位应该承担的亏损=800×40%=320（元）

由于单位应承担的亏损超过单位对乙公司长期股权投资的账面余额，按照会计制度规定，应以长期股权投资的账面余额减至0为限。所以，单位只能确认300万元的投资损失。

财务会计：

借：投资收益—长期股权投资—乙公司　　　　　　　　　　　3 000 000

　　贷：长期股权投资—损益调整—乙公司　　　　　　　　　　3 000 000

预算会计不做账务处理。

如果第二年，乙公司又实现净利润200万元，则单位应享有80万元（200×40%）的利润份额。按照会计制度规定，享有的80万元利润份额应先用于弥补上年尚未确认的20万元亏损分担额，剩余60万元确认投资收益。该单位应编制如下会计分录：

财务会计：

借：长期投资—损益调整—乙公司　　　　　　　　　　　　　600 000

　　贷：投资收益—长期股权投资—乙公司　　　　　　　　　　600 000

预算会计不做账务处理。

【例7-22】某科学事业单位持有乙公司40%的股份，采用权益法核算。2×19年5月，根据乙公司上年度实现净利润为200万元确认投资收益80万元，2×19年6月，乙公司宣告发放股利80万元，2×19年8月，该单位收到现金股利存入基本户。按国有资产管理相关规定，单位应将投资收益上缴同级财政部门国库。2×19年9月，该单位将收益上缴同级财政。该单位应编制如下会计分录：

①2×19年5月，确认投资收益：

财务会计：

借：长期股权投资—损益调整　　　　　　　　　　　　　　　800 000

　　贷：投资收益—长期股权投资—乙公司　　　　　　　　　　800 000

预算会计不做账务处理。

②2×19年6月，宣告发放股利：

财务会计：

借：应收股利—乙公司　　　　　　　　　　　　　　　　　　800 000

　　贷：长期股权投资—损益调整　　　　　　　　　　　　　　800 000

预算会计不做账务处理。

③2×19年8月，收到股利：

财务会计：

借：银行存款 800 000

　　贷：应缴财政款 800 000

借：累计盈余 800 000

　　贷：应收股利—乙公司 800 000

预算会计不做账务处理。

④2×19年9月，上缴投资收益：

财务会计：

借：应缴财政款 800 000

　　贷：银行存款 800 000

预算会计不做账务处理。

（3）处置长期投资。

按照规定处置长期股权投资时有关投资收益的账务处理，参见"长期股权投资"科目。

4. 期末结转。

期末结转时，将"投资收益"科目本期发生额转入本期盈余，借记或贷记"投资收益"科目，贷记或借记"本期盈余"科目。

# 第九节　捐　赠　收　入

## 一、捐赠收入的概念及种类

捐赠收入是科学事业单位接受其他单位或者个人捐赠取得的收入。

捐赠收入一般包括现金捐赠、存货捐赠、固定资产和无形资产捐赠等，也可以按照捐赠来源进行分类。

## 二、捐赠收入的确认与计量

捐赠收入的确认依据权责发生制原则，但是接受捐赠的货币资金按照实际收到金额时确认。

1. 接受捐赠的货币资金按照实际收到的金额确认计量。

2. 接受捐赠的资产按确定的成本确认计量。

3. 接受捐赠的资产没有确定成本的按照名义金额确认计量。

## 三、捐赠收入的核算

(一)科目设置

科学事业单位应当设置"捐赠收入"科目,核算科学事业单位接受其他单位或者个人捐赠取得的收入。"捐赠收入"科目应当按照捐赠资产的用途和捐赠单位等进行明细核算。"捐赠收入"科目平时贷方余额反映单位捐赠收入累计数;期末结账后,本科目应无余额。

需要注意的是,科学事业单位接受捐赠现金或非现金资产时,要作为收入,通过"捐赠收入"科目核算;而在发生对外捐赠业务时,也要相应作为费用核算,其中,对外捐赠的存货、固定资产等通过"资产处置费用"科目核算,对外捐赠的现金资产则通过"其他费用"科目核算。

(二)主要账务处理

1. 接受捐赠的货币资金,按照实际收到的金额,借记"银行存款""库存现金"等科目,贷记"捐赠收入"科目。同时,在预算会计下,借记"资金结存—货币资金"科目,贷记"其他预算收入—捐赠预算收入"科目。科学事业单位取得捐赠的货币资金按规定应当上缴财政的,应当按照"应缴财政款"科目相关规定进行财务会计处理。预算会计不做处理。

2. 接受捐赠的存货、固定资产等非现金资产,按照确定的成本,借记"库存物品""固定资产"等科目,按照发生的相关税费、运输费等,贷记"银行存款"等科目,按照其差额,贷记"捐赠收入"科目。同时,在预算会计下,对于支付的相关税费,按照实际支付的金额,借记"其他支出"科目,贷记"资金结存—货币资金"科目。科学事业单位接受捐赠人委托转赠的资产,应当按照受托代理业务相关规定进行财务会计处理。预算会计不做处理。

3. 接受捐赠的资产按照名义金额入账的,按照名义金额,借记"库存物品""固定资产"等科目,贷记"捐赠收入"科目;同时,按照发生的相关税费、运输费等,借记"其他费用"科目,贷记"银行存款"等科目。同时,在预算会计下,对于支付的相关税费,按照实际支付的金额,借记"其他支出"科目,贷记"资金结存—货币资金"科目。

4. 期末结转时,将"捐赠收入"科目本期发生额转入本期盈余,借记"捐赠收入"科目,贷记"本期盈余"科目。

【例7-23】某科学事业单位发生如下业务:

①接受A公司捐赠,指定用于新冠肺炎疫情防控专用材料一批,价值20万元。在接受捐赠的过程中,发生相关运杂费等费用3 000元,通过财政授权支付方式支付,该业务支出功能分类科目为"科学技术支出—基础研究—其他基础研究支出"。该单位应编制如下会计分录:

财务会计:

借:库存物品—××专用材料                                    200 000

贷：捐赠收入—新冠疫情防控项目—A 公司　　　　　197 000
　　零余额账户用款额度　　　　　　　　　　　　　　3 000
预算会计：
借：其他支出—其他基础研究支出—财政拨款支出—其他商品和服务支出
　　　　　　　　　　　　　　　　　　　　　　　　3 000
　　贷：资金结存—零余额账户用款额度　　　　　　　3 000
②期末，将上述业务形成的收支进行结转。
财务会计：
借：捐赠收入—新冠疫情防控项目—A 公司　　　　　197 000
　　贷：本期盈余　　　　　　　　　　　　　　　　197 000

# 第十节　利息收入

## 一、利息收入的概念与确认

利息收入，是指科学事业单位取得的银行存款利息收入。利息收入按实际收到利息时确认。

## 二、利息收入的核算

（一）科目设置
科学事业单位应设置"利息收入"科目，核算单位取得的银行存款利息收入。"利息收入"科目平时贷方余额反映单位利息收入的累计数；期末结账后，本科目应无余额。
（二）主要账务处理
1. 取得银行存款利息时，按照实际收到的金额，借记"银行存款"科目，贷记"利息收入"科目。同时，在预算会计下，借记"资金结存—货币资金"科目，贷记"其他预算收入—利息预算收入"科目。
2. 期末结转时，将"利息收入"科目本期发生额转入本期盈余，借记"利息收入"科目，贷记"本期盈余"科目。
【例7-24】某科学事业单位发生以下业务：
①单位收到开户银行通知，第三季度基本存款账户利息1.9万元，该业务支出功能分类科目为"科学技术支出—科技条件与服务—机构运行"。该单位应编制如下会计分录：
财务会计：
借：银行存款　　　　　　　　　　　　　　　　　　19 000

　　　　贷：利息收入—××银行　　　　　　　　　　　　　　19 000

预算会计：

借：资金结存—货币资金　　　　　　　　　　　　　　　19 000

　　　　贷：其他预算收入—利息预算收入—机构运行—非专项资金收入

　　　　　　　　　　　　　　　　　　　　　　　　　　　19 000

②期末，将上述业务形成的利息收入进行结转。

财务会计：

借：利息收入—××银行　　　　　　　　　　　　　　　19 000

　　　　贷：本期盈余　　　　　　　　　　　　　　　　　19 000

# 第十一节　租金收入

## 一、租金收入的概念

　　租金收入，是指科学事业单位经批准利用国有资产出租取得并按照规定纳入本单位预算管理的收入。

　　根据《事业单位国有资产管理暂行办法》（财政部令第100号）的规定，事业单位国有资产实行国家统一所有，政府分级监管，单位占有、使用的管理体制。事业单位负责对本单位占有、使用的国有资产实施具体管理。根据事业单位国有资产管理的有关规定，制定本单位国有资产管理的具体办法并组织实施。

　　1. 事业单位利用国有资产对外出租、出借的，应当进行必要的可行性论证，并提出申请，经主管部门审核同意后，报同级财政部门审批。

　　2. 事业单位应当对本单位用于出租和出借的资产实行专项管理，并在单位财务会计报告中对相关信息进行充分披露。

　　3. 事业单位利用国有资产出租、出借取得的收入应当纳入单位预算，统一核算，统一管理。

　　4. 事业单位整体或者部分资产租赁给非国有单位，应当对相关国有资产进行评估。

## 二、租金收入的确认

　　国有资产出租收入，应当在租赁期内各个期间按照直线法予以确认。所谓直线法就是平均年限法，根据出租年限与租金收入总额，平均计算每期的租金收入，并据此确认在租赁期内各个期间的当期租金收入。

　　从租金的收取方式看，主要分为预收租金方式、后付租金方式和分期收取租金方式，无论采取哪种收取方式，单位都应按照直线法的规定和合同约定，在租赁期各个期间，分期确认租金收入。

## 三、租金收入的核算

（一）科目设置

科学事业单位应设置"租金收入"科目，核算单位经批准利用国有资产出租取得并按照规定纳入本单位预算管理的租金收入。"租金收入"应当按照出租国有资产类别和收入来源等进行明细核算。"租金收入"科目平时贷方余额反映单位租金收入的累计数；期末结账后，本科目应无余额。

（二）主要账务处理

国有资产出租收入，应当在租赁期内各个期间按照直线法予以确认。涉及增值税业务的，相关账务处理参见"应交增值税"科目。

1. 采用预收租金方式的，预收租金时，按照收到的金额，借记"银行存款"等科目，贷记"预收账款"科目；同时，在预算会计下，借记"资金结存—货币资金"科目，贷记"其他预算收入—租金预算收入"科目。

分期确认租金收入时，按照各期租金金额，借记"预收账款"科目，贷记"租金收入"科目。由于确认租金时，并未形成现金流入，预算会计不做账务处理。

【例 7-25】某科学事业单位经相关部门批准，将一仓库对外出租给 A 公司。按照合同约定，租赁期为 1 年，租金为 5 000 元/月，租金按季度提前交付，每季度末月的 15 日，预收下季度租金。该业务支出功能分类科目为"科学技术支出—基础研究—其他基础研究支出"，租金收入由单位统筹安排使用。该单位应编制如下会计分录：

①每季度末月 15 日预收下季度租金 1.5 万元时：

财务会计：

借：银行存款　　　　　　　　　　　　　　　　　　15 000

　　贷：预收账款—A 公司　　　　　　　　　　　　　　15 000

预算会计：

借：资金结存—货币资金　　　　　　　　　　　　　15 000

　　贷：其他预算收入—租金预算收入—其他基础研究支出—非专项资金收入

　　　　　　　　　　　　　　　　　　　　　　　　15 000

②每月末确认租金收入时：

财务会计：

借：预收账款—A 公司　　　　　　　　　　　　　　5 000

　　贷：租金收入—房产出租—A 公司　　　　　　　　　5 000

预算会计不做账务处理。

2. 采用后付租金方式的，每期确认租金收入时，按照各期租金金额，借记"应收账款"科目，贷记"租金收入"科目。由于确认租金时，并未形成现金流入，预算会计不做账务处理。

收到租金时，按照实际收到的金额，借记"银行存款"等科目，贷记"应收账款"科目。同时，在预算会计下，按照实际收到的租金金额，借记"资金结存—货币资金"科目，贷记"其他预算收入—租金预算收入"科目。

【例7－26】某科学事业单位经相关部门批准，将一仓库对外出租给A公司。按照合同约定，租赁期为1年，租金为5 000元/月，租金采取后付的方式于合同期满后通过银行转账收取租金。该业务支出功能分类科目为"科学技术支出—基础研究—其他基础研究支出"，租金收入由单位统筹安排使用。该单位应编制如下会计分录：

①单位每月确认租金收入时：

财务会计：

借：应收账款—其他应收账款—A公司　　　　　　　　　　5 000

　　贷：租金收入—房产出租—A公司　　　　　　　　　　　　　5 000

预算会计不做账务处理。

②合同期满单位实际收到租金时：

财务会计：

借：银行存款　　　　　　　　　　　　　　　　　　　　60 000

　　贷：应收账款—其他应收账款—A公司　　　　　　　　　　60 000

预算会计：

借：资金结存—货币资金　　　　　　　　　　　　　　　60 000

　　贷：其他预算收入—租金预算收入—其他基础研究支出—非专项资金收入

　　　　　　　　　　　　　　　　　　　　　　　　　　15 000

3. 采用分期收取租金方式的，每期收取租金时，按照租金金额，借记"银行存款"等科目，贷记"租金收入"科目。同时，在预算会计下，借记"资金结存—货币资金"科目，贷记"其他预算收入—租金预算收入"科目。

【例7－27】某科学事业单位经相关部门批准，将一仓库对外出租给A公司。按照合同约定，租赁期为1年，租金为5 000元/月，协议约定租金采取按月付费的方式，由A公司在每月1日将租金支付给该单位。协议签订当日，该单位收到A公司支付的房租5 000元，存入基本存款账户。该业务支出功能分类科目为"科学技术支出—基础研究—其他基础研究支出"，租金收入由单位统筹安排使用。该单位应编制如下会计分录：

财务会计：

借：银行存款　　　　　　　　　　　　　　　　　　　　5 000

　　贷：租金收入—房产出租—A公司　　　　　　　　　　　　5 000

预算会计：

借：资金结存—货币资金　　　　　　　　　　　　　　　5 000

　　贷：其他预算收入—租金预算收入—其他基础研究支出—非专项资金收入

　　　　　　　　　　　　　　　　　　　　　　　　　　5 000

4. 期末结转时，将"租金收入"科目本期发生额转入本期盈余，借记"租金收入"科目，贷记"本期盈余"科目。

# 第十二节 其他收入

## 一、其他收入的概念

其他收入是指科学事业单位取得的除财政拨款收入、事业收入、上级补助收入、附属单位上缴收入、经营收入、非同级财政拨款收入、投资收益、捐赠收入、利息收入、租金收入以外的各项收入，包括现金盘盈收入，按照规定纳入单位预算管理的科技成果转化收入，无法偿付的应付及预收款项，置换换出资产评估增值，单位从税务机关取得的代扣代缴、代收代缴、委托代征税款手续费等。

## 二、其他收入的确认

其他收入的确认应当依据权责发生制原则，如有需要报批的业务按照批准下达时确认。

## 三、其他收入的核算

（一）科目设置

科学事业单位应设置"其他收入"科目，用于核算单位除财政拨款收入、事业收入、上级补助收入、附属单位上缴收入、经营收入、非同级财政拨款收入、投资收益、捐赠收入、利息收入、租金收入以外的各项收入。"其他收入"应当按照其他收入的类别、来源等进行明细核算。本科目平时贷方余额反映单位其他收入的累计数；期末结转后，该科目应无余额。

（二）主要账务处理

1. 现金盘盈收入。

每日现金账款核对中发现的现金溢余，属于无法查明原因的部分，报经批准后，借记"待处理财产损溢"科目，贷记"其他收入"科目。同时，在预算会计下，按照溢余的现金金额，借记"资金结存—货币资金"科目，贷记"其他预算收入"科目。

【例7-28】2×19年3月，某科学事业单位财务部门在盘点当日库存现金时，发现现金长款200元。经核查未查明原因，报经单位财务部门负责人批准后进行处理，该业务支出功能分类科目为"科学技术支出—应用研究—机构运行"。该单位应编制如下会计分录：

①发现现金溢余时：

财务会计：

借：库存现金                                           200

    贷：待处理财产损溢—库存现金                        200

预算会计：

借：资金结存—货币资金      200

    贷：其他预算收入—现金溢余收入—机构运行—非专项资金收入    200

②报经批准处理后进行处理时：

财务会计：

借：待处理财产损溢—库存现金      200

    贷：其他收入—现金溢余      200

预算会计不做账务处理。

2. 科技成果转化收入。

单位科技成果转化所取得的收入，按照规定留归本单位的，按照所取得收入扣除相关费用之后的净收益，借记"银行存款"等科目，贷记"其他收入"科目。同时，在预算会计下，按照溢余的现金金额，借记"资金结存—货币资金"科目，贷记"其他预算收入"科目。

【例7-29】某科学事业单位，根据协议定价将发明的一项专利转让给××公司。合同约定，转让收入扣除相关费用后的净收益为20万元，款项已存入该单位基本存款账户。根据有关规定，该项收益全部留归单位，用于××项目的研究，该业务支出功能分类科目为"科学技术支出—应用研究—高技术研究"。该单位应编制如下会计分录：

财务会计：

借：银行存款      200 000

    贷：其他收入—科技成果转化收入      200 000

预算会计：

借：资金结存—货币资金      200 000

    贷：其他预算收入—高技术研究—专项资金收入—科技成果转化收入—××

        项目      200 000

3. 无法偿付的应付及预收款项。

无法偿付或债权人豁免偿还的应付账款、预收账款、其他应付款及长期应付款，借记"应付账款""预收账款""其他应付款""长期应付款"等科目，贷记"其他收入"科目。由于并未有实际的现金流入，预算会计不做账务处理。

【例7-30】某科学事业单位对应付账款等进行全面清查，发现应偿还甲公司的一笔材料款2万元。由于甲公司已经解散无法偿还，按照资产清查的有关程序进行应付款的处理。该单位应编制如下会计分录：

财务会计：

借：应付账款—甲公司      20 000

    贷：其他收入—无法偿付款项      20 000

预算会计不做账务处理。

4. 置换换出资产评估增值。

资产置换过程中，换出资产评估增值的，按照评估价值高于资产账面价值或账面余额的金额，借记有关科目，贷记"其他收入"科目。具体账务处理参见"库存物品"等科目。

以未入账的无形资产取得的长期股权投资，按照评估价值加相关税费作为投资成本，借记"长期股权投资"科目，按照发生的相关税费，贷记"银行存款""其他应交税费"等科目，按其差额，贷记"其他收入"科目。同时，在预算会计下，按照其差额，借记"资金结存—货币资金"科目，贷记"其他预算收入"科目。

【例7-31】2×19年12月，某科学事业单位经批准与甲公司签订投资协议，约定该单位以一项专利技术进行投资，该项专利无账面价值，经评估，该项专利的投资评估价格为100万元。发生于投资相关的税费为5万元，该业务支出功能分类科目为"科学技术支出—技术研究与开发—机构运行"。该单位应编制如下会计分录：

财务会计：

借：长期股权投资 1 050 000

　　贷：银行存款 50 000

　　　　其他收入—未入账无形资产投资 1 000 000

预算会计：

借：其他支出—其他资金支出—机构运行—基本支出—其他商品服务支出—××

公司 50 000

　　贷：资金结存—货币资金 50 000

5. 从税务机关取得的代扣代缴、代收代缴、委托代征税款手续费。

科学事业单位从税务机关取得的代扣代缴、代收代缴、委托代征税款手续费按规定计入本单位收入时，按照实际收到的金额，借记"银行存款"科目，贷记"其他收入"科目。同时，在预算会计中，借记"资金结存—货币资金"科目，贷记"其他预算收入"科目。

【例7-32】2×19年3月，某科学事业单位收到税务局转来的代扣代缴税金手续费2.5万元。该业务支出功能分类科目为"科学技术支出—技术研究与开发—机构运行"。该单位应编制如下会计分录：

财务会计：

借：银行存款 25 000

　　贷：其他收入—代扣代缴税金手续费 25 000

预算会计：

借：资金结存—货币资金 25 000

　　贷：其他预算收入—机构运行—非专项收入—代扣代缴税金手续费

25 000

6. 确认上述1~4以外的其他收入时，按照应收或实际收到的金额，借记"其他应收款""银行存款""库存现金"等科目，贷记"其他收入"科目。同时，在预算会计下，按照实际收到的金额，借记"资金结存—货币资金"科目，贷记"其他预算收入"科目。

7. 期末结转时，将"其他收入"科目本期发生额转入本期盈余，借记"其他收入"科目，贷记"本期盈余"科目。

# 第八章 费 用

## 第一节 费用概述

### 一、费用的含义

费用，是指报告期内导致科学事业单位净资产减少的、含有服务潜力或者经济利益的经济资源的流出。具体包括以下几层含义：

1. 费用是报告期内的费用。报告期是指从某一时间点至另一时间点终止的期间，可以是月度，也可以是季度、半年度和年度等。报告期内是一个时期的概念，如果报告期是年末，那么时间的节点应该是截止到某年的 12 月 31 日。因此费用从时间的范围看，具有期间性，可以分为月度费用、季度费用、半年度费用和年度费用等。

2. 费用会引起资产减少或者负债的增加，并最终导致净资产的减少。比如，科学事业单位开展科研活动消耗的各种科研材料，导致库存材料（资产）的减少，就形成了费用，最终导致净资产的减少。再如，固定资产随着时间的推移，发生了价值损耗，通过计提折旧反映固定资产价值的减少，最终导致净资产的减少，折旧属于费用的范畴。

3. 费用是经济资源的流出。科学事业单位在开展业务活动中，会耗费各种经济资源，导致经济资源的流出形成费用。包括当下已经发生的各种资源流出，如领用存货、支付费用，或已经发生的费用，但尚未支付款项形成了未来将要偿付的债务，在未来导致经济资源的流出。

4. 流出的经济资源含有服务潜力或者经济利益。科学事业单位流出的经济资源应该能为单位提供专业服务能力或产生经济利益。凡未提供服务或不产生经济利益的经济资源流出不属于费用。

### 二、费用的分类

科学事业单位的费用按照发生费用的业务活动类型，可以分为业务活动费用、单位管理费用、经营费用、资产处置费用、上缴上级费用、对附属单位补助费用、所得税费用和其他费用等。

其中，业务活动费用又分为科研活动费用和非科研活动费用。而非科研活动费用又具体包括技术活动费用、学术活动费用、科普活动费用、试制产品活动费用和教学活动费用等内容。

各项费用的具体概念详见各节内容。

这样的分类，有助于科学事业单位核算每一项活动所发生的成本，从而为政府会计成本核算以及绩效考核奠定基础，也有助于对每一项活动的具体费用做进一步的明细分析，从而了解和掌握每一项活动的具体经济构成。

## 三、费用的确认与计量原则

（一）费用确认的条件

费用的确认采用权责发生制原则，且应当同时满足以下条件：

1. 与费用相关的含有服务潜力或者经济利益的经济资源很可能流出政府会计主体。

2. 含有服务潜力或者经济利益的经济资源流出会导致政府会计主体资产减少或者负债增加。

3. 流出金额能够可靠地计量。

符合费用定义和费用确认条件的项目，应当列入收入费用表。

（二）费用确认和计量的原则

科学事业单位在确认费用时，应当遵循以下两条原则：

1. 权责发生制原则。

科学事业单位费用的计量以权责发生制为基础。根据权责发生制原则，凡是当期已经发生或应当由当期负担的费用，不论款项是否收付，都应当作为当期的费用；凡是不属于当期的费用，即使款项已经在当期支付，也不应当作为当期的费用。

2. 区分费用化和资本化的原则。

对以权责发生制为基础确认的费用，应合理地划分是应计入当期费用还是应当予以资本化。如果取得的一项资源能为单位在一定期间或几个会计期间内带来经济利益，应当予以资本化，如购买一项固定资产，不能作为当期的费用。再如批量购买科研材料，根据科研管理的需要，可以先予以资本化，随着科研材料的消耗，再确认费用。

# 第二节　业务活动费用

## 一、业务活动费用的概念

业务活动费用是科学事业单位开展专业业务活动及其辅助活动所发生的各项费用。

根据科学事业单位行业特点与核算需要，业务活动费用还可分为科研活动费用、非科研活动费用。

1. 科研活动费用是科学事业单位开展科研活动及其辅助活动发生的各项费用。

2. 非科研活动费用是科学事业单位开展科研活动以外的其他业务活动及其辅助活动发生的各项费用，包括技术活动费用、学术活动费用、科普活动费用、试制产品活动费用和教学活动费用等。

（1）技术活动费用是指科学事业单位对外提供技术咨询、技术服务等活动发生的各项费用。

（2）学术活动费用是指科学事业单位开展学术交流、学术期刊出版等活动发生的各项费用。

（3）科普活动费用是指科学事业单位开展科学知识宣传、讲座和科技展览等活动发生的各项费用。

（4）试制产品活动费用是指科学事业单位试制中间试验产品等活动发生的各项费用。

（5）教学活动费用是指科学事业单位开展教学活动发生的各项费用。

## 二、业务活动费用的会计核算

（一）科目设置

科学事业单位应设置"业务活动费用"科目，核算单位为开展专业业务活动及其辅助活动所发生的各项费用。科学事业单位应当根据行业特点和核算需要，在"业务活动费用"科目下设置"科研活动费用""非科研活动费用"明细科目。"非科研活动费用"科目下应设置"技术活动费用""学术活动费用""科普活动费用""试制产品活动费用""教学活动费用"等明细科目。

"业务活动费用"科目还应当按照项目、服务或者业务类别、支付对象等进行明细核算。

为了满足成本核算需要，"业务活动费用"科目下还可按照"工资福利费用""商品和服务费用""对个人和家庭的补助费用""对企业补助费用""固定资产折旧费""无形资产摊销费""计提专用基金"等成本项目设置明细科目，归集能够直接计入业务活动或采用一定方法计算后计入业务活动的费用。

"业务活动费用"科目平时借方余额反映单位业务活动费用实际累计数；期末结转后，本科目应无余额。

（二）主要账务处理

1. 为开展科研和非科研业务活动人员计提薪酬。

为开展科研和非科研业务活动人员计提的薪酬，按照计算确定的金额，借记"业务活动费用"科目，贷记"应付职工薪酬"科目。由于未发生实际的现金流出，因此在计提职工薪酬时，不需要进行预算会计处理。

【例8-1】2×20年，某科学事业单位人事部门计算本单位科研部门3月份工资为：应发工资总计为25万元，单位应负担职工的住房公积金3万元，医疗保险费为2万元，同时按规定代扣代缴的个人所得税2 000元，代扣代缴个人承担的住房公积金2万元，医疗保险费1万元。该单位应编制如下会计分录：

计提应付职工薪酬：

财务会计：

借：业务活动费用—科研活动费用—工资福利费用   300 000

 贷：应付职工薪酬—基本工资（含离退休费）  250 000

    —住房公积金（单位）     30 000

    —社会保险费—医疗保险费（单位）  20 000

代扣应由个人负担的税费时：

借：应付职工薪酬—基本工资       32 000

 贷：应付职工薪酬—住房公积金（个人）   20 000

    —社会保险费—医疗保险费（个人）  10 000

   其他应交税费—应交个人所得税    2 000

预算会计不做账务处理。

2. 为开展科研和非科研业务活动发生的外部人员劳务费。

为开展科研和非科研业务活动发生的外部人员劳务费，按照计算确定的金额，借记"业务活动费用"科目，按照代扣代缴个人所得税的金额，贷记"其他应交税费—应交个人所得税"科目，按照扣税后应付或实际支付的金额，贷记"其他应付款""财政拨款收入""零余额账户用款额度""银行存款"等科目。

同时，在预算会计下，实际支付外部人员劳务费并代扣个人所得税时，按照实际支付给个人的金额，借记"事业支出"科目，贷记"财政拨款预算收入""资金结存"科目；按照规定代扣代缴个人所得税时，按照实际缴纳的金额，借记"事业支出"科目，贷记"财政拨款预算收入""资金结存"科目。

【例8-2】某科学事业单位发生以下业务：

①单位邀请专家开展学术讲座，税后劳务费4 000元，需代扣个人所得税761.90元。劳务费使用财政安排的检验检测项目经费，通过财政授权方式支付，该业务支出功能分类科目为"科学技术支出—科学技术管理事务—一般行政管理事务"。该单位应编制如下会计分录：

财务会计：

借：业务活动费用—科研活动费用—商品和服务费用 4 761.90

 贷：零余额账户用款额度      4 000

   其他应交税费—应交个人所得税   761.90

预算会计：

借：事业支出—科研支出—财政拨款支出—一般行政管理事务—项目支出—检验检测项目—劳务费       4 000

 贷：资金结存—零余额账户用款额度    4 000

②单位上缴代扣的个人所得税761.90元。该单位应编制如下会计分录：

财务会计：

借：其他应交税费—应交个人所得税       761.90

  贷：零余额账户用款额度        761.90

预算会计：

借：事业支出—科研支出—财政拨款支出—一般行政管理事务—项目支出—检验

  检测项目—劳务费         761.90

  贷：资金结存—零余额账户用款额度    761.90

3. 为开展科研和非科研业务活动领用库存物品。

为开展科研和非科研业务活动领用库存物品，按照领用库存物品的账面余额，借记"业务活动费用"科目，贷记"库存物品"科目。由于领用库存物品等不涉及现金流出，因此，预算会计下不做账务处理。

【例 8-3】某科学事业单位为开展某项业务活动领用××科研材料 5 000 元。该单位应编制如下会计分录：

财务会计：

借：业务活动费用—科研活动费用—商品和服务费用—××项目 5 000

  贷：库存物品—××专用材料      5 000

预算会计不做账务处理。

4. 为开展科研和非科研业务活动所使用的固定资产等计提的折旧、摊销。

为开展科研和非科研业务活动所使用的固定资产、无形资产等计提的折旧、摊销，按照计提金额，借记"业务活动费用"科目，贷记"固定资产累计折旧""无形资产累计摊销"科目。由于计提折旧或摊销不涉及现金流出，因此，预算会计下不做账务处理。

【例 8-4】某科学事业单位计提××科研项目应承担的固定资产折旧费 20 000 元，无形资产摊销 5 000 元，该单位应编制如下会计分录：

财务会计：

借：业务活动费用—科研活动费用—固定资产折旧费—××项目 20 000

        —无形资产摊销费—××项目 5 000

  贷：固定资产累计折旧       20 000

    无形资产累计摊销      5 000

预算会计不做账务处理。

5. 为开展科研和非科研业务活动发生的城市维护建设税等相关税费。

为开展科研和非科研业务活动发生的城市维护建设税、教育费附加、地方教育费附加、车船税、房产税、城镇土地使用税等，按照计算确定应交纳的金额，借记"业务活动费用"科目，贷记"其他应交税费"等科目。在预算会计下，计算确定应缴纳金额时，不做账务处理。实际缴纳时，借记"事业支出"科目，贷记"财政拨款预算收入""资金结存"科目。

【例 8-5】某科学事业单位计算为开展某项科研活动发生应负担的房产税 7 000 元，该业务支出功能分类科目为"科学技术支出—应用研究—其他应用研究支出"。

该单位应编制如下会计分录：

①计提房产税时：

财务会计：

计提房产税：

借：业务活动费用—科研活动费用—商品和服务费用—××项目　7 000

　　贷：其他应交税费—应交房产税　　　　　　　　　　　　　　7 000

预算会计不做账务处理。

②上缴房产税时：

财务会计：

借：其他应交税费—房产税　　　　　　　　　　　　　　　　　7 000

　　贷：银行存款　　　　　　　　　　　　　　　　　　　　　　7 000

预算会计：

借：事业支出—科研支出—非财政拨款支出—其他应用研究支出—项目支出—

　　××项目—税金及附加　　　　　　　　　　　　　　　　761.90

　　贷：资金结存—货币资金　　　　　　　　　　　　　　　　761.90

6. 为开展科研和非科研业务活动发生其他各项费用。

为开展科研和非科研业务活动发生其他各项费用时，按照费用确认金额，借记"业务活动费用"科目，贷记"财政拨款收入""零余额账户用款额度""银行存款""应付账款""其他应付款""其他应收款"等科目。同时在预算会计下，按照实际支付的金额，借记"事业支出"科目，贷记"财政拨款预算收入""资金结存"科目。

【例8-6】2×20年5月5日，某科学事业单位开展××项目科研活动，发生科研课题材料费3万元，供应商A公司已开具发票，款项尚未支付给供应商，该业务支出功能分类科目为"科学技术支出—应用研究—其他应用研究支出"。5月15日，该单位采用财政授权支付了3万元。

①5月5日，该单位的账务处理如下：

财务会计：

借：业务活动费用—科研活动费用—商品和服务费用—××项目　30 000

　　贷：应付账款—A公司　　　　　　　　　　　　　　　　　30 000

预算会计不做账务处理。

②5月15日，该单位的账务处理如下：

财务会计：

借：应付账款—A公司　　　　　　　　　　　　　　　　　　30 000

　　贷：零余额账户用款额度　　　　　　　　　　　　　　　　30 000

预算会计：

借：事业支出—科研支出—财政拨款支出—其他应用研究支出—项目支出—××

　　项目—专用材料费　　　　　　　　　　　　　　　　　761.90

　　贷：货币资金—零余额账户用款额度　　　　　　　　　　761.90

7. 从收入中提取专用基金。

按照规定从收入中提取专用基金并计入费用的，一般按照预算会计下基于预算收入计算提取的金额，借记"业务活动费用"科目，贷记"专用基金"科目。国家另有规定的，从其规定。具体详见"专用基金"科目的业务处理。由于从收入中提取专用基金不涉及现金流出，预算会计不做账务处理。具体详见"专用基金"科目的业务处理。

8. 当年购货退回。

发生当年购货退回等业务，对于已计入本年业务活动费用的，按照收回或应收的金额，借记"财政拨款收入""零余额账户用款额度""银行存款""其他应收款"等科目，贷记"业务活动费用"科目。同时，在预算会计下，按照实际收回的金额，借记"财政拨款预算收入""资金结存"科目，贷记"事业支出"科目。

【例 8-7】2×20 年 2 月，某科学事业单位以财政授权方式购进科研课题专用材料一批，材料已于当月全部领用。4 月 2 日，单位发现该批材料存在质量缺陷，经与供应商协商，该供应商同意退回部分货款，货款金额为 4 万元。单位于 4 月 20 日收到供应商货款，并按规定办理完毕财政授权支付额度的恢复手续。该业务支出功能分类科目为"科学技术支出—应用研究—其他应用研究支出"。该单位应编制如下会计分录：

财务会计：

借：零余额账户用款额度　　　　　　　　　　　　　　　　40 000

　　贷：业务活动费用—科研活动费用—商品和服务费用—××项目　40 000

预算会计：

借：资金结存—零余额账户用款额度　　　　　　　　　　　40 000

　　贷：事业支出—科研支出—财政拨款支出—其他应用研究支出—项目支出—

　　　　××项目—专用材料费　　　　　　　　　　　　　　40 000

9. 期末结转。

期末，将"业务活动费用"科目本期发生额转入本期盈余，借记"本期盈余"科目，贷记"业务活动费用"科目。

# 第三节　单位管理费用

## 一、单位管理费用的概念

单位管理费用，是指科学事业单位本级行政及后勤管理部门开展管理活动发生的各项费用，包括单位行政及后勤管理部门发生的人员经费、公用经费、资产折旧（摊销）等费用，以及由单位统一负担的离退休人员经费、工会经费、诉讼费、中介费等。

## 二、单位管理费用的核算

（一）科目设置

科学事业单位应当设置"单位管理费用"科目，核算单位本级行政及后勤管理部门开展管理活动发生的各项费用。"单位管理费用"科目应当按照项目、费用类别、支付对象等进行明细核算。为了满足成本核算需要，本科目下还可按照"工资福利费用""商品和服务费用""对个人和家庭的补助费用""固定资产折旧费""无形资产摊销费"等成本项目设置明细科目，归集能够直接计入单位管理活动或采用一定方法计算后计入单位管理活动的费用。"单位管理费用"科目平时借方余额反映单位管理费用的实际累计数；期末结转后，本科目应无余额。

（二）主要账务处理

1. 为管理活动人员计提薪酬。

为管理活动人员计提的薪酬，按照计算确定的金额，借记"单位管理费用"科目，贷记"应付职工薪酬"科目。由于未发生实际的现金流出，因此在计提职工薪酬时，不需要进行预算会计处理。

【例8-8】某科学事业单位2月5日为本单位管理人员计提工资薪酬共计20万元，其中基本工资16万元，单位为职工计算缴纳的基本养老保险费为4万元，款项来源均为自有资金。该单位应编制如下会计分录：

财务会计：

借：单位管理费用—工资福利费用　　　　　　　　　200 000

　　贷：应付职工薪酬—基本工资（含离退休费）　　　　　160 000

　　　　　　—社会保险费—养老保险（单位）　　　　　40 000

预算会计不做账务处理。

支付职工薪酬，并代扣个人所得税5 000元，代扣个人承担的基本养老保险费2万元，该业务支出功能分类科目为"科学技术支出—科技条件与服务—机构运行"。该单位应编制如下会计分录：

财务会计：

借：应付职工薪酬—基本工资（含离退休费）　　　　160 000

　　贷：银行存款　　　　　　　　　　　　　　　　　135 000

　　　　其他应交税费—应交个人所得税　　　　　　　5 000

　　　　应付职工薪酬—社会保险费—养老保险（个人）　20 000

预算会计：

借：事业支出—管理支出—其他资金支出—机构运行—基本支出—基本工资

　　　　　　　　　　　　　　　　　　　　　　　　　135 000

　　贷：资金结存—货币资金　　　　　　　　　　　　135 000

2. 为开展管理活动发生外部人员劳务费。

为开展管理活动发生的外部人员劳务费，按照计算确定的费用金额，借记"单位管理费用"科目，按照代扣代缴个人所得税的金额，贷记"其他应交税费—应交个人所得税"科目，按照扣税后应付或实际支付的金额，贷记"其他应付款""财政拨款收入""零余额账户用款额度""银行存款"等科目。

同时，在预算会计下，支付劳务费时，按照实际支付给外部人员个人的金额，借记"事业支出"科目，贷记"财政拨款预算收入""资金结存"科目；按照规定代扣代缴个人所得税时，按照实际缴纳的金额，借记"事业支出"科目，贷记"财政拨款预算收入""资金结存"科目。

【例8-9】某科学事业单位发生如下业务：

①聘请2名外单位专家为本单位翻译国外科技文献，双方约定翻译费用为4 000元，单位代扣代缴个人所得税为640元。翻译费通过财政授权方式支付，从财政科研××项目经费中安排，该业务支出功能分类科目为"科学技术支出—科技条件与服务—科技条件专项"。该单位应编制如下会计分录：

财务会计：

借：单位管理费用—商品和服务费用 4 000
　　贷：零余额账户用款额度 3 360
　　　　其他应交税费—应交个人所得税 640

预算会计：

借：事业支出—管理支出—财政拨款支出—科技条件专项—项目支出—××项目—劳务费 3 360
　　贷：资金结存—零余额账户用款额度 3 360

②单位按照上述资金渠道，将代扣的个人所得税上缴税务部门。

财务会计：

借：其他应交税费—应交个人所得税 640
　　贷：零余额账户用款额度 640

预算会计：

借：事业支出—管理支出—财政拨款支出—科技条件专项—项目支出—××项目—劳务费 640
　　贷：资金结存—零余额账户用款额度 640

3. 开展管理活动内部领用库存物品。

开展管理活动内部领用库存物品，按照领用物品实际成本，借记"单位管理费用"科目，贷记"库存物品"科目。由于领用库存物品等不涉及现金流出，因此，预算会计下不做账务处理。

【例8-10】某科学事业单位办公室领用一批U盘，账面价值1 200元。

财务会计：

借：单位管理费用—商品和服务费用 1 200
　　贷：库存材料—低值易耗品—U盘 1 200

预算会计不做账务处理。

4. 为管理活动所使用固定资产、无形资产等计提折旧或摊销等。

为管理活动所使用固定资产、无形资产计提的折旧、摊销，按照应提折旧、摊销额，借记"单位管理费用"科目，贷记"固定资产累计折旧""无形资产累计摊销"科目。由于计提折旧或摊销不涉及现金流出，因此，预算会计下不做账务处理。

**【例8-11】** 某科学事业单位行政及后勤管理部门使用的计算机计提本月的折旧费2 000元。该单位应编制如下会计分录：

财务会计：

借：单位管理费用—固定资产折旧费 2 000

　　贷：固定资产累计折旧—计算机 2 000

预算会计不做账务处理。

5. 为开展管理活动发生城市维护建设税等相关税费。

为开展管理活动发生城市维护建设税、教育费附加、地方教育费附加、车船税、房产税、城镇土地使用税等，按照计算确定应交纳的金额，借记"单位管理费用"科目，贷记"其他应交税费"等科目。在预算会计下，计算确定应缴纳金额时，不做账务处理。实际缴纳时，借记"事业支出"科目，贷记"财政拨款预算收入""资金结存"科目。

**【例8-12】** 某科学事业单位发生以下业务：

①单位行政管理部门使用的车辆应缴纳车船税3 600元。该单位应编制如下会计分录：

财务会计：

借：单位管理费用—商品和服务费用 3 600

　　贷：其他应交税费—应交车船税 3 600

预算会计不做账务处理。

②单位使用自有资金，通过银行转账将上述税款上缴税务机关，该业务支出功能分类科目为"科学技术支出—科技条件与服务—机构运行"。该单位应编制如下会计分录：

财务会计：

借：其他应交税费—应交车船税 3 600

　　贷：银行存款 3 600

预算会计：

借：事业支出—管理支出—其他资金支出—机构运行—基本支出—税金及附加费用

3 600

　　贷：资金结存—货币资金 3 600

6. 为开展管理活动发生的其他各项费用。

为开展管理活动发生的其他各项费用，按照费用确认金额，借记"单位管理费用"科目，贷记"财政拨款收入""零余额账户用款额度""银行存款""其他应付款""其他应收款"等科目。同时，在预算会计下，按照实际支付的金额，借记"事业支出"科目，贷记"财政拨款预算收入""资金结存"科目。

**【例8-13】** 某科学事业单位2×19年3月发生网络通讯费1.25万元，款项通过零余额账户支付。该业务支出功能分类科目为"科学技术支出—科技条件与服务—

机构运行"。该单位应编制如下会计分录：

财务会计：

借：单位管理费用—商品和服务费用        12 500

  贷：零余额用款额度           12 500

预算会计：

借：事业支出—管理支出—财政拨款支出—机构运行—基本支出—邮电费

                   12 500

  贷：资金结存—零余额用款额度       12 500

7. 发生当年购货退回等业务。

发生当年购货退回等业务，对于已计入本年单位管理费用的，按照收回或应收的金额，借记"财政拨款收入""零余额账户用款额度""银行存款""其他应收款"等科目，贷记"单位管理费用"科目。同时，在预算会计下，按照实际收回的金额，借记"财政拨款预算收入""资金结存"科目，贷记"事业支出"科目。

【例 8 - 14】某科学事业单位 2×19 年 5 月购进一批办公耗材 2 万元，财政授权支付，耗材与当月购进全部领用。6 月，因部分耗材存在质量问题，该单位与供应商协商，该供应商同意退回部分货款。单位于 6 月份收到货款 5 000 元，并按规定办理完财政授权支付额度的恢复手续。该业务支出功能分类科目为"科学技术支出—科技条件与服务—机构运行"。该单位应编制如下会计分录：

财务会计：

借：零余额账户用款额度           5 000

  贷：单位管理费用—商品和服务费用      5 000

预算会计：

借：资金结存—零余额账户用款额度      5 000

  贷：事业支出—管理支出—财政拨款支出—机构运行—基本支出—办公费

                   5 000

8. 期末结转。

期末，将"单位管理费用"科目本期发生额转入本期盈余，借记"本期盈余"科目，贷记"单位管理费用"科目。

【例 8 - 15】期末，对【例 8 - 14】形成的费用进行结转。

财务会计：

借：本期盈余               5 000

  贷：单位管理费用—商品和服务费用      5 000

## 三、业务活动费用与单位管理费用的核算范围

科学事业单位应当同时使用"业务活动费用"和"单位管理费用"科目，其业务部门开展科研和非科研业务活动及其辅助活动发生的各项费用记入"业务活动费用"科目，其本级行政及后勤管理部门开展管理活动发生的各项费用记入"单位管

理费用"科目,不得列支"对企业补助费用""计提专用基金"等费用。

科学事业单位应当按照《政府会计制度》的规定,结合本单位实际,确定本单位业务活动费用和单位管理费用划分的具体会计政策。科学事业单位本级行政和后勤管理部门,可以按照科学事业单位"三定"方案进行划分;科学事业单位列支费用时可以按照部门设置对应关系,如果发生的费用无法明确区分时,比如公用的水、电、燃气等费用,可以采用一定方法计算后或按照一定比例分摊确认单位管理费用。

# 第四节　经营费用

## 一、经营费用的概念

经营费用,是指科学事业单位在专业业务活动及其辅助活动之外开展非独立核算经营活动发生的各项费用。经营费用应当与经营收入配比。

经营费用的确认必须同时具备两个条件:

一是科学事业单位在专业业务活动及辅助活动之外发生的费用。科学事业单位开展专业业务活动及其辅助活动或本级行政及后勤管理部门开展管理活动等发生的费用属于业务活动费用和单位管理费用的范畴。

二是科学事业单位所属非独立核算单位发生的费用。科学事业单位所属独立核算单位经营活动,由所属独立核算单位按会计制度规定单独进行核算。

## 二、经营费用的核算

(一)科目设置

科学事业单位应设置"经营费用"科目,用于核算科学事业单位在专业业务活动及其辅助活动之外开展非独立核算经营活动发生的各项费用。

"经营费用"科目应当按照经营活动类别、项目、支付对象等进行明细核算。为了满足成本核算需要,"经营费用"科目下还可按照"工资福利费用""商品和服务费用""对个人和家庭的补助费用""固定资产折旧费""无形资产摊销费"等成本项目设置明细科目,归集能够直接计入单位经营活动或采用一定方法计算后计入单位经营活动的费用。"经营费用"科目平时借方余额反映经营费用的实际累计数;期末结转后,本科目应无余额。

(二)主要账务处理

1. 为经营活动人员计提薪酬。

为经营活动人员计提的薪酬,按照计算确定的金额,借记"经营费用"科目,贷记"应付职工薪酬"科目。由于未发生实际的现金流出,因此在计提职工薪酬时,不需要进行预算会计处理。

2. 开展经营活动领用或发出库存物品。

开展经营活动领用或发出库存物品，按照物品实际成本，借记"经营费用"科目，贷记"库存物品"科目。由于领用库存物品等不涉及现金流出，因此，预算会计下不做账务处理。

3. 为经营活动所使用固定资产等。

为经营活动所使用固定资产、无形资产计提的折旧、摊销，按照应提折旧、摊销额，借记"经营费用"科目，贷记"固定资产累计折旧""无形资产累计摊销"科目。由于计提折旧或摊销不涉及现金流出，因此，预算会计下不做账务处理。

4. 开展经营活动发生城市维护建设税等相关税费。

开展经营活动发生城市维护建设税、教育费附加、地方教育费附加、车船税、房产税、城镇土地使用税等，按照计算确定应交纳的金额，借记"经营费用"科目，贷记"其他应交税费"等科目。在预算会计下，计算确定应缴纳金额时，不做账务处理。实际缴纳时，借记"经营支出"科目，贷记"资金结存"科目。

5. 发生与经营活动相关的其他各项费用。

发生与经营活动相关的其他各项费用时，按照费用确认金额，借记"经营费用"科目，贷记"银行存款""其他应付款""其他应收款"等科目。涉及增值税业务的，相关账务处理参见"应交增值税"科目。

同时，在预算会计下，支付劳务费时，按照实际支付给外部人员个人的金额，借记"经营支出"科目，贷记"资金结存"科目；按照规定代扣代缴个人所得税时，按照实际缴纳的金额，借记"经营支出"科目，贷记"资金结存"科目。

6. 发生当年购货退回等业务。

发生当年购货退回等业务，对于已计入本年经营费用的，按照收回或应收的金额，借记"银行存款""其他应收款"等科目，贷记"经营费用"科目。同时，在预算会计下，按照实际收回的金额，借记"资金结存"科目，贷记"经营支出"科目。

7. 期末，将本科目本期发生额转入本期盈余，借记"本期盈余"科目，贷记"经营费用"科目。

【例 8-16】某科学事业单位对外提供生活环境检测服务，该项服务不属于单位的科研及非科研业务活动，该项服务未实行独立核算，现发生以下业务：

①计提并通过银行转账发放聘用的检测人员工资 5 万元，该业务支出功能分类科目为"科学技术支出—科技条件与服务—机构运行"，该单位应编制如下会计分录：

计提工资：

财务会计：

借：经营费用—检测服务—工资福利费用—基本工资    50 000

  贷：应付职工薪酬—应付工资（离退休费）    50 000

预算会计不做账务处理。

发放时：

财务会计：

借：应付职工薪酬—应付工资（离退休费）    50 000

　　贷：银行存款　　　　　　　　　　　　　　　　　　　50 000

预算会计：

借：经营支出—环境检测服务—机构运行—其他工资福利支出　50 000

　　贷：资金结存—货币资金　　　　　　　　　　　　　　50 000

②检测人员从仓库领用环境检测材料5 000元。

财务会计：

借：经营费用—检测服务—专用材料费　　　　　　　　　　5 000

　　贷：库存物品—检测材料　　　　　　　　　　　　　　5 000

预算会计不做账务处理。

③在使用过程中发现上述材料存在质量问题，与供货公司沟通协商后对方同意退货，货款已经收到，该批材料为当年购入。

财务会计：

借：银行存款　　　　　　　　　　　　　　　　　　　　　5 000

　　贷：经营费用—检测服务—专用材料费　　　　　　　　5 000

预算会计：

借：资金结存—货币资金　　　　　　　　　　　　　　　　5 000

　　贷：经营支出—环境检测服务—机构运行—专用材料费　5 000

④计提对外环境检测服务应缴纳的城市建设维护费7 000元，教育费附加为3 000元。该单位应编制如下会计分录：

财务会计：

借：经营费用—检测服务—税金及附加费用　　　　　　　　10 000

　　贷：其他应交税费—应交城市维护建设税　　　　　　　7 000

　　　　其他应交税费—应交教育费附加　　　　　　　　　3 000

预算会计不做账务处理。

⑤期末，将上述业务形成的经营费用进行结转。

财务会计：

借：本期盈余　　　　　　　　　　　　　　　　　　　　　60 000

　　经营费用—检测服务—专用材料费　　　　　　　　　　5 000

　　贷：经营费用—检测服务—工资福利费用—基本工资　　50 000

　　　　经营费用—检测服务—专用材料费　　　　　　　　5 000

　　　　经营费用—检测服务—税金及附加费用　　　　　　10 000

# 第五节　资产处置费用

## 一、资产处置费用的概念

资产处置费用是科学事业单位经批准处置资产时发生的费用，包括转销的被处置资产价值，以及在处置过程中发生的相关费用或者处置收入小于相关费用形成的净支出。

资产处置的形式按照规定包括无偿调拨、出售、出让、转让、置换、对外捐赠、报废、毁损以及货币性资产损失核销等。

## 二、资产处置费用的核算

（一）科目设置

科学事业单位应设置"资产处置费用"科目，核算单位经批准处置资产时发生的费用。单位在资产清查中查明的资产盘亏、毁损以及资产报废等，应当先通过"待处理财产损溢"科目进行核算，再将处理资产价值和处理净支出记入"资产处置费用"科目。短期投资、长期股权投资、长期债券投资的处置，按照相关资产科目的规定进行账务处理。本科目应当按照处置资产的类别、资产处置的形式等进行明细核算。"资产处置费用"科目平时借方余额反映科学事业单位资产处置费用实际累计数；期末结转后，本科目应无余额。

（二）主要账务处理

科学事业单位根据资产处置方式的不同，按照政府会计制度的要求，资产处置的账务处理分为两大类：

一类是不通过"待处理财产损溢"科目核算的业务。具体包括出售、出让、转让、置换、无偿调拨、对外捐赠等，出售、出让、转让、置换、对外捐赠等，直接通过"资产处置费用"科目核算。无偿调出的固定资产直接通过"无偿调拨净资产"科目核算，归属于调出方的相关费用，通过"资产处置费用"科目核算。

另一类是通过"待处理财产损溢"科目核算的业务。具体包括各种资产盘盈、盘亏和报废、毁损等经济业务，应当先通过"待处理财产损溢"科目进行核算，根据盘盈、盘亏或报废、毁损的具体类别分不同形式进行核算。

也就是说，单位在资产清查中查明的资产盘亏、毁损以及资产报废等，应当先通过"待处理财产损溢"科目进行核算，再将处理资产价值和处理净支出计入"资产处置费用"科目。

1. 不通过"待处理财产损溢"科目核算的资产处置。

（1）根据规定报经批准处置资产时，按照处置资产的账面价值，借记"资产处置费用"科目［处置固定资产、无形资产的，还应借记"固定资产累计折旧""无形资产累计摊销"科目］，按照处置资产的账面余额，贷记"库存物品""固定资产""无形资产""其他应收款""在建工程"等科目。由于报经批准处置资产时，不涉及现金流出，预算会计不做账务处理。

（2）处置资产过程中仅发生相关费用的，按照实际发生金额，借记"资产处置费用"科目，贷记"银行存款""库存现金"等科目。同时，在预算会计下，借记"其他支出"科目，贷记"资金结存"科目。

（3）处置资产过程中取得收入的，按照取得的价款，借记"库存现金""银行存款"等科目，按照处置资产过程中发生的相关费用，贷记"银行存款""库存现金"

等科目，按照其差额，借记"资产处置费用"科目或贷记"应缴财政款"等科目。同时，在预算会计下，取得收入大于发生支出的净收入，应上缴财政，预算会计不做账务处理；取得收入小于发生支出的，按其差额，借记"其他支出"科目，贷记"资金结存"科目。

涉及增值税业务的，相关账务处理参见"应交增值税"科目。

【例8-17】某科学事业单位发生如下业务：

①经有关部门批准，将不使用的一台专用设备对外出售。该设备原值20万元，已提折旧15万元。该单位应编制如下会计分录：

财务会计：

借：固定资产累计折旧—专用设备　　　　　　　　　　150 000
　　资产处置费用—专用设备—出售　　　　　　　　　 50 000
　　贷：固定资产—专用设备—××设备　　　　　　　200 000

预算会计不做账务处理。

②单位取得设备变价收入5万元，清理过程中发生清理费用3万元，按照规定净收入应上缴财政。该单位应编制如下会计分录：

财务会计：

借：银行存款　　　　　　　　　　　　　　　　　　　 50 000
　　贷：应缴财政款　　　　　　　　　　　　　　　　 30 000
　　　　银行存款　　　　　　　　　　　　　　　　　 20 000

预算会计不做账务处理。

③假设单位取得设备变价收入5万元，清理过程中发生清理费用6万元。该业务支出功能分类科目为"科学技术支出—技术研究与开发—机构运行"，部门预算支出经济分类列"其他支出—其他支出"。该单位应编制如下会计分录：

财务会计：

借：银行存款　　　　　　　　　　　　　　　　　　　 50 000
　　资产处置费用　　　　　　　　　　　　　　　　　 10 000
　　贷：银行存款　　　　　　　　　　　　　　　　　 60 000

预算会计：

借：其他支出　　　　　　　　　　　　　　　　　　　 10 000
　　贷：资金结存—货币资金　　　　　　　　　　　　 10 000

2. 通过"待处理财产损溢"科目核算的资产处置。

（1）单位账款核对中发现的现金短缺，属于无法查明原因的，报经批准核销时，借记"资产处置费用"科目，贷记"待处理财产损溢"科目。由于在预算会计下，发现现金短缺时，即按照短缺的现金金额进行了处理（借记"其他支出"科目，贷记"资金结存—货币资金"科目），因此，在批准核销时，预算会计不做账务处理。

（2）单位资产清查过程中盘亏或者毁损、报废的存货、固定资产、无形资产等，报经批准处理时，按照处理资产价值，借记"资产处置费用"科目，贷记"待处理财产损溢—待处理财产价值"科目。处理收支结清时，处理过程中所取得收入小于所发生相关费用的，按照相关费用减去处理收入后的净支出，借记"资产处置费用"科目，贷记"待处理财产损溢—处理净收入"科目。同时，在预算会计下，按照净支出额，借记"其他支出"科目，贷记"资金结存—货币资金"科目。

【例8-18】某科学事业单位发生如下业务：

①单位出纳在盘点现金时，发现现金短缺500元，该业务支出功能分类科目为"科学技术支出—科学技术普及—机构运行"。该单位应编制如下会计分录：

财务会计：

借：待处理财产损溢—现金盘亏　　　　　　　　　　　　　　500

　　贷：库存现金　　　　　　　　　　　　　　　　　　　　　　500

预算会计：

借：其他支出—其他资金支出—机构运行—非专项资金支出—其他支出

　　　　　　　　　　　　　　　　　　　　　　　　　　　　500

　　　　贷：资金结存—货币资金　　　　　　　　　　　　　　　500

②现金短缺的原因无法查明，报经批准予以核销。该单位应编制如下会计分录：

财务会计：

借：资产处置费用—现金盘亏　　　　　　　　　　　　　　500

　　贷：待处理财产损溢—现金盘亏　　　　　　　　　　　　　500

预算会计不做账务处理。

3. 期末结转。

期末，将"待处理财产损溢"科目本期发生额转入本期盈余，借记"本期盈余"科目，贷记"资产处置费用"科目。

【例8-19】期末，将【例8-18】形成的费用进行转账处理。

财务会计：

借：本期盈余　　　　　　　　　　　　　　　　　　　　　500

　　贷：资产处置费用—现金盘亏　　　　　　　　　　　　　500

# 第六节　上缴上级费用

## 一、上缴上级费用的概念

上缴上级费用是科学事业单位按照财政部门和主管部门的规定上缴上级单位款项发生的费用。

## 二、上缴上级费用的会计核算

（一）科目设置

科学事业单位应当设置"上缴上级费用"科目，用于核算科学事业单位按照财政部门和主管部门的规定上缴上级单位款项发生的费用。"上缴上级费用"科目应当按照收缴款项单位、缴款项目等进行明细核算。"上缴上级费用"科目平时借方余额反映科学事业单位上缴上级费用实际累计数；期末结转后，本科目应无余额。

（二）主要账务处理

1. 单位发生上缴上级支出的，按照实际上缴的金额或者按照规定计算出应当上缴上级单位的金额，借记"上缴上级费用"科目，贷记"银行存款""其他应付款"等科目。同时，在预算会计下，按照实际上缴的金额，借记"上缴上级支出"科目，贷记"资金结存"科目。

2. 期末，将本科目本期发生额转入本期盈余，借记"本期盈余"科目，贷记"上缴上级费用"科目。

【例8-20】某科学事业单位发生如下业务：

①单位按规定上缴上级主管部门经营收入5万元，支出功能科目分类列"科学技术支出—基础研究—其他基础研究支出"。该单位应编制如下会计分录：

财务会计：

借：上缴上级费用—××部门　　　　　　　　　　　　　　　　50 000

　　贷：银行存款　　　　　　　　　　　　　　　　　　　　　50 000

预算会计：

借：上缴上级支出—××部门—其他基础研究支出—其他支出　50 000

　　贷：资金结存—货币资金　　　　　　　　　　　　　　　　50 000

②期末，将上述上缴上级费用进行结转。

财务会计：

借：本期盈余　　　　　　　　　　　　　　　　　　　　　　50 000

　　贷：上缴上级费用—××部门　　　　　　　　　　　　　　50 000

# 第七节　对附属单位补助费用

## 一、对附属单位补助费用的概念

对附属单位补助费用，是指科学事业单位用财政拨款收入之外的收入对附属单位补助发生的费用。

## 二、对附属单位补助费用的核算

（一）科目设置

科学事业单位应当设置"对附属单位补助费用"科目，用于核算科学事业单位用财政拨款收入之外的收入对附属单位补助发生的费用。"对附属单位补助费用"科目应当按照接受补助单位、补助项目等进行明细核算。"对附属单位补助费用"科目平时借方余额反映科学事业单位对附属单位补助费用实际累计数；期末结转后，本科目应无余额。

（二）主要账务处理

1. 单位发生对附属单位补助支出的，按照实际补助的金额或者按照规定计算出应当对附属单位补助的金额，借记"对附属单位补助费用"科目，贷记"银行存款""其他应付款"等科目。同时，在预算会计下，按照实际补助的金额，借记"对附属单位补助支出"科目，贷记"资金结存"科目。

2. 期末，将"对附属单位补助费用"科目本期发生额转入本期盈余，借记"本期盈余"科目，贷记"对附属单位补助费用"科目。

【例8-21】某科学事业单位发生如下业务：

单位使用自有资金向所属的××研究所拨付科研补助专项资金10万元，该业务支出功能分类科目为"科学技术支出—科技条件与服务—其他科技条件与服务支出"，款项已通过银行存款转账支付。

财务会计：

借：对附属单位补助费用—××研究所　　　　　　　　　　100 000
　　贷：银行存款　　　　　　　　　　　　　　　　　　　　　　100 000

预算会计：

借：对附属单位补助支出—××研究所—科研补助—其他科技条件与服务支出—
　　其他支出　　　　　　　　　　　　　　　　　　　　　　　100 000
　　贷：资金结存—货币资金　　　　　　　　　　　　　　　　　100 000

期末，将上述业务进行结转：

财务会计：

借：本期盈余　　　　　　　　　　　　　　　　　　　　　　100 000
　　贷：对附属单位补助费用—××研究所　　　　　　　　　　　100 000

# 第八节　所得税费用

## 一、所得税费用的概念

所得税费用，是指有企业所得税缴纳义务的科学事业单位按规定缴纳企业所得税所形成的费用。

## 二、所得税费用的核算

（一）科目设置

科学事业单位应设置"所得税费用"科目，用于核算有企业所得税缴纳义务的科学事业单位按规定缴纳企业所得税所形成的费用。"所得税费用"科目平时借方余额反映科学事业单位所得税费用实际累计数；期末结转后，本科目应无余额。

（二）主要账务处理

1. 发生企业所得税纳税义务的，按照税法规定计算的应交税金数额，借记本科目，贷记"其他应交税费—单位应交所得税"科目。由于未发生实际的现金流出，因此在计提企业所得税时，不需要进行预算会计处理。

实际缴纳时，按照缴纳金额，借记"其他应交税费—单位应交所得税"科目，贷记"银行存款"科目。同时，在预算会计下，按照实际缴纳的税金数额，借记"非财政拨款结余—累计结余"科目，贷记"资金结存"科目。

2. 年末，将本科目本年发生额转入本期盈余，借记"本期盈余"科目，贷记本科目。

【例8－22】某科学事业单位发生以下业务：

①本月计算应交企业所得税3万元。

财务会计：

| | | |
|---|---|---|
| 借：所得税费用 | 30 000 | |
| 　　贷：其他应交税费—单位应交所得税 | | 30 000 |

预算会计不做账务处理。

②单位实际缴纳企业所得税3万元。

财务会计：

| | | |
|---|---|---|
| 借：其他应交税费—单位应交所得税 | 30 000 | |
| 　　贷：银行存款 | | 30 000 |

预算会计：

| | | |
|---|---|---|
| 借：非财政拨款结余—累计结余 | 30 000 | |
| 　　贷：资金结存—货币资金 | | 30 000 |

③期末，单位对上述业务形成的费用进行结转。

财务会计：

| | | |
|---|---|---|
| 借：本期盈余 | 30 000 | |
| 　　贷：所得税费用 | | 30 000 |

# 第九节　其他费用

## 一、其他费用的概念

其他费用，是指科学事业单位发生的除业务活动费用、单位管理费用、经营费用、资产处置费用、上缴上级费用、附属单位补助费用、所得税费用以外的各项费用，包括利息费用、坏账损失、罚没支出、现金资产捐赠支出以及相关税费、运输费等。

## 二、其他费用的核算

（一）科目设置

科学事业单位应当设置"其他费用"科目，用于核算科学事业单位除业务活动费用、单位管理费用、经营费用、资产处置费用、上缴上级费用、附属单位补助费用、所得税费用以外的各项费用。本科目应当按照其他费用的类别等进行明细核算。单位发生的利息费用较多的，可以单独设置"利息费用"科目。"其他费用"科目平时借方余额反映单位其他费用实际累计数；期末结转后，本科目应无余额。

（二）主要账务处理

1. 利息费用。

按期计算确认借款利息费用时，按照计算确定的金额，借记"在建工程"科目或"其他费用"科目，贷记"应付利息""长期借款—应计利息"科目。

由于未发生实际的现金流出，因此在计算确认借款利息时，不需要进行预算会计处理。

2. 坏账损失。

年末，事业单位按照规定对收回后不需上缴财政的应收账款和其他应收款计提坏账准备时，按照计提金额，借记"其他费用"科目，贷记"坏账准备"科目；冲减多提的坏账准备时，按照冲减金额，借记"坏账准备"科目，贷记"其他费用"科目。由于不涉及现金流出，因此在计提坏账准备时，预算会计不做账务处理。

3. 罚没支出。

单位发生罚没支出的，按照实际缴纳或应当缴纳的金额，借记"其他费用"科目，贷记"银行存款""库存现金""其他应付款"等科目。同时，在预算会计下，按照实际支付的金额，借记"其他支出"科目，贷记"资金结存—货币资金"科目。

4. 现金资产捐赠。

单位对外捐赠现金资产的，按照实际捐赠的金额，借记"其他费用"科目，贷记"银行存款""库存现金"等科目。同时，在预算会计下，按照实际支付的金额，借记"其他支出"科目，贷记"资金结存—货币资金"科目。

5. 其他相关费用。

单位接受捐赠（或无偿调入）以名义金额计量的存货、固定资产、无形资产等发生的相关税费、运输费等，按照实际支付的金额，借记"其他费用"科目，贷记"财政拨款收入""零余额账户用款额度""银行存款""库存现金"等科目。同时，在预算会计下，按照实际支付的金额，借记"其他支出"科目，贷记"资金结存—货币资金"科目。

单位发生的与受托代理资产相关的税费、运输费、保管费等，按照实际支付或应付的金额，借记"其他费用"科目，贷记"零余额账户用款额度""银行存款""库存现金""其他应付款"等科目。同时，在预算会计下，按照实际支付的金额，借记"其他支出"科目，贷记"资金结存—货币资金"科目。

6. 期末，将本科目本期发生额转入本期盈余，借记"本期盈余"科目，贷记"其他费用"科目。

【例 8 – 23】 某科学事业单位发生以下业务：

①经批准向从××银行借入短期借款，支付利息 3 万元，该业务支出功能分类科目为"科学技术支出—技术研究与开发—其他技术研究与开发支出"。该单位应编制如下会计分录：

财务会计：

借：应付利息—××银行　　　　　　　　　　　　　　　30 000

　　贷：银行存款　　　　　　　　　　　　　　　　　　　30 000

预算会计：

借：其他支出—其他资金支出—其他技术研究与开发支出—专项资金支出—××

　　项目—国内债务利息　　　　　　　　　　　　　　　30 000

　　贷：资金结存—货币资金　　　　　　　　　　　　　　30 000

②单位用自有资金向某街道办事处进行捐赠 20 万元，用于疫情防控，款项已通过银行支付。该业务支出功能分类科目为"科学技术支出—技术研究与开发—其他技术研究与开发支出"，部门预算支出经济分类列"其他支出—赠与"。该单位应编制如下会计分录：

财务会计：

借：其他费用—捐赠费用　　　　　　　　　　　　　　200 000

　　贷：银行存款　　　　　　　　　　　　　　　　　　200 000

预算会计：

借：其他支出—其他资金支出—其他技术研究与开发支出—非专项资金支出—赠与

　　　　　　　　　　　　　　　　　　　　　　　　　200 000

　　贷：资金结存—货币资金　　　　　　　　　　　　　200 000

③按照规定对应收账款和其他应收款计提坏账准备 5 万元，其中对应收账款计提 4 万元，对其他应收款计提 1 万元。该单位应编制如下会计分录：

财务会计：

借：其他费用—坏账准备　　　　　　　　　　　　　　50 000

　　贷：坏账准备—应收账款　　　　　　　　　　　　　40 000

　　　　坏账准备—其他应收款　　　　　　　　　　　　10 000

④期末，将上述各项业务形成的其他费用进行结转。

财务会计：

借：本期盈余　　　　　　　　　　　　　　　　　　　250 000

　　贷：其他费用—捐赠费用　　　　　　　　　　　　　200 000

　　　　其他费用—坏账准备　　　　　　　　　　　　　50 000

# 第九章 成本核算

## 第一节 成本核算概述

### 一、成本及成本核算的含义

（一）成本的含义

成本，是指特定的成本核算对象所发生的资源耗费，包括人力资源耗费，房屋及建筑物、设备、材料、产品等有形资产的耗费，知识产权等无形资产的耗费，以及其他耗费。

费用是单位在实现其职能的过程中所发生的资源耗费的货币表现。科学事业单位在业务活动及其他活动中，为完成各项活动或实现一定目标会发生各种资源耗费，成本是将费用按照一定的核算对象进行归集和分配的结果。可以说，成本是对象化了的费用。成本与费用有着紧密的联系，费用的发生过程就是成本形成的过程。一定时期所发生的费用是构成成本的基础。费用与一定期间相联系，是特定期间（月度、季度、年度）发生的耗费，而不管其用于哪种对象；成本是为特定的对象而发生的费用，只要是为该特定对象而发生的耗费，都应计入该对象的成本，而不论其发生在哪一期间。费用只反映本期资源的耗费，而成本包括各期发生的归属于成本计算对象的费用，费用具有时期性的特征，而成本具有对象性的要求。

对于科研活动而言，科研业务费用的发生过程，同时又是科研成本形成的过程。对于产品试制或生产而言，试制生产费用发生的过程，同时又是产品制造成本的形成过程。同时，科学事业单位为组织和管理业务活动而发生的费用，如单位管理费用、实验室人员费用等，它与一定时期相关联，而与进行哪一种科研、技术、试制和科普活动，经营哪一种项目无直接关联。科研成本、试制成本、技术成本、科普成本和经营成本指为某一种科研、试制、技术、科普和经营等项目而耗费的费用，它与一定种类和数量的科研、试制、技术、科普和经营项目相联系，而无论发生在哪一个会计期间。

（二）成本核算的含义

成本核算，是指单位对实现其职能目标过程中实际发生的各种耗费按照确定的成本核算对象和成本项目进行归集、分配，计算确定各成本核算对象的总成本、单位成本等，并向有关使用者提供成本信息的活动。管理者可以根据不同的核算对象与成本控制需求，进行分项目、分部门、分产品的个体成本核算；科学事业单位根据实际情况也可以对单位整体进行成本核算。成本核算是单位财务管理的重要内容，是成本管理工作的关键和基础。成本核算的主要内容和一般流程主要包括：确定成本核算对象，确定具体的成本项目，记录原始成本计算单据并设计成本信息化管理模块，成本费用的审核、归集与分配，成本信息的披露。

## 二、成本核算的意义

科学事业单位是我国科学技术研究活动的主要力量，承担着政府和企业大量的科研任务，在加快实施创新驱动发展战略的背景下，科学事业单位研发投入不断增长，财政科研投入连年增加，很多科学事业单位为了加快成果转化，成立了中试中心、转化中心、实验基地等机构，不断完善的管理方式对成本核算提出了更高要求。科研资金的安全、有效使用也成为关注热点。但目前管理决策中缺乏有效成本信息支撑，推进科学事业单位成本核算对政府部门优化科技资源配置、单位优化管理提升运营效率、其他利益相关者了解单位科学事业单位业务开展和成本开支情况有着重要意义。

（一）成本控制需求

为了科学地揭示各种科研成本发生和形成的过程，优化科技资源配置，科学事业单位应当完整、准确核算特定成本核算对象的成本，以便对影响成本的各种因素、条件施加影响或管控，将实际成本控制在预期目标内。通过成本核算，反映科学事业单位在业务活动过程中各种费用的实际支出数额，可以正确确定产品和服务的实际成本，正确计算盈亏；通过成本核算，可以及时、有效地监督和控制各项费用开支，争取达到预期的成本目标；通过成本核算，还可以为进行成本预测、规划成本目标和降低成本的各种可能提供资料，达到降低消耗、节约开支的目的。

（二）公共服务和产品定价需求

开展成本核算有利于政府部门根据科学事业单位成本补偿情况合理确定财政投入的资助规模、建立科研项目间接成本补偿与实际成本发生的挂钩机制等。另外，科学事业单位类型多，形成的科技成果种类也繁多，无论是有形的科技产品、无形的专利权、非专利技术，还是收取的检测等服务费用，都是具有经济价值的。科学事业单位的业务活动中有各种形式的技术服务、检测服务、产品试制和产品生产，为使科技投入得到价值补偿，单位应当准确核算各种服务和产品的成本，以便为单位制定价格或收费标准提供依据和参考。

（三）绩效评价的需要

国家全面实施绩效管理，成本是其中一项重要考核指标。为满足该需求，科学事业单位应当设置与成本相关的绩效指标并加以准确核算，以便衡量单位整体和内部组织部门运行效率、核心业务实施效果、科研项目资金使用效果。例如，科学事业单位承接的项目采用合同制，合同中包括绩效指标的分解情况。在项目执行过程中，要对其成本费用情况进行管理，跟踪其社会效益和经济效益，力争以少的投入获得多的产出。

## 三、成本核算的原则

（一）相关性原则

科学事业单位选择成本核算对象、归集分配成本、提供成本信息应当与满足成本信息需求相关，与单位负责人、科研管理部门和科研人员充分沟通，提供的成本信息应有助于使用者作出评价或决策。

（二）可靠性原则

科学事业单位应当以实际发生的经济业务或事项为依据进行成本核算，保证成本信息真实可靠、内容完整。

（三）适应性原则

科学事业单位进行成本核算，应当与单位科研活动的主要类型、组织架构、单位的成本信息需求相适应。

（四）及时性原则

科学事业单位应当建立健全成本核算的有关记录、凭单及流转制度，以及时收集、传递、处理、报告成本信息，便于信息使用者及时作出评价或决策。

（五）可比性原则

科学事业单位对成本核算对象进行成本核算所采用的方法和依据应当保持一致，确保成本信息相互可比。

（六）重要性原则

科学事业单位科研项目数量众多、大小不一，对外提供"四技"服务也面临合同体量差异较大的情况。同时，科学事业单位成本核算基础薄弱、相关人员成本意识较弱，在推行成本核算过程中，需要取得单位领导、科研人员的理解与支持，推行成本核算应以激发创新活力为导向，不宜分散科研人员的科研精力和时间。因此，把握好重要性原则至关重要。

科学事业单位选择成本核算对象、进行成本核算应当区分重要程度，对于重要的成本核算对象和成本项目应当力求成本信息的精确，对于非重要的成本核算对象和成本项目可以适当简化核算。

## 四、成本核算的基本要求

（一）加强成本核算的组织管理

为保证成本核算工作有序开展，科学事业单位应当加强组织管理，明确相关部门职责，建立完善成本核算的工作机制。成本核算相关部门主要包括财务部门、科研管理部门、资产管理部门、后勤保障部门、人事部门、支撑服务部门、科研业务部门、信息技术部门。各相关部门应当明确成本核算工作主要职责并加强协调配合。

1. 财务部门成本核算的主要职责是：

负责牵头组织、指导开展单位成本核算工作；制定单位内部成本核算管理制度或办法。

负责协调各相关部门收集、汇总、整理单位成本基础数据；负责单位成本报告编制及成本分析工作。

2. 科研业务部门和支撑服务部门的主要职责是：

科研业务部门（研究室、团队、实验室等）负责收集、记录、统计、传递本部门为开展科研业务活动和非科研业务活动而发生的物料、人力等各类资源消耗信息。

支撑服务部门（测试中心等）负责收集、记录、统计、传递所提供科研服务而发生的各类资源消耗信息，为核算特定成本对象的成本提供合理有效信息。

3. 管理部门成本核算的主要职责是：

（1）科研管理部门：负责指导并审核科研业务部门、支撑服务部门完成成本核算相关工作，及汇总、整理相关信息的统计报送。

（2）资产管理部门：负责提供单位固定资产、无形资产、物料等折耗相关信息的确认、统计和报送等工作。

（3）人事管理部门：负责单位各部门人员工资及变动信息的汇总和分类确认、统计和报送等工作。

（4）后勤服务部门：负责单位各部门开展业务活动消耗水（含冷、热水及污水）、电、煤、气、暖和其他服务（含内部）资源消耗信息的确认、统计和报送等工作。

（5）信息技术部门：负责成本核算系统与相关信息系统的建设及运行维护等工作。

（6）其他部门：负责其他与成本核算有关数据的统计和报送等。

（二）单位应当建立健全成本费用采集的基础工作

做好相关原始记录，充分利用信息系统，加强和完善成本数据的收集、记录、传递、汇总和整理等基础工作，为成本核算提供必要的数据基础。单位必须加强成本核算的各项基础工作，这是正确核算成本的重要前提，成本核算如果没有可靠的基础工作，就无法取得正确完整的原始数据，无法汇集应有的费用和进行合理的费用分配，无法计算出正确的成本。加强基础工作，主要包括：一是健全与成本核算有关的各项原始记录和基础数据的采集；二是建立材料、固定资产、低值易耗品等各项财产物资的收发、领退、报废和清查盘点制度；三是制定房屋使用、工时、检测、折旧等费用的各项定额；四是完善成本核算信息化建设。

（三）成本核算和政府会计制度保持协调一致

成本核算应当以权责发生制为基础，政府会计制度的实施为成本核算奠定了基础。单位应当以政府会计的财务会计数据为基础进行成本核算，财务会计有关明细科目设置和辅助核算应当满足成本核算的需要。成本核算要正确划分各种费用界限。例如，资本性支出与收益性支出的界限，本期成本费用和下期成本费用的界限，单位管理费用和业务活动费用的界限，不同产品成本的界限，在产品和产成品的界限等。

# 第二节　成本核算对象

成本核算对象，是指为计算产品成本而确定的费用归集和分配的范围，是被计算成本的客体，是费用的归集对象和耗费的承担者，是计算成本的前提。为了正确计算成本，首先要确定成本核算对象，以便按照每一个成本核算对象，分别设置成本项目，来归集各个对象所应承担的成本，计算出各对象的总成本和单位成本。

## 一、成本核算对象的确定原则

科学事业单位应当根据其行业特点、职能目标，以及不同的成本信息需求等确定成本核算对象。

（一）根据科学事业单位的行业特点，确定成本核算对象

科学事业单位具有多行业、多学科的特点，并且资金来源多样，从事的科学技术研究，具有探索性、长期性和不确定性，需要从量到质的突破的过程。同时，科研成果和技术产品价值的实现，与科研生产的周期和投入之间，不存在稳定的比例关系，有着与其他行业不同的成本核算特点。因此，单位要根据自身的科研活动业务和管理要求设置成本核算对象。

（二）根据科学事业单位职能目标，确定成本核算对象

科学事业单位提供的科学研究、技术开发、技术转让、技术咨询、技术服务及科研试制产品通常具有个性化、定制化的特点。经营的科技产品一般品种繁多、批量较小，科研项目生命周期通常跨几个会计年度，不同服务或产品的成本发生也各不相同。因此，与医院或高校等其他行业事业单位的公共服务具有显著区别。科技成果不论是有形的（如科技产品），还是无形的（如专利权等），或者是科学普及等服务，由于成果表现的形式多样，成本核算的对象及方式具有多样性。

（三）根据不同的成本信息需求，确定成本核算对象

科学事业单位类型多样，资金运动形态差异很大，单位对成本信息内在需求也各不相同。科学事业单位一般分为四类：技术开发型科研单位、基础研究型科研单位、社会公益事业及社会服务性质的科研单位、综合类型的科研单位。各类科学事业单位的主营业务类型不同，资金运行的状态及形式也各有区别。一部分科学事业单位以市场经营为主，例如，技术开发型科研单位，其业务活动主要是科技产品的再生产过程的资金运动形式；另一些单位以财政拨款为主，例如，基础研究型科研单位和科技管理单位等，它的资金运动则仍以财政预算收支形态为主；还有一类科学事业单位兼有两类资金运动形式。基于此，不同类型单位成本核算需求不一致，成本核算的对象也不尽相同。

## 二、成本核算对象的确定方式

科学事业单位根据需求可以多维度、多层次地确定成本核算对象。

（一）多维度确定方式

多维度确定成本核算的方式，是指单位可以根据不同的管理角度确定不同的成本核算对象，例如，按业务活动类型确定的成本核算对象可以包括科研业务活动、非科研业务活动；按项目确定的成本核算对象可以包括各种纵向项目和横向项目；按提供的公共服务或产品确定的成本核算对象可以包括技术服务、检测鉴定、科技产品试制及经营等。

（二）多层次确定方式

1. 以单位整体作为成本核算对象。

科学事业单位中主要从事应用开发研究和科技服务的单位，基本以承担国家急需解决的技术难题、或是开发新产品、新技术等重大科研任务为主，需要投入大量的人力、物力和财力。或者科研任务周期长，单位内部相关部门共同配合、共同完成，这就需要承担单位各项工作的整体性、协调性，因此，这些单位应在整体上积极推行成本核算，加强成本费用的管理，创造科技投入与社会效益和经济效益的最佳产出比。

2. 按内部组织部门确定的成本核算对象。

研究室、实验室、中试车间等是科学事业单位的基本科研组织机构，是按照学科组织起来的有机整体，实行多层次的成本核算，是符合科研工作规律的。每个内部组织机构，都由人员经费、基础设施、仪器设备的预算投入，而每个部门往往同时承担着不同的科研项目或服务，很难区分每个项目的成本。因而，以内部组织部门作为核算对象，有利于提升单位的绩效管理和资源有效配置。

3. 按业务团队确定的成本核算对象。

科学事业单位往往会根据科研任务组织不同的课题组，课题组不同于固定的内部组织机构，一般具有阶段性、专业化、多元化等特点。随着科学技术的不断发展，这种交叉学科、纵横交错的组合越来越广泛，所以科学事业单位要根据实际业务需求，要将课题组等业务团队作为成本核算对象，有利于科研团队的精细化管理。

科学事业单位可根据自身行业特点，本着重要性原则，灵活运用多维度、多层次混合交叉方式确定本单位成本核算对象。具体运用方式包括：为满足成本控制需求，可以以业务活动类型、项目、内部组织部门等作为成本核算对象。例如，以科研活动、非科研活动、经营活动、科研项目、内部研究室、实验基地、课题组为成本核算对象；为满足公共服务或产品定价需求，可以以公共服务或产品作为成本核算对象。例如，以技术服务、检测服务、试制产品、经营产品等为成本核算对象；为满足内部绩效评价需求，可以以项目、内部组织部门、业务团队等作为成本核算对象。例如，以科研项目、研究室、课题组等为成本核算对象；为满足外部绩效评价需求，可以以政策和项目、单位整体等作为成本核算对象。例如，以科研项目、单位整体为成本核算对象。

# 第三节　成本项目和范围

科学事业单位应当根据成本信息需求设置成本项目，并对每个成本核算对象按照其成本项目进行数据归集。成本范围，通常指成本费用要素，即科学事业单位业务活动过程中所耗费的资源。

## 一、成本项目的含义

成本项目，是指将归集到成本核算对象的成本按照一定标准划分的反映成本构成的具体项目。通常是指将费用要素按照特定原则进行分类组合。

科学事业单位的主要经济活动是围绕科学研究、技术服务、产品试制生产等科研活动开展，根据经济活动内容划分不同的费用要素反映科学事业单位在一定时期内发生了哪些费用，金额是多少，并不能说明它们与核算对象之间的关系。为了具体反映费用要素与各核算对象之间的关系，费用要素还应进一步划分为若干项目，将归集到各成本核算对象的费用按照一定标准划分的反映成本构成的具体项目，即成本项目。例如，同样是工资福利费用，有的是科研人员工资，而有的是科研辅助部门或管理人员工资。再如，同样是材料费用支出，有的用于科研试制，而有的用于设备的维修等其他用途。因此，为了便于单位计算科研、试制、技术服务、生产及核算单元的成本，有必要将费用要素归纳分类为若干成本项目，用来归集成本核算对象的费用支出。

## 二、成本项目的设置

科学事业单位成本项目可以根据具体成本信息需求，按照成本经济用途、成本要素等设置。科学事业单位，业务活动形式多样，提供的产品既有有形的科研产品，也有无形的技术产品，其成本构成大多为劳动力的消耗和劳动资料的消耗，因此成本核算的需求各不相同。科学事业单位应该根据成本信息需求设置成本项目，并按照核算的成本对象，将费用归集、分配到成本项目。科学事业单位应根据《事业单位成本核算基本指引》结合业务活动设置成本项目，并且和《政府会计制度》中"加工物品""业务活动费用""单位管理费用"等科目的明细科目保持协调，也可以根据需要在成本项目下设置进一步的明细项目或进行辅助核算。

由于科学事业单位业务具有多样性，因此需要根据不同的成本核算对象设置不同类型的成本项目。

1. 成本核算对象为产品的，根据政府会计制度规定，成本通过"加工物品"科目核算。该科目用于核算科学事业单位自制或委托外单位加工的各种物品的实际成本，也包括未完成的测绘、地质勘察、设计成果的实际成本。本科目应设置自制物品、委托加工物品两个一级明细科目。在自制物品一级明细科目下设置"直接材料、直接人工、其他直接费用"等直接费用；对于自制物品发生的间接费用，应当在本科目"自制物品"一级明细科目下单独设置"间接费用"二级明细科目予以归集。期末，再按照一定的分配标准和方法，分配计入有关物品的成本。

2. 成本核算对象为业务活动类型、服务、项目、内部组织部门等为核算对象的，根据《政府会计制度》规定，成本通过"业务活动费用""单位管理费用"科目核算。按照政府会计制度规定本科目按照工资福利费用、商品和服务费用、对个人和家庭的补助费用、对企业补助费用、固定资产折旧费用、无形资产摊销费用、计提专用基金等成本项目设置明细科目，归集能够直接计入业务活动、单位管理活动或采用一定方法计算后计入的费用。本书根据以上设置的原则，结合行业特点，按照人员经费、科研材料、固定资产折旧、无形资产摊销、计提科技成果转化基金、其他费用等设置成本项目。各单位可以参考并灵活应用。

（1）人员经费：指科学事业单位发生的在职职工和编制外长期聘用人员的各类劳动报酬和缴纳的各项社会保险，以及发生的劳务派遣费及临时用工支出等。随着科技领域的深化改革，科技管理相关政策对人员越来越重视，不断提高人员绩效比例、增加劳务费开支范围，构建符合科研规律的科研管理体系。成本项目设置人员经费，通过对人员经费的归集和分配，有利于单位及时准确掌握人员结构，发挥各类人员的作用，调整不合理的人力资源配置。

（2）科研材料：指科学事业单位耗用的各种原材料、试剂、辅助材料、低值易耗品等的采购及运输、装卸、整理等费用。科学事业单位主要的业务是科学研究，绝大部分类型的研究离不开科研材料，科研材料是科学事业单位成本管理的重要组成部分，同时，科研材料种类多、用量大，容易造成浪费。成本项目设置科研材料，通过对材料的成本归集和管理，可以起到降低成本、节约财政资金的作用。

（3）固定资产折旧：指科学事业单位按照规定，对使用的房屋构筑物、设备、家具等计提的折旧费用。与其他事业单位相比，科学事业单位除拥有一般性固定资产外，还有相当数量的专用仪器设备和实验室。这部分设备与单位研究领域、学科专业密切相关，且具有大型、精密、技术先进、价值高的特点。一些大型精密仪器和大型的科研的运行维护费用也较大。科学事业单位的基础设施和仪器设备投入资金较大，在科研经费投入中占比重较高，国家提倡大型仪器设备共享、升级改造、租赁等方式以减少重复购置。因此，成本项目设置固定资产折旧，合理归集和分配折旧费用进入成本管理，有利于单位高效配置固定资产，减少重复投入，降低研发成本。

（4）无形资产摊销：指科学事业单位按照规定，对使用的软件、专利权、非专利技术、土地使用权等资产进行摊销的费用。科学事业单位具有知识密集型和技术密集型的特点，专利、非专利技术、大型软件等无形资产的价值对科学事业单位的影响越来越明显。而实际工作中单位往往容易忽视科技成果等无形资产的价值管理。成本项目设置无形资产摊销，合理归集和分配摊销费用，有利于无形资产的有效利用、保护和科学定价。

（5）提取科技成果转化基金：指科学事业单位按照事业收入的一定比例和经营收支结余的一定比例提取的基金。科技成果是科学事业单位基本的、重要的产品形态，加速科技成果转化是科技面向经济建设服务，加快实施创新驱动发展战略的重要内容，是科学事业单位特有的资金来源渠道。提取科技成果转化基金可以有效缓解国家财政和单位资金的压力，建立稳定的科技成果转化和推广的资金来源渠道。根据《科学事业单位财务制度》（财教〔2014〕10 号）规定计提科技成果转化基金有两种渠道，一是从事业收入中按规定的比例提取（不超过收入的10%），二是从经营结余中按规定的比例提取（经营结余的10%）。其中，从事业收入提取的科技成果转化基金计入到业务活动费用中，参与成本费用的核算。经营结余提取的基金计入到本年盈余分配科目，不参与成本费用的核算，因此，成本归集的科技成果转化基金只包括事业收入提取的部分。成本项目设置科技成果转化基金，合理归集和分配基金，有利于单位在使用这些科技成果转化基金前，对拟投入的项目进行科学论证，规避重大风险，减少资金损失。

（6）其他费用：指除以上费用不能列入以上各项的其他费用要素，包括测试化验加工费、燃料动力费、差旅会议业务费等其他业务费用。

测试化验加工费：指科学事业单位委托其他单位进行检验、测试、化验及加工等发生的费用。科研项目研究及产品开发等活动中测试化验加工费在成本支出中占有一定的比例，实施过程中包括委托外单位完成和通过内部机构完成两种方式。其中，一些大型科研院所的实验室、中试中心等支撑部门承担着大量的测试工作，其内部结算的标准、管理方式对于成本核算和管理尤为重要。因此，科研院所实验室、中试中心等部门应该开展内部常规性测试分析范围、资格认证及对内对外收费标准、结算流程等业务以规范测试化验加工管理。合理归集分配测试化验加工费是科学事业单位成本核算的重要环节，该项费用占比重的业务可以单独作为一项成本项目。

燃料动力费：指科学事业单位使用的仪器设备、专用科学装置等运行发生的水、电、气、燃料消耗费用等。科学事业单位在科学研究、生产试制、野外科考活动中发生大量的燃料动力消耗。这部分消耗是单位变动成本的重要组成部分。合理归集和分配燃料动力费，制定定额标准并明确责任主体，可以成为单位节约能耗、降低成本的有力途径。

差旅会议等其他业务费：指科学事业单位开展相关业务活动所发生的差旅费、会议费、国际合作交流费、办公费、咨询费等业务费用。单位发生的差旅等业务费用一般情况下可以直接归集到相应的核算对象。

其他费用主要由各单位发生的基本运行费用组成，单位可以根据重要性原则，将其他费用中在业务活动中占比多的费用单独作为成本项目进行归集核算。

成本项目的设置可以根据核算对象及业务类型进行调整。单位在设置成本项目时，应考虑费用在管理上有无单独反映、控制和考核的需求，费用在成本中所占比重的大小等因素。例如，某科研单位业务活动所发生的燃料动力较多，可根据管理需求专设"燃料动力"成本项目。如某科研单位主要以人工成本为主，科研材料发生的比较少，也可以将科研材料合并到其他费用成本项目中。

## 三、成本范围

从理论上说，产品成本应是产品价值中的前两部分，即物化劳动的转移价值（c）和劳动者为自己劳动所创造的价值（v）。科学事业单位规定的成本是指在费用发生的过程中，能够按照一定的核算对象归集分配的费用，是构成产品的支出，属于对象化的费用。但在实际工作中，对于独立核算的企业来说，要以生产经营过程中的收入来弥补支出，补偿生产经营中的资金耗费，把某些不构成产品成本的支出，也列入到了成本中（如废品损失、财产保险费用），这就是产品成本的实际内容，一般将其称为成本开支范围。同样，对于科学事业单位的成本开支范围也是以成本的经济内涵为基础，同时考虑国家的财经管理政策和单位的核算要求而制定。

成本开支范围是根据科学事业单位在业务活动中发生的各种费用的不同性质，依据成本的内涵、核算对象以及加强财务管理的要求来确定。一般根据"谁受益，谁分担"的原则来界定不属于成本核算对象的耗费，不计入该成本核算对象的成本。具体包括：

1. 成本核算对象为业务活动类型的，与单位开展业务活动耗费无关的费用，如资产处置费用、上缴上级费用、对附属单位补助费用等，一般不计入成本。

2. 成本核算对象为单位整体的，单位负有管理维护职责但并非为满足其自身开展业务活动需要所控制资产的折旧（摊销）费用，如公共基础设施折旧（摊销）费、保障性住房折旧费等，一般不计入成本。

3. 为满足公共服务或产品定价需求开展的成本核算，应当在对相关成本进行完整核算的基础上，按规定对成本范围予以调整，如按规定调减不符合有关法律法规规定的费用、有财政资金补偿的费用等。

# 第四节　成本的归集和分配

## 一、成本归集和分配的思路和方法

### （一）主要思路

科学事业单位发生成本的部门一般可以分为科研业务部门、科研支撑部门、管理部门，根据科学事业单位主要的业务特点和成本动因，本节将组成费用的要素分为六类，分别是人员费用、材料费用、资产折耗、其他费用、提取基金、跨期费用（待摊和预提）。在进行要素费用分配时，科研业务部门、科研辅助部门和管理部门要区分直接费用和间接费用，能够直接按照成本项目归集的，应直接分配到相应的成本对象；对于无法直接归集的，应该按照一定的分配方法进行分配。同时，按照权责发生制原则，确定当期受益的费用，剔除应由后续期间受益的费用，并加上前期摊销在当期的受益费用。

（二）主要分配方法

科学事业单位应根据本单位的业务特点、管理水平、原始资料，按照资源耗费方式确定合理的间接费用分配标准或方法。间接费用分配标准或方法一般遵循因果关系和受益原则，将资源耗费根据资源耗费动因分项目追溯或分配至相关的成本核算对象，主要分配标准一般有工作量、耗用资源、收入等。

科学事业单位工作量常用的有机器工时、人工工时、产品产量等，耗用资源常用的有实验室设备、办公资产、办公用房面积、人员数量等，收入种类常见的有部门收入、纵向课题收入、横向课题收入、经营收入等。单位可以根据费用发生与分配标准的相关密切性选择恰当的分配标准。各单位在使用上述方法时应注意同一成本核算对象的间接费用分配标准或方法一旦确定，各期间应当保持一致，不得随意变动。

## 二、人员费用的归集和分配

（一）人员费用的内容

科学事业单位人员费用从人员类别来看，一般分为在职在编人员费用和非在职在编人员费用。非在职在编人员费用包括合同制聘用人员费用、研究生及博士进站人员费用、项目聘用高层次人才、临时聘用劳务人员费用。

（二）人员费用数据的采集

人员费用数据采集到每个人，按所在部门进行初步归集，可大致分为科研部门人员费用、管理人员费用、支撑服务人员费用等，具体以单位内部组织机构为准。

（三）人员费用的归集与分配

1. 直接计入成本核算对象。根据人员费用数据采集情况，将可以直接计入的科研部门人员费用和支撑服务人员费用直接计入对应的成本核算对象中。

2. 间接分配至成本核算对象。根据人员费用数据采集情况，将管理人员费用、部分支撑服务人员费用、部分科研人员费用间接分配至成本核算对象中，可运用工时或工作量分配法。

人工工时分配法，是指计算出人工工时分配率，然后总成本乘以归属成本核算对象的人工工时比例，从而得出分摊的间接人工成本。公式：

$$人工工时分配率 = 待分配人员工时 \div 人员总工时$$
$$间接人工成本 = 总成本 \times 人工工时分配率$$

人工工作量分配法，是指计算出人工工作量率，然后总成本乘以归属成本核算对象的人工工作量比例，从而得出分摊的间接人工成本。公式：

$$人工工作量率 = 待分配人工工作量 \div 总工作量$$
$$间接人工成本 = 总成本 \times 人工工作量分配率$$

3. 人员费用的业务处理举例。

【例9-1】某科研院所成本核算对象为科研项目，1月该所人员工资1 216 000元，其中，研究室科研人员工资1 000 000元，实验车间工资16 000元，管理人员工资 200 000 元。研究室开展甲、乙两个科研项目，其中，甲项目工时为 600 小时，乙项目工时为 400 小时。实验辅助车间工时为 200 小时，其中，甲项目工时为 160 小时，乙项目工时为 40 小时。计算甲、乙两个项目 1 月份耗费工资总额。

①归集和分配：

编制工资费用分配表如表 9 - 1 所示：

表 9 - 1　　　　　　　　　　　工资费用分配表　　　　　　　　　　　单位：元

| | 研究室 | 实验车间 | 管理部门 | 合计 |
|---|---|---|---|---|
| 业务活动费用 | 1 000 000 | 16 000 | | 1 016 000 |
| 单位管理费用 | | | 200 000 | 20 000 |
| 合计 | 1 000 000 | 16 000 | 200 000 | 1 216 000 |

②甲项目分配率 = 600 ÷ 1 000 = 60%

乙项目分配率 = 400 ÷ 1 000 = 40%

研究室甲项目分配额：1 000 000 × 60% = 600 000（元）

研究室乙项目分配额：1 000 000 × 40% = 400 000（元）

实验辅助车间分配率：16 000 ÷ 200 = 80（元/小时），分配明细见表 9 - 2。

表 9 - 2　　　　　　　　　　实验室工资费用分配明细表

| 分配对象 | 分配标准（小时） | 分配率（元/小时） | 分配金额（元） |
|---|---|---|---|
| 甲项目 | 160 | 80 | 12 800 |
| 乙项目 | 40 | 80 | 3 200 |
| 合计 | | | 16 000 |

③计算分摊成本：

假设该单位管理人员工资不计入科研项目成本范围，则：

甲项目 1 月人员费用成本：600 000 + 12 800 = 612 800（元）

乙项目 1 月人员费用成本：400 000 + 3 200 = 403 200（元）

④会计分录：

借：业务活动费用—甲项目—工资福利费用　　　　　　　　612 800

　　　　　　　—乙项目—工资福利费用　　　　　　　　403 200

　　单位管理费用—工资福利费用　　　　　　　　　　　200 000

　　贷：应付职工薪酬　　　　　　　　　　　　　　　　　　1 216 000

# 三、材料费的归集与分配

（一）材料费的内容

材料费，是指科研消耗及试制经营发生的各种原材料、辅助材料等低值易耗品的采购及运输、装卸、整理等费用。按照采购与领用消耗是否分离，划分为直接采购型材料费、采购消耗分离型材料费。

（二）材料费的数据采集

直采直耗型材料费按采购成本采集数据，即直接采集财务账面材料费用发生额数据。

采购消耗分离型材料费应由科学事业单位内设物资或库房部门做好信息采集数据，记录采购单价、数量，登记账面原值及出库领用情况。没有条件单独设置物资或库房部门的，可由材料费实际验收部门做好库存物资数据购买及领用登记。

（三）科研材料费的归集与分配

1. 直接计入成本核算对象。根据材料费数据采集情况，直采直耗型材料费直接计入对应的成本核算对象中。采购消耗分离型材料费按照单一消耗对象直接计入对应的成本核算对象中。

2. 间接分配至成本核算对象。一般针对采购消耗分离型材料费且消耗对象不单一的情况，间接分配至成本核算对象中，可运用工作量、工作工时等耗用量比例分配法。

材料耗用比例分配法，是指计算出材料耗用比例，然后用总成本乘以归属成本核算对象的材料耗用比例，从而得出分摊的间接材料成本。公式：

$$材料耗用分配率 = 待分配材料的耗用量 \div 总产量$$
$$间接材料分配成本 = 某种产品产量 \times 材料耗用分配率$$

3. 材料费归集分配业务处理举例。

【例9-2】某科学事业单位2月份同时加工甲、乙两种科研产品，共耗用A材料5 000千克，每千克60元，甲产品实际产量10件，乙产品实际产量20件，采用产品产量比例分配法分配。

①计算每种产品的材料分配额度：

材料费用分配率 = 5 000 × 60 ÷ (10 + 20) = 10 000（元/件）

甲产品应分配的材料费用 = 10 × 10 000 = 100 000（元）

乙产品应分配的材料费用 = 20 × 10 000 = 200 000（元）

②会计分录：

借：加工物品—甲—直接材料            100 000

   —乙—直接材料            200 000

  贷：库存物品—A材料            300 000

# 四、资产折耗的归集与分配

科学事业单位资产折耗主要包括固定资产折旧和无形资产摊销。

（一）固定资产折旧归集和分配

1. 固定资产折旧费的内容。

按照《科学事业单位财务制度》规定，一般采用平均年限法或工作量法计提的折旧计入费用。不计提折旧费用的固定资产包括文物和陈列品、动植物、图书、档案、单独计价入账的土地、以名义金额计量的固定资产。结合科研事业单位行业特点，一般包括科研仪器设备折旧费、办公仪器设备折旧费、房屋构筑物折旧费、家具用具折旧费。

2. 固定资产折旧费数据的采集。

固定资产折旧费应由单位资产管理部门登记固定资产类别、数量、原值和使用部门，主要区分管理部门、科研业务部门、科研辅助部门及生产经营部门，同时按照固定资产折旧年限的规定，一般按照平均年限法计算折旧费。

3. 固定资产折旧费的归集与分配。

（1）科研仪器设备折旧费的归集与分配。按照"谁受益、谁承担"的原则。科研仪器设备对应单一使用对象的，直接计入对应成本核算对象。科研仪器设备对应多个使用对象的，可间接分配至成本核算对象，可运用设备使用时间比例法。设备使用时间比例分配法是指计算出设备使用时间比例，然后总成本乘以归属成本核算对象的设备使用时间比例，从而得出分摊的科研仪器设备折旧成本。也可以根据实际耗费动因选择设备使用次数、产品产量等其他工作量方法。

（2）办公仪器设备折旧费的归集与分配。按照"谁受益、谁承担"的原则。办公设备一般对应具体使用部门、使用人，可进行直接计入对应成本核算对象。

（3）房屋构筑物折旧费的归集与分配。按照"谁受益、谁承担"的原则。房屋构筑物对应单一受益对象的，直接计入对应成本核算对象。房屋构筑物对应多个受益对象的，可间接分配至成本核算对象，可运用使用面积比例分配法。房屋使用面积比例分配法是指计算出房屋使用面积比例，然后总成本乘以归属成本核算对象的房屋使用面积比例，从而得出分摊的房屋构筑物折旧成本。

（4）家具用具折旧费的归集与分配。按照"谁受益、谁承担"的原则。家具用具对应单一使用对象的，直接计入对应成本核算对象。家具用具对应多个使用对象的，可间接分配至成本核算对象，可运用使用量比例法。家具用具使用量比例分配法是指计算出家具用具使用比例，然后总成本乘以归属成本核算对象的家具用具使用量比例，从而得出分摊的家具用具折旧成本。

4. 固定资产折旧归集分配业务处理举例。

【例9-3】某科学事业单位成本核算对象为内部业务部门，假设本单位包括业务部门A和B。A、B业务部门公用的实验室折旧总额为50 000元，公用的办公用房折旧20 000元，公用的专用科研仪器设备折旧14 000元。归集A、B两个部门所用固定资产信息明细如表9-3所示。

表9-3　　　　　　　固定资产使用信息表

| 部门 | 实验室（平方米） | 办公用房（平方米） | 专用设备（小时） |
|---|---|---|---|
| A | 200 | 50 | 80 |
| B | 300 | 150 | 60 |

①计算折旧额分摊：

A 部门分摊实验室折旧成本：200×（50 000÷500）＝20 000（元）

B 部门分摊实验室折旧成本：300×（50 000÷500）＝30 000（元）

A 部门分摊办公用房折旧成本：50×（20 000÷200）＝5 000（元）

B 部门分摊办公用房折旧成本：150×（20 000÷200）＝15 000（元）

A 部门分摊专用设备折旧成本：80×（14 000÷140）＝8 000（元）

B 部门分摊专用设备折旧成本：60×（14 000÷140）＝6 000（元）

②编制固定资产折旧分配表如表 9－4 所示：

表 9－4　　　　　　　　　　　固定资产折旧分配表　　　　　　　　　单位：元

| 部门 | 实验室折旧 | 办公用房折旧 | 专用设备折旧 | 合计 |
|---|---|---|---|---|
| A | 20 000 | 5 000 | 8 000 | 33 000 |
| B | 30 000 | 15 000 | 6 000 | 51 000 |
| 合计 | 50 000 | 20 000 | 14 000 | 84 000 |

③会计分录：

借：业务活动费—固定资产折旧—A 部门—实验室　　　　20 000

　　　　　　　　　　　　　　—办公用房　　　　　　　5 000

　　　　　　　　　　　　　　—专用设备　　　　　　　8 000

　　　　　　　　　　　　—B 部门—实验室　　　　　30 000

　　　　　　　　　　　　　　—办公用房　　　　　　15 000

　　　　　　　　　　　　　　—专用设备　　　　　　14 000

　贷：固定资产累计折旧—实验室　　　　　　　　　　50 000

　　　　　　　　　　—办公用房　　　　　　　　　　20 000

　　　　　　　　　　—专用设备　　　　　　　　　　14 000

（二）无形资产摊销费的归集和分配

1. 无形资产摊销费的内容。

无形资产摊销，是指在无形资产使用年限内，按照确定的方法进行系统分摊。如前文所述，按照科学事业单位无形资产主体构成，无形资产摊销主要分为专利权摊销和著作权摊销，土地使用权不做摊销。

2. 无形资产摊销费的数据采集。

无形资产摊销费应由单位资产管理部门登记无形资产类别、数量、原值等，按照有关无形资产折旧年限的规定，一般按照年限平均法计算摊销费。

3. 无形资产摊销费的归集与分配。

科学事业单位专利权和著作权形成一般分为以下几种方式：外购、委托开发（视同外购）、自行研究开发、接受捐赠、无偿调入等。从价值确认和使用用途上看，可以分为两大类：外购方式和研究开发形成。

（1）外购形成专利权和著作权等无形资产摊销费，按照"谁受益、谁承担"的原则，可根据使用对象直接计入对应成本核算对象。若涉及多个受益对象的，分配计入对应成本核算对象，可运用收入比例法分配。收入比例法是指计算不同受益对象的收入比例，然后总成本乘以归属受益对象的收入比例，从而得出分摊的外购无形资产摊销成本。

（2）开发形成专利权和著作权等无形资产摊销费，按照"谁受益、谁承担"的原则，一般开发形成的无形资产都有预定用途，可根据开发目标对象直接计入对应成本核算对象。

## 五、提取科技成果转化基金的归集与分配

（一）提取科技成果转化基金的内容

科技成果转化基金从事业收入和经营收支结余中提取，一是扣除从财政部门、财务主管部门和其他相关部门取得的有指定项目和用途的专项资金形成的事业收入后，按照不超过 10% 的比例提取；二是按照当年经营收支结余的 10% 提取。

（二）提取科技成果转化基金的归集与分配

事业收入提取的科技成果转化基金直接计入对应成本核算对象，以提取比例为系数记作成本。从经营结余提取的科技成果转化基金一般不参与成本归集分配，如需要分配不同的经营项目，可以以经营收入占比进行分配。

## 六、其他费用的归集与分配

（一）其他费用的内容

根据科学事业单位费用构成，前述分别阐述费用外，还主要有测试化验加工费、会议费、差旅费、因公出国费、委托业务费、印刷费、邮电费、租赁费、水费、电费、暖气费、燃气费、物业管理费等。

（二）其他费用的归集与分配

1. 直接计入的费用。

测试化验加工费、会议费、差旅费、因公出国费、委托业务费、印刷费、邮电费、租赁费等可以按照发生额直接计入对应成本核算对象。

2. 公共运行费用。

水费、电费、暖气费、燃气费、物业管理费等费用具有公共运行属性，会涉及多个受益对象，一般分配计入对应成本核算对象。

（1）水电暖气费可单独计量的，直接计入对应成本核算对象。

（2）水电暖气物业管理费无法单独计量的，分配计入成本核算对象，可运用使用面积比例或者人员数量比例分配法。

使用面积比例法，是指计算出成本核算对象使用房屋面积比例，总成本乘以归属

成本核算对象的使用面积比例，从而得出分摊的水电暖气物业管理费成本。

人员数量比例法，是指计算出成本核算对象人员数量比例，总成本乘以归属成本核算对象的人员数量比例，从而得出分摊的水电暖气物业管理费成本。

3. 公共运行费用归集分配业务处理举例。

【例9-4】某科学事业单位内设2个研究室，1个实验基地，1个管理部门。单位当月发生电费30 000元、水费5 000元、物业管理费2 000元，该单位按照各部门面积比例分摊成本，核算对象为各部门，各部门面积统计表如表9-5所示：

表9-5　　　　　　　　　　　　各部门占用面积明细表

| 部门 | 面积（平方米） |
|---|---|
| 研究1室 | 3 000 |
| 研究2室 | 2 000 |
| 实验基地 | 4 000 |
| 管理部门 | 1 000 |
| 合计 | 10 000 |

①计算各部门分摊费用：

按照面积占用比例计算研究1室分摊系数为0.3，研究2室为0.2，实验基地为0.4，管理部门为0.1。

研究1室分摊水费：$0.3 \times 5\,000 = 1\,500$（元）

研究1室分摊电费：$0.3 \times 30\,000 = 9\,000$（元）

研究1室分摊物业费：$0.3 \times 2\,000 = 600$（元）

研究2室、实验基地、管理部门同上。

②编制各部门费用分摊表，如表9-6所示：

表9-6　　　　　　　　　　　各部门费用分摊明细表　　　　　　　　　　金额单位：元

| 部门 | 面积（平方米） | 水费 | 电费 | 物业管理费 | 合计 |
|---|---|---|---|---|---|
| 研究1室 | 3 000 | 1 500 | 9 000 | 600 | 11 100 |
| 研究2室 | 2 000 | 1 000 | 6 000 | 400 | 7 400 |
| 实验基地 | 4 000 | 2 000 | 12 000 | 800 | 14 800 |
| 管理部门 | 1 000 | 500 | 3 000 | 200 | 3 700 |
| 合计 | 1 000 | 5 000 | 30 000 | 2 000 | 37 000 |

③会计分录：

借：业务活动费—商品服务费用—水费—研究1室　　　　　　　　1 500

|  |  |
|---|---|
| ——研究 2 室 | 1 000 |
| ——实验基地 | 2 000 |
| ——电费——研究 1 室 | 9 000 |
| ——研究 2 室 | 6 000 |
| ——实验基地 | 12 000 |
| ——物业费——研究 1 室 | 600 |
| ——研究 2 室 | 400 |
| ——实验基地 | 800 |
| 单位管理费用—管理部门—水费 | 500 |
| ——电费 | 3 000 |
| ——物业费 | 200 |
| 贷：银行存款/零余额账户用款额度等 | 37 000 |

## 七、跨期费用

跨期费用包括待摊费用和预提费用。

待摊费用，是指科学事业单位已经发生但应由本期和以后各期负担的各项费用，如低值易耗品摊销，一次支出数额较大的技术转让费、固定资产日常维修、预付租入固定资产的租金等。发生的摊销期限在一年以上的各项费用，应计入"长期待摊费用"。待摊费用的摊销（分配）应按照费用项目的受益对象，受益期限分期摊销。

预提费用，是指科学事业单位预先提取的已经发生但尚未支付的费用，如预提租金费用、预提修理费、借款利息等。单位根据估计的数额在受益对象和受益期限内预提各项费用时，应计入本期成本。

# 第五节　成本核算方法

## 一、成本核算方法概述

单位应当根据成本信息需求，对具体的成本核算对象分别选择完全成本法、制造成本法进行成本核算。

1. 完全成本法，是指将单位所发生的全部耗费按照成本核算对象进行归集和分配，计算出总成本和单位成本的方法。成本核算对象为单位整体、主要业务活动、内部组织部门、科研项目，可以采用完全成本法。例如，以内部组织部门为成本核算对象，那么需要将单位整体成本归集分配至所有内部业务核算单元中。一方面，将直接关联的成本归集，另一方面，将间接成本等分配计入，形成完整的总成本。

2. 制造成本法，是指只将与产品制造或业务活动有联系的费用计入成本核算对象，不将单位管理费用等向成本核算对象分配的方法。成本核算对象为公共服务或产品、项目可以采用制造成本法。传统的制造成本方法包括品种法、分批法、分步法。不同成本核算方法，适用范围不同。成本核算对象单一的，通常选择品种法，成本核算对象工序较为复杂的，通常选择分步法，成本核算对象品种分批制造的，通常选择分批法。

## 二、完全成本法核算方法举例

【例9-5】某省级建筑设计研究院属于经费自收自支研究机构，单位下设四个科室，包括两个业务研究室、一个综合实验室和后勤综合保障办公室。两个业务研究室主要接受纵向课题研究和横向课题研究设计工作，综合实验室主要为两个业务研究室提供测试、实验，后勤综合保障办公室包括后勤、财务、人事等行政工作。该研究院按照部门实行年度绩效考核，为规范业绩考核，降低单位成本，该研究院以业务科室为成本核算对象，直接费用直接计入对应成本核算对象，间接费用分配计入成本核算对象，辅助支撑部门为业务科室服务，发生的费用先按照科室归集然后按照人员数量分配计入主营业务科室。综合实验室归集的费用按照业务量（加工工时）分配给业务室，后勤保障部门归集的费用按照业务科室人员数量比例进行分配。该研究院根据重要性原则设置科研材料、人员费用、测试化验加工（外协）、测试化验加工（内部实验室）、固定资产折旧、其他费用、后勤保障费用成本项目。本案例以2×20年3月为例，3月发生费用资料如表9-7所示：

表9-7                          费用明细表                       单位：万元

| 内部部门 | 业务科室1 | 业务科室2 | 实验室 | 后勤保障部门 | 合计 |
|---|---|---|---|---|---|
| 材料费 | 80 | 50 | 60 | 10 | 200 |
| 人员费 | 14 | 7.7 | 5.6 | 7.7 | 35 |
| 外协费 | 20 | 30 | | | 50 |
| 燃料费 | 2 | 1 | 5 | | 8 |
| 动力费 | 0.5 | 0.4 | 2 | 1 | 3.9 |
| 业务费 | 5 | 3 | 2 | 5 | 15 |
| 折旧与摊销 | 10 | 8 | 20 | 15 | 53 |
| 其他费用 | 2 | 1.5 | 1.2 | 5 | 9.7 |
| 合计 | 133.5 | 101.6 | 95.8 | 43.7 | 374.6 |
| 人员数量 | 20（人） | 11（人） | 8（人） | 11（人） | 50（人） |
| 测试加工工时 | 400（小时） | 200（小时） | | | 600（小时） |

①先计算实验室费用：

业务科室 1 = 95.8 ÷ 600 × 400 = 63.86（万元）

业务科室 2 = 95.8 ÷ 600 × 200 = 31.94（万元）

②计算后勤保障费用：

业务科室 1 = 43.7 ÷ 31 × 20 = 28.2（万元）

业务科室 2 = 43.7 ÷ 31 × 11 = 15.5（万元）

③填写业务科室总成本表，如表 9 - 8 所示：

表 9 - 8 　　　　　　　　　　业务科室成本表　　　　　　　　　　单位：万元

| 成本核算对象 | 成本项目 | | | | | | | 合计 |
|---|---|---|---|---|---|---|---|---|
| | 科研材料 | 人员费用 | 测试加工费（外协） | 其他费用 | 固定资产折旧 | 测试化验加工费用（内部实验室） | 后勤保障费用 | |
| 业务科室 1 | 80 | 14 | 20 | 9.5 | 10 | 61.86 | 28.2 | 223.56 |
| 业务科室 2 | 50 | 7.7 | 30 | 5.9 | 8 | 31.94 | 15.5 | 149.04 |

## 三、制造成本法核算方法举例

【例 9 - 6】某机电加工研究类科研院所属于公益二类科研机构，该科研院所有一个试制生产车间，试制生产科研产品，生产组织属于小批生产，试制的科研产品采用分批法计算成本。本案例以 2 × 20 年 6 月为例，资料如下：

（1）6 月生产的产品批号有：

2 × 2008 批号：甲产品 10 台，5 月投产，6 月完工 6 台。

2 × 2009 批号：乙产品 10 台，5 月投产，6 月完工 2 台。

（2）6 月各批号生产费用资料见表 9 - 9 ~ 表 9 - 11。

表 9 - 9 　　　　　　　　　　　在产品成本　　　　　　　　　　　单位：元

| 产品 | 直接材料 | 直接人工 | 其他直接费用 | 间接费用 | 合计 |
|---|---|---|---|---|---|
| 2 × 2008 批号 | 7 680 | 6 592 | 1 243 | 2 331 | 17 846 |
| 2 × 2009 批号 | 8 320 | 2 008 | 820 | 1 520 | 12 648 |

表 9 - 10 　　　　　　　　　　定额消耗量、工时记录

| | | 生产工时 | 定额消耗量 |
|---|---|---|---|
| 基本车间 | 2 × 2008 批号 | 248 | 540 |
| | 2 × 2009 批号 | 152 | 460 |

表 9-11　　　　　　　　　　　　本月生产费用资料

| 费用要素＼用途 | 2×2008 批号生产用 | 2×2009 批号生产用 | 两批号共同用 | 间接费用 |
|---|---|---|---|---|
| 原材料 | 24 000 | 18 000 | 8 000 | — |
| 工资 | — | — | 60 000 | — |
| 折旧费 | — | — | — | 12 000 |
| 外购动力费 | — | — | 14 200 | — |
| 保险等费用 | — | — | — | 9 600 |
| 其他 | — | — | — | 15 800 |

在产品的完工率为50%，甲乙两种产品共同耗用的材料、外购动力费按2×2008、2×2009批号的定额消耗量比例分配，试制车间生产工人工资、间接费用按生产工时比例分配。两批产品采用约当产量法计算完工产品成本和月末在产品成本。

①根据上述表格中所给资料，编制产品共同耗用材料分配表、原材料费用分配表，如表9-12、表9-13所示。

表 9-12　　　　　　　产品共同耗用材料分配表　　　　日期：2×20年6月

| 产品名称 | 分配标准 | 分配率 | 分配金额 |
|---|---|---|---|
| 2×2008 批号 | 540 | | 4 320 |
| 2×2009 批号 | 460 | | 3 680 |
| 合计 | 1 000 | | 8 000 |

表 9-13　　　　　　　　原材料费用分配表　　　　　日期：2×20年6月

| 应贷科目＼应借科目 | 加工物品—自制物品—直接材料 | |
|---|---|---|
| | 2×2008 批号 | 2×2009 批号 |
| 库存物品 | 28 320 | 21 680 |

②根据工资资料，编制工资分配汇总表，如表9-14所示。

表 9-14　　　　　　工资及福利费分配汇总表　　　　日期：2×20年6月

| 应贷科目＼应借科目 | | 加工物品—自制物品—直接人工 | | |
|---|---|---|---|---|
| | | 2×2008 批号 | 2×2009 批号 | 小计 |
| 应付职工薪酬 | 分配标准（小时） | 248 | 152 | 400 |
| | 分配率 | 150 | | |
| | 分配金额 | 37 200 | 22 800 | 60 000 |

③编制固定资产折旧费用分配表，如表9-15所示。

表9-15　　　　　　　　　　　　**固定资产折旧费用分配表**　　　　　　　　日期：2×20年6月

| 应贷科目 ＼ 应借科目 | | 加工物品—自制物品—间接费用 | | |
|---|---|---|---|---|
| | | 2×2008批号 | 2×2009批号 | 小计 |
| 固定资产累计折旧 | 分配标准（小时） | 248 | 152 | 400 |
| | 分配率 | | 30 | |
| | 分配金额 | 7 440 | 4 560 | 12 000 |

④编制动力费用分配表，如表9-16所示。

表9-16　　　　　　　　　　　　　**动力费用分配表**　　　　　　　　　日期：2×20年6月

| 应贷科目 ＼ 应借科目 | | 加工物品—自制物品—其他直接费用 | | |
|---|---|---|---|---|
| | | 2×2008批号 | 2×2009批号 | 小计 |
| 银行存款/零余额账户用款额度 | 分配标准（小时） | 248 | 152 | 400 |
| | 分配率 | | 35.5 | |
| | 分配金额 | 8 804 | 5 396 | 14 200 |

⑤编制保险费用及其他费用分配表，如表9-17所示。

表9-17　　　　　　　　　　　**保险费用及其他费用分配表**　　　　　　　日期：2×20年6月

| 应贷科目 ＼ 应借科目 | | 加工物品—自制物品—间接费用 | | |
|---|---|---|---|---|
| | | 2×2008批号 | 2×2009批号 | 小计 |
| 银行存款/零余额账户用款额度 | 分配标准（小时） | 248 | 152 | 400 |
| | 分配率 | | 63.5 | |
| | 分配金额 | 15 748 | 9 652 | 25 400 |

⑥计算2×2008批号以及2×2009批号的总成本和单位成本，如表9-18、表9-19所示。

表9-18　　　　　　　　　　　　　**产品成本计算单**　　　　　　　　　本月完工：6台

产品名称：2×2008批号　　　　　　　　　　2×20年6月　　　　　　　　　　月末在产品：4台

| 摘要 | 直接材料 | 直接人工 | 其他直接费用 | 间接费用 | 合计 |
|---|---|---|---|---|---|
| 月初在产品成本 | 7 680 | 6 592 | 1 243 | 2 331 | 17 846 |
| 本月生产费用 | 28 320 | 37 200 | 8 804 | 23 188 | 97 512 |
| 生产费用合计 | 36 000 | 43 792 | 10 047 | 25 519 | 115 358 |

续表

| 摘要 | 直接材料 | 直接人工 | 其他直接费用 | 间接费用 | 合计 |
|---|---|---|---|---|---|
| 完工产品成本 | 27 000 | 32 844 | 7 535.25 | 19 139.25 | 86 518.5 |
| 单位成本 | 4 500 | 5 474 | 1 255.875 | 3 189.875 | 14 419.75 |
| 月末在产品成本 | 9 000 | 10 948 | 2 511.75 | 6 379.75 | 28 839.5 |

表 9-19　　　　　　　　　　产品成本计算单　　　　　　　　　本月完工：2 台

产品名称：2×2009 批号　　　　　　2×20 年 6 月　　　　　　　月末在产品：8 台

| 摘要 | 直接材料 | 直接人工 | 其他直接费用 | 间接费用 | 合计 |
|---|---|---|---|---|---|
| 月初在产品成本 | 8 320 | 2 008 | 820 | 1 520 | 12 648 |
| 本月生产费用 | 21 680 | 22 800 | 5 396 | 14 212 | 64 088 |
| 生产费用合计 | 30 000 | 24 808 | 6 216 | 15 732 | 76 736 |
| 完工产品成本 | 10 000 | 8 269.33 | 2 072 | 5 244 | 25 578.67 |
| 单位成本 | 5 000 | 4 134.67 | 1 036 | 2 622 | 12 789.33 |
| 月末在产品成本 | 20 000 | 16 538.67 | 4 144 | 10 488 | 51 157.33 |

# 第六节　作业成本法

## 一、作业成本法概述

作业成本法是一种以作业消耗引发的资源消耗为成本分配依据的成本计算方法。作业成本法的基本原理在于产品生产造成了作业的消耗，而作业的消耗直接导致资源的消耗。与传统成本核算方法相比，作业成本法将成本与其发生动因结合起来，将信息成本、智力成本、服务成本等无形成本体现出来，能够更为真实地反映产品成本构成。科学事业单位科研项目需要科研人员的智力投入，而科研人员在同一时期内开展若干科研项目的研究，人工费用很难直接追溯到某一科研项目，属于间接费用。科研业务消耗的水电、设备等常常由不同的科研项目使用，也属于间接费用。上述项目间接费用占科研项目成本总额比重较大。另外，科研单位研究成果种类多样，故选择作业成本法进行费用的归集与分配有助于确保成本核算的精准度。但是，作业成本法需要更多的时间和较高的技能搜集和处理会计信息，作业划分越细，成本核算越准确，实施成本也就越高。因此，作业的选择和确定也应考虑成本效益原则。

作业成本法的基本核算程序是：先将各类资源价值分配到各作业成本库，然后再把各作业成本库所归集的成本分配给各成本核算对象。具体包括：确定成本计算对象、确定直接计入成本的类别、确定间接成本库、选择成本分配基础、将作业成本分配给成本对象、计算各成本对象的成本。

## 二、作业成本法举例

【例9-7】某研究所是一家机械设计应用类科研事业单位，主要从事科学技术研究，并利用专业技术向企事业单位提供技术开发、技术咨询、技术转让等服务。该研究所所属部门分为科研业务部门、支撑服务部门、管理部门，其中，科研业务部门包括5个业务研究室，支撑服务部门包括测试加工中心、信息中心，管理部门包括科研管理部、后勤服务部、财务部、人事部、资产管理部。每个研究室承担着多个科研项目，科研项目是该研究所的成本核算对象之一，尝试使用作业成本法开展科研项目成本核算。该单位根据项目日常工作流程，确定了资源耗费中需要间接费用核算的作业中心为测试支撑责任中心、后勤服务责任中心、管理活动责任中心。其作业中心、作业动因如表9-20所示：

表9-20　　　　　　　　　　　作业中心及作业动因构成

| 作业中心 | 作业活动 | 作业动因 |
|---|---|---|
| 测试支撑责任中心 | 设备使用 | 项目使用频次 |
| | 实验测试 | 项目测试消耗时间 |
| | 样品加工 | 项目加工消耗时间 |
| 后勤服务责任中心 | 维修服务 | 维修时间 |
| | 采购服务 | 采购次数 |
| 管理活动责任中心 | 科研管理 | 支持项目次数 |
| | 人事管理 | |
| | 财务管理 | |

该研究所根据业务性质确定的主要资源动因具体为：人员经费的主要资源动因为作业消耗时间；材料费的主要资源动因为消耗材料数量及金额；房屋折旧的主要资源动因为房屋使用面积。资源动因与作业动因的确定为归集分配成本费用提供了依据和标准。资源成本和资源动因如表9-21所示：

表9-21　　　　　　　　　　　资源动因与作业中心对应

| 资源项目 | 资源动因 | 作业中心 |
|---|---|---|
| 人员经费 | 作业消耗时间 | |
| 材料费 | 作业消耗数量及金额 | |
| 设备等折旧 | 使用时间 | |
| 测试化验加工费 | 作业消耗时间 | 测试支撑中心 |
| 网络费 | 作业消耗数量 | 后勤服务中心 |
| 水电费 | 消耗数量 | 管理活动中心 |
| 房屋折旧费 | 房屋使用面积 | |
| 科研管理费 | 作业发生数量 | |

选择该研究所某一项目 A 使用作业成本法进行 3 月份成本核算。具体业务如下：2×19 年 3 月，A 项目发生直接归集的成本包括会议费 2 万元、差旅费 3 万元、专家咨询费 1 万元。当月该研究所发生不能直接归集到成本核算对象的人员经费 500 万元、材料费 200 万元、水电费 20 万元、网络费 2 万元、测试费 300 万元、房屋折旧 300 万元、设备折旧费 100 万元。

资源费用与成本核算对象需要经过作业中心明确动因追溯路径，基于项目耗费作业、作业耗费资源的路径，根据不同的成本耗费驱动因素，按资源成本归集分配、作业中心成本归集、作业成本分配计算得出 A 项目 3 月份的间接成本及总成本（见表 9 - 22、表 9 - 23、表 9 - 24）。

表 9 - 22　　　　　　　　　　　　　　资源成本归集分配

| 资源项目 | 资源成本（万元） | 资源动因 | 资源动因总量 | 单位 | 综合分配系数 |
|---|---|---|---|---|---|
| 人员费用 | 500 | 作业消耗时间 | 50 000 | 小时 | 0.01 |
| 材料费用 | 200 | 作业消耗数量 | 5 000 | 千克 | 0.04 |
| 测试费用 | 300 | 作业消耗时间和数量 | 600 | 次 | 0.5 |
| 水电费 | 20 | 消耗数量 | 160 000 | 千瓦时 | 0.000125 |
| 网费 | 2 | 作业消耗数量 | 2 000 | 千兆 | 0.001 |
| 设备折旧 | 100 | 作业使用时间 | 100 000 | 小时 | 0.001 |
| 房屋折旧 | 300 | 房屋使用面积 | 30 000 | 平方米 | 0.01 |
| 合计 | 649 | | | | |

表 9 - 23　　　　　　　　　　　　　　作业中心成本归集

| 资源项目 | 分配系数 | 作业中心消耗量 | | | 作业中心归集成本（万元） | | |
|---|---|---|---|---|---|---|---|
| | | 测试支撑责任中心 | 后勤服务责任中心 | 管理活动责任中心 | 测试支撑责任中心 | 后勤服务责任中心 | 管理活动责任中心 |
| 人员经费 | 0.01 | 1 800 | 500 | 1 000 | 18 | 5 | 10 |
| 材料费用 | 0.04 | 210 | | | 8.4 | | |
| 测试费用 | 0.5 | 600 | | | 300 | | |
| 水电费 | 0.000125 | 100 000 | 12 000 | 10 000 | 12.5 | 1.5 | 1.25 |
| 网费 | 0.001 | 500 | 200 | 600 | 0.5 | 0.2 | 0.6 |
| 设备折旧 | 0.001 | 60 000 | 1 000 | 5 000 | 60 | 1 | 5 |
| 房屋折旧 | 0.01 | 15 000 | 300 | 5 000 | 150 | 3 | 50 |
| 合计 | | | | | 549.4 | 5.7 | 76.85 |

表 9 - 24                                              作业成本分配

| 作业中心 | 作业活动 | 作业成本（万元） | 作业动因 | 作业总量 | 单位 | 分配系数 | A项目消耗量 | A项目分配成本（万元） |
|---|---|---|---|---|---|---|---|---|
| 测试支撑责任中心 549.4 | 设备使用 | 228.33 | 使用频次 | 200 | 次 | 1.14 | 11 | 12.54 |
| | 实验测试 | 211.62 | 测试消耗时间 | 1 760 | 小时 | 0.12 | 83 | 9.96 |
| | 样品加工 | 109.45 | 加工消耗时间 | 3 872 | 小时 | 0.028 | 182 | 5.1 |
| 后勤服务责任中心 5.7 | 维修服务 | 3.4 | 维修时间 | 120 | 小时 | 0.028 | 16 | 0.45 |
| | 采购服务 | 2.2 | 采购次数 | 138 | 次数 | 0.016 | 2 | 0.03 |
| 管理活动责任中心 66.85 | 科研管理 | 21.39 | 支持项目次数 | 50 | 次数 | 0.43 | 3 | 1.29 |
| | 人事管理 | 18.72 | 支持项目次数 | 20 | 次数 | 0.94 | 2 | 1.88 |
| | 财务管理 | 26.74 | 支持项目次数 | 120 | 次数 | 0.22 | 20 | 4.46 |
| 合计 | | | | | | | | 35.71 |

经过以上计算，A 项目的成本 = 直接成本 + 间接成本分配归集 = 6 + 35.71 = 41.71（万元）。

# 第十章 预算收入

## 第一节 预算收入概述

### 一、预算收入的含义、分类及区别

（一）预算收入的含义

预算收入，是指科学事业单位在预算年度内依法取得的并纳入预算管理的现金流入。具体包括以下几层含义：

1. 科学事业单位预算收入要纳入当年预算年度。预算年度也叫"财政年度"，我国的预算年度为公历1月1日起至12月31日止，只有纳入预算年度内的各项预算收入才能列入当年预算收入。如纳入下年度财政预算的资金在本年度提前预拨给科学事业单位，科学事业单位不能将收到的财政资金列入到当年预算收入中，要待下个财政预算年度，再将预收的财政资金列为当年的预算收入。

2. 科学事业单位的预算收入必须依法取得。科学事业单位取得各项收入必须是符合国家相关法律规定并严格执行收费标准和范围。如：科学事业单位取得财政拨款预算收入，必须按照国家预算管理的规定，按照预算管理程序报批后方可取得；取得科研课题、项目等专业活动的收入，待收取相关合同款后才能确认为预算收入；取得科技服务收入等，其项目和标准必须经过地方政府有关部门审核批准，才能向服务对象收取；取得销售产品、商品等经营性收入，也必须按照有关程序和工商管理的有关规定办理审批手续，方可进行。

3. 科学事业单位的预算收入要纳入单位预算管理。在预算收入编制中应体现全口径预算管理的要求，所有的收入都要纳入预算。科学事业单位取得预算收入要满足单位预算管理的要求，统一核算，统一管理。科学事业单位的预算收入是指单位能够使用、分配的资金。而收取转拨下级单位的财政资金或其他款项、收到其他单位或个人的押金、受托代理的资金、收到应该按规定上缴财政的资金等，因单位不能分配或使用，就不纳入单位预算管理，自然也不属于单位的预算收入；按照单位预算管理相关规定，收到其他单位财政结余资金的调剂，不作为单位的预算收入管理，只能作为单位预算结转结余的增加。

4. 科学事业单位的预算收入要有现金流入。现金流入指货币资金流入，一般包括库存现金、银行存款、其他货币资金、零余额账户用款额度等，单位接受捐赠、无偿调入的实物资产和无形资产等非货币性资产，不能确认为预算收入。

（二）预算收入的分类

从预算收入的适用范围来看，科学事业单位的收入种类较多，既有政府和上级部门的拨款形成的收入，也有科学事业单位利用自身优势组织的收入等。科学事业单位的全部预算收入分类与事业单位预算收入的整体分类相同，但还具有行业的特色。

科学事业单位的全部预算收入包括：财政拨款预算收入、事业预算收入、上级补助预算收入、附属单位上缴预算收入、经营预算收入、债务预算收入、非同级财政拨款预算收入、投资预算收益、其他预算收入等，其中，事业预算收入分为科研预算收入和非科研预算收入，非科研预算收入分为技术活动预算收入、学术活动预算收入、科普活动预算收入、试制产品活动预算收入、教学活动预算收入等。

（三）各类预算收入的区别

1. 财政拨款预算收入与上级补助预算收入。在采用实拨资金方式下，财政拨款和上级补助都是从上级单位拨到本单位银行账户的资金。但是，前者是财政部门拨付的财政资金，后者是非财政资金，是主管部门或上级单位用自身组织的收入或者集中下级单位的收入拨给科学事业单位的资金。

2. 财政拨款预算收入与财政专户返还的事业预算收入。尽管两者都由财政部门按照单位预算拨付，但前者是财政部门从国库拨给科学事业单位的财政预算资金，后者则是科学事业单位取得的实行"收支两条线"管理的事业活动收入资金。这些事业活动收入不能在取得资金时纳入单位预算管理，而是要按照财政管理要求，先上缴财政专户存放，经过财政部门按照单位预算审核批准拨付后，科学事业单位才能将收到的资金确认为单位的事业预算收入。

3. 非同级财政拨款预算收入与财政拨款预算收入。科学事业单位取得的非同级政府财政拨款中，从同级政府的其他部门单位取得的财政资金是本级政府的财政资金，科学事业单位的财政拨款预算收入也是本级政府的财政资金。如何区分两者，要看这些财政资金的财政预算单位是否为本单位。本单位属于该财政资金的财政预算单位，就是本单位的财政拨款预算收入；同级政府的其他部门单位是财政预算单位，按照该单位预算取得的本级政府财政资金，而后又再分配转拨给本单位的，就不是本单位的财政拨款预算收入。

4. 非同级财政拨款预算收入与事业预算收入。科学事业单位收到同级政府的其他部门单位或者非同级政府的财政部门或业务部门单位的非同级财政拨款，有两种情况：一种是要求接受资金的科学事业单位为这种拨款提供对等专项服务，如接受项目资金的条件是要完成项目并提供项目研究成果等；另一种则不一定有对等交换要求。显然，前者属于政府购买服务，所以收到的财政资金属于单位提供服务获得的收入，按照事业预算收入处理；后者属于单位的非同级财政拨款预算收入。

5. 事业预算收入与经营预算收入。科学事业单位取得经营预算收入的经营活动有些和单位取得事业预算收入的事业活动形式一样，从形式上看都是专业业务活动及其辅助活动，都进行收费。如何判定单位活动取得的现金流入是事业预算收入还是经营预算收入，一是看专业业务活动及其辅助活动，在专业业务活动及其辅助活动之外，属于经营性收入；二是要看该活动是否具有营利性。如果事业单位开展该活动的目的不是为了完成单位的事业任务，而是为了获取高于活动成本的收入，则属于以营利为目的的经营活动，从而取得的现金流入通常属于经营预算收入；否则，就属于事业预算收入。

6. 附属单位上缴预算收入与投资预算收益。科学事业单位的附属单位中，有一些已经转为企业法人。这类企业上缴科学事业单位的收入是附属单位上缴预算收入还是投资预算收益，要看科学事业单位与其所属的企业法人之间的产权关系及经济关系。如果科学事业单位与所属企业法人在产权、资产、职工福利等方面没有厘清，科学事业单位还承担着所属企业的职工福利、负债偿还，或者还由所属企业法人单位免费使用事业单位资产等，那么科学事业单位所属的企业上缴的这部分收入就是事业科学单位的附属单位上缴预算收入；如果科学事业单位与其举办的企业法人单位之间产权明晰、财务上各自独立，科学事业单位与所属单位是投资与被投资的关系，科学事业单位所属单位上缴的收入的性质是因为投资关系而向投资者分配的企业利润，就属于科学事业单位的投资预算收益。

## 二、预算收入的确认与计量

预算收入一般在实际收到时予以确认，以实际收到的金额计量。

## 三、预算会计的预算收入和财务会计的收入的区别和联系

预算会计预算收入以纳入预算管理的现金流入作为确认的标准，预算收入是纳入预算管理现金资产的增加形成的；财务会计的收入以是否有经济资源流入作为确认的标准，收入是资产增加或者负债减少导致的净资产增加。

（一）预算收入与收入的主要区别

1. 核算基础不同。预算收入的确认基础为收付实现制，收入的确认基础是权责发生制。

2. 表现形式不同。预算收入表现形式为纳入预算管理的现金流入。收入是指经济资源的流入，经济资源既表现为货币资金，也可以表现为债权或者非货币资产等。

3. 确认时点不同。预算收入一般在实际收到时予以确认。收入需要在同时满足三个条件的情况下确认，即与收入相关的含有服务潜力或者经济利益的经济资源很可能流入科学事业单位；含有服务潜力或者经济利益的经济资源流入会导致科学事业单位资产增加或者负债减少；流入金额能够可靠地计量。

4. 科目设置不同。预算收入共设置了"财政拨款预算收入""事业预算收入"等9个会计科目，与财务会计"收入"科目相比，具有以下不同：

一是预算收入科目的名称中均含有"预算"两个字，这是区别于财务会计收入

科目的重要标志。

二是预算收入科目与财务会计收入科目并不是一一对应关系。比如，预算会计增设了"债务预算收入"科目，用于核算科学事业单位按规定从银行和其他金融机构等借入的、纳入部门预算管理的、不以财政资金作为偿还来源的债务本金，而财务会计的同类业务作为负债来反映。

三是预算会计的捐赠收入、利息收入、租金收入全部并入"其他预算收入"科目反映，而财务会计的捐赠收入、利息收入、租金收入则分别单设一级会计科目。

（二）预算收入与收入的主要联系

预算会计的"预算收入"与财务会计的"收入"并不存在一一对应关系，但是，两者之间在一定程度上存在着密切的联系。一是有的现金流入既属于"预算收入"又属于"收入"，比如，收到的同级财政拨款收入等；二是有的现金流入属于"预算收入"，但不属于"收入"，比如，科学事业单位收到的应收账款、取得的经批准从银行取得的短期借款、长期借款等；三是有的业务无现金流入，不属于"预算收入"，但却属于"收入"，比如，按合同完成进度确认的事业收入等。

# 第二节　财政拨款预算收入

## 一、财政拨款预算收入的概念及分类

（一）财政拨款预算收入的概念

财政拨款预算收入，是指科学事业单位从同级政府财政部门取得的各类财政拨款。"同级财政部门"，是指科学事业单位直接或者根据部门预算隶属关系从同一级次的财政部门获得的，这里强调的是获取财政资金的财政部门一定是同级的财政部门。

"各类财政拨款"，是指从同级财政部门取得全口径的财政拨款，强调全面性、完整性，既包括一般公共预算财政拨款，也包括政府性基金预算财政拨款等各类财政拨款。

（二）财政拨款预算收入的分类

1. 按照拨款种类，科学事业单位财政拨款预算收入分为一般公共预算拨款、政府性基金预算拨款、国有资本经营预算拨款等。

2. 按照部门预算管理要求，科学事业单位财政拨款预算收入分为基本支出拨款和项目支出拨款两类。

## 二、财政拨款预算收入的确认与计量

财政拨款预算收入的确认与计量与财政拨款收入相同，在实际收到时予以确认，以实际收到的金额计量。

1. 财政直接支付方式下，科学事业单位根据收到的"财政直接支付入账通知书"及相关原始凭证确认财政拨款预算收入。

2. 财政授权支付方式下，科学事业单位根据收到的"财政授权支付额度到账通知书"确认财政拨款预算收入。

3. 科学事业单位实际从同级财政取得政府债券资金的，根据收到的银行结算凭证或"财政授权支付额度到账通知书"，确认财政拨款预算收入。

4. 其他方式下，科学事业单位按照本期预算收到财政拨款预算收入时，确认财政拨款预算收入；科学事业单位收到同级政府财政部门预拨的下期预算的财政预拨款，应当在下个预算期确认财政拨款预算收入。

5. 年末，在财政国库集中支付结余按权责发生制列支的情况下，对本年度财政直接支付预算指标数与当年财政直接支付实际支付数的差额、本年度财政授权支付预算指标数大于当年零余额账户用款额度下达数的差额予以确认和计量。

## 三、财政拨款预算收入的核算

（一）科目设置

为了核算单位从同级政府财政部门取得的各类财政拨款，科学事业单位应设置"财政拨款预算收入"科目。本科目应当设置"基本支出"和"项目支出"两个明细科目，并按照《政府收支分类科目》中"该业务支出功能分类科目"的项级科目进行明细核算；同时，在"基本支出"明细科目下，按照"人员经费"和"日常公用经费"进行明细核算，在"项目支出"明细科目下，按照具体项目进行明细核算。

有一般公共预算财政拨款、政府性基金预算财政拨款等两种或两种以上财政拨款的单位，还应当按照财政拨款的种类进行明细核算。

按照预算管理要求需对政府债券资金单独反映的，应当在"财政拨款预算收入"科目下，根据地方政府债券类别，按照"地方政府一般债券资金收入""地方政府专项债券资金收入"等进行明细核算。

"财政拨款预算收入"科目平时贷方余额反映科学事业单位当年财政拨款预算收入的累计数；年末结转后，本科目应无余额。

（二）主要账务处理

科学事业单位财政拨款预算收入应当区分财政直接支付、财政授权支付和其他等不同方式进行相应的账务处理。

1. 在财政直接支付方式下：

（1）财政直接支付方式下，科学事业单位根据收到的"财政直接支付入账通知书"及相关原始凭证，按照通知书中的直接支付金额，借记"事业支出"等科目，贷记"财政拨款预算收入"科目。同时，在财务会计下，借记"库存物品""固定资产""业务活动费用""单位管理费用""应付职工薪酬"等科目，贷记"财政拨款收入"科目。

（2）年末，在财政国库集中支付结余按权责发生制列支的情况下，科学事业单位应根据本年度财政直接支付预算指标数与当年财政直接支付实际支出数的差额，借记"资金结存—财政应返还额度"科目，贷记"财政拨款预算收入"科目。同时，在财务会计下，借记"财政应返还额度—财政直接支付"科目，贷记"财政拨款收入"科目。

在财政国库集中支付结余不再按权责发生制列支的情况下，科学事业单位不再进行上述账务处理。

【例10-1】某科学事业单位发生以下业务：

①2×19年2月9日，单位根据经过批准的部门预算和用款计划，购买一台专用设备，价值10万元，向同级财政部门申请支付该笔款项。2月13日，财政部门审核后，以财政直接支付方式支付该笔款项。2月18日，单位收到了财政零余额账户代理银行转来的"财政直接支付入账通知书"。该业务支出功能分类科目为"科学技术支出—应用研究—其他应用研究支出"。该单位应编制如下会计分录：

财务会计：

借：固定资产—专用设备       100 000

  贷：财政拨款收入——般公共预算财政拨款   100 000

预算会计：

借：事业支出—科研支出—财政拨款支出—其他应用研究支出—项目支出—××

  研究项目—专用设备购置      100 000

  贷：财政拨款预算收入—其他应用研究支出—项目支出—××研究项目

                 100 000

②12月末，单位尚有××研究项目财政直接支付指标20万元尚未使用。该业务支出功能分类为"科学技术支出—应用研究—其他应用研究支出"，按规定结转下年继续使用。

在财政国库集中支付结余不再按权责发生制列支的情况下，该单位应编制如下会计分录：

财务会计：

借：财政应返还额度—财政直接支付     200 000

  贷：财政拨款收入——般公共预算财政拨款   200 000

预算会计：

借：资金结存—财政应返还额度—财政直接支付   200 000

  贷：财政拨款预算收入—其他应用研究支出—项目支出—××研究项目

                 200 000

在财政国库集中支付结余按权责发生制列支的情况下，该单位不需要进行上述会计处理。

2. 在财政授权支付方式下：

（1）财政授权支付方式下，科学事业单位根据收到的"财政授权支付额度到账通知书"，按照通知书中的授权支付额度，借记"资金结存—零余额账户用款额度"科目，贷记"财政拨款预算收入"科目。同时，在财务会计下，借记"零余额账户用款额度"科目，贷记"财政拨款收入"科目。

（2）年末，在财政国库集中支付结余按权责发生制列支的情况下，科学事业单位本年度财政授权支付预算指标数大于零余额账户用款额度下达数的，根据未下达的用款额度，借记"财政应返还额度—财政授权支付"科目，贷记"财政拨款预算收入"科目。同时，在财务会计下，借记"财政应返还额度—财政授权支付"科目，贷记"财政拨款收入"科目。

在财政国库集中支付结余不再按权责发生制列支的情况下，科学事业单位不再进行上述账务处理。

【例 10 - 2】某科学事业单位发生以下业务：

①2×19 年 2 月 1 日，单位根据经过批准的部门预算和用款计划，向同级财政部门申请财政授权支付额度 70 万元。2 月 7 日，财政部门经审核后，以财政授权支付方式下达了 70 万元用款额度，其中，人员经费授权支付额度 10 万元，日常公用经费授权支付额度 20 万元，该业务支出功能分类为"科学技术支出—应用研究—机构运行"；环境监测项目授权支付额度 40 万元，该业务支出功能分类为"科学技术支出—应用研究—社会公益研究"。2 月 10 日，该单位收到了代理银行转来的"财政授权支付额度到账通知书"。该单位应编制如下会计分录：

财务会计：

借：零余额账户用款额度 700 000

　　贷：财政拨款收入—一般公共预算财政拨款 700 000

预算会计：

借：资金结存—零余额账户用款额度 700 000

　　贷：财政拨款预算收入—机构运行—基本支出—人员经费 100 000

　　　　财政拨款预算收入—机构运行—基本支出—日常公用经费 200 000

　　　　财政拨款预算收入—社会公益研究—项目支出—环境监测项目

400 000

②12 月末，单位尚有环境监测项目财政授权支付指标 20 万元未下达零余额账户用款额度，该业务支出功能分类为"科学技术支出—应用研究—社会公益研究"，按规定结转下年继续使用。

在财政国库集中支付结余不再按权责发生制列支的情况下，该单位应编制如下会计分录：

财务会计：

借：财政应返还额度—财政授权支付 200 000

　　贷：财政拨款收入—一般公共预算财政拨款 200 000

预算会计：

借：资金结存—财政应返还额度—财政授权支付 200 000

　　贷：财政拨款预算收入—社会公益研究—项目支出—环境监测项目

200 000

在财政国库集中支付结余按权责发生制列支的情况下，单位不需要进行上述会计处理。

3. 科学事业单位使用政府债券资金的：

科学事业单位实际从同级财政取得政府债券资金的，根据收到的开户银行转来的收款通知书或"财政授权支付额度到账通知书"，按照实际收到的金额或者通知书中的授权支付额度，借记"资金结存"等科目，贷记"财政拨款预算收入"科目。同时，在财务会计下，借记"银行存款""零余额账户用款额度"科目，贷记"财政拨款收入"科目。

【例10-3】2×19年3月，某科学事业单位收到财政部门拨付的债券资金200万元，专项用于单位购买学科建设的科学设备。该单位已收到"财政授权支付额度到账通知书"及预算批复文件等相关原始凭证。该业务支出功能分类为"科学技术支出—科技条件与服务—科技条件专项"。该单位应编制如下会计分录：

财务会计：

借：零余额账户用款额度　　　　　　　　　　　　　2 000 000

　　贷：财政拨款收入—一般公共预算财政拨款　　　　　2 000 000

预算会计：

借：资金结存—零余额账户用款额度　　　　　　　　2 000 000

　　贷：财政拨款预算收入—科技条件专项—项目支出—××学科建设

　　　　　　　　　　　　　　　　　　　　　　　　2 000 000

4. 在其他方式下：

科学事业单位通过其他方式获得本期预算财政资金拨款的，按照实际收到的金额，借记"资金结存—货币资金"科目，贷记"财政拨款预算收入"科目。同时，在财务会计下，按照实际收到的金额，借记"银行存款"等科目，贷记"财政拨款收入"科目。

科学事业单位收到下期预算的财政预拨款，应当在下个预算期，按照预收的金额，借记"资金结存—货币资金"科目，贷记"财政拨款预算收入"科目。同时，在财务会计下，借记"其他应付款"科目，贷记"财政拨款收入"科目。

【例10-4】2×19年4月，某科学事业单位收到财政部门拨付的专项资金20万元，专项用于开展科学技术活动。该单位已收到开户银行转来的收款通知书及预算批复文件等相关原始凭证。该业务支出功能分类为"科学技术支出—科技条件与服务—其他科技条件与服务支出"。该单位应编制如下会计分录：

财务会计：

借：银行存款　　　　　　　　　　　　　　　　　　200 000

　　贷：财政拨款收入—一般公共预算财政拨款　　　　　200 000

预算会计：

借：资金结存—货币资金　　　　　　　　　　　　　200 000

　　贷：财政拨款预算收入—其他科技条件与服务支出—项目支出—××学科

　　　建设　　　　　　　　　　　　　　　　　　　　200 000

5. 差错更正或购货退回。

因差错更正、购货退回等发生国库直接支付款项退回的，属于本年度支付的款项，按照退回金额，借记"财政拨款预算收入"科目，贷记"事业支出"等科目。在财务会计下，借记"财政拨款收入"科目，贷记"库存物品""固定资产""业务活动费用""单位管理费用"科目。

属于以前年度支付的款项，按照退回金额，借记"资金结存—财政应返还额度"科目，贷记"财政拨款结转—年初余额调整"或"财政拨款结余—年初余额调整"等科目，不通过"财政拨款预算收入"科目核算。同时，在财务会计下，借记"财政应返还额度"科目，贷记"以前年度损溢调整"科目。

【例 10 - 5】某科学事业单位发生以下业务：

2×19 年 3 月，单位发现本年 2 月通过财政直接支付方式购买的专用设备存在质量问题。经协商，供货商同意单位将设备退回，并退回原购货款 10 万元，款项已退回财政直接支付账户。财务会计处理不考虑折旧因素。该单位应编制如下会计分录：

财务会计：

借：财政拨款收入—一般公共预算财政拨款     100 000

  贷：固定资产—专用设备         100 000

预算会计：

借：财政拨款预算收入—其他应用研究支出—项目支出—××研究项目

                   100 000

  贷：事业支出—科研支出—财政拨款支出—其他应用研究支出—项目支出—

    ××研究项目—专用设备购置       100 000

6. 年末结转。

年末结转时，单位将"财政拨款预算收入"科目本年发生额转入财政拨款结转，借记"财政拨款预算收入"科目，贷记"财政拨款结转—本年收支结转"科目。

【例 10 - 6】年末，对【例 10 - 2】形成的财政拨款预算收入进行结转处理。该单位应编制如下会计分录：

预算会计：

借：财政拨款预算收入—机构运行—基本支出—人员经费  100 000

  贷：财政拨款结转—本年收支结转—机构运行—基本支出结转—人员经费

                   100 000

借：财政拨款预算收入—机构运行—基本支出—日常公用经费 200 000

  贷：财政拨款结转—本年收支结转—机构运行—基本支出结转—日常公用

    经费                200 000

借：财政拨款预算收入—社会公益研究—项目支出—环境监测项目

                   400 000

  贷：财政拨款结转—本年收支结转—社会公益研究—项目支出结转—环境监

    测项目               400 000

# 第三节　事业预算收入

## 一、事业预算收入的概念及分类

（一）事业预算收入的概念

事业预算收入，是指科学事业单位开展专业活动及其辅助活动取得的现金流入。

（二）事业预算收入分类

1. 按照管理方式，事业预算收入分为财政专户返还方式管理的事业收入和其他事业预算收入。

2. 按照使用要求，事业预算收入分为专项资金收入和非专项资金收入。

3. 按照活动特点，事业预算收入分为科研预算收入和非科研预算收入。

科研预算收入是科学事业单位开展科研活动及其辅助活动取得的现金流入。

非科研预算收入是科学事业单位本期开展科研活动以外的其他业务活动及其辅助活动取得的现金流入，包括技术活动预算收入、学术活动预算收入、科普活动预算收入、试制产品活动预算收入、教学活动预算收入等。

技术活动预算收入，是指科学事业单位对外提供技术咨询、技术服务等活动取得的现金流入。

学术活动预算收入，是指科学事业单位开展学术交流、学术期刊出版等活动取得的现金流入。

科普活动预算收入，是指科学事业单位开展科学知识宣传、讲座和科技展览等活动取得的现金流入。

试制产品活动预算收入，是指科学事业单位试制中间试验产品等活动取得的现金流入。

教学活动预算收入，是指科学事业单位开展教学活动取得的现金流入。

## 二、事业预算收入的确认与计量

1. 采用财政专户返还方式管理的事业预算收入，收到从财政专户返还的事业预算收入时，按照实际收到的返还金额确认事业预算收入。

2. 收到其他事业预算收入时，按照实际收到的款项金额确认预算收入。

3. 从付款方取得的预收款项时，按照实际收到的金额确认预算收入。

## 三、事业预算收入的核算

由于事业预算收入内容较多，为了满足不同学科、不同类型的科学事业单位核算的需要，需要根据收入的内容设置不同的账户。

（一）科目设置

为了核算事业预算收入情况，科学事业单位应设置"事业预算收入"科目。

"事业预算收入"科目应当按照事业预算收入类别、项目、来源、《政府收支分类科目》中"该业务支出功能分类科目"项级科目等进行明细核算。

"事业预算收入"科目应当按规定设置"科研预算收入"和"非科研预算收入"明细科目。"科研预算收入"明细科目，核算科学事业单位开展科研活动及其辅助活动取得的现金流入。"非科研预算收入"明细科目，核算科学事业单位开展科研活动以外的其他业务活动及其辅助活动取得的现金流入，包括技术活动预算收入、学术活动预算收入、科普活动预算收入、试制产品活动预算收入、教学活动预算收入等。

对于因开展科研和非科研活动从非同级政府财政部门取得的经费拨款，应当在"事业预算收入"科目下单设"非同级财政拨款"明细科目进行明细核算。

事业预算收入中如有专项资金收入，还应按照具体项目进行明细核算。

平时，"事业预算收入"科目的贷方余额反映单位取得事业收入的本年累计数；年末结转后，本科目应无余额。

（二）主要账务处理

1. 科学事业单位采用财政专户返还方式管理的事业预算收入，收到从财政专户返还的事业预算收入时，按照实际收到的返还金额，借记"资金结存—货币资金"科目，贷记"事业预算收入"科目。同时，在财务会计下，借记"银行存款"，贷记"事业收入"科目。

【例 10 - 7】某科学事业单位部分事业收入采取财政专户返还方式管理，2×19年3月10日，该单位收到从财政专户返还的5万元，存入基本户。该业务支出功能分类科目为"科学技术支出—科技条件与服务—机构运行"。该单位应编制如下会计分录：

财务会计：

借：银行存款           50 000

 贷：事业收入—非科研收入—教学活动收入    50 000

预算会计：

借：资金结存—货币资金         50 000

 贷：事业预算收入—非科研预算收入—教学活动预算收入—机构运行—非专

  项资金收入—其他资金收入—财政专户返还收入   50 000

2. 科学事业单位收到其他事业预算收入时，按照实际收到的款项金额，借记"资金结存—货币资金"科目，贷记"事业预算收入"科目。同时，在财务会计下，事业收入的确认原则采用权责发生制的原则，收到款项与事业收入的确认并不一定同步，实际收到款项时，借记"银行存款"等科目，贷记"事业收入""应收账款""预收账款""应交增值税"等科目。

【例10-8】 某科学事业单位2×19年8月收到农业部门委托科研调查专项经费2万元,该业务支出功能分类为"科学技术支出—科技条件与服务—其他科技条件与服务支出",该单位已开具税务委托业务费发票,款项已转入单位在××银行开设的基本账户。无流转税不考虑税金。该单位应编制如下会计分录:

财务会计:

借:银行存款 20 000

　　贷:事业收入—非科研收入—技术活动收入 20 000

预算会计:

借:资金结存—货币资金 20 000

　　贷:事业预算收入—非科研预算收入—技术活动预算收入—其他科技条件与服务支出—专项资金收入—非同级财政拨款—××项目 20 000

【例10-9】 某科学事业单位收到省科技厅拨付的引进高层次科技创新人才资助项目资金10万元,款项已汇入单位在××银行开设的基本账户。根据文件规定,此项收入专项用于引进高层次科技创新人才使用,该业务支出功能分类为"科学技术支出—科技条件与服务—其他科技条件与服务支出"。该单位应编制如下会计分录:

财务会计:

借:银行存款 100 000

　　贷:事业收入—科研收入—非同级财政拨款 100 000

预算会计:

借:资金结存—货币资金 100 000

　　贷:事业预算收入—科研预算收入—其他科技条件与服务支出—专项资金收入—非同级财政拨款—人才项目 100 000

【例10-10】 某科学事业单位为增值税小规模纳税人,收到样品检验技术活动服务收入10.3万元,款项已汇入单位在××银行开设的基本账户。根据预算安排,此项收入用于机构运行基本支出,该业务支出功能分类为"科学技术支出—科技条件与服务—机构运行"。根据税法规定,样品检验收入适用3%的征收率缴纳增值税。该单位应编制如下会计分录:

财务会计:

应确认的事业收入 = 10.3 ÷ (1 + 3%) = 10(万元)

应缴纳的增值税 = 10 × 3% = 0.3(万元)

借:银行存款 103 000

　　贷:事业收入—非科研收入—技术活动收入 100 000

　　　　应交增值税 3 000

预算会计:

借:资金结存—货币资金 103 000

　　贷:事业预算收入—非科研预算收入—技术活动预算收入—机构运行—非专项资金收入—其他资金收入 103 000

3. 合作项目款的账务处理。

合作项目款，是指科学事业单位从非同级政府财政部门取得的，需要与其他单位合作完成的科技项目（课题）款项。科学事业单位对合作项目款核算的账务处理如下：

（1）从付款方预收款项时，按照收到的款项金额，借记"资金结存—货币资金"科目，贷记"事业预算收入"科目。同时，在财务会计下，按照收到的款项金额，借记"银行存款"等科目，贷记"预收账款"科目。

（2）按照合同规定将合作项目款转拨合作单位时，按照实际转拨的金额，借记"事业预算收入"科目［转拨当年收到的合作项目款］或"非财政拨款结转"科目［转拨以前年度收到的合作项目款］，贷记"资金结存—货币资金"科目。同时，在财务会计下，按照实际转拨的金额，借记"预收账款"科目，贷记"银行存款"等科目。

（3）发生因科技项目（课题）终止等情形，需按照规定将项目剩余资金退回项目（课题）立项部门时，对本单位承担项目使用的剩余资金，按照实际退回的金额，借记"事业预算收入"科目［本年度取得的合作项目款］或"非财政拨款结转"科目［以前年度取得的合作项目款］，贷记"资金结存—货币资金"科目。同时，在财务会计下，对本单位承担项目使用的剩余资金，按照实际退回的金额，借记"预收账款"科目［尚未确认收入］或"事业收入"科目［已经确认收入］，贷记"银行存款"等科目。

具体案例详见第七章收入章节。

4. 年末，将"事业预算收入"科目本年发生额中的专项资金收入转入非财政拨款结转，借记"事业预算收入"科目下各专项资金收入明细科目，贷记"非财政拨款结转—本年收支结转"科目；将本科目本年发生额中的非专项资金收入转入其他结余，借记"事业预算收入"科目下各非专项资金收入明细科目，贷记"其他结余"科目。

【例 10－11】年（期）末，将【例 10－9】【例 10－10】形成的事业预算收入进行结转处理。

预算会计：

借：事业预算收入—科研预算收入—其他科技条件与服务支出—专项资金收入—
　　非同级财政拨款—人才项目　　　　　　　　　　　　　　100 000
　　事业预算收入—非科研预算收入—技术活动预算收入—机构运行—非专项资
　　金收入—其他资金收入　　　　　　　　　　　　　　　　103 000
　　贷：非财政拨款结转—本年收支结转—人才项目—其他科技条件与服务支出
　　　　　　　　　　　　　　　　　　　　　　　　　　　　100 000

　　　　其他结余　　　　　　　　　　　　　　　　　　　　103 000

# 第四节 上级补助预算收入

## 一、上级补助预算收入的概念及分类

（一）上级补助预算收入的概念

上级补助预算收入是科学事业单位从主管部门和上级单位取得的非财政补助现金流入，主要用于弥补或补助其业务活动的开支。根据事业单位的管理体制，主管部门或上级单位可以利用自身组织的收入或集中下级单位上缴的收入，以弥补下级经费的不足。这类资金是主管部门和上级单位自己可以有权分配使用的非财政拨款资金，它并不是科学事业单位的常规性收入，主管部门或上级单位一般根据自身的资金情况和事业单位的需要进行拨付，科学事业单位收到主管部门和上级单位拨付的这类非财政拨款资金，可以作为单位的上级补助预算收入。

（二）上级补助预算收入的分类

上级补助预算收入为科学事业单位的非财政补助资金，需要按照主管部门和上级单位的要求来进行管理，按照规定的用途安排使用。根据使用要求的不同，上级补助预算收入分为专项资金收入和非专项资金收入两类。

1. 专项资金收入，是主管部门和上级单位拨入的用于完成特定任务的资金。专项资金收入应当专款专用、单独核算，并按照规定向主管部门和上级单位报送专项资金使用情况；项目完成后，应当报送专项资金支出决算和使用效果书面报告，接受主管部门和上级单位的检查、验收。当年未完成的项目结转到下年继续使用。已经完成项目结余的资金，按规定缴回原拨款单位或留归单位使用。

2. 非专项资金收入，是主管部门和上级单位拨入用于维持正常运行和完成日常工作任务的款项。非专项资金收入无限定的用途，年度结余的资金可以转其他结余并进行分配。

## 二、上级补助预算收入的核算

（一）科目设置

为了核算科学事业单位取得主管部门和上级单位的非财政补助情况，科学事业单位应当设置"上级补助预算收入"科目。"上级补助预算收入"科目应当按照发放补助单位、补助项目、《政府收支分类科目》中"该业务支出功能分类科目"的项级科目等进行明细核算。上级补助预算收入中如有专项资金收入，还应按照具体项目进行明细核算。"上级补助预算收入"科目平时贷方余额反映单位当年取得的上级补助预算收入的累计数；年末结转后，本科目应无余额。

（二）主要账务处理

1. 收到上级补助收入。

收到上级补助预算收入时，按照实际收到的金额，借记"资金结存—货币资金"科目，贷记"上级补助预算收入"科目。同时，在财务会计下，借记"银行存款"等科目，贷记"其他应收款"科目。

【例 10 – 12】某科学事业单位发生以下业务：

①单位收到上级主管部门省环境院拨入的非财政资金补助款 50 万元，专项用于科研基地建设，款项已存入银行，该业务支出功能分类为"科学技术支出—基础研究—重点实验室及相关设施"。该单位应编制如下会计分录：

财务会计：

借：银行存款　　　　　　　　　　　　　　　　　　　500 000

　　贷：上级补助收入—省环境院—科研基地建设　　　　　　500 000

预算会计：

借：资金结存—货币资金　　　　　　　　　　　　　　500 000

　　贷：上级补助预算收入—重点实验室及相关设施—省环境院—专项资金收入—科研基地建设　　　　　　　　　　　　　　500 000

②单位收到主管部门拨入的非财政拨款资金补助款 20 万元，用于弥补日常公用经费不足，款项已存入银行，该业务支出功能分类为"科学技术支出—基础研究—机构运行"。该单位应编制如下会计分录：

财务会计：

借：银行存款　　　　　　　　　　　　　　　　　　　200 000

　　贷：上级补助收入—省环境院—日常公用经费补助　　　　200 000

预算会计：

借：资金结存—货币资金　　　　　　　　　　　　　　200 000

　　贷：上级补助预算收入—机构运行—省环境院—非专项资金收入

　　　　　　　　　　　　　　　　　　　　　　　　　　200 000

2. 年末结转。

年末结转时，将"上级补助预算收入"科目本年发生额中的专项资金收入转入非财政拨款结转，借记"上级补助预算收入"科目下各专项资金收入明细科目，贷记"非财政拨款结转—本年收支结转"科目；将本科目本年发生额中的非专项资金收入转入其他结余，借记"上级补助预算收入"科目下各非专项资金收入明细科目，贷记"其他结余"科目。

【例 10 – 13】年末，将【例 10 – 12】业务形成的上级补助预算收入进行结转处理。该单位应编制如下会计分录：

预算会计：

借：上级补助预算收入—重点实验室及相关设施—省环境院—专项资金收入—科研基地建设　　　　　　　　　　　　　　　　　500 000

贷：非财政拨款结转—科研基地建设—本年收支结转—重点实验室及相关
　　设施　　　　　　　　　　　　　　　　　　　　　　　500 000
借：上级补助预算收入—机构运行—省环境院—非专项资金收入
　　　　　　　　　　　　　　　　　　　　　　　　　　　200 000
　　贷：其他结余　　　　　　　　　　　　　　　　　　　200 000

# 第五节　附属单位上缴预算收入

## 一、附属单位上缴预算收入的概念

附属单位上缴预算收入是科学事业单位取得附属独立核算单位根据有关规定上缴
的现金流入。

按规定上缴的收入包括附属的事业单位上缴的收入和附属企业上缴的利润。科学
事业单位应当对附属单位上缴款项实施必要的监督与计划管理。

需要注意的是，科学事业单位与附属单位之间的往来款项和对附属企业投资获得
的投资收益均不属于附属单位上缴预算收入。

## 二、附属单位上缴预算收入的核算

（一）科目设置

为了核算科学事业单位取得附属单位上缴预算收入情况，科学事业单位应当设置
"附属单位上缴预算收入"科目。"附属单位上缴预算收入"科目应当按照附属单位、
缴款项目、《政府收支分类科目》中"该业务支出功能分类科目"的项级科目等进行
明细核算。附属单位上缴预算收入中如有专项资金收入，还应按照具体项目进行明细
核算。

"附属单位上缴预算收入"科目平时贷方余额反映单位取得附属单位上缴预算收
入的累计数；年末结转后，本科目应无余额。

（二）主要账务处理

1. 收到附属单位缴来款项时，按照实际收到的金额，借记"资金结存—货币资
金"科目，贷记"附属单位上缴预算收入"科目。同时，在财务会计下，借记"银
行存款"等科目，贷记"附属单位上缴收入"科目。

【例10－14】某科学事业单位发生如下业务：

①某科学事业单位下属的招待所为独立核算的附属单位。按该单位与招待所签订
的收入分配办法规定，2×19年，招待所应缴纳上交款为10万元，事业单位已收到
招待所上缴款项。按照财政部门批复的预算，该笔款项用于补充单位的日常公用经费
缺口，该业务支出功能分类为"科学技术支出—科技条件与服务—机构运行"。该单

位应编制如下会计分录：

财务会计：

借：银行存款    100 000

    贷：附属单位上缴收入—招待所—2×19年分成款    100 000

预算会计：

借：资金结存—货币资金    100 000

    贷：附属单位上缴预算收入—机构运行—招待所—2×19年分成款

    100 000

②单位收到下属独立核算的××科研所，按规定上缴管理费20万元，按照财政部门批复的预算，该笔款项专项用于技术创新服务体系建设，该业务支出功能分类为"科学技术支出—科技条件与服务—技术创新服务体系"。该单位应编制如下会计分录：

财务会计：

借：银行存款    200 000

    贷：附属单位上缴收入—××科研所—技术创新服务体系建设项目

    200 000

预算会计：

借：资金结存—货币资金    200 000

    贷：附属单位上缴预算收入—技术创新服务体系—××科研所—专项资金收入—技术创新服务体系建设项目    200 000

2. 年末，将"附属单位上缴预算收入"科目本年发生额中的专项资金收入转入非财政拨款结转，借记"附属单位上缴预算收入"科目下各专项资金收入明细科目，贷记"非财政拨款结转—本年收支结转"科目；将本科目本年发生额中的非专项资金收入转入其他结余，借记"附属单位上缴预算收入"科目下各非专项资金收入明细科目，贷记"其他结余"科目。

【例10-15】年末，将【例10-14】业务形成的附属单位上缴预算收入进行结转处理。该单位应编制如下会计分录：

预算会计：

借：附属单位上缴预算收入—机构运行—招待所—2×19年分成款

    100 000

    贷：其他结余    100 000

借：附属单位上缴预算收入—机构运行—××科研所—专项资金收入—技术创新服务体系建设项目    200 000

    贷：非财政拨款结转—本年收支结转—技术创新服务体系建设项目—技术创新服务体系    200 000

# 第六节 经营预算收入

## 一、经营预算收入的概念

经营预算收入是科学事业单位在专业业务活动及其辅助活动之外开展非独立核算经营活动取得的现金流入。

科学事业单位经营预算收入需要同时满足两个条件：

一是开展经营活动取得的预算收入，而不是开展专业业务活动取得的预算收入。例如，科学事业单位对社会开展非专业业务服务活动，对外提供非专业业务的工程活动等，这些都属于经营活动取得的预算收入。

二是强调是非独立核算的经营活动。独立核算的经营活动是指具有独立法人资格，有独立的财务会计组织体系，独立完整地进行会计核算的经济组织所开展的经营活动。反之，则称为非独立核算的经营活动。

例如，科学事业单位的车队、食堂等后勤单位，不是独立法人，不单独设置财会机构，不单独计算盈亏，如果它们对社会开展了有关服务活动，则属于事业单位非独立核算的经营活动，这部分预算收入，应当作为经营预算收入管理。

## 二、经营预算收入的核算

（一）科目设置

科学事业单位应设置"经营预算收入"科目，用于核算科学事业单位在科研和非科研业务活动及其辅助活动开展非独立核算经营活动取得的现金流入。"经营预算收入"科目应当按照经营活动类别、项目、《政府收支分类科目》中"该业务支出功能分类科目"的项级科目等进行明细核算。

"经营预算收入"科目平时贷方余额反映单位取得经营收入资金的本年累计数；年终结账时，应将本科目本年发生额转入"经营结余"科目，年末结转后，本科目应无余额。

（二）主要账务处理

1. 收到经营预算收入时，按照实际收到的金额，借记"资金结存—货币资金"科目，贷记"经营预算收入"科目。同时，在财务会计下，借记"银行存款"等科目，贷记"经营收入""应收账款"等科目。

【例 10—16】某科学事业单位为小规模纳税人，适用增值税税率为 6%。单位发生如下业务：

单位对外提供工程服务（非业务活动且非独立核算），取得含税收入 10.6 万元，其中，增值税 0.6 万元，该业务支出功能分类为"科学技术支出—技术研究与开发—

其他技术研究与开发支出"。款项已收到并存入银行。

财务会计：

借：银行存款　　　　　　　　　　　　　　　　　106 000

贷：经营收入—提供劳务　　　　　　　　　　　100 000

应交增值税　　　　　　　　　　　　　　　6 000

预算会计：

借：资金结存—货币资金　　　　　　　　　　　　106 000

贷：经营预算收入—其他技术研究与开发支出—提供劳务　106 000

2. 年末结转时，将"经营预算收入"科目本年发生额转入经营结余，借记"经营预算收入"科目，贷记"经营结余—本年收支结余"科目。

【例10-17】年末，对【例10-16】业务形成的经营预算收入进行结转处理。该单位应编制如下会计分录：

预算会计：

借：经营预算收入—其他技术研究与开发支出—提供劳务—咨询服务

　　　　　　　　　　　　　　　　　　　　　　　106 000

贷：经营结余　　　　　　　　　　　　　　　　106 000

# 第七节　债务预算收入

## 一、债务预算收入的概念及特征

债务预算收入是科学事业单位按照规定从银行和其他金融机构等借入的、纳入部门预算管理、不以财政资金作为偿还来源的债务本金。

随着国家科研体制和投资体制的改革，科学事业单位为开展科学研究及技术服务和生产经营等活动，往往需要必要的融资活动，从银行或其他金融机构，或上级单位取得的一定数量借款。从概念中可以看出，科学事业单位债务预算收入具有以下特征：

一是按照规定取得。科学事业单位应当严格执行审批程序，不得违反规定举借债务和提供担保。

二是从金融机构借入。从其他单位和非金融机构取得的款项不属于债务预算收入的核算范围。

三是纳入预算管理。取得的借款作为单位预算资金来源，纳入单位部门预算管理，才能作为债务预算收入。

四是自筹资金偿还。债务预算收入应由科学事业单位以自有资金偿还，不得以财政资金作为还款来源。

科学事业单位举借债务前，应当进行必要的论证和风险评估，建立健全财务风险控制机制，规范和加强借入款项管理，确保债务按期归还。

## 二、债务预算收入的核算

（一）科目设置

科学事业单位应当设置"债务预算收入"科目，用于核算科学事业单位按照规定从银行和其他金融机构等借入的、纳入部门预算管理的、不以财政资金作为偿还来源的债务本金。"债务预算收入"科目应当按照贷款单位、贷款种类、《政府收支分类科目》中"该业务支出功能分类科目"的项级科目等进行明细核算。债务预算收入中如有专项资金收入，还应按照具体项目进行明细核算。"债务预算收入"科目平时贷方余额反映债务收入的累计数，年末结转后，本科目应无余额。

（二）主要账务处理

1. 借入各项短期或长期借款时，按照实际借入的金额，借记"资金结存—货币资金"科目，贷记"债务预算收入"科目。同时，在财务会计下，借记"银行存款"等科目，贷记"短期借款""长期借款"等科目。

【例 10 - 18】某科学事业单位经批准从国家开发银行获得贷款授信额度为 2 000 万元。其中：10 年期固定资产投资贷款额度为 1 500 万元，专项用于科研场所建设；1 年期流动资金贷款额度为 500 万元，用于科研项目流动资金周转。固定资产投资贷款和流动资金贷款全部到账，全部存入单位基本户，支出功能分类为："科学技术支出—基础研究—实验室及相关设施"。该单位应编制如下会计分录：

财务会计：

借：银行存款　　　　　　　　　　　　　　　　　　　 20 000 000

　　贷：短期借款—国家开发银行　　　　　　　　　　　 5 000 000

　　　　长期借款—国家开发银行　　　　　　　　　　 15 000 000

预算会计：

借：资金结存—货币资金　　　　　　　　　　　　　　 20 000 000

　　贷：债务预算收入—实验室及相关设施—国家开发银行—长期贷款—专项资金收入—实验室建设　　　　　　　　　　　　　 15 000 000

　　　　—短期贷款—非专项资金收入　　　　　　　　　　 5 000 000

2. 年末，将"债务预算收入"科目本年发生额中的专项资金收入转入非财政拨款结转，借记"债务预算收入"科目下各专项资金收入明细科目，贷记"非财政拨款结转—本年收支结转"科目；将"债务预算收入"科目本年发生额中的非专项资金收入转入其他结余，借记"债务预算收入"科目下各非专项资金收入明细科目，贷记"其他结余"科目。

【例 10 - 19】续【例 10 - 18】。年末，对上述业务形成的债务预算收入进行结转处理。

预算会计：

借：债务预算收入—实验室及相关设施—国家开发银行—长期贷款—专项资金收

入—实验室建设　　　　　　　　　　　　　　　　　　　15 000 000

　　　　　　　　　　　　　　—短期贷款—非专项资金

收入

5 000 000

贷：非财政拨款结转—本年收支结转—实验室建设—实验室及相关设施

15 000 000

其他结余　　　　　　　　　　　　　　　　　　　　　　　5 000 000

# 第八节　非同级财政拨款预算收入

## 一、非同级财政拨款预算收入的概念

非同级财政拨款预算收入，是指科学事业单位取得的非同级财政拨款，包括从同级财政以外的同级政府部门取得的横向转拨财政款和从上级或下级政府（包括政府财政和政府部门）取得的各类财政款。

科学事业单位对于因开展科研和非科研业务活动及其辅助活动取得的非同级财政拨款，不属于非同级财政拨款预算收入，属于"事业预算收入—非同级财政拨款"业务内容。

从同级财政以外的同级政府部门取得的横向转拨财政款，是指通过同级政府的其他部门或单位，间接从同级财政部门取得财政拨款。比如，A省水产院收到A省农业农村厅转来A省农业体系大宗淡水建设试验站项目经费，该项经费纳入农业农村厅的部门预算，财政部门批复预算时将预算指标下达给农业农村厅，再由农业农村厅根据部门预算计划，将资金转拨给A省水产院，这笔通过A省农业农村厅拨给A省水产院的资金，就属于从同级财政以外的同级政府部门取得的横向转拨财政款。

从上级或下级政府（包括政府财政和政府部门）取得的各类财政款，是指科学事业单位从非同级的政府的财政和政府部门取得各类财政拨款。比如，A省水产院为省级单位，同级财政部门为A省财政厅，如果收到财政部或其他部委的财政拨款，非因开展专业业务活动及其辅助活动取得的非同级财政拨款，或者收到从所在A省的市级财政部门和政府部门的各类财政拨款，就属于从上级或下级政府（包括政府财政和政府部门）取得的各类财政款。

非同级财政拨款预算收入与财政拨款预算收入相比，共同点是从本质上看，两种预算收入都是财政拨款；区别是财政拨款预算收入是直接从同级财政部门取得的，而非同级财政拨款预算收入则是从同级政府的非财政部门或政府部门或者从其他层级的财政部门或政府部门取得的财政拨款。

## 二、非同级财政拨款预算收入的核算

（一）科目设置

科学事业单位应设置"非同级财政拨款预算收入"科目，核算单位从非同级财政部门取得的经费拨款。"非同级财政拨款预算收入"科目应当按照非同级财政拨款预算收入的类别、来源、《政府收支分类科目》中"该业务支出功能分类科目"的项级科目等进行明细核算。非同级财政拨款预算收入中如有专项资金收入，还应按照具体项目进行明细核算。科学事业单位对于因开展专业业务活动及其辅助活动取得的非同级财政拨款预算收入，应当通过"事业预算收入—非同级财政拨款"科目核算；对于其他非同级财政拨款预算收入，应当通过"非同级财政拨款预算收入"科目核算。"非同级财政拨款预算收入"科目平时贷方余额反映当年单位的非同级财政拨款预算收入的累计数；年末结账后，该科目应无余额。

（二）主要账务处理

1. 取得非同级财政拨款预算收入时，按照实际收到的金额，借记"资金结存—货币资金"科目，贷记"非同级财政拨款预算收入"科目。同时，在财务会计下，借记"其他应收款""银行存款"等科目，贷记"非同级财政拨款收入"科目。

【例10-20】2×19年5月，某省科学事业单位收到开户银行的到账通知，收到农业部转来国家农业体系大宗淡水建设—××试验站项目经费35万元，支出功能分类为"科学技术支出—基础研究—实验室及相关设施"。该单位账务处理如下：

财务会计：

借：银行存款　　　　　　　　　　　　　　　　　350 000

　　贷：非同级财政拨款收入—非同级财政拨款—农业部　　350 000

预算会计：

借：资金结存—货币资金　　　　　　　　　　　　350 000

　　贷：非同级财政拨款预算收入—实验室及相关设施—农业部—非本级财政拨
款—专项资金收入—实验室项目　　　　　　　　350 000

【例10-21】2×19年6月，某省科学事业单位收到开户银行的到账通知，收到省科技厅转来的一笔经费10万元，用于弥补该单位经费不足，支出功能分类为"科学技术支出—基础研究—机构运行"。该单位账务处理如下：

财务会计：

借：银行存款　　　　　　　　　　　　　　　　　100 000

　　贷：非同级财政拨款收入—本级横向转拨财政款—科技厅　　100 000

预算会计：

借：资金结存—货币资金　　　　　　　　　　　　100 000

　　贷：非同级财政拨款预算收入—机构运行—科技厅—本级横向转拨财政款—
非专项资金收入　　　　　　　　　　　　　　　100 000

2. 年末，将"非同级财政拨款预算收入"科目本年发生额中的专项资金收入转入非财政拨款结转，借记"非同级财政拨款预算收入"科目下各专项资金收入明细科目，贷记"非财政拨款结转—本年收支结转"科目；将"非同级财政拨款预算收入"科目本年发生额中的非专项资金收入转入其他结余，借记"非同级财政预算收入"科目下各非专项资金收入明细科目，贷记"其他结余"科目。

【例10-22】续【例10-20】和【例10-21】。年末，对上述业务形成的非同级财政拨款预算收入进行结转处理。

预算会计：

借：非同级财政拨款预算收入—实验室及相关设施—农业部—非本级财政拨款—专项资金收入—实验室项目 350 000

　　贷：非财政拨款结转—实验室及相关设施—实验室项目—本年收支结转
350 000

借：非同级财政拨款预算收入—机构运行—科技厅—本级横向转拨财政款—非专项资金收入 100 000

　　贷：其他结余 100 000

# 第九节　投资预算收益

## 一、投资预算收益的概念

投资预算收益是科学事业单位取得的按照规定纳入部门预算管理的属于投资收益性质的现金流入，包括股权投资收益、出售或收回债券投资所取得的收益和债券投资利息收入。

## 二、投资预算收益的核算

（一）科目设置

科学事业单位应设置"投资预算收益"科目，核算股权投资收益、出售或收回债券投资所取得的收益和债券投资利息收入。"投资预算收益"科目应当按照《政府收支分类科目》中"该业务支出功能分类科目"的项级科目等进行明细核算。"投资预算收益"科目平时贷方余额反映当年投资预算收益累计数；年末结转后，该科目应无余额。

（二）主要账务处理

1. 收到利息。

持有的短期投资以及分期付息、一次还本的长期债券投资收到利息时，按照实际收到的金额，借记"资金结存—货币资金"科目，贷记"投资预算收益"科目。同时，在财务会计下借记"银行存款"科目，贷记"投资收益"科目或"应收利息"

科目等。

【例10-23】某科学事业单位发生如下业务：

2×19年3月1日，单位利用历年结余的非财政拨款结余资金购买半年期短期债券10万元，年化收益率为4.2%，该业务支出功能分类为"科学技术支出—基础研究—机构运行"。

财务会计：

借：短期投资—××债券　　　　　　　　　　　　　100 000

　　贷：银行存款　　　　　　　　　　　　　　　　　　　100 000

预算会计：

借：投资支出—机构运行—短期投资—××债券—其他支出　100 000

　　贷：资金结存—货币资金　　　　　　　　　　　　　　100 000

2. 收到现金股利或利润。

持有长期股权投资取得被投资单位分派的现金股利或利润时，按照实际收到的金额，借记"资金结存—货币资金"科目，贷记"投资预算收益"科目。同时，在财务会计下，借记"银行存款"科目，贷记"应收股利"等科目。

【例10-24】续【例10-23】。4月至8月，每月初单位收到短期债券利息350元。

财务会计：

借：银行存款　　　　　　　　　　　　　　　　　　350

　　贷：投资收益—债券投资（短期投资）—××债券　　　　350

预算会计：

借：资金结存—货币资金　　　　　　　　　　　　　350

　　贷：投资预算收益—机构运行—债券投资—债券利息　　350

3. 出售或到期收回短期、长期债券本息。

（1）出售或到期收回本年度取得的短期、长期债券，按照实际取得的价款或实际收到的本息金额，借记"资金结存—货币资金"科目，按照取得债券时"投资支出"科目的发生额，贷记"投资支出"科目，按照其差额，贷记或借记"投资预算收益"科目。

（2）出售或到期收回以前年度取得的短期、长期债券，按照实际取得的价款或实际收到的本息金额，借记"资金结存—货币资金"科目，按照取得债券时"投资支出"科目的发生额，贷记"其他结余"科目，按照其差额，贷记或借记"投资预算收益"科目。

在财务会计下，以上两项业务不区分本年度取得还是以前年度取得，而是区分短期债券和长期债券分别进行不同的账务处理。其中：

出售或到期收回短期债券本息，按照实际收到的金额，借记"银行存款"科目，按照出售或收回短期投资的成本，贷记"短期投资"科目，按照其差额，贷记或借记"投资收益"科目。

出售长期债券投资或到期收回长期债券投资本息，按照实际收到的金额，借记"银行存款"等科目，按照债券初始投资成本和已计未收利息金额，贷记"长期债券投资—成本、应计利息"科目［到期一次还本付息债券］或"长期债券投资""应收利息"科目［分期付息债券］，按照其差额，贷记或借记"投资收益"科目。

【例10-25】续【例10-24】。9月30日，短期债券到期，单位收到债券本息100 350元，其中，本金100 000元，最后一个月的利息350元。

财务会计：

借：银行存款 100 350

  贷：投资收益—债券投资（短期投资）—××债券 350

    短期投资—××债券 100 000

预算会计：

借：资金结存—货币资金 100 350

  贷：投资支出—机构运行—短期投资—××债券—其他支出 100 000

    投资预算收益—机构运行—债券投资—债券利息 350

4. 出售、转让长期股权投资。

（1）出售、转让以货币资金取得的长期股权投资的，其账务处理参照出售或到期收回短期、长期债券本息处理。在财务会计下，按照实际取得的价款，借记"银行存款"等科目，按照被处置长期股权投资的账面余额，贷记"长期股权投资"科目，按照尚未领取的现金股利或利润，贷记"应收股利"科目，按照发生的相关税费等支出，贷记"银行存款"等科目，按照借贷方差额，借记或贷记"投资收益"科目。

案例详见长期股权投资章节。

（2）出售、转让以非货币性资产取得的长期股权投资时，按照实际取得的价款扣减支付的相关费用和应缴财政款后的余额（按照规定纳入单位预算管理的），借记"资金结存—货币资金"科目，贷记"投资预算收益"科目。在财务会计下，按照被处置长期股权投资的账面余额，借记"资产处置费用"科目，贷记"长期股权投资"科目，按照实际取得的价款，借记"银行存款"等科目，按照贷方差额，贷记"应缴财政款"科目（投资收益上缴财政的）或"投资收益"科目（投资收益纳入本单位预算管理的）。

案例详见长期股权投资章节。

5. 年末结转。

年末结转时，将"投资预算收益"科目本年发生额转入其他结余，借记或贷记"投资预算收益"科目，贷记或借记"其他结余"科目。

# 第十节 其他预算收入

## 一、其他预算收入的概念

其他预算收入是科学事业单位除财政拨款预算收入、事业预算收入、上级补助预算收入、附属单位上缴预算收入、经营预算收入、债务预算收入、非同级财政拨款预算收入、投资预算收益之外的纳入部门预算管理的现金流入，包括捐赠预算收入、利息预算收入、租金预算收入、现金盘盈收入、单位从税务机关取得的代扣代缴、代收代缴、委托代征税款手续费等。

## 二、其他预算收入的核算

（一）科目设置

科学事业单位应设置"其他预算收入"科目，核算单位除财政拨款预算收入、事业预算收入、上级补助预算收入、附属单位上缴预算收入、经营预算收入、债务预算收入、非同级财政拨款预算收入、投资预算收益之外的纳入部门预算管理的现金流入，包括捐赠预算收入、利息预算收入、租金预算收入、现金盘盈收入、单位从税务机关取得的代扣代缴、代收代缴、委托代征税款手续费等。"其他预算收入"科目应当按照其他收入类别、《政府收支分类科目》中"该业务支出功能分类科目"的项级科目等进行明细核算。其他预算收入中如有专项资金收入，还应按照具体项目进行明细核算。平时，"其他预算收入"科目的贷方余额，反映单位取得其他预算收入的本年累计数；年终结账时，本科目应无余额。

如单位发生的捐赠预算收入、利息预算收入、租金预算收入金额较大或业务较多的，可单独设置"捐赠预算收入""利息预算收入""租金预算收入"等科目。

（二）主要账务处理

1. 接受捐赠现金资产、收到银行存款利息等。

接受捐赠现金资产、收到银行存款利息、收到资产承租人支付的租金时，按照实际收到的金额，借记"资金结存—货币资金"科目，贷记"其他预算收入"科目。同时，在财务会计下，借记"银行存款""库存现金"等科目，贷记"捐赠收入""利息收入""租金收入"或"预收账款""应收账款"等科目。

【例10-26】某科学事业单位收到银行存款利息3万元，支出功能科目列"科学技术支出—基础研究—机构运行"。

财务会计：

借：银行存款　　　　　　　　　　　　　　　　　　30 000

　　贷：利息收入　　　　　　　　　　　　　　　　30 000

预算会计：

借：资金结存—货币资金　　　　　　　　　　　　　30 000

　　贷：其他预算收入—利息预算收入—机构运行—非专项资金收入　30 000

【例10-27】某科学事业单位接受社会捐赠用于科学实验室建设资金20万元，款项已存入基本户，支出功能科目列"科学技术支出—基础研究—实验室及相关设施"。

财务会计：

借：银行存款　　　　　　　　　　　　　　　　　　200 000

　　贷：捐赠收入—××实验室—××单位　　　　　　200 000

预算会计：

借：资金结存——货币资金                          200 000

    贷：其他预算收入——捐赠预算收入——实验室及相关设施——专项资金收入——

        ××实验室                              200 000

2. 发生现金溢余。

每日现金账款核对中如发现现金溢余，按照溢余的现金金额，借记"资金结存——货币资金"科目，贷记"其他预算收入"科目。经核实，属于应支付给有关个人和单位的部分，按照实际支付的金额，借记"其他预算收入"科目，贷记"资金结存——货币资金"科目。

在财务会计下，发现现金溢余时，借记"库存现金"科目，贷记"待处理财产损溢"科目；属于无法查明原因的部分，报经批准后，借记"待处理财产损溢"科目，贷记"其他收入"科目；属于应支付给其他单位或个人的，借记"待处理财产损溢"科目，贷记"其他应付款"科目。

【例 10 - 28】某科学事业单位出纳人员在盘点现金时，发现现金长款 100 元，经核查无法查明原因，支出功能科目列"科学技术支出——基础研究——机构运行"。

财务会计：

发现溢余时：

借：库存现金                                  100

    贷：待处理财产损溢                        100

无法查明原因时：

借：待处理财产损溢                         100

    贷：其他收入——现金盘盈收入           100

预算会计：

借：资金结存——货币资金                      100

    贷：其他预算收入——现金盘盈收入——机构运行    100

3. 收到其他预算收入。

收到其他预算收入时，按照收到的金额，借记"资金结存——货币资金"科目，贷记"其他预算收入"科目。同时，在财务会计下，借记"银行存款"科目，贷记"其他收入"等科目。

【例 10 - 29】某科学事业单位一职工欠款 1 000 元，在以前年度履行相关审批手续后予以核销，2×19 年 3 月，经追索后又收回，支出功能科目列"科学技术支出——基础研究——机构运行"。

财务会计：

借：库存现金                                 1 000

    贷：其他收入——其他                     1 000

预算会计：

借：资金结存——货币资金                    1 000

    贷：其他预算收入——机构运行——其他      1 000

4. 年末结转。

年末结转时，将"其他预算收入"科目本年发生额中的专项资金收入转入非财政拨款结转，借记"其他预算收入"科目下各专项资金收入明细科目，贷记"非财政拨款结转—本年收支结转"科目；将"其他预算收入"科目本年发生额中的非专项资金收入转入其他结余，借记"其他预算收入"科目下各非专项资金收入明细科目，贷记"其他结余"科目。

**【例 10 – 30】** 续【例 10 – 26】【例 10 – 29】。年末，将上述业务产生的预算收入进行结转处理。

预算会计：

借：其他预算收入—利息预算收入—机构运行—非专项资金收入  30 000

      —现金溢余收入  100

      —其他  1 000

    贷：其他结余  31 100

借：其他预算收入—实验室及相关设施—捐赠预算收入—专项资金收入—××实验室  200 000

    贷：非财政拨款结转—本年收支结转—实验室及相关设施—××实验室  200 000

# 第十一章 预算支出

## 第一节 预算支出概述

### 一、预算支出的含义及分类

（一）预算支出的含义

预算支出是指科学事业单位在预算年度内依法发生并纳入预算管理的现金流出。

1. 科学事业单位预算支出要纳入本年度单位预算管理。与科学事业单位的预算收入管理要求一样，科学事业单位的预算支出都要纳入单位预算，统一核算，统一管理。因此，只有纳入科学事业单位预算管理的资金使用，才能确认为预算支出。未纳入年初批复的预算但纳入决算报表编制范围的非财政拨款支出，应当确认为预算支出。

科学事业单位如果使用纳入下一年度部门预算管理的财政资金，由于该笔款项并未纳入单位当年预算管理，也就不能确认为预算支出。待下一年将该项资金确认为预算收入时，才能确认为该项资金的预算支出。

科学事业单位对于使用应当纳入下一年度部门预算管理的财政资金发生的暂付款项，单位在当年预算年度付出款项时，不能确认预算支出。待下一年实际结算或报销时，单位应当按照实际结算或报销的金额，确认预算支出。下一年度内尚未结算或报销的，年末确认预算支出。

2. 科学事业单位的预算支出是预算资金的流出。科学事业单位只有在发生了预算资金的流出，才能确认为预算支出。

如果科学事业单位只是减少了非货币性资产，没有减少预算资金，就不能作为预算支出核算。比如科学事业单位库存材料的使用或实物资产的无偿调拨等，都不能确认预算支出。

科学事业单位作为主管部门或上级单位向其附属单位分配受赠的货币资金时，确认预算支出。如果科学事业单位单位向政府会计主体分配受赠的非现金资产，由于没有实质的货币资金流出，就不能确认预算支出，而应作为无偿调拨资产进行处理。

对于科学事业单位纳入本年度部门预算管理的暂付款项，虽然发生了资金流出，但单位在支付款项时可暂不确认预算支出，待结算或报销时，按照结算或报销的金额，确认预算支出。但是，在年末结账前，对于尚未结算或报销的暂付款项，单位应当按照暂付的金额，确认预算支出。例如，科学事业单位在支付资金时，尚不能确定资金是否全部耗用，比如职工差旅费借款业务，在借款时，一是按照预算执行进度，可以确认为预算支出；但此笔款项会产生多退少补的情况，待结算或报销时，仍要进行账务处理。二是遵循效率原则，在资金支付时，可暂不确认预算支出。待实际结算或报销时，只进行一次账务处理，确认预算支出。如果年末前尚未结算或报销的，应当确认预算支出。

又如，科学事业单位按规定报经财政部门审核批准，在财政授权支付用款额度或财政直接支付用款计划下达之前，用本单位实有资金账户资金垫付相关支出，再通过财政授权支付方式或财政直接支付方式将资金归还原垫付资金账户的，在用本单位实有资金账户资金垫付相关支出时，不能确认为预算支出。只有在通过财政直接支付方式或授权支付方式将资金归还原垫付资金账户时，按照归垫的资金金额，确认为单位的预算支出。

按照科学事业单位预算管理的相关规定，各单位之间财政结余的资金调剂，虽然发生了货币资金的分配，但不纳入单位预算收支的范围。作为按财政部门要求将财政拨款结余的调出方，就不能确认单位预算支出，只作为财政拨款结余的减少。

当科学事业单位发生可收回的货币资金流出，比如支付押金，虽然有资金流出，但并没有发生资金的消耗，不能作为预算支出处理；如果发生货币资金的损失（如库存现金暗亏），做预算支出处理。

（二）预算支出分类

按照预算资金使用的活动和分配去向划分，科学事业单位的预算支出可以分为事业支出、经营支出、上缴上级支出、对附属单位补助支出、投资支出、债务还本支出和其他支出。

其中事业支出又划分为科研预算支出、非科研预算支出和管理支出。非科研支出又包括技术活动支出、学术活动支出、科普活动支出、试制产品活动支出和教学活动支出等。

## 二、预算支出的确认和计量

预算支出的确认以收付实现制为基础，预算支出一般在实际支付时予以确认，以实际支付的金额计量。

（一）国库集中支付方式的预算支出确认

在国库集中支付方式下，科学事业单位的使用财政拨款的预算支出确认包括以下几种情况：

1. 通过财政直接支付使用本年度预算财政拨款的，在财政直接支付时，应在收到财政国库支付执行机构委托代理银行转来的"财政直接支付入账通知书"及原始凭证时确认。

2. 通过财政直接支付使用以前年度预算财政拨款的，在使用财政应返还额度时确认财政款的预算支出。

3. 通过财政授权支付使用财政拨款的，在财政授权支付（不包括从单位零余额账户提取现金）时，应在收到财政国库支付执行机构委托代理银行转来的"财政授权支付入账通知书"及原始凭证时确认。

（二）其他支付方式的预算支出确认

在不采用国库集中支付方式的其他支付方式下，科学事业单位在实际支付纳入预算管理的现金时确认预算支出。

（三）确认预算支出的几种特殊情况

1. 职工差旅费借款。科学事业单位发生职工差旅费借款经济业务，可以选择以下两种方式中一种确认预算支出：第一种方式是在支付差旅费借款时确认预算支出；第二种方式是在差旅费结算或报销时确认预算支出，但需要注意的是在年末时，无论是否结算或报销都要确认预算支出。

2. 科学事业单位使用财政部门预拨的属于下年财政预算的款项，待到下年预拨款项所属的预算年度，确认预算支出。科学事业单位使用应当纳入下一年度部门预算管理的暂付款项，单位在当年预算年度付出款项时，不能确认预算支出。待下一年实际结算或报销时，单位应当按照实际结算或报销的金额，确认预算支出。下一年度内尚未结算或报销的，年末确认预算支出。

3. 属于增值税一般纳税人或小规模纳税人的科学事业单位，在购买商品或服务支付增值税进项税额时，确认预算支出。

4. 科学事业单位提取项目管理费或间接费用时不确认预算支出，使用提取的管理费或间接费用时，确认预算支出。

5. 科学事业单位按照预算收入提取并列当期费用的专用基金，提取时不确认预算支出，使用时确认预算支出。

6. 科学事业单位向银行及非银行金融机构等归还纳入预算管理的借款，归还时确认预算支出。

7. 科学事业单位因购货退回等原因收到已经确认预算支出的资金，属于本年度已经确认预算支出的，冲减本年预算支出；属于以前年度确认预算支出的，增加预算结余，不冲减本年预算支出。

（四）支付现金时不确认预算支出

有些情况下，科学事业单位支付现金时不确认预算支出，主要包括以下几种情况：

1. 支付可以收回的押金等资金，虽然有现金流出，但押金将来需要收回，不确认预算支出。

2. 使用预收财政部门的列入下年预算的财政拨款，或者使用没有纳入财政预算管理的财政暂借款项或者其他没有纳入预算管理的往来款项，因为财政部门和单位都没有将该款项纳入本期预算，所以单位使用时不确认预算支出。

3. 使用按照结余分配提取的专用结余，使用资金时，直接减少专用结余，不确认预算支出。

4. 将收到处置资产、行政事业性收费的等非税资金上缴财政，因为该资金不纳入单位预算管理，所以不确认支出。

5. 退回其他单位存来的质保金、押金等款项，因为该资金不纳入单位预算管理，所以不确认预算支出。

6. 支付其他单位的受托代理资金，因为该资金不纳入单位预算管理，所以不确认预算支出。

## 三、预算支出和费用的区别和联系

对于科学事业单位而言，预算支出和费用的既有区别又有相同之处。两者的区别主要体现在以下四个方面：

（一）核算基础不同

费用确认和计量的基础是权责发生制，而预算支出确认的基础是收付实现制。

（二）表现形式不同

费用的表现形式是产生经济资源的流出，可以表现为现金的流出，比如支付工资；也可以表现为一项未来会产生现金流出的债务，比如计提工资；还可以表现为资产的价值耗损，比如固定资产折旧或无形资产摊销。预算支出的表现形式仅为现金流出。

（三）确认条件不同

费用在同时满足与费用相关的含有服务潜力或者经济利益的经济资源很可能流出政府会计主体、含有服务潜力或者经济利益的经济资源流出会导致政府会计主体资产减少或者负债增加、流出金额能够可靠地计量等三个条件的情况下才能确认，而预算支出一般在实际支付时予以确认。

（四）确认口径不同

科学事业单位偿还的银行借款、接受服务支付的增值税以及实际交纳的增值税等，财务会计确认为负债，不属于费用；而预算会计则确认预算支出。

## 四、预算支出的管理要求

1. 科学事业单位应当将各项支出全部纳入单位预算，实行项目库管理，建立健全支出管理制度。

2. 科学事业单位的支出应当厉行节约，严格执行国家有关财务规章制度规定的开支范围及开支标准；国家有关财务规章制度没有统一规定的，由事业单位规定，报主管部门和财政部门备案。事业单位的规定违反法律制度和国家政策的，主管部门和财政部门应当责令改正。

3. 科学事业单位从财政部门和主管部门取得的有指定项目和用途的专项资金，应当专款专用、单独核算，并按照规定报送专项资金使用情况的报告，接受财政部门或者主管部门的检查、验收。

4. 科学事业单位应当加强经济核算，可以根据开展业务活动及其他活动的实际需要，实行成本核算。成本核算的具体办法按照国务院财政部门相关规定执行。

5. 科学事业单位应当严格执行国库集中支付制度和政府采购制度等有关规定。

6. 科学事业单位应当依法加强各类票据管理，确保票据来源合法、内容真实、使用正确，不得使用虚假票据。

# 第二节　事业支出

## 一、事业支出的概念及分类

（一）概念

事业支出是指科学事业单位开展专业业务活动及其辅助活动发生的各项现金流出，是科学事业单位预算支出的主要内容和主要渠道。

需要强调的是，事业支出与事业预算收入两者之间并不是完全的配比关系。科学事业单位依法组织的各项收入，包括财政拨款预算收入、事业预算收入、上级补助预算收入、附属单位上缴预算收入、债务预算收入、非同级财政拨款预算收入、投资预算收益及其他预算收入等，从中安排用于科研和非科研业务活动及其辅助活动实际发生的各项现金流出，都属于事业支出，也就是说事业预算收入只是事业支出的一个来源。

（二）分类

1. 按资金类型分类。按资金类型不同，事业支出可分为财政拨款支出和非财政拨款支出。财政拨款支出是科学事业单位使用同级财政拨款预算收入安排的支出；非财政拨款支出是科学事业单位使用除了同级财政拨款预算收入以外的其他资金安排的支出。按照资金使用要求的不同，非财政拨款支出又分为非财政专项资金支出和其他资金支出。

2. 按部门预算管理要求分类。按部门预算管理要求不同，事业支出可分为基本支出和项目支出。基本支出是指为保障科学事业单位正常运转、完成日常工作任务而发生的支出，按性质又可分为人员经费和日常公用经费。项目支出是指科学事业单位为完成其特定的工作任务和事业发展目标所发生的支出。

3. 按支出经济用途分类。科事业单位应根据《政府收支分类科目》的规定，按照"部门预算支出经济分类科目"对事业支出进行分类，反映各项支出的经济性质和具体用途。现行部门预算支出的经济分类包括工资福利支出、商品和服务支出、对个人和家庭的补助、债务利息及费用支出、资本性支出（基本建设）、资本性支出、对企业补助（基本建设）、对企业补助、对社会保障基金补助、其他支出等类级科目；"部门预算支出经济分类科目"每一类下又设若干款级科目，如商品和服务支出类级科目下设办公费、印刷费、咨询费等款级科目。

4. 按支出功能分类。除了部门预算支出经济分类以外，事业支出还应按照

"支出功能分类科目"进行分类,反映政府各项职能活动。现行预算支出的功能分类包括一般公共服务、教育支出、科学技术支出等类级科目,类下再细分款、项两级科目。

科学事业单位在会计核算中应将上述分类综合使用,实现对预算支出的多维反映和计量,为会计核算和预算管理提供全面、完整、准确的信息支撑。

根据科学事业单位的业务活动特点,事业支出又分为科研预算支出、非科研预算支出、管理预算支出三个类别。

(1)科研支出是指科学事业单位开展科研活动及其辅助活动发生的各项现金流出。

(2)非科研支出是指科学事业单位开展科研活动以外的其他业务活动及其辅助活动发生的各项现金流出,包括技术活动支出、学术活动支出、科普活动支出、试制产品活动支出和教学活动支出等。

技术活动支出是指科学事业单位对外提供技术咨询、技术服务等活动发生的各项现金流出。

学术活动支出是指科学事业单位开展学术交流、学术期刊出版等活动发生的各项现金流出。

科普活动支出是指科学事业单位开展科学知识宣传、讲座和科技展览等活动发生的各项现金流出。

试制产品活动支出是指科学事业单位试制中间试验产品等活动发生的各项现金流出。

教学活动支出是指科学事业单位开展教学活动发生的各项现金流出。

(3)管理支出是指科学事业单位行政及后勤管理部门开展管理活动发生的各项现金流出,包括单位行政及后勤管理部门发生的人员经费、公用经费,以及由单位统一负担的离退休人员经费、工会经费、诉讼费、中介费等现金流出。

## 二、事业支出的核算

### (一)科目设置

科学事业单位应设置"事业支出"科目,核算科学事业单位开展科研和非科研业务活动及其辅助活动以及行政及后勤管理部门开展管理活动实际发生的各项现金流出。科学事业单位应结合行业特点和核算需要,在"事业支出"科目下设置"科研支出""非科研支出""管理支出"明细科目,同时应当分别按照"财政拨款支出""非财政专项资金支出"和"其他资金支出","基本支出"和"项目支出"等进行明细核算,并按照《政府收支分类科目》中"支出功能分类科目"的项级科目进行明细核算;"基本支出"和"项目支出"明细科目下应当按照《政府收支分类科目》中"部门预算支出经济分类科目"的款级科目进行明细核算,同时在"项目支出"明细科目下按照具体项目进行明细核算。

有一般公共预算财政拨款、政府性基金预算财政拨款等两种或两种以上财政拨款的事业单位,还应当在"财政拨款支出"明细科目下按照财政拨款的种类进行明细核算。

对于预付款项，可通过在本科目下设置"待处理"明细科目进行明细核算，待确认具体支出项目后再转入本科目下相关明细科目。年末结账前，应将本科目"待处理"明细科目余额全部转入本科目下相关明细科目。

"事业支出"科目平时借方余额反映当年科学事业单位事业支出累计数；年末结转后，该科目应无余额。

（二）主要账务处理

1. 支付单位职工（经营部门职工除外）薪酬。

向单位职工个人支付薪酬时，按照实际支付的数额，借记"事业支出"科目，贷记"财政拨款预算收入""资金结存"科目。同时，在财务会计下，计提职工薪酬时，按照单位应承担的职工薪酬费用，借记"业务活动费用""单位管理费用"科目，贷记"应付职工薪酬"科目；实际支付职工薪酬时，借记"应付职工薪酬"科目，贷记"财政拨款收入""零余额账户用款额度""银行存款"等科目。

按照规定代扣代缴个人所得税以及代扣代缴或为职工缴纳职工社会保险费、住房公积金等时，按照实际缴纳的金额，借记"事业支出"科目，贷记"财政拨款预算收入""资金结存"科目。同时，在财务会计下，按照实际缴纳的金额，借记"其他应交税费—应交个人所得税""应付职工薪酬"等科目，贷记"财政拨款收入""零余额账户用款额度""银行存款"等科目。

【例11-1】某科学事业单位发生以下经济业务：

（1）单位核算本月职工薪酬业务，应付单位科研人员基本工资100万元，代扣个人所得税10万元、住房公积金12万元，实际应发78万元；应付单位行政管理人员基本工资25万元，代扣个人所得税2万元、住房公积金3万元，实际应发20万元。该单位应编制如下会计分录：

计提职工工资：

财务会计：

借：业务活动费用—科研活动费用—工资福利费用      1 000 000
    贷：应付职工薪酬—基本工资（含离退休费）      1 000 000

借：应付职工薪酬—工资（含离退休费）      220 000
    贷：应付职工薪酬—住房公积金（个人）      120 000
      其他应交税费—应交个人所得税      100 000

借：单位管理费用—工资福利费用      250 000
    贷：应付职工薪酬—基本工资（含离退休费）      250 000

借：应付职工薪酬—基本工资（含离退休费）      50 000
    贷：应付职工薪酬—住房公积金（个人）      30 000
      其他应交税费—应交个人所得税      20 000

预算会计不做账务处理。

（2）单位通过财政授权支付方式发放本月计提确认的应付职工薪酬 98 万元，缴纳个人所得税 12 万元和住房公积金 15 万元，该业务支出功能分类为"科学技术支出—技术研究与开发—机构运行"。

发放职工工资：

财务会计：

借：应付职工薪酬—基本工资（含离退休费）　　　　　980 000

　　其他应交税费—应交个人所得税　　　　　　　　　120 000

　　应付职工薪酬—住房公积金（个人）　　　　　　　150 000

　　贷：零余额账户用款额度　　　　　　　　　　　　　　1 250 000

预算会计：

借：事业支出—科研支出—财政拨款支出—机构运行—基本支出—基本工资

　　　　　　　　　　　　　　　　　　　　　　　　　1 000 000

　　事业支出—管理支出—财政拨款支出—机构运行—基本支出—基本工资

　　　　　　　　　　　　　　　　　　　　　　　　　250 000

　　贷：资金结存—零余额账户用款额度　　　　　　　　1 250 000

2. 为专业业务活动及其辅助活动支付外部人员劳务费。

按照实际支付给外部人员个人的金额，借记"事业支出"科目，贷记"财政拨款预算收入""资金结存"科目。按照规定代扣代缴个人所得税时，按照实际缴纳的金额，借记"事业支出"科目，贷记"财政拨款预算收入""资金结存"科目。

同时，在财务会计下，按照实际支付给外部人员个人的金额，借记"其他应付款"等科目，贷记"财政拨款收入""零余额账户用款额度""银行存款"等科目。按照实际缴纳代扣的个人所得税金额，借记"其他应交税费—应交个人所得税""应付职工薪酬"等科目，贷记"财政拨款收入""零余额账户用款额度""银行存款"等科目。

【例 11-2】某科学事业单位 2×19 年 11 月标准化管理某项目征求意见支付专家费 4 200 元，银行转账支付。该业务支出功能分类为"科学技术支出—科技条件与服务—科技条件专项"。该单位应编制如下会计分录：

财务会计：

借：业务活动费—科研活动费用—商品和服务费用　　　4 200

　　贷：银行存款　　　　　　　　　　　　　　　　　　　4 200

预算会计：

借：事业支出—科研支出—非财政专项资金支出—科技条件专项—项目支出—标准化管理—商品和服务支出—劳务费　　　4 200

　　贷：资金结存—货币资金　　　　　　　　　　　　　　4 200

3. 为购买存货、固定资产、无形资产等以及在建工程支付相关款项。

开展专业业务活动及其辅助活动过程中为购买存货、固定资产、无形资产等以及在建工程支付相关款项时，按照实际支付的金额，借记"事业支出"科目，贷记"财政拨款预算收入""资金结存"科目。同时，在财务会计下，借记"库存物品"

"固定资产""无形资产"等科目,贷记"财政拨款收入""零余额账户用款额度""银行存款"等科目。

【例 11-3】某科学事业单位开展学术交流活动,使用自有资金购买某大学情报信息查询系统一项,金额为 50 万元,已按合同付款。该业务支出功能分类为"科学技术支出—科技条件与服务—其他科技条件与服务支出"。该单位应编制如下会计分录:

财务会计:

借:无形资产—信息查询系统         500 000

  贷:银行存款              500 000

预算会计:

借:事业支出—非科研支出—学术活动支出—其他资金支出—其他科技条件与服

  务支出—基本支出—资本性支出—信息网络及软件购置 500 000

  贷:资金结存—货币资金          500 000

4. 发生预付账款和暂付款项。

开展专业业务活动及其辅助活动过程中发生预付账款时,按照实际支付的金额,借记"事业支出"科目,贷记"财政拨款预算收入""资金结存"科目。同时,在财务会计下,借记"预付账款"科目,贷记"财政拨款收入""零余额账户用款额度""银行存款"等科目。

对于暂付款项,在支付款项时可不做预算会计处理;而在财务会计下,则应按照实际支付的暂付款金额,借记"其他应收款"科目,贷记"零余额账户用款额度""银行存款""库存现金"等科目。

待结算或报销时,预算会计按照结算或报销的金额,借记"事业支出"科目,贷记"资金结存"科目;财务会计按照结算或报销的金额,借记"业务活动费用""单位管理费用"科目,按照原支付的暂付金额,贷记"其他应收款"科目,按照收回或补付的金额,借记或贷记"库存现金"等科目。

【例 11-4】某科学事业单位发生以下经济业务:

(1) 单位使用××项目横向课题费购买 A 公司实验用电机一台,合同金额 20 万元,根据合同约定,单位需预付设备款 5 万元,单位已通过银行转账。该业务支出功能分类为"科学技术支出—应用研究—其他应用研究支出"。该单位应编制如下会计分录:

财务会计:

借:预付账款—A 公司           50 000

  贷:银行存款             50 000

预算会计:

借:事业支出—科研支出—非财政专项资金支出—其他应用研究支出—项目支出—

  ××项目—资本性支出—专用设备购置     50 000

  贷:资金结存—货币资金          50 000

（2）单位收到采购的电机，验收合格后交付使用，单位支付剩余款项 15 万元。
该单位应编制如下会计分录：

财务会计：

借：固定资产—专用设备—电机　　　　　　　　　　　　200 000

　　贷：预付账款—A 公司　　　　　　　　　　　　　　　　50 000

　　　　银行存款　　　　　　　　　　　　　　　　　　　150 000

预算会计：

借：事业支出—非财政专项资金支出—其他应用研究支出—项目支出—××项
目—专用设备购置　　　　　　　　　　　　　　　　　150 000

　　贷：资金结存—货币资金　　　　　　　　　　　　　　　150 000

5. 缴纳的相关税费以及发生其他各项支出。

开展专业业务活动及其辅助活动过程中缴纳的相关税费以及发生的其他各项支
出，按照实际支付的金额，借记"事业支出"科目，贷记"财政拨款预算收入""资
金结存"科目。同时，在财务会计下，借记"其他应交税费""业务活动费用""单
位管理费用"等科目，贷记"财政拨款收入""零余额账户用款额度""银行存款"
等科目。

【例 11 -5】某科学事业单位发生如下业务：

①2×20 年 10 月 15 日，举办科研项目申报咨询会，邀请其他单位 5 位专家进行
项目咨询，每位专家发放咨询费 1 000 元（税后），共计 5 000 元，单位为其进行代扣代
缴个人所得税 250 元，该款项资金来源为财政科研项目计提的项目间接费用或管理费，
支付方式为财政授权支付。该业务支出功能分类为"科学技术支出—应用研究—其他
应用研究支出"。

财务会计：

借：预提费用—项目间接费用或管理费　　　　　　　　　5 250

　　贷：零余额账户用款额度　　　　　　　　　　　　　　5 000

　　　　其他应交税费—应交个人所得税　　　　　　　　　　250

预算会计：

借：事业支出—科研支出—财政拨款支出—其他应用研究支出—项目支出—××
项目—劳务费　　　　　　　　　　　　　　　　　　　5 000

　　贷：资金结存—零余额账户用款额度　　　　　　　　　5 000

②月末，单位向税务局缴纳个人所得税 250 元，财政授权支付。

财务会计：

借：其他应交税费—应交个人所得税　　　　　　　　　　250

　　贷：零余额账户用款额度　　　　　　　　　　　　　　250

预算会计：

借：事业支出—科研支出—财政拨款支出—其他应用研究支出—项目支出—××
项目—劳务费　　　　　　　　　　　　　　　　　　　250

　　贷：资金结存—零余额账户用款额度　　　　　　　　　250

6. 发生销售退回或者差错更正。

开展专业业务活动及其辅助活动过程中因购货退回等发生款项退回，或者发生差错更正的，属于当年支出收回的，按照收回或更正金额，借记"财政拨款预算收入""资金结存"科目，贷记"事业支出"科目。同时，在财务会计下，借记"财政拨款收入""零余额账户用款额度""银行存款"等科目，贷记"业务活动费用""单位管理费用"等科目。

7. 年末结转。

年末，将"事业支出"科目本年发生额中的财政拨款支出转入财政拨款结转，借记"财政拨款结转—本年收支结转"科目，贷记"事业支出"科目下各财政拨款支出明细科目；将"事业支出"科目本年发生额中的非财政专项资金支出转入非财政拨款结转，借记"非财政拨款结转—本年收支结转"科目，贷记"事业支出"科目下各非财政专项资金支出明细科目；将"事业支出"科目本年发生额中的其他资金支出（非财政非专项资金支出）转入其他结余，借记"其他结余"科目，贷记"事业支出"科目下其他资金支出明细科目。

【例 11-6】年末，对【例 11-1】【例 11-2】【例 11-3】和【例 11-4】业务形成的支出进行结转处理。

预算会计：

借：财政拨款结转—基本支出结转—人员经费—科学技术支出—本年收支结转

260 000

非财政拨款结转—项目支出结转—本年收支结转 204 200

非财政拨款结余—本年收支结转 500 000

 贷：事业支出—科研支出—财政拨款支出—机构运行—基本支出—基本工资

1 000 000

    —管理支出—财政拨款支出—机构运行—基本支出—基本工资

250 000

    —科研支出—非财政专项资金支出—项目支出—标准化管理—

    商品和服务支出—劳务费 4 200

    —非科研支出—学术活动支出—其他资金支出—其他科技条件

    与服务支出—基本支出—信息网络及软件购置 500 000

    —科研支出—非财政专项资金支出—其他应用研究支出—项目

    支出—××项目—专用设备购置 50 000

    —非财政专项资金支出—其他应用研究支出—项目支出—××项

    目—专用设备购置 150 000

# 第三节 经营支出

## 一、经营支出的概念及管理

（一）经营支出的概念

经营支出是指科学事业单位在专业业务活动及其辅助活动之外开展非独立核算经营活动实际发生的各项现金流出。

（二）经营支出的管理要求

一是准确把握非独立核算经营活动与独立核算经营活动的界限。科学事业单位开展的经营活动，有的是独立核算的，有的是非独立核算的。独立核算的经营活动，应按照企业会计制度的规定，单独设账，单独核算；只有非独立核算的经营活动发生的支出，才可以纳入经营支出核算的范围。

二是经营支出应当与经营预算收入相配比。科学事业单位开展经营活动的目的是为了获得经济利益，弥补事业经费的不足，促进事业的发展。因此，科学事业单位在开展非独立核算经营活动中，应当以经营活动项目为对象，对经营活动产生的收入和支出进行归集，从而对经营活动实现的收益和现金流入流出情况进行核算和反映。

三是要合理划分经营支出和事业支出界限。在具体核算中，要正确区分界定经营支出和事业支出的经济事项，不能混淆和错用。对于在业务中统一开支而又难以划清的支出，应当按照科学的比例合理分摊。经营活动发生的亏损或现金净流出只能由以后经营预算收入弥补，不能用财政资金或其他资金弥补。

## 二、经营支出的核算

（一）科目设置

科学事业单位应设置"经营支出"科目，用于核算科学事业单位在专业业务活动及其辅助活动之外开展非独立核算经营活动实际发生的各项现金流出。"经营支出"科目应当按照经营活动类别、项目、《政府收支分类科目》中"支出功能分类科目"的项级科目和"部门预算支出经济分类科目"的款级科目等进行明细核算。对于预付款项，可通过在本科目下设置"待处理"明细科目进行明细核算，待确认具体支出项目后再转入本科目下相关明细科目。年末结账前，应将本科目"待处理"明细科目余额全部转入本科目下相关明细科目。"经营支出"科目平时借方余额反映科学事业单位经营支出实际累计数；年末结转后，本科目应无余额。

（二）主要账务处理

1. 支付经营部门职工薪酬。

向职工个人支付薪酬时，按照实际的金额，借记"经营支出"科目，贷记"资金结存"科目。同时，在财务会计下，计提职工薪酬时，按照单位应承担的职工薪酬费用，借记"经营费用"科目，贷记"应付职工薪酬"科目；实际支付职工薪酬时，借记"应付职工薪酬"科目，贷记"银行存款"科目。

按照规定代扣代缴个人所得税以及代扣代缴或为职工缴纳职工社会保险费、住房公积金时，按照实际缴纳的金额，借记"经营支出"科目，贷记"资金结存"科目。同时，在财务会计下，按照实际缴纳的金额，借记"其他应交税费""应付职工薪酬"等科目，贷记"银行存款"科目。

【例11-7】4月10日某科学事业单位支付本单位环境检测服务中心（该中心提供的监测服务不属于单位的科研及非科研业务活动，该服务中心未实行独立核算）人员工资2万元，同时代扣个人应负担的个人所得税2 000元。该业务支出功能分类为"科学技术支出—科技条件与服务—机构运行"。该单位应编制如下会计分录：

财务会计：

借：应付职工薪酬—基本工资（含离退休费）　　　　　20 000

　　贷：其他应交税费—应交个人所得税　　　　　　　　　　2 000

　　　　银行存款　　　　　　　　　　　　　　　　　　　 18 000

预算会计：

借：经营支出—环境检测—机构运行—其他工资福利支出　18 000

　　贷：资金结存—货币资金　　　　　　　　　　　　　　 18 000

4月25日，单位向税务局缴纳个人所得税税款2 000元。该单位应编制如下会计分录：

财务会计：

借：其他应交税费—应交个人所得税　　　　　　　　　　 2 000

　　贷：银行存款　　　　　　　　　　　　　　　　　　　　2 000

预算会计：

借：经营支出—环境检测—机构运行—其他工资福利支出　 2 000

　　贷：资金结存—货币资金　　　　　　　　　　　　　　　2 000

2. 为经营活动支付外部人员劳务费。

按照实际支付给外部人员个人的金额，借记"经营支出"科目，贷记"资金结存"科目。

按照规定代扣代缴个人所得税时，按照实际缴纳的金额，借记"经营支出"科目，贷记"资金结存"科目。

在财务会计下，按照计算确定的金额，借记"经营费用"科目，按照代扣代缴的个人所得税金额，贷记"其他应交税费—应交个人所得税"科目，按照扣税后实际支付的金额，贷记"银行存款"等科目。实际缴纳代扣代缴个人所得税时，借记"其他应交税费—应交个人所得税"科目，贷记"银行存款"等科目。

【例11-8】单位向环境检测临时聘用人员发放劳务费税前2万元，其中代扣个人所得税3 200元，该业务支出功能分类为"科学技术支出—科技条件与服务—机构运行"。该单位应编制如下会计分录：

财务会计：

借：经营费用—商品和服务费用         20 000

  贷：其他应交税费—应交个人所得税       3 200

    银行存款            16 800

预算会计：

借：经营支出—环境检测—机构运行—劳务费    16 800

  贷：资金结存—货币资金         16 800

【例11-9】单位将代扣的个人所得税3 200元上缴税务机关。

财务会计：

借：其他应交税费—应交个人所得税        3 200

  贷：银行存款            3 200

预算会计：

借：经营支出—环境检测—机构运行—劳务费     3 200

  贷：资金结存—货币资金         3 200

3. 购买存货、固定资产、无形资产等以及在建工程支付相关款项。

开展经营活动过程中为购买存货、固定资产、无形资产等以及在建工程支付相关款项时，按照实际支付的金额，借记"经营支出"科目，贷记"资金结存"科目。同时，在财务会计下，外购入库验收合格时，按照确定的成本，借记"库存物品""固定资产""无形资产""在建工程"等科目，贷记"银行存款"等科目；开展经营活动领用或发出库存物品时，按照实际的成本，借记"经营费用"科目，贷记"库存物品"科目。

【例11-10】单位购买相关材料和资产用于环境检测经营项目，其中购买检测材料2万元，购买空气检测仪8万元，材料和设备均已验收入库，款项支付完毕。该单位应编制如下会计分录：

财务会计：

借：固定资产—专用设备—检测仪        80 000

  库存材料—检测材料          20 000

  贷：银行存款           100 000

预算会计：

借：经营支出—环境检测—机构运行—专用材料费    20 000

         —专用设备购置    80 000

  贷：资金结存—货币资金        100 000

【例11-11】单位经营部门领用上述材料。该单位应编制如下会计分录：

财务会计：

借：经营费用—商品和服务费用         20 000

  贷：库存材料—检测材料         20 000

预算会计不做账务处理。

4. 经营活动过程中发生预付账款和暂付款项。

开展经营活动过程中发生预付账款时，按照实际支付的金额，借记"经营支出"科目，贷记"资金结存"科目。同时，在财务会计下，按照实际支付的金额，借记"预付账款"科目，贷记"银行存款""库存现金"等科目。

开展经营活动过程中发生暂付款项时，在支付款项时可不做预算会计处理；在财务会计下，借记"其他应收款"科目，贷记"银行存款""库存现金"等科目。待结算或报销时，按照结算或报销的金额，预算会计借记"经营支出"科目，贷记"资金结存"科目。同时，在财务会计下，按照报销的金额，借记"经营费用"科目，按照收回或补付的金额，借记或贷记"银行存款"等科目，按照原暂付款的金额，贷记"其他应收款"科目。

【例 11 -12】某科学事业单位发生以下业务：

①单位检测服务机构预付电费 2 万元。该单位应编制如下会计分录：

财务会计：

借：预付账款—供电公司　　　　　　　　　　　20 000
　　贷：银行存款　　　　　　　　　　　　　　　　　20 000

预算会计：

借：经营支出—环境检测—机构运行—电费　　　20 000
　　贷：资金结存—货币资金　　　　　　　　　　　　20 000

②单位本月经营活动实际发生电费 1 万元，已取得电业局开具的电费发票 1 万元。该单位应编制如下会计分录：

财务会计：

借：经营费用—商品和服务费用　　　　　　　　10 000
　　贷：预付账款—供电公司　　　　　　　　　　　　10 000

预算会计不做账务处理。

③单位因经营活动需要，临时租用检测设备一台，支付设备押金款 3 万元，款项已通过银行存款支付。该单位应编制如下会计分录：

财务会计：

借：其他应收款—××公司　　　　　　　　　　30 000
　　贷：银行存款　　　　　　　　　　　　　　　　　30 000

预算会计不做账务处理。

④单位租用设备使用完毕，结算租赁费用为 1.5 万元，费用从押金中扣除，实际退回 1.5 万元，款项已收到。该单位应编制如下会计分录：

财务会计：

借：经营活动费用—商品和服务费用　　　　　　15 000
　　银行存款　　　　　　　　　　　　　　　　　15 000
　　贷：其他应收款—××公司　　　　　　　　　　　30 000

预算会计：

借：经营支出—环境检测—机构运行—租赁费　　15 000

贷：资金结存—货币资金　　　　　　　　　　　　　　　15 000

5. 经营活动缴纳的相关税费以及发生的其他各项支出。

因开展经营活动缴纳的相关税费以及发生的其他各项支出，按照实际支付的金额，借记"经营支出"科目，贷记"资金结存"科目。

在财务会计下，发生税费及其他各项费用时，按照应承担的税费及其他费用进行计提，借记"经营费用"科目，贷记"其他应交税费""其他应付款""银行存款"等科目。

【例11－13】向税务机关缴纳对外环境检测服务应缴纳的城市建设维护费7 000元，教育费附加为3 000元。该单位应编制如下会计分录：

财务会计：

借：其他应交税费—应交城市维护建设税　　　　　　　　7 000

　　　　　　　—应交教育费附加　　　　　　　　　　　3 000

　　贷：银行存款　　　　　　　　　　　　　　　　　　10 000

预算会计：

借：经营支出—环境检测—机构运行—税金及附加费用　　10 000

　　贷：资金结存—货币资金　　　　　　　　　　　　　10 000

6. 经营活动中因购货退回或者发生差错更正。

开展经营活动中因购货退回等发生款项退回，或者发生差错更正的，属于当年支出收回的，按照收回或更正金额，借记"资金结存"科目，贷记"经营支出"科目。同时，在财务会计下，按照收回或应收的金额，借记"银行存款""其他应收款"等科目，贷记"经营费用"等科目。

7. 年末结转。

年末，将本科目本年发生额转入经营结余，借记"经营结余"科目，贷记"经营支出"科目。

【例11－14】年末，将上述业务形成的经营费用（经营支出）进行结转。

预算会计：

借：经营结余　　　　　　　　　　　　　　　　　　　　35 000

　　贷：经营支出—环境检测—机构运行—电费　　　　　20 000

　　　　　　　　　　　　　　　　　　　—租赁费　　　15 000

# 第四节　上缴上级支出

## 一、上缴上级支出的含义

上缴上级支出是指科学事业单位按照财政部门和财务主管部门的规定上缴上级单位款项发生的现金流出。

科学事业单位上缴上级支出主要来源于科学事业单位的事业收入、经营收入、租金收入和其他收入等自有资金，即事业单位利用自身资源取得的收入。上缴前，该收入属于事业单位收入的一部分，归事业单位所有。

根据我国事业单位财务规则规定，非财政拨款收入超出其正常支出较多的事业单位的上级单位可会同同级财政部门，根据事业单位的具体情况，确定对这些事业单位实行收入上缴的办法。

收入上缴主要有两种形式，一是定额上缴，即在核定预算时，确定一个上缴的绝对数额；二是按比例上缴，即根据收支情况，确定按收入的一定比例上缴。科学事业单位只有按照行政隶属关系，按已确定的定额或按比例上缴的收入即为上缴上级支出。

科学事业单位预付给其他单位的非标准加工费、对外单位的投资以及对其他单位的赞助、捐赠、返还上级单位在其事业支出中垫支的工资、水电费、房租、住房公积金和福利费等各种支出不能作为上缴上级支出。科事业单位退回上级补助收入，也不能作为上缴上级支出。

## 二、上缴上级支出会计核算

（一）科目设置

科学事业单位应设置"上缴上级支出"科目，用于核算科学事业单位按照财政部门和主管部门的规定上缴上级单位款项发生的现金流出。"上缴上级支出"科目应当按照收缴款项单位、缴款项目、《政府收支分类科目》中"支出功能分类科目"的项级科目和"部门预算支出经济分类科目"的款级科目等进行明细核算。"上缴上级支出"科目平时借方余额反映科学事业单位上缴上级支出实际累计数；年末结转后，本科目应无余额。

（二）主要账务处理

1. 按照规定将款项上缴上级单位的，按照实际上缴的金额，借记"上缴上级支出"科目，贷记"资金结存"科目。

在财务会计下，按照规定计提应上缴上级单位款项时，借记"上缴上级费用"科目，贷记"其他应付款"科目；实际上缴上级款项时，借记"其他应付款"等科目，贷记"银行存款"科目。

2. 年末，将本科目本年发生额转入其他结余，借记"其他结余"科目，贷记"上缴上级支出"科目。

【例 11 - 15】某科学事业单位发生如下业务：

①单位按规定上缴上级主管部门经营收入 5 万元，支出功能科目分类为"科学技术支出—基础研究—其他基础研究支出"，该单位应编制如下会计分录：

财务会计：

借：上缴上级费用—××部门—经营收入　　　　　　　　　　50 000

　　贷：银行存款　　　　　　　　　　　　　　　　　　　　　　50 000

预算会计：

借：上缴上级支出—××部门—经营收入—其他基础研究支出—其他支出

50 000

贷：资金结存—货币资金　　　　　　　　　　　　　　　　50 000

②年末，将上述上缴上级支出进行结转。

预算会计：

借：其他结余　　　　　　　　　　　　　　　　　　　　　50 000

贷：上缴上级支出—××部门—经营收入—其他基础研究支出—其他支出

50 000

# 第五节　对附属单位补助支出

## 一、对附属单位补助支出的概念及内容

附属单位补助支出是指科学事业单位用财政拨款预算收入之外的收入对附属单位补助发生的现金流出。

科学事业单位的附属单位一般是指科学事业单位兴建的具有独立法人资格的企业和事业单位，如全资兴办的企业和医院、学校等事业单位。这里讲的对附属单位补助支出仅指对附属事业单位的补助支出，即对附属独立法人的医院、学校在教学、医疗、设备更新等方面的补助支出。而对兴办企业的投资不属于补助支出范围。

## 二、对附属单位补助支出的核算

（一）科目设置

科学事业单位应设置"对附属单位补助支出"科目，用于核算科学事业单位用财政拨款收入之外对附属单位补助发生的现金流出。"对附属单位补助支出"科目应当按照接受补助单位、补助项目、《政府收支分类科目》中"支出功能分类科目"的项级科目和"部门预算支出经济分类科目"的款级科目等进行明细核算。"对附属单位补助支出"科目平时借方余额反映单位对附属单位补助支出的累计数；年末结转后，本科目应无余额。

（二）主要账务处理

1. 发生对附属单位补助支出的，按照实际补助的金额，借记"对附属单位补助支出"科目，贷记"资金结存"科目。

在财务会计下，按照规定计提对附属单位补助的数额时，借记"对附属单位补助费用"科目，贷记"其他应付款"科目；实际拨付附属单位补助款时，借记"其他应付款"科目，贷记"银行存款"科目。

2. 年末，将本科目本年发生额转入其他结余，借记"其他结余"科目，贷记"对附属单位补助支出"科目。

【例11－16】某科学事业单位发生如下业务：

①单位使用自有资金向所属的××研究所拨付科研补助专项资金6万元，该业务支出功能分类为"科学技术支出—科技条件与服务—其他科技条件与服务支出"，款项已通过银行存款转账支付。

财务会计：

借：对附属单位补助费用—××研究所—科研补助    60 000

 贷：银行存款            60 000

预算会计：

借：对附属单位补助支出—××研究所—科研补助—其他科技条件与服务支出—

 其他支出             60 000

 贷：资金结存—货币资金        60 000

②年末，将上述业务进行结转

预算会计：

借：其他结余             60 000

 贷：对附属单位补助支出—××研究所—科研补助—其他科技条件与服务支

 出—其他支出           60 000

# 第六节　投　资　支　出

## 一、投资支出的概念

投资支出是指科学事业单位以货币资金对外投资发生的现金流出。

需要注意的是，科学事业单位对外投资可以采用货币资金、实物、无形资产等不同方式，而投资支出仅指科学事业单位以货币资金的方式对外投资发生的现金流出。

## 二、投资支出的核算

（一）科目设置

科学事业单位应设置"投资支出"科目，用于核算科学事业单位以货币资金对外投资发生的现金流出。"投资支出"科目应当按照投资类型、投资对象、《政府收支分类科目》中"支出功能分类科目"的项级科目和"部门预算支出经济分类科目"的款级科目等进行明细核算。"投资支出"科目平时借方余额反映当年科学事业单位投资支出累计数；年末结转后，本科目应无余额。

(二) 主要账务处理

1. 以货币资金对外投资。

以货币资金对外投资时，按照投资金额和所支付的相关税费金额的合计数，借记"投资支出"科目，贷记"资金结存"科目。同时，在财务会计下，根据投资类型不同，借记"短期投资""长期股权投资""长期债券投资"等科目，贷记"银行存款"科目。

2. 出售、对外转让或到期收回本年度以货币资金取得的对外投资的。

出售、对外转让或到期收回本年度以货币资金取得的对外投资的，如果按规定将投资收益纳入单位预算，按照实际收到的金额，借记"资金结存"科目，按照取得投资时"投资支出"科目的发生额，贷记"投资支出"科目，按照其差额，贷记或借记"投资预算收益"科目；如果按规定将投资收益上缴财政的，按照取得投资时"投资支出"科目的发生额，借记"资金结存"科目，贷记"投资支出"科目。

出售、对外转让或到期收回以前年度以货币资金取得的对外投资的，如果按规定将投资收益纳入单位预算，按照实际收到的金额，借记"资金结存"科目，按照取得投资时"投资支出"科目的发生额，贷记"其他结余"科目，按照其差额，贷记或借记"投资预算收益"科目；如果按规定将投资收益上缴财政的，按照取得投资时"投资支出"科目的发生额，借记"资金结存"科目，贷记"其他结余"科目。

上述两种情况，在财务会计下核算分录是一致的，不管是本年度还是以前年度以货币资金取得的对外投资，均按实际收到的金额，借记"银行存款"科目，按照被处置对外投资的账面余额，贷记"短期投资""长期股权投资""长期债券投资"等科目，贷记"银行存款"科目。如有应收利息或股利的，贷记"应收利息""应收股利"科目，按照其差额贷记或借记"投资收益"科目。

3. 年末，将"投资支出"科目本年发生额转入其他结余，借记"其他结余"科目，贷记"投资支出"科目。

【例 11 – 17】某科学事业单位发生以下业务：

①2×19 年 1 月，经财政部门和主管部门批准，单位以现金投资的形式入股某企业，投资金额为 100 万元，占投资企业总股本的 10%，不参与企业的经营决策。该业务支出功能分类为"科学技术支出—技术研究与开发—其他技术研究与开发"，该单位应编制如下会计分录：

财务会计：

借：长期股权投资—××企业　　　　　　　　　　　　　1 000 000

　　贷：银行存款　　　　　　　　　　　　　　　　　　　　　　1 000 000

预算会计：

借：投资支出—长期股权投资—××企业—其他技术研究与开发—资本金注入

　　　　　　　　　　　　　　　　　　　　　　　　　　　1 000 000

　　贷：资金结存—货币资金　　　　　　　　　　　　　　　　　1 000 000

注：部门预算支出经济分类科目中，与股权投资有关的科目只有"资本金注入"和"政府投资基金股权投资"两个款级科目。其中，"资本金注入"是反映对企业注入的资本金的支出。

②2×19年对上述业务形成的投资支出进行年终结转。

预算会计：

借：其他结余                1 000 000

    贷：投资支出—长期股权投资—××企业—其他技术研究与开发—资本金注入

                    1 000 000

③2×21年5月，单位将上述股权对外转让，转让价格为1 500 000元，转让时尚有已宣告尚未发放的股利10万元，款项已收到。根据规定，投资收益纳入单位预算管理。该单位应编制如下会计分录：

财务会计：

借：银行存款               1 500 000

    贷：长期股权投资—××企业      1 000 000

        应收股利—××企业        100 000

        投资收益—长期股权投资     400 000

预算会计：

借：资金结存—货币资金         1 500 000

    贷：其他结余             1 000 000

        投资预算收益          500 000

# 第七节　债务还本支出

## 一、债务还本支出的概念

债务还本支出是指科学事业单位偿还自身承担的纳入预算管理的从金融机构举借的债务本金的现金流出。

## 二、债务还本支出的核算

（一）科目设置

科学事业单位应设置"债务还本支出"科目，用于核算科学事业单位偿还自身承担的纳入预算管理的从金融机构举借的债务本金的现金流出。"债务还本支出"科目应当按照贷款单位、贷款种类、《政府收支分类科目》中"支出功能分类科目"的项级科目和"部门预算支出经济分类科目"的款级科目等进行明细核算。"债务还本支出"科目平时借方余额为债务还本支出的累计数；年末结转后，本科目应无余额。

需要注意的是，支出经济分类科目包括政府预算支出经济分类和部门预算支出经济分类科目两套，其中，在政府预算支出经济分类科目中设置了"债务还本支出"科目，用于反映政府债务的还本支出；而在部门预算支出经济分类科目中并未设置"债务还本支出"科目，在目前没有增设科目的前提下，部门预算支出经济分类科目可使用"其他支出"科目。

（二）主要账务处理

1. 偿还各项短期或长期借款时，按照偿还的借款本金，借记"债务还本支出"科目，贷记"资金结存"科目。同时，在财务会计下，借记"短期借款""长期借款"科目，贷记"银行存款"等科目。

2. 年末，将本科目本年发生额转入其他结余，借记"其他结余"科目，贷记"债务还本支出"科目。

【例11-18】2×18年某科学事业单位经批准从A银行借入为期3年的基本建设专项贷款500万元，用于实验室建设，还款资金来源为单位自筹，利息按年进行结算。2×20年12月，该笔贷款到期，需通过自有资金偿还银行贷款本金500万元，偿还第三年度的利息30万元。该业务支出功能分类为"科学技术支出—技术研究与开发—其他技术研究与开发支出"，该单位应编制如下会计分录：

财务会计：

借：长期借款—A银行　　　　　　　　　　　　　　　　5 000 000

　　应付利息—××银行　　　　　　　　　　　　　　　300 000

　　贷：银行存款　　　　　　　　　　　　　　　　　　　　5 300 000

预算会计：

借：债务还本支出—A银行—基建专项贷款—其他技术研究与开发支出—其他支出

　　　　　　　　　　　　　　　　　　　　　　　　　　5 000 000

　　其他支出—利息支出—其他资金支出—其他技术研究与开发支出—基本支出—

　　国内债务利息　　　　　　　　　　　　　　　　　　300 000

　　贷：资金结存—货币资金　　　　　　　　　　　　　　　5 300 000

【例11-19】年末，对上述业务形成的支出进行结转处理：

预算会计：

借：其他结余　　　　　　　　　　　　　　　　　　　　5 300 000

　　贷：债务还本支出—A银行—基建专项贷款—其他技术研究与开发支出—其

　　　　他支出　　　　　　　　　　　　　　　　　　　5 000 000

　　　　其他支出—利息支出—其他资金支出—其他技术研究与开发支出—基本

　　　　支出—国内债务利息　　　　　　　　　　　　　　300 000

# 第八节 其他支出

## 一、其他支出的概念

其他支出是指科学事业单位除事业支出、经营支出、上缴上级支出、对附属单位补助支出、投资支出、债务还本支出以外的各项现金流出，包括利息支出、对外捐赠现金支出、现金盘亏损失、接受捐赠（调入）和对外捐赠（调出）非现金资产发生的税费支出、资产置换过程中发生的相关税费支出、罚没支出等。

## 二、其他支出的核算

（一）科目设置

科学事业单位应设置"其他支出"科目，用于核算科学事业单位除事业支出、经营支出、上缴上级支出、对附属单位补助支出、投资支出、债务还本支出以外的各项现金流出。科学事业单位应当按照其他支出的类别，"财政拨款支出""非财政专项资金支出"和"其他资金支出"，《政府收支分类科目》中"支出功能分类科目"的项级科目和"部门预算支出经济分类科目"的款级科目等进行明细核算。其他支出中如有专项资金支出，还应按照具体项目进行明细核算。

有一般公共预算财政拨款、政府性基金预算财政拨款等两种或两种以上财政拨款的事业单位，还应当在"财政拨款支出"明细科目下按照财政拨款的种类进行明细核算。"其他支出"科目平时借方余额反应单位其他支出的累计数；年末结转后，本科目应无余额。

单位发生利息支出、捐赠支出等其他支出金额较大或业务较多的，可单独设置"7902 利息支出""7903 捐赠支出"等科目。

（二）主要账务处理

1. 利息支出。

支付银行借款利息时，按照实际支付金额，借记"其他支出"科目，贷记"资金结存"科目。

在财务会计下，计提银行利息时，借记"其他费用—利息费用""在建工程"等科目，贷记"应付利息""长期借款—应计利息"科目；实际支付银行借款利息时，借记"应付利息""长期借款—应计利息"科目，贷记"银行存款"等科目。

【例 11－20】某科学事业计提并使用自有资金从基本户偿还短期借款利息 12 000 元，该业务支出功能分类为"科学技术支出—技术研究与开发—其他技术研究与开发支出"。该单位应编制如下会计分录：

财务会计：

借：其他费用—利息费用—××银行　　　　　　　　　　12 000
　　贷：应付利息—××银行　　　　　　　　　　　　　　　12 000
借：应付利息—××银行　　　　　　　　　　　　　　12 000
　　贷：银行存款　　　　　　　　　　　　　　　　　　　12 000
预算会计：
借：事业支出—其他资金支出—其他技术研究与开发支出—项目支出—××项
　　目—国内债务付息　　　　　　　　　　　　　　　12 000
　　贷：资金结存—货币资金　　　　　　　　　　　　　　12 000

2. 对外捐赠现金资产。

对外捐赠现金资产时，按照捐赠金额，借记"其他支出"科目，贷记"资金结存—货币资金"科目。同时，在财务会计下，借记"其他费用"科目，贷记"银行存款""库存现金"等科目。

【例11–21】某科学事业单位收到上级主管部门文件，以自有资金支付扶贫款15万元，用于贫困地区××村购买种子、化肥，款项已通过银行转账给当地扶贫办公室。该业务支出功能分类为"科学技术支出—技术研究与开发—机构运行"。该单位应编制如下会计分录：

财务会计：
借：其他费用—现金资产捐赠支出　　　　　　　　　150 000
　　贷：银行存款　　　　　　　　　　　　　　　　　　　150 000
预算会计：
借：事业支出—其他资金支出—机构运行—基本支出—赠与　150 000
　　贷：资金结存—货币资金　　　　　　　　　　　　　　150 000

3. 现金盘亏损失。

每日现金账款核对中如发现现金短缺，按照短缺的现金金额，借记"其他支出"科目，贷记"资金结存—货币资金"科目。经核实，属于应当由有关人员赔偿的，按照收到的赔偿金额，借记"资金结存—货币资金"科目，贷记"其他支出"科目。

在财务会计下，发现现金短缺时，借记"待处理财产损溢"科目，贷记"库存现金"科目。经核实，属于应当由有关人员赔偿的，借记"其他应收款"科目，贷记"待处理财产损溢"科目；无法查明原因的，报经批准核销时，借记"资产处置费用"科目，贷记"待处理财产损溢"科目。

【例11–22】某科学事业单位出纳在进行现金盘点时，发现现金短缺120元，无法查明原因，报经批准予以核销，该业务支出功能分类为"科学技术支出—技术研究与开发—机构运行"。该单位应编制如下会计分录：

①发现盘亏时：
财务会计：
借：待处理财产损溢—现金盘亏　　　　　　　　　　120
　　贷：库存现金　　　　　　　　　　　　　　　　　　　120

预算会计：

借：其他支出—现金盘亏—其他资金支出—机构运行—基本支出—其他支出

　　　　　　　　　　　　　　　　　　　　　　　　　　　　　120

　　贷：资金结存—货币资金　　　　　　　　　　　　　　　120

②报经批准时：

财务会计：

借：资产处置费用—现金盘亏　　　　　　　　　　　　　　120

　　贷：待处理财产损溢—薪金盘亏　　　　　　　　　　　　120

预算会计不做账务处理。

4. 接受捐赠（无偿调入）和对外捐赠（无偿调出）非现金资产发生的税费支出。

接受捐赠（无偿调入）非现金资产发生的归属于捐入方（调入方）的相关税费、运输费等，以及对外捐赠（无偿调出）非现金资产发生的归属于捐出方（调出方）的相关税费、运输费等，按照实际支付金额，借记"其他支出"科目，贷记"资金结存"科目。

在财务会计下，接受捐赠（无偿调入）存货、固定资产、无形资产等非现金资产，发生的归属于捐入方（或调入方）相关税费作为非现金资产成本的组成部分，借记"库存物品""固定资产""无形资产"等科目，贷记"财政拨款收入""零余额账户用款额度""银行存款"等科目。具体可参考相关资产的账务处理。

在财务会计下，对外捐赠（或无偿调出）存货、固定资产、无形资产等非现金资产，发生的归属于捐出方（或调出方）相关税费部分计入资产处置费用，借记"资产处置费用"科目，贷记"银行存款"等科目。具体可参考相关资产的账务处理。

【例11-23】某科学事业单位经有关部门批准对外捐赠设备一台，设备账面原值为20万元，已计提折旧15万元，发生运输费用2 000元，使用日常公用经费通过财政授权方式支付，该业务支出功能分类为"科学技术支出—技术研究与开发—机构运行"。该单位应编制如下会计分录：

财务会计：

借：资产处置费用—通用设备—捐赠　　　　　　　　　　52 000

　　固定资产累计折旧　　　　　　　　　　　　　　　　150 000

　　贷：固定资产—××设备　　　　　　　　　　　　　200 000

　　　　零余额账户用款额度　　　　　　　　　　　　　　2 000

预算会计：

借：其他支出—捐赠支出—财政拨款支出—机构运行—基本支出—其他交通费用

　　　　　　　　　　　　　　　　　　　　　　　　　　　2 000

　　贷：资金结存—零余额账户用款额度　　　　　　　　　2 000

5. 资产置换过程中发生的相关税费支出。

资产置换过程中发生的相关税费，按照实际支付金额，借记"其他支出"科目，贷记"资金结存"科目。同时，在财务会计下，资产置换过程中发生的相关税费作为换入资产成本的组成部分，借记"库存物品""固定资产"等科目，贷记"银行存款""库存现金"等科目。具体可参考资产置换相关账务处理。

6. 其他支出。

发生罚没等其他支出时，按照实际支出金额，借记"其他支出"科目，贷记"资金结存"科目。同时，在财务会计下，借记"其他费用"科目，贷记"零余额账户用款额度""银行存款""库存现金""其他应付款"等科目。

7. 年末结转。

年末，将"其他支出"科目本年发生额中的财政拨款支出转入财政拨款结转，借记"财政拨款结转—本年收支结转"科目，贷记"其他支出"科目下各财政拨款支出明细科目；将"其他支出"科目本年发生额中的非财政专项资金支出转入非财政拨款结转，借记"非财政拨款结转—本年收支结转"科目，贷记"其他支出"科目下各非财政专项资金支出明细科目；将"其他支出"科目本年发生额中的其他资金支出（非财政非专项资金支出）转入其他结余，借记"其他结余"科目，贷记"其他支出"科目下各其他资金支出明细科目。

【例 11 – 24】年末，将上述案例形成的支出进行结转处理。

预算会计：

借：其他结余　　　　　　　　　　　　　　　　　162 120

　　贷：其他支出—其他资金支出—其他技术研究与开发支出—项目支出—××
　　　　项目—国内债务付息　　　　　　　　　　　12 000

　　　　　　　　　　—机构运行—基本支出—赠与　150 000

　　　　　　　　　　—机构运行—基本支出—其他支出　120

借：财政拨款结转—本年收支结转—机构运行—基本支出结转—日常公用经费

　　　　　　　　　　　　　　　　　　　　　　　　2 000

　　贷：其他支出—捐赠支出—财政拨款支出—机构运行—基本支出—其他交通
　　　　费用　　　　　　　　　　　　　　　　　　2 000

# 第十二章　预　算　结　余

## 第一节　预算结余概述

### 一、预算结余的定义及内容

预算结余是指科学事业单位预算年度内预算收入扣除预算支出后的资金余额，以及历年滚存的资金余额。

预算结余包括结余资金和结转资金。结余资金是指年度预算执行终了时，预算收入实际完成数扣除预算支出实际完成数和结转资金后剩余的资金。结转资金是指预算安排项目的支出年度终了时尚未执行完毕或者因故未执行，且下一年度需要按原用途继续使用的资金。

科学事业单位的预算结余包括财政拨款结转、财政拨款结余、非财政拨款结转、非财政拨款结余、专用结余、经营结余等。

### 二、预算结余的管理

科学事业单位应加强预算结余的管理，按财政部门有关规定和政府会计准则制度规定正确核算各类预算结余。

（一）财政拨款结转、结余的管理

科学事业单位财政拨款结转和结余的管理，应当按照同级财政部门的有关规定执行。一般来说，基本支出结转按照规定可结转下一年度继续使用，但是基本支出结转中的日常公用经费不得用于人员经费支出。项目支出结转可转入下一年度继续按原用途使用，但按《预算法》第四十二条规定："各级政府上一年预算的结转资金，应当在下一年用于结转项目的支出；连续两年未用完的结转资金，应当作为结余资金管理"。科学事业单位财政拨款结余不得参与结余分配。

（二）非财政拨款结转、结余的管理

科学事业单位的非财政拨款结转在项目实施期内可结转下一年度继续使用。项目因故终止或项目完成后形成的非财政拨款结余，应根据双方合同约定缴回拨款单位或留归本单位使用。

（三）专用结余的管理

专用结余是科学事业单位按照规定从非财政拨款结余或经营结余中提取的具有专门用途的结余资金。因此，专用结余的管理一是要严格按科学事业单位财务规则规定的比例提取专用结余；二是要严格按计提范围计提专用结余，不得将财政拨款结转、结余资金和非财政专项结转资金纳入计提基数；三是要按专用结余规定的用途使用专用结余，确保专款专用。

（四）其他结余的管理

科学事业单位非财政非专项预算收支形成的其他结余可以转入非财政拨款结余分配，按照国家有关规定提取职工福利基金，剩余部分转入非财政拨款结余（累计结余），用于弥补单位以后年度收支差额；国家另有规定的，从其规定。

科学事业单位应当加强非财政拨款结余（累计结余）的管理，在平衡以后年度预算时应遵循收支平衡的原则，统筹安排、合理使用。

（五）经营结余的管理

科学事业单位的经营收支结余应当单独反映。经营收支结余先按照国家有关规定弥补以前年度经营收支发生的亏损，提取科技成果转化基金，其余部分转入"非财政拨款结余分配"中进行分配。

# 第二节 资金结存

## 一、资金结存的含义

资金结存是指科学事业单位纳入预算管理的资金流入、流出、调整和滚存等情况。当本期预算资金流入时，相应资金结存数额增加，当本期预算资金流出时，相应减少资金结存。因此，资金结存反映的是预算资金增减变动及结存情况。

资金结存 = 预算流入资金 − 预算流出资金

政府会计制度设置资金结存会计科目的目的，一是保证复式记账借贷平衡。按复式记账法要求，任何一项经济业务发生时，都要在两个或两个以上的账户进行登记。二是反映预算资金对应的资金形态及流入、流出、结存情况。当预算资金流入时，贷方记入预算收入，相应借方应记入"资金结存"科目，反映预算资金的增加，当预算资金流出时，借方记入预算支出，相应贷方记入"资金结存"科目，反映预算资金的减少。年末资金结存借方余额反映预算资金的结存情况。

## 二、资金结存的确认与计量

科学事业单位对于纳入预算管理的收入在收到预算资金拨款凭证或取得货币资金

收入证明单据时确认预算资金流入，按实际收到的金额进行计量，增加资金结存；对于纳入预算管理的支出在实际支付款项取得支付凭据时确认预算资金流出，按实际支付的金额进行计量，减少资金结存。

## 三、资金结存的核算

（一）科目设置

科学事业单位应设置"资金结存"科目，核算纳入部门预算管理的资金流入、流出、调整和滚存等情况。该科目应设置以下明细科目：

"零余额账户用款额度"，核算实行国库集中支付的单位根据财政部门批复的用款计划收到和支用的零余额账户用款额度。

"货币资金"，核算单位取得的以库存现金、银行存款、其他货币资金形态存在的资金。

"财政应返还额度"，核算实行国库集中支付的单位应收财政返还的资金额度，可设置"财政直接支付""财政授权支付"两个明细科目进行明细核算。

年终结账后，"资金结存"科目年末借方余额，反映单位取得预算资金的累计滚存情况。其中"零余额账户用款额度"明细科目应无余额；"货币资金"明细科目年末借方余额，反映尚未使用的货币资金；"财政应返还额度"明细科目年末借方余额，反映应收财政返还的资金额度。

（二）主要账务处理

1. 财政授权支付方式下，单位依据代理银行转来的财政授权支付额度到账通知书，按照通知书中的授权支付额度，借记"资金结存（零余额账户用款额度）"科目，贷记"财政拨款预算收入"科目。在财务会计中，根据实际收到的金额，借记"零余额账户用款额度"科目，贷记"财政拨款收入"科目。

在国库集中支付以外的其他支付方式下：实际收到预算收入时，借记"资金结存（货币资金）"科目，贷记"财政拨款预算收入""事业预算收入""上级补助预算收入""附属单位上缴预算收入""经营预算收入""债务预算收入""非同级财政拨款预算收入""投资预算收益""其他预算收入"等科目。在财务会计中，借记"银行存款"科目，贷记"财政拨款收入""事业收入""上级补助收入""附属单位上缴收入""经营收入""短期借款""长期借款""非同级财政拨款收入""投资收益""其他收入""预收账款"等科目。

【例12-1】2×20年1月1日，某研究院收到同级财政部门批复的分月用款计划及代理银行盖章的"财政授权支付额度到账通知书"，金额为180 000元。其中，资本性支出10 000元，其他对个人和家庭补助支出20 000元，商品和服务支出30 000元，工资福利费用40 000元，事业单位医疗35 000元，住房公积金25 000元，机关事业单位基本养老保险缴费支出15 000元，事业单位离退休5 000元。该单位支出功能分类科目为"科学技术支出—基础研究—机构运行"。该单位应编制如下会计分录：

财务会计：

借：零余额账户用款额度　　　　　　　　　　　　　　180 000

　　贷：财政拨款收入——一般公共预算拨款　　　　　　　180 000

预算会计：

借：资金结存——零余额账户用款额度　　　　　　　　　180 000

　　贷：财政拨款预算收入——一般公共预算财政拨款——机构运行——基本支出——日

　　　　常公用经费　　　　　　　　　　　　　　　　　40 000

　　　　　　　　　　　　　　　　　　　——机构运行——基本支出——人

　　　　　　　　　　　　　　　　　　　员经费　　　65 000

　　　　　　　　　　　　　　　　　　　——事业单位医疗——基本支出

　　　　　　　　　　　　　　　　　　　　　　　　　35 000

　　　　　　　　　　　　　　　　　　　——住房改革支出——基本支出

　　　　　　　　　　　　　　　　　　　　　　　　　25 000

　　　　　　　　　　　　　　　　　　　——机关事业单位基本养老保

　　　　　　　　　　　　　　　　　　　险缴费——基本支出

　　　　　　　　　　　　　　　　　　　　　　　　　15 000

【例12-2】2×20年2月3日，某科学事业单位收到银行账户存款利息8 000元，该项业务支出功能分类科目为"科学技术支出——应用研究——机构运行"。该单位应编制如下会计分录：

财务会计：

借：银行存款　　　　　　　　　　　　　　　　　　　　8 000

　　贷：利息收入　　　　　　　　　　　　　　　　　　　8 000

预算会计：

借：资金结存——货币资金　　　　　　　　　　　　　　8 000

　　贷：其他预算收入——利息预算收入——机构运行　　　8 000

2. 财政授权支付方式下，发生相关支出时，按照实际支付的金额，借记"事业支出"等科目，贷记本科目（零余额账户用款额度）。在财务会计中，根据不同的业务内容，借记"业务活动费用""单位管理费用""资产处置费用""其他费用"等费用类科目，或借记"固定资产""无形资产""在建工程"等资产类科目，贷记"零余额账户用款额度"科目。

从零余额账户提取现金时，借记本科目（货币资金），贷记本科目（零余额账户用款额度）。在财务会计中，借记"库存现金"科目，贷记"零余额账户用款额度"科目。退回现金时，做相反会计分录。

使用以前年度财政直接支付额度发生支出时，按照实际支付金额，借记"事业支出"等科目，贷记本科目（财政应返还额度）。在财务会计中，根据不同的业务内容，借记"业务活动费用""单位管理费用""资产处置费用""其他费用"等费用类科目，或借记"固定资产""无形资产""在建工程"等资产类科目，贷记"财政应返还额度"科目。

国库集中支付以外的其他支付方式下，发生相关支出时，按照实际支付的金额，借记"事业支出""经营支出"等科目，贷记本科目（货币资金）。在财务会计中，根据不同的业务内容，借记"业务活动费用""单位管理费用""资产处置费用""其他费用"等费用类科目，或借记"固定资产""无形资产""在建工程"等资产类科目，贷记"银行存款"科目。

【例12-3】2×20年3月2日，某科研事业单位购买一批单位自用办公用品，金额4 000元，以财政授权支付方式支付，该业务支出功能分类科目为"科学技术支出—技术研究与开发—机构运行"。该单位应编制如下会计分录：

财务会计：

借：单位管理费用—商品和服务费用     4 000

    贷：零余额账户用款额度     4 000

预算会计：

借：事业支出—管理支出—其他资金支出—机构运行—商品和服务支出—办公费

    4 000

    贷：资金结存—零余额账户用款额度     4 000

【例12-4】某科研事业单位（增值税一般纳税人）开展非独立核算经营活动，购入A材料一批，取得增值税专用发票，材料价款20 000元，增值税进项税2 600元，进项税已认证可以抵扣。该单位以银行存款支付22 600元。该项业务支出功能分类科目为"科学技术支出—技术研究与开发—机构运行"。该单位应编制如下会计分录：

财务会计：

借：库存物品—A材料     20 000

    应交增值税—应交税金（进项税额）     2 600

    贷：银行存款     22 600

预算会计：

借：经营支出—机构运行     22 600

    贷：资金结存—货币资金     22 600

【例12-5】某科学事业单位为满足零星开支需要，经批准从零余额账户提取现金2 000元。该单位应编制如下会计分录：

财务会计：

借：库存现金     2 000

    贷：零余额账户用款额度     2 000

预算会计：

借：资金结存—货币资金     2 000

    贷：资金结存—零余额账户用款额度     2 000

3. 按照规定上缴财政拨款结转结余资金或注销财政拨款结转结余资金额度的，按照实际上缴资金数额或注销的资金额度数额，借记"财政拨款结转—归集上缴"或"财政拨款结余—归集上缴"科目，贷记本科目（财政应返还额度、零余额账户用款额度、货币资金）。在财务会计中，借记"累计盈余"科目，贷记"财政应返还额度/零余额账户用款额度/银行存款"科目。

按规定向原资金拨入单位缴回非财政拨款结转资金的，按照实际缴回资金数额，借记"非财政拨款结转—缴回资金"科目，贷记本科目（货币资金）。在财务会计中，借记"累计盈余"科目，贷记"银行存款"科目。

收到从其他单位调入的财政拨款结转资金的，按照实际调入资金数额，借记本科目（财政应返还额度、零余额账户用款额度、货币资金），贷记"财政拨款结转—归集调入"科目。在财务会计中，借记"财政应返还额度/零余额账户用款额度/银行存款"科目，贷记"累计盈余"科目。

【例12-6】某省水产院2×20年7月4日根据省级财政部门文件，缴回某项目2×18年结余资金268 817.55元。该项目支出功能分类科目为"科学技术支出—应用研究—其他应用研究支出"。该单位应编制如下会计分录：

财务会计：

借：累计盈余           268 817.55

 贷：零余额账户用款额度      268 817.55

预算会计：

借：财政拨款结余—归集上缴—其他应用研究支出—某项目 268 817.55

 贷：资金结存—零余额账户用款额度   268 817.55

【例12-7】2×19年9月，某科学事业单位受A公司委托，承接某产品研发项目，双方约定研发费用300 000元，项目经费如有结余应退回给A公司。2×20年12月项目完成验收，项目实际支出280 000元，经费结余20 000元。2×21年1月5日，该单位退回给A公司项目结余经费20 000元。该项业务支出功能分类科目为"科学技术支出—技术研究与开发—机构运行"，缴回资金时账务处理如下：

财务会计：

借：累计盈余           20 000

 贷：银行存款         20 000

预算会计：

借：非财政拨款结余—缴回资金—机构运行—某项目  20 000

 贷：资金结存—货币资金      20 000

【例12-8】某科研单位，收到同级财政部门从C科研所调入的某项目财政拨款结余资金15 000元，用于D科研项目。D项目支出功能分类科目为"科学技术支出—科技条件与服务—科技条件专项"。该单位应编制如下会计分录：

财务会计：

借：零余额账户用款额度       15 000

 贷：累计盈余         15 000

预算会计：

借：资金结存—零余额账户用款额度    15 000

 贷：财政拨款结转—归集调入—科技条件专项—D项目 15 000

4. 按照规定使用专用基金时，如果使用从非财政拨款结余中提取的专用基金，按照实际支付金额，借记"专用结余"科目，贷记本科目（货币资金）；如果使用从预算收入中计提的专用基金，按照实际支付金额借记"事业支出"等科目，贷记本科目（货币资金）。在财务会计中，借记"专用基金"科目，贷记"银行存款"科目；以专用基金购置固定资产、无形资产的，借记"固定资产""无形资产"等科目，贷记"银行存款"科目，同时借记"专用基金"科目，贷记"累计盈余"科目。

【例 12 - 9】某科学事业单位用职工福利基金支付职工体检费 50 000 元。该单位应编制如下会计分录：

　财务会计：

　借：专用基金—职工福利基金　　　　　　　　　　　　　50 000
　　　贷：银行存款　　　　　　　　　　　　　　　　　　　　50 000

　预算会计：

　借：专用结余—职工福利基金　　　　　　　　　　　　　50 000
　　　贷：资金结存—货币资金　　　　　　　　　　　　　　50 000

【例 12 - 10】2×20 年 8 月 15 日，某蚕业研究院由科技成果转化基金支付某项专利维护费 1 500 元。该项业务支出功能分类科目为"科学技术支出—应用研究—机构运行"。该单位应编制如下会计分录：

　财务会计：

　借：专用基金—科技成果转化基金　　　　　　　　　　　1 500
　　　贷：银行存款　　　　　　　　　　　　　　　　　　　　1 500

　预算会计：

　借：事业支出—科研支出—其他资金支出—机构运行—商品和服务支出—其他商
　　　品和服务支出　　　　　　　　　　　　　　　　　　　1 500
　　　贷：资金结存—货币资金　　　　　　　　　　　　　　1 500

5. 因购货退回、发生差错更正等退回国库直接支付、授权支付款项，或者收回货币资金的，属于本年度支付的，借记"财政拨款预算收入"科目或本科目（零余额账户用款额度、货币资金），贷记相关支出科目；在财务会计中，借记"财政拨款收入"或"零余额账户用款额度""银行存款"科目，贷记相关费用类科目或资产类科目。属于以前年度支付的，借记本科目（财政应返还额度、零余额账户用款额度、货币资金），贷记"财政拨款结转""财政拨款结余""非财政拨款结转""非财政拨款结余"科目。在财务会计中，借记"财政应返还额度/零余额账户用款额度/货币资金"等科目，贷记"以前年度盈余调整"科目。

【例 12 - 11】某科学事业单位 2×20 年 1 月 6 日，收到代理银行转来授权支付退款通知书，因对方账户信息错误，退回上年 12 月末采购办公用品购货款 2 200 元；因购货质量问题，退回当月购买办公耗材货款 830 元。不考虑增值税，该单位报告批准报出日为 2×20 年 1 月 8 日。该项业务支出功能分类科目为"科学技术支出—技术研究与开发—机构运行"。该单位应编制如下会计分录：

财务会计：

借：零余额账户用款额度 3 030

　　贷：单位管理费用—商品和服务费用 830

　　　　以前年度盈利调整—单位管理费用 2 200

借：以前年度盈余调整—单位管理费用 2 200

　　贷：累计盈余 2 200

预算会计：

借：资金结存—零余额账户用款额度 3 030

　　贷：财政拨款结转—年初余额调整—机构运行 2 200

　　　　事业支出—管理支出—财政拨款支出—机构运行—基本支出—商品和服

　　　　务支出—专用材料费 830

6. 有企业所得税缴纳义务的科学事业单位缴纳所得税时，按照实际缴纳金额，借记"非财政拨款结余—累计结余"科目，贷记本科目（货币资金）。在财务会计中，借记"所得税费用"科目，贷记"银行存款"科目。

【例12-12】某科学事业单位开展非独立核算经营活动，2×20年4月8日预缴上月应缴纳的企业所得税25 000元。该项业务支出功能分类科目为"科学技术支出—技术研究与开发—机构运行"。该单位应编制如下会计分录：

财务会计：

借：所得税费用 25 000

　　贷：银行存款 25 000

预算会计：

借：非财政拨款结余—累计结余—机构运行 25 000

　　贷：资金结存—货币资金 25 000

7. 年末，在财政直接支付方式下。

（1）财政国库集中支付结余按权责发生制列支时：

科学事业单位应根据本年度财政直接支付预算指标数与当年财政直接支出数的差额，借记本科目（财政应返还额度），贷记"财政拨款预算收入"科目。在财务会计中，借记"财政应返还额度"科目，贷记"财政拨款收入"科目。下年初不用做恢复额度账务处理。

（2）财政国库集中支付结余不再按权责发生制列支的情况时，科学事业单位不再进行上述账务处理。

【例12-13】某科学事业单位国库集中支付结余按权责发生制列支。2×19年末，与财政部门核对，本年度财政直接支付预算指标数100 000元，当年财政直接支付实际支出数95 000元，尚有5 000元需结转到下年度继续使用。2×20年初收到财政部门恢复直接支付额度通知后，该单位购买办公用品支付500元。该项业务支出功能分类科目为"科学技术支出—应用研究—机构运行"，该单位应编制如下会计分录：

财务会计：

借：财政应返还额度—财政直接支付　　　　　　　　　　　　5 000

　　贷：财政拨款收入　　　　　　　　　　　　　　　　　　　5 000

预算会计：

借：资金结存—财政应返还额度—财政直接支付　　　　　　　5 000

　　贷：财政拨款预算收入—机构运行—基本支出—日常公用经费　5 000

下年初恢复财政直接支付额度不做账务处理，支付办公用品采购款时：

财务会计：

借：单位管理费用—商品和服务费用　　　　　　　　　　　　500

　　贷：财政应返还额度—财政直接支付　　　　　　　　　　　　500

预算会计：

借：事业支出—管理支出—财政拨款支出—机构运行—基本支出—商品和服务支
出—办公费　　　　　　　　　　　　　　　　　　　　　500

　　贷：资金结存—财政应返还额度—财政直接支付　　　　　　　500

如果本例中该科学事业单位国库集中支付结余按规定不再按权责发生制列支，则本年度财政直接支付预算指标数 100 000 元与当年财政直接支付实际支出数 95 000 元之间的拨款差额 5 000 元，由财政部门收回，该科学事业单位不再做确认拨款差额的账务处理。

8. 年末，在财政授权支付方式下。

（1）财政国库集中支付结余按权责发生制列支时：

科学事业单位应依据代理银行提供的对账单作注销额度的相关账务处理，借记本科目（财政应返还额度），贷记本科目（零余额账户用款额度），在财务会计中，借记"财政应返还额度"科目，贷记"零余额账户用款额度"科目；本年度财政授权支付预算指标数大于零余额账户用款额度下达数的，根据未下达的用款额度，借记本科目（财政应返还额度），贷记"财政拨款预算收入"科目，在财务会计中，借记"财政应返还额度"科目，贷记"财政拨款收入"科目。

下年初，单位依据代理银行提供的额度恢复到账通知书作恢复额度的相关账务处理，借记本科目（零余额账户用款额度），贷记本科目（财政应返还额度），在财务会计中，借记"零余额账户用款额度"科目，贷记"财政应返还额度"科目。

单位收到财政部门批复的上年末未下达零余额账户用款额度的，借记本科目（零余额账户用款额度），贷记本科目（财政应返还额度），在财务会计中，借记"零余额账户用款额度"科目，贷记"财政应返还额度"科目。

（2）财政国库集中支付结余不再按权责发生制列支的情况时，科学事业单位对未下达用款额度不再进行上述账务处理。对于未使用的额度，由财政部门统一收回总预算，科学事业单位根据零余额账户额度收回到账通知单，在财务会计中，借记"财政拨款收入"等科目，贷记"零余额账户用款额度"。在预算会计中，借记"财政拨款预算收入"，贷记"资金结存—零余额账户用款额度"。

【例 12-14】某科研事业单位为财政全额拨款事业单位，国库集中支付结余按权责发生制列支。2×19 年末与代理银行提供的对账单核对，单位零余额账户余额 30 000

元，为公用经费结转资金；经与财政部门核对，本年度财政授权支付预算指标数
1 000 000 元，零余额用款额度下达数 800 000 元，尚有 200 000 元人员经费需结转到
下年使用。2×20 年初，恢复上年注销的零余额账户用款额度 30 000 元。收到财政部
门批复的上年末未下达零余额账户用款额度 200 000 元。该业务支出功能分类科目为
"科学技术支出—科技条件与服务—机构运行"，该单位应编制如下会计分录：

（1）2×19 年末注销零余额账户用款额度；确认未下达的用款额度：

财务会计：

借：财政应返还额度—财政授权支付             30 000

  贷：零余额账户用款额度               30 000

借：财政应返还额度—财政授权支付           200 000

  贷：财政拨款收入                200 000

预算会计：

借：资金结存—财政应返还额度—财政授权支付       230 000

  贷：资金结存—零余额账户用款额度          30 000

    财政拨款预算收入—机构运行—基本支出—人员经费   200 000

（2）2×20 年初恢复零余额账户用款额度：

财务会计：

借：零余额账户用款额度               230 000

  贷：财政应返还额度—财政授权支付          230 000

预算会计：

借：资金结存—零余额账户用款额度           230 000

  贷：资金结存—财政应返还额度—财政授权支付      230 000

如果本例中该科学事业单位国库集中支付结余按规定不再按权责发生制列支，则
该事业单位不做确认拨款差额的账务处理，对单位零余额账户余额 30 000 元，在收
到财政部门零余额账户额度收回到账通知单时：

财务会计：

借：财政拨款收入                 30 000

  贷：零余额账户用款额度             30 000

预算会计：

借：财政拨款预算收入               30 000

  贷：资金结存—零余额账户用款额度          30 000

# 第三节　财政拨款结转

## 一、财政拨款结转的含义及内容

财政拨款结转是指预算安排的支出年度终了时尚未执行完毕或者因故未执行，且

下一年度需要按原用途继续使用的财政拨款预算资金。

财政拨款结转包括基本支出结转和项目支出结转。基本支出结转是指科学事业单位基本支出拨款与基本支出相抵后的余额，基本支出结转需要区分人员经费和日常公用经费。项目支出结转是指科学事业单位项目拨款与项目支出相抵后的余额。项目支出结转限定用于原规定的项目，未经财政部门批准，不得挪作他用。

财政拨款结转按照形成的时间不同，又可分为本年度结转资金和以前年度累计结转资金两种。

## 二、财政拨款结转的核算

（一）科目设置

科学事业单位设置"财政拨款结转"科目，核算单位取得的同级财政拨款结转资金的调整、结转和滚存情况。本科目年末贷方余额，反映单位滚存的财政拨款结转资金数。该科目应设置以下三类明细科目：

1. 与会计差错更正、以前年度支出收回相关的明细科目。

"年初余额调整"明细科目。核算因发生差错更正，以前年度支出收回等原因，需要调整财政拨款结转的金额。年终结账后，本明细科目应无余额。

2. 与财政拨款调拨业务相关的明细科目。

（1）"归集调入"明细科目。核算按照规定从其他单位调入财政拨款结转资金时，实际调增的额度数额或调入的资金数额。年末结账后，本明细科目应无余额。

（2）"归集调出"明细科目。核算按照规定向其他单位调出财政拨款结转资金时，实际调减的额度数额或调出的资金数额。年末结账后，本明细科目应无余额。

（3）"归集上缴"明细科目。核算按照规定上缴财政拨款结转资金时，实际核销的额度数额或上缴的资金数额。年末结账后，本明细科目应无余额。

（4）"单位内部调剂"明细科目。核算经财政部门批准对财政拨款结余资金改变用途，调整用于本单位其他未完成项目等的调整金额。年末结账后，本明细科目应无余额。

3. 与年末财政拨款结转业务相关的明细科目。

（1）"本年收支结转"明细科目。核算单位本年度财政拨款收支相抵后的余额。年末结账后，本明细科目应无余额。

（2）"累计结转"明细科目。核算单位滚存的财政拨款结转资金。本明细科目年末贷方余额，反映单位财政拨款滚存的结转资金数额。

"财政拨款结转"科目还应当设置"基本支出结转""项目支出结转"两个明细科目，并在"基本支出结转"明细科目下按照"人员经费""日常公用经费"进行明细核算，在"项目支出结转"明细科目下按照具体项目进行明细核算；同时，本科目还应按照《政府收支分类科目》中"支出功能分类科目"的相关科目进行明细核算。

有一般公共预算财政拨款、政府性基金预算财政拨款等两种或两种以上财政拨款的，还应当在"财政拨款结转"科目下按照财政拨款的种类进行明细核算。

（二）主要账务处理

1. 与会计差错更正、以前年度支出收回相关的账务处理。

（1）因发生会计差错更正退回以前年度国库直接支付、授权支付款项或财政性货币资金，或者因发生会计差错更正增加以前年度国库直接支付、授权支付支出或财政性货币资金支出，属于以前年度财政拨款结转资金的，借记或贷记"资金结存—财政应返还额度/零余额账户用款额度/货币资金"科目，贷记或借记本科目（年初余额调整）。在财务会计中，借记或贷记"财政应返还额度、零余额账户用款额度、银行存款"等科目，贷记或借记"以前年度盈余调整"科目。

（2）因购货退回、预付款项收回等发生以前年度支出又收回国库直接支付、授权支付款项或收回财政性货币资金，属于以前年度财政拨款结转资金的，借记"资金结存—财政应返还额度、零余额账户用款额度、货币资金"科目，贷记本科目（年初余额调整）。在财务会计中，借记"财政应返还额度、零余额账户用款额度、银行存款"等科目，贷记"以前年度盈余调整""预付账款"科目。

【例12-15】某科学事业单位2×20年1月10日，收到代理银行转来授权支付退款通知书，因对方账户信息填写错误，退回上年12月28日采购办公用品购货款2 800元。不考虑增值税，该单位报告批准报出日为2×20年1月8日。该项业务支出功能分类科目为"科学技术支出—基础研究—机构运行"。该单位应编制如下会计分录：

财务会计：

借：零余额账户用款额度　　　　　　　　　　　　　　　　2 800

　　贷：单位管理费用—商品和服务费用　　　　　　　　　　　　2 800

预算会计：

借：资金结存—零余额账户用款额度　　　　　　　　　　　2 800

　　贷：财政拨款结转—年初余额调整—机构运行　　　　　　　　2 800

2. 与财政拨款结转结余资金调整业务相关的账务处理。

（1）按照规定从其他单位调入财政拨款结转资金的，按照实际调增的额度数额或调入的资金数额，借记"资金结存—财政应返还额度、零余额账户用款额度、货币资金"科目，贷记本科目（归集调入）。在财务会计中，借记"财政应返还额度、零余额账户用款额度、银行存款"等科目，贷记"累计盈余"科目。

（2）按照规定向其他单位调出财政拨款结转资金的，按照实际调减的额度数额或调出的资金数额，借记本科目（归集调出），贷记"资金结存—财政应返还额度、零余额账户用款额度、货币资金"科目。在财务会计中，借记"累计盈余"科目。贷记"财政应返还额度、零余额账户用款额度、银行存款"等科目。

（3）按照规定上缴财政拨款结转资金或注销财政拨款结转资金额度的，按照实际上缴资金数额或注销的资金额度数额，借记本科目（归集上缴），贷记"资金结存—财政应返还额度、零余额账户用款额度、货币资金"科目。在财务会计中，借记"累计盈余"科目，贷记"财政应返还额度、零余额账户用款额度、银行存款"

等科目。

（4）经财政部门批准对财政拨款结余资金改变用途，调整用于本单位基本支出或其他未完成项目支出的，按照批准调剂的金额，借记"财政拨款结余—单位内部调剂"科目，贷记本科目（单位内部调剂）。

【例12-16】某计量院 2×20 年 7 月收到财政部门通知文件，收回上年国库集中支付授权支付中的结转资金 1 646 645.97 元，其中收回基本支出（人员经费支出）结转资金 302 599 元，收回 A 项目支出结转资金 1 344 056.97 元。收回财政直接支付政府采购 B 项目结转资金 26 800 元。该业务基本支出功能分类科目为"科学技术支出—科技条件与服务—机构运行"；A 项目支出功能分类科目为"科学技术支出—科技条件与服务—科技条件专项"。B 项目支出功能分类科目为"科学技术支出—科技条件与服务—其他科技条件与服务支出"。该单位应编制如下会计分录：

财务会计：

借：累计盈余   1 646 645.97

   贷：零余额账户用款额度   1 646 645.97

借：累计盈余   26 800

   贷：财政应返还额度—财政直接支付   26 800

预算会计：

借：财政拨款结转—归集上缴—机构运行—基本支出—人员经费

   302 599

   —科技条件专项—项目支出—A 项目

   1 344 056.97

   贷：资金结存—零余额账户用款额度   1 646 645.97

借：财政拨款结转—归集上缴—其他科技条件与服务支出—项目支出—B 项目

   26 800

   贷：资金结存—财政应返还额度—财政直接支付   26 800

【例12-17】某科学事业单位 A 科研项目专项拨款经费缺口 50 000 元，经财政部门批准将本单位 B 科研项目结余资金 30 000 元用于 A 项目，同时财政部门将同级甲科研单位中止实施的 C 项目结转经费 20 000 元调配给该单位 A 项目使用。A 项目支出功能分类科目为"科学技术支出—科技条件与服务—科技条件专项"；B 项目支出功能分类科目为"科学技术支出—科技条件与服务—其他科技条件与服务支出"。该单位应编制如下会计分录：

财务会计：

借：零余额账户用款额度   20 000

   贷：累计盈余   20 000

预算会计：

借：财政拨款结余—单位内部调剂—其他科技条件与服务支出—B 项目

   30 000

   贷：财政拨款结转—单位内部调剂—科技条件专项—A 项目   30 000

借：资金结存—零余额账户用款额度　　　　　　　　　　20 000
　　贷：财政拨款结转—归集调入—科技条件专项—A项目　　20 000

3. 与年末财政拨款结转和结余业务相关的账务处理。

（1）年末，将财政拨款预算收入本年发生额转入本科目，借记"财政拨款预算收入"科目，贷记本科目（本年收支结转）；将各项支出中财政拨款支出本年发生额转入本科目，借记本科目（本年收支结转），贷记各项支出（财政拨款支出）科目。

【例12-18】某省信息所2×19年末"财政拨款预算收入"明细科目本期发生额如表12-1所示；财政拨款对应的支出全部为"事业支出"，明细科目本期发生额如表12-2所示。

表12-1　　　　"财政拨款预算收入"本期发生额明细表　　　　单位：万元

| 明细科目名称 | | 借方 | 贷方 | 支出功能分类科目 |
|---|---|---|---|---|
| 基本支出 | 人员经费 | | 560 | 科学技术支出—科技条件与服务—机构运行 |
| | 公用经费 | | 240 | 科学技术支出—科技条件与服务—机构运行 |
| | 小计 | | 800 | |
| 项目支出 | A项目 | | 600 | 科学技术支出—科技条件与服务—科技条件专项 |
| | B项目 | | 180 | 科学技术支出—科技条件与服务—其他科技条件与服务支出 |
| | 小计 | | 780 | |
| 合计 | | | 1 580 | |

表12-2　　　　事业支出—财政拨款支出本期发生额明细表　　　　单位：万元

| 明细科目名称 | | 借方 | 贷方 | 支出功能分类科目 |
|---|---|---|---|---|
| 基本支出 | 人员经费 | 558 | | 科学技术支出—科技条件与服务—机构运行 |
| | 公用经费 | 220 | | 科学技术支出—科技条件与服务—机构运行 |
| | 小计 | 778 | | |
| 项目支出 | A项目 | 520 | | 科学技术支出—科技条件与服务—科技条件专项 |
| | B项目 | 130 | | 科学技术支出—科技条件与服务—其他科技条件与服务支出 |
| | 小计 | 650 | | |
| 合计 | | 1 428 | | |

根据以上资料，该信息所对本年财政拨款进行结转，应编制如下会计分录：

①结转本年财政拨款基本经费收支：

借：财政拨款预算收入—机构运行—基本支出—人员经费　　5 600 000

贷：财政拨款结转—本年收支结转—机构运行—基本支出结转—人员经费

5 600 000

借：财政拨款预算收入—机构运行—基本支出—日常公用经费

2 400 000

贷：财政拨款结转—本年收支结转—机构运行—基本支出结转—日常公用

经费 2 400 000

借：财政拨款结转—本年收支结转—机构运行—基本支出结转—人员经费

5 580 000

贷：事业支出—财政拨款支出—机构运行—基本支出—工资福利支出

5 580 000

借：财政拨款结转—本年收支结转—机构运行—基本支出结转—日常公用经费

2 200 000

贷：事业支出—财政拨款支出—机构运行—基本支出—商品和服务支出

2 200 000

注：日常公用经费支出应按"商品和服务支出""对个人和家庭补助支出"和其他经济分类科目分别进行结转，此处为简化将日常公用经费均视同为"商品和服务支出"。

②结转本年财政拨款项目经费收支：

借：财政拨款预算收入—科技条件专项—项目支出—A 项目 6 000 000

贷：财政拨款结转—本年收支结转—科技条件专项—项目支出结转—A 项目

6 000 000

借：财政拨款预算收入—其他科技条件与服务支出—项目支出—B 项目

1 800 000

贷：财政拨款结转—本年收支结转—其他科技条件与服务支出—项目支出结转—B 项目 1 800 000

借：财政拨款结转—本年收支结转—科技条件专项—A 项目 5 200 000

贷：事业支出—财政拨款支出—科技条件专项—项目支出—商品和服务支出—A 项目 5 200 000

借：财政拨款结转—本年收支结转—其他科技条件与服务支出—项目支出结转—B 项目 1 300 000

贷：事业支出—财政拨款支出—其他科技条件与服务支出—项目支出—商品和服务支出—B 项目 1 300 000

注：项目支出应按"商品和服务支出""对个人和家庭补助支出"和其他经济分类科目进行结转，此处为简化，将项目支出均视同为"商品和服务支出"。

③结转后"财政拨款结转—本年收支结转"各明细科目余额如表 12 - 3 所示。

表12-3　　　　结转后"财政拨款结转—本年收支结转"各明细科目余额表　　单位：万元

| 科目名称 | 余额 | | 支出功能分类科目 |
| --- | --- | --- | --- |
| | 借方 | 贷方 | |
| 财政拨款结转—本年收支结转—基本支出—人员经费 | | 2 | 科学技术支出—科技条件与服务—机构运行 |
| 财政拨款结转—本年收支结转—基本支出—日常公用经费 | | 20 | 科学技术支出—科技条件与服务—机构运行 |
| 财政拨款结转—本年收支结转—项目支出—A项目 | | 80 | 科学技术支出—科技条件与服务—科技条件专项 |
| 财政拨款结转—本年收支结转—项目支出—B项目 | | 50 | 科学技术支出—科技条件与服务—其他科技条件与服务支出 |

（2）年末冲销有关明细科目余额。将本科目（本年收支结转、年初余额调整、归集调入、归集调出、归集上缴、单位内部调剂）余额转入本科目（累计结转）。结转后，本科目除"累计结转"明细科目外，其他明细科目应无余额。

【例12-19】某科学事业单位年末财政拨款结转各明细科目余额如表12-4所示。

表12-4　　　　　　　　财政拨款结转各明细科目余额表　　　　单位：元

| 科目名称 | 余额 | | 支出功能分类科目 |
| --- | --- | --- | --- |
| | 借方 | 贷方 | |
| 年初余额调整—基本支出结转—日常公用支出 | | 13 200 | 科学技术支出—科技条件与服务—机构运行 |
| 单位内部调剂—A项目 | | 30 000 | 科学技术支出—科技条件与服务—科技条件专项 |
| 归集调入—A项目 | | 20 000 | 科学技术支出—科技条件与服务—科技条件专项 |
| 归集上缴—B项目 | 40 000 | | 科学技术支出—科技条件与服务—其他科技条件与服务支出 |
| 本年收支结转—基本支出结转—日常公用经费 | | 220 000 | 科学技术支出—科技条件与服务—机构运行 |
| 本年收支结转—项目支出结转—C项目 | | 90 000 | 科学技术支出—科技条件与服务—其他科技条件与服务支出 |

根据以上资料，该科学事业单位结转"财政拨款结转"各明细科目余额，应编制如下会计分录：

借：财政拨款结转—年初余额调整—机构运行—基本支出结转—日常公用经费

13 200

—本年收支结转—机构运行—基本支出结转—日常公用经费

220 000

  贷：财政拨款结转—累计结转—机构运行—基本支出结转—日常公用经费

　　　　　　　　　　　　　　　　　　　　　　　　　　233 200

　　借：财政拨款结转—单位内部调剂—科技条件专项—A 项目　　30 000

　　　　　　—归集调入—科技条件专项—A 项目　　20 000

　　贷：财政拨款结转—累计结转—科技条件专项—项目支出结转—A 项目

　　　　　　　　　　　　　　　　　　　　　　　　　　50 000

　　借：财政拨款结转—本年收支结转—其他科技条件与服务支出—项目支出结转—

　　C 项目　　　　　　　　　　　　　　　　　　　　90 000

　　贷：财政拨款结转—累计结转—其他科技条件与服务支出—项目支出结转—

　　　　C 项目　　　　　　　　　　　　　　　　　　90 000

　　借：财政拨款结转—累计结转—其他科技条件与服务支出—项目支出结转—B

　　项目　　　　　　　　　　　　　　　　　　　　40 000

　　贷：财政拨款结转—归集上缴—其他科技条件与服务支出—B 项目

　　　　　　　　　　　　　　　　　　　　　　　　　　40 000

（3）年末完成上述结转后，应当对财政拨款结转各明细项目执行情况进行分析，按照有关规定将符合财政拨款结余性质的项目余额转入财政拨款结余，借记本科目（累计结转），贷记"财政拨款结余—结转转入"科目。

【例 12 - 20】沿用【例 12 - 19】资料，经对 C 项目执行情况进行分析，该项目已经验收完成，项目结转资金 90 000 元符合结余性质，应转入财政拨款结余。编制如下会计分录：

　　借：财政拨款结转—累计结转—项目支出结转—其他科技条件与服务支出—C

　　项目　　　　　　　　　　　　　　　　　　　　90 000

　　贷：财政拨款结余—结转转入—其他科技条件与服务支出—C 项目

　　　　　　　　　　　　　　　　　　　　　　　　　　90 000

# 第四节　财政拨款结余

## 一、财政拨款结余的含义及内容

由于年度财政拨款中基本支出拨款形成的结余资金可以结转以后年度继续使用，全额列入财政拨款结转不会形成基本支出结余，因此，财政拨款结余是指项目实施周期已结束、项目目标完成或项目提前终止，尚未列支的财政拨款预算资金以及因项目实施计划调整，不需要继续支出的预算资金。

年末，科学事业单位应当对财政拨款项目的执行情况进行分析，将符合财政拨款结余资金性质的数额从"财政拨款结转—累计结转"转到"财政拨款结余—结转转入"科目，形成当年的财政拨款结余资金。

## 二、财政拨款结余的核算

（一）科目设置

科学事业单位应设置"财政拨款结余"科目，核算单位取得的同级财政拨款项目支出结余资金的调整、结转和滚存情况。本科目年末贷方余额，反映单位滚存的财政拨款结余资金数额。本科目应当设置下列明细科目：

1. 与会计差错更正、以前年度支出收回相关的明细科目。

"年初余额调整"：本明细科目核算因发生会计差错更正、以前年度支出收回等原因，需要调整财政拨款结余的金额。年末结账后，本明细科目应无余额。

2. 与财政拨款结余资金调整业务相关的明细科目。

（1）"归集上缴"明细科目。核算按照规定上缴财政拨款结余资金时，实际核销的额度数额或上缴的资金数额。年末结账后，本明细科目应无余额。

（2）"单位内部调剂"明细科目。核算经财政部门批准对财政拨款结余资金改变用途，调整用于本单位其他未完成项目等的调整金额。年末结账后，本明细科目应无余额。

3. 与年末财政拨款结余业务相关的明细科目。

（1）"结转转入"明细科目。核算单位按照规定转入财政拨款结余的财政拨款结转资金。年末结账后，本明细科目应无余额。

（2）"累计结余"明细科目。核算单位滚存的财政拨款结余资金。本明细科目年末贷方余额，反映单位财政拨款滚存的结余资金数。

本科目还应当按照具体项目、《政府收支分类科目》中"支出功能分类科目"的相关科目等进行明细核算。有一般公共预算财政拨款、政府性基金预算财政拨款等两种或两种以上财政拨款的，还应当在本科目下按照财政拨款的种类进行明细核算。

（二）主要账务处理

1. 与会计差错更正、以前年度支出收回相关的账务处理。

（1）因发生会计差错更正退回以前年度国库直接支付、授权支付款项或财政性货币资金，或者因发生会计差错更正增加以前年度国库直接支付、授权支付支出或财政性货币资金支出，属于以前年度财政拨款结余资金的，借记或贷记"资金结存—财政应返还额度、零余额账户用款额度、货币资金"科目，贷记或借记本科目（年初余额调整）。在财务会计中，借记或贷记"财政应返还额度、零余额账户用款额度、银行存款"科目，贷记或借记"以前年度盈余调整"科目。

（2）因购货退回、预付款项收回等发生以前年度支出又收回国库直接支付、授权支付款项或收回财政性货币资金，属于以前年度财政拨款结余资金的，借记"资金结存—财政应返还额度、零余额账户用款额度、货币资金"科目，贷记本科目（年初余额调整）。在财务会计中，借记"财政应返还额度、零余额账户用款额度、银行存款"科目，贷记"以前年度盈余调整""预付账款"科目。

【例12-21】某科学事业单位财政拨款科研项目A项目2×19年12月已经结项，

项目结转资金已转入项目结余。2×20 年 1 月 15 日，该单位对此项目开展绩效自我评价，审查项目资金使用时发现误将一笔应在基本支出列支的办公费计入了 A 项目，金额 3 000 元。A 项目支出功能分类科目为"科学技术支出—应用研究—其他技术研究与开发支出"，基本支出支出功能分类科目为"科学技术支出—应用研究—机构运行"。该单位进行会计调整，应编制如下会计分录：

预算会计：

借：财政拨款结转—年初余额调整—基本支出结转—机构运行　　3 000

　　贷：财政拨款结余—年初余额调整—其他技术研究与开发支出—A 项目

　　　　　　　　　　　　　　　　　　　　　　　　　　　　3 000

财务会计不做账务处理。

【例 12 – 22】某科学事业单位 2×20 年 1 月 11 日，收到代理银行转来授权支付退款通知书，因对方银行卡账号信息填写错误，退回上年 12 月 29 日支付给 B 科研项目专家咨询费 800 元。B 项目年末已将结转资金转入项目结余。假设该单位报告批准报出日为 2×20 年 1 月 8 日。该业务支出功能分类科目为"科学技术支出—科技条件与服务—科技条件专项"，该单位应编制如下会计分录：

财务会计：

借：零余额账户用款额度　　　　　　　　　　　　　　　　800

　　贷：业务活动费用—科研活动费用—商品和服务费用　　　　800

预算会计：

借：资金结存—零余额账户用款额度　　　　　　　　　　　800

　　贷：财政拨款结余—年初余额调整—科技条件专项—B 项目　　800

2. 与财政拨款结余资金调整业务相关的账务处理。

（1）经财政部门批准对财政拨款结余资金改变用途，调整用于本单位基本支出或其他未完成项目支出的，按照批准调剂的金额，借记本科目（单位内部调剂），贷记"财政拨款结转—单位内部调剂"科目。

（2）按照规定上缴财政拨款结余资金或注销财政拨款结余资金额度的，按照实际上缴资金数额或注销的资金额度数额，借记本科目（归集上缴），贷记"资金结存—财政应返还额度、零余额账户用款额度、货币资金"科目。在财务会计中，借记"累计盈余"科目，贷记"财政应返还额度、零余额账户用款额度、银行存款"科目。

【例 12 – 23】某科研单位经财政部门批准将本单位 A 科研项目结余经费 60 000元调剂给本单位正在实施的科研项目 B 项目使用。A 项目支出功能分类科目为"科学技术支出—科技条件与服务—科技条件专项"；B 项目支出功能分类科目为"科学技术支出—科技条件与服务—其他科技条件与服务支出"。该单位应编制如下会计分录：

预算会计：

借：财政拨款结余—单位内部调剂—科技条件专项—A 项目　　60 000

　　贷：财政拨款结转—单位内部调剂—其他科技条件与服务支出—B 项目

　　　　　　　　　　　　　　　　　　　　　　　　　　　60 000

财务会计不做账务处理。

【例12－24】某科学事业单位根据财政部门文件，通过零余额账户上缴D项目结余资金26 000元。D项目支出功能分类科目为"科学技术支出—基础研究—专项基础科研"，该单位应编制如下会计分录：

财务会计：

借：累计盈余　　　　　　　　　　　　　　　　　　　26 000

　　贷：零余额账户用款额度　　　　　　　　　　　　　　　　　26 000

预算会计：

借：财政拨款结余—归集上缴—专项基础科研—D项目　　26 000

　　贷：资金结存—零余额账户用款额度　　　　　　　　　　　　26 000

3. 与年末财政拨款结转和结余业务相关的账务处理。

（1）年末，对财政拨款结转各明细项目执行情况进行分析，按照有关规定将符合财政拨款结余性质的项目余额转入财政拨款结余，借记"财政拨款结转—累计结转"科目，贷记本科目（结转转入）。

（2）年末冲销有关明细科目余额。将本科目（年初余额调整、归集上缴、单位内部调剂、结转转入）余额转入本科目（累计结余）。结转后，本科目除"累计结余"明细科目外，其他明细科目应无余额。

【例12－25】年末，某科学事业单位进行年末结转账务处理后，"财政拨款结转—累计结转—E项目"科目贷方余额17 000元。经对E项目执行情况进行分析，项目已结项并通过验收，应将项目结余资金转入项目结余，E项目支出功能分类科目为"科学技术支出—基础研究—专项基础科研"，该单位应编制如下会计分录：

借：财政拨款结转—累计结转—项目支出结转—专项基础科研—E项目

　　　　　　　　　　　　　　　　　　　　　　　　　　　17 000

　　贷：财政拨款结余—结转转入—专项基础科研—E项目　　17 000

【例12－26】某科学事业单位年末结账前"财政拨款结余"各明细科目余额如表12－5所示。

表12－5　　　　　　　"财政拨款结余"各明细科目余额表　　　　　　　单位：元

| 科目名称 | 余额 | | 支出功能分类科目 |
| --- | --- | --- | --- |
| | 借方 | 贷方 | |
| 年初余额调整—项目支出结转—B项目 | | 800 | 科学技术支出—科技条件与服务—科技条件专项 |
| 归集上缴—D项目 | 26 000 | | 科学技术支出—科技条件与服务—其他科技条件与服务支出 |
| 单位内部调剂—A项目 | 60 000 | | 科学技术支出—科技条件与服务—技术创新服务体系 |
| 结转转入—E项目 | | 17 000 | 科学技术支出—科技条件与服务—其他科技条件与服务支出 |

根据以上资料，该科学事业单位结转"财政拨款结余"各明细科目余额，应编

制如下会计分录：

  借：财政拨款结余—年初余额调整—科技条件专项—B 项目  800

    贷：财政拨款结余—累计结余—科技条件专项—B 项目  800

  借：财政拨款结余—累计结余—其他科技条件与服务支出—D 项目

                    26 000

    贷：财政拨款结余—归集上缴—其他科技条件与服务支出—D 项目

                    26 000

  借：财政拨款结余—累计结余—技术创新服务体系—A 项目 60 000

    贷：财政拨款结余—单位内部调剂—技术创新服务体系—A 项目 60 000

  借：财政拨款结余—结转转入—其他科技条件与服务支出—E 项目

                    17 000

    贷：财政拨款结余—累计结余—其他科技条件与服务支出—E 项目

                    17 000

# 第五节 非财政拨款结转

## 一、非财政拨款结转的含义及内容

  非财政拨款结转，是指科学事业单位除同级财政拨款收支和经营收支以外的各类专项资金收入与其相关支出相抵后剩余滚存的、须按规定用途使用的结转资金。包括非同级财政拨款专项经费收支结转和除了财政拨款以外专项经费收支形成的结转。

## 二、非财政拨款结转的核算

（一）科目设置

  科学事业单位应设置"非财政拨款结转"科目，核算单位除财政拨款收支、经营收支以外各非同级财政拨款专项资金的调整、结转和滚存情况。本科目年末贷方余额，反映单位滚存的非同级财政拨款专项结转资金数额。本科目应当设置下列明细科目：

  1. "年初余额调整"：核算因发生会计差错更正、以前年度支出收回等原因，需要调整非财政拨款结转的资金。年末结账后，本明细科目应无余额。

  2. "缴回资金"：核算按照规定缴回非财政拨款结转资金时，实际缴回的资金数额。年末结账后，本明细科目应无余额。

  3. "项目间接费用或管理费"：核算单位取得的科研项目预算收入中，按照规定计提项目间接费用或管理费的数额。年末结账后，本明细科目应无余额。

  4. "本年收支结转"：核算单位本年度非同级财政拨款专项收支相抵后的余额。

年末结账后，本明细科目应无余额。

5. "累计结转"：核算单位滚存的非同级财政拨款专项结转资金。年末贷方余额，反映单位非同级财政拨款滚存的专项结转资金数额。

本科目还应当按照具体项目、《政府收支分类科目》中"支出功能分类科目"的相关科目等进行明细核算。

（二）主要账务处理

1. 按照规定从科研项目预算收入中提取项目管理费或间接费时，借记"非财政拨款结转—项目间接费用或管理费"科目，贷记本科目（项目间接费用或管理费）。在财务会计中，借记"单位管理费用"科目，贷记"预提费用—项目间接费或管理费"科目。

【例12–27】某科学事业单位承担省教育厅科研规划课题B项目，当年收到科研经费100 000元，该科学事业单位按项目直接费用预算减去设备费金额的10%计提科研项目管理费10 000元。该业务支出功能分类科目为"科学技术支出—科技条件与服务—机构运行"。该单位应编制如下会计分录：

财务会计：

借：单位管理费用—商品和服务费用　　　　　　　　　　　10 000

　　贷：预提费用—项目间接费或管理费　　　　　　　　　　　　10 000

预算会计：

借：非财政拨款结转—项目间接费用或管理费—机构运行—B项目

　　　　　　　　　　　　　　　　　　　　　　　　　　10 000

　　贷：非财政拨款结余—项目间接费用或管理费—机构运行—B项目

　　　　　　　　　　　　　　　　　　　　　　　　　　　　10 000

2. 因会计差错更正收到或支出非同级财政拨款货币资金，属于非财政拨款结转资金的，按照收到或支出的金额，借记或贷记"资金结存—货币资金"科目，贷记或借记本科目（年初余额调整）。在财务会计中，借记"银行存款"科目，贷记"以前年度盈余调整"科目。

因收回以前年度支出等收到非同级财政拨款货币资金，属于非财政拨款结转资金的，按照收到的金额，借记"资金结存—货币资金"科目，贷记本科目（年初余额调整）。在财务会计中，借记"银行存款"科目，贷记"以前年度盈余调整"科目。

【例12–28】某科学事业单位2×20年1月7日银行账户收到A公司汇入款项，金额2 400元，经查为2×19年12月26日某横向科研项目采购实验材料款多付款项退回。假设报告批准报出日为2×20年1月8日。该业务支出功能分类科目为"科学技术支出—应用研究—机构运行"。该单位应编制如下会计分录：

财务会计：

借：银行存款　　　　　　　　　　　　　　　　　　　　2 400

　　贷：以前年度盈余调整—业务活动费用　　　　　　　　　　2 400

借：以前年度盈余调整—业务活动费用　　　　　　　　　2 400

　　贷：累计盈余　　　　　　　　　　　　　　　　　　　　　2 400

预算会计：

借：资金结存—货币资金　　　　　　　　　　　　　　　　2 400

　　贷：非财政拨款结转—年初额调整—机构运行　　　　　　2 400

3. 按照规定缴回非财政拨款结转资金的，按照实际缴回资金数额，借记本科目（缴回资金），贷记"资金结存—货币资金"科目。在财务会计中，借记"累计盈余"科目，贷记"银行存款"科目。

【例12-29】某科学事业单位非财政拨款A项目因故终止，结转资金30 000元按规定返还给拨款单位。该单位以银行存款支付上述款项。该业务支出功能分类科目为"科学技术支出—技术研究与开发—机构运行"。账务处理如下：

财务会计：

借：累计盈余　　　　　　　　　　　　　　　　　　　　30 000

　　贷：银行存款　　　　　　　　　　　　　　　　　　　30 000

预算会计：

借：非财政拨款结转—缴回资金—机构运行—A项目　　　　30 000

　　贷：资金结存—货币资金　　　　　　　　　　　　　　30 000

年末，将事业预算收入、上级补助预算收入、附属单位上缴预算收入、非同级财政拨款预算收入、债务预算收入、其他预算收入本年发生额中的专项资金收入转入本科目，借记"事业预算收入""上级补助预算收入""附属单位上缴预算收入""非同级财政拨款预算收入""债务预算收入""其他预算收入"科目下各专项资金收入明细科目，贷记本科目（本年收支结转）；将事业支出、其他支出本年发生额中的非财政拨款专项资金支出转入本科目，借记本科目（本年收支结转），贷记"事业支出""其他支出"科目下各非财政拨款专项资金支出明细科目。

【例12-30】某科学事业单位年末与"非财政拨款结转"有关科目余额如表12-6所示。

表12-6　　　　　　　　非财政拨款结转相关科目余额表　　　　　单位：元

| 科目名称 | 余额 | |
|---|---|---|
| | 借方 | 贷方 |
| 事业预算收入—科研预算收入—A项目 | | 300 000 |
| 事业支出—科研支出—非财政专项资金支出—A项目 | 250 000 | |
| 上级补助预算收入—B项目 | | 100 000 |
| 事业支出—非科研支出—非财政专项资金支出—B项目 | 80 000 | |
| 非同级财政拨款预算收入—C项目 | | 200 000 |
| 缴回资金—D项目事业支出—非科研支出—非财政专项资金支出—C项目 | 185 000 | |

上述项目支出功能分类科目为"科学技术支出—技术研究与开发—机构运行"。根据以上资料，该科学事业单位年末"非财政拨款结转"有关账务处理应编制如下

会计分录：

借：事业预算收入—科研预算收入—机构运行—A 项目　　　300 000
　　贷：非财政拨款结转—本年收支结转—机构运行—A 项目　　　300 000
借：非财政拨款结转—本年收支结转—机构运行—A 项目　　　250 000
　　贷：事业支出—科研支出—非财政专项资金支出—机构运行—A 项目
　　　　　　　　　　　　　　　　　　　　　　　　　　　　250 000
借：上级补助预算收入—机构运行—B 项目　　　100 000
　　贷：非财政拨款结转—本年收支结转—机构运行—B 项目　　　100 000
借：非财政拨款结转—本年收支结转—机构运行—B 项目　　　80 000
　　贷：事业支出—非科研支出—非财政专项资金支出—机构运行—B 项目
　　　　　　　　　　　　　　　　　　　　　　　　　　　　80 000
借：非同级财政拨款预算收入—机构运行—C 项目　　　200 000
　　贷：非财政拨款结转—本年收支结转—机构运行—C 项目　　　200 000
借：非财政拨款结转—本年收支结转—机构运行—C 项目　　　185 000
　　贷：事业支出—非科研支出—非财政专项资金支出—机构运行—C 项目
　　　　　　　　　　　　　　　　　　　　　　　　　　　　185 000

4. 年末冲销有关明细科目余额。将本科目（年初余额调整、项目间接费用或管理费、缴回资金、本年收支结转）余额转入本科目（累计结转）。结转后，本科目除"累计结转"明细科目外，其他明细科目应无余额。

【例 12 - 31】某科学事业单位年末"非财政拨款结转"各明细科目余额如表 12 - 7 所示。

表 12 - 7　　　　　　　　非财政拨款结转各明细科目余额表　　　　　单位：元

| 科目名称 | 余额 | |
|---|---|---|
| | 借方 | 贷方 |
| 本年收支结转—A 项目 | | 50 000 |
| 本年收支结转—B 项目 | | 20 000 |
| 本年收支结转—C 项目 | | 15 000 |
| 缴回资金—D 项目 | 30 000 | |
| 项目间接费用或管理费—E 项目 | | 10 000 |

上述项目支出功能分类科目为"科学技术支出—应用研究—机构运行"。根据以上资料，该科学事业单位结转"非财政拨款结转"各明细科目余额，应编制如下会计分录：

借：非财政拨款结转—本年收支结转—机构运行—A 项目　　　50 000
　　贷：非财政拨款结转—累计结转—机构运行—A 项目　　　50 000
借：非财政拨款结转—本年收支结转—机构运行—B 项目　　　20 000

　　　　　贷：非财政拨款结转—累计结转—机构运行—B 项目　　　　　20 000
　　　　借：非财政拨款结转—本年收支结转—机构运行—C 项目　　15 000
　　　　　贷：非财政拨款结转—累计结转—机构运行—C 项目　　　　　15 000
　　　　借：非财政拨款结转—累计结转—机构运行—D 项目　　　　30 000
　　　　　贷：非财政拨款结转—缴回资金—机构运行—D 项目　　　　　30 000
　　　　借：非财政拨款结转—累计结转—机构运行—E 项目　　　　10 000
　　　　　贷：非财政拨款结转—项目间接费用或管理费—机构运行—E 项目
　　　　　　　　　　　　　　　　　　　　　　　　　　　　　　　　10 000

　　5. 年末完成上述结转后，应当对非财政拨款专项结转资金各项目情况进行分析，将留归本单位使用的非财政拨款专项（项目已完成）剩余资金转入非财政拨款结余，借记本科目（累计结转），贷记"非财政拨款结余—结转转入"科目。

　　【例 12 - 32】沿用【例 12 - 31】资料，该单位对非财政拨款专项结转资金各项目情况进行分析，C 项目已完成，剩余资金 15 000 元留归本单位使用。账务处理如下：
　　　　借：非财政拨款结转—累计结转—机构运行—C 项目　　　　15 000
　　　　　贷：非财政拨款结余—结转转入—机构运行—C 项目　　　　　15 000

# 第六节　非财政拨款结余

## 一、非财政拨款结余的含义及内容

　　非财政拨款结余是指科学事业单位历年滚存的非限定用途的非同级财政拨款结余资金，主要为非财政拨款结余扣除结余分配后滚存的金额。

　　科学事业单位的非财政拨款结余包括两部分：一是在年末结转后，对非财政拨款专项结转资金各项目情况进行分析，将留归本单位使用的非财政拨款专项（项目已完成）剩余资金转入非财政拨款结余形成的结余资金；二是在会计期末对本期除财政拨款预算收入、经营预算收入和财政拨款预算支出、经营支出以外的非专项预算收支进行结转，确认其他结余，将其他结余转入"非财政拨款结余分配"按相关规定分配后的余额转入非财政拨款结余形成的结余资金。

## 二、非财政拨款结余的核算

　　（一）科目设置
　　科学事业单位设置"非财政拨款结余"科目，核算单位历年滚存的非限定用途的非同级财政拨款结余资金，主要为非财政拨款结余扣除结余分配后滚存的金额。本科目应当设置下列明细科目：
　　1. "年初余额调整"明细科目。核算因发生会计差错更正、以前年度支出收回等原因，需要调整非财政拨款结余的资金。年末结账后，本明细科目应无余额。

2. "项目间接费用或管理费"明细科目。核算单位取得的科研项目预算收入中，按照规定计提的项目间接费用或管理费数额。年末结账后，本明细科目应无余额。

3. "结转转入"明细科目。核算按照规定留归单位使用，由单位统筹调配，纳入单位非财政拨款结余的非同级财政拨款专项剩余资金。年末结账后，本明细科目应无余额。

4. "累计结余"明细科目。核算单位历年滚存的非同级财政拨款、非专项结余资金。本明细科目年末贷方余额，反映单位非同级财政拨款滚存的非专项结余资金数额。

本科目还应当按照《政府收支分类科目》中"支出功能分类科目"的相关科目进行明细核算。

（二）主要账务处理

1. 按照规定从科研项目预算收入中提取项目管理费或间接费时，借记"非财政拨款结转—项目间接费用或管理费"科目，贷记本科目（项目间接费用或管理费）。在财务会计中，借记"单位管理费用"科目，贷记"预提费用—项目间接费或管理费"科目。

业务示例见【例12-27】。

2. 有企业所得税缴纳义务的科学事业单位实际缴纳企业所得税时，按照缴纳金额，借记本科目（累计结余），贷记"资金结存—货币资金"科目。在财务会计中，借记"其他应交税费"科目，贷记"银行存款"科目。

【例12-33】某转制科研单位2×19年12月31日计算本年度企业所得税1 570 000元。2×20年5月30日进行了企业所得税汇算清缴，上交企业所得税1 575 000元。该业务支出功能分类科目为"科学技术支出—科技条件与服务—机构运行"。该单位应编制如下会计分录：

2×19年12月31日：

财务会计：

借：所得税费用　　　　　　　　　　　　　　　1 570 000
　　贷：其他应交税费—应交所得税　　　　　　　　　　　1 570 000

预算会计不做账务处理

2×20年5月30日：

财务会计：

借：其他应交税费—应交所得税　　　　　　　　1 570 000
　　以前年度盈余调整—所得税费用　　　　　　　5 000
　　贷：银行存款　　　　　　　　　　　　　　　　　　1 575 000

预算会计：

借：非财政拨款结余—累计结余—机构运行　　　1 575 000
　　贷：资金结存—货币资金　　　　　　　　　　　　　1 575 000

3. 因会计差错更正收到或支出非同级财政拨款货币资金，属于非财政拨款结余资金的，按照收到或支出的金额，借记或贷记"资金结存—货币资金"科目，贷记或借记本科目（年初余额调整）。在财务会计中，借记或贷记"银行存款"科目，贷记或借记"以前年度盈余调整"科目。

因收回以前年度支出等收到非同级财政拨款货币资金，属于非财政拨款结余资金的，按照收到的金额，借记"资金结存—货币资金"科目，贷记本科目（年初余额调整）。在财务会计中，借记"银行存款"科目，贷记"以前年度盈余调整"科目。

【例12-34】某科学事业单位2×20年1月7日银行账户收到A公司汇入款项，金额1 400元，经查为2×19年12月26日某横向科研项目支付测试化验加工费，发票金额多开1 400元，财务按发票金额付款，未核对测试委托合同。2×20年1月5日清理核对该项科研项目支出时发现多付了款项，经与对方联系同意退回。该科研项目已完成，结转资金已转入"非财政拨款结余"，报告批准报出日为2×20年1月8日。该业务支出功能分类科目为"科学技术支出—基础研究—机构运行"。该单位应编制如下会计分录：

财务会计：

借：银行存款　　　　　　　　　　　　　　　　　　　　　1 400

　　贷：以前年度盈余调整—业务活动费用　　　　　　　　　　　1 400

借：以前年度盈余调整—业务活动费用　　　　　　　　　　　1 400

　　贷：累计盈余　　　　　　　　　　　　　　　　　　　　　1 400

预算会计：

借：资金结存—货币资金　　　　　　　　　　　　　　　　　1 400

　　贷：非财政拨款结余—年初余额调整—机构运行—某项目　　　1 400

4. 年末，将留归本单位使用的非财政拨款专项（项目已完成）剩余资金转入本科目，借记"非财政拨款结转—累计结转"科目，贷记本科目（结转转入）。

业务示例见【例12-32】。

5. 年末冲销有关明细科目余额。将本科目（年初余额调整、项目间接费用或管理费、结转转入）余额结转入本科目（累计结余）。结转后，本科目除"累计结余"明细科目外，其他明细科目应无余额。

【例12-35】某科学事业单位年末"非财政拨款结余—结转转入—C项目"贷方余额15 000元，"非财政拨款结余—项目间接费用或管理费—B项目"贷方余额10 000元。上述项目支出功能分类科目为"科学技术支出—应用研究—机构运行"，年末结转"非财政拨款结余"明细科目余额。该单位应编制如下会计分录：

借：非财政拨款结余—结转转入—机构运行—C项目　　　　15 000

　　贷：非财政拨款结余—累计结余—机构运行—C项目　　　　　15 000

借：非财政拨款结余—项目间接费用或管理费—机构运行—B项目

　　　　　　　　　　　　　　　　　　　　　　　　　　　　10 000

　　贷：非财政拨款结余—累计结余—机构运行—B项目　　　　　10 000

6. 年末，科学事业单位将"非财政拨款结余分配"科目余额转入非财政拨款结余。"非财政拨款结余分配"科目为借方余额的，借记本科目（累计结余），贷记

"非财政拨款结余分配"科目；"非财政拨款结余分配"科目为贷方余额的，借记"非财政拨款结余分配"科目，贷记本科目（累计结余）。

**【例 12-36】** 某科学事业单位年终结转按有关规定提取职工福利基金后，"非财政拨款结余分配"贷方余额 52 000 元转入非财政拨款结余。该业务支出功能分类科目为"科学技术支出—科技条件与服务—机构运行"，该单位应编制如下会计分录：

借：非财政拨款结余分配         52 000

  贷：非财政拨款结余—累计结余—机构运行   52 000

# 第七节 专用结余

## 一、专用结余的含义及内容

专用结余是指科学事业单位按照规定从非财政拨款结余或经营结余中提取的具有专门用途的结余资金。

科学事业单位的专用结余一般来说是指从非财政拨款结余或经营结余中提取的职工福利基金形成的专用结余。年末，科学事业单位将本年其他结余（非财政、非专项形成的结余）科目余额和经营结余贷方余额转入"非财政拨款结余分配"科目，根据"非财政拨款结余分配"贷方余额，按不超过 40% 的比例计提职工福利基金，转入专用结余。

科学事业单位经营科技成果转化基金按事业收入扣除从财政部门、财务主管部门和其他相关部门取得的有指定项目和用途的专项资金形成的事业收入后，按照不超过 10% 的比例提取，财务会计计入专用基金，预算会计不需要进行账务处理，也不形成专用结余。

## 二、专用结余的核算

（一）科目设置

科学事业单位应设置"专用结余"科目，核算事业单位按照规定从非财政拨款结余中提取的具有专门用途的资金的变动和滚存情况。本科目年末贷方余额，反映事业单位从非同级财政拨款结余中提取的专用基金的累计滚存数额。本科目应当按照专用结余的类别进行明细核算。

（二）主要账务处理

1. 根据有关规定从本年度非财政拨款结余或经营结余中提取基金的，按照提取金额，借记"非财政拨款结余分配"科目，贷记本科目。同时，在财务会计中，按预算会计提取金额，借记"本年盈余分配"科目，贷记"专用基金"科目。

**【例 12-37】** 年末，某科学事业单位结余分配前"非财政拨款结余分配"科目贷方余额 500 000 元，按 40% 比例提取职工福利基金 200 000 元。该单位应编制如下会计分录：

预算会计：

借：非财政拨款结余分配—提取职工福利基金      200 000

  贷：专用结余—职工福利基金         200 000

财务会计按预算会计计提的金额计提职工福利基金：

借：本年盈余分配—提取职工福利基金       200 000

  贷：专用基金—职工福利基金         200 000

2. 根据规定使用从非财政拨款结余或经营结余中提取的专用基金时，按照使用金额，借记本科目，贷记"资金结存—货币资金"科目。在财务会计中，借记"专用基金"科目，贷记"银行存款"科目。按照规定使用从非财政拨款结余或经营结余中提取的专用基金购置固定资产、无形资产的，按照固定资产、无形资产成本金额，借记"固定资产""无形资产"科目，贷记"银行存款"等科目；同时，按照专用基金使用金额，借记"专用基金"科目，贷记"累计盈余"科目。

【例 12 - 38】某科学事业单位用职工福利基金支付职工体检费 50 000 元。该单位应编制如下会计分录：

财务会计：

借：专用基金—职工福利基金          50 000

  贷：银行存款              50 000

预算会计：

借：专用结余—职工福利基金          50 000

  贷：资金结存—货币资金         50 000

# 第八节 经 营 结 余

## 一、经营结余的含义

经营结余是指科学事业单位在专业业务活动和辅助活动以外，开展非独立核算经营活动，一定期间内经营活动收支相抵后，弥补以前年度经营亏损后的余额。

## 二、经营结余的核算

### (一) 科目设置

科学事业单位应设置"经营结余"科目，核算单位经营活动收支相抵、弥补以前年度经营亏损后的余额。该科目应按照经营活动类别设置明细科目。年末结账后，本科目一般无余额，如为借方余额，反映事业单位累计发生的经营亏损。

（二）主要账务处理

1. 年末，将"经营预算收入"科目本年发生额转入"经营结余"科目，借记"经营预算收入"科目，贷记"经营结余"科目；将经营支出本年发生额转入"经营结余"科目，借记"经营结余"科目，贷记"经营支出"科目。

2. 年末，完成上述结转后，如"经营结余"科目为贷方余额，将该科目贷方余额转入"非财政拨款结余分配"科目，借记"经营结余"科目，贷记"非财政拨款结余分配"科目；如该科目为借方余额，为经营亏损，不予结转。

3. 年末结账后，"经营结余"科目一般无余额；如为借方余额，反映事业单位累计发生的经营亏损。

【例12－39】某科学事业单位年度经营预算收入贷方累计发生额560 000元，经营支出借方累计发生额320 000元。"经营结余"借方余额30 000元。该业务支出功能分类科目为"科学技术支出—科技条件与服务—机构运行"。该单位应编制如下会计分录：

结转本年经营收支：

借：经营预算收入—机构运行       560 000

  贷：经营结余          560 000

借：经营结余          320 000

  贷：经营支出—机构运行      320 000

弥补以前年度亏损后，经营结余科目贷方余额＝240 000－30 000＝210 000（元）

将"经营结余"贷方余额210 000元转入"非财政拨款结余分配"科目：

借：经营结余—年末结余       210 000

  贷：非财政拨款结余分配      210 000

【例12－40】沿用【例12－39】资料，假设该单位"经营结余"借方余额为300 000元，其他资料不变。该单位应编制如下会计分录：

结转本年经营收支：

借：经营预算收入—机构运行       560 000

  贷：经营结余          560 000

借：经营结余          320 000

  贷：经营支出—机构运行      320 000

弥补以前年度亏损后，经营结余科目借方余额＝300 000－240 000＝60 000（元），不予结转，留待用以后年度经营结余弥补。

# 第九节 其他结余

## 一、其他结余的含义

科学事业单位的其他结余是指本年度除财政拨款收支、非同级财政专项资金收支和经营收支以外各项收支相抵后的余额。

## 二、其他结余的核算

（一）科目设置

科学事业单位应设置"其他结余"科目，核算单位本年度除财政拨款收支、非同级财政专项资金收支和经营收支以外各项收支相抵后的余额。年末结账后，本科目应无余额。

（二）主要账务处理

1. 年末，将事业预算收入、上级补助预算收入、附属单位上缴预算收入、非同级财政拨款预算收入、债务预算收入、其他预算收入本年发生额中的非专项资金收入以及投资预算收益本年发生额转入本科目，借记"事业预算收入""上级补助预算收入""附属单位上缴预算收入""非同级财政拨款预算收入""债务预算收入""其他预算收入"科目下各非专项资金收入明细科目和"投资预算收益"科目，贷记本科目（"投资预算收益"科目本年发生额为借方净额时，借记本科目，贷记"投资预算收益"科目）；将事业支出、其他支出本年发生额中的非同级财政、非专项资金支出，以及上缴上级支出、对附属单位补助支出、投资支出、债务还本支出本年发生额转入本科目，借记本科目，贷记"事业支出""其他支出"科目下各非同级财政、非专项资金支出明细科目和"上缴上级支出""对附属单位补助支出""投资支出""债务还本支出"科目。

2. 年末，完成上述结转后，将本科目余额转入"非财政拨款结余分配"科目。当本科目为贷方余额时，借记本科目，贷记"非财政拨款结余分配"科目；当本科目为借方余额时，借记"非财政拨款结余分配"科目，贷记本科目。

【例 12 - 41】某科学事业单位年末与其他结余业务有关科目本期发生额如表 12 - 8 所示。

表 12 - 8　　　　　　"其他结余"业务有关科目明细表　　　　　　单位：元

| 科目名称 | 余额 | |
| --- | --- | --- |
| | 借方 | 贷方 |
| 事业预算收入—非科研预算收入 | | 1 800 000 |
| 上级补助预算收入—某省科学技术厅 | | 50 000 |
| 非同级财政拨款预算收入 | | 500 000 |
| 其他预算收入—利息收入 | | 35 000 |
| 其他预算收入—租金收入 | | 350 000 |
| 事业支出—非科研支出—其他资金支出 | 300 000 | |
| 事业支出—管理支出—其他资金支出 | 1 300 000 | |
| 其他支出—其他资金支出 | 120 000 | |
| 合计 | 1 720 000 | 2 735 000 |

　　该业务支出功能分类科目为"科学技术支出—科技条件与服务—机构运行"。根据以上资料，该科学事业单位年末"其他结余"有关账务处理应编制如下会计分录：

①结转各项非财政非专项预算收入：

借：事业预算收入—非科研预算收入—机构运行　　　　　1 800 000

　　上级补助预算收入—机构运行—某省科学技术厅　　　　50 000

　　非同级财政拨款预算收入—机构运行　　　　　　　　500 000

　　其他预算收入—机构运行—利息收入　　　　　　　　　35 000

　　其他预算收入—机构运行—租金收入　　　　　　　　350 000

　　　贷：其他结余　　　　　　　　　　　　　　　　　　　　2 735 000

②结转各项非财政非专项支出：

借：其他结余　　　　　　　　　　　　　　　　　　　　1 720 000

　　　贷：事业支出—非科研支出—其他资金支出—机构运行　　　300 000

　　　　　　　—管理支出—其他资金支出—机构运行　　　1 300 000

　　　　　其他支出—其他资金支出—机构运行　　　　　　　120 000

③结转"其他结余"科目余额至"非财政拨款结余分配"科目：

借：其他结余　　　　　　　　　　　　　　　　　　　　1 015 000

　　　贷：非财政拨款结余分配　　　　　　　　　　　　　　　1 015 000

# 第十节　非财政拨款结余分配

## 一、非财政拨款结余分配的含义及管理

　　年末，科学事业单位的非财政拨款、非专项结余资金和经营结余资金应转入"非财政拨款结余分配"账户，按规定进行分配。

　　科学事业单位非财政拨款结余分配的内容一是按规定从非财政拨款结余中提取职工福利基金；二是将扣除提取的职工福利基金后的余额转入"非财政拨款结余—累计结余"科目。

　　科学事业单位结余分配应严格按科学事业单位财务规则有关规定进行分配，不得擅自设立制度规定以外的专用结余，应加强会计核算管理，准确核算和结转非财政拨款结余和经营结余，不得将财政拨款收支结余和非财政专项收支结余转入非财政拨款结余进行分配。

## 二、非财政拨款结余分配的核算

（一）科目设置

科学事业单位设置"非财政拨款结余分配"科目，核算事业单位本年度非财政

拨款结余分配的情况和结果。年末结账后，本科目应无余额。

（二）主要账务处理

1. 年末，将"其他结余"科目余额转入本科目，当"其他结余"科目为贷方余额时，借记"其他结余"科目，贷记本科目；当"其他结余"科目为借方余额时，借记本科目，贷记"其他结余"科目。

年末，将"经营结余"科目贷方余额转入本科目，借记"经营结余"科目，贷记本科目。

2. 根据有关规定提取专用基金的，按照提取的金额，借记本科目，贷记"专用结余"科目。在财务会计中，按预算会计提取的金额，借记"本年盈余分配"科目，贷记"专用基金"科目。

3. 年末，按照规定提取完专用结余后，将本科目余额转入非财政拨款结余。当本科目为借方余额时，借记"非财政拨款结余—累计结余"科目，贷记本科目；当本科目为贷方余额时，借记本科目，贷记"非财政拨款结余—累计结余"科目。

【例12-42】某科学事业单位年末结转后"其他结余"科目贷方余额1 015 000元，弥补亏损后的"经营结余"科目贷方余额210 000元，转入"非财政拨款结余分配"科目。根据规定，该科学事业单位按40%比例提取职工福利基金。该业务支出功能分类科目为"科学技术支出—科技条件与服务—机构运行"。该单位应编制如下会计分录：

①将"其他结余""经营结余"科目贷方余额转入"非财政拨款结余分配"科目：

借：其他结余　　　　　　　　　　　　　　　　　　　　　1 015 000
　　经营结余　　　　　　　　　　　　　　　　　　　　　　210 000
　　　贷：非财政拨款结余分配　　　　　　　　　　　　　　　1 225 000

②按40%比例提取职工福利基金：

提取职工福利基金=1 225 000×40%=490 000（元）

预算会计：

借：非财政拨款结余分配—提取职工福利基金　　　　　　　490 000
　　　贷：专用结余—职工福利基金　　　　　　　　　　　　　490 000

财务会计按预算会计提取专用结余金额计提职工福利基金：

借：本年盈余分配—提取职工福利基金　　　　　　　　　　490 000
　　　贷：专用基金—职工福利基金　　　　　　　　　　　　　490 000

③将"非财政拨款结余分配"科目余额转入"非财政拨款结余—累计结余"：

提取专用基金后"非财政拨款结余分配"科目余额=1 225 000-490 000=735 000（元）

借：非财政拨款结余分配　　　　　　　　　　　　　　　　735 000
　　　贷：非财政拨款结余—累计结余—机构运行　　　　　　　735 000

# 第十三章 财务报告

## 第一节 财务报告概述

### 一、财务报告的含义及意义

（一）财务报告的含义

科学事业单位的财务报告是反映单位某一特定日期的财务状况和某一会计期间的运行情况和现金流量等信息的文件，是政府部门财务报告的重要组成部分。具体包括以下两层含义：

1. 科学事业单位财务报告是反映单位某一特定日期的财务状况和某一会计期间的运行情况和现金流量等信息的文件。

政府会计由政府财务会计和政府预算会计构成。科学事业单位某一特定日期的财务状况和某一会计期间的运行情况和现金流量等信息是政府财务会计的重要内容。科学事业单位编制财务报告以权责发生制为基础，以科学事业单位财务会计核算生成的数据为准，为加强科学事业单位资产负债管理、预算管理、绩效管理等提供信息支撑。

2. 科学事业单位财务报告是政府部门财务报告的重要组成部分。

我国政府财务报告按照报告主体不同，分为政府综合财务报告和政府部门财务报告。其中，政府综合财务报告由政府财政部门编制，包括本级政府综合财务报告和行政区政府综合财务报告，分别反映本级政府整体和行政区政府整体财务状况、运行情况和财政中长期可持续性等。政府部门财务报告由政府部门编制，主要反映本部门财务状况和运行情况等。

政府部门财务报告编制范围包括部门及部门所属的行政事业单位。各单位应当按照规定编制本单位财务报告并按照财务管理关系报送上级单位；上级单位除编制本单位财务报告外，还应当按照规定对本单位和所属单位财务报表进行合并，编制合并财务报告。主管部门编制的合并财务报告，即为部门财务报告。

科学事业单位应按照规定编制本单位财务报告，并按照财务管理关系将本单位财务报告上报给上级单位或主管部门，由主管部门汇总编制本部门合并财务报告，形成部门财务报告。因此，科学事业单位财务报告是政府部门财务报告的重要组成部分。

（二）财务报告的目标

科学事业单位财务报告的目标，是向财务报告使用者提供与科学事业单位的财务状况、运行情况（含运行成本，下同）和现金流量等有关信息，反映科学事业单位公共受托责任履行情况，有助于财务报告使用者作出决策或者进行监督和管理。

财务报告使用者包括各级人民代表大会常务委员会、债权人、各级政府及其有关部门、科学事业单位自身和其他利益相关者。

（三）编制财务报告的意义

编制财务报告是建立现代财政制度、推进国家治理体系和治理能力现代化的一项重要基础性工作，是财政管理领域落实全面深化改革"抓铁留痕"的措施之一，具有重要而深远的意义。科学事业单位编制财务报告的意义主要体现在以下几方面：

1. 编制财务报告有利于科学事业单位提高单位内部资产负债管理水平。科学事业单位通过全面准确反映资产负债状况，及时发现单位财务管理中存在的问题，有针对性地提出加强财务管理的措施，提高单位内部资产负债管理水平。

2. 编制财务报告有利于提高科学事业单位成本管理水平。《事业单位成本核算基本指引》规定，执行政府会计准则制度且开展成本核算工作的事业单位应开展成本核算。科学事业单位尤其是应用开发型科学事业单位，应按照规定开展成本核算。通过准确反映政府成本费用，合理评价单位绩效管理水平，促进单位降低行政运行成本、提升单位运行效率。

3. 编制财务报告有利于上级单位或主管部门以及财政部门的监督和管理。科学事业单位通过全面准确反映资产负债状况，有利于上级单位或主管部门以及财政部门及时了解科学事业单位财务状况和运行情况，加强财务监督，促进单位提高财务管理水平。

4. 编制财务报告有利于主管部门正确编制部门财务报告，及时向社会公开部门财务信息，反映部门受托责任的履行情况。科学事业单位通过全面准确反映资产负债状况和运行情况，有利于主管部门正确编制部门财务报告，及时向社会公开部门财务信息；有利于政府审计部门对科学事业单位财务收支的真实性、合法性及效益进行审查，有利于社会公众了解科学事业单位受托责任履行情况，对科学事业单位实施社会监督。

# 二、财务报告的内容

科学事业单位财务报告应当包括财务报表和财务分析。

科学事业单位应当按规定编制本单位财务报告并按照财务管理关系报送上级单位；上级单位除编制本单位财务报告外，还应当按照规定对本单位和所属单位财务报表进行合并，编制合并财务报告。

（一）财务报表

1. 财务报表的构成。

财务报表是对科学事业单位财务状况、运行情况和现金流量等信息的结构性表述。财务报表包括会计报表和报表附注。

会计报表，一般包括资产负债、收入费用表和净资产变动表。科学事业单位可根据实际情况选择编制现金流量表。

附注，是对在资产负债表、收入费用表、现金流量表等报表中列示项目所作的进一步说明，以及对未能在这些报表中列示项目的说明。

2. 财务报表的分类。

科学事业单位财务报表按照不同标准可分为不同种类。

（1）按反映的经济内容分类。

按反映的经济内容，科学事业单位财务报表可分为资产负债表、收入费用表、净资产变动表和现金流量表。

（2）按编报时间分类。

按编报时间划分，科学事业单位财务报表可分为月报和年报。月报是指反映政府单位截至报告月度的财务状况、运行情况的报表。月报要求编制资产负债表和收入费用表。年报是全面反映政府单位年度财务状况、运行情况和现金流量的报表，一般包括资产负债表、收入费用表、净资产变动表、现金流量表和报表附表。

科学事业单位财务报表的经济内容分类和编制时间分类情况，如表 13－1 所示。

表 13－1　　　　　　　　科学事业单位财务报表分类表

| 编号 | 报表名称 | 编制期 |
| --- | --- | --- |
| 会政财 01 表 | 资产负债表 | 月度、年度 |
| 会政财 02 表 | 收入费用表 | 月度、年度 |
| 会政财 03 表 | 现金流量表 | 年度 |
| 会政财 04 表 | 净资产变动表 | 年度 |
| | 附注 | 年度 |

（3）按编报层次分类。

按编报层次分类，科学事业单位会计报表可分为本单位个别报表和合并报表。个别报表是指科学事业单位根据会计账簿记录和有关资料编制的反映本单位财务状况、运行情况、现金流量情况的会计报表。合并报表是上级单位（合并主体）根据单位本级报表和经审查过的所属单位（被合并主体）会计报表合并编制的会计报表。

3. 财务报表编制和列报的基本要求。

科学事业单位在编制和列报财务报表时，应遵循以下基本要求：

（1）单位应当以持续运行为前提，根据实际发生的经济业务或事项，按照政府会计准则制度的规定对相关会计要素进行确认和计量，在此基础上编制财务报表。科学事业单位不应以附注披露代替确认和计量，也不能通过充分披露相关会计政策而纠正不恰当的确认和计量。

如果按照政府会计准则制度规定披露的信息不足以让财务报表使用者了解特定经济业务或事项对政府会计主体财务状况和运行情况的影响时，科学事业单位还应当披露其他必要的相关信息。

（2）除现金流量表以收付实现制为基础编制外，科学事业单位应当以权责发生制为基础编制财务报表。

（3）财务报表项目的列报应当在各个会计期间保持一致，不得随意变更，但政府会计准则制度和财政部发布的其他有关规定（以下简称"政府会计准则制度等"）要求变更财务报表项目的除外。

（4）性质或功能不同的项目，应当在财务报表中单独列报，但不具有重要性的项目除外。

性质或功能类似的项目，其所属类别具有重要性的，应当按其类别在财务报表中单独列报。

某些项目的重要性程度不足以在资产负债表、收入费用表等报表中单独列示，但对理解报表具有重要性的，应当在附注中单独披露。

（5）财务报表某些项目的省略、错报等，能够合理预期将影响报表主要使用者据此作出决策的，该项目具有重要性。

重要性应当根据政府会计主体所处的具体环境，从项目的性质和金额两方面予以判断。关于各项目重要性的判断标准一经确定，不得随意变更。判断项目性质的重要性，应当考虑该项目在性质上是否显著影响政府会计主体的财务状况和运行情况等因素；判断项目金额的重要性，应当考虑该项目金额占资产总额、负债总额、净资产总额、收入总额、费用总额、盈余总额等直接相关项目金额的比重或所属报表单列项目金额的比重。

（6）资产负债表中的资产和负债，应当分别按流动资产和非流动资产、流动负债和非流动负债列示。

（7）财务报表中的资产项目和负债项目的金额、收入项目和费用项目的金额不得相互抵销，但其他政府会计准则制度另有规定的除外。

资产或负债项目按扣除备抵项目后的净额列示，不属于抵销。

（8）当期财务报表的列报，至少应当提供所有列报项目上一个可比会计期间的比较数据，以及与理解当期财务报表相关的说明，但其他政府会计准则制度等另有规定的除外。

（9）科学事业单位应当至少在财务报表的显著位置披露下列各项：

①编报主体的名称。

②报告日或财务报表涵盖的会计期间。

③人民币金额单位。

④财务报表是合并财务报表的，应当予以标明。

（10）科学事业单位至少应当按年编制财务报表。年度财务报表涵盖的期间短于一年的，应当披露年度财务报表的涵盖期间、短于一年的原因以及报表数据不具可比性的事实。

（二）财务分析

科学事业单位财务分析主要包括本单位财务状况分析、运行情况分析、相关指标变化情况及趋势分析，以及单位财务管理方面采取的主要措施和取得成效等。

科学事业单位财务分析应当基于财务报表所反映的信息，结合单位职能和事业计划，重点分析资产状况、收入费用、预算管理和绩效管理等方面。

## 三、财务报告的编报要求

科学事业单位编报财务报告的要求，包括财务报告的编制要求、报送要求、数据资料的审核要求以及数据资料的管理要求等。

（一）编制要求

1. 总体要求：

（1）财务报告内容应当符合政府会计准则制度等规定。对于政府会计准则制度尚未作出规定的经济业务或事项，编制财务报告应当按照权责发生制原则和相关报告标准规定执行。

（2）财务报告按公历年度编制，即每年1月1日至12月31日。

（3）财务报告应当以人民币作为报告币种。

（4）财务报告应当以经核对无误的会计账簿数据为基础编制。

（5）财务报告格式应当符合财政部统一规定。

2. 具体要求：

（1）单位应当严格按照相关财政财务管理制度以及会计制度规定，全面清查核实本单位的资产负债，做到账实相符、账证相符、账账相符、账表相符。

（2）上级科学事业单位应当对所属各单位财务报表进行合并，编制合并财务报表。编制合并财务报表时，对所属内部单位之间发生的经济业务或事项应当经过确认后抵销，并编制抵销分录，在此基础上分项生成合并财务报表项目。

（3）财务报表之间、财务报表各项目之间，凡有对应关系的数字，应当相互一致；报表中本期与上期有关的数字应当衔接。

（4）财务分析应当基于本单位财务报表所反映的信息，结合政府部门职能，重点分析资产状况、债务风险、收入费用、预算管理和绩效管理等方面。

（二）报送要求

科学事业单位单位应当按照财务管理关系，按规定内容和时限采取自下而上方式逐级报送财务报告。政府部门财务报告应当按规定内容和时限报送同级政府财政部门。

（三）数据资料的审核要求

科学事业单位对本单位财务报告真实性、准确性、完整性、规范性负责。单位在报送财务报告前，应自行将本单位纸质报表、电子数据以及相关资料，按规定的审核内容进行逐项审核。

科学事业单位财务报告数据质量的审核重点是报告的真实性、准确性、完整性和规范性，具体包括：

1. 真实性：报表数据与会计账簿数据是否相符，是否有漏报、虚报和瞒报等现象。

2. 准确性：财务报表表内、表间勾稽关系是否衔接，抵销调整事项是否合理、准确，纸质数据与电子数据是否保持一致。

3. 完整性：是否涵盖所有报告主体和事项，报告内容是否完整。

4. 规范性：会计报表、报表附注、分析说明的格式等是否符合财务报告编制制度规定。

（四）数据资料的管理要求

财务报告数据资料包括以各种介质存放的财务报告及相关工作底稿等。

科学事业单位应当按照会计档案管理相关规定，对本单位财务报告数据资料进行归类整理、建档建库，并从计算机中传出备份保存。

财务报告数据资料涉及国家秘密的，应当严格实行密级管理。

## 四、未按规定编报财务报告的责任

科学事业单位应当按照有关制度规定认真编制财务报告，全面、真实反映本单位会计核算信息。单位负责人对本单位的会计工作和会计资料的真实性和完整性负责，包括对财务报告的真实性、准确性和完整性负责。

1. 单位未按照政府会计准则制度和有关政策要求编报，导致财务报告内容不完整、信息披露不充分、数据信息质量较差的，财政部门或主管部门责令重新编报，并予以通报批评。

2. 财务报告编制工作中有弄虚作假、提供虚假财务信息，以及严重故意漏报、瞒报等行为的，按照《中华人民共和国预算法》《中华人民共和国会计法》《财政违法行为处罚处分条例》等有关法律法规予以处理。

# 第二节　资产负债表

## 一、资产负债表的含义

资产负债表是反映科学事业单位在某一特定日期的财务状况的报表，是科学事业单位会计报表的重要组成部分。

通过资产负债表可以提供某一特定日期科学事业单位的资产、负债和净资产的总额及其结构信息，反映科学事业单位所控制的资源及其分布情况、未来需要用多少资产或劳务偿还的债务情况以及所拥有的盈余、专用基金等情况。

按照规定，科学事业单位的资产负债表应当按月和年度编制。

## 二、资产负债表的格式

（一）资产负债表的结构与内容

资产负债表是按照"资产＝负债＋净资产"的平衡公式设置，包括表头和主体两部分。表头部分包括报表名称、编号（会政财01表）、编制单位、编制日期、金额单位等内容。主体部分采用账户式结构将报表分为左右两方，左方列示资产各项目，右方列示负债和净资产各项目。资产负债表左右两方平衡，资产总计等于负债和净资产总计。

资产负债表应当按照资产、负债和净资产分类分项列示。其中，资产应当按照流动性分类分项列示，包括流动资产、非流动资产等；负债应当按照流动性分类分项列示，包括流动负债、非流动负债等。受托代理资产和受托代理负债应单独列示。

资产负债表中各项目应填列"期末余额"和"年初余额"两栏内容，提供单位不同时期财务状况数据，以便分析和判断政府单位财务状况变动情况及发展趋势。

（二）资产负债表的格式

资产负债表的格式如表 13 - 2 所示。

表 13 - 2　　　　　　　　　　　　　资产负债表

会政财 01 表

编制单位：_____　　　　　　　___年___月___日　　　　　　　　单位：元

| 资产 | 期末余额 | 年初余额 | 负债和净资产 | 期末余额 | 年初余额 |
|---|---|---|---|---|---|
| 流动资产： | | | 流动负债： | | |
| 　货币资金 | | | 　短期借款 | | |
| 　短期投资 | | | 　应交增值税 | | |
| 　财政应返还额度 | | | 　其他应交税费 | | |
| 　应收票据 | | | 　应缴财政款 | | |
| 　应收账款净额 | | | 　应付职工薪酬 | | |
| 　预付账款 | | | 　应付票据 | | |
| 　应收股利 | | | 　应付账款 | | |
| 　应收利息 | | | 　应付政府补贴款 | | |
| 　其他应收款净额 | | | 　应付利息 | | |
| 　存货 | | | 　预收账款 | | |
| 　待摊费用 | | | 　其他应付款 | | |
| 　一年内到期的非流动资产 | | | 　预提费用 | | |
| 　其他流动资产 | | | 　一年内到期的非流动负债 | | |
| 　　流动资产合计 | | | 　其他流动负债 | | |
| 非流动资产： | | | 　　流动负债合计 | | |
| 　长期股权投资 | | | 非流动负债： | | |
| 　长期债券投资 | | | 　长期借款 | | |
| 　固定资产原值 | | | 　长期应付款 | | |

| 资产 | 期末余额 | 年初余额 | 负债和净资产 | 期末余额 | 年初余额 |
|---|---|---|---|---|---|
| 减：固定资产累计折旧 | | | 预计负债 | | |
| 固定资产净值 | | | 其他非流动负债 | | |
| 工程物资 | | | 非流动负债合计 | | |
| 在建工程 | | | 受托代理负债 | | |
| 无形资产原值 | | | 负债合计 | | |
| 减：无形资产累计摊销 | | | | | |
| 无形资产净值 | | | | | |
| 研发支出 | | | | | |
| 公共基础设施原值 | | | | | |
| 减：公共基础设施累计折旧（摊销） | | | | | |
| 公共基础设施净值 | | | | | |
| 政府储备物资 | | | | | |
| 文物文化资产 | | | | | |
| 保障性住房原值 | | | | | |
| 减：保障性住房累计折旧 | | | 净资产： | | |
| 保障性住房净值 | | | 累计盈余 | | |
| 长期待摊费用 | | | 专用基金 | | |
| 待处理财产损溢 | | | 权益法调整 | | |
| 其他非流动资产 | | | 无偿调拨净资产* | | — |
| 非流动资产合计 | | | 本期盈余* | | — |
| 受托代理资产 | | | 净资产合计 | | |
| 资产总计 | | | 负债和净资产总计 | | |

注："＊"标识为月报项目，年报中不需列示，余同。

# 三、资产负债表的编制

（一）"年初余额"栏的填列方法

资产负债表中"年初余额"栏内各项数字，应当根据上年年末资产负债表"期末余额"栏内数字填列。如果本年度资产负债表规定的项目的名称和内容同上年度不一致，应当对上年年末资产负债表项目的名称和数字按照本年度的规定进行调整，将调整后数字填入本表"年初余额"栏内。

如果本年度单位发生了因前期差错更正、会计政策变更等调整以前年度盈余的事项，还应当对"年初余额"栏中的有关项目金额进行相应调整。

（二）"期末余额"栏的填列方法

资产负债表中"期末余额"栏各项目的内容和填列方法如下：

1. 资产类项目。

（1）"货币资金"项目，反映单位期末库存现金、银行存款、零余额账户用款额度、其他货币资金的合计数。本项目应当根据"库存现金""银行存款""零余额账户用款额度""其他货币资金"科目的期末余额的合计数填列；若单位存在通过"库存现金""银行存款"科目核算的受托代理资产还应当按照前述合计数扣减"库存现金""银行存款"科目下"受托代理资产"明细科目的期末余额后的金额填列。

（2）"短期投资"项目，反映事业单位期末持有的短期投资账面余额。本项目应当根据"短期投资"科目的期末余额填列。

（3）"财政应返还额度"项目，反映单位期末财政应返还额度的金额。本项目应当根据"财政应返还额度"科目的期末余额填列。

（4）"应收票据"项目，反映事业单位期末持有的应收票据的票面金额。本项目应当根据"应收票据"科目的期末余额填列。

（5）"应收账款净额"项目，反映单位期末尚未收回的应收账款减去已计提的坏账准备后的净额。本项目应当根据"应收账款"科目的期末余额，减去"坏账准备"科目中对应收账款计提的坏账准备的期末余额后的金额填列。

（6）"预付账款"项目，反映单位期末预付给商品或者劳务供应单位的款项。本项目应当根据"预付账款"科目的期末余额填列。

（7）"应收股利"项目，反映事业单位期末因股权投资而应收取的现金股利或应当分得的利润。本项目应当根据"应收股利"科目的期末余额填列。

（8）"应收利息"项目，反映事业单位期末因债券投资等而应收取的利息。事业单位购入的到期一次还本付息的长期债券投资持有期间应收的利息，不包括在本项目内。本项目应当根据"应收利息"科目的期末余额填列。

（9）"其他应收款净额"项目，反映单位期末尚未收回的其他应收款减去已计提的坏账准备后的净额。本项目应当根据"其他应收款"科目的期末余额减去"坏账准备"科目中对其他应收款计提的坏账准备的期末余额后的金额填列。

（10）"存货"项目，反映单位期末存储的存货的实际成本。本项目应当根据"在途物品""库存物品""加工物品"科目的期末余额的合计数填列。

（11）"待摊费用"项目，反映单位期末已经支出，但应当由本期和以后各期负担的分摊期在1年以内（含1年）的各项费用。本项目应当根据"待摊费用"科目的期末余额填列。

（12）"一年内到期的非流动资产"项目，反映单位期末非流动资产项目中将在1年内（含1年）到期的金额，如事业单位将在1年内（含1年）到期的长期债券投资金额。本项目应当根据"长期债券投资"等科目的明细科目的期末余额分析填列。

（13）"其他流动资产"项目，反映单位期末除本表中上述各项之外的其他流动资产的合计金额。本项目应当根据有关科目期末余额的合计数填列。

（14）"流动资产合计"项目，反映单位期末流动资产的合计数。本项目应当根据本表中"货币资金""短期投资""财政应返还额度""应收票据""应收账款净额""预付账款""应收股利""应收利息""其他应收款净额""存货""待摊费用""一年内到期的非流动资产""其他流动资产"项目金额的合计数填列。

（15）"长期股权投资"项目，反映事业单位期末持有的长期股权投资的账面余额。本项目应当根据"长期股权投资"科目的期末余额填列。

（16）"长期债券投资"项目，反映事业单位期末持有的长期债券投资的账面余额。本项目应当根据"长期债券投资"科目的期末余额减去其中将于1年内（含1年）到期的长期债券投资余额后的金额填列。

（17）"固定资产原值"项目，反映单位期末固定资产的原值。本项目应当根据"固定资产"科目的期末余额填列。"固定资产累计折旧"项目，反映单位期末固定资产已计提的累计折旧金额。本项目应当根据"固定资产累计折旧"科目的期末余额填列。

"固定资产净值"项目，反映单位期末固定资产的账面价值。本项目应当根据"固定资产"科目期末余额减去"固定资产累计折旧"科目期末余额后的金额填列。

（18）"工程物资"项目，反映单位期末为在建工程准备的各种物资的实际成本。本项目应当根据"工程物资"科目的期末余额填列。

（19）"在建工程"项目，反映单位期末所有的建设项目工程的实际成本。本项目应当根据"在建工程"科目的期末余额填列。

（20）"无形资产原值"项目，反映单位期末无形资产的原值。本项目应当根据"无形资产"科目的期末余额填列。

"无形资产累计摊销"项目，反映单位期末无形资产已计提的累计摊销金额。本项目应当根据"无形资产累计摊销"科目的期末余额填列。

"无形资产净值"项目，反映单位期末无形资产的账面价值。本项目应当根据"无形资产"科目期末余额减去"无形资产累计摊销"科目期末余额后的金额填列。

（21）"研发支出"项目，反映单位期末正在进行的无形资产开发项目开发阶段发生的累计支出数。本项目应当根据"研发支出"科目的期末余额填列。

（22）"公共基础设施原值"项目，反映单位期末控制的公共基础设施的原值。本项目应当根据"公共基础设施"科目的期末余额填列。

"公共基础设施累计折旧（摊销）"项目，反映单位期末控制的公共基础设施已计提的累计折旧和累计摊销金额。本项目应当根据"公共基础设施累计折旧（摊销）"科目的期末余额填列。

"公共基础设施净值"项目，反映单位期末控制的公共基础设施的账面价值。本项目应当根据"公共基础设施"科目期末余额减去"公共基础设施累计折旧（摊销）"科目期末余额后的金额填列。

（23）"政府储备物资"项目，反映单位期末控制的政府储备物资的实际成本。本项目应当根据"政府储备物资"科目的期末余额填列。

（24）"文物文化资产"项目，反映单位期末控制的文物文化资产的成本。本项目应当根据"文物文化资产"科目的期末余额填列。

（25）"保障性住房原值"项目，反映单位期末控制的保障性住房的原值。本项目应当根据"保障性住房"科目的期末余额填列。

"保障性住房累计折旧"项目，反映单位期末控制的保障性住房已计提的累计折旧金额。本项目应当根据"保障性住房累计折旧"科目的期末余额填列。

"保障性住房净值"项目，反映单位期末控制的保障性住房的账面价值。本项目应当根据"保障性住房"科目期末余额减去"保障性住房累计折旧"科目期末余额后的金额填列。

（26）"长期待摊费用"项目，反映单位期末已经支出，但应由本期和以后各期负担的分摊期限在 1 年以上（不含 1 年）的各项费用。本项目应当根据"长期待摊费用"科目的期末余额填列。

（27）"待处理财产损溢"项目，反映单位期末尚未处理完毕的各种资产的净损失或净溢余。本项目应当根据"待处理财产损溢"科目的期末借方余额填列；如"待处理财产损溢"科目期末为贷方余额，以"－"号填列。

（28）"其他非流动资产"项目，反映单位期末除本表中上述各项之外的其他非流动资产的合计数。本项目应当根据有关科目的期末余额合计数填列。

（29）"非流动资产合计"项目，反映单位期末非流动资产的合计数。本项目应当根据本表中"长期股权投资""长期债券投资""固定资产净值""工程物资""在建工程""无形资产净值""研发支出""公共基础设施净值""政府储备物资""文物文化资产""保障性住房净值""长期待摊费用""待处理财产损溢""其他非流动资产"项目金额的合计数填列。

（30）"受托代理资产"项目，反映单位期末受托代理资产的价值。本项目应当根据"受托代理资产"科目的期末余额与"库存现金""银行存款"科目下"受托代理资产"明细科目的期末余额的合计数填列。

（31）"资产总计"项目，反映单位期末资产的合计数。本项目应当根据本表中"流动资产合计""非流动资产合计""受托代理资产"项目金额的合计数填列。

2. 负债类项目。

（32）"短期借款"项目，反映事业单位期末短期借款的余额。本项目应当根据"短期借款"科目的期末余额填列。

（33）"应交增值税"项目，反映单位期末应缴未缴的增值税税额。本项目应当根据"应交增值税"科目的期末余额填列；如"应交增值税"科目期末为借方余额，以"－"号填列。

（34）"其他应交税费"项目，反映单位期末应缴未缴的除增值税以外的税费金额。本项目应当根据"其他应交税费"科目的期末余额填列；如"其他应交税费"科目期末为借方余额，以"－"号填列。

（35）"应缴财政款"项目，反映单位期末应当上缴财政但尚未缴纳的款项。本项目应当根据"应缴财政款"科目的期末余额填列。

（36）"应付职工薪酬"项目，反映单位期末按有关规定应付给职工及为职工支付的各种薪酬。本项目应当根据"应付职工薪酬"科目的期末余额填列。

（37）"应付票据"项目，反映事业单位期末应付票据的金额。本项目应当根据"应付票据"科目的期末余额填列。

（38）"应付账款"项目，反映单位期末应当支付但尚未支付的偿还期限在1年以内（含1年）的应付账款的金额。本项目应当根据"应付账款"科目的期末余额填列。

（39）"应付政府补贴款"项目，反映负责发放政府补贴的行政单位期末按照规定应当支付给政府补贴接受者的各种政府补贴款余额。本项目应当根据"应付政府补贴款"科目的期末余额填列。

（40）"应付利息"项目，反映事业单位期末按照合同约定应支付的借款利息。事业单位到期一次还本付息的长期借款利息不包括在本项目内。本项目应当根据"应付利息"科目的期末余额填列。

（41）"预收账款"项目，反映事业单位期末预先收取但尚未确认收入和实际结算的款项余额。本项目应当根据"预收账款"科目的期末余额填列。

（42）"其他应付款"项目，反映单位期末其他各项偿还期限在1年内（含1年）的应付及暂收款项余额。本项目应当根据"其他应付款"科目的期末余额填列。

（43）"预提费用"项目，反映单位期末已预先提取的已经发生但尚未支付的各项费用。本项目应当根据"预提费用"科目的期末余额填列。

（44）"一年内到期的非流动负债"项目，反映单位期末将于1年内（含1年）偿还的非流动负债的余额。本项目应当根据"长期应付款""长期借款"等科目的明细科目的期末余额分析填列。

（45）"其他流动负债"项目，反映单位期末除本表中上述各项之外的其他流动负债的合计数。本项目应当根据有关科目的期末余额的合计数填列。

（46）"流动负债合计"项目，反映单位期末流动负债合计数。本项目应当根据本表"短期借款""应交增值税""其他应交税费""应缴财政款""应付职工薪酬""应付票据""应付账款""应付政府补贴款""应付利息""预收账款""其他应付款""预提费用""一年内到期的非流动负债""其他流动负债"项目金额的合计数填列。

（47）"长期借款"项目，反映事业单位期末长期借款的余额。本项目应当根据"长期借款"科目的期末余额减去其中将于1年内（含1年）到期的长期借款余额后的金额填列。

（48）"长期应付款"项目，反映单位期末长期应付款的余额。本项目应当根据"长期应付款"科目的期末余额减去其中将于1年内（含1年）到期的长期应付款余额后的金额填列。

（49）"预计负债"项目，反映单位期末已确认但尚未偿付的预计负债的余额。本项目应当根据"预计负债"科目的期末余额填列。

（50）"其他非流动负债"项目，反映单位期末除本表中上述各项之外的其他非流动负债的合计数。本项目应当根据有关科目的期末余额合计数填列。

（51）"非流动负债合计"项目，反映单位期末非流动负债合计数。本项目应当根据本表中"长期借款""长期应付款""预计负债""其他非流动负债"项目金额的合计数填列。

（52）"受托代理负债"项目，反映单位期末受托代理负债的金额。本项目应当根据"受托代理负债"科目的期末余额填列。

（53）"负债合计"项目，反映单位期末负债的合计数。本项目应当根据本表中"流动负债合计""非流动负债合计""受托代理负债"项目金额的合计数填列。

3. 净资产类项目。

（54）"累计盈余"项目，反映单位期末未分配盈余（或未弥补亏损）以及无偿调拨净资产变动的累计数。本项目应当根据"累计盈余"科目的期末余额填列。

（55）"专用基金"项目，反映事业单位期末累计提取或设置但尚未使用的专用基金余额。本项目应当根据"专用基金"科目的期末余额填列。

（56）"权益法调整"项目，反映事业单位期末在被投资单位除净损益和利润分配以外的所有者权益变动中累积享有的份额。本项目应当根据"权益法调整"科目的期末余额填列。如"权益法调整"科目期末为借方余额，以"－"号填列。

（57）"无偿调拨净资产"项目，反映单位本年度截至报告期期末无偿调入的非现金资产价值扣减无偿调出的非现金资产价值后的净值。本项目仅在月度报表中列示，年度报表中不列示。月度报表中本项目应当根据"无偿调拨净资产"科目的期末余额填列；"无偿调拨净资产"科目期末为借方余额时，以"－"号填列。

（58）"本期盈余"项目，反映单位本年度截至报告期期末实现的累计盈余或亏损。本项目仅在月度报表中列示，年度报表中不列示。月度报表中本项目应当根据"本期盈余"科目的期末余额填列；"本期盈余"科目期末为借方余额时，以"－"号填列。

（59）"净资产合计"项目，反映单位期末净资产合计数。本项目应当根据本表中"累计盈余""专用基金""权益法调整""无偿调拨净资产"（月度报表）、"本期盈余"（月度报表）项目金额的合计数填列。

（60）"负债和净资产总计"项目，应当按照本表中"负债合计""净资产合计"项目金额的合计数填列。

## 四、资产负债表的编制案例

【例13－1】根据下列资料：某科学事业单位2×19年资产负债表（见表13－3）、2×20年12月31日会计科目余额表（见表13－4），编制该单位2×20年资产负债表。

资料1：某科学事业单位2×19年资产负债表如表13－3所示。

**表 13 - 3**　　　　　　　　　　　　　　**资产负债表**

会政财 01 表

编制单位：某科学事业单位　　　　　　2×19 年 12 月 31 日　　　　　　单位：元

| 资产 | 期末余额 | 年初余额 | 负债和净资产 | 期末余额 | 年初余额 |
|---|---|---|---|---|---|
| 流动资产： | | | 流动负债： | | |
| 　货币资金 | 3 754 118.43 | | 　短期借款 | | |
| 　短期投资 | | | 　应交增值税 | - 82 229.29 | |
| 　财政应返还额度 | 7 254 426.01 | | 　其他应交税费 | 13 130.33 | |
| 　应收票据 | | | 　应缴财政款 | | |
| 　应收账款净额 | | | 　应付职工薪酬 | | |
| 　预付账款 | | | 　应付票据 | | |
| 　应收股利 | | | 　应付账款 | | |
| 　应收利息 | | | 　应付政府补贴款 | | |
| 　其他应收款净额 | 1 462 737.07 | | 　应付利息 | | |
| 　存货 | 83 073.93 | | 　预收账款 | 2 065 980.04 | |
| 　待摊费用 | | | 　其他应付款 | 1 067 397.06 | |
| 　一年内到期的非流动资产 | | | 　预提费用 | | |
| 　其他流动资产 | | | 　一年内到期的非流动负债 | | |
| 　　流动资产合计 | 12 554 355.44 | | 　其他流动负债 | | |
| 非流动资产： | | | 　　流动负债合计 | 3 064 278.14 | |
| 　长期股权投资 | 191 824.27 | | 非流动负债： | | |
| 　长期债券投资 | | | 　长期借款 | | |
| 　固定资产原值 | 108 954 737.37 | | 　长期应付款 | 532 397.57 | |
| 　减：固定资产累计折旧 | 35 154 692.56 | | 　预计负债 | | |
| 　固定资产净值 | 73 800 044.81 | | 　其他非流动负债 | | |
| 　工程物资 | | | 　　非流动负债合计 | 532 397.57 | |
| 　在建工程 | | | 受托代理负债 | | |
| 　无形资产原值 | 238 300.00 | | 　负债合计 | 3 596 675.71 | |
| 　减：无形资产累计摊销 | 177 964.34 | | | | |
| 　无形资产净值 | 60 335.66 | | | | |
| 　研发支出 | | | | | |
| 　公共基础设施原值 | | | | | |
| 　　减：公共基础设施累计折旧（摊销） | | | | | |

续表

| 资产 | 期末余额 | 年初余额 | 负债和净资产 | 期末余额 | 年初余额 |
|---|---|---|---|---|---|
| 　公共基础设施净值 | | | | | |
| 　政府储备物资 | | | | | |
| 　文物文化资产 | | | | | |
| 　保障性住房原值 | | | | | |
| 　减：保障性住房累计折旧 | | | 净资产： | | |
| 　保障性住房净值 | | | 　累计盈余 | 82 322 156.29 | |
| 　长期待摊费用 | | | 　专用基金 | 687 728.18 | |
| 　待处理财产损溢 | | | 　权益法调整 | | |
| 　其他非流动资产 | | | 　无偿调拨净资产 * | — | |
| 　非流动资产合计 | 74 052 204.74 | | 　本期盈余 * | — | |
| 受托代理资产 | | | 　净资产合计 | 83 009 884.47 | |
| 　资产总计 | 86 606 560.18 | | 负债和净资产总计 | 86 606 560.18 | |

资料 2：某科学事业单位 2×20 年财务会计科目余额表如表 13-4 所示。

表 13-4　　　　　　　　　　　**财务会计科目余额表**

2×20 年 12 月 31 日　　　　　　　　　　　单位：元

| 资产类科目名称 | 期末余额 | 负债与净资产类科目名称 | 期末余额 |
|---|---|---|---|
| 库存现金 | 100.45 | 短期借款 | |
| 银行存款 | 8 615 210.86 | 应交增值税 | 25 400.80 |
| 零余额账户用款额度 | | 其他应交税费 | 114 202.00 |
| 其他货币资金 | | 应缴财政款 | |
| 短期投资 | | 应付职工薪酬 | |
| 财政应返还额度 | 1 540 169.26 | 应付票据 | |
| 应收票据 | | 应付账款 | |
| 应收账款 | 140 580.00 | 预收账款 | 1 065 980.04 |
| 预付账款 | 50 170.00 | 其他应付款 | 876 263.23 |
| 其他应收款 | 1 860 243.54 | 预提费用 | 146 164.15 |
| 坏账准备<br>其中：应收账款<br>　　　其他应收款 | -40 016.47<br>-2 811.60<br>-37 204.87 | 长期应付款 | 412 367.57 |
| 库存物品 | 85 782.93 | 长期借款 | |

续表

| 资产类科目名称 | 期末余额 | 负债与净资产类科目名称 | 期末余额 |
|---|---|---|---|
| 长期股权投资 | 2 600 000.00 | 负债小计 | 2 640 377.79 |
| 固定资产 | 110 223 987.67 | 累计盈余 | 85 679 177.68 |
| 固定资产累计折旧 | −38 526 138.13 | 专用基金 | 634 588.18 |
| 在建工程 | 86 876.45 | 权益法调整 | 87 025.26 |
| 无形资产 | 2 987 100.00 | 本期盈余 | |
| 无形资产累计摊销 | −582 897.65 | 以前年度盈余调整 | |
| 待处置资产损溢 | | 净资产小计 | 86 400 791.12 |
| 合计 | 89 041 168.91 | 合计 | 89 041 168.91 |

根据上述资料，编制某科学事业单位 2×20 年资产负债表，方法如下：

在编制 2×20 年资产负债表时，"年初余额"栏内各项数字，应当根据 2×19 年资产负债表的"期末余额"栏内数字填列；"期末余额"栏内各项数据，则应当根据 2×20 年 12 月 31 日编制的财务会计科目余额表直接填列、合并填列或分析填列。其中需要合并填列的项目说明如下：

①货币资金 = 库存现金 + 银行存款 + 零余额账户用款额度 + 其他货币资金 = 100.45 + 8 615 210.86 = 8 615 311.31（元）

②应收账款净额 = 140 580.00 − 2 811.60 = 137 768.40（元）

③其他应收款净额 = 1 860 243.54 − 37 204.87 = 1 823 038.67（元）

④存货 = 在途物资 + 库存物品 + 加工物品 = 85 782.93（元）

⑤固定资产净值 = 固定资产原值 − 固定资产累计折旧 = 110 223 987.67 − 38 526 138.13 = 71 697 849.54（元）

⑥无形资产净值 = 无形资产原值 − 无形资产累计摊销 = 2 987 100.00 − 582 897.65 = 2 404 202.35（元）

编制完成的某科学事业单位 2×20 年资产负债表如表 13 − 5 所示。

表 13 − 5 　　　　　　　　　　　　　　　资产负债表

会政财 01 表

编制单位：某科学事业单位　　　　　　　2×20 年 12 月 31 日　　　　　　　　　单位：元

| 资产 | 期末余额 | 年初余额 | 负债和净资产 | 期末余额 | 年初余额 |
|---|---|---|---|---|---|
| 流动资产： | | | 流动负债： | | |
| 货币资金 | 8 615 311.31 | 3 754 118.43 | 短期借款 | | |
| 短期投资 | | | 应交增值税 | 25 400.80 | −82 229.29 |
| 财政应返还额度 | 1 540 169.26 | 7 254 426.01 | 其他应交税费 | 114 202.00 | 13 130.33 |

| 资产 | 期末余额 | 年初余额 | 负债和净资产 | 期末余额 | 年初余额 |
|---|---|---|---|---|---|
| 应收票据 | | | 应缴财政款 | | |
| 应收账款净额 | 137 768.40 | | 应付职工薪酬 | | |
| 预付账款 | 50 170.00 | | 应付票据 | | |
| 应收股利 | | | 应付账款 | | |
| 应收利息 | | | 应付政府补贴款 | | |
| 其他应收款净额 | 1 823 038.67 | 1 462 737.07 | 应付利息 | | |
| 存货 | 85 782.93 | 83 073.93 | 预收账款 | 1 065 980.04 | 2 065 980.04 |
| 待摊费用 | | | 其他应付款 | 876 263.23 | 1 067 397.06 |
| 一年内到期的非流动资产 | | | 预提费用 | 146 164.15 | |
| 其他流动资产 | | | 一年内到期的非流动负债 | | |
| 流动资产合计 | 12 252 240.57 | 12 554 355.44 | 其他流动负债 | | |
| 非流动资产: | | | 流动负债合计 | 2 228 010.22 | 3 064 278.14 |
| 长期股权投资 | 2 600 000.00 | 191 824.27 | 非流动负债: | | |
| 长期债券投资 | | | 长期借款 | | |
| 固定资产原值 | 110 223 987.67 | 108 954 737.37 | 长期应付款 | 412 367.57 | 532 397.57 |
| 减: 固定资产累计折旧 | 38 526 138.13 | 35 154 692.56 | 预计负债 | | |
| 固定资产净值 | 71 697 849.54 | 73 800 044.81 | 其他非流动负债 | | |
| 工程物资 | | | 非流动负债合计 | 412 367.57 | 532 397.57 |
| 在建工程 | 86 876.45 | | 受托代理负债 | | |
| 无形资产原值 | 2 987 100.00 | 238 300.00 | 负债合计 | 2 640 377.79 | 3 596 675.71 |
| 减: 无形资产累计摊销 | 582 897.65 | 177 964.34 | | | |
| 无形资产净值 | 2 404 202.35 | 60 335.66 | | | |
| 研发支出 | | | | | |
| 公共基础设施原值 | | | | | |
| 减: 公共基础设施累计折旧（摊销） | | | | | |
| 公共基础设施净值 | | | | | |

续表

| 资产 | 期末余额 | 年初余额 | 负债和净资产 | 期末余额 | 年初余额 |
|---|---|---|---|---|---|
| 政府储备物资 | | | | | |
| 文物文化资产 | | | | | |
| 保障性住房原值 | | | | | |
| 减：保障性住房<br>累计折旧 | | | 净资产： | | |
| 保障性住房净值 | | | 累计盈余 | 85 679 177.68 | 82 322 156.29 |
| 长期待摊费用 | | | 专用基金 | 634 588.18 | 687 728.18 |
| 待处理财产损溢 | | | 权益法调整 | 87 025.26 | |
| 其他非流动资产 | | | 无偿调拨净资产 * | | |
| 非流动资产合计 | 76 788 928.34 | 74 052 204.74 | 本期盈余 * | | |
| 受托代理资产 | | | 净资产合计 | 86 400 791.12 | 83 009 884.47 |
| 资产总计 | 89 041 168.91 | 86 606 560.18 | 负债和净资产总计 | 89 041 168.91 | 86 606 560.18 |

# 第三节　收入费用表

## 一、收入费用表的含义

收入费用表是反映科学事业单位在一定会计期间运行情况的报表，是科学事业单位会计报表的重要组成部分。

收入费用表可以提供科学事业单位在某一会计期间内收入和费用的总额及构成情况，以及本期盈余情况等信息。

按照规定，科学事业单位的收入费用表应当按月和年度编制。

## 二、收入费用表的格式

（一）收入费用表的结构与内容

收入费用表由表头和主体两部分构成，表头部分包括报表名称、编号（会政财02表）、编制单位、编制日期、金额单位等内容。主体部分采用列表式（单步式）结构，应当按照收入、费用、盈余情况分别列示。

收入费用表中各项目应填列"本月数"和"本年累计数"两栏内容，提供科学事业单位不同时期运行情况（含运行成本）数据，以便分析和判断科学事业单位的财务运行（含运行成本）变动情况及其发展趋势。

（二）收入费用表的格式

收入费用表的格式，如表 13 – 6 所示。

表 13 – 6 收入费用表

会政财 02 表

编制单位：_____　　　　　　　　　____年____月　　　　　　　　单位：元

| 项目 | 本月数 | 本年累计数 |
|---|---|---|
| 一、本期收入 | | |
| （一）财政拨款收入 | | |
| 其中：政府性基金收入 | | |
| （二）事业收入 | | |
| 其中：科研收入 | | |
| 非科研收入 | | |
| （三）上级补助收入 | | |
| （四）附属单位上缴收入 | | |
| （五）经营收入 | | |
| （六）非同级财政拨款收入 | | |
| （七）投资收益 | | |
| （八）捐赠收入 | | |
| （九）利息收入 | | |
| （十）租金收入 | | |
| （十一）其他收入 | | |
| 二、本期费用 | | |
| （一）业务活动费用 | | |
| 其中：科研活动费用 | | |
| 非科研活动费用 | | |
| （二）单位管理费用 | | |
| （三）经营费用 | | |
| （四）资产处置费用 | | |
| （五）上缴上级费用 | | |
| （六）对附属单位补助费用 | | |
| （七）所得税费用 | | |
| （八）其他费用 | | |
| 三、本期盈余 | | |

## 三、收入费用表的编制

（一）"本年累计"栏的填列方法

收入费用表"本年累计数"栏反映各项目自年初至报告期期末的累计实际发生数。编制年度收入费用表时，应当将本栏改为"上年数"，反映上年度各项目的实际发生数，"上年数"栏应当根据上年年度收入费用表中"本年数"栏内所列数字填列。

如果本年度收入费用表规定的项目的名称和内容同上年度不一致，应当对上年度收入费用表项目的名称和数字按照本年度的规定进行调整，将调整后的金额填入本年度收入费用表的"上年数"栏内。

如果本年度单位发生了因前期差错更正、会计政策变更等调整以前年度盈余的事项，还应当对年度收入费用表中"上年数"栏中的有关项目金额进行相应调整。

（二）"本月数"栏的填列方法

收入费用表"本月数"栏反映各项目的本月实际发生数。编制年度收入费用表时，应当将本栏改为"本年数"，反映本年度各项目的实际发生数。

收入费用表"本月数"栏各项目的内容和填列方法如下：

1. 本期收入。

（1）"本期收入"项目，反映单位本期收入总额。本项目应当根据本表中"财政拨款收入""事业收入""上级补助收入""附属单位上缴收入""经营收入""非同级财政拨款收入""投资收益""捐赠收入""利息收入""租金收入""其他收入"项目金额的合计数填列。

（2）"财政拨款收入"项目，反映单位本期从同级政府财政部门取得的各类财政拨款。本项目应当根据"财政拨款收入"科目的本期发生额填列。

"政府性基金收入"项目，反映单位本期取得的财政拨款收入中属于政府性基金预算拨款的金额。本项目应当根据"财政拨款收入"相关明细科目的本期发生额填列。

（3）"事业收入"项目，反映事业单位本期开展专业业务活动及其辅助活动实现的收入。本项目应当根据"事业收入"科目的本期发生额填列。其中：

"科研收入"项目，反映科学事业单位本期开展科研活动及其辅助活动实现的收入。本项目应当根据"事业收入—科研收入"科目的本期发生额填列。

"非科研收入"项目，反映科学事业单位本期开展科研活动以外的其他业务活动及其辅助活动实现的收入。本项目应当根据"事业收入—非科研收入"科目的本期发生额填列。

（4）"上级补助收入"项目，反映事业单位本期从主管部门和上级单位收到或应收的非财政拨款收入。本项目应当根据"上级补助收入"科目的本期发生额填列。

（5）"附属单位上缴收入"项目，反映事业单位本期收到或应收的独立核算的附属单位按照有关规定上缴的收入。本项目应当根据"附属单位上缴收入"科目的本期发生额填列。

（6）"经营收入"项目，反映事业单位本期在专业业务活动及其辅助活动之外开展非独立核算经营活动实现的收入。本项目应当根据"经营收入"科目的本期发生额填列。

（7）"非同级财政拨款收入"项目，反映单位本期从非同级政府财政部门取得的财政拨款，不包括事业单位因开展科研及其辅助活动从非同级财政部门取得的经费拨款。本项目应当根据"非同级财政拨款收入"科目的本期发生额填列。

（8）"投资收益"项目，反映事业单位本期股权投资和债券投资所实现的收益或发生的损失。本项目应当根据"投资收益"科目的本期发生额填列；如为投资净损失，以"－"号填列。

（9）"捐赠收入"项目，反映单位本期接受捐赠取得的收入。本项目应当根据"捐赠收入"科目的本期发生额填列。

（10）"利息收入"项目，反映单位本期取得的银行存款利息收入。本项目应当根据"利息收入"科目的本期发生额填列。

（11）"租金收入"项目，反映单位本期经批准利用国有资产出租取得并按规定纳入本单位预算管理的租金收入。本项目应当根据"租金收入"科目的本期发生额填列。

（12）"其他收入"项目，反映单位本期取得的除以上收入项目外的其他收入的总额。本项目应当根据"其他收入"科目的本期发生额填列。

2. 本期费用。

（13）"本期费用"项目，反映单位本期费用总额。本项目应当根据本表中"业务活动费用""单位管理费用""经营费用""资产处置费用""上缴上级费用""对附属单位补助费用""所得税费用"和"其他费用"项目金额的合计数填列。

（14）"业务活动费用"项目，反映单位本期为实现其职能目标，依法履职或开展专业业务活动及其辅助活动所发生的各项费用。本项目应当根据"业务活动费用"科目本期发生额填列。其中：

"科研活动费用"项目，反映科学事业单位本期开展科研活动及其辅助活动发生的各项费用。本项目应当根据"业务活动费用—科研活动费用"科目的本期发生额填列。

"非科研活动费用"项目，反映科学事业单位本期开展科研活动以外的其他业务活动及其辅助活动发生的各项费用。本项目应当根据"业务活动费用—非科研活动费用"科目的本期发生额填列。

（15）"单位管理费用"项目，反映事业单位本期本级行政及后勤管理部门开展管理活动发生的各项费用，以及由单位统一负担的离退休人员经费、工会经费、诉讼费、中介费等。本项目应当根据"单位管理费用"科目的本期发生额填列。

（16）"经营费用"项目，反映事业单位本期在专业业务活动及其辅助活动之外开展非独立核算经营活动发生的各项费用。本项目应当根据"经营费用"科目的本期发生额填列。

（17）"资产处置费用"项目，反映单位本期经批准处置资产时转销的资产价值以及在处置过程中发生的相关费用或者处置收入小于处置费用形成的净支出。本项目应当根据"资产处置费用"科目的本期发生额填列。

（18）"上缴上级费用"项目，反映事业单位按照规定上缴上级单位款项发生的费用。本项目应当根据"上缴上级费用"科目的本期发生额填列。

（19）"对附属单位补助费用"项目，反映事业单位用财政拨款收入之外的收入对附属单位补助发生的费用。本项目应当根据"对附属单位补助费用"科目的本期发生额填列。

（20）"所得税费用"项目，反映有企业所得税缴纳义务的事业单位本期计算应交纳的企业所得税。本项目应当根据"所得税费用"科目的本期发生额填列。

（21）"其他费用"项目，反映单位本期发生的除以上费用项目外的其他费用的总额。本项目应当根据"其他费用"科目的本期发生额填列。

3. 本期盈余。

（22）"本期盈余"项目，反映单位本期收入扣除本期费用后的净额。本项目应当根据本表中"本期收入"项目金额减去"本期费用"项目金额后的金额填列；如为负数，以"－"号填列。

## 四、收入费用表的编制案例

【例 13 – 2】根据下列资料：某科学事业单位 2×20 年 12 月收入费用科目发生额（见表 13 – 7）、2×20 年收入费用类科目发生额（见表 13 – 8），编制 2×20 年 12 月及年度收入费用表。

资料 1：某科学事业单位 2×20 年 12 月收入费用类科目发生额如表 13 – 7 所示。

表 13 – 7 　　　　　　　　　2×20 年 12 月收入费用科目发生额 　　　　　　　　　单位：元

| 收入类 | 12 月发生额 | 费用类 | 12 月发生额 |
|---|---|---|---|
| 财政拨款收入 | 4 539 608.70 | 业务活动费用 | 4 247 781.66 |
| 其中：政府性基金收入 | | 其中：科研活动费用 | 4 247 781.66 |
| 事业收入 | 10 143.39 | 非科研活动费用 | |
| 其中：科研收入 | 10 143.39 | 单位管理费用 | 6 805 700.94 |
| 非科研收入 | | 经营费用 | |
| 上级补助收入 | | 资产处置费用 | |
| 附属单位上缴收入 | | 上缴上级费用 | |
| 经营收入 | | 对附属单位补助费用 | |
| 非同级财政拨款收入 | | 所得税费用 | |
| 投资收益 | | 其他费用 | |
| 捐赠收入 | | | |
| 利息收入 | 1 745.56 | | |
| 租金收入 | | | |
| 其他收入 | | | |
| 收入合计 | 4 551 497.65 | 费用合计 | 11 053 482.60 |

资料2：某科学事业单位截至2×20年12月末，各收入费用类科目累计发生额如表13-8所示。

表13-8　　　　　　　　　**2×20年收入费用类科目发生额**　　　　　　　单位：元

| 收入类 | 本年累计数 | 费用类 | 本年累计数 |
|---|---|---|---|
| 财政拨款收入 | 42 890 700.00 | 业务活动费用 | 18 860 492.04 |
| 其中：政府性基金收入 | | 其中：科研活动费用 | 18 860 492.04 |
| 事业收入 | 990 931.91 | 非科研活动费用 | |
| 其中：科研收入 | 990 931.91 | 单位管理费用 | 21 439 029.49 |
| 非科研收入 | | 经营费用 | |
| 上级补助收入 | | 资产处置费用 | 22 200.00 |
| 附属单位上缴收入 | | 上缴上级费用 | |
| 经营收入 | | 对附属单位补助费用 | |
| 非同级财政拨款收入 | | 所得税费用 | |
| 投资收益 | | 其他费用 | |
| 捐赠收入 | | | |
| 利息收入 | 8 709.73 | | |
| 租金收入 | | | |
| 其他收入 | | | |
| 收入合计 | 43 890 341.64 | 费用合计 | 40 321 721.53 |

根据上述资料，编制月度收入费用表时，"本月数"栏应以各科目的本月实际发生数填列。根据12月发生额及本年累计数分别填列"本月数""本年累计数"各项目。

其中：

"本月数"栏下"本期盈余"数 = 4 551 497.65 - 11 053 482.60 = -6 501 984.95（元）

"本年累计数"栏下"本期盈余"数 = 43 890 341.64 - 40 321 721.53 = 3 568 620.11（元）

编制完成的某科学事业单位2×20年12月收入费用表（如表13-9所示）和2×20年收入费用表（如表13-10所示）。

表13-9　　　　　　　　　　　　　　**收入费用表**

编制单位：某科学事业单位　　　　　　　　2×20年12月　　　　　　　　单位：元

| 项目 | 本月数 | 本年累计数 |
|---|---|---|
| 一、本期收入 | 4 551 497.65 | 43 890 341.64 |
| （一）财政拨款收入 | 4 539 608.70 | 42 890 700.00 |
| 其中：政府性基金收入 | | |

| 项目 | 本月数 | 本年累计数 |
|---|---|---|
| （二）事业收入 | 10 143.39 | 990 931.91 |
| 　其中：科研收入 | 10 143.39 | 990 931.91 |
| 　　　　非科研收入 | | |
| （三）上级补助收入 | | |
| （四）附属单位上缴收入 | | |
| （五）经营收入 | | |
| （六）非同级财政拨款收入 | | |
| （七）投资收益 | | |
| （八）捐赠收入 | | |
| （九）利息收入 | 1 745.56 | 8 709.73 |
| （十）租金收入 | | |
| （十一）其他收入 | | |
| 二、本期费用 | 11 053 482.60 | 40 321 721.53 |
| （一）业务活动费用 | 4 247 781.66 | 18 860 492.04 |
| 　其中：科研活动费用 | 4 247 781.66 | 18 860 492.04 |
| 　　　　非科研活动费用 | | |
| （二）单位管理费用 | 6 805 700.94 | 21 439 029.49 |
| （三）经营费用 | | |
| （四）资产处置费用 | | 22 200.00 |
| （五）上缴上级费用 | | |
| （六）对附属单位补助费用 | | |
| （七）所得税费用 | | |
| （八）其他费用 | | |
| 三、本期盈余 | － 6 501 984.95 | 3 568 620.11 |

**表 13－10**　　　　　　　　　　　**收入费用表**

编制单位：某科学事业单位　　　　　　　2×20 年度　　　　　　　　　　单位：元

| 项目 | 本年数 | 上年数 |
|---|---|---|
| 一、本期收入 | 43 890 341.64 | 49 778 929.90 |
| （一）财政拨款收入 | 42 890 700.00 | 47 499 100.00 |
| 　其中：政府性基金收入 | | |
| （二）事业收入 | 990 931.91 | 2 270 179.84 |
| 　其中：科研收入 | 990 931.91 | 2 270 179.84 |
| 　　　　非科研收入 | | |

| 项目 | 本年数 | 上年数 |
|---|---|---|
| （三）上级补助收入 | | |
| （四）附属单位上缴收入 | | |
| （五）经营收入 | | |
| （六）非同级财政拨款收入 | | |
| （七）投资收益 | | |
| （八）捐赠收入 | | |
| （九）利息收入 | 8 709.73 | 9 650.06 |
| （十）租金收入 | | |
| （十一）其他收入 | | |
| 二、本期费用 | 40 321 721.53 | 38 131 633.83 |
| （一）业务活动费用 | 18 860 492.04 | 15 690 038.40 |
| 其中：科研活动费用 | 18 860 492.04 | 15 690 038.40 |
| 非科研活动费用 | | |
| （二）单位管理费用 | 21 439 029.49 | 22 400 000.00 |
| （三）经营费用 | | |
| （四）资产处置费用 | 22 200.00 | |
| （五）上缴上级费用 | | 41 595.43 |
| （六）对附属单位补助费用 | | |
| （七）所得税费用 | | |
| （八）其他费用 | | |
| 三、本期盈余 | 3 568 620.11 | 11 647 296.07 |

# 第四节　净资产变动表

## 一、净资产变动表的含义

净资产变动表是反映科学事业单位在某一会计年度内净资产项目的变动情况的报表，属于动态报表。

净资产变动表可以提供科学事业单位在某一会计年度内的累计盈余、专用基金、权益法调整等变动情况以及净资产合计情况，不仅包括净资产总量的增减变动信息，还包括净资产增减变动的重要结构信息，让报表使用者了解净资产变动的原因。

按照规定，科学事业单位的净资产变动表应当按年度编制。

## 二、净资产变动表的格式

（一）净资产变动表的结构与内容

净资产变动表由表头和主体两部分构成，表头部分包括报表名称、编号（会政财03表）、编制单位、编制日期、金额单位等内容。净资产变动表为年度报表，填列时应以某一会计年度为编报期间。主体部分采用矩阵式格式，即一方面列示净资产的各个组成部分，如列示累计盈余、专用基金、权益法调整等内容，另一方面列示净资产各个组成部分增减变动的具体原因，如列示本年盈余、无偿调拨净资产、归集调整预算结转结余、提取或设置等，使净资产各组成部分的增减变动原因与净资产的相应组成部分形成对应。

净资产变动表中各项目应填列"本年数"和"上年数"两栏内容，提供科学事业单位不同时期净资产变动数据，以便分析和判断科学事业单位的净资产变动原因及发展趋势。

（二）收入费用表的格式

收入费用表的格式，如表13-11所示。

表13-11　　　　　　　　　净资产变动表

会政财03表

编制单位：_____　　　　　_____年　　　　　单位：元

| 项目 | 行次 | 本年数 | | | | 上年数 | | | |
|---|---|---|---|---|---|---|---|---|---|
| | | 累计盈余 | 专用基金 | 权益法调整 | 净资产合计 | 累计盈余 | 专用基金 | 权益法调整 | 净资产合计 |
| 一、上年年末余额 | 1 | | | | | | | | |
| 二、以前年度盈余调整（减少以"-"号填列） | 2 | | — | — | | | — | — | |
| 三、本年年初余额 | 3 | | | | | | | | |
| 四、本年变动金额（减少以"-"号填列） | 4 | | | | | | | | |
| （一）本年盈余 | 5 | | — | — | | | — | — | |
| （二）无偿调拨净资产 | 6 | | — | — | | | — | — | |
| （三）归集调整预算结转结余 | 7 | | — | — | | | — | — | |

续表

| 项目 | 行次 | 本年数 | | | | 上年数 | | | |
|---|---|---|---|---|---|---|---|---|---|
| | | 累计盈余 | 专用基金 | 权益法调整 | 净资产合计 | 累计盈余 | 专用基金 | 权益法调整 | 净资产合计 |
| （四）提取或设置专用基金 | 8 | | | — | | | | — | |
| 其中：从预算收入中提取 | 9 | — | | — | | — | | — | |
| 从预算结余中提取 | 10 | | | — | | | | — | |
| 设置的专用基金 | 11 | | | — | | | | — | |
| （五）使用专用基金 | 12 | | | | | | | | |
| （六）权益法调整 | 13 | — | — | | | — | — | | |
| 五、本年年末余额 | 14 | | | | | | | | |

注："—"标识单元格不需填列。

# 三、净资产变动表的编制

（一）"上年数"栏的填列方法

净资产变动表"上年数"栏反映上年度各项目的实际变动数，应当根据上年度净资产变动表中"本年数"栏内所列数字填列。如果上年度净资产变动表规定的项目的名称和内容与本年度不一致，应对上年度净资产变动表项目的名称和数字按照本年度的规定进行调整，将调整后金额填入本年度净资产变动表"上年数"栏内。

（二）"本年数"栏的及填列方法

净资产变动表"本年数"栏反映本年度各项目的实际变动数，其各项目的内容和填列方法如下：

1. "上年年末余额"行，反映单位净资产各项目上年年末的余额。本行各项目应当根据"累计盈余""专用基金""权益法调整"科目上年年末余额填列。

2. "以前年度盈余调整"行，反映单位本年度调整以前年度盈余的事项对累计盈余进行调整的金额。本行"累计盈余"项目应当根据本年度"以前年度盈余调整"科目转入"累计盈余"科目的金额填列；如调整减少累计盈余，以"－"号填列。

3. "本年年初余额"行，反映经过以前年度盈余调整后，单位净资产各项目的本年年初余额。本行"累计盈余""专用基金""权益法调整"项目应当根据其各自在"上年年末余额"和"以前年度盈余调整"行对应项目金额的合计数填列。

4. "本年变动金额"行，反映单位净资产各项目本年变动总金本行"累计盈余""专用基金""权益法调整"项目应当根据其各自在"本年盈余""无偿调拨净资产""归集调整预算结转结余""提取或设置专用基金""使用专用基金""权益法调整"行对应项目金额的合计数填列。

5. "本年盈余"行，反映单位本年发生的收入、费用对净资产的影响。本行"累计盈余"项目应当根据年末由"本期盈余"科目转入"本年盈余分配"科目的金额填列；如转入时借记"本年盈余分配"科目，则以"－"号填列。

6. "无偿调拨净资产"行，反映单位本年无偿调入、调出非现金资产事项对净资产的影响。本行"累计盈余"项目应当根据年末由"无偿调拨净资产"科目转入"累计盈余"科目的金额填列；如转入时借记"累计盈余"科目，则以"－"号填列。

7. "归集调整预算结转结余"行，反映单位本年财政拨款结转结余资金归集调入、归集上缴或调出，以及非财政拨款结转资金缴回对净资产的影响。本行"累计盈余"项目应当根据"累计盈余"科目明细账记录分析填列；如归集调整减少预算结转结余，则以"－"号填列。

8. "提取或设置专用基金"行，反映单位本年提取或设置专用基金对净资产的影响。本行"累计盈余"项目应当根据"从预算结余中提取"行"累计盈余"项目的金额填列。本行"专用基金"项目应当根据"从预算收入中提取""从预算结余中提取""设置的专用基金"行"专用基金"项目金额的合计数填列。

"从预算收入中提取"行，反映单位本年从预算收入中提取专用基金对净资产的影响。本行"专用基金"项目应当通过对"专用基金"科目明细账记录的分析，根据本年按有关规定从预算收入中提取基金的金额填列。

"从预算结余中提取"行，反映单位本年根据有关规定从本年度非财政拨款结余或经营结余中提取专用基金对净资产的影响。本行"累计盈余""专用基金"项目应当通过对"专用基金"科目明细账记录的分析，根据本年按有关规定从本年度非财政拨款结余或经营结余中提取专用基金的金额填列；本行"累计盈余"项目以"－"号填列。

"设置的专用基金"行，反映单位本年根据有关规定设置的其他专用基金对净资产的影响。本行"专用基金"项目应当通过对"专用基金"科目明细账记录的分析，根据本年按有关规定设置的其他专用基金的金额填列。

9. "使用专用基金"行，反映单位本年按规定使用专用基金对净资产的影响。本行"累计盈余""专用基金"项目应当通过对"专用基金"科目明细账记录的分析，根据本年按规定使用专用基金的金额填列；本行"专用基金"项目以"－"号填列。

10. "权益法调整"行，反映单位本年按照被投资单位除净损益和利润分配以外的所有者权益变动份额而调整长期股权投资账面余额对净资产的影响。本行"权益法调整"项目应当根据"权益法调整"科目本年发生额填列；若本年净发生额为借方时，以"－"号填列。

11. "本年年末余额"行，反映单位本年各净资产项目的年末余额。本行"累计盈余""专用基金""权益法调整"项目应当根据其各自在"本年年初余额""本年变动金额"行对应项目金额的合计数填列。

12. 本表各行"净资产合计"项目，应当根据所在行"累计盈余""专用基金""权益法调整"项目金额的合计数填列。

## 四、净资产变动表的编制案例

【例13−3】根据下列资料：某科学事业单位2×19年净资产变动表（部分）（见表13−12）、2×20年净资产科目变动数等，编制该单位2×20年净资产变动表。

资料1：2×19年度净资产变动表如表13−12所示。

表13−12              2×19年净资产变动表（部分）              单位：元

| 项目 | 年末数 | | | |
|---|---|---|---|---|
| | 累计盈余 | 专用基金 | 权益法调整 | 净资产合计 |
| 一、上年年末余额 | 70 674 860.22 | 850 278.18 | 0.00 | 71 525 138.40 |
| 二、以前年度盈余调整（减少以"−"号填列） | | — | — | |
| 三、本年年初余额 | 70 674 860.22 | 850 278.18 | 0.00 | 71 525 138.40 |
| 四、本年变动金额（减少以"−"号填列） | | | | |
| （一）本年盈余 | 11 647 296.07 | | — | 11 647 296.07 |
| （二）无偿调拨净资产 | | | | |
| （三）归集调整预算结转结余 | | — | — | |
| （四）提取或设置专用基金 | | 86 950.00 | | 86 950.00 |
| （五）使用专用基金 | | −75 600.00 | | −75 600.00 |
| （六）权益法调整 | — | — | | |
| 五、本年年末余额 | 82 322 156.29 | 687 728.18 | 0.00 | 83 009 884.47 |

资料2：2×20年净资产科目变动情况如下：

①"以前年度盈余调整"科目："累计盈余"科目调减24 800元；

②"本年盈余"科目：本年增加3 568 620.11元；

③"无偿调拨净资产"科目：本年净调出186 798.72元；

④"专用基金"科目：本年从盈余中提取专用基金123 900元，支出177 040元；

⑤"权益法调整"科目：本年净增加87 025.26元。

根据上述资料，2×20年末净资产余额为：

净资产期末数 = 上年末数 + 以前年度盈余调整 + 本年变动金额 = 83 009 884.47 − 24 800 + （3 568 620.11 − 186 798.72 + 123 900.00 − 177 040.00 + 87 025.26）= 86 400 791.12（元）

编制完成的2×20年度净资产变动表如表13−13所示。

表 13－13

## 2×20 年度净资产变动表

会政财 03 表
单位：元

| 项目 | 本年数 | | | | 上年数 | | | |
|---|---|---|---|---|---|---|---|---|
| | 累计盈余 | 专用基金 | 权益法调整 | 净资产合计 | 累计盈余 | 专用基金 | 权益法调整 | 净资产合计 |
| 一、上年年末余额 | 82 322 156.29 | 687 728.18 | 0.00 | 83 009 884.47 | 70 674 860.22 | 850 278.18 | 0.00 | 71 525 138.40 |
| 二、以前年度盈余调整（减少以"－"号填列） | －24 800.00 | — | — | －24 800.00 | | — | — | |
| 三、本年初余额 | 82 297 356.29 | 687 728.18 | 0.00 | 82 985 084.47 | 70 674 860.22 | 850 278.18 | 0.00 | 71 525 138.40 |
| 四、本年变动金额（减少以"－"号填列） | | | | 0.00 | | | | |
| （一）本年盈余 | 3 568 620.11 | — | — | 3 568 620.11 | 11 647 296.07 | — | — | 11 647 296.07 |
| （二）无偿调拨净资产 | －186 798.72 | — | — | －186 798.72 | — | — | — | — |
| （三）归集调整预算结转结余 | — | — | 0.00 | 0.00 | — | — | — | — |
| （四）提取或设置专用基金 | — | 123 900.00 | — | 123 900.00 | — | 86 950.00 | — | 86 950.00 |
| （五）使用专用基金 | — | －177 040.00 | — | －177 040.00 | — | －75 600.00 | — | －75 600.00 |
| （六）权益法调整 | — | — | 87 025.26 | 87 025.26 | — | — | — | — |
| 五、本年年末余额 | 85 679 177.68 | 634 588.18 | 87 025.26 | 86 400 791.12 | 82 322 156.29 | 687 728.18 | 0.00 | 83 009 884.47 |

# 第五节 现金流量表

## 一、现金流量表的含义

现金流量表是反映科学事业单位在一定会计期间现金及现金等价物流入和流出情况的报表，反映科学事业单位在某一会计期间内日常活动、投资活动以及筹资活动等三方面产生的现金流量的信息。

现金流量表是财务报表体系中唯一需要按照收付实现制原则编制的报表。它将权责发生制下的盈余信息调整为收付实现制下的现金流量信息，弥补了资产负债表和收入费用表提供信息的不足，使报表使用者能够了解现金流量的影响因素，便于信息使用者了解科学事业单位的盈余质量，评价科学事业单位的支付能力和偿债能力。

按照规定，科学事业单位的收入费用表应当按年度编制。

## 二、现金流量表的格式

（一）现金流量表的结构与内容

现金流量表由表头和主体两部分构成，表头部分包括报表名称、编号（会政财04 表）、编制单位、编制日期、金额单位等内容。主体部分采用列表式结构，分别日常活动产生的现金流量、投资活动产生的现金流量、筹资活动产生的现金流量，反映现金流入和现金流出的信息，采用的计算公式为：现金流入 − 现金流出 = 现金流量净额。

现金流量表所指的现金，是指科学事业单位的库存现金以及可以随时用于支付的现金等价物，包括库存现金、可以随时用于支付的银行存款、其他货币资金、零余额账户用款额度、财政应返还额度，以及通过财政直接支付的款项。现金流量表应当按照财政拨款现金流量、非财政拨款现金流量和代管及应缴现金流量分别反映。

现金流量表中各项目应填列"本年金额"和"上年金额"两栏内容，提供科学事业单位不同时期现金流量数据，便于分析和判断科学事业单位的盈余变动情况及其发展趋势。

（二）现金流量表的格式

现金流量表的格式如表 13 − 14 所示。

表 13 - 14　　　　　　　　　　　　　　现金流量表

会政财 04 表

编制单位：_____　　　　　　　　　____年　　　　　　　　　　　　单位：元

| 项目 | 本年金额 | 上年金额 |
|---|---|---|
| 一、日常活动产生的现金流量： | | |
| 　财政基本支出拨款收到的现金 | | |
| 　财政非资本性项目拨款收到的现金 | | |
| 　事业活动收到的除财政拨款以外的现金 | | |
| 　收到的其他与日常活动有关的现金 | | |
| 　　日常活动的现金流入小计 | | |
| 　购买商品、接受劳务支付的现金 | | |
| 　支付给职工以及为职工支付的现金 | | |
| 　支付的各项税费 | | |
| 　支付的其他与日常活动有关的现金 | | |
| 　　日常活动的现金流出小计 | | |
| 　　　日常活动产生的现金流量净额 | | |
| 二、投资活动产生的现金流量： | | |
| 　收回投资收到的现金 | | |
| 　取得投资收益收到的现金 | | |
| 　处置固定资产、无形资产、公共基础设施等收回的现金净额 | | |
| 　收到的其他与投资活动有关的现金 | | |
| 　　投资活动的现金流入小计 | | |
| 　购建固定资产、无形资产、公共基础设施等支付的现金 | | |
| 　对外投资支付的现金 | | |
| 　上缴处置固定资产、无形资产、公共基础设施等净收入支付的现金 | | |
| 　支付的其他与投资活动有关的现金 | | |
| 　　投资活动的现金流出小计 | | |
| 　　　投资活动产生的现金流量净额 | | |
| 三、筹资活动产生的现金流量： | | |
| 　财政资本性项目拨款收到的现金 | | |
| 　取得借款收到的现金 | | |
| 　收到的其他与筹资活动有关的现金 | | |
| 　　筹资活动的现金流入小计 | | |
| 　偿还借款支付的现金 | | |
| 　偿还利息支付的现金 | | |
| 　支付的其他与筹资活动有关的现金 | | |
| 　　筹资活动的现金流出小计 | | |
| 　　　筹资活动产生的现金流量净额 | | |
| 四、汇率变动对现金的影响额 | | |
| 五、现金净增加额 | | |

## 三、现金流量表的编制

科学事业单位单位应当采用直接法编制现金流量表，即通过现金收入和现金支出的主要类别列示经营活动的现金流量。

（一）"上年金额"栏填列方法

现金流量表"上年金额"栏反映各项目的上年实际发生数，应当根据上年现金流量表中"本年金额"栏内所列数字填列。

（二）"本年金额"栏填列方法

现金流量表中"本年金额"栏反映各项目的本年实际发生数。具体各项目的填列方法如下：

1. 日常活动产生的现金流量。

（1）"财政基本支出拨款收到的现金"项目，反映单位本年接受财政基本支出拨款取得的现金。本项目应当根据"零余额账户用款额度""财政拨款收入""银行存款"等科目及其所属明细科目的记录分析填列。

（2）"财政非资本性项目拨款收到的现金"项目，反映单位本年接受除用于购建固定资产、无形资产、公共基础设施等资本性项目以外的财政项目拨款取得的现金。本项目应当根据"银行存款""零余额账户用款额度""财政拨款收入"等科目及其所属明细科目的记录分析填列。

（3）"事业活动收到的除财政拨款以外的现金"项目，反映事业单位本年开展专业业务活动及其辅助活动取得的除财政拨款以外的现金。本项目应当根据"库存现金""银行存款""其他货币资金""应收账款""应收票据""预收账款""事业收入"等科目及其所属明细科目的记录分析填列。

（4）"收到的其他与日常活动有关的现金"项目，反映单位本年收到的除以上项目之外的与日常活动有关的现金。本项目应当根据"库存现金""银行存款""其他货币资金""上级补助收入""附属单位上缴收入""经营收入""非同级财政拨款收入""捐赠收入""利息收入""租金收入""其他收入"等科目及其所属明细科目的记录分析填列。

（5）"日常活动的现金流入小计"项目，反映单位本年日常活动产生的现金流入的合计数。本项目应当根据本表中"财政基本支出拨款收到的现金""财政非资本性项目拨款收到的现金""事业活动收到的除财政拨款以外的现金""收到的其他与日常活动有关的现金"项目金额的合计数填列。

（6）"购买商品、接受劳务支付的现金"项目，反映单位本年在日常活动中用于购买商品、接受劳务支付的现金。本项目应当根据"库存现金""银行存款""财政拨款收入""零余额账户用款额度""预付账款""在途物品""库存物品""应付账款""应付票据""业务活动费用""单位管理费用""经营费用"等科目及其所属明细科目的记录分析填列。

（7）"支付给职工以及为职工支付的现金"项目，反映单位本年支付给职工以及为职工支付的现金。本项目应当根据"库存现金""银行存款""零余额账户用款额度""财政拨款收入""应付职工薪酬""业务活动费用""单位管理费用""经营费用"等科目及其所属明细科目的记录分析填列。

（8）"支付的各项税费"项目，反映单位本年用于缴纳日常活动相关税费而支付的现金。本项目应当根据"库存现金""银行存款""零余额账户用款额度""应交增值税""其他应交税费""业务活动费用""单位管理费用""经营费用""所得税费用"等科目及其所属明细科目的记录分析填列。

（9）"支付的其他与日常活动有关的现金"项目，反映单位本年支付的除上述项目之外与日常活动有关的现金。本项目应当根据"库存现金""银行存款""零余额账户用款额度""财政拨款收入""其他应付款""业务活动费用""单位管理费用""经营费用""其他费用"等科目及其所属明细科目的记录分析填列。

（10）"日常活动的现金流出小计"项目，反映单位本年日常活动产生的现金流出的合计数。本项目应当根据本表中"购买商品、接受劳务支付的现金""支付给职工以及为职工支付的现金""支付的各项税费""支付的其他与日常活动有关的现金"项目金额的合计数填列。

（11）"日常活动产生的现金流量净额"项目，应当按照本表"日常活动的现金流入小计"项目金额减去"日常活动的现金流出小计"项目金额后的金额填列；如为负数，以"－"号填列。

2. 投资活动产生的现金流量。

（12）"收回投资收到的现金"项目，反映单位本年出售、转让或者收回投资收到的现金。本项目应该根据"库存现金""银行存款""短期投资""长期股权投资""长期债券投资"等科目的记录分析填列。

（13）"取得投资收益收到的现金"项目，反映单位本年因对外投资而收到被投资单位分配的股利或利润，以及收到投资利息而取得的现金。本项目应当根据"库存现金""银行存款""应收股利""应收利息""投资收益"等科目的记录分析填列。

（14）"处置固定资产、无形资产、公共基础设施等收回的现金净额"项目，反映单位本年处置固定资产、无形资产、公共基础设施等非流动资产所取得的现金，减去为处置这些资产而支付的有关费用之后的净额。由于自然灾害所造成的固定资产等长期资产损失而收到的保险赔款收入，也在本项目反映。本项目应当根据"库存现金""银行存款""待处理财产损溢"等科目的记录分析填列。

（15）"收到的其他与投资活动有关的现金"项目，反映单位本年收到的除上述项目之外与投资活动有关的现金。对于金额较大的现金流入，应当单列项目反映。本项目应当根据"库存现金""银行存款"等有关科目的记录分析填列。

（16）"投资活动的现金流入小计"项目，反映单位本年投资活动产生的现金流入的合计数。本项目应当根据本表中"收回投资收到的现金""取得投资收益收到的现金""处置固定资产、无形资产、公共基础设施等收回的现金净额""收到的其他与投资活动有关的现金"项目金额的合计数填列。

（17）"购建固定资产、无形资产、公共基础设施等支付的现金"项目，反映单位本年购买和建造固定资产、无形资产、公共基础设施等非流动资产所支付的现金；融资租入固定资产支付的租赁费不在本项目反映，在筹资活动的现金流量中反映。本项目应当根据"库存现金""银行存款""固定资产""工程物资""在建工程""无形资产""研发支出""公共基础设施""保障性住房"等科目的记录分析填列。

（18）"对外投资支付的现金"项目，反映单位本年为取得短期投资、长期股权投资、长期债券投资而支付的现金。本项目应当根据"库存现金""银行存款""短期投资""长期股权投资""长期债券投资"等科目的记录分析填列。

（19）"上缴处置固定资产、无形资产、公共基础设施等净收入支付的现金"项目，反映本年单位将处置固定资产、无形资产、公共基础设施等非流动资产所收回的现金净额予以上缴财政所支付的现金。

本项目应当根据"库存现金""银行存款""应缴财政款"等科目的记录分析填列。

（20）"支付的其他与投资活动有关的现金"项目，反映单位本年支付的除上述项目之外与投资活动有关的现金。对于金额较大的现金流出，应当单列项目反映。本项目应当根据"库存现金""银行存款"等有关科目的记录分析填列。

（21）"投资活动的现金流出小计"项目，反映单位本年投资活动产生的现金流出的合计数。本项目应当根据本表中"购建固定资产、无形资产、公共基础设施等支付的现金""对外投资支付的现金""上缴处置固定资产、无形资产、公共基础设施等净收入支付的现金""支付的其他与投资活动有关的现金"项目金额的合计数填列。

（22）"投资活动产生的现金流量净额"项目，应当按照本表中"投资活动的现金流入小计"项目金额减去"投资活动的现金流出小计"项目金额后的金额填列；如为负数，以"－"号填列。

3. 筹资活动产生的现金流量。

（23）"财政资本性项目拨款收到的现金"项目，反映单位本年接受用于购建固定资产、无形资产、公共基础设施等资本性项目的财政项目拨款取得的现金。本项目应当根据"银行存款""零余额账户用款额度""财政拨款收入"等科目及其所属明细科目的记录分析填列。

（24）"取得借款收到的现金"项目，反映事业单位本年举借短期、长期借款所收到的现金。本项目应当根据"库存现金""银行存款""短期借款""长期借款"等科目记录分析填列。

（25）"收到的其他与筹资活动有关的现金"项目，反映单位本年收到的除上述项目之外与筹资活动有关的现金。对于金额较大的现金流入，应当单列项目反映。本项目应当根据"库存现金""银行存款"等有关科目的记录分析填列。

（26）"筹资活动的现金流入小计"项目，反映单位本年筹资活动产生的现金流入的合计数。本项目应当根据本表中"财政资本性项目拨款收到的现金""取得借款收到的现金""收到的其他与筹资活动有关的现金"项目金额的合计数填列。

（27）"偿还借款支付的现金"项目，反映事业单位本年偿还借款本金所支付的现金。本项目应当根据"库存现金""银行存款""短期借款""长期借款"等科目的记录分析填列。

（28）"偿付利息支付的现金"项目，反映事业单位本年支付的借款利息等。本项目应当根据"库存现金""银行存款""应付利息""长期借款"等科目的记录分析填列。

（29）"支付的其他与筹资活动有关的现金"项目，反映单位本年支付的除上述项目之外与筹资活动有关的现金，如融资租入固定资产所支付的租赁费。本项目应当根据"库存现金""银行存款""长期应付款"等科目的记录分析填列。

（30）"筹资活动的现金流出小计"项目，反映单位本年筹资活动产生的现金流出的合计数。本项目应当根据本表中"偿还借款支付的现金""偿付利息支付的现金""支付的其他与筹资活动有关的现金"项目金额的合计数填列。

（31）"筹资活动产生的现金流量净额"项目，应当按照本表中"筹资活动的现金流入小计"项目金额减去"筹资活动的现金流出小计"金额后的金额填列；如为负数，以"－"号填列。

4. "汇率变动对现金的影响额"项目，反映单位本年外币现金流量折算为人民币时，所采用的现金流量发生日的汇率折算的人民币金额与外币现金流量净额按期末汇率折算的人民币金额之间的差额。

5. "现金净增加额"项目，反映单位本年现金变动的净额。本项目应当根据本表中"日常活动产生的现金流量净额""投资活动产生的现金流量净额""筹资活动产生的现金流量净额"和"汇率变动对现金的影响额"项目金额的合计数填列；如为负数，以"－"号填列。

# 第六节　附　　注

## 一、附注的含义

附注是对在会计报表中列示的项目所作的进一步说明，以及对未能在会计报表中列示项目的说明。附注是财务报表的重要组成部分。

凡对报表使用者的决策有重要影响的会计信息，不论会计制度是否有明确规定，科学事业单位均应当充分披露。

## 二、附注的主要内容

附注主要包括下列内容：

（一）单位的基本情况

单位应当简要披露其基本情况，包括单位主要职能、主要业务活动、所在地、预算管理关系等。

（二）会计报表编制基础

（三）遵循政府会计准则、制度的声明

（四）重要会计政策和会计估计

单位应当采用与其业务特点相适应的具体会计政策，并充分披露报告期内采用的重要会计政策和会计估计。主要包括以下内容：

1. 会计期间。

2. 记账本位币，外币折算汇率。

3. 坏账准备的计提方法。

4. 存货类别、发出存货的计价方法、存货的盘存制度，以及低值易耗品和包装物的摊销方法。

5. 长期股权投资的核算方法。

6. 固定资产分类、折旧方法、折旧年限和年折旧率；融资租入固定资产的计价和折旧方法。

7. 无形资产的计价方法；使用寿命有限的无形资产，其使用寿命估计情况；使用寿命不确定的无形资产，其使用寿命不确定的判断依据；单位内部研究开发项目划分研究阶段和开发阶段的具体标准。

8. 公共基础设施的分类、折旧（摊销）方法、折旧（摊销）年限，以及其确定依据。

9. 政府储备物资分类，以及确定其发出成本所采用的方法。

10. 保障性住房的分类、折旧方法、折旧年限。

11. 其他重要的会计政策和会计估计。

12. 本期发生重要会计政策和会计估计变更的，变更的内容和原因、受其重要影响的报表项目名称和金额、相关审批程序，以及会计估计变更开始适用的时点。

（五）会计报表重要项目说明

单位应当按照资产负债表和收入费用表项目列示顺序，采用文字和数据描述相结合的方式披露重要项目的明细信息。报表重要项目的明细金额合计，应当与报表项目金额相衔接。报表重要项目说明应包括但不限于下列内容：

1. 货币资金的披露格式如表13－15所示。

表 13－15

| 项目 | 期末余额 | 年初余额 |
|---|---|---|
| 库存现金 | | |
| 银行存款 | | |
| 其他货币资金 | | |
| 合计 | | |

2. 应收账款按照债务人类别披露的格式如表13－16所示。

表 13 – 16

| 债务人类别 | 期末余额 | 年初余额 |
|---|---|---|
| 政府会计主体： | | |
| 部门内部单位 | | |
| 单位 1 | | |
| ...... | | |
| 部门外部单位 | | |
| 单位 1 | | |
| ...... | | |
| 其他： | | |
| 单位 1 | | |
| ...... | | |
| 合计 | | |

注 1："部门内部单位"是指纳入单位所属部门财务报告合并范围的单位（下同）。
注 2：有应收票据、预付账款、其他应收款的，可比照应收账款进行披露。

3. 存货的披露格式如表 13 – 17 所示。

表 13 – 17

| 存货种类 | 期末余额 | 年初余额 |
|---|---|---|
| 1. | | |
| ...... | | |
| 合计 | | |

4. 其他流动资产的披露格式如表 13 – 18 所示。

表 13 – 18

| 项目 | 期末余额 | 年初余额 |
|---|---|---|
| 1. | | |
| ...... | | |
| 合计 | | |

注：有长期待摊费用、其他非流动资产的，可比照其他流动资产进行披露。

5. 长期投资。

（1）长期债券投资的披露格式如表 13 – 19 所示。

表 13 – 19

| 债券发行主体 | 年初余额 | 本期增加额 | 本期减少额 | 期末余额 |
|---|---|---|---|---|
| 1. | | | | |
| …… | | | | |
| 合计 | | | | |

注：有短期投资的，可比照长期债券投资进行披露。

（2）长期股权投资的披露格式如表 13 – 20 所示。

表 13 – 20

| 被投资单位 | 核算方法 | 年初余额 | 本期增加额 | 本期减少额 | 期末余额 |
|---|---|---|---|---|---|
| 1. | | | | | |
| …… | | | | | |
| 合计 | | | | | |

注：有短期投资的，可比照长期债券投资进行披露。

（3）当期发生的重大投资净损益项目、金额及原因。

6. 固定资产。

（1）固定资产的披露格式如表 13 – 21 所示。

表 13 – 21

| 项目 | 年初余额 | 本期增加额 | 本期减少额 | 期末余额 |
|---|---|---|---|---|
| 一、原值合计 | | | | |
| 　其中：房屋及构筑物 | | | | |
| 　　　　通用设备 | | | | |
| 　　　　专用设备 | | | | |
| 　　　　文物和陈列品 | | | | |
| 　　　　图书、档案 | | | | |
| 　　　　家具、用具、装具及动植物 | | | | |
| 二、累计折旧合计 | | | | |
| 　其中：房屋及构筑物 | | | | |
| 　　　　通用设备 | | | | |
| 　　　　专用设备 | | | | |
| 　　　　家具、用具、装具 | | | | |

| 项目 | 年初余额 | 本期增加额 | 本期减少额 | 期末余额 |
|---|---|---|---|---|
| 三、账面价值合计 | | | | |
| 其中：房屋及构筑物 | | | | |
| 通用设备 | | | | |
| 专用设备 | | | | |
| 文物和陈列品 | | | | |
| 图书、档案 | | | | |
| 家具、用具、装具及动植物 | | | | |

（2）已提足折旧的固定资产名称、数量等情况。

（3）出租、出借固定资产以及固定资产对外投资等情况。

7. 在建工程的披露格式如表 13－22 所示。

表 13－22

| 项目 | 年初余额 | 本期增加额 | 本期减少额 | 期末余额 |
|---|---|---|---|---|
| 1. | | | | |
| …… | | | | |
| 合计 | | | | |

8. 无形资产。

（1）各类无形资产的披露格式如表 13－23 所示。

表 13－23

| 项目 | 年初余额 | 本期增加额 | 本期减少额 | 期末余额 |
|---|---|---|---|---|
| 一、原值合计 | | | | |
| 1. | | | | |
| …… | | | | |
| 一、累计摊销合计 | | | | |
| 1. | | | | |
| …… | | | | |
| 一、账面价值合计 | | | | |
| 1. | | | | |
| …… | | | | |

（2）计入当期损益的研发支出金额、确认为无形资产的研发支出金额。

（3）无形资产出售、对外投资等处置情况。

9. 受托代理资产的披露格式如表 13 – 24 所示。

表 13 – 24

| 资产类别 | 年初余额 | 本期增加额 | 本期减少额 | 期末余额 |
|---|---|---|---|---|
| 货币资金 | | | | |
| 受托转赠物资 | | | | |
| 受托存储保管物资 | | | | |
| 罚没物资 | | | | |
| 其他 | | | | |
| 合计 | | | | |

10. 应付账款按照债权人类别披露的格式如表 13 – 25 所示。

表 13 – 25

| 债权人类别 | 期末余额 | 年初余额 |
|---|---|---|
| 政府会计主体： | | |
| 部门内部单位 | | |
| 单位 1 | | |
| …… | | |
| 部门外部单位 | | |
| 单位 1 | | |
| …… | | |
| 其他 | | |
| 单位 1 | | |
| …… | | |
| 合计 | | |

注：有应付票据、预收账款、其他应付款、长期应付款的，可比照应付账款进行披露。

11. 其他流动负债的披露格式如表 13 – 26 所示。

表 13 – 26

| 项目 | 期末余额 | 年初余额 |
|---|---|---|
| 1. | | |
| …… | | |
| 合计 | | |

注：有预计负债、其他非流动负债的，可比照其他流动负债进行披露。

12. 长期借款。

（1）长期借款按照债权人披露的格式如表 13 - 27 所示。

**表 13 - 27**

| 债权人 | 期末余额 | 年初余额 |
|---|---|---|
| 1. | | |
| …… | | |
| 合计 | | |

注：有短期借款的，可比照长期借款进行披露。

（2）单位有基建借款的，应当分基建项目披露长期借款年初数、本年变动数、年末数及到期期限。

13. 事业收入按照收入来源的披露格式如表 13 - 28 所示。

**表 13 - 28**

| 收入来源 | 本期发生额 | 上期发生额 |
|---|---|---|
| 来自财政专户管理资金 | | |
| 部门内部单位 | | |
| 单位 1 | | |
| …… | | |
| 本部门以外同级政府单位 | | |
| 单位 1 | | |
| …… | | |
| 其他 | | |
| 单位 1 | | |
| …… | | |
| 合计 | | |

14. 非同级财政拨款收入按收入来源的披露格式如表 13 - 29 所示。

**表 13 - 29**

| 收入来源 | 本期发生额 | 上期发生额 |
|---|---|---|
| 本部门以外同级政府单位 | | |
| 单位 1 | | |
| …… | | |

续表

| 收入来源 | 本期发生额 | 上期发生额 |
|---|---|---|
| 本部门以外非同级政府单位 | | |
| 单位1 | | |
| …… | | |
| 合计 | | |

15. 其他收入按照收入来源的披露格式如表 13 – 30 所示。

表 13 – 30

| 收入来源 | 期末余额 | 年初余额 |
|---|---|---|
| 本部门内部单位 | | |
| 单位1 | | |
| …… | | |
| 本部门以外同级政府单位 | | |
| 单位1 | | |
| …… | | |
| 本部门以外非同级政府单位 | | |
| 单位1 | | |
| …… | | |
| 其他 | | |
| 单位1 | | |
| …… | | |
| 合计 | | |

16. 业务活动费用。

（1）按经济分类的披露格式如表 13 – 31 所示。

表 13 – 31

| 项目 | 本期发生额 | 上期发生额 |
|---|---|---|
| 工资福利费用 | | |
| 商品和服务费用 | | |
| 对个人和家庭的补助费用 | | |
| 对企业补助费用 | | |
| 固定资产折旧费 | | |
| 无形资产摊销费 | | |
| 计提专用基金 | | |
| 合计 | | |

注：有单位管理费用、经营费用的，可比照（业务活动费用）此表进行披露。

（2）按支付对象的披露格式如表 13 - 32 所示。

表 13 - 32

| 收入来源 | 期末余额 | 年初余额 |
|---|---|---|
| 利息费用 | | |
| 坏账损失 | | |
| 罚没支出 | | |
| …… | | |
| 合计 | | |

注：有单位管理费用、经营费用的，可比照（业务活动费用）此表进行披露。

**17. 本期费用按照类别披露的格式如表 13 - 33 所示。**

表 13 - 33

| 费用类别 | 本期发生额 | 上期发生额 |
|---|---|---|
| 工资福利费用 | | |
| 商品和服务费用 | | |
| 对个人和家庭的补助费用 | | |
| 对企业补助费用 | | |
| 固定资产折旧费 | | |
| 无形资产摊销费 | | |
| 计提专用基金 | | |
| 所得税费用 | | |
| 资产处置费用 | | |
| 上缴上级费用 | | |
| 对附属单位补助费用 | | |
| 其他费用 | | |
| 合计 | | |

注：单位在按照本制度规定编制收入费用表的基础上，可以根据需要按照此表披露的内容编制收入费用表。

（六）本年盈余与预算结余的差异情况说明

为了反映单位财务会计和预算会计因核算基础和核算范围不同所产生的本年盈余数与本年预算结余数之间的差异，单位应当按照重要性原则，对本年度发生的各类影响收入（预算收入）和费用（预算支出）的业务进行适度归并和分析，披露将年度预算收入支出表中"本年预算收支差额"调节为年度收入费用表中"本期盈余"的信息。有关披露格式如表 13 - 34 所示。

**表 13－34**　　　　　　　　　　**本年盈余与预算结余的差异调节表**　　　　　　　　　单位：元

| 项目 | 金额 |
|---|---|
| 一、本年预算结余（本年预算收支差额） | |
| 二、差异调节 | |
| （一）重要事项的差异 | |
| 加：1. 当期确认为收入但没有确认为预算收入 | |
| （1）应收款项、预收账款确认的收入 | |
| （2）接受非货币性资产捐赠确认的收入 | |
| 2. 当期确认为预算支出但没有确认为费用 | |
| （1）支付应付款项、预付账款的支出 | |
| （2）为取得存货、政府储备物资等计入物资成本的支出 | |
| （3）为购建固定资产等的资本性支出 | |
| （4）偿还借款本息支出 | |
| 减：1. 当期确认为预算收入但没有确认为收入 | |
| （1）收到应收款项、预收账款确认的预算收入 | |
| （2）取得借款确认的预算收入 | |
| 2. 当期确认为费用但没有确认为预算支出 | |
| （1）发出存货、政府储备物资等确认的费用 | |
| （2）计提的折旧费用和摊销费用 | |
| （3）确认的资产处置费用（处置资产价值） | |
| （4）应付款项、预付账款确认的费用 | |
| （二）其他事项差异 | |
| 三、本年盈余（本年收入与费用的差额） | |

（七）其他重要事项说明

1. 资产负债表日存在的重要或有事项说明。没有重要或有事项的，也应说明。

2. 以名义金额计量的资产名称、数量等情况，以及以名义金额计量理由的说明。

3. 通过债务资金形成的固定资产、公共基础设施、保障性住房等资产的账面价值、使用情况、收益情况及与此相关的债务偿还情况等的说明。

4. 重要资产置换、无偿调入（出）、捐入（出）、报废、重大毁损等情况的说明。

5. 事业单位将单位内部独立核算单位的会计信息纳入本单位财务报表情况的说明。

6. 政府会计具体准则中要求附注披露的其他内容。

7. 有助于理解和分析单位财务报表需要说明的其他事项。

# 三、本年盈余与预算结余的差异情况说明编制案例

【例 13－4】某科学事业单位 2×20 年本年盈余为 3 568 620.11 元，本年预算结余 5 794 080 元。经过分析有关科目账户资料如下：

（1）通过"应收款项"科目确认的收入 137 768.40 元；

（2）通过"预收账款"科目确认的收入 1 000 000 元；

（3）通过"应付款项"科目的支出 191 133.83 元；

（4）购入存货支出 87 709 元，领用 85 000 元；

（5）"在建工程"科目增加 86 876.45 元；

（6）购入固定资产支出 1 269 250.30 元、无形资产 2 748 800 元，用固定资产、无形资产投资 2 408 175.73 元；

（7）偿还借款本息支出 120 030 元；

（8）收到"应收款项"确认的预算收入 1 291 109.02 元；

（9）本年计提折旧费用 3 371 445.57 元、无形资产摊销费用 404 933.31 元；

（10）确认的资产处置费用（处置资产价值）2 400 元；

（11）通过"预付账款"科目确认费用 50 170 元；

（12）通过"应交增值税"科目核算收入金额差异 107 630.09 元；

（13）"预提费用"科目增加 146 164.15 元。

分析以上资料，编制"本年盈余与预算结余的差异调节表"。

根据资料，本年盈余与预算结余的差异分析如下：

1. 第（1）（2）项为"当期确认为收入但没有确认为预算收入"差异项；

2. 第（3）至（7）项为"当期确认为预算支出但没有确认为费用"差异项；

3. 第（8）项为"当期确认为预算收入但没有确认为收入"差异项；

4. 第（9）至（11）项为"当期确认为费用但没有确认为预算支出"差异项；

5. 第（12）（13）项为"其他事项差异"。

经归并整理，编制完成的"本年盈余与预算结余的差异调节表"如表 13 - 35 所示。

表 13 - 35　　　　　　　　　　本年盈余与预算结余的差异调节表　　　　　　　　　　单位：元

| 项目 | 金额 |
| --- | --- |
| 一、本年预算结余（本年预算收支差额） | 5 794 080.00 |
| 二、差异调节 | - 2 225 459.89 |
| （一）重要事项的差异 | - 1 971 665.65 |
| 加：1. 当期确认为收入但没有确认为预算收入 | 1 137 768.40 |
| （1）应收款项、预收账款确认的收入 | 1 137 768.40 |
| （2）接受非货币性资产捐赠确认的收入 | |
| 2. 当期确认为预算支出但没有确认为费用 | 2 095 623.85 |
| （1）支付应付款项、预付账款的支出 | 191 133.83 |
| （2）为取得存货、政府储备物资等计入物资成本的支出 | 87 709.00 |
| （3）为购建固定资产等的资本性支出 | 1 696 751.02 |
| （4）偿还借款本息支出 | 120 030.00 |

续表

| 项目 | 金额 |
|---|---|
| 减：1. 当期确认为预算收入但没有确认为收入 | 1 291 109.02 |
| 　　（1）收到应收款项、预收账款确认的预算收入 | 1 291 109.02 |
| 　　（2）取得借款确认的预算收入 | |
| 　　2. 当期确认为费用但没有确认为预算支出 | 3 988 757.58 |
| 　　（1）发出存货、政府储备物资等确认的费用 | 85 000.00 |
| 　　（2）计提的折旧费用和摊销费用 | 3 776 378.88 |
| 　　（3）确认的资产处置费用（处置资产价值） | 2 400.00 |
| 　　（4）应付款项、预付账款确认的费用 | 124 978.70 |
| （二）其他事项差异 | −253 794.24 |
| 三、本年盈余（本年收入与费用的差额） | 3 568 620.11 |

# 第七节　部门（单位）合并财务报表

## 一、合并财务报表概述

（一）合并财务报表的含义及内容

合并财务报表，是指反映合并主体和其全部被合并主体形成的报告主体整体财务状况与运行情况的财务报表。

合并主体，是指有一个或一个以上被合并主体的政府会计主体。合并主体通常也是合并财务报表的编制主体。

被合并主体，是指符合会计准则规定的纳入合并主体合并范围的会计主体。

合并财务报表至少包括下列组成部分：

1. 合并资产负债表。

2. 合并收入费用表。

3. 附注。

（二）合并财务报表的体系

1. 合并财务报表的体系。

合并财务报表按照合并级次分为部门（单位）合并财务报表、本级政府合并财务报表和行政区政府合并财务报表。

（1）部门（单位）合并财务报表，是指以政府部门（单位）本级作为合并主体，将部门（单位）本级及其合并范围内全部被合并主体的财务报表进行合并后形成的，反映部门（单位）整体财务状况与运行情况的财务报表。部门（单位）合并财务报表是政府部门财务报告的主要组成部分。

（2）本级政府合并财务报表，是指以本级政府财政作为合并主体，将本级政府财政及其合并范围内全部被合并主体的财务报表进行合并后形成的，反映本级政府整体财务状况与运行情况的财务报表。本级政府合并财务报表是本级政府综合财务报告的主要组成部分。

（3）行政区政府合并财务报表，是指以行政区本级政府作为合并主体，将本行政区内各级政府的财务报表进行合并后形成的，反映本行政区政府整体财务状况与运行情况的财务报表。行政区政府合并财务报表是行政区政府财务报告的主要组成部分。

2. 合并财务报表编制主体规定。

（1）部门（单位）合并财务报表由部门（单位）负责编制。

（2）本级政府合并财务报表由本级政府财政部门负责编制。

（3）各级政府财政部门既负责编制本级政府合并财务报表，也负责编制本级政府所辖行政区政府合并财务报表。

（三）合并财务报表的编制程序

部门（单位）和各级政府财政部门在编制合并财务报表时，首先要在一定的编制基础之上，按照一定的程序进行编制。

1. 编制基础。

合并财务报表的编制基础包括：

（1）合并财务报表应当以合并主体和其被合并主体的财务报表为基础，根据其他有关资料加以编制。

（2）合并财务报表应当以权责发生制为基础编制。合并主体和其合并范围内被合并主体个别财务报表应当采用权责发生制基础编制，按规定未采用权责发生制基础编制的，应当先调整为权责发生制基础的财务报表，再由合并主体进行合并。

（3）编制合并财务报表时，应当将合并主体和其全部被合并主体视为一个会计主体，遵循政府会计准则制度规定的统一的会计政策。合并范围内合并主体、被合并主体个别财务报表未遵循政府会计准则制度规定的统一会计政策的，应当先调整为遵循政府会计准则制度规定的统一会计政策的财务报表，再由合并主体进行合并。

为保证合并范围内财务报表基础数据的准确性与可比性，科学事业单位应当做好以下基础工作：

（1）单位应当加强本部门内部单位清单的管理和更新维护，可在会计信息系统中将统一社会信用代码作为部门内部单位的标识依据。发生内部业务或事项时，应当在明细核算或辅助核算中注明"本部门内部单位"。

（2）单位应当制定并完善内部会计核算制度，对于经常发生的内部业务或事项统一会计处理，并明确内部抵销规则。

（3）单位应当根据内部业务或事项的发生频率及金额等因素，建立半年度、季度、月度等频率的定期对账机制，梳理并核对内部业务或事项，及时进行会计处理和调整。

2. 编制程序。

科学事业单位按照规定的程序编制合并财务报表。一般流程如下：

（1）将需要调整的个别财务报表调整为遵循政府会计准则制度规定的统一会计政策的财务报表，以调整后的个别财务报表作为编制合并财务报表的基础。被合并主体除了应当向合并主体提供财务报表外，还应当提供相关资料。

（2）设置合并工作底稿。

（3）将合并主体和被合并主体个别财务报表中的资产、负债、净资产、收入和费用项目金额逐项填入合并工作底稿，并加总得出个别资产负债表、个别收入费用表各项目合计金额。

（4）在合并工作底稿上编制抵销分录，将合并主体和被合并主体之间、被合并主体相互之间发生的内部业务或事项对财务报表的影响进行抵销处理。

（5）根据合并主体和被合并主体个别财务报表各项目合计金额、抵销分录发生额计算合并财务报表各项目的合并金额。抵销分录涉及收入、费用项目的，除调整合并收入费用表相应项目外，还应当结转调整合并资产负债表的净资产项目。

（6）根据合并工作底稿中计算确定的各项目合并金额，填列合并财务报表。

3. 对报告期内划转双方合并的特殊规定。

编制合并财务报表时，对报告期内因划转而纳入或不纳入合并范围的规定如下：

（1）对于在报告期内因划转而纳入合并范围的被合并主体，合并主体应当将其报告期内的收入、费用项目金额包括在本期合并收入费用表的本期数中，合并资产负债表的期初数不作调整。

（2）对于在报告期内因划转而不再纳入合并范围的被合并主体，其报告期内的收入、费用项目金额不包括在本期合并收入费用表的本期数中，合并资产负债表的期初数不作调整。

（3）合并主体应当确保划转双方的会计处理协调一致，确保不重复、不遗漏，并在合并财务报表附注中对划转情况及其影响进行充分披露。

4. 报告期内被合并主体撤销的特殊规定。

编制合并财务报表时，对在报告期内被合并主体撤销的，其期初资产、负债和净资产项目金额应当包括在合并资产负债表的期初数中，其期初至撤销日的收入、费用项目金额应当包括在本期合并收入费用表的本期数中，其期初至撤销日的收入、费用项目金额所引起的净资产变动金额应当包括在合并资产负债表的期末数中。

5. 被合并主体应当提供的有关资料。

在编制合并财务报表时，被合并主体除了应当向合并主体提供财务报表外，还应当提供下列有关资料：

（1）采用的与政府会计准则制度规定的统一的会计政策不一致的会计政策及其影响金额。

（2）其与合并主体、其他被合并主体之间发生的所有内部业务或事项的相关资料。

（3）编制合并财务报表所需要的其他资料。

# 二、部门（单位）合并财务报表的含义及合并范围

## （一）含义

如前所述，部门（单位）合并财务报表，是指以政府部门（单位）本级作为合

并主体，将部门（单位）本级及其合并范围内全部被合并主体的财务报表进行合并后形成的，反映部门（单位）整体财务状况与运行情况的财务报表。部门（单位）合并财务报表是政府部门财务报告的主要组成部分。

（二）合并范围

1. 合并范围确定的一般原则。

部门（单位）合并财务报表的合并范围一般应当以财政预算拨款关系为基础予以确定。有下级预算单位的部门（单位）为合并主体，其下级预算单位为被合并主体。合并主体应当将其全部被合并主体纳入合并财务报表的合并范围。

通常情况下，纳入本部门预决算管理的行政事业单位和社会组织（包括社会团体、基金会和社会服务机构，下同）都应当纳入本部门（单位）合并财务报表范围。

2. 合并范围确定的特殊规定。

除满足一般原则的会计主体外，以下会计主体也应当纳入部门（单位）合并财务报表范围：

（1）部门（单位）所属的未纳入部门预决算管理的事业单位。

（2）部门（单位）所属的纳入企业财务管理体系执行企业类会计准则制度的事业单位。

（3）财政部规定的应当纳入部门（单位）合并财务报表范围的其他会计主体。

部门（单位）所属事业单位，其所属关系应当根据以下原则确认：

（1）存在财政预算拨款关系的事业单位，以财政预算拨款关系为基础确认所属关系。

（2）实行经费自理的事业单位，按照《事业单位法人证书》所列举办单位确认所属关系。涉及两个或两个以上举办单位的，按排序第一的举办单位确认，纳入该举办单位的合并财务报表编制范围；举办单位之间有协议、章程或管理办法约定的，按约定执行，不得重复编报。

3. 不纳入部门（单位）合并财务报表范围。

（1）部门（单位）所属的企业，以及所属企业下属的事业单位。

（2）与行政机关脱钩的行业协会商会。

（3）部门（单位）财务部门按规定单独建账核算的会计主体，如工会经费、党费、团费和土地储备资金、住房公积金等资金（基金）会计主体。

（4）挂靠部门（单位）的没有财政预算拨款关系的社会组织以及非法人性质的学术团体、研究会等。

单位内部非法人独立核算单位的核算及合并问题，按照《政府会计制度》及相关补充规定执行。

# 三、部门（单位）合并会计报表项目

（一）资产负债表项目

1. 资产类项目。

（1）货币资金，反映科学事业单位期末持有的货币资金余额，包括库存现金、银行存款和其他货币资金等。

（2）短期投资，反映科学事业单位期末持有的短期投资账面余额。

（3）财政应返还额度，反映科学事业单位期末财政应返还额度的金额。

（4）应收票据，反映科学事业单位期末持有的应收票据的票面金额。

（5）应收账款净额，反映科学事业单位期末尚未收回的应收账款减去已计提的坏账准备后的净额。

（6）预付账款，反映科学事业单位期末预付给商品或者劳务供应单位的款项。

（7）应收股利，反映科学事业单位期末因股权投资而应收取的现金股利或应当分得的利润。

（8）应收利息，反映科学事业单位期末因债券投资等而应收取的利息。

（9）其他应收款净额，反映科学事业单位期末尚未收回的其他应收款减去已计提的坏账准备后的净额。

（10）存货，反映科学事业单位期末存储的存货的实际成本。

（11）待摊费用，反映科学事业单位期末已经支出，但应当由本期和以后各期负担的分摊期在 1 年内（含 1 年）的各项费用。

（12）一年内到期的非流动资产，反映科学事业单位期末非流动资产项目中将在 1 年内（含 1 年）到期的金额，如事业单位将在 1 年内（含 1 年）到期的长期债券投资金额。

（13）其他流动资产，反映科学事业单位期末除本表中上述各项之外的其他流动资产的合计金额。

（14）长期股权投资，反映科学事业单位期末持有的长期股权投资的账面余额。

（15）长期债券投资，反映科学事业单位期末持有的长期债券投资的账面余额，不包含将于 1 年内（含 1 年）到期的部分。

（16）固定资产原值，反映科学事业单位期末固定资产的原值。

固定资产累计折旧，反映科学事业单位期末固定资产已计提的累计折旧金额。

固定资产净值，反映科学事业单位期末固定资产的账面价值。

（17）工程物资，反映科学事业单位期末为在建工程准备的各种物资的实际成本。

（18）在建工程，反映科学事业单位期末所有的建设项目工程的实际成本。

（19）无形资产原值，反映科学事业单位期末无形资产的原值。

无形资产累计摊销，反映科学事业单位期末无形资产已计提的累计摊销金额。

无形资产净值，反映科学事业单位期末无形资产的账面价值。

（20）研发支出，反映科学事业单位期末正在进行的无形资产开发项目开发阶段发生的累计支出数。

（21）长期待摊费用，反映科学事业单位期末已经支出，但应由本期和以后各期负担的分摊期限在 1 年以上（不含 1 年）的各项费用。

（22）待处理财产损溢，反映科学事业单位期末尚未处理完毕的各种资产的净损失或净溢余。

（23）其他非流动资产，反映科学事业单位期末除本表中上述各项之外的其他非流动资产的合计数。

（24）受托代理资产，反映科学事业单位期末受托代理资产的价值。

2. 负债类项目。

（1）短期借款，反映科学事业单位期末短期借款的余额。

（2）应交增值税，反映科学事业单位期末应缴未缴的增值税税额。

（3）其他应交税费，反映科学事业单位期末应缴未缴的除增值税以外的税费金额。

（4）应缴财政款，反映科学事业单位期末应当上缴财政但尚未缴纳的款项。

（5）应付职工薪酬，反映科学事业单位期末按有关规定应付给职工及为职工支付的各种薪酬。

（6）应付票据，反映科学事业单位期末应付票据的金额。

（7）应付账款，反映科学事业单位期末应当支付但尚未支付的偿还期限在1年内（含1年）的应付账款的金额。

（8）应付利息，反映科学事业单位期末按照合同约定应支付的借款利息。事业单位到期一次还本付息的长期借款利息不包括在本项目内。

（9）预收账款，反映科学事业单位期末预先收取但尚未确认收入和实际结算的款项余额。

（10）其他应付款，反映科学事业单位期末其他各项偿还期限在1年内（含1年）的应付及暂收款项余额。

（11）预提费用，反映科学事业单位期末已预先提取的已经发生但尚未支付的各项费用。

（12）一年内到期的非流动负债，反映科学事业单位期末将于1年内（含1年）偿还的非流动负债的余额。

（13）其他流动负债，反映科学事业单位期末除本表中上述各项之外的其他流动负债的合计数。

（14）长期借款，反映科学事业单位期末长期借款的余额，不包含将于1年内（含1年）到期的部分。

（15）长期应付款，反映科学事业单位期末长期应付款的余额，不包含将于1年内（含1年）到期的部分。

（16）预计负债，反映科学事业单位期末已确认但尚未偿付的预计负债的余额。

（17）其他非流动负债，反映科学事业单位期末除本表中上述各项之外的其他非流动负债的合计数。

（18）受托代理负债，反映科学事业单位期末受托代理负债的金额。

3. 净资产类项目。

（1）累计盈余，反映科学事业单位期末未分配盈余（或未弥补亏损）以及无偿调拨净资产变动的累计数。

（2）专用基金，反映科学事业单位期末累计提取或设置但尚未使用的专用基金余额。

（3）权益法调整，反映科学事业单位期末在被投资单位除净损益和利润分配以外的所有者权益变动中累积享有的份额。

（二）收入费用表项目

1. 收入类项目。

（1）财政拨款收入，反映科学事业单位本期从同级政府财政部门取得的各类财政拨款。

（2）事业收入，反映科学事业单位本期开展专业业务活动及其辅助活动实现的收入。

（3）上级补助收入，反映科学事业单位本期从主管部门和上级单位收到或应收的非财政拨款收入。

（4）附属单位上缴收入，反映科学事业单位本期收到或应收的独立核算的附属单位按照有关规定上缴的收入。

（5）经营收入，反映科学事业单位本期在专业业务活动及其辅助活动之外开展非独立核算经营活动实现的收入。

（6）非同级财政拨款收入，反映科学事业单位本期从非同级政府财政部门取得的财政拨款，不包括事业单位因开展专业业务活动及其辅助活动从非同级财政部门取得的经费拨款。

（7）投资收益，反映科学事业单位本期股权投资和债券投资所实现的收益或发生的损失。

（8）捐赠收入，反映科学事业单位本期接受捐赠取得的收入。

（9）利息收入，反映科学事业单位本期取得的银行存款利息收入。

（10）租金收入，反映科学事业单位本期经批准利用国有资产出租取得并按规定纳入本单位预算管理的租金收入。

（11）其他收入，反映科学事业单位本期取得的除以上收入项目外的其他收入。

2. 费用类项目（1）。

收入费用表（1）中费用按经济内容分类（费用要素）列示，其费用项目按费用要素各科目内容分别填列。

（1）业务活动费用，反映科学事业单位本期为实现其职能目标，依法履职或开展专业业务活动及其辅助活动所发生的各项费用。

（2）单位管理费用，反映科学事业单位所属事业单位等本期本级行政及后勤管理部门开展管理活动发生的各项费用，以及由政府部门统一负担的离退休人员经费、工会经费、诉讼费、中介费等。

（3）经营费用，反映科学事业单位本期在专业业务活动及其辅助活动之外开展非独立核算经营活动发生的各项费用。

（4）资产处置费用，反映科学事业单位本期经批准处置资产时转销的资产价值以及在处置过程中发生的相关费用或者处置收入小于处置费用形成的净支出。

（5）上缴上级费用，反映科学事业单位本期按照规定上缴上级单位款项发生的费用。

（6）对附属单位补助费用，反映科学事业单位本期用财政拨款收入之外的收入对附属单位补助发生的费用。

（7）所得税费用，反映科学事业单位有企业所得税缴纳义务的单位本期计算应交纳的企业所得税。

（8）其他费用，反映科学事业单位本期发生的除以上费用项目外的其他费用的总额。

3. 费用类项目（2）。

收入费用表（2）中费用按经济用途分类（成本项目）列示，其费用项目按成本项目分别填列。

（1）工资福利费用，反映科学事业单位本期发生的给在职职工和编制外长期聘用人员的各类劳动报酬，以及为上述人员缴纳的各项社会保险费等。

（2）商品和服务费用，反映科学事业单位本期购买商品和服务发生的费用金额。

（3）对个人和家庭的补助费用，反映科学事业单位本期用于对个人和家庭的补助金额。

（4）对企业补助费用，反映科学事业单位本期对各类企业的补助。

（5）固定资产折旧费用，反映科学事业单位本期对固定资产提取的折旧费用。

（6）无形资产摊销费用，反映科学事业单位本期对无形资产提取的摊销费用。

（7）公共基础设施折旧（摊销）费用，反映科学事业单位本期对公共基础设施提取的折旧（摊销）费用。

（8）保障性住房折旧费用，反映科学事业单位本期对保障性住房提取的折旧费用。

（9）计提专用基金，反映科学事业单位本期按照规定从收入中提取的专用基金。

（10）资产处置费用，反映科学事业单位本期经批准处置资产时转销的资产价值以及在处置过程中发生的相关费用或者处置收入小于处置费用形成的净支出。

（11）上缴上级费用，反映科学事业单位本期按照规定上缴上级单位款项发生的费用。

（12）对附属单位补助费用，反映科学事业单位本期用财政拨款收入之外的收入对附属单位补助发生的费用。

（13）所得税费用，反映有企业所得税缴纳义务的科学事业单位本期计算应交纳的企业所得税。

（14）其他费用，反映科学事业单位本期发生的除以上费用项目外的其他费用的总额。

4. 盈余类项目。

本年盈余，反映科学事业单位本期收入扣除本期费用后的净额。

# 四、抵销内部业务或事项的会计处理

科学事业单位编制合并报表时，应当抵销合并主体和被合并主体之间、被合并主体相互之间发生的债权债务、收入费用等内部业务或事项对财务报表的影响，在合并工作底稿上编制相应抵销分录。

1. 一般情况下的抵销处理。

（1）抵销部门内部单位之间的债权（含应收款项坏账准备）和债务项目。在编制抵销分录时，应当按照内部债权债务的金额，借记"应付票据""应付账款""预收款项""其他应付款""长期应付款"项目，贷记"应收票据""应收账款净额""预付账款""其他应收款净额"等项目。

其中，债权方对应收款项已计提坏账准备的，单位还应当分别以下列情况编制抵销分录：

①初次编制合并报表的，按照内部应收款项计提的坏账准备的金额，借记"应收账款净额—坏账准备""其他应收款净额—坏账准备"项目，贷记"其他费用"项目。

②连续编制合并报表的，先按照上期抵销的内部应收款项计提的坏账准备的金额，借记"应收账款净额—坏账准备""其他应收款净额—坏账准备"项目，贷记"累计盈余—年初"项目。再按照本期个别资产负债表中期末内部应收款项相对应坏账准备的增加额，借记"应收账款净额—坏账准备""其他应收款净额—坏账准备"项目，贷记"其他费用"项目。本期个别资产负债表中期末内部应收款项所对应坏账准备金额减少的，做相反分录。

（2）抵销部门内部单位之间的上级补助收入和对附属单位补助费用项目。在编制抵销分录时，应当按照上级单位对附属单位补助的金额，借记"上级补助收入"项目，贷记"对附属单位补助费用"项目。

（3）抵销部门内部单位之间的上缴上级费用和附属单位上缴收入项目。在编制抵销分录时，应当按照附属单位向上级单位上缴的金额，借记"附属单位上缴收入"项目，贷记"上缴上级费用"项目。

（4）抵销部门内部单位之间除（2）和（3）以外的收入和费用项目。在编制抵销分录时，应当按照内部交易的金额，借记"事业收入""非同级财政拨款收入""经营收入""租金收入""其他收入"项目，贷记按费用性质列示的收入费用表中的"业务活动费用""单位管理费用""经营费用""其他费用"项目；同时，贷记按费用经济分类列示的收入费用表中的"商品和服务费用""其他费用"等项目。

（5）对涉及增值税的应税业务，单位应当按照不含增值税的净额抵销收入和费用项目。

2. 不抵销的内部业务或事项。

（1）付款方计入费用、收款方计入应缴财政款的，在编制部门（单位）合并财务报表时，该费用项目不应抵销。

（2）单位相互之间销售商品、提供劳务形成的存货、固定资产、工程物资、在建工程、无形资产等所包含的未实现内部销售损益，在国务院财政部门作出抵销处理的规定之前，单位在编制部门（单位）合并财务报表时暂不抵销。

（3）按照国务院财政部门财务报告编制的有关规定，金额不超过抵销阈值的，在编制部门（单位）合并财务报表时可以不进行抵销。

根据现行规定，抵销阈值设定为 10 万元。即：对于单位和单位之间的债权债务事项，年末余额不超过 10 万元的，可以不进行抵销。对于单位和单位之间的收入费用事项，本年累计发生额不超过 10 万元的，可以不进行抵销。具备条件的须应抵尽抵，不受阈值限制。

3. 特殊情况下的抵销处理。

在各单位充分对账、会计处理正确的前提下，部门合并主体对于明细核算或辅助核算中注明"本部门内部单位"，但按照"1. 一般情况下的抵销处理"规定未能进行抵销处理，且不属于"2. 不抵销的内部业务或事项"的项目，可以直接按照内部业务或事项的金额编制抵销分录：借记有关应付及预收、收入项目，贷记有关应收及预付、费用项目，按其差额借记或贷记"累计盈余"项目。

部门合并主体应当在报表附注中披露按照特殊情况下的抵销处理方法抵销的项目及其金额。

4. 相关会计核算要求。

（1）单位通过本部门内部单位转拨资金方式，从本部门以外单位取得收入（或向本部门以外单位支付费用）的，不属于编制部门（单位）合并财务报表时应当抵销的内部业务或事项。在会计核算时，转拨单位应当通过"其他应付款"科目进行会计处理。实际取得收入（或支付费用）的单位确认的收入（费用）、转拨单位确认的其他应付款，在会计核算时不应注明"本部门内部单位"，应当按资金的最初来源（最终支付对象）注明"本部门以外同级政府单位""本部门以外非同级政府单位"或"其他单位"。

（2）编制部门（单位）合并财务报表过程中发现报告期和报告期以前期间的会计差错，属于报告日以后发生的调整事项，应当按照《政府会计准则第7号——会计调整》的规定进行会计处理，再根据调整后的个别财务报表编制合并财务报表。

# 五、部门（单位）合并会计报表的编制步骤

合并资产负债表和收入费用表的编制包括汇总单位会计报表、编制抵销分录、生成合并会计报表三个步骤。

（一）汇总单位会计报表

合并会计报表编制单位对本单位和各所属单位上报的资产负债表和收入费用表进行分项加总，得出汇总的会计报表。

（二）编制抵销分录

合并会计报表编制单位按照《抵销事项清单》（见表13-36）对本单位、所属单位之间发生的经济业务或事项，确认后予以抵销，并编制抵销分录和抵销工作底稿（见表13-37）。

按照重要性原则，可以设定抵销阈值，低于阈值的，可以不抵销。根据现行规定，抵销阈值设定为10万元。即：对于单位和单位之间的债权债务事项，年末余额不超过10万元的，可以不进行抵销。对于单位和单位之间的收入费用事项，本年累计发生额不超过10万元的，可以不进行抵销。具备条件的须应抵尽抵，不受阈值限制。

表 13 - 36　　　　　　　　　　　　　　　　抵销事项清单

| 序号 | 抵销事项 | 抵销分录 |
|---|---|---|
| 1 - 1 | 部门内部单位之间发生的债权债务事项，应予以抵销 | 借：应付票据、应付账款、预收账款、其他应付款、长期应付款<br>贷：应收票据、应收账款净额、预付账款、其他应收款净额 |
| 1 - 2 | 部门内部单位之间发生的债权债务事项，债权方已计提坏账准备的，应予以抵销。其中，以前年度计提的贷记"累计盈余—年初"、当期补提或冲减的贷记"其他费用" | 借：应收账款净额—坏账准备<br>　　其他应收款净额—坏账准备<br>贷：其他费用<br>　　累计盈余—年初 |
| 1 - 3 | 部门内部单位之间发生的债权债务事项，债权方本年计提或冲销坏账准备的，还应根据其对本年盈余的影响调整累计盈余 | 借：对本年盈余的影响<br>贷：累计盈余 |
| 2 | 部门内部单位之间发生的上级补助收入与对附属单位补助费用，应予以抵销 | 借：上级补助收入<br>贷：对附属单位补助费用 |
| 3 | 部门内部单位之间发生的上缴上级费用与附属单位上缴收入，应予以抵销 | 借：附属单位上缴收入<br>贷：上缴上级费用 |
| 4 | 支付给部门内部单位的业务活动费用（商品和服务费用）、单位管理费用（商品和服务费用）、经营费用（商品和服务费用）、其他费用（其他费用）和来自部门内部单位的事业收入、非同级财政拨款收入、经营收入、租金收入、其他收入，应予以抵销。对涉及增值税的应税业务，按扣除增值税后的净额抵销 | 借：事业收入、非同级财政拨款收入、经营收入、租金收入、其他收入<br>贷：业务活动费用、单位管理费用、经营费用、其他费用 |

表 13 - 37　　　　　　　　　　　　　　　　抵销工作底稿　　　　　　　　　　　　　单位：万元

| 序号 | 抵销事项 | 抵销分录 | 所属单位 | | | 合计 |
|---|---|---|---|---|---|---|
| | | | A1 | A2 | …… | |
| 1 - 1 | 部门内部单位之间发生的债权债务事项，应予以抵销 | 借：应付票据、应付账款、预收款项、其他应付款、长期应付款<br>贷：应收票据、应收账款净额、预付款项、其他应收款净额 | | | | |
| 1 - 2 | 部门内部单位之间发生的债权债务事项，债权方已计提坏账准备的，应予以抵销。其中，以前年度计提的贷记"累计盈余—年初"、当期补提或冲减的贷记"其他费用"（当期坏账准备冲减数以负数填列） | 借：应收账款净额—坏账准备<br>　　其他应收款净额—坏账准备<br>贷：其他费用<br>　　累计盈余—年初 | | | | |
| 1 - 3 | 部门内部单位之间发生的债权债务事项，债权方本年计提或冲减坏账准备的，还应根据其对本年盈余的影响调整累计盈余 | 借：对本年盈余的影响<br>贷：累计盈余 | | | | |

| 序号 | 抵销事项 | 抵销分录 | 所属单位 | | | 合计 |
|---|---|---|---|---|---|---|
| | | | A1 | A2 | …… | |
| 2 | 部门内部单位之间发生的上级补助收入与对附属单位补助费用,应予以抵销 | 借:上级补助收入<br>　贷:对附属单位补助费用 | | | | |
| 3 | 部门内部单位之间发生的上缴上级费用与附属单位上缴收入,应予以抵销 | 借:附属单位上缴收入<br>　贷:上缴上级费用 | | | | |
| 4 | 支付给部门内部单位的业务活动费用(商品和服务费用)、单位管理费用(商品和服务费用)、经营费用(商品和服务费用)、其他费用(其他费用)和来自部门内部单位的事业收入、非同级财政拨款收入、经营收入、租金收入、其他收入,应予以抵销 | 借:事业收入、非同级财政拨款收入、经营收入、租金收入、其他收入<br>　贷:业务活动费用、单位管理费用、经营费用、其他费用 | | | | |

1. 抵销合并单位范围内部债权债务事项。

对于经确认的内部债权债务事项,要编制抵销分录:

借:应付票据/应付账款/预收账款/其他应付款/长期应付款

　　贷:应收票据/应收账款/预付账款/其他应收款

已计提坏账准备的债权债务事项,应按债权债务原值编制抵销分录,同时应抵销已计提的坏账准备:

借:应收账款净额—坏账准备

　　其他应收款净额—坏账准备

　　贷:累计盈余—年初(以前年度计提的金额)

　　　　其他费用(当期补提或冲减的金额)

【例13-5】A单位有2个所属单位A1、A2单位。A1单位会计报表"其他应收款"明细信息显示,A1单位应收A2单位款项500万元,A2单位会计报表"其他应付款"明细信息显示,A2单位应付A1单位款项500万元。A单位经与A1、A2两单位确认无误后,在编制合并会计报表时,抵销分录如下:

借:其他应付款—A1单位　　　　　　　　　　　　　　　　　　　　500

　　贷:其他应收款净额—A2单位　　　　　　　　　　　　　　　　　　　500

【例13-6】B单位有2个所属单位B1、B2单位。B1单位会计报表"应收账款"明细信息显示,应收B2单位款项100万元,假设该单位按照账龄分析法对此应收账款计提坏账准备10万元,年末应收账款净额为90万元。B2单位会计报表"应付账款"明细信息显示,应付B1单位款项100万元。B单位经与B1、B2两单位确认无误后,第一年编制合并会计报表时,抵销分录如下:

借:应付账款—B1单位　　　　　　　　　　　　　　　　　　　　　100

　　贷:应收账款净额—B2单位　　　　　　　　　　　　　　　　　　　100

借:应收账款净额—坏账准备　　　　　　　　　　　　　　　　　　　10

　　　　贷：其他费用　　　　　　　　　　　　　　　　　　　　　　　　　10

　　第二年，B1 单位对该应收账款补提 5 万元的坏账准备，年末应收账款净额为 85 万元。第二年编制合并财务报表时，抵销分录如下：

　　　借：应付账款—B1 单位　　　　　　　　　　　　　　　　　　100

　　　　贷：应收账款净额—B2 单位　　　　　　　　　　　　　　　　100

　　　借：应收账款净额—坏账准备　　　　　　　　　　　　　　　15

　　　　贷：其他费用　　　　　　　　　　　　　　　　　　　　　　　5

　　　　　　累计盈余—年初　　　　　　　　　　　　　　　　　　　　10

　　第三年，B1 单位收回该应收账款 50 万元，冲减 8 万元的坏账准备，年末应收账款净额为 43 万元。第三年编制合并财务报表时，抵销分录如下：

　　　借：应付账款—B1 单位　　　　　　　　　　　　　　　　　　50

　　　　贷：应收账款净额—B2 单位　　　　　　　　　　　　　　　　50

　　　借：应收账款净额—坏账准备　　　　　　　　　　　　　　　7

　　　　贷：其他费用　　　　　　　　　　　　　　　　　　　　　　－8

　　　　　　累计盈余—年初　　　　　　　　　　　　　　　　　　　　15

　　2. 抵销合并单位范围内部收入费用事项。

　　对经确认的内部收入费用事项，应编制抵销分录：

　　（1）"上级补助收入"与"对附属单位补助费用"之间存在抵销关系，抵销分录为：

　　　借：上级补助收入

　　　　贷：对附属单位补助费用

　　（2）"附属单位上缴收入"与"上缴上级费用"之间存在抵销关系，抵销分录为：

　　　借：附属单位上缴收入

　　　　贷：上缴上级费用

　　（3）"事业收入""非同级财政拨款收入""经营收入""租金收入""其他收入"中属于来自本部门内部单位的部分与"业务活动费用（商品和服务费用）""单位管理费用（商品和服务费用）""经营费用（商品和服务费用）""其他费用（其他费用）"中属于支付给本部门内部单位的部分存在抵销关系，抵销分录为：

　　　借：事业收入/非同级财政拨款收入/经营收入/租金收入/其他收入

　　　　贷：业务活动费用（商品和服务费用）/

　　　　　　单位管理费用（商品和服务费用）/

　　　　　　经营费用（商品和服务费用）/

　　　　　　其他费用（其他费用）

　　对涉及增值税的应税业务，按扣除增值税后的净额抵销。

　　【例 13-7】A 单位有 2 个所属单位 A1、A2 单位。A1 单位会计报表"事业收入"明细信息显示，A1 单位收到来自 A2 单位款项为 113 万元，A2 单位会计报表"业务活动费用（商品和服务费用）"明细信息显示，A2 单位支付给 A1 单位款项 113 万元。A 单位经与 A1、A2 两单位确认无误后，在编制合并会计报表时，抵销分录如下：

借：事业收入—A2 单位　　　　　　　　　　　　　　　　　　　113

　　贷：业务活动费用（商品和服务费用）—A1 单位　　　　　　　113

【例 13 - 8】B 单位有 2 个所属单位 B1、B2 单位 B1 单位收到来自 B2 单位款项 100 万元，增值税 13 万元，B2 单位支付 B1 单位款 16 项 113 万元，B 单位经与 B1、B2 两单位确认无误后，在编制合并会计报表时，抵销分录如下：

借：事业收入—B2 单位　　　　　　　　　　　　　　　　　　　100

　　贷：业务活动费用（商品和服务费用）—B1 单位　　　　　　　100

（三）生成合并会计报表

将抵销分录中相关数据填入抵销工作底稿，根据抵销工作底表"合计"栏数据，对汇总后的资产负债表、收入费用表相关项目进行抵销，生成合并资产负债表和收入费用表。

【例 13 - 9】A 科学事业单位（以下简称 A 单位）所属自收自支事业单位 B 检测中心（以下简称 B 中心），主要业务为向社会提供有害物质检测服务，部分管理人员和业务人员属于 A 单位编制，实行企业化管理。根据政府会计准则制度，B 中心纳入 A 单位年报的合并范围，2×19 年已编制合并报表，2×20 年为连续编制。

（1）2×20 年末 A 单位和 B 中心资产负债表、收支费用表如表 13 - 38、表 13 - 39、表 13 - 40 所示（B 中心报表已按政府会计准则制度调整）。

表 13 - 38　　　　　　　　2×20 年末资产负债表（合并前）　　　　　　　　单位：万元

| 资产 | 行次 | A 单位 | B 中心 | 负债和净资产 | 行次 | A 单位 | B 中心 |
|---|---|---|---|---|---|---|---|
| 流动资产： | | | | 流动负债： | | | |
| 货币资金 | 1 | 885 | 374 | 短期借款 | 51 | | |
| 财政应返还额度 | 2 | 210 | | 应缴增值税 | 52 | 7 | 2 |
| 应收账款净额 | 3 | | 143 | 其他应交税费 | 53 | 21 | 1 |
| 预付账款 | 4 | | | 应缴财政款 | 54 | | |
| 应收股利 | 5 | | | 应付职工薪酬 | 55 | 16 | 8 |
| 应收利息 | 6 | | | 应付票据 | 56 | | |
| 其他应收款净额 | 7 | 212 | 54 | 应付账款 | 57 | 110 | |
| 存货 | 8 | 9 | | 应付利息 | 58 | | |
| 待摊费用 | 9 | | | 预收账款 | 59 | 97 | 290 |
| 一年内到期的非流动资产 | 10 | | | 其他应付款 | 60 | 408 | 156 |
| 其他流动资产 | 11 | | | 预提费用 | 61 | 35 | 40 |
| | | | | 一年内到期的非流动负债 | 62 | | |
| | | | | 其他流动负债 | 63 | | |
| 流动资产合计 | 12 | 1 316 | 571 | 流动负债合计 | 64 | 694 | 497 |

| 资产 | 行次 | A 单位 | B 中心 | 负债和净资产 | 行次 | A 单位 | B 中心 |
|---|---|---|---|---|---|---|---|
| 非流动资产： | | | | 非流动负债： | | | |
| 长期股权投资 | 13 | 27 | | 长期借款 | 65 | | |
| 长期债权投资 | 14 | | | 长期应付款 | 66 | 53 | |
| 固定资产原值 | 15 | 11 377 | 6 411 | 预计负债 | 67 | | |
| 减：固定资产累计折旧 | 16 | 3 852 | 2 814 | 其他非流动负债 | 68 | | |
| 固定资产净值 | 17 | 7 525 | 3 597 | 非流动负债合计 | 69 | 53 | 0 |
| 工程物资 | 18 | | | 受托代理负债 | 70 | 2 | |
| 在建工程 | 19 | | | 负债合计 | 71 | 859 | 497 |
| 无形资产原值 | 20 | 298 | 1 926 | | | | |
| 减：无形资产累计摊销 | 21 | 58 | 989 | | | | |
| 无形资产净值 | 22 | 240 | 937 | 净资产： | | | |
| 研发支出 | 23 | | | 累计盈余 | 72 | 8 301 | 4 527 |
| 长期待摊费用 | 24 | | | 专用基金 | 73 | 63 | 81 |
| 待处理财产损溢 | 25 | | | 权益法调整 | 74 | −3 | |
| 其他非流动资产 | 26 | | | 无偿调拨净资产 | 75 | — | — |
| 非流动资产合计 | 27 | 7 792 | 4 534 | 本期盈余* | 76 | — | — |
| 受托代理资产 | 28 | 2 | | 净资产合计 | 77 | 8 361 | 4 608 |
| 资产总计 | 29 | 9 110 | 5 105 | 负债和净资产总计 | 78 | 9 110 | 5 105 |

**表 13－39**　　　　　**2×20 年度收支费用表（1）（合并前）**　　　　单位：万元

| 项目 | 行次 | A 单位 | B 中心 |
|---|---|---|---|
| 一、本期收入 | 1 | 4 622 | 1 334 |
| （一）财政拨款收入 | 2 | 4 270 | |
| （二）事业收入 | 3 | 234 | 95 |
| 其中：科研收入 | 4 | 180 | 95 |
| 非科研收入 | 5 | | |
| （三）上级补助收入* | 6 | | 30 |
| （四）附属单位上缴收入* | 7 | 48 | |
| （五）经营收入 | 8 | 3 | 1 203 |
| （六）非同级财政拨款收入 | 9 | | |
| （七）投资收益 | 10 | | |
| （八）捐赠收入 | 11 | | |
| （九）利息收入 | 12 | 2 | 1 |
| （十）租金收入 | 13 | 64 | |

续表

| 项目 | 行次 | A 单位 | B 中心 |
|---|---|---|---|
| （十一）其他收入 | 14 | 1 | 5 |
| 二、本期费用 | 15 | 4 582 | 1 185 |
| （一）业务活动费用 | 16 | 1 634 | 102 |
| 其中：科研活动费用 | 17 | 1 634 | 102 |
| 非科研活动费用 | 18 | | |
| （二）单位管理费用 | 19 | 2 908 | 474 |
| （三）经营费用 | 20 | 3 | 522 |
| （四）资产处置费用 | 21 | 2 | |
| （五）上缴上级费用 | 22 | | 48 |
| （六）对附属单位补助费用 | 23 | 30 | |
| （七）所得税费用 | 24 | | 25 |
| （八）其他费用 | 25 | 5 | 13 |
| 三、本期盈余 | 26 | 40 | 150 |

表 13 – 40 　　　　　　　　2×20 年度收支费用表（2）（合并前）　　　　　　单位：万元

| 项目 | 行次 | A 单位 | B 中心 |
|---|---|---|---|
| 一、本期收入 | 1 | 4 622 | 1 334 |
| （一）财政拨款收入 | 2 | 4 270 | |
| （二）事业收入 | 3 | 234 | 95 |
| 其中：科研收入 | 4 | 180 | 95 |
| 非科研收入 | 5 | | |
| （三）上级补助收入* | 6 | | 30 |
| （四）附属单位上缴收入* | 7 | 48 | |
| （五）经营收入 | 8 | 3 | 1 203 |
| （六）非同级财政拨款收入 | 9 | | |
| （七）投资收益 | 10 | | |
| （八）捐赠收入 | 11 | | |
| （九）利息收入 | 12 | 2 | 1 |
| （十）租金收入 | 13 | 64 | 5 |
| （十一）其他收入 | 14 | 1 | 5 |
| 二、本期费用 | 15 | 4 582 | 1 185 |
| （一）工资福利费用 | 16 | 2 698 | 535 |
| （二）商品和服务费用 | 17 | 1 219 | 230 |
| （三）对个人和家庭补助费用 | 18 | 44 | 36 |
| （四）对企事业单位补贴费用 | 19 | | |
| （五）固定资产折旧费用 | 20 | 522 | 250 |

续表

| 项目 | 行次 | A 单位 | B 中心 |
|---|---|---|---|
| （六）无形资产摊销费用 | 21 | 40 | 35 |
| （七）公共基础设施折旧（摊销）费用 | 22 | | |
| （八）保障性住房折旧费用 | 23 | | |
| （九）计提专用基金 | 24 | 18 | 13 |
| （十）所得税费用 | 25 | | 25 |
| （十一）资产处置费用 | 26 | 6 | |
| （十二）上缴上级费用* | 27 | | 48 |
| （十三）对附属单位补助费用* | 28 | 30 | |
| （十四）其他费用 | 29 | 5 | 13 |
| 三、本期盈余 | 30 | 40 | 150 |

（2）2×20 年初 A 单位与 B 中心投资、往来及计提坏账准备情况如表 13−41 所示。

表 13−41　　　　　　　　　　2×20 年度往来情况表　　　　　　　　单位：万元

| 科目 | 2×19 年末 | 2×20 年发生额 | 2×20 年末 |
|---|---|---|---|
| A 单位： | | | |
| 其他应收款—B 中心 | 120 | −60 | 60 |
| 坏账准备—其他应收款 | −6 | | −3 |
| 应付账款—B 中心 | 60 | 20 | 80 |
| B 中心： | | | |
| 其他应付款—A 单位 | 120 | −50 | 70 |
| 应收账款—A 单位 | 60 | 20 | 80 |
| 坏账准备—应收账款 | −3 | | −4 |

（3）2×20 年 A 单位与 B 中心关联业务情况如下：

①A 单位拨付 B 中心财政疫情专项补助经费 30 万元；

②A 单位支付委托 B 中心检测项目经费 220 万元，B 中心交纳税金及附加费 25 万元；

③B 中心按约定上缴 A 单位管理费 48 万元；

④B 中心按协议支付 A 单位实验室用房租金 15 万元（A 单位不需上交财政）。

根据以上资料，编制两单位合并会计报表。

报表合并过程如下：

第一步：汇总单位会计报表

在汇总各单位报表之前，应当将 B 中心企业会计报表按政府会计准则制度规定调整。将调整后的 B 中心与 A 单位报表简单加总合计，见表 13−42、表 13−43、表 13−44、表 13−45。

第二步：编制抵销分录

1. 抵销内部债权债务事项。

（1）抵销应收账款及已计提的坏账准备

借：应付账款—B 中心　　　　　　　　　　　　　　　　80

　　贷：应收账款净额—A 单位　　　　　　　　　　　　　　80

借：应收账款净额—坏账准备　　　　　　　　　　　　　4

　　贷：其他费用　　　　　　　　　　　　　　　　　　　1

　　　　累计盈余—年初　　　　　　　　　　　　　　　　3

（2）抵销其他应收款及已计提的坏账准备

借：其他应付款—A 单位　　　　　　　　　　　　　　60

　　贷：其他应收款净额—B 中心　　　　　　　　　　　　60

借：应收账款净额—坏账准备　　　　　　　　　　　　3

　　贷：其他费用　　　　　　　　　　　　　　　　　　 -3

　　　　累计盈余—年初　　　　　　　　　　　　　　　　6

2. 抵销内部收入费用事项。

（1）抵销"上级补助收入"与"对附属单位补助费用"：

借：上级补助收入　　　　　　　　　　　　　　　　　30

　　贷：对附属单位补助费用　　　　　　　　　　　　　　30

（2）抵销"附属单位上缴收入"与"上缴上级费用"：

借：附属单位上缴收入　　　　　　　　　　　　　　　48

　　贷：上缴上级费用　　　　　　　　　　　　　　　　　48

（3）抵销租金收入：

借：租金收入　　　　　　　　　　　　　　　　　　　15

　　贷：经营费用（商品和服务费用）　　　　　　　　　　15

（4）抵销委托业务费支出 ［＝220－25＝195（万元)]：

借：经营收入（检测费收入）　　　　　　　　　　　　195

　　贷：业务活动费用（商品和服务费用）　　　　　　　 195

第三步：生成合并会计报表

1. 根据抵销分录，编制工作底稿。

根据抵销分录，编制抵销工作底稿，如表13－42所示。

表13－42　　　　　　　　　　　抵销工作底稿　　　　　　　　　　单位：万元

| 序号 | 抵销事项 | 抵销分录 | 合并单位 | | 合计 | |
|---|---|---|---|---|---|---|
| | | | A 单位 | B 中心 | 借方 | 贷方 |
| 1－1 | 抵销债权债务事项 | 借：应付账款<br>　　其他应付款 | 80 | 60 | 80<br>60 | |
| | | 贷：应收账款净额<br>　　其他应收款净额 | 60 | 80 | | 80<br>60 |

续表

| 序号 | 抵销事项 | 抵销分录 | 合并单位 | | 合计 | |
|---|---|---|---|---|---|---|
| | | | A 单位 | B 中心 | 借方 | 贷方 |
| 1 – 2 | 抵销部门内部单位之间发生的债权债务事项的已计提坏账准备 | 借：应收账款净额—坏账准备<br>其他应收款净额—坏账准备 | 4<br>3 | | 4<br>3 | |
| | | 贷：其他费用（其他费用）<br>累计盈余—年初 | | =1–3＝–2<br>=3＋6＝9 | | –2<br>9 |
| 1 – 3 | 抵销部门内部单位之间发生的债权债务事项，债权方本年计提或冲减坏账准备对本年盈余的影响调整累计盈余 | 借：对本年盈余的影响 | –2 | | –2 | |
| | | 贷：累计盈余 | | –2 | | –2 |
| 2 | 抵销部门内部单位之间发生的上级补助收入与对附属单位补助费用 | 借：上级补助收入 | 30 | | 30 | |
| | | 贷：对附属单位补助费用 | | 30 | | 30 |
| 3 | 抵销部门内部单位之间发生的上缴上级费用与附属单位上缴收入 | 借：附属单位上缴收入 | 48 | | 48 | |
| | | 贷：上缴上级费用 | | 48 | | 48 |
| 4 | 抵销部门内部单位之间业务收入和费用 | 借：经营收入<br>租金收入 | 195<br>15 | | 195<br>15 | |
| | | 贷：业务活动费用<br>经营费用（商品和服务费用） | | 195<br>15 | | 195<br>15 |
| | 合计 | | 433 | 433 | 433 | 433 |

2. 编制合并过录表。

将抵销分录录入汇总报表的调整栏，形成合并抵销过录表（见表 13 – 43、表 13 – 44、表 13 – 45）。

表 13 – 43　　　　　　　　收入费用表（1）合并抵销过录表　　　　　　单位：万元

| 项目 | 行次 | A 单位 | B 中心 | 合并前合计 | 借方 | 贷方 | 调整合计 | 合并后合计 |
|---|---|---|---|---|---|---|---|---|
| 一、本期收入 | 1 | 4 622 | 1 334 | 5 956 | 288 | — | – 288 | 5 668 |
| （一）财政拨款收入 | 2 | 4 270 | | 4 270 | | | — | 4 270 |
| （二）事业收入 | 3 | 234 | 95 | 329 | | | — | 329 |

续表

| 项目 | 行次 | A 单位 | B 中心 | 合并前合计 | 借方 | 贷方 | 调整合计 | 合并后合计 |
|---|---|---|---|---|---|---|---|---|
| 其中：科研收入 | 4 | 180 | 95 | 275 | | | — | 275 |
| 非科研收入 | 5 | 54 | | 54 | | | | 54 |
| （三）上级补助收入 * | 6 | | 30 | 30 | 30 | | －30 | — |
| （四）附属单位上缴收入 * | 7 | 48 | | 48 | 48 | | －48 | — |
| （五）经营收入 | 8 | 3 | 1 203 | 1 206 | 195 | | －195 | 1 011 |
| （六）非同级财政拨款收入 | 9 | | | — | | | | — |
| （七）投资收益 | 10 | | | — | | | | — |
| （八）捐赠收入 | 11 | | | | | | | |
| （九）利息收入 | 12 | 2 | 1 | 3 | | | — | 3 |
| （十）租金收入 | 13 | 64 | | 64 | 15 | | －15 | 49 |
| （十一）其他收入 | 14 | 1 | 5 | 6 | | | | 6 |
| 二、本期费用 | 15 | 4 582 | 1 184 | 5 766 | 0 | 286 | －286 | 5 480 |
| （一）业务活动费用 | 16 | 1 634 | 102 | 1 736 | | 210 | －210 | 1 526 |
| 其中：科研活动费用 | 17 | 1 634 | 102 | 1 736 | | 210 | －210 | 1 526 |
| 非科研活动费用 | 18 | 45 | | 45 | | | — | 45 |
| （二）单位管理费用 | 19 | 2 908 | 474 | 3 382 | | | — | 3 382 |
| （三）经营费用 | 20 | 3 | 522 | 525 | | | — | 525 |
| （四）资产处置费用 | 21 | 2 | | 2 | | | — | 2 |
| （五）上缴上级费用 | 22 | | 48 | 48 | | 48 | －48 | — |
| （六）对附属单位补助费用 | 23 | 30 | | 30 | | 30 | －30 | — |
| （七）所得税费用 | 24 | | 25 | 25 | | | — | 25 |
| （八）其他费用 | 25 | 5 | 13 | 18 | | －2 | 2 | 20 |
| 三、本期盈余 | 26 | 40 | 150 | 190 | 288 | －286 | －2 | 188 |

表 13 - 44　　　　　**收入费用表（2）合并抵销过录表**　　　　　单位：万元

| 项目 | 行次 | A 单位 | B 中心 | 合并前合计 | 借方 | 贷方 | 调整合计 | 合并后合计 |
|---|---|---|---|---|---|---|---|---|
| 一、本期收入 | 1 | 4 622 | 1 334 | 5 956 | 288 | — | －288 | 5 668 |
| （一）财政拨款收入 | 2 | 4 270 | | 4 270 | | | — | 4 270 |
| （二）事业收入 | 3 | 234 | 95 | 329 | | | | 329 |
| 其中：科研收入 | 4 | 180 | 95 | 275 | | | — | 275 |
| 非科研收入 | 5 | 54 | | 54 | | | | 54 |

续表

| 项目 | 行次 | A 单位 | B 中心 | 合并前合计 | 借方 | 贷方 | 调整合计 | 合并后合计 |
|---|---|---|---|---|---|---|---|---|
| （三）上级补助收入 * | 6 | | 30 | 30 | 30 | | −30 | — |
| （四）附属单位上缴收入 * | 7 | 48 | | 48 | 48 | | −48 | — |
| （五）经营收入 | 8 | 3 | 1 203 | 1 206 | 195 | | −195 | 1 011 |
| （六）非同级财政拨款收入 | 9 | | | — | | | — | — |
| （七）投资收益 | 10 | | | — | | | — | — |
| （八）捐赠收入 | 11 | | | — | | | — | — |
| （九）利息收入 | 12 | 2 | 1 | 3 | | | — | 3 |
| （十）租金收入 | 13 | 64 | | 64 | 15 | | −15 | 49 |
| （十一）其他收入 | 14 | 1 | 5 | 6 | | | — | 6 |
| 二、本期费用 | 15 | 4 582 | 1 185 | 5 767 | — | 286 | −286 | 5 481 |
| （一）工资福利费用 | 16 | 2 698 | 535 | 3 233 | | | — | 3 233 |
| （二）商品和服务费用 | 17 | 1 219 | 230 | 1 449 | | 210 | −210 | 1 239 |
| （三）对个人和家庭补助费用 | 18 | 44 | 36 | 80 | | | — | 80 |
| （四）对企事业单位补贴费用 | 19 | | | — | | | — | |
| （五）固定资产折旧费用 | 20 | 522 | 250 | 772 | | | — | 772 |
| （六）无形资产摊销费用 | 21 | 40 | 35 | 75 | | | — | 75 |
| （七）公共基础设施折旧费用 | 22 | | | — | | | — | |
| （八）保障性住房折旧费用 | 23 | | | — | | | — | |
| （九）计提专用基金 | 24 | 18 | 13 | 31 | | | — | 31 |
| （十）所得税费用 | 25 | | 25 | 25 | | | — | 25 |
| （十一）资产处置费用 | 26 | 6 | | 6 | | | — | 6 |
| （十二）上缴上级费用 * | 27 | | 48 | 48 | | 48 | −48 | — |
| （十三）对附属单位补助费用 * | 28 | 30 | | 30 | | 30 | −30 | — |
| （十四）其他费用 | 29 | 5 | 13 | 18 | | −2 | 2 | 20 |
| 三、本期盈余 | 30 | 40 | 150 | 190 | 288 | | −286 | −2 | 188 |

表 13 − 45　　　　　　　　资产负债表合并抵销过录表　　　　　　单位：万元

| 资产 | 行次 | A 单位 | B 中心 | 合并前合计 | 借方 | 贷方 | 调整合计 | 合并后合计 |
|---|---|---|---|---|---|---|---|---|
| 流动资产： | | | | | | | | |
| 货币资金 | 1 | 885 | 374 | 1 259 | | | — | 1 259 |
| 财政应返还额度 | 2 | 210 | | 210 | | | | 210 |

续表

| 资产 | 行次 | A 单位 | B 中心 | 合并前合计 | 借方 | 贷方 | 调整合计 | 合并后合计 |
|---|---|---|---|---|---|---|---|---|
| 应收账款净额 | 3 | | 143 | 143 | 4 | 80 | −76 | 67 |
| 预付账款 | 4 | | | — | | | — | — |
| 应收股利 | 5 | | | — | | | — | — |
| 应收利息 | 6 | | | — | | | — | — |
| 其他应收款净额 | 7 | 212 | 54 | 266 | 3 | 60 | −57 | 209 |
| 存货 | 8 | 9 | | 9 | | | — | 9 |
| 待摊费用 | 9 | | | — | | | — | — |
| 一年内到期的非流动资产 | 10 | | | | | | | |
| 其他流动资产 | 11 | | | — | | | — | — |
| 流动资产合计 | 12 | 1 316 | 571 | 1 887 | 7 | 140 | −133 | 1 754 |
| 非流动资产： | | | | | | | | |
| 长期股权投资 | 13 | 27 | | 27 | | | — | 27 |
| 长期债权投资 | 14 | | | — | | | — | |
| 固定资产原值 | 15 | 11 377 | 6 411 | 17 788 | | | — | 17 788 |
| 减：固定资产累计折旧 | 16 | 3 852 | 2 814 | 6 666 | | | — | 6 666 |
| 固定资产净值 | 17 | 7 525 | 3 597 | 11 122 | — | — | — | 11 122 |
| 工程物资 | 18 | | | | | | | |
| 在建工程 | 19 | | | | | | | |
| 无形资产原值 | 20 | 298 | 1 926 | 2 224 | | | — | 2 224 |
| 减：无形资产累计摊销 | 21 | 58 | 989 | 1 047 | | | — | 1 047 |
| 无形资产净值 | 22 | 240 | 937 | 1 177 | — | — | — | 1 177 |
| 研发支出 | 23 | | | | | | | |
| 长期待摊费用 | 24 | | | | | | | |
| 待处理财产损溢 | 25 | | | | | | | |
| 其他非流动资产 | 26 | | | | | | | |
| 非流动资产合计 | 27 | 7 792 | 4 534 | 12 326 | — | — | — | 12 326 |
| 受托代理资产 | 28 | 2 | | 2 | | | | 2 |
| 资产总计 | 29 | 9 110 | 5 105 | 14 215 | 7 | 140 | −133 | 14 082 |
| 流动负债： | | | | | | | | |
| 短期借款 | 51 | | | | | | — | — |
| 应缴增值税 | 52 | 7 | 2 | 9 | | | — | 9 |
| 其他应交税费 | 53 | 21 | 1 | 22 | | | — | 22 |

| 资产 | 行次 | A单位 | B中心 | 合并前合计 | 借方 | 贷方 | 调整合计 | 合并后合计 |
|---|---|---|---|---|---|---|---|---|
| 应缴财政款 | 54 | | | | | | — | — |
| 应付职工薪酬 | 55 | 16 | 8 | 24 | | | — | 24 |
| 应付票据 | 56 | | | | | | — | — |
| 应付账款 | 57 | 110 | | 110 | 80 | | −80 | 30 |
| 应付利息 | 58 | | | | | | — | — |
| 预收账款 | 59 | 97 | 290 | 387 | | | — | 387 |
| 其他应付款 | 60 | 408 | 156 | 564 | 60 | | −60 | 504 |
| 预提费用 | 61 | 35 | 40 | 75 | | | — | 75 |
| 一年内到期的非流动负债 | 62 | | | | | | — | — |
| 其他流动负债 | 63 | | | | | | — | — |
| 流动负债合计 | 64 | 694 | 497 | 1 191 | 140 | — | −140 | 1 051 |
| 非流动负债： | | | | | | | | |
| 长期借款 | 65 | | | | | | — | — |
| 长期应付款 | 66 | 53 | | 53 | | | — | 53 |
| 预计负债 | 67 | | | | | | — | — |
| 其他非流动负债 | 68 | | | | | | — | — |
| 非流动负债合计 | 69 | 53 | — | 53 | — | — | — | 53 |
| 受托代理负债 | 70 | 2 | | 2 | | | — | 2 |
| 负债合计 | 71 | 749 | 497 | 1 246 | 140 | — | −140 | 1 106 |
| 净资产： | | | | | | | | |
| 累计盈余 | 72 | 8 301 | 4 527 | 12 828 | | 7 | 7 | 12 835 |
| 专用基金 | 73 | 63 | 81 | 144 | | | — | 144 |
| 权益法调整 | 74 | −3 | | −3 | | | — | −3 |
| 无偿调拨净资产 | 75 | — | — | — | — | — | — | — |
| 本期盈余* | 76 | — | — | — | — | — | — | — |
| 净资产合计 | 77 | 8 361 | 4 608 | 12 969 | — | 7 | 7 | 12 976 |
| 负债和净资产总计 | 78 | 9 110 | 5 105 | 14 215 | 140 | 7 | −133 | 14 082 |

3. 生成合并报表。

根据合并抵销过录表结果，分别编制各表的合并报表（见表13-46、表13-47、表13-48）。

**表 13 - 46**　　　　　　　　　　　合并资产负债表　　　　　　　　　　单位：万元

| 资产 | 行次 | 期末数 | 负债和净资产 | 行次 | 期末数 |
|---|---|---|---|---|---|
| 流动资产： | | | 流动负债： | | |
| 货币资金 | 1 | 1 259 | 短期借款 | 51 | |
| 财政应返还额度 | 2 | 210 | 应缴增值税 | 52 | 9 |
| 应收账款净额 | 3 | 67 | 其他应交税费 | 53 | 22 |
| 预付账款 | 4 | | 应缴财政款 | 54 | |
| 应收股利 | 5 | | 应付职工薪酬 | 55 | 24 |
| 应收利息 | 6 | | 应付票据 | 56 | |
| 其他应收款净额 | 7 | 209 | 应付账款 | 57 | 30 |
| 存货 | 8 | 9 | 应付利息 | 58 | |
| 待摊费用 | 9 | | 预收账款 | 59 | 387 |
| 一年内到期的非流动资产 | 10 | | 其他应付款 | 60 | 504 |
| 其他流动资产 | 11 | | 预提费用 | 61 | 75 |
| | | | 一年内到期的非流动负债 | 62 | |
| | | | 其他流动负债 | 63 | |
| 流动资产合计 | 12 | 1 754 | 流动负债合计 | 64 | 1 051 |
| 非流动资产： | | | 非流动负债： | | |
| 长期股权投资 | 13 | 27 | 长期借款 | 65 | |
| 长期债权投资 | 14 | | 长期应付款 | 66 | 53 |
| 固定资产原值 | 15 | 17 788 | 预计负债 | 67 | |
| 减：固定资产累计折旧 | 16 | 6 666 | 其他非流动负债 | 68 | |
| 固定资产净值 | 17 | 11 122 | 非流动负债合计 | 69 | 53 |
| 工程物资 | 18 | | 受托代理负债 | 70 | 2 |
| 在建工程 | 19 | | 负债合计 | 71 | 1 106 |
| 无形资产原值 | 20 | 2 224 | | | |
| 减：无形资产累计摊销 | 21 | 1 047 | | | |
| 无形资产净值 | 22 | 1 177 | 净资产： | | |
| 研发支出 | 23 | | 累计盈余 | 72 | 12 835 |
| 长期待摊费用 | 24 | | 专用基金 | 73 | 144 |
| 待处理财产损溢 | 25 | | 权益法调整 | 74 | - 3 |
| 其他非流动资产 | 26 | | 无偿调拨净资产 | 75 | — |
| 非流动资产合计 | 27 | 12 326 | 本期盈余* | 76 | — |
| 受托代理资产 | 28 | 2 | 净资产合计 | 77 | 12 976 |
| 资产总计 | 29 | 14 082 | 负债和净资产总计 | 78 | 14 082 |

表 13－47　　　　　　　　合并收入费用表（1）　　　　　　　单位：万元

| 项目 | 行次 | 本年数 |
|---|---|---|
| 一、本期收入 | 1 | 5 668 |
| （一）财政拨款收入 | 2 | 4 270 |
| （二）事业收入 | 3 | 329 |
| 其中：科研收入 | 4 | 275 |
| 非科研收入 | 5 | |
| （三）上级补助收入* | 6 | |
| （四）附属单位上缴收入* | 7 | |
| （五）经营收入 | 8 | 1 011 |
| （六）非同级财政拨款收入 | 9 | |
| （七）投资收益 | 10 | |
| （八）捐赠收入 | 11 | |
| （九）利息收入 | 12 | 3 |
| （十）租金收入 | 13 | 49 |
| （十一）其他收入 | 14 | 6 |
| 二、本期费用 | 15 | 5 480 |
| （一）业务活动费用 | 16 | 1 526 |
| 其中：科研活动费用 | 17 | 1 526 |
| 非科研活动费用 | 18 | 45 |
| （二）单位管理费用 | 19 | 3 382 |
| （三）经营费用 | 20 | 525 |
| （四）资产处置费用 | 21 | 2 |
| （五）上缴上级费用 | 22 | — |
| （六）对附属单位补助费用 | 23 | — |
| （七）所得税费用 | 24 | 25 |
| （八）其他费用 | 25 | 20 |
| 三、本期盈余 | 26 | 188 |

表 13－48　　　　　　　　合并收入费用表（2）　　　　　　　单位：万元

| 项目 | 行次 | 本年数 |
|---|---|---|
| 一、本期收入 | 1 | 5 668 |
| （一）财政拨款收入 | 2 | 4 270 |
| （二）事业收入 | 3 | 329 |
| 其中：科研收入 | 4 | 275 |
| 非科研收入 | 5 | 45 |
| （三）上级补助收入* | 6 | |

| 项目 | 行次 | 本年数 |
|---|---|---|
| （四）附属单位上缴收入 * | 7 | |
| （五）经营收入 | 8 | 1 011 |
| （六）非同级财政拨款收入 | 9 | |
| （七）投资收益 | 10 | |
| （八）捐赠收入 | 11 | |
| （九）利息收入 | 12 | 3 |
| （十）租金收入 | 13 | 49 |
| （十一）其他收入 | 14 | 6 |
| 二、本期费用 | 15 | 5 480 |
| （一）工资福利费用 | 16 | 3 233 |
| （二）商品和服务费用 | 17 | 1 238 |
| （三）对个人和家庭补助费用 | 18 | 80 |
| （四）对企事业单位补贴费用 | 19 | |
| （五）固定资产折旧费用 | 20 | 772 |
| （六）无形资产摊销费用 | 21 | 75 |
| （七）公共基础设施折旧（摊销）费用 | 22 | |
| （八）保障性住房折旧费用 | 23 | |
| （九）计提专用基金 | 24 | 31 |
| （十）所得税费用 | 25 | 25 |
| （十一）资产处置费用 | 26 | 6 |
| （十二）上缴上级费用 * | 27 | |
| （十三）对附属单位补助费用 * | 28 | |
| （十四）其他费用 | 29 | 20 |
| 三、本期盈余 | 30 | 188 |

# 六、部门（单位）合并会计报表附注的编制

附注是对在会计报表中列示的项目所作的进一步说明，以及对未能在会计报表中列示项目的说明。部门（单位）合并会计报表附注应当包括下列内容：

（一）会计报表编制基础

政府部门会计报表以权责发生制为基础编制。

（二）遵循相关制度规定的声明

政府部门应当声明编制的会计报表符合政府会计准则、相关会计制度和财务报告编制规定的要求，如实反映政府部门的财务状况、运行情况等有关信息。

（三）合并范围

合并会计报表应披露其包含的主体范围，具体包括所属单位的名称、性质（如：

行政单位、事业单位或社会团体)、实有人员数等基本信息。与上年相比，合并范围发生变化的应详细说明变动情况。

（四）重要会计政策与会计估计变更情况

对本年发生的重要会计政策和会计估计变更，应说明变更的内容和原因受其重要影响的报表项目名称和金额，以及重要会计政策和会计估计变更开始适用的时点。

（五）会计报表重要项目明细信息及说明

单位应当按照资产负债表和收入费用表项目列示顺序，采用数字和文字描述相结合的方法披露重要项目的明细信息，便于报表信息使用者更好地理解报表信息。

（六）需要说明的其他事项

1. 重要或有事项说明。逐笔披露科学事业单位或有事项的事由和金额，如担保事项、未决诉讼或未决仲裁等，若无法预计金额应说明理由。

2. 以名义金额计量的资产名称、数量等情况，以及以名义金额计量理由的说明。

3. 使用债务资金形成的固定资产、公共基础设施、保障性住房等资产的账面价值、使用情况、收益情况及与此相关的债务偿还情况。

4. 重要资产置换、无偿调入（出）、捐入（出）、报废、重大毁损等情况的说明。

5. 政府会计具体准则中要求附注披露的其他内容，以及其他未在报表中列示，但对政府部门财务状况有重大影响的事项。

# 第八节　财务分析

## 一、科学事业单位财务分析内容构成

科学事业单位财务分析是指以财务会计核算和报表资料及其他相关资料为依据，采用一系列专门的分析技术和方法，对事业计划完成情况、财务状况、运行情况、财务管理情况进行比较、分析和研究，反映单位各项经济活动中的利弊得失和发展趋势，并作出正确评价，指出存在的问题，提出改进意见。它是财务管理的重要组成部分和必要手段。

按照《政府部门财务报告编制操作指南（试行）》第十二条规定：科学事业单位财务分析主要包括以下内容：

（一）科学事业单位工作目标完成情况

结合科学事业单位职能、工作任务、相关政策要求等，说明政府部门年度工作目标计划及执行情况、绩效目标及完成情况。

（二）科学事业单位财务状况分析

1. 分析科学事业单位的货币资金、长期投资、固定资产、在建工程等重要资产项目的结构特点和变化情况，并评估对科学事业单位提供公共服务或开展专业活动能力的影响。

2. 结合短期借款、长期借款等重点负债项目的增减变化情况，分析科学事业单位的债务规模和债务结构等。

3. 运用资产负债率、现金比率、流动比率等指标，分析科学事业单位的财务状况。

（三）科学事业单位运行情况分析

1. 分析科学事业单位的收入规模、结构及来源分布、重点收入项目的比重和变化趋势，以及经济形势、相关财政政策等对科学事业单位收入变动的影响等。

2. 分析科学事业单位的费用规模、构成及变化情况，特别是科学事业单位控制专业活动成本的政策、投融资情况及对费用变动的影响等。

3. 运用科学事业单位的收入费用率等指标，分析科学事业单位收入与费用的比例情况。

（四）科学事业单位财务管理情况。

从单位预算管理、内控管理、资产管理、绩效管理、人才队伍建设等方面反映单位加强财务管理的主要措施和取得成效。

## 二、科学事业单位财务分析的方法和指标

（一）科学事业单位财务分析方法

按照《政府部门财务报告编制操作指南（试行）》第十三条规定：科学事业单位可采取比率分析法、比较分析法、结构分析法、趋势分析法等方法进行财务分析。

目前比较常用的是比率分析法。

比率分析法是指把某些彼此关联的项目进行对比，用倍数或比例表示出分析式，据以反映某些会计要素的内在联系和关联性，评价单位的财务状况和运行情况的一种分析方法。比率分析要求各项目之间存在一定的逻辑关系，这样才能使比率指标具有一定的经济意义。由于财务比率使用相对数，排除了规模的影响，使不同比较对象之间建立起可比性，因此在财务报表分析中使用非常广泛。

（二）科学事业单位财务分析指标

科学事业单位进行财务分析时，可参照《政府部门财务报告编制操作指南（试行）》第十四条规定，使用资产负债率、流动比例、固定资产成新率、收入费用率等分析指标（见表13-49）。

表13-49 分析指标表

| 序号 | 指标名称 | 公式 | 指标说明 |
|---|---|---|---|
| 1 | 资产负债率 | 负债总额/资产总额 | 反映科学事业单位偿付全部债务本息能力的基本指标 |
| 2 | 现金比率 | （货币资金 + 财政应返还额度）/流动负债 | 反映科学事业单位利用现金及现金等价物偿还短期债务的能力 |

续表

| 序号 | 指标名称 | 公式 | 指标说明 |
|---|---|---|---|
| 3 | 流动比率 | 流动资产/流动负债 | 反映科学事业单位流动资产用于偿还流动负债的能力 |
| 4 | 固定资产成新率 | 固定资产净值/固定资产原值 | 反映科学事业单位固定资产的持续服务能力 |
| 5 | 收入费用率 | 年度总费用/年度总收入 | 反映科学事业单位收入与费用的比例情况 |

# 第十四章　决算报告

## 第一节　决算报告概述

### 一、决算报告的含义及特点

（一）决算报告的含义

科学事业单位的决算报告是单位依据国家有关法律法规规定及其履行职能情况编制，反映单位所有预算收支和结余执行结果及绩效等情况的综合性年度报告，是改进单位预算执行以及编制后续年度单位预算的参考和依据，是部门决算报告的重要组成部分。具体包括以下四层含义：

1. 科学事业单位决算报告是反映单位所有预算收支和结余执行结果及绩效等情况的综合性年度报告。

政府会计由政府财务会计和政府预算会计构成。科学事业单位年度的所有预算收支和结余执行结果及绩效等信息是政府预算会计的重要内容。科学事业单位编制决算报告以收付实现制为基础，以科学事业单位预算会计核算生成的数据为准，为加强科学事业单位预算管理、绩效管理等提供信息支撑。

2. 科学事业单位决算报告是改进单位预算执行以及编制后续年度单位预算的参考和依据。

科学事业单位通过当年决算报告信息，可以分析各项预算指标的执行情况和结果，考核单位事业计划的完成情况，总结经验教训，不断改进预算管理工作，为编制后续年度预算提供参考和依据。

3. 科学事业单位决算报告是部门决算报告的重要组成部分。

我国政府决算报告按照报告主体不同，分为总决算报告和部门决算报告。其中，总决算报告由各级政府财政部门汇总本级及其下级财政部门的年度实际收支所编制的，是各级总预算执行结果纵向的全面反映。我国的总决算由中央总决算和地方总决算组成，地方总决算又分为省（自治区、直辖市）、市（地、州）、县（市、区）、乡（镇）四级总决算。部门决算报告是由各部门汇总本部门及其所属单位决算编制的，是构成各级总决算报告的横向基础。我国部门决算由本部门及其所属单位决算所构成。

4. 科学事业单位决算报告是单位依据国家有关法律法规规定及其履行职能情况编制的。

按照《部门决算管理办法》（财库〔2021〕36号）规定，各部门和各单位编制部门决算要根据《中华人民共和国预算法》《中华人民共和国会计法》《中华人民共和国预算法实施条例》《行政单位财务规则》《事业单位财务规则》和政府会计准则制度等法律法规规定予以编制。科学事业单位应严格按照要求，并根据自身履行职能情况编制决算报告。

（二）决算报告的目标

科学事业单位决算报告的目标是向决算报告使用者提供单位与预算执行情况有关的信息，综合反映政府会计主体预算收支的年度执行结果，有助于决算报告使用者进行监督和管理，并为后续年度预算提供参考和依据，并满足国家财务会计监管、各项资金管理以及宏观经济决策等信息需要。

决算报告使用者包括各级政府及其有关部门、科学事业单位自身和其他利益相关者。

（三）决算报告的特点

1. 具有法规性或约束性。决算报告是依法依规编制的，《中华人民共和国预算法》《中华人民共和国预算法实施条例》及《部门决算管理办法》对决算报告的编制审批和汇总报送、批复和信息公开等都作出了明确的规定，从事决算编制工作的部门和人员必须遵照执行。各级政府部门的决算报告，须提交本级人民代表大会审查批准或通过，具有法律效力。

2. 具有公开性。决算报告将政府部门（包括科学事业单位）收支计划的制定、执行及决算的全过程以报告形式阐述，并提交权力机构审议通过后，采用各种形式向公众公布，接受公众监督。

3. 具有综合性。决算报告根据单位会计要素之间的相互平衡关系，全面反映以年度为计算区间的各项经济活动状况。

政府单位决算报告是依据会计要素之间的相互平衡关系，全面反映以明确会计要素及其相互关系，有助于设计决算报告的框架结构和格式。

（四）编制决算报告的意义

政府决算是国家经济活动在财政上的集中反映，是政府预算管理与绩效管理中必不可少的一个环节，为决算报告使用者合理配置资源、进行社会及经济决策提供服务，是宏观或微观经济控制的重要手段。科学事业单位编制决算报告的意义主要体现在以下几方面：

1. 编制决算报告有利于反映科学事业单位的预算执行结果。

科学事业单位决算处于单位预算管理的末端环节，它反映的数据是科学事业单位预算执行的最终的、实际的数据。其中，决算收入集中反映了年度科学事业单位预算收入的来源、规模、结构等情况；决算支出反映了科学事业单位基本支出和项目支出的实际规模、方向和结构，体现了科学事业发展的规模与速度以及各项科学事业发展的实际进度及结果。

2. 编制决算报告是系统整理和积累科学事业单位预算收支实际数据的重要来源。

决算报告提供的数据是科学事业单位发生的实际数据，通过编制决算报告，可以系统地整理和反映科学事业单位预算执行最终结果的实际数字，对一年来的预算编制、执行、平衡等方面进行分析、总结，提出改进意见和措施，为提高下年度的预算管理水平奠定良好的基础。

3. 编制决算报告是制定国家经济政策的基本条件。

科学事业单位决算报告是科学部门决算报告的重要组成部分，也是同级政府总决算的组成部分。通过决算报告分析数据，可以从资金积累和资金分配的角度总结一年来各项科研及非科研活动的情况，为科研部门研究科研经费管理和绩效问题并宏观决策提供重要依据。

## 二、决算报告的内容

科学事业单位决算报告体系包括决算报表、报表说明和决算分析等。决算报表是根据会计核算账簿数据资料编制的，一般以收付实现制为基础，部分经济业务或事项采用权责发生制基础。

（一）决算报表

科学事业单位决算报表是反映单位收支预算执行结果以及与预算管理相关的机构人员、存量资产等信息，是政府部门决算报告的重要组成部分，包括报表封面、主表、附表等。预算会计报表是单位通过预算会计核算直接形成的报表，是决算报表的主要信息来源。根据《政府会计制度》规定，预算会计报表至少包括预算收入支出表、预算结转结余变动表和财政拨款预算收入支出表（见表14-1）。

表14-1 科学事业单位预算会计报表

| 编号 | 报表名称 | 编制期 |
| --- | --- | --- |
| 会政预01表 | 预算收入支出表 | 年度 |
| 会政预02表 | 预算结转结余变动表 | 年度 |
| 会政预03表 | 财政拨款预算收入支出表 | 年度 |

1. 预算收入支出表是反映单位在某一会计年度内各项预算收入、预算支出和预算结转结余情况，以及年末非财政拨款结余的分配情况的报表。

2. 预算结转结余变动表是反映单位在某一会计年度内预算结转结余的变动情况，以及与资金结存的勾稽关系的报表。

3. 财政拨款预算收入支出表是反映单位年度内各类财政预算拨款归集调配占用情况及年末的结余结转情况的报表。

（二）决算报表说明与分析

科学事业单位的决算报表说明是以文字形式对决算报表的基础数据所做的说明，

包括科学事业单位基本情况、报表数据审核情况、年度主要收支指标增减变动情况，以及因重大事项或特殊事项影响决算数据的情况说明等。

科学事业单位的决算分析是对单位年度收支预算执行、机构人员、预算绩效等情况的分析，总结存在的问题，进行预算绩效考评与评价，为下一期的预算管理工作奠定基础。

## 三、决算报告的编报要求

每一预算年度终了，科学事业单位应当按照本级政府财政部门和主管部门的布置，依法依规编制决算，做到收支真实、数额准确、内容完整、报送及时。

（一）编制要求

1. 总体要求：

（1）决算报告内容应当符合政府会计准则制度等规定。对于政府会计准则制度尚未作出规定的经济业务或事项，编制决算报告应当按照收付实现制原则和相关报告标准规定执行。

（2）决算报告按公历年度编制，即每年1月1日至12月31日。

（3）决算报告应当以人民币作为报告币种。

（4）决算报告应当以经核对无误的会计账簿数据为基础编制。

（5）决算报告格式应当符合财政部统一规定。

2. 编制程序要求：

科学事业单位在编制决算前，应当全面清理核实收入、支出等情况，并在办理年终结账的基础上编制决算。

（1）清理收支账目、往来款项，核对年度预算收支和各项缴拨款项，做到账实相符、账证相符、账表相符、表表相符。

（2）按照规定的时间结账，不得提前或者延迟。

（3）根据预算会计核算生成的数据、财政部门对预算的批复文件等编制决算，如实反映年度内全部收支，不得以估计数据替代，不得弄虚作假。

（二）报送要求

科学事业单位应当按照预算管理级次，按规定内容和时限采取自下而上方式逐级报送决算报告。决算报告应当经单位负责人签字或签章确认后报送。报送的决算报告包括决算纸质报表、电子数据以及相关资料。

科学事业单位如有纳入决算报告编制范围的下级单位，应当审核并汇总编制本单位的决算报告，在规定的期限内按预算管理级次报送。

（三）审核要求

科学事业单位是本单位的决算管理主体，对决算的规范性、真实性、准确性、完整性负责。在报送决算报告前，应当对本单位决算报告进行初审，并对本单位纸质报表、电子数据以及相关资料按规定的审核内容进行逐项审核。

单位决算报告审核主要内容包括：

1. 审核决算编制范围是否完整，是否有漏报和重复编报情况。

2. 审核决算报表是否合规、准确、完整。

3. 审核报表说明和决算分析是否符合决算编制规定。

（四）数据资料分析与管理要求

科学事业单位应当加强决算数据的分析应用与数据资料管理，主要包括：

1. 加强对决算数据和预算绩效的分析，汇编分析资料，撰写分析报告，强化决算分析结果的反馈和运用，及时解决决算反映的问题，发挥决算对预算编制、执行以及财务管理的促进作用。

2. 单位应当充分利用信息技术，推动部门决算数据共享工作，提高决算数据的应用质效。

3. 单位应当按照《会计档案管理办法》有关规定，采取必要措施，对部门决算数据资料进行管理和维护。部门决算数据资料包括以各种介质存放的决算报表、报表说明、决算分析等。

4. 部门决算数据资料涉及国家秘密的，单位应当依法严格执行保密规定，既确保国家秘密安全，又便利信息资源合理利用。

（五）信息公开要求

科学事业单位的主管部门应当在接到本级政府财政部门批复的本部门决算后十五日内，向所属单位批复决算。单位应当根据决算批复文件、审核审计意见等，办理预算执行调整事项，并按照政府会计准则制度规定进行会计处理。

科学事业单位作为本单位决算信息公开的主体，除涉及国家秘密的内容外，应当按照有关规定，向社会公开经批复的决算。决算信息公开要求包括：

1. 单位应当自主管部门批复本单位决算后二十日内向社会公开决算。

2. 单位应当以本单位门户网站为主要平台公开决算，并保持长期公开状态。未设置门户网站的，通过本级政府门户网站、上级部门门户网站公开决算，或通过政府公报、报刊、广播、电视等公开决算。

3. 单位应当按照政府财政部门或主管部门的有关工作规范和工作方案，明确单位决算公开的时间、内容、方式、程序等，妥善处理涉密信息。

（六）未按规定编报决算报告的责任

科学事业单位未依法依规编制、报送、批复、公开决算，以及故意漏报、瞒报以及编报虚假决算信息的行为，按照《中华人民共和国预算法》《中华人民共和国会计法》《财政违法行为处罚处分条例》等有关规定予以处理。

# 第二节　预算收入支出表

预算收入支出表是反映科学事业单位一个年度内总体收支余情况的表。本节阐述预算收入支出表的含义、内容，讲解预算收入支出表的编制方法。

## 一、预算收入支出表的含义

预算收入支出表是反映单位在一定会计期间内总体收入、支出和预算结转结余情况，以及年末非财政拨款结余的分配情况的报表。

预算收入支出表是预算会计报表的重要组成部分，可以提供一定时期政府会计单位收入总额及其构成情况、支出总额及其构成情况，以及各项结转结余的数额及其分配内容的会计信息。其具体格式如表 14-2 所示。

表 14-2　　　　　　　　　　预算收入支出表

会政预 01 表

编制单位：_____　　　　　　　_____年　　　　　　　　　单位：元

| 项目 | 本年数 | 上年数 |
|---|---|---|
| 一、本期预算收入 | | |
| （一）财政拨款预算收入 | | |
| 其中：政府性基金 | | |
| 其中：财政基本拨款预算收入 | | |
| 财政项目拨款预算收入 | | |
| （二）事业预算收入 | | |
| 其中：科研预算收入 | | |
| 非科研预算收入 | | |
| （三）上级补助预算收入 | | |
| （四）附属单位上缴预算收入 | | |
| （五）经营预算收入 | | |
| （六）债务预算收入 | | |
| （七）非同级财政拨款预算收入 | | |
| （八）投资预算收益 | | |
| （九）其他预算收入 | | |
| 其中：利息预算收入 | | |
| 捐赠预算收入 | | |
| 租金预算收入 | | |
| 二、本期预算支出 | | |
| （一）行政支出 | | |
| （二）事业支出 | | |
| 其中：财政基本拨款预算支出 | | |
| 财政项目拨款预算支出 | | |
| 其中：科研预算支出 | | |
| 非科研预算支出 | | |

续表

| 项目 | 本年数 | 上年数 |
|---|---|---|
| （三）经营支出 | | |
| （四）上缴上级支出 | | |
| （五）对附属单位补助支出 | | |
| （六）投资支出 | | |
| （七）债务还本支出 | | |
| （八）其他支出 | | |
| 　　其中：利息支出 | | |
| 　　　　　捐赠支出 | | |
| 三、本年预算收支差额 | | |

## 二、预算收入支出表的内容

科学事业单位的预算收入支出表由表首标题和报表主体构成。报表主体部分包括编报项目、栏目及金额。

1. 表首标题。

预算收入支出表的表首标题包括报表名称、编号（会政预 01 表）、编制单位、编表时间和金额单位等内容。预算收入支出表是一张动态报表，按编报时间不同，可以分为月报收入支出表和年报收入支出表，一般只要求编制年度报表。

2. 编报项目。

预算收入支出表应当按照预算收入、支出的构成和本年预算收支差额情况分项列示。

3. 栏目及金额。

预算收入支出表年度报表由"上年数"和"本年数"组成。各栏数额应当根据相关收入支出账户的"本年累计数"的发生额填列，或经过分析计算后填列。

## 三、预算收入支出表的编制

（一）本表反映单位在某一会计年度内各项预算收入、预算支出和预算收支差额的情况

（二）本表"本年数"栏反映各项目的本年实际发生数。本表"上年数"栏反映各项目上年度的实际发生数，应当根据上年度预算收入支出表中"本年数"栏内所列数字填列

如果本年度预算收入支出表规定的项目的名称和内容同上年度不一致，应当对上年度预算收入支出表项目的名称和数字按照本年度的规定进行调整，将调整后金额填入本年度预算收入支出表的"上年数"栏。

（三）本表"本年数"栏各项目的内容和填列方法

1. 本年预算收入。

（1）"本年预算收入"项目，反映单位本年预算收入总额。本项目应当根据本表中"财政拨款预算收入""事业预算收入""上级补助预算收入""附属单位上缴预算收入""经营预算收入""债务预算收入""非同级财政拨款预算收入""投资预算收益""其他预算收入"项目金额的合计数填列。

（2）"财政拨款预算收入"项目，反映单位本年从同级政府财政部门取得的各类财政拨款。本项目应当根据"财政拨款预算收入"科目的本年发生额填列。

"政府性基金收入"项目，反映单位本年取得的财政拨款收入中属于政府性基金预算拨款的金额。本项目应当根据"财政拨款预算收入"相关明细科目的本年发生额填列。

"财政基本拨款预算收入"项目，反映本单位本年取得的财政拨款收入中用于基本支出的预算拨款的金额。本项目应当根据"财政拨款预算收入"相关明细科目或辅助核算科目的本年发生额填列。

"财政项目拨款预算收入"项目，反映本单位本年取得的财政拨款收入中用于项目支出的预算拨款的金额。本项目应当根据"财政拨款预算收入"相关明细科目或辅助核算科目的本年发生额填列。

（3）"事业预算收入"项目，反映事业单位本年开展专业业务活动及其辅助活动取得的预算收入。本项目应当根据"事业预算收入"科目的本年发生额填列。

"科研预算收入"项目，反映事业单位本年开展专业业务活动取得的预算收入。本项目应当根据"事业预算收入"明细科目的本年发生额填列。

"非科研预算收入"项目，反映事业单位本年开展专业业务活动的辅助活动取得的预算收入。本项目应当根据"事业预算收入"明细科目的本年发生额填列。

（4）"上级补助预算收入"项目，反映事业单位本年从主管部门和上级单位取得的非财政补助预算收入。本项目应当根据"上级补助预算收入"科目的本年发生额填列。

（5）"附属单位上缴预算收入"项目，反映事业单位本年收到的独立核算的附属单位按照有关规定上缴的预算收入。本项目应当根据"附属单位上缴预算收入"科目的本年发生额填列。

（6）"经营预算收入"项目，反映事业单位本年在专业业务活动及其辅助活动之外开展非独立核算经营活动取得的预算收入。本项目应当根据"经营预算收入"科目的本年发生额填列。

（7）"债务预算收入"项目，反映事业单位本年按照规定从金融机构等借入的、纳入部门预算管理的债务预算收入。本项目应当根据"债务预算收入"的本年发生额填列。

（8）"非同级财政拨款预算收入"项目，反映单位本年从非同级政府财政部门取得的财政拨款。本项目应当根据"非同级财政拨款预算收入"科目的本年发生额填列。

（9）"投资预算收益"项目，反映事业单位本年取得的按规定纳入单位预算管理的投资收益。本项目应当根据"投资预算收益"科目的本年发生额填列。

（10）"其他预算收入"项目，反映单位本年取得的除上述收入以外的纳入单位预算管理的各项预算收入。本项目应当根据"其他预算收入"科目的本年发生额填列。

"利息预算收入"项目，反映单位本年取得的利息预算收入。本项目应当根据"其他预算收入"科目的明细记录分析填列。单位单设"利息预算收入"科目的，应当根据"利息预算收入"科目的本年发生额填列。

"捐赠预算收入"项目，反映单位本年取得的捐赠预算收入。本项目应当根据"其他预算收入"科目明细账记录分析填列。单位单设"捐赠预算收入"科目的，应当根据"捐赠预算收入"科目的本年发生额填列。

"租金预算收入"项目，反映单位本年取得的租金预算收入。本项目应当根据"其他预算收入"科目明细账记录分析填列。单位单设"租金预算收入"科目的，应当根据"租金预算收入"科目的本年发生额填列。

2. 本年预算支出。

（11）"本年预算支出"项目，反映单位本年预算支出总额。本项目应当根据本表中"行政支出""事业支出""经营支出""上缴上级支出""对附属单位补助支出""投资支出""债务还本支出"和"其他支出"项目金额的合计数填列。

（12）"行政支出"项目，反映行政单位本年履行职责实际发生的支出。本项目应当根据"行政支出"科目的本年发生额填列。

（13）"事业支出"项目，反映事业单位本年开展专业业务活动及其辅助活动发生的支出。本项目应当根据"事业支出"科目的本年发生额填列。

"财政基本拨款预算支出"项目，反映本单位本年取得的财政拨款收入中用于基本支出的预算拨款的支出。本项目应当根据"事业支出"相关明细科目或辅助核算科目的本年发生额填列。

"财政项目拨款预算支出"项目，反映本单位本年取得的财政拨款收入中用于项目支出的预算拨款的支出。本项目应当根据"事业支出"相关明细科目或辅助核算科目的本年发生额填列。

"科研预算支出"项目，反映事业单位本年开展专业业务活动发生的支出。本项目应当根据"事业支出"明细科目的本年发生额填列。

"非科研预算支出"项目，反映事业单位本年开展专业业务活动的辅助活动发生的支出。本项目应当根据"事业支出"明细科目的本年发生额填列。

（14）"经营支出"项目，反映事业单位本年在专业业务活动及其辅助活动之外开展非独立核算经营活动发生的支出。本项目应当根据"经营支出"科目的本年发生额填列。

（15）"上缴上级支出"项目，反映事业单位本年按照财政部门和主管部门的规定上缴上级单位的支出。本项目应当根据"上缴上级支出"科目的本年发生额填列。

（16）"对附属单位补助支出"项目，反映事业单位本年用财政拨款收入之外的收入对附属单位补助发生的支出。本项目应当根据"对附属单位补助支出"科目的本年发生额填列。

（17）"投资支出"项目，反映事业单位本年以货币资金对外投资发生的支出。

本项目应当根据"投资支出"科目的本年发生额填列。

（18）"债务还本支出"项目，反映事业单位本年偿还自身承担的纳入预算管理的从金融机构举借的债务本金的支出。本项目应当根据"债务还本支出"科目的本年发生额填列。

（19）"其他支出"项目，反映单位本年除以上支出以外的各项支出。本项目应当根据"其他支出"科目的本年发生额填列。"利息支出"项目，反映单位本年发生的利息支出。本项目应当根据"其他支出"科目明细账记录分析填列。单位单设"利息支出"科目的，应当根据"利息支出"科目的本年发生额填列。"捐赠支出"项目，反映单位本年发生的捐赠支出。本项目应当根据"其他支出"科目明细账记录分析填列。单位单设"捐赠支出"科目的，应当根据"捐赠支出"科目的本年发生额填列。

3. 本年预算收支差额。

（20）"本年预算收支差额"项目，反映单位本年各项预算收支相抵后的差额。本项目应当根据本表中"本期预算收入"项目金额减去"本期预算支出"项目金额后的金额填列；如相减后金额为负数，以"－"号填列。

## 四、预算收入支出表的编制案例

【例14-1】某科学事业单位2×20年预算收支类科目1~12月发生额如表14-3所示。根据该资料编制预算收入支出表。

表14-3

**2×20年预算收支类科目发生额表**

2×20年12月31日

单位：元

| 预算收入类 | 本年数 | 预算支出类 | 本年数 |
|---|---|---|---|
| 财政拨款预算收入—基本支出 | 25 080 700.00 | 事业支出—财政基本拨款支出 | 25 080 700.00 |
| 财政拨款预算收入—项目支出 | 17 810 000.00 | 事业支出—财政项目拨款支出 | 12 668 810.82 |
| 财政拨款预算收入—政府性基金收入 | | 事业支出—政府性基金支出 | |
| 事业预算收入—科研预算收入 | 1 251 902.62 | 事业支出—其他资金支出 | 585 521.53 |
| 事业预算收入—非科研预算收入 | | 经营支出 | |
| 上级补助预算收入 | | 上缴上级支出 | |
| 附属单位上缴预算收入 | | 对附属单位补助支出 | |
| 经营预算收入 | | 投资支出 | |
| 债务预算收入 | | 债务还本支出 | |
| 非同级财政拨款预算收入 | | 其他支出—利息支出 | |
| 投资预算收益 | | 其他支出—捐赠支出 | |
| 其他预算收入—利息预算收入 | 8 709.73 | 其他支出—其他支出 | 22 200.00 |
| 其他预算收入—捐赠预算收入 | | | |
| 其他预算收入—租金预算收入 | | | |
| 预算收入合计 | 44 151 312.35 | 预算支出合计 | 38 357 232.35 |

根据表14-3中的资料编制该单位2×20年预算收入支出表，如表14-4所示。

表14-4　　　　　　　　　　　　预算收入支出表

会政预02表

编制单位：某科学事业单位　　　　　　　　2×20年　　　　　　　　　　单位：元

| 项目 | 本年数 | 上年数 |
|---|---|---|
| 一、本期预算收入 | 44 151 312.35 | 50 196 483.04 |
| （一）财政拨款预算收入 | 42 890 700.00 | 47 499 100.00 |
| 其中：政府性基金 | | |
| 其中：财政基本拨款预算收入 | 25 080 700.00 | 27 919 100.00 |
| 财政项目拨款预算收入 | 17 810 000.00 | 19 580 000.00 |
| （二）事业预算收入 | 1 251 902.62 | 2 687 732.98 |
| 其中：科研预算收入 | 1 251 902.62 | 2 687 732.98 |
| 非科研预算收入 | | |
| （三）上级补助预算收入 | | |
| （四）附属单位上缴预算收入 | | |
| （五）经营预算收入 | | |
| （六）债务预算收入 | | |
| （七）非同级财政拨款预算收入 | | |
| （八）投资预算收益 | | |
| （九）其他预算收入 | 8 709.73 | 9 650.06 |
| 其中：利息预算收入 | 8 709.73 | 9 650.06 |
| 捐赠预算收入 | | |
| 租金预算收入 | | |
| 二、本期预算支出 | 38 357 232.35 | 44 025 101.37 |
| （一）行政支出 | | |
| （二）事业支出 | 38 335 032.35 | 43 983 505.94 |
| 其中：财政基本拨款预算收入 | 25 080 700.00 | 27 919 100.00 |
| 财政项目拨款预算收入 | 12 668 810.82 | 14 836 367.54 |
| 其中：科研支出 | 17 878 247.45 | 23 806 733.77 |
| 非科研支出 | | |
| （三）经营支出 | | |
| （四）上缴上级支出 | | 41 595.43 |
| （五）对附属单位补助支出 | | |
| （六）投资支出 | | |
| （七）债务还本支出 | | |
| （八）其他支出 | 22 200.00 | 0.00 |
| 其中：利息支出 | | |
| 捐赠支出 | | |
| 三、本年预算收支差额 | 5 794 080.00 | 6 171 381.67 |

注："上年数"根据上年报表数据填列。

## 第三节 预算结转结余变动表

预算结转结余变动表是反映科学事业单位一个年度内预算收支结转结余变动情况的表。本节阐述预算结转结余表的含义、内容，讲解报表的编制方法。

### 一、预算结转结余变动表的含义

预算结转结余变动表是反映单位在某一会计年度内预算结转结余的变动情况，以及与资金结存的勾稽关系。

预算结转结余变动表是以单位的各项结转结余资金为主线，全面反映科学事业单位在一个会计年度内各项预算结转结余资金的总体变化情况，全面反映单位预算执行的总体情况。其具体格式如表 14－5 所示。

表 14－5　　　　　　　　　　预算结转结余变动表

会政预 02 表

编制单位：_____　　　　　　　　　_____年　　　　　　　　　　　单位：元

| 项目 | 本年数 | 上年数 |
|---|---|---|
| 一、年初预算结转结余 | | |
| （一）财政拨款结转结余 | | |
| （二）其他资金结转结余 | | |
| 二、年初余额调整（减少以"－"号填列） | | |
| （一）财政拨款结转结余 | | |
| （二）其他资金结转结余 | | |
| 三、本年变动金额（减少以"－"号填列） | | |
| （一）财政拨款结转结余 | | |
| 　1. 本年收支差额 | | |
| 　2. 归集调入 | | |
| 　3. 归集上缴或调出 | | |
| （二）其他资金结转结余 | | |
| 　1. 本年收支差额 | | |
| 　2. 缴回资金 | | |
| 　3. 使用专用结余 | | |
| 　4. 支付所得税 | | |
| 四、年末预算结转结余 | | |
| （一）财政拨款结转结余 | | |

| 项目 | 本年数 | 上年数 |
|---|---|---|
| 1. 财政拨款结转 | | |
| 2. 财政拨款结余 | | |
| （二）财政拨款结转结余 | | |
| 1. 非财政拨款结转 | | |
| 2. 非财政拨款结余 | | |
| 3. 专用结余 | | |
| 4. 经营结余（如有余额，以"－"号填列） | | |

## 二、预算结转结余变动表的内容

科学事业单位的预算结转结余变动表由表首标题和报表主体构成。报表主体部分包括编报项目、栏目及金额。

（一）表首标题

预算结转结余变动表的表首标题包括报表名称、编号（会政预 02 表）、编制单位、编表时间和金额单位等内容。预算结转结余变动表是一张年度报表，主要体现年度间各预算项目结转结余数据的增减变化情况。

（二）编报项目

预算结转结余变动表应当按照年初数、本年增减变化数和年末累计结余结转情况分项列示，按预算结转结余年初数、本年变化数、累计预算结转结余和资金结存项目分层次排列。

（三）栏目及金额

预算结余结转变动表由"本年数"和"上年数"两栏组成。"本年数"根据预算年末收入支出表的相关数据填写。

## 三、预算结转结余变动表的编制

1. 本表反映单位在某一会计年度内预算结转结余的变动情况。

2. 本表"本年数"栏反映各项目的本年实际发生数。本表"上年数"栏反映各项目的上年实际发生数，应当根据上年度预算结转结余变动表中"本年数"栏内所列数字填列。

如果本年度预算结转结余变动表规定的项目的名称和内容同上年度不一致，应当对上年度预算结转结余变动表项目的名称和数字按照本年度的规定进行调整，将调整后金额填入本年度预算结转结余变动表的"上年数"栏。

3. 本表中"年末预算结转结余"项目金额等于"年初预算结转结余""年初余额调整""本年变动金额"三个项目的合计数。

4. 本表"本年数"栏各项目的内容和填列方法。

（1）"年初预算结转结余"项目，反映单位本年预算结转结余的年初余额。本项目应当根据本项目下"财政拨款结转结余""其他资金结转结余"项目金额的合计数填列。

①"财政拨款结转结余"项目，反映单位本年财政拨款结转结余资金的年初余额。本项目应当根据"财政拨款结转""财政拨款结余"科目本年年初余额合计数填列。

②"其他资金结转结余"项目，反映单位本年其他资金结转结余的年初余额。本项目应当根据"非财政拨款结转""非财政拨款结余""专用结余""经营结余"科目本年年初余额的合计数填列。

（2）"年初余额调整"项目，反映单位本年预算结转结余年初余额调整的金额。本项目应当根据本项目下"财政拨款结转结余""其他资金结转结余"项目金额的合计数填列。

③"财政拨款结转结余"项目，反映单位本年财政拨款结转结余资金的年初余额调整金额。本项目应当根据"财政拨款结转""财政拨款结余"科目下"年初余额调整"明细科目的本年发生额的合计数填列；如调整减少年初财政拨款结转结余，以"－"号填列。

④"其他资金结转结余"项目，反映单位本年其他资金结转结余的年初余额调整金额。本项目应当根据"非财政拨款结转""非财政拨款结余"科目下"年初余额调整"明细科目的本年发生额的合计数填列；如调整减少年初其他资金结转结余，以"－"号填列。

（3）"本年变动金额"项目，反映单位本年预算结转结余变动的金额。本项目应当根据本项目下"财政拨款结转结余""其他资金结转结余"项目金额的合计数填列。

⑤"财政拨款结转结余"项目，反映单位本年财政拨款结转结余资金的变动。本项目应当根据本项目下"本年收支差额""归集调入""归集上缴或调出"项目金额的合计数填列。

a."本年收支差额"项目，反映单位本年财政拨款资金收支相抵后的差额。本项目应当根据"财政拨款结转"科目下"本年收支结转"明细科目本年转入的预算收入与预算支出的差额填列；差额为负数的，以"－"号填列。

b."归集调入"项目，反映单位本年按照规定从其他单位归集调入的财政拨款结转资金。本项目应当根据"财政拨款结转"科目下"归集调入"明细科目的本年发生额填列。

c."归集上缴或调出"项目，反映单位本年按照规定上缴的财政拨款结转结余资金及按照规定向其他单位调出的财政拨款结转资金。本项目应当根据"财政拨款结转""财政拨款结余"科目下"归集上缴"明细科目，以及"财政拨款结转"科目下"归集调出"明细科目本年发生额的合计数填列，以"－"号填列。

⑥"其他资金结转结余"项目，反映单位本年其他资金结转结余的变动。本项目应当根据本项目下"本年收支差额""缴回资金""使用专用结余""支付所得税"项目金额的合计数填列。

a."本年收支差额"项目，反映单位本年除财政拨款外的其他资金收支相抵后的差额。本项目应当根据"非财政拨款结转"科目下"本年收支结转"明细科目、

"其他结余"科目、"经营结余"科目本年转入的预算收入与预算支出的差额的合计数填列；如为负数，以"-"号填列。

b. "缴回资金"项目，反映单位本年按照规定缴回的非财政拨款结转资金。本项目应当根据"非财政拨款结转"科目下"缴回资金"明细科目本年发生额的合计数填列，以"-"号填列。

c. "使用专用结余"项目，反映本年事业单位根据规定使用从非财政拨款结余或经营结余中提取的专用基金的金额。本项目应当根据"专用结余"科目明细账中本年使用专用结余业务的发生额填列，以"-"号填列。

d. "支付所得税"项目，反映有企业所得税缴纳义务的事业单位本年实际缴纳的企业所得税金额。本项目应当根据"非财政拨款结余"明细账中本年实际缴纳企业所得税业务的发生额填列，以"-"号填列。

（4）"年末预算结转结余"项目，反映单位本年预算结转结余的年末余额。本项目应当根据本项目下"财政拨款结转结余""其他资金结转结余"项目金额的合计数填列。

⑦"财政拨款结转结余"项目，反映单位本年财政拨款结转结余的年末余额。本项目应当根据本项目下"财政拨款结转""财政拨款结余"项目金额的合计数填列。

本项目下"财政拨款结转""财政拨款结余"项目，应当分别根据"财政拨款结转""财政拨款结余"科目的本年年末余额填列。

⑧"其他资金结转结余"项目，反映单位本年其他资金结转结余的年末余额。本项目应当根据本项目下"非财政拨款结转""非财政拨款结余""专用结余""经营结余"项目金额的合计数填列。

本项目下"非财政拨款结转""非财政拨款结余""专用结余""经营结余"项目，应当分别根据"非财政拨款结转""非财政拨款结余""专用结余""经营结余"科目的本年年末余额填列。

## 四、预算结余结转变动表的编制案例

【例14-2】某科学事业单位2×20年结账后预算结余类科目余额及变动情况如表14-6所示。根据该资料编制预算结余变动表。

表14-6
### 预算结余类科目余额表
2×20年12月31日

单位：元

| 会计科目 | 年初数 | 年末数 | 本年变动数 |
| --- | --- | --- | --- |
| 财政拨款结转 | 5 466 409.75 | 10 607 598.93 | 5 141 189.18 |
| ——年初余额调整 | | | |
| ——归集调入 | | | |
| ——归集调出 | | | |
| ——归集调整 | | | |
| ——单位内部调剂 | | | |

续表

| 会计科目 | 年初数 | 年末数 | 本年变动数 |
|---|---|---|---|
| 一本年收支结转 | | | |
| 一累计结转 | 5 466 409.75 | 10 607 598.93 | 5 141 189.18 |
| 财政拨款结余 | 0.00 | 0.00 | 0.00 |
| 一年初余额调整 | | | |
| 一归集上缴 | | | |
| 一单位内部调剂 | | | |
| 一结转转入 | | | |
| 一累计结转 | | | |
| 非财政拨款结转 | 2 137 758.27 | 1 542 758.27 | −595 000.00 |
| 一年初余额调整 | | | |
| 一缴回资金 | | | |
| 一项目间接费用或管理费 | | | |
| 一本年收支结转 | | | |
| 一累计结转 | 2 137 758.27 | 1 542 758.27 | −595 000.00 |
| 非财政拨款结余 | 1 061 487.92 | 2 185 478.74 | 1 123 990.82 |
| 一年初余额调整 | | | |
| 一项目间接费用或管理费 | | | |
| 一结转转入 | | | |
| 一累计结转 | 1 061 487.92 | 2 185 478.74 | 1 123 990.82 |
| 专用结余 | 687 728.18 | 634 588.18 | −53 140.00 |
| 经营结余 | | | |
| 其他结余 | | | |

根据上表资料，编制该单位预算结转结余变动表，如表 14 −7 所示。

表 14 −7               **预算结转结余变动表**

会政预02 表

编制单位：某科学事业单位         2×20 年         单位：元

| 项目 | 本年数 | 上年数 |
|---|---|---|
| 一、年初预算结转结余 | 8 665 655.94 | 2 569 874.27 |
| （一）财政拨款结转结余 | 5 466 409.75 | 722 777.29 |
| （二）其他资金结转结余 | 3 199 246.19 | 1 847 096.98 |
| 二、年初余额调整（减少以"−"号填列） | 68 000.00 | 0.00 |
| （一）财政拨款结转结余 | | |
| （二）其他资金结转结余 | 68 000.00 | |
| 三、本年变动金额（减少以"−"号填列） | 5 617 040.00 | 6 095 781.67 |

| 项目 | 本年数 | 上年数 |
|------|--------|--------|
| （一）财政拨款结转结余 | 5 141 189.18 | 4 743 632.46 |
| 1. 本年收支差额 | 5 141 189.18 | 4 743 632.46 |
| 2. 归集调入 | | |
| 3. 归集上缴或调出 | | |
| （二）其他资金结转结余 | 475 850.82 | 1 352 149.21 |
| 1. 本年收支差额 | 652 890.82 | 1 427 749.21 |
| 2. 缴回资金 | | |
| 3. 使用专用结余 | −177 040.00 | −75 600.00 |
| 4. 支付所得税 | | |
| 四、年末预算结转结余 | 14 350 695.94 | 8 665 655.94 |
| （一）财政拨款结转结余 | 10 607 598.93 | 5 466 409.75 |
| 1. 财政拨款结转 | 10 607 598.93 | 5 466 409.75 |
| 2. 财政拨款结余 | | |
| （二）财政拨款结转结余 | 3 743 097.01 | 3 199 246.19 |
| 1. 非财政拨款结转 | 1 542 758.27 | 2 137 758.27 |
| 2. 非财政拨款结余 | 1 565 750.56 | 373 759.74 |
| 3. 专用结余 | 634 588.18 | 687 728.18 |
| 4. 经营结余（如有余额，以"−"号填列） | | |

注："上年数"根据上年报表数据填列。

# 第四节　财政拨款预算收入支出表

财政拨款预算收入支出表是反映科学事业单位一个年度内以财政部门核拨给单位的财政预算资金和政府性基金预算资金的收支余情况的表。本节阐述政拨款预算收入支出的含义、内容，讲解报表的编制方法。

## 一、财政拨款预算收入支出表的含义

财政拨款预算收入支出是反映单位在某一会计年度内，财政拨款形成的包括公共财政预算资金和政府性基金预算资金在内的预算收入增减变化和调整、调剂以及结余结转情况的报表。

财政拨款预算收入支出表以单位的财政拨款预算收入为主线，结合资金的来源，以及资金的具体使用用途，全面反映科学事业单位在一个会计年度内各项财政拨款预算收入的收入、支出、调剂、归集或上缴，以及结转结余的总体变化情况。其具体格式如表14-8所示。

表14-8　　　　　　　　　　　　　财政拨款预算收入支出表

编制单位：_____　　　　　　　_____年　　　　　　　　　　单位：元

| 项目 | 年初财政拨款结转结余 | | 调整年初财政拨款结转结余 | 本年归集调入 | 本年归集上缴或调出 | 单位内部调剂 | | 本年财政拨款收入 | 本年财政拨款支出 | 年末财政拨款结转结余 | |
| | 结转 | 结余 | | | | 结转 | 结余 | | | 结转 | 结余 |
|---|---|---|---|---|---|---|---|---|---|---|---|
| 一、一般公共预算财政拨款 | | | | | | | | | | | |
| （一）基本支出 | | | | | | | | | | | |
| 1. 人员经费 | | | | | | | | | | | |
| 2. 日常公用经费 | | | | | | | | | | | |
| （二）项目支出 | | | | | | | | | | | |
| 1. ××项目 | | | | | | | | | | | |
| 2. ××项目 | | | | | | | | | | | |
| …… | | | | | | | | | | | |
| 二、政府基金预算财政拨款 | | | | | | | | | | | |
| （一）基本支出 | | | | | | | | | | | |
| 1. 人员经费 | | | | | | | | | | | |
| 2. 日常公用经费 | | | | | | | | | | | |
| （二）项目支出 | | | | | | | | | | | |
| 1. ××项目 | | | | | | | | | | | |
| 2. ××项目 | | | | | | | | | | | |
| …… | | | | | | | | | | | |
| 总计 | | | | | | | | | | | |

## 二、财政拨款预算收入支出表的内容

科学事业单位的财政拨款预算收入支出表由表首标题和报表主体构成。报表主体部分包括编报项目、栏目及金额。

（一）表首标题

财政拨款预算收入支出表的表首标题包括报表名称、编号（会政预03表）、编制单位、编表时间和金额单位等内容。财政拨款预算收入支出表是一张年度报表，主要体现年度内财政拨款预算收入的增减变化情况。

（二）编报项目

财政拨款预算收入支出表应当按照年初数、本年内对年初结余结转资金的调整和调剂，年度内的收入支出情况，以及年末的结余结转情况分项列示。同时，结合财政拨款预算收入的来源，即：一般公共财政预算资金和政府性基金预算资金划分成两部分，并结合资金的具体使用用途分为基本支出和项目支出，并对基本支出按经济分类可目录进行细分，对项目资金按项目分层次填列。

（三）栏目及金额

财政拨款预算收入支出表由"年初财政拨款结转结余""调整年初财政拨款结转结余""本年归集调入""本年归集上缴或调出""单位内部调剂""本年财政拨款收入""本年财政拨款支出"和"年末财政拨款结转或结余"八栏组成。各栏数据根据年末财政拨款预算收入的具体项目和经济分类科目的收入、支出、调整等相关数据填写。

# 三、财政拨款预算收入支出表的编制

1. 本表反映单位本年财政拨款预算资金收入、支出及相关变动的具体情况。

2. 本表"项目"栏内各项目，应当根据单位取得的财政拨款种类分项设置。其中"项目支出"项目下，根据每个项目设置；单位取得除一般公共财政预算拨款和政府性基金预算拨款以外的其他财政拨款的，应当按照财政拨款种类增加相应的资金项目及其明细项目。

3. 本表各栏及其对应项目的内容和填列方法。

（1）"年初财政拨款结转结余"栏中各项目，反映单位年初各项财政拨款结转结余的金额。各项目应当根据"财政拨款结转""财政拨款结余"及其明细科目的年初余额填列。本栏中各项目的数额应当与上年度财政拨款预算收入支出表中"年末财政拨款结转结余"栏中各项目的数额相等。

（2）"调整年初财政拨款结转结余"栏中各项目，反映单位对年初财政拨款结转结余的调整金额。各项目应当根据"财政拨款结转""财政拨款结余"科目下"年初余额调整"明细科目及其所属明细科目的本年发生额填列；如调整减少年初财政拨款结转结余，以"－"号填列。

（3）"本年归集调入"栏中各项目，反映单位本年按规定从其他单位调入的财政拨款结转资金金额。各项目应当根据"财政拨款结转"科目下"归集调入"明细科目及其所属明细科目的本年发生额填列。

（4）"本年归集上缴或调出"栏中各项目，反映单位本年按规定实际上缴的财政拨款结转结余资金，及按照规定向其他单位调出的财政拨款结转资金金额。各项目应当根据"财政拨款结转""财政拨款结余"科目下"归集上缴"科目和"财政拨款结转"科目下"归集调出"明细科目，及其所属明细科目的本年发生额填列，以"－"号填列。

（5）"单位内部调剂"栏中各项目，反映单位本年财政拨款结转结余资金在单位内部不同项目等之间的调剂金额。各项目应当根据"财政拨款结转"和"财政拨款结余"科目下的"单位内部调剂"明细科目及其所属明细科目的本年发生额填列；对单位内部调剂减少的财政拨款结余金额，以"－"号填列。

（6）"本年财政拨款收入"栏中各项目，反映单位本年从同级财政部门取得的各类财政预算拨款金额。各项目应当根据"财政拨款预算收入"科目及其所属明细科目的本年发生额填列。

（7）"本年财政拨款支出"栏中各项目，反映单位本年发生的财政拨款支出金额。各项目应当根据"行政支出""事业支出"等科目及其所属明细科目本年发生额中的财政拨款支出数的合计数填列。

（8）"年末财政拨款结转结余"栏中各项目，反映单位年末财政拨款结转结余的金额。各项目应当根据"财政拨款结转""财政拨款结余"科目及其所属明细科目的年末余额填列。

## 四、财政拨款预算收入支出表的编制案例

【例 14－3】某科学事业单位 2×20 年末结账后财政拨款预算收支发生额如表 14－9 所示。根据该资料编制财政拨款预算收入支出表。

表 14－9　　　　　　　　2×20 年财政拨款预算收支类科目发生额表

2×20 年 12 月 31 日　　　　　　　　　　　　　　单位：元

| 预算收入类 | 本年数 | 预算支出类 | 本年数 |
|---|---|---|---|
| 财政拨款预算收入—基本支出—人员经费 | 20 124 700.00 | 事业支出—财政基本拨款支出—人员经费 | 20 124 700.00 |
| 财政拨款预算收入—基本支出—日常公用经费 | 4 956 000.00 | 事业支出—财政基本拨款支出—日常公用经费 | 4 956 000.00 |
| 财政拨款预算收入—项目支出—B项目 | 5 500 000.00 | 事业支出—财政项目拨款支出—A项目 | 2 466 409.75 |
| 财政拨款预算收入—项目支出—C项目 | 12 310 000.00 | 事业支出—财政项目拨款支出—B项目 | 4 465 000.00 |
|  |  | 事业支出—财政项目拨款支出—C项目 | 5 737 401.07 |
| 预算收入合计 | 42 890 700.00 | 预算支出合计 | 37 749 510.82 |

根据表 14－9 中的资料，编制该单位 2×20 年度财政拨款预算收入支出表，如表 14－10 所示。

表14－10

编制单位：某科学事业单位

## 财政拨款预算收入支出表

2×20年

会政预03表

单位：元

| 项目 | 年初财政拨款结转结余 结转 | 年初财政拨款结转结余 结余 | 调整年初财政拨款结转结余 | 本年归集调入 | 本年归集或上缴调出 | 单位内部调剂 结转 | 单位内部调剂 结余 | 本年财政拨款收入 | 本年财政拨款支出 | 年末财政拨款结转结余 结转 | 年末财政拨款结转结余 结余 |
|---|---|---|---|---|---|---|---|---|---|---|---|
| 一、一般公共预算财政拨款 | 5 466 409.75 | — | — | — | — | — | — | 42 890 700.00 | 37 749 510.82 | 10 607 598.93 | — |
| （一）基本支出 | 0.00 | — | — | — | — | — | — | 25 080 700.00 | 25 080 700.00 | 0.00 | — |
| 1. 人员经费 | 0.00 | | | | | | | 20 124 700.00 | 20 124 700.00 | 0.00 | |
| 2. 日常公用经费 | 0.00 | | | | | | | 4 956 000.00 | 4 956 000.00 | 0.00 | |
| （二）项目支出 | 5 466 409.75 | | | | | | | 17 810 000.00 | 12 668 810.82 | 10 607 598.93 | |
| 1. A项目 | 2 466 409.75 | | | | | | | 0.00 | 2 466 409.75 | 0.00 | |
| 2. B项目 | 3 000 000.00 | | | | | | | 5 500 000.00 | 4 465 000.00 | 4 035 000.00 | |
| 3. C项目 | | | | | | | | 12 310 000.00 | 5 737 401.07 | 6 572 598.93 | |
| 二、政府性基金预算财政拨款 | | | | | | | | | | | |
| （一）基本支出 | | | | | | | | | | | |
| 1. 人员经费 | | | | | | | | | | | |
| 2. 日常公用经费 | | | | | | | | | | | |
| （二）项目支出 | | | | | | | | | | | |
| 1. ××项目 | | | | | | | | | | | |
| 2. ××项目 | | | | | | | | | | | |
| …… | | | | | | | | | | | |
| 总计 | 5 466 409.75 | — | — | — | — | — | — | 42 890 700.00 | 37 749 510.82 | 10 607 598.93 | — |

注："年初财政拨款结转结余"根据上年报表数据填列。

# 第五节 决算报告分析

决算报告分析是科学事业单位向主管部门和财政部门所作的决算总结和预算计划执行情况分析的书面文字材料。

## 一、决算报告分析的要点

科学事业单位决算报告分析，是通过对决算报表数据及相关说明的分析，可以更好地满足单位、部门、政府和人大等加强当年预算执行管理和监督的需要。

编制科学事业单位决算分析报告，要重点关注以下几方面内容：

（一）单位情况

1. 主要职能。

按照科学事业单位"三定"方案的内容进行表述。

2. 机构情况，包括当年变动情况及原因。

本单位为财政全额拨款事业单位、财政差额补助事业单位或经费自理事业单位，年度内独立核算机构数，独立编制机构数，机构变动情况及原因。

3. 人员情况，包括当年变动情况及原因。

年度内各类人员的编制数量，年末实有人数，及其增减变化情况，财政供养人数及其增减变化情况，以及上述变化的原因。

4. 当年取得的主要事业成效。

概述部门（单位）工作开展情况及主要事业成效。

（二）收入支出预算执行情况分析

1. 收入支出预算安排情况。

包括政府会计主体预算收入、支出年初预算安排情况，与上年对比情况及增减变动原因，年度执行中调整情况，调整原因说明。

（1）年初部门预算安排情况，及其增减变化和原因分析。

（2）执行中调整情况，年度内预算执行中总体的增减变化情况以及原因分析。

2. 收入支出预算执行情况。

当年收入支出预算执行基本情况，以及按支出性质划分的具体支出，与上年度对比情况，包括增减绝对值与幅度，增减变动主要原因（可用柱形图或折线图）。

（1）收入支出与预算对比分析。

预、决算差异情况，可分收入支出具体科目、分单位、分收入支出具体项目逐项对比（可列表）；差异原因分析，差异较大的应分析到具体收入支出功能科目和具体单位。

（2）收入支出结构分析。

各项收入占总收入的比重，各项支出占总支出的比重（可分别制作饼状图）。

（三）财政拨款预算收入支出分析

财政拨款预算收入、预算支出的总体情况，支出要按照财政拨款预算的大类，即一般公共财政预算资金和政府性基金预算资金划分，每一类按照基本支出和项目支出分析，并细化到支出功能科目。同时，对于项目的分析，要具体细化到项目，逐项研究分析，详细反映年度内结余结转资金的调整情况及其原因，本年归集调入或上缴的财政拨款预算资金数量及原因分析，本年财政拨款收入及增减变化，财政拨款支出及其增减变化，以及年末结转结余情况及增减变化情况，并结合单位具体业务情况加以阐述。

（四）预算结转结余资金变动情况

主要结合结转结余资金的构成情况，分别阐述分析对比，包括对财政拨款结转、财政拨款结余、非财政拨款结转、非财政拨款结余、专用基金等科目在本年度内的增减变化情况及其原因进行分析，力求合理分析单位资金结余增减变化的特点和原因，为进一步强化资金管理，提高资金使用效率提出有效的决策依据。

1. 分资金来源、资金性质结转和结余情况，特别是项目经费结转和结余情况。

2. 结转和结余规模较大的原因分析及消化对策。

（五）当年预算执行中存在问题、原因及改进措施

（六）决算报表中其他需要说明和分析的因素

1. 遵循《政府会计准则——基本准则》《政府会计制度》的声明。

2. 单位整体财务状况、业务活动情况、预算执行情况的说明。

3. 会计报表中列示的重要项目的进一步说明，包括其主要构成、增减变动情况等。

4. 有助于理解和分析单位情况的其他附表。

5. 以前年度结转结余调整情况的说明。

6. 单位将内部独立核算单位的会计信息纳入本单位决算报表情况的说明。

7. 政府会计具体准则中有关披露的其他要求。

8. 有助于理解和分析预算会计报表需要说明的其他事项。

# 二、本年度部门决算等财务工作开展情况

1. 本单位的财务管理、决算组织、编报、审核情况。

2. 本单位决算公开工作、主管部门对所属单位按规定批复决算工作开展情况。

3. 对单位决算管理及报表设计的意见建议。

4. 对加强单位决算数据分析利用工作的建议。

收入支出预算执行情况分析可参考部门决算分析评价表及行政事业单位财务分析指标。

　　总之，决算报表分析要仅仅围绕科学事业单位决算报表中的三要素，结合单位的预算管理要求，结合单位的具体业务开展情况，考虑单位的管理实际，从数字中找出宏观管理和经济运行中存在的问题，并结合单位具体发展实际探索研究，完善管理思路，提高管理手段，强化横向和纵向的管理，不断提高科学事业单位财政预算资金使用效率、社会效益和管理水平，为单位的高效能、精细化管理奠定坚实的基础。

# 第十五章 会 计 调 整

## 第一节 会计调整概述

2018 年 10 月，财政部发布了《政府会计准则第 7 号——会计调整》（财会〔2018〕28 号，以下简称《会计调整》）。该准则共七章二十三条，分为总则、会计政策及其变更、会计估计变更、会计差错更正、报告日后事项、披露和附则，准则调整范围包括了政府会计制度准则下的财务会计和预算会计两方面。

### 一、会计调整的含义

会计调整，是指科学事业单位因按照法律、行政法规和政府会计准则制度的要求，或者在特定情况下对其原采用的会计政策、会计估计，以及发现的会计差错、发生的报告日后事项等所作的调整。

### 二、会计调整的要求

1. 科学事业单位应当根据《会计调整》准则及相关政府会计准则制度的规定，结合自身实际情况，确定本单位具体的会计政策和会计估计，并履行本单位内部报批程序；法律、行政法规等规定应当报送有关方面批准或备案的，按其规定办理。

2. 科学事业单位的会计政策和会计估计一经确定，不得随意变更。如需变更，应重新履行本单位内部报批程序。

### 三、制定准则的必要性

一是建立健全政府会计准则体系的需要。按照《改革方案》要求，2020 年之前要建立起具有中国特色的政府会计准则体系。无论是从企业会计准则还是从国际公共部门会计准则的经验看，关于会计政策、会计估计变更、会计差错更正和报告日后事项的会计处理规定，都是政府会计准则体系的重要组成部分。

二是规范各类会计调整事项处理的需要。原行政事业单位会计制度中，对于会计调整的处理没有统一明确的规定，实务中对上述会计调整业务的处理方法很不规范、不统一，一定程度上降低了会计信息质量。

三是确保政府会计标准体系内在协调一致的需要。按照《改革方案》，政府会计标准体系采用了"准则＋制度"的模式，《政府会计制度》对会计差错等调整事项已经从账务处理角度进行了一些规范，以及《政府会计制度》与行政事业单位会计制度新旧衔接规定对国家法定会计政策、会计估计变更等事项也进行了规范，但这些规定不系统，缺乏统一的会计处理原则和方法，需要制定具体准则进行系统规范。

# 第二节　会计政策及其变更

## 一、会计政策的含义及特点

（一）会计政策的含义

会计政策，是指科学事业单位在会计核算时所遵循的特定原则、基础以及所采用的具体会计处理方法。其中：

1. 特定原则，是单位按照政府会计准则制度所制定的、适合于本单位的会计处理原则。如科学事业单位采用的存货盘存制度，固定资产分类、融资租入固定资产的计价、无形资产的计价方法，收入的确认方法，单位内部研究开发项目划分研究阶段和开发阶段的具体标准等，均是与单位业务特点密切相关的、准则制度规定的会计政策。

2. 具体会计处理方法，是指单位从政府会计准则制度规定的诸多可选择的会计处理方法中所选择的、适合于本单位的会计处理方法。科学事业单位根据具体业务需要，在准则规定的多种会计处理方法中选用其中之一，如外币折算汇率（历史汇率、平均汇率；即期汇率、近似汇率）；坏账准备的计提方法（账龄分析法、余额百分比法）；发出存货的计价方法（先进先出法、加权平均法等）；长期股权投资的核算方法（成本法、权益法）；固定资产折旧方法与无形资产摊销方法（年限平均法、工作量法）；研究开发项目开发阶段处理方法（资本化、费用化），等等。

（二）会计政策的特点

科学事业单位会计政策具有如下特点：

1. 具有强制性。在我国，会计准则和会计制度属于行政法规，会计政策所包括的具体会计原则、计量基础和具体会计处理方法由会计准则或会计制度规定，具有一定的强制性。科学事业单位必须在法律法规允许的会计政策范围内，结合自身实际情况，选择适合的会计原则、计量基础以及会计处理方法，而不能选择准则之外的其他会计政策。如，科学事业单位固定资产折旧暂未被允许使用年数总和法和双倍余额法。

2. 具有层次性。会计政策一般包括会计确认、计量基础和列报三个层次。例如，在确认层面，《政府会计准则第3号——固定资产》所规定的与该固定资产相关服务潜力很可能实现或经济利益很可能流入及其成本或价值能够可靠计量。在计量层面，固定资产在取得时应当按照成本进行初始计量。在列报层面，应当在附注中披露与固定资产有关的下列信息：固定资产的分类和折旧方法；各类固定资产的使用年限、折旧率；各类固定资产账面余额、累计折旧额、账面价值的期初、期末数及其本期变动情况等。会计确认、计量基础和会计列报三者相互依存、缺一不可。

3. 具有可选择性。科学事业单位应当在准则允许的会计原则、计量基础和会计处理方法中，结合自身实际情况作出选择。但由于经济业务的多样性，在准则允许的范围内，某些业务往往有多种会计处理方法可供选择。例如，应收款项计提坏账准备可选择余额百分比法、账龄分析法和个别认定法等。

（三）重要的会计政策

科学事业单位在财务报告附注中应当披露采用的重要会计政策，不具有重要性的会计政策可以不予披露。判断会计政策是否重要，应当考虑与会计政策相关的项目的性质和金额。单位常见的重要会计政策主要包括：

1. 会计期间。

2. 记账本位币，外币折算汇率。

3. 坏账准备的计提方法。

4. 存货类别、发出存货的计价方法、存货的盘存制度，以及低值易耗品和包装物的摊销方法。

5. 长期股权投资的核算方法。

6. 固定资产分类、折旧方法，融资租入固定资产的计价和折旧方法。

7. 无形资产的计价方法，单位内部研究开发项目划分研究阶段和开发阶段的具体标准。

8. 其他重要的会计政策。

# 二、会计政策变更

会计政策变更，是指科学事业单位对相同或者相似的经济业务或者事项由原来采用的会计政策改用另一会计政策的行为。

为保证会计信息的可比性，使财务报表使用者在比较单位一个以上期间的财务报表时，能够正确判断单位的财务状况、运行情况（运行成本）和现金流量的趋势，一般情况下，科学事业单位应当对相同或者相似的经济业务或者事项采用相同的会计政策进行会计处理，并且在每一会计期间和前后各期应当保持一致，不得随意变更。但是，其他政府会计准则制度另有规定的除外。

（一）会计政策变更条件

科学事业单位满足下列条件之一的，可以进行会计政策变更：

（1）法律、行政法规或者政府会计准则制度等要求变更。在这种情况下，科学事业单位应当按照法律法规以及政府会计准则制度的规定，将原会计政策变更为执行新的会计政策。例如，新准则下要求应收账款计提坏账准备、"实提"固定资产折旧等，均属于会计政策变更。

（2）会计政策变更能够提供有关单位财务状况、运行情况等更可靠、更相关的会计信息。由于客观环境发生了变化，科学事业单位原采用的会计政策无法提供具有可靠性和相关性的会计信息，其所反映的财务状况、运行及现金流情况可能与实际存在差异。在这种情况下，单位采用新的会计政策进行会计处理，可以向会计信息使用者提供更加可靠相关的会计信息。例如，随着本单位在长期投资单位控股权或决策权的增加，原来使用成本法核算不能真实反映本单位对投资单位所拥有的权益变动情况，因此需要更改为权益法核算，反之亦然。

（二）不属于会计政策变更的情形

对会计政策变更的认定，直接影响会计处理方法的选择。因此，在会计实务中，科学事业单位应当正确认定属于会计政策变更的情形。下列两种情形不属于会计政策变更：

（1）本期发生的经济业务或者事项与以前相比具有本质差别而采用新的会计政策。科学事业单位在针对经济业务或事项制定特定的会计政策时，如果该经济业务或事项已发生根本变化，那么单位是为新业务或事项选择恰当的会计政策，而不是会计政策变更。例如，某科学事业单位采用"先租后买"方式租用一批专用设备，在约定租期结束后如选择购买该批设备，则前期已付租金可以抵付设备款。这种由租转购业务属于采用新的会计政策，不属于会计政策变更。

（2）对初次发生的或者不重要的经济业务或者事项采用新的会计政策。某些属于为首次发生的业务或事项选择合适的会计政策，不存在原有使用会计政策问题，因此也不存在改变原会计政策问题。例如，某科学事业单位在新购入某项设备折旧时采用工作量法，属于首次业务；对少量低值易耗品的核算由原五五摊销法改为采用一次转销法，属于不重要事项，均不属于会计政策变更。

# 三、会计政策变更的会计处理

科学事业单位应当按照政府会计准则制度规定对会计政策变更进行处理，处理方法包括"追溯调整法"和"未来适用法"。

（一）追溯调整法

追溯调整法，是指对某项经济业务或者事项变更会计政策时，视同该项经济业务或者事项初次发生时即采用变更后的会计政策，并以此对财务报表相关项目进行调整的方法。政府会计准则制度对会计政策变更未作出规定的，通常情况下，科学事业单位应当采用追溯调整法进行处理。

科学事业单位采用追溯调整法时，应当将会计政策变更的累积影响调整最早前期有关净资产项目的期初余额，其他相关项目的期初数也应一并调整；涉及收入、费用等项目的，应当将会计政策变更的影响调整受影响期间的各个相关项目。

科学事业单位按规定编制比较财务报表的，对于比较财务报表可比期间的会计政策变更影响，应当调整各该期间的收入或者费用以及其他相关项目，视同该政策在比较财务报表期间一直采用。对于比较财务报表可比期间以前的会计政策变更的累积影响,科学事业单位应当调整比较财务报表最早期间所涉及的期初净资产各项目,财务报表其他相关项目的期初数也应一并调整。

追溯调整法的计算及处理步骤如下:

1. 计算确定会计政策变更的累积影响。

会计政策变更影响包括两个层次含义:

一是会计政策变更的影响,是指按照变更后的会计政策对以前各期追溯计算的各个受影响的项目变更后的金额与现有金额之间的差额,即会计政策变更对各期的影响数。

二是会计政策变更的累积影响,是指按照变更后的会计政策对以前各期追溯计算的最早前期各个受影响的净资产项目以及其他相关项目的期初应有金额与现有金额之间的差额,即会计政策变更对各期影响数之和。

累积影响数计算方法如下:

第一步,根据变更后的新会计政策重新计算相关的前期经济业务或事项。

第二步,计算会计政策变更前后之间的差异。

第三步,计算由于会计政策变更引起的累积影响数。

2. 调整会计政策变更相关累积影响,并编制相关项目的调整分录。

对于会计政策变更涉及的累积影响,应当直接计入"累计盈余"科目,不通过"以前年度盈余调整"科目核算。如果会计政策调整不涉及税法政策变化,则追溯调整不影响以前年度应交所得税,不需要调整所得税项目。

3. 调整列报前期最早期初及以后各期财务报表相关项目及金额。

4. 报表附注说明。

【例 15 - 1】科学事业单位 A 科研院 2×17 ~ 2×19 年按收回后不需上缴财政的应收账款部分余额的 5% 计提坏账准备。2×20 年经批准变更为按账龄分析法计提坏账准备:1 年以内(含 1 年)账龄计提比例 5%,1 ~ 3 年 10%,3 ~ 5 年 30%,5 年以上 80%。2×17 ~ 2×19 年应收账款各年余额及账龄资料见表 15 - 1。假设该项会计政策变更不涉及企业所得税影响。该业务支出功能分类列"科学技术支出—其他科学技术支出—转制科研机构"。

①计算应收账款各年应计坏账准备,如表 15 - 1 所示。

表 15 - 1　　　　　　　应收账款各年余额、账龄及应计坏账准备明细表　　　　　　　单位:元

| 项目 | 账龄 | 计提比例 % | 2×17 年 | | 2×18 年 | | 2×19 年 | |
|------|------|-----------|---------|---------|---------|---------|---------|---------|
| | | | 余额 | 应提额 | 余额 | 应提额 | 余额 | 应提额 |
| 账龄 | 1 年以内 | 5 | 120 000 | 6 000 | 264 000 | 13 200 | 160 000 | 8 000 |
| | 1 ~ 3 年 | 10 | 340 000 | 34 000 | 248 000 | 24 800 | 560 000 | 56 000 |
| | 3 ~ 5 年 | 30 | 85 000 | 25 500 | 174 000 | 52 200 | 194 000 | 58 200 |
| | 5 年以上 | 80 | 124 000 | 99 200 | 168 000 | 134 400 | 154 000 | 123 200 |
| | 合计 | | 669 000 | 164 700 | 854 000 | 224 600 | 1 068 000 | 245 400 |
| 百分比法 | | 5 | 669 000 | 33 450 | 854 000 | 42 700 | 1 068 000 | 53 400 |
| 差额 | | | | 131 250 | | 181 900 | | 192 000 |

②计算计提坏账准备累积影响数。如表 15 – 2 所示。

表 15 – 2　　　　　　　坏账准备计提方法变更累积影响数计算表　　　　　　　单位：元

| 年度 | 余额 | 账龄分析法应提额 | | 百分比法已提额 | | 差异额 |
|------|------|----------------|----------------|----------------|----------------|--------|
| | | 当年应提额 | 当年补提额 | 当年应提额 | 当年补提额 | |
| 2×17 | 669 000 | 164 700 | 164 700 | 33 450 | 33 450 | 131 250 |
| 2×18 | 854 000 | 224 600 | 59 900 | 42 700 | 9 250 | 50 650 |
| 2×19 | 1 068 000 | 245 400 | 20 800 | 53 400 | 10 700 | 10 100 |
| 合计 | | | 245 400 | | 53 400 | 192 000 |

该单位在 2×17 ~ 2×19 年应收账款按账龄分析法与百分比法计提坏账准备的差异为 192 000 元，即该项会计政策变更的累积影响数为 192 000 元。

③调整会计政策变更累积影响数。

编制财务会计分录如下：

借：累计盈余　　　　　　　　　　　　　　　　　　　　192 000

　　贷：坏账准备——应收账款　　　　　　　　　　　　　192 000

因该业务不涉及现金收支，预算会计不做处理。

④报表调整。

该单位在编制 2×20 年度财务会计报表时，应调整资产负债表的年初数、收入费用表上年数、净资产变动表上年数。调整项目如下：

资产负债表年初数：调增"坏账准备"项目 192 000 元；调减"累计盈余"项目 192 000 元。

收入费用表上年数："其他费用"项目增加 10 100 元。

净资产变动表本年年初余额："累计盈余"项目减少 192 000 元。

⑤报表附注说明。

单位按政府会计制度准则规定，经批准从本年 1 月 1 日起将应收账款计提坏账准备方法由原按余额百分比法改为账龄分析法。根据单位的财务状况、现金流量等情况，规定的提取比例为：1 年以内（含 1 年）账龄计提比例 5%，1 ~ 3 年 10%，3 ~ 5 年 30%，5 年以上 80%。此项会计政策变更已采用追溯调整法，调整了期初累计盈及坏账准备的期初数；收入费用的上年数栏已按调整数填列；净资产变动表也已按调整数填列。该项会计政策变更的累积影响数为 192 000 元；2×19 年的本年盈余调减了 10 100 元；2×19 年期初累计盈余调减了 181 900 元（131 250 + 50 650）。

（二）未来适用法

未来适用法，是指将变更后的会计政策应用于变更当期及以后各期发生的经济业务或者事项，或者在会计估计变更当期和未来期间确认会计估计变更的影响的方法。

科学事业单位在会计政策变更的影响或者累积影响不能合理确定的情况下，应当采用未来适用法对会计政策变更进行处理。例如，单位因账簿、凭证超过法定保存期限而销毁，或因不可抗力而毁坏、遗失，如火灾、水灾等，或因人为因素，如盗窃、故意毁坏等，可能使当期期初确定会计政策变更对以前各期累积影响数无法计算的情形。

科学事业单位采用未来适用法时，不需要计算会计政策变更产生的影响或者累积影响，也无须调整财务报表相关项目的期初数和比较财务报表相关项目的金额，只需在附注中说明会计政策变更影响数即可。

【例15-2】科学事业单位C科研所自2×19年开始执行《政府会计制度》。单位决定从2×20年对科研项目材料发出成本的计量方法作出变更：发出存货成本的计量由加权平均法改为先进先出法。2×20年年末该单位按先进先出法计算确定的材料发出成本为300 000元，本年确认的收入为800 000元，其他费用50 000元，年末按加权平均法计算确定的销售成本为500 000元。假设上述均为非财政拨款专项资金，结余按20%提取职工福利基金。

①计算两种方法产生的差异：

先进先出法下累计盈余 = (800 000 - 300 000 - 50 000) × 80% = 360 000（元）

加权平均法下累计盈余 = (800 000 - 500 000 - 50 000) × 80% = 200 000（元）

会计政策变更对当年累计盈余的影响 = 先进先出法下累计盈余 - 加权平均法下累计盈余 = 360 000 - 200 000 = 160 000（元）

②财务报表附注说明：

C科研所自本年起科研项目发出存货成本的计量方法由加权平均法改为先进先出法，此项会计政策变更采用未来适用法。此项会计政策变更影响当年累计盈余为增加160 000元。

## 四、会计政策变更的披露

科学事业单位应当在财务报表附注中披露以下信息：

（1）会计政策变更的内容和理由。包括：会计政策变更事项的简述、变更日期、变更前后采用的会计政策及会计政策变更的原因。

（2）会计政策变更的影响。采用追溯调整时，对前期盈余的影响及累积影响数，本期和各个列报前期财务报表中需要调整的盈余及其影响金额，以及其他需要调整的项目名称和调整金额；采用未来适用法时，对本期盈余的影响。

（3）影响或者累积影响不能合理确定的理由。包括：无法进行追溯调整的事实；确定会计政策变更对列报前期累积影响数不切实可行的原因；在本期期初确定会计政策变更对以前各期累积影响数不切实可行的原因；开始应用新会计政策的时点和具体应用情况。

需要说明的是，科学事业单位在以后期间的财务报表中，不需要重复披露在以前期间的财务报表附注中已披露的会计政策变更的信息。

# 第三节　会计估计及其变更

## 一、会计估计及变更的含义

（一）会计估计及变更的含义

会计估计，是指科学事业单位对结果不确定的经济业务或者事项以最近可利用的信息为基础所作的判断，如固定资产、无形资产的预计使用年限等。

会计估计变更，是指科学事业单位据以进行估计的基础发生了变化，或者由于取得新信息、积累更多经验以及后来的发展变化，可能需要对会计估计进行修订。会计估计变更应以掌握的新情况、新进展等真实、可靠的信息为依据。

（二）会计估计的特点

会计估计具有如下特点：

1. 会计估计的存在是由于经济活动中内在的不确定性因素影响。

2. 进行会计估计时，通常基于最新的、可利用的信息或资料进行判断。

3. 不会对会计确认和计量的可靠性造成影响。

（三）会计估计的常见类型

科学事业单位在财务报表附注中应当披露重要的会计估计，不具有重要性的会计估计可以不披露。判断会计估计是否重要，应当考虑与会计估计相关项目的性质和金额。重要的会计估计主要包括：

1. 固定资产的预计使用寿命。

2. 使用寿命有限的无形资产的预计使用寿命。

3. 合同完工进度的确定。

4. 预计负债初始计量的最佳估计数的确定。

5. 其他重要的会计估计。

## 二、会计估计变更的会计处理

科学事业单位应当对会计估计变更采用未来适用法处理。

科学事业单位在会计估计变更时，不需要追溯计算前期产生的影响或者累积影响，但应当对变更当期和未来期间发生的经济业务或者事项采用新的会计估计进行处理。

会计估计变更仅影响变更当期的，其影响应当在变更当期予以确认；会计估计变更既影响变更当期又影响未来期间的，其影响应当在变更当期和未来期间分别予以确认。

【例15-3】科学事业单位D科研所使用财政拨款购买一台科研设备，原始价值300 000元，预计可以使用10年，无净残值。该设备2×19年7月购入并开始采用年限平均法计提折旧。2×22年1月，由于该项设备技术进步过快，需要对原来所预计的使用寿命进行调整，预计尚可使用3年，无净残值。

单位对该项会计估计变更处理如下：

①该所对设备使用寿命的估计变更属于会计估计变更，不需要调整以前各项折旧，也不需要计算累积影响数，只需要以新的预计尚可使用寿命为计提基础来计提年折旧费用即可。

②变更日期以后发生的经济业务按新的设备使用寿命估计计提折旧。该设备原来每年的折旧额为 30 000 元，已提折旧 2.5 年，累计折旧 75 000 元，固定资产净值为 225 000 元。按照调整后的预计使用寿命，2×22 年 1 月起每年计提的折旧费用为 75 000 元（225 000÷3），月折旧额 6 250 元。该项设备折旧年限变更影响当年累计盈余为减少 45 000 元（75 000 − 30 000）。

根据变更后的月折旧额，编制财务会计分录如下：

借：业务活动费用—科研活动—固定资产折旧费—折旧费　　　　6 250
　　贷：固定资产累计折旧—专用设备　　　　　　　　　　　　　6 250

因该业务不涉及现金收支，预算会计不做处理。

③在财务报表附注中说明如下：D 科研所一台科研设备，原始价值 300 000 元，原估计使用年限 10 年，按年限平均法计提折旧。由于该项设备技术进步过快，从本年年初起（2×22 年）调整设备估计使用寿命为 5.5 年，以反映该设备真实状况。该项会计估计变更（设备折旧年限变更）影响本年度累计盈余减少 45 000 元。

# 三、会计估计变更的披露

科学事业单位应当在财务报表附注中披露以下信息：

1. 会计估计变更的内容和理由。包括会计估计变更的内容、变更日期及变更原因。
2. 会计估计变更的影响数。包括对本期和未来期间盈余的影响数，及其他各项目的影响数。
3. 会计估计变更的影响数不能确定的，说明其事实和理由。

需要说明的是，科学事业单位在以后期间的财务报表中，不需要重复披露在以前期间的财务报表附注中已披露的会计估计变更信息。

# 四、会计政策变更与会计估计变更的区分

科学事业单位应根据连续性、适用性和效益性原则，基于现行的政府会计准则、制度和相关法律法规的要求，正确选择和确定本单位所采用的会计政策与会计估计，合理区分会计政策变更与会计估计变更。

科学事业单位在判断和分析会计政策变更与会计估计变更时，应核实事项的会计确认、计量基础和列报项目，判断是否发生变更。如果会计确认、计量基础和列报项目中的一项或多项变更，就可以判断属于会计政策变更；如果会计确认、计量基础和列报项目中的任何一项都没有变更，就可以判断属于会计估计变更。

示例如表 15 − 3 所示。

表 15－3 会计政策变更与会计估计变更示例

| 会计要素或项目 | 会计政策变更 | 会计估计变更 |
|---|---|---|
| 成本计量 | 变更成本计量方法 | |
| 坏账准备 | 变更是否计提坏账准备、具体计提方法（如余额百分比法与账龄分析法互换） | 根据债务单位的实际情况预计应收账款和其他应收款的可回收性，变更计提比例 |
| 存货 | 变更发出存货计价方法（先进先出法，或加权平均法等） | |
| 长期股权投资 | 变更长期股权投资的核算方法（成本法与权益法相互转换） | |
| 借款利息 | 变更借款利息的核算方法（资本化或费用化） | |
| 预计负债 | 变更预计负债的确认和计量基础 | 变更预计负债的最佳估计数 |
| 无形资产 | 变更是否摊销和摊销方法 | 变更无形资产预计受益期 |
| 固定资产 | 变更固定资产初始成本的计量基础，以及是否计提折旧 | 变更固定资产预计使用寿命 |
| 研发支出 | 变更单位内部研究开发项目划分研究阶段和开发阶段的具体标准；开发阶段支出确认为无形资产，或计入当期费用 | |
| 收入 | 变更收入计量基础 | 变更合同完工进度 |

科学事业单位对某项变更难以区分为会计政策变更或者会计估计变更的，应当按照会计估计变更的处理方法进行处理。

## 五、关于会计政策和会计估计变更的预算会计调整

考虑到实务中预算会计涉及的会计政策变更和会计估计变更情形很少，即使存在，一般也是法定政策变更，财政部门会在变更同时统一出台相关规定，因此会计调整准则关于会计政策变更、会计估计变更的会计处理原则仅适用执行政府会计制度的单位。另外，会计调整准则关于预算会计前期重大会计差错的处理未要求调整可比期间的预算结转结余，主要考虑决算报告经人大批准后不应再做调整。因此，科学事业单位预算会计涉及的会计调整事项，按照部门决算报告制度有关要求进行披露。

# 第四节 会计差错及其更正

## 一、会计差错的含义及类型

会计差错，是指科学事业单位在会计核算时，在确认、计量、记录、报告等方面

出现的错误，通常包括计算或记录错误、应用会计政策错误、疏忽或曲解事实产生的错误、财务舞弊等。

会计差错包括重大会计差错和非重大会计差错。

重大会计差错，是指科学事业单位发现的使本期编制的报表不再具有可靠性的会计差错，一般是指差错的性质比较严重或者差错的金额比较大。该差错会影响报表使用者对科学事业单位过去、现在或者未来的情况作出评价或者预测，则认为性质比较严重，如未遵循政府会计准则制度、财务舞弊等原因产生的差错。通常情况下，导致差错的经济业务或者事项对报表某一具体项目的影响或者累积影响金额占该类经济业务或者事项对报表同一项目的影响金额的 10% 及以上，则认为金额比较大。科学事业单位滥用会计政策、会计估计及其变更，应当作为重大会计差错予以更正。

除上述重大会计差错以外的其他会计差错，均为非重大会计差错。

## 二、会计差错更正原则

科学事业单位应当建立健全内部稽核制度，保证会计资料的真实、完整。按照发现的会计差错不同时期，分别按以下情况处理：

（一）本期发现的会计差错更正原则

1. 本报告期（以下简称本期）发现的与本期相关的会计差错，不需要对其重要性进行区分，直接调整本期报告（包括财务报告和决算报告，下同）相关项目。

2. 本期发现的与前期相关的重大会计差错，如影响收入、费用或者预算收支的，应当将其对收入、费用或者预算收支的影响或者累积影响调整发现当期期初的相关净资产项目或者预算结转结余，并调整其他相关项目的期初数；如不影响收入、费用或者预算收支的，应当调整发现当期相关项目的期初数。经上述调整后，视同该差错在差错发生的期间已经得到更正。科学事业单位在与前期相关的重大会计差错的影响或者累积影响不能合理确定的情况下，可按照非重大会计差错将其影响数调整相关项目的本期数。

3. 本期发现的与前期相关的非重大会计差错，应当将其影响数调整相关项目的本期数。

（二）报告日至报告批准报出日之间发现的会计差错更正原则

1. 在报告日至报告批准报出日之间发现的报告期以前期间的重大会计差错，应当视同本期发现的与前期相关的重大会计差错，按照重大会计差错进行处理。

2. 在报告日至报告批准报出日之间发现的报告期间的会计差错及报告期以前期间的非重大会计差错，应当按照报告日后事项中的调整事项进行处理。

（三）比较财务报表期间的会计差错更正原则

科学事业单位按规定编制比较财务报表的，对于比较财务报表期间的重大会计差错，应当调整各该期间的收入或者费用以及其他相关项目；对于比较财务报表期间以前的重大会计差错，应当调整比较财务报表最早期间所涉及的各项净资产项目的期初余额，财务报表其他相关项目的金额也应一并调整。对于比较财务报表期间和以前的非重大会计差错，以及影响或者累积影响不能合理确定的重大会计差错，应当调整相关项目的本期数。

## 三、会计差错更正的会计处理

（一）本期及非重大前期会计差错更正

与本期相关的会计差错及非重大前期差错，应当按照政府会计制度准则及《会计基础工作规范》要求，按照本期业务运用补充登记或红字更正方法，更正相关凭证和账簿记录，并调整本期财务报表和决算报表的相关项目。

【例 15 - 4】2 月 20 日，科学事业单位 E 中心发现去年 12 月应收客户 D 单位检测费挂账少计 1 280 元。

该笔差错金额不大，属于非重大前期差错，按本期业务处理即可。编制财务会计分录如下：

借：应收账款—D 单位　　　　　　　　　　　　　　　　　1 280
　　贷：事业收入—非科研活动收入—技术活动收入—检测费收入　　1 280

因该业务不涉及现金收支，预算会计不做处理。

【例 15 - 5】12 月 31 日，科学事业单位 F 所在资产清查中发现，去年 7 月份购入的 5 台气体质量流量控制器，单价 3 300 元，价值 16 500 元，因单价符合固定资产条件误记为固定资产，实际为试制设备的零部件。该批误记固定资产折旧采用直线法，预计使用年限为 5 年，不考虑预计净残值。（试制设备领用该批零部件会计处理略）

该项上年差错金额较少，属于非重大前期差错，与当年差错一并更正。编制财务会计分录如下：

原计提月折旧额 = 3 300 ÷ 60 × 5 = 275（元）

上年已提折旧 = 275 × 6 = 1 650（元）

本年已提折旧 = 275 × 12 = 3 300（元）

应冲减的折旧 = 1 650 + 3 300 = 4 950（元）

借：库存物品—零部件　　　　　　　　　　　　　　　　　16 500
　　贷：固定资产—专用设备　　　　　　　　　　　　　　　16 500
借：固定资产累计折旧—专用设备　　　　　　　　　　　　　4 950
　　贷：业务活动费用—科研活动费用—固定资产折旧费　　　　4 950

因该业务不涉及现金收支，预算会计不做处理。

（二）前期重大会计差错更正

对于本年度发生的前期重大会计差错更正，如果调整不涉及收入或费用的，直接调整相关科目；如果涉及收入或费用调整事项，应当通过"以前年度盈余调整"科目核算。

1. 调整增加以前年度收入或减少以前年度费用。在财务会计中，借记有关科目（如"预收账款"），贷记"以前年度盈余调整"科目。在预算会计中，借记"资金结存"科目，贷记"财政拨款结转（结余）/非财政拨款结转（结余）（年初余额调整）"科目。

2. 调整减少以前年度收入或增加以前年度费用。在财务会计中，借记"以前年度盈余调整"科目，贷记有关科目（如"应付账款"）。在预算会计中，借记"财政拨款结转（结余）/非财政拨款结转（结余）（年初余额调整）"科目，贷记"资金结存"科目。

3. 调整后转入"累计盈余"科目。在财务会计中，借记或贷记"累计盈余"科目，贷或借记"以前年度盈余调整"科目。预算会计不做会计处理。

【例15-6】科学事业单位 B 研究院拟新建设一幢科研实验楼。2×16 年 5 月 1 日动工，建设期 2 年，向银行借入专项借款 1.5 亿元，年利率 5.40%，其中 0.3 亿元用于某新产品开发。2×18 年 10 月 30 日实验楼验收合格并交付使用。2×19 年 4 月 8 日开始办理项目竣工财务决算，9 月 30 日收到上级批复，转入固定资产。

B 研究院在 2×16 年 5 月至 2×19 年 3 月期间将全部利息费用计入了工程成本，利息已按季度支付。事务所在审计中指出，仅有用于项目建设且在建设期内的借款利息费用计入工程成本，并进行追溯调整。本例不涉及企业所得税。该业务支出功能分类列"科学技术支出—科技条件与服务—科技条件专项"。

单位对该项会计差错处理如下：

①计算确定各期会计差错影响数。如表 15-4 所示。

原已计月利息费用 = 15 000 × 5.40% ÷ 12 = 67.50（万元）

应计月利息费用 = 12 000 × 5.40% ÷ 12 = 54（万元）

表 15-4　　　　　　　　　会计政策变更的累积影响数计算表　　　　　　单位：月、万元

| 日期区间 | 应计项目利息 | | 已计项目利息 | | 差异 |
|---|---|---|---|---|---|
| | 计息月数 | 计息金额 | 计息月数 | 计息金额 | |
| 2×16 年 5~12 月 | 8 | 432.00 | 8 | 540.00 | -108.00 |
| 2×17 年 | 12 | 648.00 | 12 | 810.00 | -162.00 |
| 2×18 年 | 10 | 540.00 | 12 | 810.00 | -270.00 |
| 小计 | | 1 620.00 | | 2 160.00 | -540.00 |
| 2×19 年 1~3 月 | 0 | 0.00 | 3 | 202.50 | -202.50 |
| 合计 | | 1 620.00 | | 2 362.50 | -742.50 |

②编制调整分录。

编制财务会计分录如下：

借：以前年度盈余调整—利息费用　　　　　　　　　　　　5 400 000

　　　贷：在建工程—科研实验楼　　　　　　　　　　　　　　5 400 000

借：业务活动费用—科研活动费用—商品和服务支出—其他费用

　　　　　　　　　　　　　　　　　　　　　　　　　　　　2 025 000

　　　贷：在建工程—科研实验楼　　　　　　　　　　　　　　2 025 000

借：累计盈余（利息费用）　　　　　　　　　　　　　　　5 400 000

　　　贷：以前年度盈余调整—利息费用　　　　　　　　　　　5 400 000

因该业务不涉及现金收支，预算会计不做处理。

③财务报表相关项目及金额调整。

B研究院在编制2×19年报表时，应当调整资产负债表的年初数、收入费用表的上年数、净资产变动表的上年数。调整项目如下：

资产负债表年初数：调减"在建工程""累计盈余"项目各540万元。

收入费用表上年数：调增"本期费用"及"其他费用"项目各540万元，调减"本期盈余"项目540万元。

净资产变动表上年年末余额：调减"累计盈余"项目540万元。

④财务报表附注说明。

B研究院按照政府会计准则制度规定，科研实验楼建设项目部分利息费用由资本化改为费用化，此项会计政策变更已采用追溯调整法，调整了资产负债表的在建工程和累计盈余项目期初数；收入费用表的上年数已按调整后数字填列；净资产变动表也已按调整后金额填列。此项会计政策变更的累积影响数为742.50万元，其中本年盈余调减202.50万元，年初累计盈余调减540万元。

【例15-7】7月15日，科学事业单位H中心在财政部门检查中，指出单位去年"其他应收款"科目未按政府会计制度准则计提坏账准备，少计费用72 800元。

①该项差错由于未遵循会计制度准则且金额较大，属于重大前期会计差错。编制财务会计分录如下：

借：以前年度盈余调整—其他费用　　　　　　　　　　　72 800
　　贷：坏账准备—其他应收款　　　　　　　　　　　　　　　　72 800
借：累计盈余（其他费用）　　　　　　　　　　　　　72 800
　　贷：以前年度盈余调整—其他费用　　　　　　　　　　　　　72 800

因该业务不涉及现金收支，预算会计不做处理。

②调整财务报表相关项目。

资产负债表期初数："其他应收款"调减72 800元，"累计盈余"调减72 800元。

收入费用表上年数："其他费用"调增72 800元，"本期盈余"调减72 800元。

净资产变动表上年数："累计盈余"栏下"本年盈余"调减72 800元，以及调整相关栏目金额。

③财务报表附注说明。

H中心本年补提上年"其他应收款"科目坏账准备72 800元，相关报表期初数、上年数均已调整：资产负债表"期初数"栏中"其他应收款"调减72 800元，"累计盈余"调减72 800元。收入费用表"上年数"栏中"其他费用"调增72 800元，"本期盈余"调减72 800元。净资产变动表中"上年数"栏中"累计盈余—本年盈余"调减72 800元，以及调整相关栏目金额。

## 四、会计差错更正的披露

科学事业单位应当在财务报表附注中披露如下信息：

1. 重大会计差错的内容及其更正方法、金额。

2. 与前期相关的重大会计差错影响或者累积影响不能合理确定的理由。

需要说明的是，科学事业单位在以后期间的财务报表中，不需要重复披露在以前期间的财务报表附注中已披露的会计差错更正的信息。

# 第五节　报告日后事项

## 一、报告日后事项的含义

报告日后事项，是指自科学事业单位报告日（年度报告日通常为 12 月 31 日）至报告（包括财务报告和决算报告，下同）批准报出日之间发生的需要调整或说明的事项，包括调整事项和非调整事项两类。

要理解这一定义，需要注意以下三个方面：

（一）报告日

报告日，指单位编制会计年度财务报告和决算报告的日期。按照《政府会计制度》规定，政府会计主体会计年度采用公历年度，即 1 月 1 日至 12 月 31 日。因此，年度报告日通常指每年的 12 月 31 日。报告日也包括会计中期期末报告日。中期指短于一个完整的会计年度的报告期间，包括半年度、季度和月度。如需提供半年度财务报告时，报告日则指该年度的 6 月 30 日。

科学事业单位应当按规定的结账日进行结账，不得提前或者延迟。年度结账日为公历年度每年的 12 月 31 日，即《政府会计准则第 7 号——会计调整》所称的年度报告日。年度终了结账时，所有总账账户都应当结出全年发生额和年末余额，并将各账户的余额结转到下一会计年度。单位不得对已记账凭证进行删除、插入或修改。

（二）报告批准报出日

报告批准报出日，通常是指对财务报告和决算报告的内容负有法律责任的单位或个人批准财务报告和决算报告对外公布的日期。

科学事业单位报告批准报出日一般为财政部门审核通过后，单位负责人（法定代表人）批准报告对外公布的日期。如财务报告需经审计后才能报出的，则需在审计部门或相关部门签署审计报告后再由单位负责人批准报出。如果财务报告数据涉密的，则需要通过保密审查后方可报出。

根据《事业单位登记管理暂行条例》及其实施细则规定，"事业单位应当于每年 3 月 31 日前分别向登记管理机关和审批机关报送上一年度执行本条例情况的报告"。因此，科学事业单位按规定向事业单位登记管理部门报送年检资料（含部分财务报表）日期，以及依据《中华人民共和国政府信息公开条例》要求制定的相关信息公开办法，在本单位或有关政府网站公开单位信息（含财务报表主要数据）的日期，应当视同报告批准报出日。

科学事业单位财务报告和决算报告正式报出时，应当经单位负责人、财务负责人和报告编制人员审查、签字和盖章，加盖单位公章应为单位行政公章，不得以财务专用章代替。

（三）报告日后事项涵盖的期间

报告日后事项涵盖的期间是自报告日次日起至报告批准报出日止的一段时间。对科学事业单位而言，这一期间内涉及几个日期，包括完成财务报告编制日、报告审核（财政审核或审计）完成日、单位负责人批准报告可以对外公布日、实际对外公布日等。具体而言，报告日后事项涵盖的期间应当包括：

1. 报告期间下一期间的第一天至单位负责人批准财务报告对外公布的日期。

2. 报告批准报出以后、实际报出之前又发生与报告日或其后事项有关的事项，并由此影响报告对外公布日期的，应以单位负责人再次批准报告对外公布的日期为截止日期。

【例15-8】科学事业单位L研究院2×20年财务报告于2×21年1月15日编制完成，财政部门于2月10日审核完成，单位负责人于2月20日批准主要财务数据作为信息公开的组成部分挂在本单位网站"信息公开"栏对外公布，实际上对外挂网公布的日期是2月25日。

根据报告日后事项涵盖期间的规定，本例中，财务报告日后事项所涵盖的期间为2×21年1月1日至2月25日。如果在2月20日至25日之间发生了重大事项，需要调整财务报表相关项目的数字或需要在财务报表附注中披露，经调整或说明后的财务报告再经单位负责人批准报出的日期为3月5日，实际报出的日期为3月8日，则报告日后事项涵盖的期间为2×21年1月1日至3月8日。

## 二、报告日后调整事项的内容

报告日后事项，是指科学事业单位自报告日至报告批准报出日之间发生的需要调整或说明的事项，包括有利事项和不利事项，即报告日后对单位财务状况、盈余情况等具有一定影响（既包括有利影响也包括不利影响）的事项。根据事项发生的因果及影响程度，可分为调整事项和非调整事项两类。

（一）调整事项

调整事项，是指自报告日至报告批准报出日之间发生的、单位获得新的或者进一步的证据有助于对报告日存在状况的有关金额作出重新估计的事项，通常包括已证实资产发生了减损、已确定获得或者支付的赔偿、财务舞弊或者差错等。

如果报告日及所属会计期间已经存在某种情况，但当时并不知道其存在或者不能知道确切结果，报告日后发生的事项能够证实该情况的存在或者确切结果，则该事项属于报告日后事项中的调整事项。如果报告日后事项对报告日的情况提供了进一步的证据，证据表明的情况与原来的估计和判断不完全一致，则需要对原来的会计处理进行调整。

科学事业单位发生的调整事项，通常包括下列各项：

1. 赔偿额确定。如报告日诉讼案件结案，法院判决证实了单位在报告日已经存在现时义务，需要调整原先确认的与该诉讼案件相关的预计负债，或确认一项新负债。

2. 资产减损。报告日后取得确凿证据，表明某项资产在报告日发生了减损或者需要调整该项资产原先确认的减损金额。

3. 收入或成本确认。报告日后进一步确定报告日前购入资产的成本或售出资产的收入。

4. 财务舞弊或差错。报告日后发现的财务报表舞弊或差错。

【例15-9】2×19年8月，科学事业单位J研究院向当地法院起诉乙单位，因J研究院专利权被乙单位侵权，要求赔偿50万元。直到2×19年12月31日，法院尚未判决，J研究院未对该项诉讼应收赔偿进行确认。2×20年2月报告批准报出日前法院宣判，乙单位应当赔偿J研究院38万元，J研究院和乙单位均服从判决。判决当天，乙单位向J研究院支付了赔偿款38万元。

本例中，2×20年法院的判决证实了在报告日（即2×19年12月31日）J研究院已享有获赔权利，并进一步明确了债权金额。此时，按照2×19年12月31日存在状况编制的财务报表所提供的信息已不能真实反映单位的实际情况，并可能影响报告使用者作出正确估计和决策，应据此对财务报表相关项目的数字进行调整。因此，该事项构成调整事项。

（二）非调整事项

非调整事项，是指报告日以后才发生或者存在的事项，不影响报告日的存在状况，但如不加以说明，将会影响报告使用者作出正确估计和决策，需要在财务报表附注中予以披露。非调整事项通常包括报告日后发生的重大诉讼、仲裁、承诺、自然灾害导致的资产损失、外汇汇率发生重大变化等事项。

科学事业单位发生的非调整事项，一般具有以下特点：

1. 报告日并未发生或存在，完全是日后才发生的事项。

2. 如不加以说明会对理解和分析财务报表会造成一定影响的事项。

（三）调整事项与非调整事项的区别

报告日后发生的某一事项究竟是调整事项还是非调整事项，取决于该事项表明的情况在报告日或之前是否已经存在。若该情况在报告日或之前已经存在，则属于调整事项；反之，则属于非调整事项。

【例15-10】2×19年10月，科学事业单位K研究院与丙公司签订合同，为丙公司加工一批精密仪器，合同价款为350万元，丙公司应在签约后和加工完成后3个月内分别支付合同款的30%和70%。10月中旬，丙公司按合同约定预付了30%加工费。12月20日，K研究院如期完成加工并交付丙公司。至2×19年12月31日，剩余合同款丙公司尚未支付。

假定K研究院在编制2×19年度财务报告时有两种情况：

①2×19年12月31日K研究院根据掌握的资料判断，丙公司存在运营困难和拖欠货款现象，本单位应收账款到期不能归还风险较大，故按规定提高计提坏账准备比例至30%。2×20年1月末，K研究院收到通知，丙公司已被宣告破产清算，估计有80%的债权无法收回。

②2×19年12月31日丙公司的财务状况良好，K研究院预计应收账款可按时收

回。2×20年1月末，丙公司因突发疫情防控措施处于停工停产状态，导致K研究应收账款无法按期支付。

2×20年3月1日，K研究院的部分财务报告经批准随年检报告上报。

本例中，①导致K研究院应收账款可能无法收回的事实是丙公司财务状况恶化，该事实在报告日之前已经存在，丙公司被宣告破产只是证实了报告日丙公司财务状况恶化的情况。因此，该事项属于调整事项。②导致K研究院应收账款损失的因素是突发疫情防控措施，突发疫情属于不可预计和不可抗力因素，应收账款可能形成坏账这一事实是在报告日以后才发生。因此，该事项属于非调整事项。

## 三、报告日后调整事项的会计处理

（一）报告期调整事项的会计处理

报告日以后发生的调整事项，应当如同报告所属期间发生的事项一样进行会计处理，对报告日已编制的报表相关项目的期末数或者本期数作相应的调整，并对本期编制的报表相关项目的期初数或者上期数进行调整。

1. 涉及盈余调整的事项，通过"以前年度盈余调整"科目核算。调整增加以前年度收入或调整减少以前年度费用的事项，记入"以前年度盈余调整"科目的贷方；反之，记入"以前年度盈余调整"科目的借方。

2. 涉及预算收支调整的事项，通过"财政拨款结转""财政拨款结余""非财政拨款结转""非财政拨款结余"等科目下"年初余额调整"明细科目核算。调整增加以前年度预算收入或调整减少以前年度预算支出的事项，记入"年初余额调整"明细科目的贷方；反之，记入"年初余额调整"明细科目的借方。

3. 涉及累计盈余调整的事项，直接在"累计盈余"科目核算。

4. 不涉及盈余调整或预算收支调整的事项，调整相关科目。

5. 调整会计报表和附注相关项目的金额：

（1）报告日编制的会计报表相关项目的期末数或（和）本年发生数。

（2）调整事项发生本期编制的会计报表相关项目的期初数或（和）上年数。

（3）经过上述调整后，如果涉及报表附注内容的，还应作出相应调整或说明。

【例15-11】科学事业单位K研究院（转制科研机构）按规定，财务报告应于2×20年3月15日报出。

2×20年2月18日，该院内部审计部门在2×19年度预算执行情况审计中，发现2×19年以下业务要求财务部门予以调整：

①5月25日，科研业务部门购入业务软件1套36 000元，直接计入费用，漏记无形资产，应按10年期限摊销。

②8月12日，收到横向科研费52 000元挂在"其他应付款—A项目"，应转入科研收入，并补预算会计处理。

③10月8日，购入三年期国债10万元，记入"短期投资"。

该单位会计处理如下：

首先，编制调整分录。

①漏记无形资产。

5~12月应摊销金额 = 36 000 ÷ 120 × 8 = 2 400（元）

应调减费用金额 = 36 000 - 2 400 = 33 600（元）

财务会计：

借：无形资产——软件     36 000

    贷：以前年度盈余调整——业务活动费用     33 600

        无形资产累计摊销——软件     2 400

预算会计不做处理。

②收到横向科研费。

财务会计：

借：其他应付款——A项目     52 000

    贷：以前年度盈余调整——事业收入（科研活动收入）     52 000

预算会计：

借：资金结存——货币资金     52 000

    贷：非财政拨款结转——A项目     52 000

③"短期投资"科目调整。

财务会计：

借：长期债券投资——成本——国债     100 000

    贷：短期投资——国债     100 000

预算会计不做处理。

④结转累计盈余。

财务会计：

借：以前年度盈余调整——业务活动费用     33 600

          ——事业收入（科研活动收入）     52 000

    贷：累计盈余     85 600

其次，调整2×19年度财务报表相关项目（见表15-5~表15-8）。

表15-5                         资产负债表期末数调整

| 资产项目 | 期末数 | 负债及净资产项目 | 期末数 |
|---|---|---|---|
| 短期投资 | -100 000 | 其他应付款 | -52 000 |
| 长期债券投资 | +100 000 | 累计盈余 | +85 600 |
| 无形资产原值 | +36 000 | | |
| 减：无形资产累计摊销 | +2 400 | | |
| 无形资产净值 | +33 600 | | |
| 资产合计 | +33 600 | 负债及净资产合计 | +33 600 |

表 15 - 6

收入费用表本年累计数调整

| 项目 | 本年累计数 |
|---|---|
| 一、本期收入 | +52 000 |
| （二）事业收入 | +52 000 |
| 其中：科研收入 | +52 000 |
| 二、本期费用 | -33 600 |
| （一）业务活动费用 | -33 600 |
| 三、本期盈余 | +85 600 |

表 15 - 7

净资产变动表本年数调整

| 项目 | 本年数 | | | |
|---|---|---|---|---|
| | 累计盈余 | 专用基金 | 权益法调整 | 净资产合计 |
| …… | | | | |
| 四、本年变动金额（减少以"-"填列） | +85 600 | | | +85 600 |
| （一）本年盈余 | +85 600 | | | +85 600 |
| …… | | | | |
| 五、本年年末余额 | +85 600 | | | +85 600 |

表 15 - 8

预算收入支出表本年数调整

| 项目 | 本年累计数 |
|---|---|
| 一、本年预算收入 | +52 000 |
| （二）事业预算收入 | +52 000 |
| 其中：科研预算收入 | +52 000 |
| …… | |
| 三、本年预算收支差额 | +52 000 |

其他报表项目调整略。

【例 15 - 12】科学事业单位 L 研究院财务报告一般应于 3 月 15 日报出。

2 月 24 日，收到零余额账户代理银行通知，收到甲公司退回货款 45 000 元。经核实，该批货物为去年 11 月 A 项目（非财政拨款专项资金项目，尚未结项）领用的科研材料，后因质量问题退货，但财务漏记该笔业务。假设该业务不涉及税金。该单位会计处理如下：

①调整分录。

财务会计：

借：其他应收款—甲公司　　　　　　　　　　　　　45 000

　　贷：以前年度盈余调整—业务活动费用　　　　　　　　45 000

借：零余额账户用款额度　　　　　　　　　　　　　45 000

> 贷：其他应收款—甲公司                                   45 000

借：以前年度盈余调整—业务活动费用               45 000

> 贷：累计盈余                                               45 000

预算会计：

借：资金结存—零余额账户用款额度                 45 000

> 贷：非财政拨款结转—年初余额调整（A 项目）      45 000

②调整上年度财务报表相关项目。

资产负债表期末数："其他应收款"调增 4.5 万元，"累计盈余"调增 4.5 万元。

收入费用表本年数："业务活动费用"调减 4.5 万元，"本期盈余"调增 4.5 万元。

净资产变动表本年数："累计盈余"栏下"本年盈余"调增 4.5 万元，以及调整相关栏目金额。

预算收入支出表本年数："事业支出"调减 4.5 万元，"本年预算收支差额"调增 4.5 万元。

其他报表项目调整略。

（二）报告期以前期间调整事项的会计处理

报告日后发生报告期以前期间的调整事项，按照关于报告日后调整事项账务处理的规定，在发现差错的期间进行账务处理，并追溯调整会计报表和附注相关项目的金额：

（1）影响收入、费用或者预算收支的，应当将会计差错对收入、费用或者预算收支的影响或者累积影响调整报告期期初、期末会计报表相关净资产项目或者预算结转结余项目，并调整其他相关项目的期初、期末数或（和）本年发生数；不影响收入、费用或者预算收支的，应当调整报告期相关项目的期初、期末数。

（2）调整发现差错当期编制的会计报表相关项目的期初数或（和）上年数。

（3）经过上述调整后，如果涉及报表附注内容的，还应作出相应调整或说明。

【例 15 – 13】2×17 年 4 月，科学事业单位 M 研究院与乙建筑公司签订建设科研实验楼合同，总额 4 500 万元，约定工程竣工交付使用后 3 个月内应完成工程竣工结算审核，支付除质保金外的剩余工程款。工程于 2018 年 6 月交付使用。M 研究院以工程竣工决算审计未结束为由，一直未支付剩余工程款 480 万元。

2×18 年 12 月，M 研究院收到当地法院传票，乙公司起诉 M 研究院未按合同约定支付工程款，要求即时支付工程款 480 万元，并支付违约金及逾期利息 90 万元。2×18 年 12 月 31 日，经 M 研究院聘请的律师评估，确认预计负债 50 万元。但直到 2×19 年 12 月 31 日，法院尚未判决。

2×20 年 1 月 16 日法院宣判，J 研究院应当在判决后 10 日内支付工程款，并赔偿乙建筑公司违约金和逾期利息 65 万元。M 研究院和乙单位均服从判决。1 月 20 日，M 研究院向乙公司支付了工程款 480 万元和赔偿款 65 万元。

2×20 年 1 月 20 日，J 研究院财务报告和决算报告已编制完成，但尚未批准报出（对外公开）。假定该项业务不涉及所得税及其他税金。

本例中，M 研究院诉讼赔款事项发生在 2×18 年，只是赔偿金额不明确。2×20 年 1 月份的法院判决证实了在报告日（即 2×19 年 12 月 31 日）或之前，M 研究院负有赔偿义务，并明确了赔偿金额。因此，该事项作为报告日后调整事项，对报告期报表相关项目的期初、期末数进行调整。

①调整分录。

财务会计：

借：以前年度盈余调整——其他费用　　　　　　　　　150 000

　　预计负债——乙公司诉讼　　　　　　　　　　　　500 000

　　　贷：其他应付款——乙公司　　　　　　　　　　　　　650 000

借：累计盈余　　　　　　　　　　　　　　　　　　　150 000

　　　贷：以前年度盈余调整——其他费用　　　　　　　　　150 000

预算会计不需要调整。

需要注意的是，实际支付工程款和赔款业务，属于本年业务，不需调整报告期报表项目。

②调整 2×19 年度财务报表相关项目。

资产负债表的"期初数"和"期末数"栏："其他应付款"项目调增 65 万元；"预计负债"项目调减 50 万元；"累计盈余"项目调减 15 万元。

收入费用表的"上年数"栏："其他费用"项目调增 15 万元，"本期盈余"项目调减 15 万元。

净资产变动表："上年数——累计盈余——本年盈余""上年数——累计盈余——本年年末余额"均调减 15 万元；"本年数——累计盈余——上年年末余额""本年数——累计盈余——本年年末余额"均调减 15 万元。相关计算栏目也一并调整（略）。

确定前期差错影响数不切实可行的，可以从可追溯重述的最早期间开始调整累计盈余的期初余额，财务报表其他相关项目的期初余额也应当一并调整，也可以采用未来适用法。当单位确定前期差错对列报的一个或者多个前期比较信息的特定期间的累积影响数不切实可行时，应当追溯重述切实可行的最早期间的资产、负债和净资产相关项目的期初余额（可能是当期）；当单位在当期期初确定前期差错对所有前期的累积影响数不切实可行时，应当从确定前期差错影响数切实可行的最早日期开始采用未来适用法追溯重述比较信息。

## 四、报告日后非调整事项的会计处理

报告日后非调整事项，如同报告期间的会计差错或报告期以前期间的非重大会计差错、影响或者累积影响不能合理确定的重大会计差错等情形，按在发生调整事项期间的账务处理方法进行会计处理。但需要在财务报表附注中披露每项重要的报告日后非调整事项的性质、内容及其对财务状况和盈余的影响。无法作出估计的，应当说明原因。

【例 15−14】假定在报告日（12 月 31 日）后至报告批准报出（3 月 15 日）前，发生如下事项：

①N 科研所：1 月 20 日，单位收到当地法院传票，某单位以专利权侵权为由起

诉，诉讼标的 150 万元。

②P 研究院：2 月 5 日，单位收到客户通知，因疫情防控需要，生产、销售暂停，原定 3 月底支付的货款 450 万元可能无法按期支付。

③T 科研基地：2 月 20 日，单位因遭受雪灾，基地科研设施约损失 40 万元。

④Y 研究院：3 月 5 日，单位收到上级批复，同意科研实验楼建设立项，概算总额 15 000 万元，其中，财政资金 8 000 万元，自筹资金 3 000 万元，银行贷款不超过 4 000 万元。

上述事项均为报告日后非调整事项，即报告日以后才发生或者存在的事项，不影响报告日的存在状况，但如不加以说明，将会影响报告使用者作出正确估计和决策，因此需要在财务报表附注中予以披露或说明。

## 五、报告日后事项的披露

科学事业单位应当在财务报表附注中披露与报告日后事项有关的下列信息：

1. 财务报告的批准报出者和批准报出日。

2. 每项重要的报告日后非调整事项的内容，及其估计对科学事业单位财务状况、运行情况的影响；无法作出估计的，应当说明其原因。

# 第十六章 科学事业单位常见会计业务案例解析

## 第一节 全年综合案例

科学事业单位业务类型多、资金来源广,在执行政府会计制度过程中会遇到各种不同的经济业务。为方便广大会计工作者在实际工作中应用,我们特选取一家中等规模的科研院所,将其全年发生的主要经济业务进行挑选和梳理,按照序时账的模式为读者呈现科学事业单位的会计核算流程。

### 一、案例资料及说明

某研究院属于省属公益性科研院所,人员由在职人员和离退休人员组成。其中科研及辅助人员占在职人员的70%,管理人员占在职人员的30%。该单位的业务活动以科研活动为主,非科研活动为辅,该单位没有经营业务活动。该单位为小规模纳税人。本案例以2021年全年典型经济业务作为核算内容,进行全过程的会计处理。本案例以财政国库集中支付结余按权责发生制列支的情况下进行会计处理为例。具体说明如下:

1. 该综合案例重点为方便掌握全年业务处理流程,部分业务进行了简化处理,期末结转仅以1月份为例,年末结转数据来源为本单位会计科目全年收入、支出发生及余额表。由于案例涉及明细科目较多,功能科目省略。本案例会计分录仅列示到经济分类的款级科目,在实际工作中须按功能科目及经济分类末级科目展开。同时项目较多,不一一按项目列示,用N表示多个,实际工作中需按项目明细列示。

2. 单位只有一般公共预算财政拨款,在预算会计明细科目设置中不设拨款种类层级科目。

3. 单位应用会计软件进行会计核算,其中:会计科目按照会计核算内容设置明细科目,功能分类、项目核算等内容应用辅助核算功能进行核算,用()表示。

4. 单位从零余额账户转银行基本户的业务,根据政府会计准则2号解释文件规定，在会计核算设置明细科目时采用资金结存—货币资金下设置财政拨款资金明细科目。

5. 该单位在涉税业务时，与国家税务总局开户税务分局、基本户开户银行签订了《委托银行代缴税款三方协议书》，在缴纳各种税款时由基本户直接缴款，单位须在缴款前将税款转入基本户，包括个人所得税等税款；代收的医疗保险费，养老保险费、残疾人保障金等业务。

6. 根据公务卡管理要求，单位为职工办理了公务卡，职工在办理业务时，按照公务卡管理暂行办法规定使用，例如，职工公出，发生的火车、飞机等交通工具费用，住宿费等需使用公务卡结算。

7. 单位发放工资业务与基本户开户银行签订的《×银行代发工资业务协议书》，由基本户代发职工工资等业务。

8. 单位固定资产、无形资产折旧按月统一计提，购入固定资产案例中，不体现提取折旧过程。单位提取坏账损失采取余额百分比法。

9. 假设单位所得税减免，按会计制度规定从非财政拨款结余或经营结余中提取专用基金的按照预算会计下计算提取金额。

10. 案例中科研项目均为研究阶段。

## 二、1月份经济业务核算案例

1. 1月4日，收到恢复上年度零余额注销额度 3 761 000 元。附单据：上年度注销额度恢复到账通知书。

  财务会计：

  借：零余额账户用款额度          3 761 000

    贷：财政应返还额度—财政授权支付     3 761 000

  预算会计：

  借：资金结存—零余额账户用款额度     3 761 000

    贷：资金结存—财政应返还额度—财政授权支付  3 761 000

2. 1月5日，收到1月份用款计划额度 2 401 000 元，其中：机构运行中人员经费 1 629 000 元；日常公用经费 401 000 元，事业单位医疗人员经费 221 000 元，住房公积金人员经费 150 000 元。附单据：财政授权支付额度到账通知书。

  财务会计：

  借：零余额账户用款额度          2 401 000

    贷：财政拨款收入          2 401 000

  预算会计：

  借：资金结存—零余额账户用款额度     2 401 000

    贷：财政拨款预算收入—基本支出—人员经费（机构运行） 1 629 000

           —人员经费（事业单位医疗）

                    221 000

—人员经费（住房公积金） 150 000

—日常公用经费（机构运行）

401 000

3. 1月5日，基本账户上缴上年12月份个人所得税1 000元。附单据：财政授权支付凭证、基本户银行单据。

（1）划转资金。

财务会计：

借：银行存款 1 000

　　贷：零余额账户用款额度 1 000

预算会计：

借：资金结存—货币资金—财政拨款资金 1 000

　　贷：资金结存—零余额账户用款额度 1 000

（2）缴纳税款。

财务会计：

借：其他应交税款—个人所得税 1 000

　　贷：银行存款 1 000

预算会计：

借：事业支出—科研支出—财政拨款支出—基本支出—工资福利支出—基本工资

　　（机构运行） 1 000

　　贷：资金结存—货币资金—财政拨款资金 1 000

4. 1月20日，王某等报销己项目调研差旅费1 240元，其中：公务卡还款520元，补助转个人账户720元。附单据：差旅费报销单、零余额账户授权支付凭证、公务卡还款明细表、银行单据等。

财务会计：

借：业务活动费用—科研活动费用—商品和服务费用 1 240

　　贷：零余额账户用款额度 520

　　　　零余额账户用款额度 720

预算会计：

借：事业支出—科研支出—财政拨款支出—项目支出—商品和服务支出—差旅费

　　（社会公益研究）（己项目） 1 240

　　贷：资金结存—零余额账户用款额度 520

　　　　资金结存—零余额账户用款额度 720

5. 1月份职工工资核算。

（1）1月13日，计提1月份职工工资1 084 000元。附单据：工资发放汇总表（见表16-1）。

**表 16 – 1**            **1 月份职工工资发放汇总表——（1）**

单位：某研究院           2021 年 1 月 10 日           单位：元

| 项目部门 | 基本工资 | | | 规范津贴补贴 | | | | 应发合计 |
|---|---|---|---|---|---|---|---|---|
| | 合计 | 岗位工资 | 薪级工资 | 合计 | 绩效工资 | 采暖补贴 | 独生子女费 | |
| 科研部门 | 451 000 | 274 000 | 177 000 | 305 000 | 286 000 | 19 000 | | 756 000 |
| 管理部门 | 195 000 | 118 000 | 77 000 | 133 000 | 122 000 | 8 000 | 3 000 | 328 000 |
| 合计 | 646 000 | 392 000 | 254 000 | 438 000 | 408 000 | 27 000 | 3 000 | 1 084 000 |

注：1 月份职工工资发放汇总表拆分为（1）和（2）。

财务会计：

借：业务活动费用—科研活动费用—工资福利费用          756 000

     单位管理费用—工资福利费用                328 000

    贷：应付职工薪酬—基本工资—在职人员           646 000

             —规范津贴补贴（绩效工资）        438 000

（2）划转资金，将本月实发工资 859 000 元转基本户。附单据：财政授权支付凭证、基本户银行单据。

财务会计：

借：银行存款                                859 000

    贷：零余额账户用款额度                   859 000

预算会计：

借：资金结存—货币资金—财政拨款资金           859 000

    贷：资金结存—零余额账户用款额度         859 000

（3）1 月 13 日，发放 1 月份职工工资 859 000 元。假设扣款全部为基本工资。实发工资中科研部门基本工资为 451 000 – 157 700 = 293 300（元），管理部门为 195 000 – 67 300 = 127 700（元）。

   附：工资发放汇总表、基本户银行单据（见表 16 – 2）。

**表 16 – 2**            **1 月份职工工资发放汇总表——（2）**

单位：某研究院           2021 年 1 月 10 日           单位：元

| 项目部门 | 应发合计 | 扣款 | | | | | | 实发合计 |
|---|---|---|---|---|---|---|---|---|
| | | 养老保险 | 职业年金 | 医疗保险 | 公积金 | 个税 | 合计 | |
| 科研部门 | 756 000 | 60 000 | 29 000 | 15 000 | 53 000 | 700 | 157 700 | 598 300 |
| 管理部门 | 328 000 | 26 000 | 13 000 | 6 000 | 22 000 | 300 | 67 300 | 260 700 |
| 合计 | 1 084 000 | 86 000 | 42 000 | 21 000 | 75 000 | 1 000 | 225 000 | 859 000 |

注：1 月份职工工资发放汇总表拆分为（1）和（2）。

财务会计：

借：应付职工薪酬—基本工资—在职人员　　　　　　　　 646 000

　　　　　　　　—规范津贴补贴　　　　　　　　　　　 438 000

　贷：应付职工薪酬—社会保险费—养老保险费—基本养老保险费—个人缴费

　　　　　　　　　　　　　　　　　　　　　　　　　　 86 000

　　　　　　　　—职业年金—个人缴费　　　　　　　　　 42 000

　　　　　　　—医疗保险—个人缴费　　　　　　　　　　 21 000

　　　　　　　—住房公积金—个人缴费　　　　　　　　　 75 000

　　　　　　　—其他应交税费—应交个人所得税　　　　　　 1 000

　　　银行存款　　　　　　　　　　　　　　　　　　　 859 000

预算会计：

借：事业支出—科研支出—财政拨款支出—基本支出—工资福利

支出—基本工资（机构运行）　　　　　　　　　　　 293 300

　　　—绩效工资（机构运行）　　　　　　　　　　　 286 000

　　　—津贴补贴（机构运行）　　　　　　　　　　　　 19 000

　　　　　—管理支出—财政拨款支出—基本支出—工资福利

支出—基本工资（机构运行）　　　　　　　　　　　 127 700

　　　—绩效工资（机构运行）　　　　　　　　　　　 122 000

　　　—津贴补贴（机构运行）　　　　　　　　　　　　 8 000

　　　—其他工资福利支出（机构运行）　　　　　　　　 3 000

　贷：资金结存—货币资金—财政拨款资金　　　　　　　 859 000

6. 1月15日，支付2月份医疗保险费197 000元。其中：单位缴费176 000元，包括基本医疗保险缴费74 000元，公务员医疗98 000元，生育保险2 000元，工伤保险2 000元；个人缴费21 000元。科研与管理部门医疗保险支出分配见表16－3。

表16－3　　　　　　　　　　　　医疗保险支出分配表

单位：某研究院　　　　　　　　　2021年1月15日　　　　　　　　　单位：元

| 项目部门 | 单位缴费 | | | | | 个人缴费 | 合计 |
| --- | --- | --- | --- | --- | --- | --- | --- |
| | 合计 | 基本医疗保险 | 公务员医疗 | 生育保险 | 工伤保险 | | |
| 科研部门 | 117 800 | 50 000 | 65 000 | 1 400 | 1 400 | 15 000 | 132 800 |
| 管理部门 | 58 200 | 24 000 | 33 000 | 600 | 600 | 6 000 | 64 200 |
| 合计 | 176 000 | 74 000 | 98 000 | 2 000 | 2 000 | 21 000 | 197 000 |

（1）划转资金。

将医疗保险缴费转基本户197 000元，与税务局、银行签署的三方协议，医保费用从零余额账户转入基本户后缴费。附单据：财政授权支付凭证、基本户银行单据。

财务会计：

借：银行存款                                           197 000

     贷：零余额账户用款额度                     197 000

预算会计：

借：资金结存—货币资金—财政拨款资金           197 000

     贷：资金结存—零余额账户用款额度           197 000

（2）支付医疗保险费197 000元。附单据：基本户银行单据、医疗保险核定通知书。

财务会计：

借：应付职工薪酬—社会保险费—医疗保险费—单位缴费   176 000

                  —医疗保险费—个人缴费     21 000

     贷：银行存款                              197 000

预算会计：

借：事业支出—科研支出—财政拨款支出—基本支出—工资福利

    支出—职工基本医疗保险缴费（事业单位医疗）     50 000

        —公务员医疗补助缴费（事业单位医疗）     65 000

        —其他社会保障缴费（事业单位医疗）       1 400

        —其他社会保障缴费（事业单位医疗）       1 400

        —基本工资（机构运行）              15 000

    事业支出—管理支出—财政拨款支出—基本支出—工资福利

    支出—职工基本医疗保险缴费（事业单位医疗）     24 000

        —公务员医疗补助缴费（事业单位医疗）     33 000

        —其他社会保障缴费（事业单位医疗）        600

        —其他社会保障缴费（事业单位医疗）        600

        —基本工资（机构运行）               6 000

     贷：资金结存—货币资金—财政拨款资金       197 000

注：财务会计列支见第21题。

7. 1月15日，本月交职工住房公积金203 000元。其中：单位缴费128 000元，为科研人员缴纳80 000元，管理人员缴纳48 000元。个人缴费75 000元，科研人员扣款53 000元，管理人员扣款22 000元。

（1）计提：附单据：公积金汇缴核定书。

财务会计：

借：业务活动费用—科研活动费用—工资福利费用     80 000

    单位管理费用—工资福利费用                48 000

     贷：应付职工薪酬—住房公积金—单位缴费     128 000

（2）付款：交本月职工住房公积金203 000元。附单据：公积金汇缴收据、财政授权支付凭证。

财务会计：

借：应付职工薪酬—住房公积金—单位缴费          128 000

—住房公积金—个人缴费　　　　　　　　75 000

　　贷：零余额账户用款额度　　　　　　　　　　　203 000

预算会计：

借：事业支出—科研支出—财政拨款支出—基本支出—工资福利

　　支出—住房公积金（住房改革支出）　　　　80 000

　　　—基本工资（机构运行）　　　　　　　　53 000

　　　　　—管理支出—财政拨款支出—基本支出—工资福利

　　支出—住房公积金（住房改革支出）　　　　48 000

　　　—基本工资（机构运行）　　　　　　　　22 000

　　贷：资金结存—零余额账户用款额度　　　　　203 000

　　8. 1月份离休人员生活费73 000元，其中：基本工资26 000元，第13月工资24 000元，护理费21 000元，采暖补贴2 000元。

　　（1）1月13日，计提1月份离退休生活费，附单据：离退休职工生活费发放表。

财务会计：

借：单位管理费用—对个人和家庭的补助费用　　73 000

　　贷：应付职工薪酬—基本工资—离退休人员　　73 000

预算会计不做账务处理

　　（2）划转资金，将实发工资73 000元转基本户。附单据：基本户银行单据。

财务会计：

借：银行存款　　　　　　　　　　　　　　　　73 000

　　贷：零余额账户用款额度　　　　　　　　　　　73 000

预算会计：

借：资金结存—货币资金—财政拨款资金　　　　73 000

　　贷：资金结存—零余额账户用款额度　　　　　　73 000

　　（3）1月13日，发1月份离休工资73 000元。附：离退休工资发放表、基本户银行单据。

　　财务会计：

借：应付职工薪酬—基本工资—离退休人员　　　73 000

　　贷：银行存款　　　　　　　　　　　　　　　　73 000

预算会计：

借：事业支出—管理费用—财政拨款支出—基本支出—对个人和家庭的补助—离

　　休费（机构运行）　　　　　　　　　　　　73 000

　　贷：资金结存—货币资金—财政拨款资金　　　　73 000

　　9. 1月15日，支付1月份劳务派遣人员劳务费29 000元，其中：管理部门4 000元，科研部门25 000元。附单据：劳务派遣人员工资发放表、劳务公司开具发票、财政授权支付凭证。

　　　　财务会计：

　　借：业务活动费用—科研活动费用—商品和服务费用　　25 000

　　　单位管理费用—商品和服务费用　　　　　　　　　　　　4 000

　　　　贷：零余额账户用款额度　　　　　　　　　　　　　　29 000

预算会计：

借：事业支出—科研支出—财政拨款支出—基本支出—商品和服务支出—劳务费

（机构运行）　　　　　　　　　　　　　　　　　　　25 000

　　　　—管理支出—财政拨款支出—基本支出—商品和服务支出—劳务费

（机构运行）　　　　　　　　　　　　　　　　　　　4 000

　　　贷：资金结存—零余额账户用款额度　　　　　　　　　29 000

　　10. 1月18日，转工会账户本月工会经费13 008元。根据规定，工费经费按工资总额的2%计提，其中：40%上交上级工会，60%留给基层工会使用。工会经费计提计算如下：

　　　工资总额×工会经费提取比例2% ＝1 084 000×2% ＝21 680（元）

　　　上交上级工会：21 680×40% ＝8 672（元）

　　　转单位基层工会：21 680×60% ＝13 008（元）

　　（1）计提1月份工会经费，附单据：工会经费提取计算表。

　　财务会计：

　　借：单位管理费用—商品和服务费用　　　　　　　　　　21 680

　　　　贷：其他应付款—工会经费　　　　　　　　　　　　21 680

　　（2）转本单位基层工会账户工会经费13 008元。附单据：单位工会开具收据、财政授权支付凭证。

　　财务会计：

　　借：其他应付款—工会经费　　　　　　　　　　　　　　13 008

　　　　贷：零余额账户用款额度　　　　　　　　　　　　　13 008

　　预算会计：

　　借：事业支出—管理支出—财政拨款支出—基本支出—商品和服务支出—工会经费（机构运行）　　　　　　　　　　　　　　　　　　　　13 008

　　　　贷：资金结存—零余额账户用款额度　　　　　　　　13 008

　　注：上交上级工会经费见第32题。

　　11. 1月20日，横向课题A从基本户付测试费2 000元。附单据：发票、基本户银行单据。

　　财务会计：

　　借：业务活动费用—科研活动费用—商品和服务费用　　　2 000

　　　　贷：银行存款　　　　　　　　　　　　　　　　　　　2 000

　　预算会计：

　　借：事业支出—科研支出—非财政专项资金支出—商品和服务支出—委托业务费

（社会公益研究）（A课题）　　　　　　　　　　　　2 000

　　　　贷：资金结存—货币资金　　　　　　　　　　　　　　2 000

　　12. 1月21日，本单位经上级财政部门批准，将闲置房屋出租，房租收入按照规定上缴财政。年合同额 4 200 000 元。单位基本户收到房租收入 4 200 000 元。

相关税费计算如下（房产税和土地使用税本案例暂不考虑）：

增值税 = 4 200 000/（1 + 5%）× 5% = 200 000（元）

城市维护建设税 = 200 000 × 7% = 14 000（元）

教育费附加 = 200 000 × 3% = 6 000（元）

地方教育费附加 = 200 000 × 2% = 4 000（元）

（1）收到房租收入 4 200 000 元。附单据：基本户银行单据，开具的增值税发票。

财务会计：

借：银行存款  4 200 000

 贷：应缴财政款—应缴国库款  3 976 000

  应交增值税  200 000

  应交其他税费—应交城市建设税  14 000

  —应交教育费附加  6 000

  —应交地方教育附加  4 000

该业务预算会计不做账务处理。

（2）缴各种税费。附单据：基本户银行单据、交税凭证。

财务会计：

借：应缴增值税  200 000

 其他应交税费—城建税  14 000

  —教育费附加  6 000

  —地方教育费附加  4 000

 贷：银行存款  224 000

该业务预算会计不做账务处理。

（3）房租收入上缴财政。附单据：缴款书。

财务会计：

借：应缴财政款—应缴国库款  3 976 000

 贷：银行存款  3 976 000

该业务预算会计不做账务处理。

13. 1 月 22 日，用福利费支付慰问生病住院职工 1 000 元。附单据：职工慰问发放表、财政授权支付凭证。

（1）零余额账户提现金。

财务会计：

借：库存现金  1 000

 贷：零余额账户用款额度  1 000

预算会计：

借：资金结存—货币资金  1 000

 贷：资金结存—零余额账户用款额度  1 000

（2）支付慰问金。

财务会计：

借：单位管理费用—商品和服务费用                        1 000

    贷：库存现金                                           1 000

预算会计：

借：事业支出—管理支出—财政拨款支出—基本支出—商品和服务支出—福利费

（机构运行）                                       1 000

    贷：资金结存—货币资金                               1 000

14. 1月23日，王某某还个人借款，交现金2 000元，存入银行，开具收款收据。

（1）收到库存现金。附单据：收款收据。

财务会计：

借：库存现金                                     2 000

    贷：其他应收款—职工垫款—王某某                   2 000

该业务预算会计不做账务处理。

（2）库存现金存入银行。附单据：基本户银行单据。

财务会计：

借：银行存款                                     2 000

    贷：库存现金                                   2 000

该业务预算会计不做账务处理。

15. 1月24日，零余额账户收到省级财政拨付的中央引导地方科技发展专项资金甲项目1 995 000元的用款额度。附单据：财政资金指标文件、财政授权支付额度到账通知书。

财务会计：

借：零余额账户用款额度                       1 995 000

    贷：财政拨款收入                          1 995 000

预算会计：

借：资金结存—零余额账户用款额度             1 995 000

    贷：财政拨款预算收入—项目支出（科技条件专项）（甲项目）

                                             1 995 000

16. 1月25日，用横向课题A款，支付临时用工劳务费3 000元。附单据：劳务费发放表、基本户银行单据等。

财务会计：

借：业务活动费用—科研活动费用—商品和服务费用      3 000

    贷：银行存款                                   3 000

预算会计：

借：事业支出—科研支出—非财政专项资金支出—项目支出—商品和服务支出—

劳务费（社会公益研究）（A课题）                3 000

    贷：资金结存—货币资金                               3 000

17. 1月25日，支付1月份电费25 000元，其中科研部门用电13 000元，技术服务部门用电 7 000 元，管理部门用电 5 000 元。附单据：电费发票、财政授权支付凭证、电费分配表。

财务会计：

借：业务活动费用—科研活动费用—商品和服务费用　　　　　　　13 000

　　　　　—非科研活动费用—技术活动费用—商品和服务费用

　　　　　　　　　　　　　　　　　　　　　　　　　　　　　7 000

　　单位管理费用—商品和服务费用　　　　　　　　　　　　　　5 000

　　贷：零余额账户用款额度　　　　　　　　　　　　　　　　　25 000

预算会计：

借：事业支出—科研支出—财政拨款支出—基本支出—商品和服务支出—电费

（机构运行）　　　　　　　　　　　　　　　　　　　　　　13 000

　　　　　—非科研支出—技术服务活动—财政拨款支出—基本支出—商品和

服务支出—电费（机构运行）　　　　　　　　　　　　　　　7 000

　　　　　—管理支出—财政拨款支出—基本支出—商品和服务支出—电费

（机构运行）　　　　　　　　　　　　　　　　　　　　　　5 000

　　贷：资金结存—零余额账户用款额度　　　　　　　　　　　　25 000

18. 1 月 30 日，计提 1 月份固定资产折旧费用 425 000 元，其中按部门分摊，科研部门 383 000 元，管理部门 42 000 元；按固定资产种类分摊为，房屋及构筑物 141 000 元，通用设备 124 000 万元，专用设备 155 000 万元，家具、用具、装具 5 000 元。附单据：固定资产折旧计算单及部门分摊表（见表 16 - 4）。

表 16 - 4　　　　　　　固定资产折旧计算单及部门分摊表　　　　　单位：元

| 部门＼资产类别 | 房屋及构筑物 | 通用设备 | 专用设备 | 家具、用具、装具 | 合计 |
|---|---|---|---|---|---|
| 科研部门 | 132 000 | 108 000 | 140 000 | 3 000 | 383 000 |
| 管理部门 | 9 000 | 16 000 | 15 000 | 2 000 | 42 000 |
| 合计 | 141 000 | 124 000 | 155 000 | 5 000 | 425 000 |

财务会计：

借：业务活动费用—科研活动费用—固定资产折旧费　　　　　　383 000

　　单位管理费用—固定资产折旧费　　　　　　　　　　　　　42 000

　　贷：固定资产累计折旧—房屋及构筑物　　　　　　　　　　141 000

　　　　　　　　　　　　—通用设备　　　　　　　　　　　　124 000

　　　　　　　　　　　　—专用设备　　　　　　　　　　　　155 000

　　　　　　　　　　　　—家具、用具、装具　　　　　　　　　5 000

该业务预算会计不做账务处理。

19. 1 月 30 日，计提 1 月无形资产摊销费用 15 000 元，其中：科研部门 14 000

元，管理部门 1 000 元。附单据：无形资产摊销计算单及部门分摊表。

　　财务会计：

　　借：业务活动费用—科研活动费用—无形资产摊销费　　　　14 000

　　　　单位管理费用—无形资产摊销费　　　　　　　　　　　1 000

　　　　贷：无形资产累计摊销　　　　　　　　　　　　　　　　　15 000

该业务预算会计不做账务处理。

　　20. 1 月 31 日，财务会计月末结转，附单据：收入、支出科目汇总表（见表 16 – 5）。

**表 16 – 5　　　　　　1 月份财务会计收入、支出科目汇总表**

编制单位：某研究院　　　　　　　　2021 年 1 月 31 日　　　　　　　　单位：元

| 科目编码 | 科目名称 | 金额 |
|---|---|---|
| 4001 | 财政拨款收入 | 4 396 000 |
| | 收入合计 | 4 396 000 |
| 5001 | 业务活动费用 | 1 284 240 |
| 500101 | 科研活动费用 | 1 277 240 |
| 50010101 | 工资福利费用 | 836 000 |
| 50010102 | 商品和服务费用 | 44 240 |
| 50010105 | 固定资产折旧费 | 383 000 |
| 50010106 | 无形资产摊销费 | 14 000 |
| 500102 | 非科研活动费用 | 7 000 |
| 50010201 | 技术活动费用 | 7 000 |
| 5001020102 | 商品和服务费用 | 7 000 |
| 5101 | 单位管理费用 | 523 680 |
| 510101 | 工资福利费用 | 376 000 |
| 510102 | 商品和服务费用 | 31 680 |
| 510103 | 对个人和家庭的补助费用 | 73 000 |
| 510105 | 固定资产折旧费 | 42 000 |
| 510106 | 无形资产摊销费 | 1 000 |
| | 支出合计 | 1 807 920 |

　　（1）结转本月收入。

　　借：财政拨款收入　　　　　　　　　　　　　　　4 396 000

　　　　贷：本期盈余　　　　　　　　　　　　　　　　　4 396 000

　　（2）结转本月支出。

　　借：本期盈余　　　　　　　　　　　　　　　　　1 807 920

　　　　贷：业务活动费用—科研活动费用—工资福利费用　　　　836 000

| | |
|---|---|
| —商品和服务费用 | 44 240 |
| —固定资产折旧费 | 383 000 |
| —无形资产摊销费 | 14 000 |
| —非科研活动费用—技术活动费用—商品和服务费用 | |
| | 7 000 |
| 单位管理费用—工资福利费用 | 376 000 |
| —商品和服务费用 | 31 680 |
| —对个人和家庭的补助费用 | 73 000 |
| —固定资产折旧费 | 42 000 |
| —无形资产摊销费 | 1 000 |

## 三、2～12月典型案例举例，月末结转省略，具体结转业务参考1月份

21. 2月1日，将1月交纳2月份医疗保险单位缴费部分176 000元列支。按缴费项目，基本医疗保险为74 000元，公务员医疗为98 000元，生育保险为2 000元，工伤保险为2 000元。按部门分摊，科研部门为117 800元，管理部门为58 200元。附单据：医疗保险缴款票据，医疗保险支出分配表（见表16-3）。

财务会计：

借：业务活动费用—科研活动费用—工资福利费用　117 800
　　单位管理费用—工资福利费用　58 200
　　贷：应付职工薪酬—社会保险费—医疗保险费—单位缴费　74 000
　　　　　—医疗保险费—单位缴费　98 000
　　　　　—工伤保险费—单位缴费　2 000
　　　　　—生育保险费—单位缴费　2 000

该业务预算会计不做账务处理。

22. 2月20日，基本户收到某大学试验机设计费100 000元。2月1日该单位与某大学签订产品设计技术服务合同，并经技术合同登记机关登记备案并享受免增值税政策。附单据：基本户银行单据、四技服务合同、增值税发票。

财务会计：

借：银行存款　100 000
　　贷：事业收入—非科研收入—技术活动收入　100 000

预算会计：

借：资金结存—货币资金—银行存款　100 000
　　贷：事业预算收入—非科研预算收入—技术活动预算收入—其他技术活动预算收入—非专项资金收入（技术研究与开发）　100 000

23. 2月22日，付实验基地电费10 600元，由使用实验基地的各科研项目承担费用，各项目已经按照规定提取间接费用。附单据：项目电费分配表、电费发票、基

本户银行单据。

财务会计：

借：预提费用—间接费用—管理费用—电费  10 600

  贷：银行存款  10 600

预算会计：

借：事业支出—科研支出—非财政专项资金支出—项目支出—商品服务支出—电
费（社会公益研究）（N 个项目）  10 600

  贷：资金结存—货币资金  10 600

24. 2 月 28 日，上缴乙项目结余资金 1 020 元。乙项目 2 年前已经完成并通过验
收，结余资金应按照规定原渠道返还，上交财政部门。附单据：财政收回结余结转资
金文件，财政授权支付凭证。

财务会计：

借：累计盈余  1 020

  贷：零余额账户用款额度  1 020

预算会计：

借：财政拨款结余—归集上缴—项目支出结余—（社会公益研究）（乙项目）

  1 020

  贷：资金结存—零余额账户用款额度  1 020

25. 2 月 28 日，基本户收到某公司退回材料款 10 000 元。2020 年 11 月非财政拨
款 B 项目购买材料，同时已经领用；2021 年 1 月发现该材料不符合规定标准，经与
某公司协商给予退货。退款已经存入银行并开具收款收据。附单据：基本户银行单
据、收款收据。

收到款项时。

财务会计：

借：银行存款  10 000

  贷：以前年度盈余调整—业务活动费用  10 000

同时，

借：以前年度盈余调整—业务活动费用  10 000

  贷：累计盈余  10 000

预算会计：

借：资金结存—货币资金  10 000

  贷：非财政拨款结转—年初余额调整—项目支出（社会公益研究）（B 项目）

  10 000

26. 3 月 1 日，收到科技部农业科技宣传片制作费 21 000 元，含增值税 1 000 元。
宣传片已交付使用，项目已经完成。附件：基本户银行单据、发票、合同。

财务会计：

借：银行存款  21 000

  贷：事业收入—非科研收入—科普活动收入—非同级财政拨款收入（科技部）

  20 000

　　　　应交增值税　　　　　　　　　　　　　　　　　　　　1 000

预算会计：

借：资金结存—货币资金—银行存款　　　　　　　　　21 000

　　贷：事业预算收入—非科研预算收入—科普活动预算收入—非同级财政拨款

　　　　收入—专项资金收入（科学技术普及）（科技部）　　　21 000

27. 3月5日，食堂购消毒柜11 350元，设备已经通过验收并使用。附单据：发票、财政授权支付凭证、固定资产验收入库单等。

财务会计：

借：固定资产—家具、用具、装具及动植物　　　　　　11 350

　　贷：零余额账户用款额度　　　　　　　　　　　　　11 350

预算会计：

借：事业支出—管理支出—财政拨款支出—基本支出—资本性支出—专用设备购

　　置（机构运行）　　　　　　　　　　　　　　　11 350

　　贷：资金结存—零余额账户用款额度　　　　　　　　11 350

28. 单位委托某公司加工一批××材料，按照合同约定3月5日将价值为10 000元的材料交该公司进行加工，3月31日完工，并支付该公司加工费6 200元，取得增值税普通发票。经验收合格并入库，同时丙项目全部领用。附单据：财政授权支付凭证、合同、增值税发票、出库单、入库单。

（1）3月5日，发放给某公司材料。

财务会计：

借：加工物品—委托加工物品—××材料　　　　　　　10 000

　　贷：库存物品—××材料　　　　　　　　　　　　　10 000

该业务预算会计不做账务处理。

（2）3月31日，支付加工费、附：发票、基本户银行单据。

财务会计：

借：加工物品—委托加工物品—××材料　　　　　　　6 200

　　贷：零余额账户用款额度　　　　　　　　　　　　　6 200

预算会计：

借：事业支出—科研支出—财政拨款支出—项目支出—商品和服务支出—专用材

　　料费（技术研究与开发）（丙项目）　　　　　　　6 200

　　贷：资金结存—零余额账户用款额度　　　　　　　　6 200

（3）委托加工验收入库及领用。

财务会计：

借：库存物品—材料—××材料　　　　　　　　　　　16 200

　　贷：加工物品—委托加工物品—××材料　　　　　　16 200

借：业务活动费用—科研活动费用—商品和服务费用　　16 200

　　贷：库存物品—材料—××材料　　　　　　　　　　16 200

该业务预算会计不做账务处理。

29. 4 月 10 日，基本户收科技部重点研发 C 项目经费 200 000 元。项目期 2 年，按照完成程度确定收入，假设 4 月份完成程度为 30%，应确认收入金额为 60 000 元。附单据：基本户银行单据、任务合同。

（1）收到经费。

财务会计：

借：银行存款　　　　　　　　　　　　　　　　　　　　　200 000

　　贷：预收账款（科技部、C 项目）　　　　　　　　　　　　200 000

预算会计：

借：资金结存—货币资金—银行存款　　　　　　　　　　　200 000

　　贷：事业预算收入—科研预算收入—非同级财政拨款—专项资金收入（技术研究与开发、C 项目）　　　　　　　　　　　　　　200 000

（2）当期确定收入。

借：预收账款（科技部、C 项目）　　　　　　　　　　　　60 000

　　贷：事业收入—科研收入—非同级财政拨款（科技部、C 项目）

　　　　　　　　　　　　　　　　　　　　　　　　　　　60 000

30. 4 月 30 日，零余额账户收财政预算执行中追加的丁项目款 170 000 元用款额度。附单据：财政授权支付额度到账通知书，财政指标文件。

财务会计：

借：零余额账户用款额度　　　　　　　　　　　　　　　　170 000

　　贷：财政拨款收入　　　　　　　　　　　　　　　　　　170 000

预算会计：

借：资金结存—零余额账户额度　　　　　　　　　　　　　170 000

　　贷：财政拨款预算收入—项目支出（其他科学技术支出、丁项目）

　　　　　　　　　　　　　　　　　　　　　　　　　　　170 000

31. 5 月 5 日，购科学研究实验仪器一台，价税合计 512 000 元。设备采购通过政府采购平台购买，实验仪器已经到货并验收合格，国库直接支付 512 000 元，固定资产已验收入库并办理了入库手续。附：政府采购合同、验收单、财政直接支付凭证、固定资产入库单、增值税发票。

财务会计：

借：固定资产—专用设备　　　　　　　　　　　　　　　　512 000

　　贷：财政拨款收入　　　　　　　　　　　　　　　　　　512 000

预算会计：

借：事业支出—科研支出—财政拨款支出—项目支出—资本性支出—专用设备购置（其他科技条件与服务支出）　　　　　　　　　　　512 000

　　贷：财政拨款预算收入—项目支出（其他科技条件与服务支出）

　　　　　　　　　　　　　　　　　　　　　　　　　　　512 000

32. 6 月 20 日，采用直接支付方式上缴上级工会本年工会经费 104 064 元。该单位按照预算指标文件核定数上缴。附：财政直接支付凭证、上级工会缴款凭证。

财务会计：

借：其他应付款—工会经费　　　　　　　　　　　　　　　104 064

　　贷：财政拨款收入　　　　　　　　　　　　　　　　　　　104 064

预算会计：

借：事业支出—管理支出—财政拨款支出—基本支出—商品和服务支出—工会经

　　费（机构运行）　　　　　　　　　　　　　　　　　104 064

　　贷：财政拨款预算收入—基本支出—人员经费（机构运行）　104 064

注：工会经费计提业务见第10题。

33. 7月3日，零余额账户支付甲项目专家咨询费800元。附单据：专家咨询费
发放单、财政授权支付凭证。

财务会计：

借：业务活动费用—科研活动费用—商品和服务费用　　　　　800

　　贷：零余额账户用款额度　　　　　　　　　　　　　　　　　800

预算会计：

借：事业支出—科研支出—财政拨款支出—项目支出—商品和服务支出—咨询费

　　（社会公益研究）（甲项目）　　　　　　　　　　　800

　　贷：资金结存—零余额账户用款额度　　　　　　　　　　　　800

34. 8月1日，基本户收到主管部门财政专项经费—规划编制费80 000元，项目
已完成。附：基本户银行单据、项目书。

财务会计：

借：银行存款　　　　　　　　　　　　　　　　　　　　　80 000

　　贷：非同级财政拨款收入—本级横向转拨财政款（行业主管部门）

　　　　　　　　　　　　　　　　　　　　　　　　　　　　80 000

预算会计：

借：资金结存—货币资金—银行存款　　　　　　　　　　　80 000

　　贷：非同级财政拨款预算收入—本级横向转拨财政款—专项资金收入（其

　　　　他科学技术研究）　　　　　　　　　　　　　　　80 000

35. 9月20日，丁项目支付某材料费93 800元，材料已经验收入库。当期全部
领用。附单据：发票、财政授权支付凭证、入库或验收单、出库单等。

（1）付款。

财务会计：

借：库存物品—材料—某材料　　　　　　　　　　　　　　93 800

　　贷：零余额账户用款额度　　　　　　　　　　　　　　　　93 800

预算会计：

借：事业支出—科研支出—财政拨款支出—项目支出—商品和服务支出—专用材

　　料费（社会公益研究）（丁项目）　　　　　　　　　93 800

　　贷：资金结存—零余额账户用款额度　　　　　　　　　　　93 800

（2）领用。

财务会计：

借：业务活动费用—科研活动费用—商品和服务费用　　　　93 800

　　贷：库存物品—材料—某材料　　　　　　　　　　　　　　　93 800

36. 9月27日，C项目预付×公司委托加工费21 000元。附单据：借款单、基本户银行单据。

财务会计：

借：预付账款—×公司　　　　　　　　　　　　　　　　　21 000

　　贷：银行存款　　　　　　　　　　　　　　　　　　　　　21 000

预算会计：

借：事业支出—科研支出—非财政专项资金支出—项目支出—商品和服务支出—

　　委托业务费（技术研究与开发）（C项目）　　　　　　21 000

　　贷：资金结存—货币资金—银行存款　　　　　　　　　　　21 000

37. 10月8日，甲项目支付科学仪器设备余款83 000元。8月甲项目与×科技公司签订购销合同，购入科学仪器设备一套103 000元，签订合同时预付20 000元，余款待货物验收合格后付款。货物已到，并验收合格，办理了入库手续。附单据：发票、购买合同、财政授权支付凭证、固定资产入库单。

财务会计：

借：固定资产—专用设备　　　　　　　　　　　　　　　103 000

　　贷：预付账款—×科技公司　　　　　　　　　　　　　　　20 000

　　　　零余额账户用款额度　　　　　　　　　　　　　　　　83 000

预算会计：

借：事业支出—科研支出—财政拨款支出—项目支出—资本性支出—专用设备购

　　置（社会公益研究、甲项目）　　　　　　　　　　　83 000

　　贷：资金结存—零余额账户用款额度　　　　　　　　　　　83 000

38. 10月9日，与××家庭农场签订试验用地租赁协议，用于科研样机试验，租金360 000元，租期3年，分3次付款，每年10月20日前支付租金。10月20日，用科技条件专项戊项目支付试验用地租赁费12万元。附单据：发票、试验用地租赁协议、财政授权支付凭证。

（1）付款：计算每月分摊租金：360 000÷3÷12＝10 000（元）。

财务会计：

借：业务活动费用—科研活动费用—商品服务费用　　　　10 000

　　待摊费用　　　　　　　　　　　　　　　　　　　　110 000

　　贷：零余额账户用款额度　　　　　　　　　　　　　　　120 000

预算会计：

借：事业支出—科研支出—财政拨款支出—项目支出—商品和服务支出—租赁费

　　（其他科技条件与服务）（戊项目）　　　　　　　　120 000

　　贷：资金结存—零余额账户用款额度　　　　　　　　　　120 000

（2）下月摊销租赁费。

财务会计：

借：业务活动费用—科研活动费用—商品服务费用　　　　　　　10 000

　　贷：待摊费用　　　　　　　　　　　　　　　　　　　　　　　　10 000

注：以后 11 月相同会计处理。

该业务预算会计不做账务处理。

39. 11 月 11 日，经考核后甲项目发放绩效奖励 29 000 元，奖励金合并到本月工资统一计算个人所得税，绩效奖励已经预提。附单据：绩效审批单、绩效奖励发放明细表、财政授权支付凭证。

财务会计：

借：预提费用—间接费用或管理费用（甲项目）　　　　　　　　29 000

　　贷：零余额账户用款额度　　　　　　　　　　　　　　　　　　　29 000

预算会计：

借：事业支出—科研支出—财政拨款支出—项目支出—工资福利支出—绩效工资
　　（社会公益研究）（甲项目）　　　　　　　　　　　　　　　29 000

　　贷：资金结存—零余额账户用款额度　　　　　　　　　　　　　　29 000

40. 11 月 28 日，支付冬季取暖费 480 000 元，采暖期 2021 年 11 月至 2022 年 4 月。其中：财政拨款项目间接费用承担 42 000 元；单位日常公用经费承担 438 000 元，按 6 个月采暖期分摊，每月 73 000 元，待摊 365 000 元。附单据：供热发票、财政授权支付凭证、项目采暖费分配表。

（1）付款。

财务会计：

借：预提费用—间接费用或管理费（N 个项目）　　　　　　　　42 000

　　单位管理费用—商品和服务费用　　　　　　　　　　　　　　73 000

　　待摊费用—取暖费　　　　　　　　　　　　　　　　　　　365 000

　　贷：零余额账户用款额度　　　　　　　　　　　　　　　　　480 000

预算会计：

借：事业支出—管理支出—财政拨款支出—基本支出—商品和服务支出—取暖费
　　（机构运行）　　　　　　　　　　　　　　　　　　　　　438 000

　　　　　—科研支出—财政拨款支出—项目支出—商品和服务支出—取暖费
　　（N 个项目）　　　　　　　　　　　　　　　　　　　　　42 000

　　贷：资金结存—零余额账户用款额度　　　　　　　　　　　　480 000

（2）下月摊销取暖费。

财务会计：

借：单位管理费用—商品和服务费用　　　　　　　　　　　　　73 000

　　贷：待摊费用—取暖费　　　　　　　　　　　　　　　　　　　73 000

注：以后 5 个月相同会计处理。

该业务预算会计不做账务处理。

41. 12 月 31 日，年末注销零余额账户用款额度 7 250 000 元。附：收回授权支付额度。

财务会计：

借：财政应返还额度—财政授权支付    7 250 000

    贷：零余额账户用款额度    7 250 000

预算会计：

借：资金结存—财政应返还额度—财政授权支付    7 250 000

    贷：资金结存—零余额账户用款额度    7 250 000

42. 12 月 31 日，提本年坏账准备。本单位按照余额百分比法提取坏账准备，提取比例 5‰，年初坏账准备贷方余额 7 700 元，其中：应收账款坏账准备贷方余额为 2 700 元；其他应收款坏账准备贷方余额为 5 000 元。年末收回后不需要上缴财政的应收账款余额为 400 000，应调减坏账准备 700 元，其他应收款的账面余额为 1 063 000 元，补提坏账准备 315 元，累计调减 385 元。附单据：坏账准备提取计算表。

计算如下：

年末应收账款提取坏账准备：$400\ 000 \times 5‰ - 2\ 700 = -700$（元）

年末其他应收款提取坏账准备：$1\ 063\ 000 \times 5‰ - 5\ 000 = 315$（元）

财务会计：

借：坏账准备—应收账款    700

    贷：其他费用    385

        坏账准备—其他应收款    315

该业务预算会计不做账务处理。

# 四、年末结转核算案例

年末结账时由于涉及的科目很多，预算结余类科目简化到 2 级科目。

43. 财务会计年末结转

经 1～12 月月末结转后，本期盈余年末贷方累计发生额 44 178 000 元，其中：财政拨款收入：42 890 000 元，事业收入 1 200 000 元，非同级财政拨款收入 80 000 元，利息收入 8 000 元；借方累计发生额 40 321 000 元，其中：业务活动费用 18 860 000 元，单位管理费用 21 439 000 元，资产处置费用 22 000 元。贷方余额 3 857 000 元（44 178 000 - 40 321 000）。

（1）转本年盈余。

借：本期盈余    3 857 000

    贷：本期盈余分配    3 857 000

（2）从结余中提取专用基金。财务会计的专用基金按照预算会计本年非财政拨款结余分配科目余额的一定比例计提。本单位年末非财政拨款结余分配科目余额为 129 000 元，按规定比率 40% 计提职工福利基金，129 000 × 40% = 51 600（元）。

借：本期盈余分配    51 600

    贷：专用基金—职工福利基金    51 600

（3）结转本年累计盈余。将本期盈余分配科目贷方余额 3 805 400 元（3 857 000 －
51 600），转入累计盈余。

借：本期盈余分配　　　　　　　　　　　　　　　　　　 3 805 400

贷：累计盈余　　　　　　　　　　　　　　　　　　　　 3 805 400

44. 预算会计年末结转

（1）结转本年预算收入。

本年预算收入情况如表 16 -6 所示。

表 16 -6　　　　　　　　　　　　　预算收入类科目发生额表

单位：×研究院　　　　　　会计期间：2021 年 1 月 ~ 2021 年 12 月　　　　　　单位：元

| 科目编码 | 科目名称 | 本期发生贷方 |
|---|---|---|
| 6001 | 财政拨款预算收入 | 42 890 000 |
| 600101 | 基本支出 | 30 448 000 |
| 60010101 | 机构运行 | 25 981 000 |
| 6001010101 | 人员经费 | 20 951 000 |
| 6001010102 | 日常公用经费 | 5 030 000 |
| 60010102 | 事业单位医疗 | 2 656 000 |
| 60010103 | 住房公积金 | 1 811 000 |
| 600102 | 项目支出 | 12 442 000 |
| 60010201 | 社会公益研究 | 2 000 000 |
| 60010203 | 科技条件专项 | 1 995 000 |
| 60010204 | 其他科学技术研究 | 1 060 000 |
| 60010205 | 其他科技条件与服务支出 | 7 387 000 |
| 6101 | 事业预算收入 | 1 337 000 |
| 610101 | 科研预算收入 | 1 216 000 |
| 610102 | 非科研预算收入 | 121 000 |
| 6601 | 非同级财政拨款预算收入 | 80 000 |
| 6609 | 其他预算收入 | 8 000 |
| 660902 | 利息收入 | 8 000 |
| 预算收入小计 | | 44 315 000 |

注：收入中项目支出按项目核算，本案例为了简化，结转时项目用 N 个表示多个。

①转本年财政拨款预算收入。

借：财政拨款预算收入—基本支出—人员经费（机构运行）　20 951 000

—日常公用经费（机构运行）

5 030 000

—人员经费（事业单位医疗）

2 656 000

　　　　—人员经费（住房公积金）

　　　　　　　　　　　　　1 811 000

　　　　—项目支出（社会公益研究、N 个项目）

　　　　　　　　　　　　　2 000 000

　　　　—项目支出（科技条件专项、N 个项目）

　　　　　　　　　　　　　1 995 000

　　　　—项目支出（其他科学技术研究、N 个项目）

　　　　　　　　　　　　　1 060 000

　　　　—项目支出（其他科技条件与服务支出、N 个项目）　　7 387 000

　　贷：财政拨款结转—本年收支结转—基本支出结转—人员经费（功能分类）

　　　　　　　　　　　　　25 418 000

　　　　—日常公用经费（功能分类）　5 030 000

　　　　—项目支出结转（功能分类、N 个项目）

　　　　　　　　　　　　　12 442 000

②转本年事业预算收入、非同级财政拨款收入。

借：事业预算收入—科研预算收入（应用技术研究与开发、项目）

　　　　　　　　　　　　　1 216 000

　　　—非科研预算收入（机构运行）　121 000

　　非同级财政拨款预算收入—本级横向转拨财政款—项目支出（社会公益研究、N 个项目）　　80 000

　　贷：非财政拨款结转—本年收支结转—项目支出结转（功能分类、N 个项目）

　　　　　　　　　　　　　1 296 000

　　　　其他结余（机构运行）　　121 000

③转其他预算收入。

借：其他预算收入—利息收入（机构运行）　　8 000

　　贷：其他结余（机构运行）　　8 000

（2）结转本年预算支出

本年预算支出情况如表16-7所示。

表16-7　　　　　　　　预算支出类科目发生额表

单位：×研究院　　　　会计期间：2021 年1 月~2021 年12 月　　　　单位：元

| 科目编码 | 科目名称 | 本期借方发生额 | 科研支出720101 | 非科研支出720102 | 管理支出720103 |
|---|---|---|---|---|---|
| 7201 | 事业支出 | 43 712 000 | 28 100 000 | 268 000 | 15 344 000 |
| 72010101 | 财政拨款支出 | 42 551 000 | 26 939 000 | 268 000 | 15 344 000 |

续表

| 科目编码 | 科目名称 | 本期借方发生额 | 科研支出 720101 | 非科研支出 720102 | 管理支出 720103 |
|---|---|---|---|---|---|
| 7201010101 | 基本支出 | 26 312 000 | 11 736 000 | 0 | 14 576 000 |
|  | （机构运行） | 21 845 000 | 9 652 000 |  | 12 193 000 |
| 720101010101 | 工资福利支出 | 14 868 000 | 8 518 000 |  | 6 350 000 |
| 72010101010101 | 基本工资 | 6 564 000 | 4 262 000 |  | 2 302 000 |
| 72010101010102 | 津贴补贴 | 327 000 | 193 000 |  | 134 000 |
| 72010101010103 | 奖金 | 1 277 000 | 853 000 |  | 424 000 |
| 72010101010107 | 绩效工资 | 5 219 000 | 3 210 000 |  | 2 009 000 |
| 72010101010112 | 其他社会保障缴费 | 135 000 |  |  | 135 000 |
| 72010101010114 | 医疗费 | 332 000 |  |  | 332 000 |
| 72010101010199 | 其他工资福利支出 | 1 014 000 |  |  | 1 014 000 |
| 720101010102 | 商品和服务支出 | 4 803 000 | 1 134 000 |  | 3 669 000 |
| 72010101010201 | 办公费 | 432 000 |  |  | 432 000 |
| 72010101010202 | 印刷费 | 16 000 |  |  | 16 000 |
| 72010101010203 | 咨询费 | 354 000 | 354 000 |  |  |
| 72010101010204 | 手续费 | 3 000 |  |  | 3 000 |
| 72010101010205 | 水费 | 42 000 | 26 000 |  | 16 000 |
| 72010101010206 | 电费 | 56 000 | 28 000 |  | 28 000 |
| 72010101010207 | 邮电费 | 14 000 |  |  | 14 000 |
| 72010101010208 | 取暖费 | 610 000 | 42 000 |  | 568 000 |
| 72010101010211 | 差旅费 | 208 000 | 116 000 |  | 92 000 |
| 72010101010213 | 维修（护）费 | 855 000 |  |  | 855 000 |
| 72010101010214 | 租赁费 | 200 000 | 200 000 |  | 0 |
| 72010101010215 | 会议费 | 102 000 |  |  | 102 000 |
| 72010101010216 | 培训费 | 21 000 |  |  | 21 000 |
| 72010101010218 | 专用材料费 | 151 000 | 151 000 |  | 0 |
| 72010101010225 | 专用燃料费 | 44 000 | 44 000 |  | 0 |
| 72010101010226 | 劳务费 | 294 000 | 168 000 |  | 126 000 |
| 72010101010228 | 工会经费 | 284 000 |  |  | 284 000 |
| 72010101010229 | 福利费 | 751 000 |  |  | 751 000 |
| 72010101010231 | 公务用车运行维护费 | 132 000 |  |  | 132 000 |
| 72010101010239 | 其他交通费用 | 3 000 | 3 000 |  | 0 |
| 72010101010240 | 税金及附加费用 | 2 000 | 2 000 |  | 0 |

续表

| 科目编码 | 科目名称 | 本期借方发生额 | 科研支出 720101 | 非科研支出 720102 | 管理支出 720103 |
|---|---|---|---|---|---|
| 72010101010299 | 其他商品和服务支出 | 229 000 | | | 229 000 |
| 72010101010103 | 对个人和家庭补助 | 1 947 000 | | | 1 947 000 |
| 72010101010301 | 离休费 | 829 000 | | | 829 000 |
| 72010101010302 | 退休费 | 56 000 | | | 56 000 |
| 72010101010304 | 抚恤金 | 961 000 | | | 961 000 |
| 72010101010305 | 生活补助 | 6 000 | | | 6 000 |
| 72010101010309 | 奖励金 | 77 000 | | | 77 000 |
| 72010101010399 | 其他对个人和家庭的补助 | 18 000 | | | 18 000 |
| 72010101010104 | 资本性支出 | 227 000 | | | 227 000 |
| 72010101010402 | 办公设备购置 | 176 000 | | | 176 000 |
| 72010101010407 | 信息网络及软件购置更新 | 46 000 | | | 46 000 |
| 72010101010408 | 其他 | 5 000 | | | 5 000 |
| 7201010102 | （住房改革支出） | 1 811 000 | 671 000 | | 1 140 000 |
| 72010101020213 | 住房公积金 | 1 811 000 | 671 000 | | 1 140 000 |
| 7201010103 | （事业单位医疗） | 2 656 000 | 1 413 000 | | 1 243 000 |
| 72010101010310 | 基本医疗 | 1 210 000 | 812 000 | | 398 000 |
| 72010101010311 | 公务员医疗补助 | 1 368 000 | 601 000 | | 767 000 |
| 72010101010312 | 其他社会保障缴费 | 78 000 | | | 78 000 |
| 72010102 | 项目支出 | 16 239 000 | 15 203 000 | 268 000 | 768 000 |
| 7201010201 | 科研支出 | 15 971 000 | 15 203 000 | 0 | 768 000 |
| 72010102010101 | 资本性支出 | 8 253 000 | 7 485 000 | | 768 000 |
| 72010102010102 | 办公设备购置 | 12 000 | | | 12 000 |
| 72010102010103 | 专用设备购置 | 6 632 000 | 6 632 000 | | 0 |
| 72010102010106 | 大型修缮 | 750 000 | | | 750 000 |
| 72010102010107 | 信息网络及软件购置更新 | 858 000 | 853 000 | | 5 000 |
| 72010102010108 | 其他 | 1 000 | | | 1 000 |
| 720101020102 | 商品和服务支出 | 7 718 000 | 7 718 000 | | |
| 72010102010201 | 社会公益研究 | 2 432 000 | 2 432 000 | | |
| 7201010201020103 | 咨询费 | 74 000 | 74 000 | | |
| 7201010201020111 | 差旅费 | 231 000 | 231 000 | | |
| 7201010201020115 | 会议费 | 2 000 | 2 000 | | |
| 7201010201020118 | 专用材料费 | 1 507 000 | 1 507 000 | | |

续表

| 科目编码 | 科目名称 | 本期借方发生额 | 科研支出720101 | 非科研支出720102 | 管理支出720103 |
|---|---|---|---|---|---|
| 7201010201020125 | 专用燃料费 | 9 000 | 9 000 | | |
| 7201010201020126 | 劳务费 | 183 000 | 183 000 | | |
| 7201010201020199 | 其他商品和服务支出 | 427 000 | 427 000 | | |
| 72010102010202 | （应用技术研究） | 53 000 | 53 000 | | |
| 7201010201020203 | 咨询费 | 18 000 | 18 000 | | |
| 7201010201020211 | 差旅费 | 18 000 | 18 000 | | |
| 7201010201020218 | 专用材料费 | 11 000 | 11 000 | | |
| 7201010201020226 | 劳务费 | 5 000 | 5 000 | | |
| 7201010201020299 | 其他商品和服务支出 | 1 000 | 1 000 | | |
| 72010102010204 | （其他科技条件与服务支出） | 3 868 000 | 3 868 000 | | |
| 7201010201020403 | 咨询费 | 233 000 | 233 000 | | |
| 7201010201020411 | 差旅费 | 376 000 | 376 000 | | |
| 7201010201020412 | 因公出国（境）费用 | 168 000 | 168 000 | | |
| 7201010201020415 | 会议费 | 8 000 | 8 000 | | |
| 7201010201020418 | 专用材料费 | 1 939 000 | 1 939 000 | | |
| 7201010201020425 | 专用燃料费 | 6 000 | 6 000 | | |
| 7201010201020426 | 劳务费 | 266 000 | 266 000 | | |
| 7201010201020499 | 其他商品和服务支出 | 872 000 | 872 000 | | |
| 72010102010205 | （其他科学技术支出） | 1 124 000 | 1 124 000 | | |
| 7201010201020503 | 咨询费 | 106 000 | 106 000 | | |
| 7201010201020511 | 差旅费 | 115 000 | 115 000 | | |
| 7201010201020515 | 会议费 | 3 000 | 3 000 | | |
| 7201010201020518 | 专用材料费 | 527 000 | 527 000 | | |
| 7201010201020525 | 专用燃料费 | 14 000 | 14 000 | | |
| 7201010201020526 | 劳务费 | 114 000 | 114 000 | | |
| 7201010201020599 | 其他商品和服务支出 | 245 000 | 245 000 | | |
| 72010102010206 | （产业技术研究与开发） | 241 000 | 241 000 | | |
| 7201010201020603 | 咨询费 | 9 000 | 9 000 | | |
| 7201010201020611 | 差旅费 | 58 000 | 58 000 | | |
| 7201010201020618 | 专用材料费 | 132 000 | 132 000 | | |
| 7201010201020625 | 专用燃料费 | 2 000 | 2 000 | | |
| 7201010201020626 | 劳务费 | 10 000 | 10 000 | | |

续表

| 科目编码 | 科目名称 | 本期借方发生额 | 科研支出720101 | 非科研支出720102 | 管理支出720103 |
|---|---|---|---|---|---|
| 7201010201020699 | 其他商品和服务支出 | 30 000 | 30 000 | | |
| 7201020202 | 非科研支出 | 268 000 | | 268 000 | |
| 720101020202 | 商品和服务支出 | 268 000 | | 268 000 | |
| 72010102020201 | 办公费 | 13 000 | | 13 000 | |
| 72010102020213 | 维修费 | 233 000 | | 233 000 | |
| 72010102020226 | 劳务费 | 22 000 | | 22 000 | |
| 720102 | 非财政专项资金支出 | 1 161 000 | 1 161 000 | | |
| 72010201 | 科研支出 | 1 161 000 | 1 161 000 | | |
| 7201020101 | 商品服务支出 | 1 097 000 | 1 097 000 | | |
| 720102010103 | 咨询费 | 78 000 | 78 000 | | |
| 720102010106 | 电费 | 3 000 | 3 000 | | |
| 720102010111 | 差旅费 | 280 000 | 280 000 | | |
| 720102010115 | 会议费 | 45 000 | 45 000 | | |
| 720102010118 | 专用材料费 | 368 000 | 368 000 | | |
| 720102010125 | 专用燃料费 | 10 000 | 10 000 | | |
| 720102010126 | 劳务费 | 138 000 | 138 000 | | |
| 720102010199 | 其他支出 | 175 000 | 175 000 | | |
| 7201020102 | 资本性支出 | 64 000 | 64 000 | | |
| 720102010203 | 专用设备购置 | 64 000 | 64 000 | | |

注：科目编码为科研支出编码，由于内容较多，非科研支出、管理费用科目编码省略。

年末将支出科目余额转到相应科目。

借：财政拨款结转—本年收支结转—基本支出结转—人员经费（功能分类）

21 282 000

—日常公用经费（功能分类）

5 030 000

—项目支出结转（功能分类、N个项目）

16 239 000

非财政拨款结转—本年收支结转—项目支出（功能分类、N个项目）

1 161 000

贷：事业支出—科研支出—财政拨款支出—基本

支出—工资福利支出（机构运行）　　　　　　　　8 518 000

　　—商品服务支出（机构运行）　　　　　　　1 134 000

　　—工资福利支出（事业单位医疗）　　　　　1 413 000

　　—工资福利支出（住房公积金）　　　　　　　671 000

　　　　　　　—项目支出/商品和服务支出（社

会公益研究、N 个项目）　　　　　　　　　　　2 432 000

　　　　　　　—项目支出/商品和服务支出（社

会公益研究、N 个项目）　　　　　　　　　　　　53 000

　　　　　　　—项目支出/商品和服务支出（其

他科学技术研究、N 个项目）　　　　　　　　　1 124 000

　　　　　　　—项目支出/商品和服务支出（其

他科技条件与服务支出、N 个项目）　　　　　　3 868 000

　　　　　　　—项目支出/商品和服务支出（产

业技术研究与开发、N 个项目）　　　　　　　　241 000

　　　　　　—项目支出/资本性支出（科技条

件专项、N 个项目）　　　　　　　　　　　　　7 485 000

事业支出—科研支出—非财政专项资金支出—项目

支出—商品和服务支出（产业技术研究与开发、N 个项目）

　　　　　　　　　　　　　　　　　　　　　　1 097 000

　　—资本性支出（产业技术研究与开发、N 个项目）　64 000

事业支出—非科研支出—财政拨款支出—项目支出—商品和服务支出

（其他科技条件与服务支出、N 个项目）　　　　268 000

事业支出—管理支出—财政拨款支出—基本

支出—工资福利支出（机构运行）　　　　　　　6 350 000

　　—商品和服务支出（机构运行）　　　　　　3 669 000

　　—对个人和家庭的补助（机构运行）　　　　1 947 000

　　—工资福利支出（事业单位医疗）　　　　　1 243 000

　　—工资福利支出（住房公积金）　　　　　　1 140 000

　　—资本性支出（机构运行）　　　　　　　　　227 000

　　—项目支出—资本性支出（科技条件专项、N 个项目）

　　　　　　　　　　　　　　　　　　　　　　　768 000

注：由于经济分类科目内容较多，本案例省略款级科目，实际工作中需要结转到款级科目。

（3）年末财政拨款结转明细科目核算。

①年末将本年结转明细科目转入累计结转明细科目，详见表 16-8。

表 16 - 8           **财政拨款结转—本年收支结转科目汇总表**

编制单位：×研究院                                                           单位：元

| 科目编码 | 科目名称 | 收入 | 支出 | 结余 |
|---|---|---|---|---|
| | 财政拨款结转 | 42 890 000 | 42 551 000 | 339 000 |
| | 基本支出 | 30 448 000 | 26 312 000 | 4 136 000 |
| | 人员经费 | 25 418 000 | 21 282 000 | 4 136 000 |
| 6001010101 | 机构运行 | 20 951 000 | 16 815 000 | 4 136 000 |
| 720101010101 | 工资福利支出 | | 14 868 000 | |
| 720101010103 | 对个人和家庭补助 | | 1 947 000 | |
| 60010103 | 住房公积金 | 1 811 000 | 1 811 000 | |
| 720101010213 | 住房公积金 | | 1 811 000 | |
| 60010102 | 事业单位医疗 | 2 656 000 | 2 656 000 | |
| 72010101 03 | 事业单位医疗 | | 2 656 000 | |
| 6001010102 | 日常公用经费 | 5 030 000 | 5 030 000 | |
| 720101010102 | 商品和服务支出 | | 4 803 000 | |
| 720101010104 | 资本性支出 | | 227 000 | |
| 600102 | 项目支出 | 12 442 000 | 16 239 000 | - 3 797 000 |
| 72010102 | 项目支出 | | 16 239 000 | |

借：财政拨款结转—本年收支结转—基本支出结转—人员经费（功能分类）

                                      4 136 000

       —累计结转—项目支出结转（功能分类、N 个

       项目）                 3 797 000

  贷：财政拨款结转—累计结转—基本支出结转—人员经费（功能分类）

                                      4 136 000

       —本年收支结转—项目支出结转（功能分类、

       N 个项目）           3 797 000

②年末财政拨款结转明细科目间结转。

借：财政拨款结转—累计结转—项目支出结转（功能分类、乙项目）

                                      1 020

  贷：财政拨款结转—归集上缴—项目支出结转/（社会公益研究、乙项目）

                                      1 020

③经分析累计结转科目中政府采购项结余款 4 000 元，按规定应结转到财政拨款结余。

借：财政拨款结转—累计结转—项目支出结转（功能分类、项目）

                                      4 000

  贷：财政拨款结余—累计结余—项目支出结余（功能分类、项目）

                     4 000

  （4）年末非财政拨款结转明细科目核算。

  ①将本年结转明细科目余额转入累计结转明细科目。计算：非财政拨款结转—本年结转科目余额＝（1 216 000＋80 000）－1 161 000＝135 000（元）

  借：非财政拨款结转—本年收支结转—项目支出结转（功能分类、N 个项目）

                   135 000

    贷：非财政拨款结转—累计结转—项目支出结转（功能分类、N 个项目）

                   135 000

  ②将年初余额调整明细科目余额转入累计结转明细科目。

  借：非财政拨款结转—年初余额调整—项目支出结转（社会公益研究、B 项目）

                10 000

    贷：非财政拨款结转—累计结转—项目支出结转（功能分类、B 项目）

                10 000

  （5）年末其他结余核算。

  ①将其他结余科目余额结转到非财政拨款结余分配科目。其他结余科目年末余额＝121 000＋8 000＝129 000（元）

  借：其他结余             129 000

    贷：非财政拨款结余分配        129 000

  ②进行年末非财政拨款结余分配，其中提取专用结余 51 600（129 000×40%）

  借：非财政拨款结余分配        129 000

    贷：非财政拨款结余—累计结余     77 400

      专用结余          51 600

# 第二节  专项资金核算案例

  科学事业单位以开展科研活动为主，各种科技计划项目和科技成果转化项目等专项资金业务在科学事业单位中占据重要位置。近年来，随着国家科技计划体制和科研经费管理改革的不断深化，专项资金的会计核算需要在政府会计制度的规定下体现科研经费的管理要求，这也是科学事业单位的行业特点。本书挑选了常见的科技计划项目、科技计划项目合作款、科技计划项目间接费用、科技计划项目设备费以及科技成果转化等业务进行举例说明。

## 一、科技计划项目核算案例

### （一）科技计划项目的种类

  科技计划项目既包括政府计划项目，也包括企事业单位、科研单位以及高等院校等组织机构的计划项目。其中，由各种类型、各个层次的政府科技计划而形成的项目称为政府计划项目。此外，各企事业单位或科研单位、高等院校根据本单位科技发展的需要也会编制各类科研和开发计划。凡是被列入某一组织机构科研计划的项目，也可以称为计划项目。科技计划项目区别于合同项目，这里所说的合同项目是指科研单位和企业接受政府或企事业单位的委托，承担某一方面的研究或开发课题，通过合同约束双方权利与义务的科学技术项目，也就是横向项目。

1. 按照项目的投资部门不同，科技计划项目可以分为政府投资项目，如我国国家重点研发项目、国家科技重大专项；行业部门投资项目，如中央地质勘查基金项目、国家环境保护专项等；企事业技术开发立项项目；科研群体（机构）自筹项目；有关国际组织或国内外知名人士资助项目等。

2. 按照资金来源划分，可以分为财政资金和其他资金。财政资金按照财政资金预算级次，又可分为中央财政科技计划项目、省级财政科技计划项目、市（县）级财政科技计划项目。2014 年国务院公布《关于深化中央财政科技计划（专项、基金等）管理改革方案》，将中央各部门管理的科技计划（专项、基金）整合形成五类科技计划（专项、基金），分别为国家自然科学基金、国家科技重大专项、国家重点研发计划、技术创新引导专项（基金）、基地和人才专项。省市级科技计划项目的类别一般根据国家分类标准并结合本地区特点进行安排；其他资金项目一般包括地方财政资金、单位自有资金和其他资金。

（二）科技计划项目费用构成

科技计划项目费用一般包括直接费用和间接费用。

1. 直接费用是指在项目实施过程中发生的与之直接相关的费用，根据《国务院办公厅关于改革完善中央财政科研经费管理的若干意见》（国办发〔2021〕32 号）规定，直接费用主要包括设备费、业务费、劳务费三类科目。项目直接费用必须具备目标相关性、政策相符性、经济合理性。

（1）设备费：是指在项目实施过程中购置或试制专用仪器设备，对现有仪器设备进行升级改造，以及租赁外单位仪器设备而发生的费用。计算类仪器设备和软件工具可在设备费科目列支。单位应当严格控制设备购置，鼓励开放共享、自主研制、租赁专用仪器设备以及对现有仪器设备进行升级改造，避免重复购置。

（2）业务费：是指项目实施过程中消耗的各种材料、低值易耗品等、发生的测试化验加工、燃料动力、出版文献、信息传播、知识产权事务、会议、差旅、国际合作与交流以及其他与项目实施直接相关的各项费用。具体内容包括：在项目实施过程中发生的各种原材料、辅助材料等，低值易耗品的采购及运输、装卸、整理等费用，支付给外单位（包括承担单位内部独立经济核算单位）的检验、测试、化验及加工等费用；直接使用的相关仪器设备、科学装置等运行发生的水、电、气、燃料消耗费用等；需要支付的出版费、资料费、文献检索费、专业通信费、专利申请及其他知识产权事务等费用；发生的会议费、差旅费和国际合作交流费。在编制预算时，承担单位和科研人员应当按照实事求是、精简高效、厉行节约的原则，严格执行国家和单位的有关规定，统筹安排使用项目资金。

（3）劳务费：是指在项目实施过程中支付给参与项目的研究生、博士后、访问学者以及项目聘用的研究人员、科研辅助人员、科研（财务）助理等的劳务性费用，以及支付给临时聘请的咨询专家的费用。项目聘用人员的劳务费开支标准，参照当地科学研究和技术服务业从业人员平均工资水平，根据其在项目研究中承担的工作任务确定，其社会保险补助、住房公积金等纳入劳务费科目列支。专家咨询费不得支付给参与本项目及所属课题研究和管理的相关工作人员，专家咨询费管理按照国家有关规定执行。劳务费预算应据实编制，不设比例限制。

2. 间接费用是指项目承担单位在组织实施项目过程中发生的无法在直接费用中列支的相关费用，主要包括：承担单位为项目研究提供的房屋占用，日常水、电、气、暖消耗，有关管理费用的补助支出，以及激励科研人员的绩效支出等。间接费用按照直接费用扣除设备购置费后的一定比例核定，由项目承担单位统筹安排使用。项目承担单位可将间接费用全部用于绩效支出，并向创新绩效突出的团队和个人倾斜。

需要注意的是，不同的科技计划项目资金来源不同，管理办法也不尽相同。例如国家自然科学基金不同的项目类别对间接费用的核定标准有所不同，有些省份对直接费用中劳务费的核定范围也不相同。随着科技创新机制体制改革的不断深入，资金管理办法也在不断地优化，日常业务处理需要灵活掌握，根据对应的资金管理办法进行核算和管理。

（三）财政科技计划项目核算案例

【例 16 - 1】××省科学研究院，2020 年申请获批××省重点研发计划专项项目，项目名称：××项目，项目期 2 年，项目批复预算总金额 130 万元，其中省级财政资金 100 万元，××省科学研究院 80 万元，项目参加单位××科技有限公司 20 万元；财政资金中的直接费用 90 万元，主要包括：设备费 30 万元、业务费 50 万元（项目参加单位 20 万元），劳务费 10 万元；财政资金中的间接费用 10 万元。自筹资金 30 万元，用于直接费用中业务费 30 万元。该单位科研项目全部为研究阶段，科研项目的核算方式为项目辅助核算，案例中以括号形式表示。2020 年发生以下业务：

1. 直接费用：

（1）2020 年 1 月省财政支付平台系统××项目计划下达，额度 100 万元。1 月 15 日通过政府采购平台系统，申请该项目专用设备的采购计划（根据当年政府采购门槛价格具体把握）。申请 2 月授权支付额度××项目资金 100 万元，2 月 1 日授权支付额度批复，取得零余额账户额度到账通知书。

（2）2 月 18 日项目负责人提供项目任务书，通过零余额账户拨付项目参加单位××科技有限公司××项目款 20 万元，取得该公司收款收据。

（3）2 月 25 日零余额账户支付参加项目研究生劳务费 0.25 万元，提供劳务费发放表。

（4）3 月 5 日购买项目用专用材料一批 12 万元，提供发票并办理了出入库手续，其中：当月入库 12 万元，当月出库 3 万元，其中零余额账户支付 10 万元，基本户银行转账 2 万元。

（5）4 月 1 日政府采购专用设备到货，办理固定资产验收入库手续及出库手续，提供 29 万元发票及购货合同，办理了支付手续并取得授权支付凭证；收取质量保证金 1.45 万元，期限 1 年。

（6）4 月 5 日李伟同志报差旅费 0.5 万元，提供出差审批单、差旅费报销单，财务取得零余额账户公务卡还款支付 0.3 万元，支付现金 0.2 万元。

（7）5 月 5 日召开项目阶段研讨会，邀请相关领域专家，通过零余额账户支付会议费 0.8 万元，提供会议费发票及详单；支付专家咨询费 0.63 万元，取得零余额账户授权支付凭证 0.6 万元，转基本户代扣代缴个人所得税款 0.03 万元，次月上交个人所得税 0.03 万元。

（8）8 月 5 日通过零余额账户支付××专利代理公司代理费 0.5 万元，取得发票和代理合同。

（9）9 月 10 日通过零余额账户支付××中心测试费 5 万元，取得发票和合同。

（10）12 月 10 日通过零余额账户支付仪器设备耗用电费 1 万元，取得电费发票。

2. 间接费用：本单位按月提取间接费用

（11）计算并提取 1 月份间接费用。1 月 25 日，提供科技计划项目任务书，按间接经费总额（10 万元）除项目期（2 年×12 个月）计算月提取金额，××项目计提间接费用 0.42 万元（本案省略拾以下数字）。

（12）9 月 15 日通过零余额账户支付应由本项目分摊的办公楼暖气费 3 万元。

（13）12 月 1 日，通过零余额账户支付应由本项目分摊的办公用房电费 1 万元。

3. 全年发生及结转情况：财务会计按月结转，月末结转本期收入、费用，取得本月收入、费用汇总表。预算会计按年结转，12 月 31 日，年终结转本年收入及支出，取得 2020 年全年××项目收入支出汇总情况，全年财政拨款收入 100 万元；全年总支出 95 万元。其中财政拨款支出 80 万元，直接费用 75 万元，包括设备费 29 万元（经济科目专用设备购置 29 万元）、业务费 41 万元（经济科目专用材料费 30 万元、委托业务费 6 万元、电费 1 万元、差旅费 4 万元）、劳务费 5 万元（经济科目劳务费 3 万元、咨询费 2 万元），间接费用 5 万元（经济科目电费 2 万元、取暖费 3 万元）；自筹资金支出 15 万元，业务费 15 万元（经济科目专用材料费 15 万元）。

根据以上业务做如下会计处理：

（1）2 月 1 日，收到××项目财政授权支付额度 100 万元。

财务会计：

借：零余额账户用款额度     1 000 000
    贷：财政拨款收入—项目支出（××项目）    1 000 000

预算会计：

借：资金结存—零余额账户用款额度     1 000 000
    贷：财政拨款预算收入—项目支出（××项目）    1 000 000

（2）2 月 18 日，付××项目参加单位××科技有限公司项目款 20 万元，参加单位项目预算资金全部为材料费，因此直接计入直接费用的材料费中。

财务会计：

借：业务活动费用—科研业务费用—商品和服务费用—直接费用—业务费（××
　　项目）　　　　　　　　　　　　　　　　　　　　　　200 000
　　　贷：零余额账户用款额度　　　　　　　　　　　　　200 000
预算会计：
借：事业支出—科研支出—财政拨款支出—项目支出—商品和服务支出—专用材
　　料费（××项目）　　　　　　　　　　　　　　　　200 000
　　　贷：资金结存—零余额账户用款额度　　　　　　　　200 000
（3）2月25日，付××项目研究生劳务费0.25万元。
财务会计：
借：业务活动费用—科研业务费用—商品和服务费用—直接费用—劳务费（××
　　项目）　　　　　　　　　　　　　　　　　　　　　2 500
　　　贷：零余额账户用款额度　　　　　　　　　　　　　2 500
预算会计：
借：事业支出—科研支出—财政拨款支出—项目支出—商品和服务支出—劳务费
　　（××项目）　　　　　　　　　　　　　　　　　　2 500
　　　贷：资金结存—零余额账户用款额度　　　　　　　　2 500
（4）3月5日，××项目购买专用材料一批12万元。
购买材料时：
财务会计：
借：库存物品　　　　　　　　　　　　　　　　　　　　120 000
　　　贷：零余额账户用款额度　　　　　　　　　　　　　100 000
　　　　　银行存款　　　　　　　　　　　　　　　　　　20 000
预算会计：
借：事业支出—科研支出—财政拨款支出—项目支出—商品和服务支出—专用材
　　料费（××项目）　　　　　　　　　　　　　　　　100 000
　　　　　　　　—其他资金支出—项目支出—商品和服务支出—专用材
　　　　　　　　　料费（××项目）　　　　　　　　　　20 000
　　　贷：资金结存—零余额账户用款额度　　　　　　　　100 000
　　　　　　　—货币资金—银行存款　　　　　　　　　　20 000
领用材料时：
财务会计：
借：业务活动费用—科研业务费用—商品和服务费用—直接费用—业务费（××
　　项目）　　　　　　　　　　　　　　　　　　　　　30 000
　　　贷：库存物品　　　　　　　　　　　　　　　　　　30 000
预算会计不做账务处理。
（5）4月1日项目采购专用设备：
财务会计：
借：固定资产—专用设备　　　　　　　　　　　　　　　290 000

贷：零余额账户用款额度      290 000

预算会计：

借：事业支出—科研支出—财政拨款支出—项目支出—资本性支出—专用设备购

 置—设备费（××项目）      290 000

  贷：资金结存—零余额账户用款额度    290 000

收取××公司质量保证金1.45万元

财务会计：

借：银行存款      14 500

  贷：其他应付款—××公司    14 500

预算会计不做账务处理。

（6）4月5日，项目组李伟同志报差旅费0.5万元。

财务会计：

借：业务活动费用—科研业务费用—商品和服务费用—直接费用—业务费（××

 项目）      5 000

  贷：零余额账户用款额度     5 000

预算会计：

借：事业支出—科研支出—财政拨款支出—项目支出—商品和服务支出—差旅费

 （××项目）      5 000

  贷：资金结存—零余额账户用款额度    3 000

     —零余额账户用款额度    2 000

（7）5月5日召开项目阶段研讨会。

①付××项目研讨会会议费0.8万元。

财务会计：

借：业务活动费用—科研业务费用—商品和服务费用—直接费用—业务费（×

 ×项目）      8 000

  贷：零余额账户用款额度     8 000

预算会计：

借：事业支出—科研支出—财政拨款支出—项目支出—商品和服务支出—会议费

 （××项目）      8 000

  贷：资金结存—零余额账户用款额度    8 000

②付××项目研讨会专家咨询费0.63万元。

财务会计：

借：业务活动费用—科研业务费用—商品和服务费用—直接费用—劳务费（××

 项目）      6 300

  贷：零余额账户用款额度—项目支出（××项目）  6 000

    其他应交税费—个人所得税    300

预算会计：

借：事业支出—科研支出—财政拨款支出—项目支出—商品和服务支出—咨询费

（××项目）　　6 000

　　贷：资金结存—零余额账户用款额度　　6 000

③下月上缴××项目专家咨询费个人所得税0.03万元，同时转××项目专家咨询费代扣代缴个人所得税款0.03万元。（个人所得税由基本户支付）

划转资金：

财务会计：

借：银行存款　　300

　　贷：零余额账户用款额度　　300

预算会计：

借：资金结存—货币资金—财政拨款资金　　300

　　贷：资金结存—零余额账户用款额度　　300

缴个人所得税：

财务会计：

借：其他应交税费—个人所得税　　300

　　贷：银行存款　　300

预算会计：

借：事业支出—科研支出—财政拨款支出—项目支出—商品和服务支出—咨询费（××项目）　　300

　　贷：资金结存—货币资金—财政拨款资金　　300

（8）8月5日，××项目付××专利代理公司申请专利代理费0.5万元。附：专利代理合同、代理费发票、零余额账户授权支付凭证、零余额账户单位客户专用回单。

财务会计：

借：业务活动费用—科研业务费用—商品和服务费用—直接费用—业务费（××项目）　　5 000

　　贷：零余额账户用款额度　　5 000

预算会计：

借：事业支出—科研支出—财政拨款支出—项目支出—商品和服务支出—委托业务费（××项目）　　5 000

　　贷：资金结存—零余额账户用款额度　　5 000

（9）9月10日，付××中心××项目的测试费5万元。

财务会计：

借：业务活动费用—科研业务费用—商品和服务费用—直接费用—业务费（××项目）　　50 000

　　贷：零余额账户用款额度　　50 000

预算会计：

借：事业支出—科研支出—财政拨款支出—项目支出—商品和服务支出—委托业务费（××项目）　　50 000

　　贷：资金结存—零余额账户用款额度　　50 000

(10) 12 月 10 日，××项目付仪器设备耗用电费 1 万元。

财务会计：

借：业务活动费用—科研业务费用—商品和服务费用—直接费用—业务费（××
　　项目）　　　　　　　　　　　　　　　　　　　　　　　　　　　　 10 000

　　　贷：零余额账户用款额度　　　　　　　　　　　　　　　　　　 10 000

预算会计：

借：事业支出—科研支出—财政拨款支出—项目支出—商品和服务支出—电费
　　（××项目）　　　　　　　　　　　　　　　　　　　　　　　　 10 000

　　　贷：资金结存—零余额账户用款额度　　　　　　　　　　　　　 10 000

(11) 1 月 25 日，计提××项目 1 月份间接费用 0.42 万元。

财务会计：

借：单位管理费用—科研业务费用—商品和服务费用—间接费用（××项目）
　　　　　　　　　　　　　　　　　　　　　　　　　　　　　　　　　 4 200

　　　贷：预提费用—项目间接费用或管理费（××项目）　　　　　　　 4 200

预算会计不做账务处理。

(12) 9 月 15 日，付办公楼暖气费 3 万元。

财务会计：

借：预提费用—项目间接费用或管理费（××项目）　　　　　　　　 30 000

　　　贷：零余额账户用款额度　　　　　　　　　　　　　　　　　　 30 000

预算会计：

借：事业支出—科研支出—财政拨款支出—项目支出—商品和服务支出—取暖费
　　（××项目）　　　　　　　　　　　　　　　　　　　　　　　　 30 000

　　　贷：资金结存—零余额账户用款额度　　　　　　　　　　　　　 30 000

(13) 12 月 1 日，××项目付间接费用的电费 1 万元。

财务会计：

借：预提费用—项目间接费用或管理费（××项目）　　　　　　　　 10 000

　　　贷：零余额账户用款额度　　　　　　　　　　　　　　　　　　 10 000

预算会计：

借：事业支出—科研支出—非财政专项资金支出—项目支出—商品和服务支出—
　　电费（××项目）　　　　　　　　　　　　　　　　　　　　　　 10 000

　　　贷：资金结存—零余额账户用款额度　　　　　　　　　　　　　 10 000

(14) 以 2 月份举例进行财务会计结转，其他月省略。

①结转本期收入。

财务会计：

借：财政拨款收入—项目支出（××项目）　　　　　　　　　　 1 000 000

　　　贷：本期盈余　　　　　　　　　　　　　　　　　　　　　 1 000 000

②结转本期费用。

财务会计：

借：本期盈余　　　　　　　　　　　　　　　　　　　　　206 700
　　贷：业务活动费用—科研业务费用—商品和服务费用—直接费用—业务费
（××项目）　　　　　　　　　　　　　　　　　　　200 000
　　　　业务活动费用—科研业务费用—商品和服务费用—直接费用—劳务费
（××项目）　　　　　　　　　　　　　　　　　　　2 500
　　　　单位管理费用—科研业务费用—商品和服务费用—间接费用（××项目）
　　　　　　　　　　　　　　　　　　　　　　　　　　　　4 200

（15）年末结转。12月31日，2020年全年财政拨款收入100万元；全年××项
目支出情况。全年总支出95万元。其中财政拨款支出80万元，直接费用75万元，
包括设备费29万元（经济科目专用设备购置29万元）、业务费41万元（经济科目专
用材料费30万元、委托业务费6万元、电费1万元、差旅费4万元）、劳务费5万元
（经济科目劳务费3万元、咨询费2万元），间接费用5万元（经济科目电费2万元、取
暖费3万元）；自筹资金支出15万元，业务费15万元（经济科目专用材料费15万元）。

①财务会计年末结转：
计算：本期盈余＝收入－（直接费用－设备费）－间接费用＝100－（75＋15－29）－
5＝34（万元）

借：本期盈余　　　　　　　　　　　　　　　　　　　　340 000
　　贷：本期盈余分配　　　　　　　　　　　　　　　　340 000
借：本期盈余分配　　　　　　　　　　　　　　　　　　340 000
　　贷：累计盈余　　　　　　　　　　　　　　　　　　340 000

②预算会计年末结转：
结转本年收入：
借：财政拨款预算收入—项目支出（××项目）　　　　　1 000 000
　　贷：财政拨款结转—本年收支结转—项目支出（××项目）　1 000 000
结转本年支出：
借：财政拨款结转—本年收支结转—项目支出（××项目）　800 000
　　其他结余　　　　　　　　　　　　　　　　　　　　150 000
　　贷：事业支出—科研支出—财政拨款支出—项目支出—资本性支出—专用设
备购置—设备费（××项目）　　　　　　　　　　　290 000
　　　　事业支出—科研支出—财政拨款支出—项目支出—商品和服务支出—专
用材料费（××项目）　　　　　　　　　　　　　300 000
　　　　事业支出—科研支出—财政拨款支出—项目支出—商品和服务支出—委
托业务费（××项目）　　　　　　　　　　　　　60 000
　　　　事业支出—科研支出—财政拨款支出—项目支出—商品和服务支出—电
费（××项目）　　　　　　　　　　　　　　　　10 000
　　　　事业支出—科研支出—财政拨款支出—项目支出—商品和服务支出—差
旅费（××项目）　　　　　　　　　　　　　　　40 000
　　　　事业支出—科研支出—财政拨款支出—项目支出—商品和服务支出—劳

务费（××项目）                                              30 000

事业支出—科研支出—财政拨款支出—项目支出—商品和服务支出—咨

询费（××项目）                                              20 000

事业支出—科研支出—财政拨款支出—项目支出—商品和服务支出—电

费（××项目）                                                20 000

事业支出—科研支出—财政拨款支出—项目支出—商品和服务支出—取

暖费（××项目）                                              30 000

事业支出—科研支出—其他资金支出—项目支出—商品和服务支出—专

用材料费（××项目）                                         150 000

借：非财政拨款结余分配                                    150 000

　　贷：其他结余                                           150 000

③用以前年度事业基金作为自有资金来源，本年用 15 万元。

借：非财政拨款结余                                        150 000

　　贷：非财政拨款结余分配                                 150 000

④结转本年财政拨款结转 20 万元，计算：100 - 80 = 20（万元）。

借：财政拨款结转—本年收支结转—项目支出（××项目）    200 000

　　贷：财政拨款结转—累计结转—项目支出（××项目）    200 000

科技计划项目资金结转下年，财政拨款结转余额××项目 20 万元，2021 年继续用于课题研究使用。2021 年核算方法同 2020 年。

## 二、科技计划项目合作款核算案例

（一）科技计划项目合作款的含义及拨付方式

科技计划项目合作款是指科学事业单位取得的，需要与其他单位合作完成的科技计划项目款项。例如国家重点研发计划由若干重点专项组成，重点专项下设项目，项目可根据需要下设课题，课题可以分为承担单位和参与单位。根据目前科技计划项目资金拨付管理要求，科技计划项目一般按照"三步走"的拨付方式，即资金由项目管理机构或财政部门拨付给项目（课题）承担单位，再由承担单位按照合同额度转拨给项目（课题）参加单位。科学事业单位按照资金来源不同，分别确认为"事业（预算）收入"或"财政拨款（预算）收入"。科技计划项目确认收入的科目不同，项目（课题）合作款的会计处理方式也不相同，下面分别按照确认"事业（预算）收入"和"财政拨款（预算）收入"两种情况说明并举例。

（二）确认"事业（预算）收入"情况下合作款业务处理及核算案例

《关于科学事业单位执行〈政府会计制度——行政事业单位会计科目和报表〉的补充规定》（财会〔2018〕23 号）中规定了科学事业单位对非同级政府财政的合作项目款核算账务处理，但是在实际工作中，也存在同级财政部门将科技计划项目资金直接拨付到项目（课题）单位的基本账户，按照政府会计制度规定该项目收入记入"事业（预算）收入账户，会计核算方式参照非同级政府财政的合作项目款核算账务处理。例如国家科技计划项目一般情况都是由财政部门直接拨付到中央级科学事业单位基本户。

（1）从付款方预收款项时，在财务会计下，按照收到的款项金额，借记"银行存款"等科目，贷记"预收账款"科目；同时，在预算会计下，按照相同的金额，借记"资金结存——货币资金"科目，贷记"事业预算收入"科目。

（2）按照合同规定将合作项目款转拨合作单位时，在财务会计下，按照实际转拨的金额，借记"预收账款"科目，贷记"银行存款"等科目；同时，在预算会计下，按照相同的金额，借记"事业预算收入"科目［转拨当年收到的合作项目款］或"非财政拨款结转"科目［转拨以前年度收到的合作项目款］，贷记"资金结存——货币资金"科目。

（3）按照合同完成进度确认本单位科研收入时，按照计算确认收入的金额，借记"预收账款"科目，贷记"事业收入"科目。

（4）发生因科技项目（课题）终止等情形，需按照规定将项目剩余资金退回项目（课题）立项部门的，对本单位承担项目使用的剩余资金，在财务会计下，按照实际退回的金额，借记"预收账款"科目［尚未确认收入］或"事业收入"科目［已经确认收入］，贷记"银行存款"等科目；同时，在预算会计下，按照相同的金额，借记"事业预算收入"科目［本年度取得的合作项目款］或"非财政拨款结转"科目［以前年度取得的合作项目款］，贷记"资金结存—货币资金"科目。

对合作单位承担项目使用的资金，如发生项目终止等情况则收回时按照收回的金额，借记"银行存款"等科目，贷记"其他应付款"科目；转退回给项目（课题）立项部门时，借记"其他应付款"科目，贷记"银行存款"等科目。

【例16-2】2019年某省级科研院所承担国家重点研发科技计划项目A课题，课题参加单位是甲高校，课题期限为2年。课题任务书预算总额为500万元，全部为专项资金，其中甲高校为200万元，该课题主要业务如下：

①2019年1月15日该科研院所基本账户收到课题经费500万元。

②2019年1月30日转拨给甲高校100万元课题合作款。

③截至2019年12月20日，该科研院所本项目实际发生费用为100万元，假定全部为商品服务费用。

④2019年12月30日根据科研部门提供的课题进度表，该课题完成总计划的40%。

⑤2019年年末结转。

⑥2020年1月份转拨甲企业合作款100万元。

⑦截至2020年12月20日，该科研院所该项目实际发生费用为195万元，假定全部为商品服务费用。

⑧2020年12月30日根据科研部门提供的课题进度表，该课题全部完成，即完成总计划的60%。

⑨2020年年末结转。

⑩该项目在科研院所结余资金5万元，在甲高校结余资金4万元，2021年1月

30 日该课题通过验收。

根据以上业务做如下会计处理：

①1 月 15 日收到项目经费。

财务会计：

借：银行存款              5 000 000

  贷：预收账款—课题 A         5 000 000

预算会计：

借：资金结存—货币资金         5 000 000

  贷：事业预算收入—科研预算收入—非同级财政拨款（课题 A）

                   5 000 000

②1 月 30 日转拨甲高校合作课题款。

财务会计：

借：预收账款—课题 A          1 000 000

  贷：银行存款            1 000 000

预算会计：

借：事业预算收入—科研预算收入—非同级财政拨款（课题 A）

                   1 000 000

  贷：资金结存—货币资金        1 000 000

甲高校收款时：

财务会计

借：银行存款              1 000 000

  贷：事业收入—非同级财政拨款收入（课题 A）  1 000 000

预算会计：

借：资金结存—货币资金         1 000 000

  贷：事业预算收入—非同级财政拨款收入（课题 A） 1 000 000

③2019 年 12 月 20 日，确认费用。本案例为简化表述，合并了全年的费用，日常业务应随时确认费用（下同）。

财务会计：

借：业务活动费用—科研活动费用—商品和服务费用（课题 A）

                   1 000 000

  贷：银行存款            1 000 000

预算会计：

借：事业支出—科研支出—非财政拨款支出—项目支出—商品服务支出（课题 A）

                   1 000 000

  贷：资金结存—货币资金        1 000 000

④2019 年 12 月 30 日，财务会计确认收入。

3 000 000×40% =1 200 000（元）

借：预收账款—课题 A          1 200 000

　　　贷：事业收入—科研收入—非同级财政拨款　　　　　　　　1 200 000

⑤2019 年年末结转时。

财务会计：

借：事业收入—科研收入—非同级财政拨款收入　　　　　　　1 200 000

　　　贷：本期盈余—非财政资金结转　　　　　　　　　　　　　1 200 000

借：本期盈余—非财政资金结转　　　　　　　　　　　　　　　1 000 000

　　　贷：业务活动费用—科研活动费用—商品和服务费用　　　　1 000 000

本期盈余科目余额年末一并汇总结转到累计盈余科目，下同。

预算会计：

借：事业预算收入—科研预算收入—非同级财政拨款（课题 A）

　　　　　　　　　　　　　　　　　　　　　　　　　　　　4 000 000

　　　贷：非财政拨款结转—本年收支结转—项目结转（课题 A）　4 000 000

借：非财政拨款结转—本年收支结转—项目结转（课题 A）　　　1 000 000

　　　贷：事业支出—科研支出—非财政拨款支出—项目支出—商品服务支出

　　　　（课题 A）　　　　　　　　　　　　　　　　　　　　1 000 000

借：非财政拨款结转—本年收支结转—项目结转（课题 A）　　　3 000 000

　　　贷：非财政拨款结转—累计结转—项目结转（课题 A）　　　3 000 000

⑥2020 年 1 月份转拨甲高校合作款时。

财务会计：

借：预收账款—课题 A　　　　　　　　　　　　　　　　　　　1 000 000

　　　贷：银行存款　　　　　　　　　　　　　　　　　　　　　1 000 000

预算会计：

借：非财政拨款结转—累计结转—课题 A　　　　　　　　　　　1 000 000

　　　贷：资金结存—货币资金　　　　　　　　　　　　　　　　1 000 000

⑦2020 年 12 月 20 日确认费用时。

财务会计：

借：业务活动费用—科研活动费用—商品和服务费用（课题 A）

　　　　　　　　　　　　　　　　　　　　　　　　　　　　1 950 000

　　　贷：银行存款　　　　　　　　　　　　　　　　　　　　　1 950 000

预算会计：

借：事业支出—科研支出—非同级财政拨款—项目支出—商品服务支出（课题 A）

　　　　　　　　　　　　　　　　　　　　　　　　　　　　1 950 000

　　　贷：资金结存—货币资金　　　　　　　　　　　　　　　　1 950 000

⑧2020 年 12 月 30 日财务会计确认收入时。

3 000 000×60% =1 800 000（元）

借：预收账款—课题 A　　　　　　　　　　　　　　　　　　　1 800 000

　　　贷：事业收入—科研收入—非同级财政拨款收入（课题 A）　1 800 000

预算会计不做账务处理。

⑨2020 年年末结转。

财务会计：

借：事业收入—科研收入—非同级财政拨款收入（课题 A）　　1 800 000

　　贷：本期盈余—非财政资金结转　　　　　　　　　　　　　　　1 800 000

借：本期盈余—非财政资金结转　　　　　　　　　　　　　　　　1 950 000

　　贷：业务活动费用—科研活动费用—商品和服务费用（课题 A）

　　　　　　　　　　　　　　　　　　　　　　　　　　　　　　1 950 000

预算会计：

借：非财政拨款结转—本年收支结转—项目结转（课题 A）　　1 950 000

　　贷：事业支出—科研支出—非同级财政拨款—项目支出—商品服务支出

　　　　（课题 A）　　　　　　　　　　　　　　　　　　　　　1 950 000

借：非财政拨款结转—累计结转—项目结转（课题 A）　　　　1 950 000

　　贷：非财政拨款结转—本年收支结转—项目结转（课题 A）　1 950 000

⑩项目通过验收。项目验收时不需要做业务处理。

（三）确认"财政拨款（预算）收入"情况下合作款业务处理及核算案例

同级财政拨款的科研项目经费合作款处理与非同级财政有所不同。同级财政拨款收到拨款时直接计入收入，同时由于零余额账户财政预算管理的要求，因此不能按照非同级财政拨款冲减收入的方式处理，而需要在项目（课题）承担单位列费用（支出），实际工作中一般有两种做法。一是转拨合作款列入承担单位的委托业务费，二是按照预算科目分别列支。第一种方式简单方便，避免了合作单位实际支出与预算不完全相符的问题，但体现不出项目实际预算开支科目。第二种方式可以体现预算开支明细，但是由于预算支出调整性较大，存在列支与实际支出不相符或需要频繁调整的现象。单位可以根据项目实际情况及管理方式进行选择，无论哪种方式，都需要项目承担单位及时掌握合作单位的支出情况，并于项目中期考核、综合绩效评价等关键时间节点，根据合作单位出具的支出决算表合并入项目（课题）总决算。下面案例采用第一种方式进行业务处理。

【例 16 –3】2019 年 1 月某省级科研院所承担省科技计划 B 项目，项目参加单位为乙高校，项目期限为 2 年。项目任务合同书预算总额为 100 万元，全部为专项资金，其中乙高校为 30 万元，该项目主要业务如下：

①1 月 15 日该科研院所零余额账户收到该项目经费 100 万元。

②1 月 30 日转拨给乙高校 30 万元项目合作款。

③截至 2019 年 12 月 20 日，该科研院所本项目实际发生并确认的费用为 50 万元，乙高校实际发生费用为 20 万元。

④2019 年期末结转。

⑤截至 2020 年 12 月 20 日，科研院所该项目当年确认费用（支出）金额为 15 万元，乙高校实际发生费用为 10 万元。

⑥2020 年期末结转。

⑦2021 年 1 月 25 日项目全部按照合同完成并通过项目验收，该科研院所结余项

目资金5万元，乙高校没有结余资金。

根据以上业务做如下会计处理：

①1月15日收到项目费。

财务会计：

借：零余额账户用款额度　　　　　　　　　　　　　　1 000 000

　　贷：财政拨款收入—项目支出（项目B）　　　　　　　　　1 000 000

预算会计：

借：资金结存—零余额账户用款额度　　　　　　　　1 000 000

　　贷：财政拨款预算收入—科研预算收入—项目支出（项目B）

　　　　　　　　　　　　　　　　　　　　　　　　　　　1 000 000

②1月30日转拨乙高校。

财务会计：

借：业务活动费用—科研活动费用—商品和服务费用—委托业务费（项目B）

　　　　　　　　　　　　　　　　　　　　　　　　　300 000

　　贷：零余额账户用款额度　　　　　　　　　　　　　　300 000

预算会计：

借：事业支出—科研支出—财政拨款支出—项目支出—商品和服务支出—委托业

　　务费—项目费（项目B）　　　　　　　　　　　　300 000

　　贷：资金结存—零余额账户用款额度　　　　　　　　300 000

乙高校收到转拨款时：

财务会计：

借：银行存款　　　　　　　　　　　　　　　　　　　300 000

　　贷：事业收入　　　　　　　　　　　　　　　　　　　300 000

预算会计：

借：资金结存—货币资金　　　　　　　　　　　　　　300 000

　　贷：事业预算收入　　　　　　　　　　　　　　　　　300 000

③2019年12月20日确认费用时。

财务会计：

借：业务活动费用—科研活动费用—商品和服务费用（项目B）

　　　　　　　　　　　　　　　　　　　　　　　　　500 000

　　贷：零余额账户用款额度　　　　　　　　　　　　　　500 000

预算会计：

借：事业支出—科研支出—财政拨款支出—项目支出—商品和服务支出（项目B）

　　　　　　　　　　　　　　　　　　　　　　　　　500 000

　　贷：资金结存—零余额账户用款额度　　　　　　　　500 000

乙高校项目明细支出不在该科研院所账面反映，需要记录汇总项目台账。

④2019年期末结转。

财务会计期末：

借：财政拨款收入—项目支出拨款（项目 B）　　　　1 000 000

　　贷：本期盈余　　　　　　　　　　　　　　　　　　　1 000 000

借：本期盈余　　　　　　　　　　　　　　　　　800 000

　　贷：业务活动费用—科研活动费用—商品和服务费用（项目 B）

　　　　　　　　　　　　　　　　　　　　　　　　　800 000

本期盈余科目余额年末一并汇总结转到累计盈余科目，下同。

预算会计年末：

借：财政拨款预算收入—项目支出　　　　　　　　1 000 000

　　贷：财政拨款结转—本年收支结转—项目支出结转　　1 000 000

借：财政拨款结转—本年收支结转—项目支出结转　800 000

　　贷：事业支出—科研支出—财政拨款支出—项目支出　　800 000

借：非财政拨款结转—本年收支结转—项目结转（项目 B）200 000

　　贷：非财政拨款结转—累计结转—项目结转（项目 B）　200 000

⑤2020 年 12 月 20 日确认费用时。

财务会计：

借：业务活动费用—科研活动费用—商品和服务费用（项目 B）

　　　　　　　　　　　　　　　　　　　　　　　　　150 000

　　贷：零余额账户用款额度　　　　　　　　　　　　150 000

预算会计：

借：事业支出—科研支出—财政拨款支出—项目支出—商品和服务支出（项目 B）

　　　　　　　　　　　　　　　　　　　　　　　　　150 000

　　贷：资金结存—零余额账户用款额度　　　　　　　150 000

⑥2020 年 12 月 30 日年末结转。

财务会计期末结转：

借：本期盈余　　　　　　　　　　　　　　　　　150 000

　　贷：业务活动费用—科研活动费用—商品和服务费用（项目 B）

　　　　　　　　　　　　　　　　　　　　　　　　　150 000

预算会计年末结转：

借：财政拨款结转—本年收支结转—项目支出结转　150 000

　　贷：事业支出—科研支出—财政拨款支出—项目支出—商品和服务支出

　　　　（项目 B）　　　　　　　　　　　　　　　　150 000

借：非财政拨款结转—累计结转—项目结转（项目 B）150 000

　　贷：非财政拨款结转—本年收支结转—项目结转（项目 B）　150 000

⑦2021 年项目验收并结余时。

对按要求完成任务目标并通过验收的科研项目，结余资金按规定留归承担单位使用。

预算会计：

借：财政拨款结转—累计结转—项目支出结转（项目 B）　50 000

　　　　贷：财政拨款结余—累计结余—项目支出结余（项目 B）　　　50 000

财务会计不做账务处理。

　　注：本案例为简化处理合并了全年费用，结转年末一次性处理，平时工作中财务会计需要按月结转，预算会计按年结转；案例中省略了功能分类科目。

# 三、科技计划项目间接费用核算案例

（一）间接费用的相关管理规定

间接费用是指项目承担单位在组织实施项目过程中发生的无法在直接费用中列支的相关费用，主要包括：承担单位为项目研究提供的房屋占用，日常水、电、气、暖消耗，有关管理费用的补助支出，以及激励科研人员的绩效支出等。内容包括三方面，单位间接成本的补偿、管理费用补助和科研人员绩效。

2001 年，财政部、科技部联合出台《关于调整国家科技计划和公益性行业科研专项经费管理办法若干规定》，在国内科研经费管理中首次设立"间接费用"科目，政策规定间接费用总额实行超额累退方式计算，按照不超过课题经费中直接费用扣除设备购置费后的一定比例核定，具体比例如下：500 万元及以下部分不超过 20%；超过 500 万元至 1 000 万元的部分不超过 13%；超过 1 000 万元的部分不超过 10%。间接费用中绩效支出不超过直接费用扣除设备购置费后的 5%。课题承担单位和课题合作单位的间接费用分配可由双方协商确定。

2014 年，国务院出台《关于改进加强中央财政科研项目和资金管理的若干意见》，允许试点单位从基本科研业务费、中科院战略性先导科技专项经费等稳定支持科研经费中提取不超过 20% 作为奖励经费，由单位探索完善科研项目资金的激励引导机制。对试验设备依赖程度低和实验材料耗费少的基础研究、软件开发、集成电路设计等智力密集型项目，提高间接经费比例，500 万元以下的部分为不超过 30%，500 万元至 1 000 万元的部分为不超过 25%，1 000 万元以上的部分为不超过 20%。对数学等纯理论基础研究项目，可进一步根据实际情况适当调整间接经费比例。自此，间接费用政策适用范围从竞争性科研经费向稳定支持科研经费扩展，改变了对间接费用比例"一刀切"式核定，针对智力密集型项目进一步提高了比例。

2016 年，为贯彻落实中央关于深化改革创新、形成充满活力的科技管理和运行机制，中共中央办公厅、国务院办公厅印发《关于进一步完善中央财政科研项目资金管理等政策的若干意见》，提出中央财政科技计划（专项、基金等）中实行公开竞争方式的研发类项目，均要设立间接费用，核定比例可以提高到不超过直接费用扣除设备购置费的一定比例：500 万元以下的部分为 20%，500 万元至 1 000 万元的部分为 15%，1 000 万元以上的部分为 13%。自此，间接费用比例普遍得到提高，对科研人员的激励力度得到加大，取消了绩效支出比例限制，间接费用三项内容由课题单位结合实际平衡比例关系。

2021 年，国务院办公厅出台了《关于改革完善中央财政科研经费管理的若干意见》（国办发〔2021〕32 号），为激励科研人员多出高质量科技成果、为实现高水平科技自立自强作出更大贡献，加大科研人员激励力度，进一步提高间接费用比例，由项目承担单位统筹安排使用。其中，500万元以下的部分，间接费用比例为不超过30%，500万元至1 000万元的部分为不超过25%，1 000万元以上的部分为不超过20%；对数学等纯理论基础研究项目，间接费用比例进一步提高到不超过60%。项目承担单位可将间接费用全部用于绩效支出，并向创新绩效突出的团队和个人倾斜。

由于不同来源的资金有着不同的管理细则及比例规定，对于这部分的业务管理，项目单位需要依据对应的资金管理办法明确间接费用中绩效支出比例和单位成本补偿部分的分担比例。会计处理依据政府会计制度和政府会计制度解释第2号，按照资金确认的收入来源不同，会计处理的办法也有差别，制度区分了财政科研项目和非财政科研项目，这里所指的财政和非财政是从会计科目区分的，也就是说资金来源确认为财政拨款收入、事业收入还是其他收入，而不是指资金本身的渠道。例如有的省级院所收到科技部的专项资金，资金渠道来源为财政性资金，按照会计制度核算科目为事业收入——非同级财政拨款收入。下面按照非财政科研项目和财政科研项目的间接费用会计处理分别说明，并对财政科研项目间接费用会计处理进行举例。

（二）非财政科研项目间接费用业务处理

单位按规定从非财政科研项目中提取项目间接费用或管理费的，根据政府会计制度应当按照以下规定进行账务处理：

按规定从非财政科研项目收入中提取项目间接费用或管理费时，按照计提的金额，借记"业务活动费用""单位管理费用"等科目，贷记"预提费用—项目间接费用或管理费"科目；预算会计借记"非财政拨款结转—项目间接费用或管理费"，贷记"非财政拨款结余—项目间接费用或管理费"。

使用提取的项目间接费用或管理费时，分为两种情况。一是科学事业单位使用计提的项目间接费用或管理费购买固定资产、无形资产的，在财务会计下，按照固定资产、无形资产的成本金额，借记"固定资产""无形资产"科目，贷记"银行存款"等科目；同时，按照相同的金额，借记"预提费用—项目间接费用或管理费"科目，贷记"累计盈余"科目。在预算会计下，按照相同的金额，借记"事业支出"等科目，贷记"资金结存"科目。二是除购买固定资产及无形资产的支出，按照实际支付的金额，借记"预提费用—项目间接费用或管理费"科目，贷记"银行存款"科目；同时，在预算会计中借记"事业支出"贷记"资金结存—货币资金"科目。

（三）财政科研项目间接费用业务处理和核算案例

按照政府会计制度和政府会计制度解释第2号：单位按规定从财政科研项目中提取项目间接费用或管理费的，应当按照以下规定进行账务处理：

1. 从财政科研项目中提取项目间接费用或管理费时，按照计提的金额，借记"业务活动费用""单位管理费用"等科目，贷记"预提费用—项目间接费用或管理费"科目；预算会计不做处理。

2. 将提取的项目间接费用或管理费从本单位零余额账户划转到实有资金账户时，按照划转的资金金额，借记"银行存款"科目，贷记"零余额账户用款额度"科目；同时，在预算会计中借记"资金结存—货币资金—财政拨款资金"科目，贷记"资金结存—零余额账户用款额度"科目。也可在银行存款下设置"财政拨款资金"明细科目。

3. 使用提取的项目间接费用或管理费时，按照实际支付的金额，借记"预提费用—项目间接费用或管理费"科目，贷记"银行存款"科目；同时，在预算会计中借记"事业支出"等支出科目下的"财政拨款支出"明细科目，贷记"资金结存—货币资金—财政拨款资金"科目。同样，如果使用计提的项目间接费用或管理费购买固定资产、无形资产的，在财务会计下需要按照固定资产、无形资产的成本金额，借记"固定资产""无形资产"科目，贷记"银行存款"等科目；同时，按照相同的金额，借记"预提费用—项目间接费用或管理费"科目，贷记"累计盈余"科目。

【例16-4】2018年2月1日，某省级科研院所零余额账户收到省级科技计划项目A专项资金100万元，任务期限两年。任务书中项目预算间接费用为12万元，根据本单位间接费用管理办法，该类别项目间接费用70%为绩效支出，30%为占用本单位水、电和管理费用等间接成本。根据该单位成本费用分摊办法确定由A项目分摊水费0.36万元、电费0.72万元，物业费0.36万元，采暖费0.36万元，其他管理费用1.8万元。该单位绩效支出按年度考核后发放，间接费用均列入科研业务活动费。本案例在银行存款科目下设"财政拨款资金"明细科目，根据该项目收入确认方法，间接费用采取一次性提取并经批准转入基本户。业务处理相关资料如下：

①2018年2月6日据规定计提间接费用12万元，并转到基本户；

②2018年3月2日从预提的管理费用中购买电脑1台，价值0.4万元；

③2018年3月份支付应该由项目承担的水费0.36万元、电费0.72万元、物业费0.36万元；

④2018年12月10日根据当年绩效考核结果应发项目绩效奖励3万元；

⑤2018年12月20日发放绩效奖励3万元；

⑥2019年10月份，支付应该由该项目承担的采暖费0.36万元、办公用品1.4万元；

⑦2019年11月份通过项目验收，并发放绩效5.4万元。

根据以上业务做如下会计处理：

①根据单位间接费用分摊细则计算。

2018年2月6日计提间接费用：

财务会计：

借：业务活动费—科研活动费用—工资福利费用    84 000

         —商品和服务费用    36 000

 贷：预提费用—项目间接费用或管理费      120 000

预算会计不做账务处理。

转入基本户：

财务会计：

借：银行存款              120 000

 贷：零余额账户用款额度         120 000

预算会计：

借：资金结存—货币资金—财政拨款资金      120 000

    贷：资金结存—零余额账户用款额度      120 000

②2018 年 3 月 2 日购入电脑时。

财务会计：

借：固定资产—通用设备—台式电脑      4 000

    贷：银行存款      4 000

同时借：预提费用—项目间接费用或管理费      4 000

    贷：累计盈余      4 000

预算会计：

借：事业支出—科研支出—财政拨款支出—项目支出—资本性支出—办公设备购

置（A）      4 000

    贷：资金结存—货币资金—财政拨款资金      4 000

③2018 年 3 月用间接费用支付单位水费、电费、物业费时：

财务会计：

借：预提费用—项目间接费用或管理费      14 400

    贷：银行存款      14 400

预算会计：

借：事业支出—科研支出—财政拨款支出—项目支出—商品和服务

支出—水费（A）      3 600

    —电费（A）      7 200

    —物业费（A）      3 600

    贷：资金结存—货币资金—财政拨款资金      14 400

④2018 年 12 月 10 日应发绩效奖励 3 万元。

财务会计：

借：预提费用—项目间接费用或管理费      30 000

    贷：应付职工薪酬—规范津贴补贴（绩效工资）      30 000

预算会计不做账务处理。

⑤2018 年 12 月 20 日发放绩效奖励。该案例省略个人所得税业务。

借：应付职工薪酬—规范津贴补贴（绩效工资）      30 000

    贷：银行存款      30 000

预算会计：

借：事业支出—科研支出—财政拨款支出—项目支出—工资福利支出—绩效工资

     30 000

    贷：资金结存—货币资金—财政拨款资金      30 000

⑥2019 年 10 月用间接费用支付采暖费、办公用品时。

财务会计：

借：预提费用—项目间接费用或管理费      17 600

　　　　贷：银行存款　　　　　　　　　　　　　　　　　　　　17 600

预算会计：

借：事业支出—科研支出—财政拨款支出—项目支出—商品和服务支—采暖费

　　　　　　　　　　　　　　　　　　　　　　　　　　　　　3 600

　　　　　　　　　　　　　　　　　　　　　　　　—办公费

　　　　　　　　　　　　　　　　　　　　　　14 000

　　　　贷：资金结存—货币资金—财政拨款资金　　　　　　　　17 600

⑦会计处理同④⑤。

注：本案例固定资产折旧和期末结转的业务处理省略，请参考相关章节；非财政拨款间接费用及管理费的业务处理按照制度及解释说明可以结合本案例进行相应处理。

## 四、科技计划项目中设备费核算案例

### （一）科技项目中设备费的构成及其计量

科技计划项目中的设备费是指在项目（课题）实施过程中购置或试制专用仪器设备，对现有仪器设备进行升级改造，以及租赁外单位仪器设备而发生的费用。业务处理中包括设备购置费、试制设备费、设备升级改造费及设备租赁费用。科技计划项目的设备费要严格控制设备购置，鼓励开放共享、自主研制、租赁专用仪器设备以及对现有仪器设备进行升级改造，避免重复购置。设备费的业务处理要考虑该设备的受益对象及使用年限，合理判断折旧分摊的对象和时间，根据单位资产折旧方法统一计提固定资产折旧。其中，科技计划项目设备采购需要按照国家相关规定完成，会计核算按照固定资产确认计量进行业务处理，详见第四章第七节。本专题按照设备试制、设备升级改造、设备租赁三种情况的核算进行举例说明。

### （二）试制设备费范畴和会计核算案例

试制设备费是指现有仪器设备无法满足项目检测、实验、验证或示范等研究任务需要而试制专用仪器设备发生的费用，一般由零部件、材料等成本，以及零部件加工、设备安装调试、燃料动力等费用构成。这里要注意区分试制设备和试制目标产品，当试制设备为过程产品时（即为完成项目任务而研制的零部件或工具性产品），试制设备发生的相关成本，含直接相关的小型仪器设备费、材料费、测试加工费、燃料动力费等应列入试制设备费，当试制设备为目标产品（即项目主要任务就是研制该设备）时，应当分别在设备费、材料费、测试化验加工费、燃料动力费、劳务费等列支。

【例16-5】2019年某科研院所收到省科技计划项目A拨款，任务书中项目总预算为200万元，任务期限3年，其中设备费（试制设备费）50万元，由科研院所试制测量与评价装置一台（设备为完成项目任务而研制的工具性产品）。业务处理相关资料如下：

①2019年4月，项目A购入机械装置一件，价值8万元；其他小型配件若干，价值7万元，签订采购合同。以上部件用于组装测量与评价装置。项目组当月领用机械材料一件8万元、小型配件一批2万元进行初步组装加工。本月支付设计费2万

元。上述款项通过单位零余额账户支付。

②2019 年 5 月，项目 A 将测量与评价装置中的电子配件的加工部分委托给一家专业制造公司并签订委托合同，合同金额 30 万元，预付 15 万元，剩余款项待电子配件完工交付时一并支付。预付款项通过单位零余额账户支付。

③2019 年 8 月，项目 A 委托电子配件完工交付并验收合格，剩余款项 15 万元通过单位零余额账户支付。

④2019 年 9 月，项目 A 领用小型配件一批 5 万元，将电子配件与其他配件进行组装加工，发生测试加工费、燃料动力费等相关费用 5 万元。款项通过单位零余额账户支付。

⑤2019 年 10 月科研项目 A 测量与评价装置安装完毕，完成竣工验收手续并交付使用。

根据以上业务做如下会计处理。

①项目 A 购置机械器材和小型配件时。

财务会计：

借：工程物资—库存设备（项目 A）        80 000

      —库存材料（项目 A）        70 000

    贷：零余额账户用款额度        150 00

预算会计：

借：事业支出—科研支出—财政拨款支出—项目支出—资本性支出—专用设备购置（项目 A）        150 000

    贷：资金结存—零余额账户用款额度        150 000

领用机械器材和小型配件时。

财务会计：

借：在建工程—设备投资（项目 A）        100 000

    贷：工程物资—库存设备（项目 A）        80 000

      —库存材料（项目 A）        20 000

预算会计不做账务处理。

支付设计费时。

财务会计：

借：在建工程—待摊投资        20 000

    贷：零余额账户用款额度        20 000

预算会计：

借：事业支出—科研支出—财政拨款支出—项目支出—资本性支出—专用设备购置（项目 A）        20 000

    贷：资金结存—零余额账户用款额度        20 000

②项目 A 预付委托合同款时。

财务会计：

借：预付账款—预付设备款（项目 A）        150 000

    贷：零余额账户用款额度        150 000

预算会计：

借：事业支出—科研支出—财政拨款支出—项目支出—资本性支出—专用设备购
　　置（项目A）　　　　　　　　　　　　　　　　　　　　　150 000
　　　贷：资金结存—零余额账户用款额度　　　　　　　　　　　　150 000

③项目A委托电子配件完工支付时。

财务会计：

借：在建工程—设备投资（项目A）　　　　　　　　　　　　　　300 000
　　　贷：预付账款—预付设备款（项目A）　　　　　　　　　　　150 000
　　　　　零余额账户用款额度　　　　　　　　　　　　　　　　150 000

预算会计：

借：事业支出—科研支出—财政拨款支出—项目支出—资本性支出—专用设备购
　　置（项目A）　　　　　　　　　　　　　　　　　　　　　150 000
　　　贷：资金结存—零余额账户用款额度　　　　　　　　　　　　150 000

④项目A领用小型配件时。

财务会计：

借：在建工程—设备投资（项目A）　　　　　　　　　　　　　　50 000
　　　贷：工程物资—库存材料（项目A）　　　　　　　　　　　　50 000

预算会计不做账务处理。

支付测试加工费、燃料动力费等相关费用时。

财务会计：

借：在建工程—待摊投资　　　　　　　　　　　　　　　　　　　50 000
　　　贷：零余额账户用款额度　　　　　　　　　　　　　　　　50 000

预算会计：

借：事业支出—科研支出—财政拨款支出—项目支出—资本性支出—专用设备购
　　置（项目A）　　　　　　　　　　　　　　　　　　　　　50 000
　　　贷：资金结存—零余额账户用款额度　　　　　　　　　　　　50 000

借：在建工程—设备投资（项目A）　　　　　　　　　　　　　　50 000
　　　贷：在建工程—待摊投资（项目A）　　　　　　　　　　　　50 000

⑤项目A测量与评价装置安装完毕，完成竣工验收手续并交付使用时。

财务会计：

借：固定资产—专用设备（项目A）　　　　　　　　　　　　　　500 000
　　　贷：在建工程—设备投资（项目A）　　　　　　　　　　　　500 000

预算会计不做账务处理。

（三）设备改造费范畴和会计核算案例

设备改造费是指因项目（课题）任务目标需要，对现有设备进行局部改造以改善提升性能而发生的费用，及项目（课题）实施过程中相关设备发生损坏需维修而发生的费用，一般由零部件、材料等成本和安装调试等费用构成。按照政府会计第3号准则规定，固定资产因改建、扩建或修缮等原因而延长其使用年限的，应当按照重新确定的固定资产的成本以及重新确定的折旧年限计算折旧额。

【例 16 - 6】2019 年某科研院所收到省科技计划项目 B（延续项目）拨款，任务书中项目总预算为 50 万元，其中设备费（试制设备费）10 万元，用于对科研专用设备进行升级改造，设备账面余额 52 万元，已计提折旧 5.2 万元。2019 年 9 月科研专用设备改建完成，验收合格并交付使用。改造发生费用 10 万元，已通过零余额账户支付。

根据以上业务做如下会计处理：

①拟升级专用设备转在建工程。

财务会计：

| | |
|---|---|
| 借：在建工程—专用设备（项目 B） | 468 000 |
| 　　固定资产累计折旧—专用设备 | 52 000 |
| 　贷：固定资产—专用设备 | 520 000 |

预算会计不做账务处理。

②支付改造费用 10 万元时。

财务会计：

| | |
|---|---|
| 借：在建工程—专用设备（项目 B） | 100 000 |
| 　贷：零余额账户用款额度 | 100 000 |

预算会计：

| | |
|---|---|
| 借：事业支出—科研支出—财政拨款支出—项目支出—资本性支出—大型修缮 | |
| 　　（项目 B） | 100 000 |
| 　贷：资金结存—零余额账户用款额度 | 100 000 |

③专用设备改建完成。验收合格并交付使用时，计算固定资产入账价值 = 52 - 5.2 + 10 = 56.8（万元）

财务会计：

| | |
|---|---|
| 借：固定资产—专用设备（项目 B） | 568 000 |
| 　贷：在建工程—专用设备（项目 B） | 568 000 |

预算会计不做账务处理。

（四）设备租赁费范畴和会计核算案例

设备租赁费是指项目（课题）研究过程中需要租用承担单位以外其他单位的设备而发生的费用。租赁费主要包括设备的租金、安装调试费、维修保养费及其他相关费用等。设备租赁包括经营性租赁和融资租赁两种方式。经营性租入设备是临时租入，资产所有权不属承租人，承租人只定期支付租金，租入固定资产的所有权仍属于租出单位。融资租入固定资产指采用融资租赁办法租入的固定资产，根据政府会计制度，融资租赁取得的固定资产，其成本按照租赁协议或合同确定的租赁价款、相关税费以及固定资产交付使用前所发生的可归属于该项资产的运输费、途中保险费、安装调试费等确定。单位计提融资租入固定资产折旧时，应采用与自有固定资产相一致的折旧政策。

【例 16 - 7】2019 年 1 月某科研院所基本户收到主管部门委托的 C 科研项目款，任务期 3 年，合同总预算金额为 80 万元，专项资金 49 万元，自筹资金 31 万元。项目预算中的设备费（设备租赁费）36 万元，其中 5 万元为专项资金，用于租入一台专用设备，31 万元为自筹资金，用于融资租赁一台专用设备。业务处理相关资料如下：

①2019 年 3 月该单位与甲公司签订专用设备租赁合同，租赁期限为 10 个月，一次性支付租金 5 万元。租赁设备已收到，款项已通过银行存款支付。

②2019 年 4 月该单位与乙公司签订融资租赁合同，融资租赁一台专用设备，价值 30 万元，用于科研项目 C，按照融资租赁合同，租期 3 年，每年 5 月支付当期租赁费 10 万元。当月设备验收并交付使用，支付运输费、途中保险费合计 1 万元。

③2019 年 5 月按融资租赁合同用银行存款支付 D 公司本期租赁费 10 万元。

根据以上业务做如下会计处理：

①3 月份支付租金时。

财务会计：

借：业务活动费—商品和服务费用（项目 C）　　　　　　5 000

　　待摊费用—租赁设备费　　　　　　　　　　　　　45 000

　　贷：银行存款　　　　　　　　　　　　　　　　　　　50 000

（按月摊销待摊费用）

预算会计：

借：事业支出—科研支出—财政拨款支出—项目支出—商品服务支出—租赁费

　　（项目 C）　　　　　　　　　　　　　　　　　　50 000

　　贷：资金结存—货币资金　　　　　　　　　　　　　　50 000

②融资租赁设备验收并交付使用，同时支付运输费、途中保险费时。

财务会计：

借：固定资产—专用设备　　　　　　　　　　　　　310 000

　　贷：长期应付款—乙公司　　　　　　　　　　　　　300 000

　　　　银行存款　　　　　　　　　　　　　　　　　　10 000

预算会计：

借：事业支出—科研支出—非财政拨款支出—项目支出—资本性支出—专用设备

　　购置（项目 C）　　　　　　　　　　　　　　　10 000

　　贷：资金结存—货币资金　　　　　　　　　　　　　10 000

③2019 年 5 月按合同支付本期租赁费 10 万元时。

财务会计：

借：长期应付款—乙公司　　　　　　　　　　　　　100 000

　　贷：银行存款　　　　　　　　　　　　　　　　　　100 000

预算会计：

借：事业支出—科研支出—非财政拨款支出—项目支出—资本性支出—专用设备

　　购置（项目 C）　　　　　　　　　　　　　　　100 000

　　贷：资金结存—货币资金　　　　　　　　　　　　　100 000

（2020 年、2021 年支付租赁费会计处理相同）

## 五、科技成果转化业务核算案例

（一）科技成果转化的界定及类型

科技成果是指通过科学研究和技术开发所产生的具有实用价值的成果。职务科技成果，是指执行研究开发机构、高等院校和企业等单位的工作任务，或者利用上述单位的物质技术条件所完成的科技成果。科技成果转化是指为提高生产力水平而对科技成果所进行的后续试验、开发、应用、推广直至形成新技术、新工艺、新材料、新产品，发展新产业等活动。成果的价值，必须对科技成果进行后续试验、开发、应用和推广等活动将科技成果潜在的价值转化成现实的生产力。一般来说科技成果可以分为以下两种情形：一是科技成果中包含了知识产权（包括技术秘密），其具有市场价值，可以通过买卖、许可等方式进行交易，实现其市场价值。二是科技成果中不包含知识产权，其不具有市场价值，但可通过技术咨询、技术服务等实现其价值。

科技成果转化一般涉及三大主体，科技成果的完成者——高校、科研机构，科技成果转化的实施者——企业，科技成果实施转移的中间环节——技术市场和技术交易中介。从科学研究到技术开发，再到商品化、产业化，在这一链条中科研机构和企业互相配合不可分割。《中华人民共和国促进科技成果转化法》（以下简称《促进科技成果转化法》）第十六条规定，科技成果持有者可以采用以下六种方式进行科技成果转化：一是自行投资实施转化；二是向他人转让该科技成果；三是许可他人使用该科技成果；四是以该科技成果作为合作条件，与他人共同实施转化；五是以该科技成果作价投资，折算股份或者出资比例；六是其他协商确定的方式。其中，科技成果转让、科技成果使用权许可及科技成果投资入股的会计业务处理较典型，也是目前科研机构发生较多的类型。同时由于科技成果转化包含国有资产及税收优惠政策，所以科技成果转化的相关会计业务处理除依据政府会计准则制度外，还要结合科技成果转化相关的政策综合考虑，涉及的政策主要有：《促进科技成果转化法》及贯彻落实的其他相关政策、《事业单位国有资产管理暂行办法》《国家税务总局关于促进科技成果转化有关个人所得税问题的通知》《关于完善股权激励和技术入股有关所得税政策的通知》《关于科技人员取得职务科技成果转化现金奖励有关个人所得税政策的通知》等。以下按照科技成果权许可、科技成果投资入股、科技成果转让三种类型分别举例。

（二）科技成果许可业务核算案例

科技成果许可方式指被许可人通过与科技成果所有人签订合同，获得实施科技成果知识产权的权利，不必转移科技成果的所有权。

【例16-8】2019年9月1日，某科研院所将本单位A项目科技成果许可使用权转让给B单位，签订技术转让（技术秘密）合同，并经技术合同登记机关登记备案，按规定办理增值税免税手续。业务处理相关资料如下：

①2019年9月10日，收到科技成果转化收入39万元存入单位基本户。

②2019年11月12日，科技成果转化A项目组技术指导下乡用车购汽油款3 000元，基本户网银转账汇款。

③2019 年 12 月 9 日，科技成果转化 A 项目组沈某等人报销技术指导差旅费 3 200 元，基本户网银转账汇款。

④2019 年 12 月 9 日，科技成果转化 A 项目组报销技术培训餐费 3 000 元，基本户网银转账汇款。

⑤2019 年年末，A 项目科技成果转化收入 390 000 元，按 1% 计提科技成果转化基金，进行账务处理。

⑥2019 年年末，A 项目科技成果转化净收益 375 850 元（科技成果转化收入 390 000 元，转化费用 10 250 元，按单位规定计提科技成果转化基金 3 900 元），按 85% 比例提取奖励，用于奖励成果完成人（团队）和为科技成果转化作出重要贡献人员。

⑦2019 年年末，对科技成果转化 A 项目进行收支结转账务处理。

⑧2019 年年末，科技成果转化 A 项目年末完成收支结转以后，将扣除科技成果转化收益分配奖励后留归单位的剩余资金转入非财政拨款结余，并进行明细科目结转。

根据以上业务做如下会计处理。

①签订合同并收到款。

财务会计：

借：银行存款　　　　　　　　　　　　　　　　　　　　　　390 000
　　贷：其他收入—科技成果转化收入—其他　　　　　　　　　　　　390 000

预算会计：

借：资金结存—货币资金　　　　　　　　　　　　　　　　　390 000
　　贷：其他预算收入—科技成果转化收入（A 转化项目）　　　　　　390 000

②转化过程发生汽油费用。

财务会计：

借：业务活动费用—科研活动费用—商品和服务费用　　　　　4 050
　　贷：银行存款　　　　　　　　　　　　　　　　　　　　　　　　4 050

预算会计：

借：事业支出—科研支出—其他资金支出—项目支出—商品和服务支出—其他交
　　通费（A 转化项目）　　　　　　　　　　　　　　　　　4 050
　　贷：资金结存—货币资金　　　　　　　　　　　　　　　　　　　4 050

③转化过程发生差旅费用。

财务会计：

借：业务活动费用—科研活动费用—商品和服务费用　　　　　3 200
　　贷：银行存款　　　　　　　　　　　　　　　　　　　　　　　　3 200

预算会计：

借：事业支出—科研支出—其他资金支出—项目支出—商品和服务支出—差旅费
　　（A 转化项目）　　　　　　　　　　　　　　　　　　　3 200
　　贷：资金结存—货币资金　　　　　　　　　　　　　　　　　　　3 200

④转化过程发生培训餐费。

财务会计：

借：业务活动费用—科研活动费用—商品和服务费用 3 000
　　贷：银行存款 3 000

预算会计：

借：事业支出—科研支出—其他资金支出—项目支出—商品和服务支出—培训费
（A 转化项目） 3 000
　　贷：资金结存—货币资金 3 000

⑤按单位规定提取科技成果转化基金。

财务会计：

借：业务活动费用—科研活动费用—计提专用基金—科技成果转化基金
3 900
　　贷：专用基金—科技成果转化基金 3 900

预算会计不做账务处理。

⑥年末计提奖励金。

财务会计：

借：业务活动费用—科研活动费用—工资福利费用 319 472.5
　　贷：应付职工薪酬—其他个人收入 319 472.5

预算会计不做账务处理。

⑦年末收支结转。

财务会计（实际工作中需要按月进行结转，年末不用单独处理）：

借：其他收入—科技成果转化收入—其他 390 000
　　贷：本期盈余 390 000

借：本期盈余 333 622.5
　　贷：业务活动费用—科研活动费用—商品和服务费用 10 250
　　　　　—科研活动费用—计提专用基金—科技成果转化基金
3 900
　　　　　—科研活动费—工资福利费用 319 472.5

预算会计：

借：其他预算收入—科技成果转化收入（A 转化项目） 390 000
　　贷：非财政拨款结转—本年收支结转 390 000

借：非财政拨款结转—本年收支结转 10 250
　　贷：事业支出—科研支出—其他资金支出—项目支出—商品和服务
　　　支出—其他交通费 4 050
　　　　　—差旅费 3 200
　　　　　—培训费 3 000

借：非财政拨款结转—本年收支结转（A 转化项目） 379 750
　　贷：非财政拨款结转—累计结转（A 转化项目） 379 750

⑧留归单位部分结转处理预算会计：

计算留归单位余额：379 750 – 319 472.5 = 60 277.5（元）

借：非财政拨款结转—累计结转（A 转化项目）　　　　　60 277.5

　　贷：非财政拨款结余—结转转入　　　　　　　　　　　60 277.5

借：非财政拨款结余—结转转入　　　　　　　　　　　　60 277.5

　　贷：非财政拨款结余—累计结余　　　　　　　　　　　60 277.5

（三）科技成果投资入股业务核算案例

科技成果投资入股方式是指科技成果所有人将科技成果知识产权作为资本投入企业，取得该企业的股权（份），并参与该企业的经营管理，分享经营收益，分担经营风险。

【例 16 - 9】2019 年 4 月，D 科研院所将本单位科研人员张某完成的科技成果申请专利一份并获批，该科技成果经单位批准进行投资转化，相关资料如下：

①该专利申请费为 0.2 万元，D 单位委托一资产评估机构进行评估，评估该科技成果价值 200 万元，评估费用 2 万元。

②2019 年 5 月，D 科研院所以该科技成果作价 200 万元，占 20% 的股份，E 企业拟投资 800 万元，占 80% 股份，共同组建一家注册资本为 1 000 万元的 F 公司。根据 D 单位的有关规定及决议，该成果的完成人张某获得 180 万元科技成果股权奖励，占 F 公司股权的 18%，D 单位保留 20 万元股权份额，占 F 公司的 2%。

③年末 F 公司净利润为 100 万元。

④2020 年 4 月 30 日 F 公司宣布发放股利 50 万元。

⑤2020 年 5 月 12 日收到 F 公司股利 1 万元。

根据以上业务 D 单位做如下会计处理。

①支付专利申请费，并将费用确认为无形资产。

财务会计：

借：业务活动费—科研活动费用—商品和服务费用　　　　2 000

　　贷：银行存款　　　　　　　　　　　　　　　　　　　2 000

借：无形资产　　　　　　　　　　　　　　　　　　　　2 000

　　贷：业务活动费—科研活动费用—商品和服务费用　　　2 000

预算会计：

借：事业支出—科研支出—其他资金支出—项目支出—商品和服务支出—委托业
务费　　　　　　　　　　　　　　　　　　　　　　　　2 000

　　贷：资金结存—货币资金　　　　　　　　　　　　　　2 000

支付评估费用（该评估费为专利评估支付，与转让没有直接关联，因此计入业务活动费）

财务会计：

借：业务活动费用—科研活动费用—商品和服务费用（科技成果转化）

　　　　　　　　　　　　　　　　　　　　　　　　　　20 000

　　贷：银行存款　　　　　　　　　　　　　　　　　　　20 000

预算会计：

借：事业支出—科研支出—其他资金支出—项目支出—商品和服务支出—委托业

务费       20 000

    贷：资金结存—货币资金       20 000

②投资入股20%，其中个人18%、单位2%，无控制权，按成本法核算。

奖励方式："先投后奖"方式，即先成立公司，再奖励股权。张某获得的股权是因科技成果转化研究院给予的奖励，符合《促进科技成果转化法》及其实施规定。如果按照先投资注册后进行奖励股权的做法，需要根据投资单位的内部科技成果转化决策文件、被投资企业的股权变更决策及章程修订案到所在的工商局进行变更。通常的做法，投资单位根据规定的奖励股权比例，按照实际的持股份额进行工商注册，减少变更股权的环节。

依据《促进科技成果转化法》，研究所科技成果出资入股可享受所得税递延纳税、免征增值税优惠，个人获得科技成果转化股权奖励可享受个人所得税递延优惠涉及的税务处理，不用在股权奖励时缴纳个人所得税。

直接按入股股价入账。该案例中，无形资产未摊销。

借：长期股权投资—F公司       200 000

    贷：无形资产       2 000

       其他收入—评估溢价       198 000

③年末净利润的处理。按成本法核算时不处理。

④F公司宣告分配股利。

按照D单位在F公司所占的股权份额，计算应收股利 $50\,000 \times 2\% = 10\,000$ （元）。

财务会计：

借：应收股利       10 000

    贷：投资收益—F公司       10 000

预算会计不做账务处理。

⑤收到F公司股利。

财务会计：

借：银行存款       10 000

    贷：应收股利—F公司       10 000

预算会计：

借：资金结存—货币资金       10 000

    贷：投资预算收益       10 000

（四）科技成果转让业务核算案例

科技成果转让方式是指科技成果所有人将科技成果的知识产权，包括专利权、软件著作权等，转让给科技成果转化人。

【例16-10】2019年9月1日，C科研院所将本单位专利甲的专利权转让给F单位，签订技术转让（专利权）合同，约定协议价格为500万元，并经技术合同登记机关登记备案。该专利的账面价值为94万元（其中原值为100万元，无形资产累计摊销6万元）。业务处理相关资料如下：

①9月10日，C单位委托一资产评估机构进行评估，评估该科技成果价值480万

元。银行存款支付评估费用 2 万元。9 月 15 日 C 单位按照协议价格 500 万元收到 F 公司款，发生转让交易费用 1 万元，经批准核销无形资产。假定该业务已经办理免税手续。

②根据 C 单位的有关规定，扣除成本后，该成果净利润为 403 万元，该成果的完成团队获得 201.5 万元科技成果现金奖励，额度为净利润的 50%。按照税法规定，科技成果转化收入并入当月工资减半计税，经计算应代扣个人所得税 15 万元，9 月 30 日直接发放了该部分奖励，转入团队个人的银行卡。

③根据 C 单位的规定，净利润奖励团队后结余的 50% 分给团队所在部门用于科技成果转化，50% 留归科研院所。2019 年 12 月 30 日做结转。

根据以上业务做如下会计处理：

①无形资产转资产处置费用：

财务会计：

借：资产处置费用——专利甲　　　　　　　　　　　　　　940 000

　　无形资产累计摊销　　　　　　　　　　　　　　　　　 60 000

　　贷：无形资产　　　　　　　　　　　　　　　　　　1 000 000

预算会计不做账务处理。

支付评估费和交易费时：

财务会计：

借：资金处置费用—专利甲—评估费　　　　　　　　　　 20 000

　　资金处置费用—专利甲—交易费　　　　　　　　　　 10 000

　　贷：银行存款　　　　　　　　　　　　　　　　　　　30 000

预算会计：

借：事业支出—科研支出—其他资金支出—项目支出—商品和服务支出—委托业

　　务费（专利甲）　　　　　　　　　　　　　　　　　 20 000

　　事业支出—科研支出—其他资金支出—项目支出—商品和服务支出—委托业

　　务费（专利甲）　　　　　　　　　　　　　　　　　 10 000

　　贷：资金结存—货币资金　　　　　　　　　　　　　　30 000

财务会计：

收到成果转让收入时：

借：银行存款　　　　　　　　　　　　　　　　　　　5 000 000

　　贷：资产处置费—专利甲　　　　　　　　　　　　　970 000

　　　　其他收入—科技成果转化收入（专利甲）　　　4 030 000

预算会计：

借：资金结存—货币资金　　　　　　　　　　　　　　5 000 000

　　贷：其他预算收入—科技成果转化收入（专利甲）　5 000 000

②获得成果转化奖励时：

按照规定，该成果团队获得净收入 50% 奖励：4 030 000×50% = 2 015 000（元）

财务会计：

借：业务活动费用—科研活动费用—工资和福利费用（专利甲）

                                           2 015 000

    贷：应付职工薪酬                            2 015 000

借：应付职工薪酬                              2 015 000

    贷：银行存款                               1 865 000

      其他应交税费—应交个人所得税            150 000

预算会计：

借：事业支出—科研支出—其他资金支出—工资福利支出（专利甲）

                                          1 865 000

    贷：资金结存—货币资金                      1 865 000

缴纳个人所得税时：

财务会计：

借：其他应交税费—应交个人所得税               150 000

    贷：银行存款                                150 000

预算会计：

借：事业支出—科研支出—其他资金支出—工资福利支出（专利甲）

                                          150 000

    贷：资金结存—货币资金                      150 000

③年末结余处理：

财务会计：

借：本期盈余                                    2 015 000

    贷：本期盈余分配                          2 015 000

年末本期盈余分配需要经过单位合并所得税汇算及提取专用基金后转入累计盈余。

预算会计：

借：其他预算收入—科技成果转化收入（专利甲）    5 000 000

    贷：其他结余（专利甲）                    5 000 000

借：其他结余（专利甲）                      2 045 000

    贷：事业支出—科研支出—其他资金支出—工资福利支出（专利甲）

                                          2 015 000

      事业支出—科研支出—其他资金支出—项目支出—商品和服务支出—委托业务费（专利甲）                        30 000

借：其他结余（专利甲）                      2 955 000

    贷：非财政拨款结余分配                    2 955 000

根据规定留归单位部分。

预算会计：

借：非财政拨款结余分配                      2 955 000

    贷：非财政拨款结余—累计结余             2 955 000

# 主要参考文献

[1]《中华人民共和国预算法》

[2]《中华人民共和国会计法》

[3]《中华人民共和国预算法实施条例》（中华人民共和国国务院令第729号）

[4]《权责发生制政府综合财务报告改革方案》（国发〔2014〕63号）

[5]《事业单位国有资产管理暂行办法》（中华人民共和国财政部令第100号）

[6]《行政事业性国有资产管理条例》（中华人民共和国国务院令第738号）

[7]《政府财务报告编制办法》（财库〔2019〕56号）

[8]《政府部门财务报告编制操作指南（试行）》（财库〔2019〕57号）

[9]《部门决算管理办法》（财库〔2021〕36号）

[10]《事业单位财务规则》（中华人民共和国财政部令第108号）

[11] 政府会计准则——基本准则（中华人民共和国财政部令第78号）

[12] 政府会计准则第1号——存货（财会〔2016〕12号）

[13] 政府会计准则第2号——投资（财会〔2016〕12号）

[14] 政府会计准则第3号——固定资产（财会〔2016〕12号）

[15] 政府会计准则第3号——固定资产应用指南（财会〔2017〕4号）

[16] 政府会计准则第4号——无形资产（财会〔2016〕12号）

[17] 政府会计准则第7号——会计调整（财会〔2018〕24号）

[18] 政府会计准则第8号——负债（财会〔2018〕31号）

[19] 政府会计准则第9号——财务报表编制和列报（财会〔2018〕31号）

[20] 关于科学事业单位执行《政府会计制度——行政事业单位会计科目和报表》的衔接规定（财会〔2018〕23号）

[21] 关于科学事业单位执行《政府会计制度——行政事业单位会计科目和报表》的补充规定（财会〔2018〕23号）

[22] 关于进一步做好政府会计准则制度新旧衔接和加强行政事业单位资产核算的通知（财会〔2018〕34号）

[23] 政府会计准则制度解释第1号（财会〔2019〕13号）

[24] 政府会计准则制度解释第2号（财会〔2019〕24号）

[25] 政府会计准则制度解释第3号（财会〔2020〕15号）

[26] 政府会计准则制度解释第4号（财会〔2021〕33号）

[27] 事业单位成本核算指引（财会〔2019〕25号）

[28] 中共中央办公厅 国务院办公厅印发《关于进一步完善中央财政科研项目资金管理等政策的若干意见》的通知（中办发〔2016〕50 号）

[29] 国务院关于优化科研管理提升科研绩效若干措施的通知（国发〔2018〕25 号）

[30] 国务院办公厅关于改革完善中央财政科研经费管理的若干意见（国办发〔2021〕32 号）

[31] 财政部.《2022 年政府收支分类科目》[M].中国财政经济出版社，2020，10.

[32]《政府会计实务与案例》编写组.《政府会计实务与案例》[M].经济科学出版社，2019，5.

[33] 邢俊英.《政府会计》（第二版）[M].东北财经大学出版社，2018，8.

[34] 赵建勇.《政府会计》[M].上海财经大学出版社，2018，7.

[35] 张庆龙，王彦.《政府会计制度解读与实务操作指南》[M].中国财政经济出版社，2019，1.

[36] 国家卫生健康委财务司.《医院执行政府会计制度操作指南》[M].中国财政经济出版社，2019，4.

[37] 吴寿仁.《科技成果转化政策导读》[M].上海交通大学出版社，2019，6.

[38] 王力.政府会计制度下科研事业单位成本核算探析[J].会计之友，2021（3）：18 - 23.

[39] 辛海波.科研事业单位如何应用作业成本法进行成本核算[J].行政事业资产与财务，2015（11）：56，21.

[40] 戚家勇.以激发创新活力为导向的科研单位全成本核算机制建设[J].财政监督，2016（17）：85 - 90.

## 科学事业单位会计科目设置明细表

| 序号 | 总账科目 | 二级科目（或辅助核算） | 三级科目（或辅助核算） | 四级科目（或辅助核算） | 五级科目（或辅助核算） | 六级科目（或辅助核算） | 七级科目（或辅助核算） | 八级科目（或辅助核算） | 九级科目（或辅助核算） |
|---|---|---|---|---|---|---|---|---|---|
| 一、资产类 | | | | | | | | | |
| 1 | 1001 库存现金 | 人民币 | | | | | | | |
| | | 外币 | | | | | | | |
| | | 受托代理资产 | | | | | | | |
| 2 | 1002 银行存款 | 基本账户 | | | | | | | |
| | | 外币账户 | | | | | | | |
| | | 受托代理资产 | | | | | | | |
| 3 | 1011 零余额账户用款额度 | | | | | | | | |
| | | 外埠存款 | | | | | | | |
| | | 银行本票存款 | | | | | | | |
| | | 银行汇票存款 | | | | | | | |
| 4 | 1021 其他货币资金 | 信用卡存款 | | | | | | | |
| | | 支付宝收款 | | | | | | | |
| | | 微信收款 | | | | | | | |
| | | POS收款 | | | | | | | |
| 5 | 1101 短期投资 | 投资种类等 | | | | | | | |
| 6 | 1201 财政应返还额度 | 财政直接支付 | | | | | | | |
| | | 财政授权支付 | | | | | | | |

续表

| 序号 | 总账科目 | 二级科目（或辅助核算） | 三级科目（或辅助核算） | 四级科目（或辅助核算） | 五级科目（或辅助核算） | 六级科目（或辅助核算） | 七级科目（或辅助核算） | 八级科目（或辅助核算） | 九级科目（或辅助核算） |
|---|---|---|---|---|---|---|---|---|---|
| 7 | 1211 应收票据 | 部门内部单位 | 单位1<br>… |  |  |  |  |  |  |
|  |  | 部门外同级政府单位 | 单位1<br>… |  |  |  |  |  |  |
|  |  | 部门外非同级政府单位 | 单位1<br>… |  |  |  |  |  |  |
|  |  | 其他单位 | 单位1<br>… |  |  |  |  |  |  |
| 8 | 1212 应收账款 | 部门内部单位 | 单位1<br>… |  |  |  |  |  |  |
|  |  | 部门外同级政府单位 | 单位1<br>… |  |  |  |  |  |  |
|  |  | 部门外非同级政府单位 | 单位1<br>… |  |  |  |  |  |  |
|  |  | 其他单位 | 单位1<br>… |  |  |  |  |  |  |
| 9 | 1214 预付账款 | 非基建项目 | 部门内部单位 | 单位1<br>… |  |  |  |  |  |
|  |  |  | 部门外同级政府单位 | 单位1<br>… |  |  |  |  |  |
|  |  |  | 部门外非同级政府单位 | 单位1<br>… |  |  |  |  |  |
|  |  |  | 其他单位 | 单位1<br>… |  |  |  |  |  |

续表

| 序号 | 总账科目 | 二级科目<br>（或辅助核算） | 三级科目<br>（或辅助核算） | 四级科目<br>（或辅助核算） | 五级科目<br>（或辅助核算） | 六级科目<br>（或辅助核算） | 七级科目<br>（或辅助核算） | 八级科目<br>（或辅助核算） | 九级科目<br>（或辅助核算） |
|---|---|---|---|---|---|---|---|---|---|
| 9 | 1214 预付账款 | 基建项目 | 预付备料款 | 部门内部单位 | 单位 1<br>… | 具体项目<br>具体项目 | | | |
| | | | | 部门外同级政府单位 | 单位 1<br>… | 具体项目<br>具体项目 | | | |
| | | | | 部门外非同级政府单位 | 单位 1<br>… | 具体项目<br>具体项目 | | | |
| | | | | 其他单位 | 单位 1<br>… | 具体项目<br>具体项目 | | | |
| | | | 预付工程款 | 部门内部单位 | 单位 1<br>… | 具体项目<br>具体项目 | | | |
| | | | | 部门外同级政府单位 | 单位单位 1<br>… | 具体项目<br>具体项目 | | | |
| | | | | 部门外非同级政府单位 | 单位 1<br>… | 具体项目<br>具体项目 | | | |
| | | | | 其他单位 | 单位 1<br>… | 具体项目<br>具体项目 | | | |
| | | | 其他预付款 | 部门内部单位 | 单位 1<br>… | 具体项目<br>具体项目 | | | |
| | | | | 部门外同级政府单位 | 单位 1<br>… | 具体项目<br>具体项目 | | | |
| | | | | 部门外非同级政府单位 | 单位 1<br>… | 具体项目<br>具体项目 | | | |
| | | | | 其他单位 | 单位 1<br>… | 具体项目<br>具体项目 | | | |

续表

| 序号 | 总账科目 | 二级科目（或辅助核算） | 三级科目（或辅助核算） | 四级科目（或辅助核算） | 五级科目（或辅助核算） | 六级科目（或辅助核算） | 七级科目（或辅助核算） | 八级科目（或辅助核算） | 九级科目（或辅助核算） |
|---|---|---|---|---|---|---|---|---|---|
| 10 | 1215 应收股利 | 被投资单位等 | | | | | | | |
| 11 | 1216 应收利息 | 被投资单位等 | | | | | | | |
| 12 | 1218 其他应收款 | 预借差旅费 | | | | | | | |
| | | 公务卡备用金 | | | | | | | |
| | | 备用金 | | | | | | | |
| | | 职工垫款 | | | | | | | |
| | | 支付的订金或押金 | 部门内部单位 | 单位1 …… | | | | | |
| | | | 部门外同级政府单位 | 单位1 …… | | | | | |
| | | | 部门外非同级或政府单位 | 单位1 …… | | | | | |
| | | | 其他单位 | 单位1 …… | | | | | |
| 13 | 1219 坏账准备 | 应收上级和附属单位款 | 部门内部单位 | 上级单位 | | | | | |
| | | | | 附属单位 | | | | | |
| | | 应收账款 | | | | | | | |
| | | 其他应收款 | | | | | | | |
| 14 | 1301 在途物品 | 供应单位 | 物品种类 | | | | | | |

续表

| 序号 | 总账科目 | 二级科目（或辅助核算） | 三级科目（或辅助核算） | 四级科目（或辅助核算） | 五级科目（或辅助核算） | 六级科目（或辅助核算） | 七级科目（或辅助核算） | 八级科目（或辅助核算） | 九级科目（或辅助核算） |
|---|---|---|---|---|---|---|---|---|---|
| 15 | 1302 库存物品 | 物品种类 | 规格 | 保管地点 | | | | | |
| | 1302 库存物品（单位储存的低值易耗品、包装物较多的） | 低值易耗品 | 在用 | 种类 | 规格 | 保管地点 | | | |
| | | | 在库 | 种类 | 规格 | 保管地点 | | | |
| | | | 摊销 | 种类 | 规格 | 保管地点 | | | |
| | | 包装物 | 在用 | 种类 | 规格 | 保管地点 | | | |
| | | | 在库 | 种类 | 规格 | 保管地点 | | | |
| | | | 摊销 | 种类 | 规格 | 保管地点 | | | |
| 16 | 1303 加工物品 | 自制物品 | 直接材料 | 物品类别 | 品种 | 项目 | | | |
| | | | 直接人工 | 物品类别 | 品种 | 项目 | | | |
| | | | 其他直接费用 | 物品类别 | 品种 | 项目 | | | |
| | | | 间接费用 | 物品类别 | 品种 | 项目 | | | |
| | | 委托加工物品 | 物品类别 | 品种 | 项目 | | | | |
| 17 | 1401 待摊费用 | 待摊费用种类 | | | | | | | |
| 18 | 1501 长期股权投资（成本法下） | 对企业股权投资 | 企业1 | | | | | | |
| | | | …… | | | | | | |
| | | 对投资基金股权投资 | 投资基金1 | | | | | | |
| | | | …… | | | | | | |
| | 1501 长期股权投资（权益法下） | 成本 | 对企业股权投资 | 企业1 | | | | | |
| | | | | …… | | | | | |
| | | | 对投资基金股权投资 | 投资基金1 | | | | | |
| | | | | …… | | | | | |

续表

| 序号 | 总账科目 | 二级科目（或辅助核算） | 三级科目（或辅助核算） | 四级科目（或辅助核算） | 五级科目（或辅助核算） | 六级科目（或辅助核算） | 七级科目（或辅助核算） | 八级科目（或辅助核算） | 九级科目（或辅助核算） |
|---|---|---|---|---|---|---|---|---|---|
| 18 | 1501 长期股权投资（权益法下） | 损益调整 | 对企业股权投资 | 企业1 …… | | | | | |
| | | | 对投资基金股权投资 | 投资基金1 …… | | | | | |
| | | 其他权益变动 | 对企业股权投资 | 企业1 …… | | | | | |
| | | | 对投资基金股权投资 | 投资基金1 …… | | | | | |
| 19 | 1502 长期债券投资 | 成本 | 投资种类 | 债券发行主体 | 1. …… | | | | |
| | | 应计利息 | 投资种类 | 债券发行主体 | 1. …… | | | | |
| 20 | 1601 固定资产 | 房屋及构筑物 | 项目 | | | | | | |
| | | 专用设备 | 项目 | | | | | | |
| | | 通用设备 | 项目 | | | | | | |
| | | 文物和陈列品 | 项目 | | | | | | |
| | | 图书、档案 | 项目 | | | | | | |
| | | 家具、用具、装具及动植物 | 项目 | | | | | | |

续表

| 序号 | 总账科目 | 二级科目（或辅助核算） | 三级科目（或辅助核算） | 四级科目（或辅助核算） | 五级科目（或辅助核算） | 六级科目（或辅助核算） | 七级科目（或辅助核算） | 八级科目（或辅助核算） | 九级科目（或辅助核算） |
|---|---|---|---|---|---|---|---|---|---|
| 21 | 1602 固定资产累计折旧 | 房屋及构筑物 | | | | | | | |
| | | 专用设备 | | | | | | | |
| | | 通用设备 | | | | | | | |
| | | 家具、用具、装具 | | | | | | | |
| 22 | 1611 工程物资 | 库存材料 | | | | | | | |
| | | 库存设备 | | | | | | | |
| | | 建筑安装工程投资 | 建筑工程 | 具体项目 | | | | | |
| | | | 安装工程 | 具体项目 | | | | | |
| | | 设备投资 | 具体项目 | | | | | | |
| | | 待摊投资 | 9 项具体核算内容 | 具体项目 | | | | | |
| | | | 房屋购置 | 具体项目 | | | | | |
| | | | 基本畜禽支出 | 具体项目 | | | | | |
| | | | 林木支出 | 具体项目 | | | | | |
| 23 | 1613 在建工程 | 其他投资 | 办公生活用家具、器具购置 | 具体项目 | | | | | |
| | | | 可行性研究固定资产购置 | 具体项目 | | | | | |
| | | | 无形资产 | 具体项目 | | | | | |
| | | 待核销基建支出 | 待核销基建支出的类别 | 具体项目 | | | | | |
| | | 基建转出投资 | 转出投资的类别 | 具体项目 | | | | | |

续表

| 序号 | 总账科目 | 二级科目（或辅助核算） | 三级科目（或辅助核算） | 四级科目（或辅助核算） | 五级科目（或辅助核算） | 六级科目（或辅助核算） | 七级科目（或辅助核算） | 八级科目（或辅助核算） | 九级科目（或辅助核算） |
|---|---|---|---|---|---|---|---|---|---|
| 24 | 1615 代建项目（基建代建业务单位为事业单位时）（解释2号） | 建筑安装工程投资 | | | | | | | |
| | | 设备投资 | | | | | | | |
| | | 待摊投资 | | | | | | | |
| | | 其他投资 | | | | | | | |
| | | 待核销基建支出 | | | | | | | |
| | | 基建转出投资 | | | | | | | |
| | | 代建项目转出 | | | | | | | |
| 25 | 1701 无形资产 | 专利权 | 项目 | | | | | | |
| | | 商标权 | 项目 | | | | | | |
| | | 著作权 | 项目 | | | | | | |
| | | 土地使用权 | 项目 | | | | | | |
| | | 非专利技术 | 项目 | | | | | | |
| | | 软件 | 项目 | | | | | | |
| | | 其他无形资产 | 项目 | | | | | | |
| 26 | 1702 无形资产累计摊销 | 专利权 | | | | | | | |
| | | 商标权 | | | | | | | |
| | | 著作权 | | | | | | | |
| | | 土地使用权 | | | | | | | |
| | | 非专利技术 | | | | | | | |
| | | 软件 | | | | | | | |
| | | 其他无形资产 | | | | | | | |

续表

| 序号 | 总账科目 | 二级科目（或辅助核算） | 三级科目（或辅助核算） | 四级科目（或辅助核算） | 五级科目（或辅助核算） | 六级科目（或辅助核算） | 七级科目（或辅助核算） | 八级科目（或辅助核算） | 九级科目（或辅助核算） |
|---|---|---|---|---|---|---|---|---|---|
| 27 | 1703 研发支出（自行研究开发项目） | 研究支出 | 项目 | | | | | | |
| | | 开发支出 | 项目 | | | | | | |
| 28 | 1891 受托代理资产 | 受托转赠物资 | 委托人 | | | | | | |
| | | 受托存储保管物资 | 委托人 | 受赠人 | | | | | |
| | | 罚没物资 | 委托人 | | | | | | |
| | | 其他 | 委托人 | | | | | | |
| 29 | 1901 长期待摊费用 | 费用项目 | | | | | | | |
| 30 | 1902 待处理财产损溢 | 待处理财产项目 | 待处理财产价值 | | | | | | |
| | 1902 待处理财产损溢（对于在资产处理过程中取得收入或发生相关费用的项目） | 待处理财产项目 | 处理净收入 | | | | | | |
| 二、负债类 | | | | | | | | | |
| 31 | 2001 短期借款 | 债权人 | 借款种类 | | | | | | |
| 32 | 2101 应交增值税（一般纳税人） | 应交税金 | 进项税额 | | | | | | |
| | | | 已交税金 | | | | | | |
| | | | 转出未交增值税 | | | | | | |

续表

| 序号 | 总账科目 | 二级科目（或辅助核算） | 三级科目（或辅助核算） | 四级科目（或辅助核算） | 五级科目（或辅助核算） | 六级科目（或辅助核算） | 七级科目（或辅助核算） | 八级科目（或辅助核算） | 九级科目（或辅助核算） |
|---|---|---|---|---|---|---|---|---|---|
| 32 | 2101 应交增值税（一般纳税人） | 应交税金 | 减免税款 | | | | | | |
| | | | 销项税额 | | | | | | |
| | | | 进项税额转出 | | | | | | |
| | | | 转出多交增值税 | | | | | | |
| | | 未交税金 | | | | | | | |
| | | 预交税金 | | | | | | | |
| | | 待抵扣进项税额 | | | | | | | |
| | | 待认证进项税额 | | | | | | | |
| | | 待转销项税额 | | | | | | | |
| | | 简易计税 | | | | | | | |
| | | 转让金融商品应交增值税 | | | | | | | |
| | | 代扣代交增值税 | | | | | | | |
| | 2101 应交增值税（小规模纳税人） | 转让金融商品应交增值税 | | | | | | | |
| | | 代扣代交增值税 | | | | | | | |
| 33 | 2102 其他应交税费（按应纳的税费种类） | 城市建设维护税 | | | | | | | |
| | | 教育费附加 | | | | | | | |
| | | 地方教育费附加 | | | | | | | |

续表

| 序号 | 总账科目 | 二级科目<br>(或辅助核算) | 三级科目<br>(或辅助核算) | 四级科目<br>(或辅助核算) | 五级科目<br>(或辅助核算) | 六级科目<br>(或辅助核算) | 七级科目<br>(或辅助核算) | 八级科目<br>(或辅助核算) | 九级科目<br>(或辅助核算) |
|---|---|---|---|---|---|---|---|---|---|
|  |  | 车船税 |  |  |  |  |  |  |  |
|  |  | 房产税 |  |  |  |  |  |  |  |
| 33 | 2102 其他应交税费（按应缴纳的税费种类） | 城镇土地使用税 |  |  |  |  |  |  |  |
|  |  | 环境保护税 |  |  |  |  |  |  |  |
|  |  | 企业所得税 |  |  |  |  |  |  |  |
|  |  | 个人所得税 |  |  |  |  |  |  |  |
| 34 | 2103 应缴财政款（按表列） | 应缴国库款 |  |  |  |  |  |  |  |
|  |  | 应缴财政专户款 |  |  |  |  |  |  |  |
| 35 | 2201 应付职工薪酬 | 基本工资 | 在职人员 |  |  |  |  |  |  |
|  |  |  | 离退休人员 |  |  |  |  |  |  |
|  |  | 国家统一规定的津贴补贴 |  |  |  |  |  |  |  |
|  |  | 规范津贴补贴（绩效工资） |  |  |  |  |  |  |  |
|  |  | 改革性补贴 |  |  |  |  |  |  |  |
|  |  | 社会保险费 | 基本养老保险费 | 单位缴费 |  |  |  |  |  |
|  |  |  |  | 个人缴费 |  |  |  |  |  |
|  |  |  | 职业年金 | 单位缴费 |  |  |  |  |  |
|  |  |  |  | 个人缴费 |  |  |  |  |  |
|  |  |  | 医疗保险费 | 单位缴费 |  |  |  |  |  |
|  |  |  |  | 个人缴费 |  |  |  |  |  |

续表

| 序号 | 总账科目 | 二级科目（或辅助核算） | 三级科目（或辅助核算） | 四级科目（或辅助核算） | 五级科目（或辅助核算） | 六级科目（或辅助核算） | 七级科目（或辅助核算） | 八级科目（或辅助核算） | 九级科目（或辅助核算） |
|---|---|---|---|---|---|---|---|---|---|
| 35 | 2201 应付职工薪酬 | 社会保险费 | 工伤保险费 | 单位缴费 | | | | | |
| | | | 生育保险费 | 单位缴费 | | | | | |
| | | | 失业保险费 | 单位缴费 | | | | | |
| | | | | 个人缴费 | | | | | |
| | | 住房公积金 | 单位缴费 | | | | | | |
| | | | 个人缴费 | | | | | | |
| | | 其他个人收入 | | | | | | | |
| 36 | 2301 应付票据 | 部门内部单位 | 单位1 | | | | | | |
| | | | … | | | | | | |
| | | 部门外同级政府单位 | 单位1 | | | | | | |
| | | | … | | | | | | |
| | | 部门外非同级政府单位 | 单位1 | | | | | | |
| | | | … | | | | | | |
| | | 其他单位 | 单位1 | | | | | | |
| | | | … | | | | | | |
| 37 | 2302 应付账款 | 非基建项目 | 部门内部单位 | 单位1 | | | | | |
| | | | | … | | | | | |
| | | | 部门外同级政府单位 | 单位1 | | | | | |
| | | | | … | | | | | |
| | | | 部门外非同级政府府单位 | 单位1 | | | | | |
| | | | | … | | | | | |
| | | | 其他单位 | 单位1 | | | | | |
| | | | | … | | | | | |

续表

| 序号 | 总账科目 | 二级科目（或辅助核算） | 三级科目（或辅助核算） | 四级科目（或辅助核算） | 五级科目（或辅助核算） | 六级科目（或辅助核算） | 七级科目（或辅助核算） | 八级科目（或辅助核算） | 九级科目（或辅助核算） |
|---|---|---|---|---|---|---|---|---|---|
| 37 | 2302 应付账款 | 基建项目 | 应付器材款 | 部门内部单位 | 单位1 | 具体项目 | | | |
| | | | | | … | 具体项目 | | | |
| | | | | 部门外同级政府单位 | 单位1 | 具体项目 | | | |
| | | | | | … | 具体项目 | | | |
| | | | | 部门外非同级政府单位 | 单位1 | 具体项目 | | | |
| | | | | | … | 具体项目 | | | |
| | | | | 其他 | 单位1 | 具体项目 | | | |
| | | | | | … | 具体项目 | | | |
| | | | 应付工程款 | 部门内部单位 | 单位1 | 具体项目 | | | |
| | | | | | … | 具体项目 | | | |
| | | | | 部门外同级政府单位 | 单位1 | 具体项目 | | | |
| | | | | | … | 具体项目 | | | |
| | | | | 部门外非同级政府单位 | 单位1 | 具体项目 | | | |
| | | | | | … | 具体项目 | | | |
| | | | | 其他单位 | 单位1 | 具体项目 | | | |
| | | | | | … | 具体项目 | | | |
| 38 | 2304 应付利息 | 债权人等 | | | | | | | |
| 39 | 2305 预收账款 | 部门内部单位 | 单位1 | | | | | | |
| | | | … | | | | | | |

续表

| 序号 | 总账科目 | 二级科目（或辅助核算） | 三级科目（或辅助核算） | 四级科目（或辅助核算） | 五级科目（或辅助核算） | 六级科目（或辅助核算） | 七级科目（或辅助核算） | 八级科目（或辅助核算） | 九级科目（或辅助核算） |
|---|---|---|---|---|---|---|---|---|---|
|  | 2305 预收账款 | 部门外同级政府单位 | 单位1<br>… |  |  |  |  |  |  |
|  |  | 部门外非同级政府单位 | 单位1<br>… |  |  |  |  |  |  |
|  |  | 其他单位 | 单位1<br>… |  |  |  |  |  |  |
| 39 | 2305 预收账款（代建事业单位） | 预收工程款 | 部门内部单位 | 单位1<br>… |  |  |  |  |  |
|  |  |  | 部门外同级政府单位 | 单位1<br>… |  |  |  |  |  |
|  |  |  | 部门外非同级政府单位 | 单位1<br>… |  |  |  |  |  |
|  |  |  | 其他单位 | 单位1<br>… |  |  |  |  |  |
| 40 | 2307 其他应付款 | 收取的押金/存入保证金 | 部门内部单位 | 单位1<br>… |  |  |  |  |  |
|  |  |  | 部门外同级政府单位 | 单位1<br>… |  |  |  |  |  |
|  |  |  | 部门外非同级政府单位 | 单位1<br>… |  |  |  |  |  |
|  |  |  | 其他单位 | 单位1<br>… |  |  |  |  |  |

续表

| 序号 | 总账科目 | 二级科目（或辅助核算） | 三级科目（或辅助核算） | 四级科目（或辅助核算） | 五级科目（或辅助核算） | 六级科目（或辅助核算） | 七级科目（或辅助核算） | 八级科目（或辅助核算） | 九级科目（或辅助核算） |
|---|---|---|---|---|---|---|---|---|---|
| 40 | 2307 其他应付款 | 公务卡欠款 | | | | | | | |
| | | 预拨经费 | | | | | | | |
| | | 向同级财政借款项 | 应付同级财政 | | | | | | |
| | | 实拨资金转拨财政款 | 应付同级财政 | | | | | | |
| | | | 部门内来单位 | 单位 1 | | | | | |
| | | | | …… | | | | | |
| 41 | 2401 预提费用 | 项目间接费用或管理费 | 项目 | | | | | | |
| | | 其他预提费用种类（如电费） | | | | | | | |
| 42 | 2501 长期借款 | 本金 | 机构 1 | 贷款种类 | 具体项目 | | | | |
| | | | …… | 贷款种类 | 具体项目 | | | | |
| | | 应计利息 | 机构 1 | 贷款种类 | 具体项目 | | | | |
| | | | …… | 贷款种类 | 具体项目 | | | | |
| 43 | 2502 长期应付款 | 类别 | 部门内部单位 | 单位 1 | | | | | |
| | | | | …… | | | | | |
| | | | 部门外同级政府单位 | 单位 1 | | | | | |
| | | | | …… | | | | | |
| | | | 部门外非同级政府单位 | 单位 1 | | | | | |
| | | | | …… | | | | | |
| | | | 其他单位 | 单位 1 | | | | | |
| | | | | …… | | | | | |

续表

| 序号 | 总账科目 | 二级科目（或辅助核算） | 三级科目（或辅助核算） | 四级科目（或辅助核算） | 五级科目（或辅助核算） | 六级科目（或辅助核算） | 七级科目（或辅助核算） | 八级科目（或辅助核算） | 九级科目（或辅助核算） |
|---|---|---|---|---|---|---|---|---|---|
| 44 | 2601 预计负债 | 项目 | | | | | | | |
| 45 | 2901 受托代理负债 | | | | | | | | |
| 三、净资产类 | | | | | | | | | |
| 46 | 3001 累计盈余 | | | | | | | | |
| 47 | 3101 专用基金 | 职工福利基金 | | | | | | | |
| | | 科技成果转化基金 | | | | | | | |
| | | 其他基金 | | | | | | | |
| 48 | 3201 权益法调整 | 被投资单位 | | | | | | | |
| 49 | 3301 本期盈余 | | | | | | | | |
| 50 | 3302 本年盈余分配 | | | | | | | | |
| 51 | 3401 无偿调拨净资产 | | | | | | | | |
| 52 | 3501 以前年度盈余调整 | | | | | | | | |
| 四、收入类 | | | | | | | | | |
| 53 | 4001 财政拨款收入 | 一般公共预算财政拨款 | | | | | | | |
| | | 政府性基金预算财政拨款 | | | | | | | |

续表

| 序号 | 总账科目 | 二级科目（或辅助核算） | 三级科目（或辅助核算） | 四级科目（或辅助核算） | 五级科目（或辅助核算） | 六级科目（或辅助核算） | 七级科目（或辅助核算） | 八级科目（或辅助核算） | 九级科目（或辅助核算） |
|---|---|---|---|---|---|---|---|---|---|
| 53 | 4001 财政拨款收入（按照预算管理要求对需对政府债务全资单独反映的） | 一般公共预算财政拨款款 | 地方政府一般债券资金收入 | | | | | | |
| | | 政府性基金预算财政拨款 | 地方政府专项债券资金收入 | | | | | | |
| 54 | 4101 事业收入 | 410101 科研收入 | 非同级财政拨款 | ×× 财政 | | | | | |
| | | | 本部门内部单位 | 单位1 … | | | | | |
| | | | 本部门以外同级政府单位 | 单位1 … | | | | | |
| | | | 本部门以外非同级政府单位 | 单位1 … | | | | | |
| | | | 其他单位 | 单位1 … | | | | | |
| | | 410102 非科研收入 | 技术活动收入 | 非同级财政拨款 | ×× 财政 | | | | |
| | | | 学术活动收入 | 本部门内部单位 | 单位1 … | | | | |
| | | | 科普活动收入 | 本部门以外同级政府单位 | 单位1 … | | | | |
| | | | 试制产品活动收入 | 本部门以外非同级政府单位 | 单位1 … | | | | |
| | | | 入/教学活动收入 | 其他单位 | 单位1 … | | | | |

续表

| 序号 | 总账科目 | 二级科目（或辅助核算） | 三级科目（或辅助核算） | 四级科目（或辅助核算） | 五级科目（或辅助核算） | 六级科目（或辅助核算） | 七级科目（或辅助核算） | 八级科目（或辅助核算） | 九级科目（或辅助核算） |
|---|---|---|---|---|---|---|---|---|---|
| 55 | 4201 上级补助收入 | 发放补助单位 | 补助项目 | | | | | | |
| 56 | 4301 附属单位上缴收入 | 附属单位 | 缴款项目 | | | | | | |
| 57 | 4401 经营收入 | 经营活动类别 | 本部门内部单位 | 单位1 | | | | | |
| | | | | … | | | | | |
| | | | 本部门以外同级政府单位 | 单位1 | | | | | |
| | | | | … | | | | | |
| | | | 本部门以外非同级政府单位 | 单位1 | | | | | |
| | | | | … | | | | | |
| | | | 其他单位 | 单位1 | | | | | |
| | | | | … | | | | | |
| 58 | 4601 非同级财政拨款收入 | 本级横向转拨财政款 | 本部门内部单位 | 单位1 | | | | | |
| | | | | … | | | | | |
| | | | 本部门以外同级政府单位 | 单位1 | | | | | |
| | | | | … | | | | | |
| | | | 本部门以外非同级政府单位 | 单位1 | | | | | |
| | | | | … | | | | | |
| | | 非本级财政拨款 | ××财政 | | | | | | |
| | | | … | | | | | | |
| 59 | 4602 投资收益 | 投资种类 | | | | | | | |

续表

| 序号 | 总账科目 | 二级科目<br>(或辅助核算) | 三级科目<br>(或辅助核算) | 四级科目<br>(或辅助核算) | 五级科目<br>(或辅助核算) | 六级科目<br>(或辅助核算) | 七级科目<br>(或辅助核算) | 八级科目<br>(或辅助核算) | 九级科目<br>(或辅助核算) |
|---|---|---|---|---|---|---|---|---|---|
| 60 | 4603 捐赠收入 | 捐赠资产用途 | 捐赠单位 | | | | | | |
| 61 | 4604 利息收入 | | | | | | | | |
| 62 | 4605 租金收入 | 出租国有资产类别 | 收入来源 | | | | | | |
| 63 | 4609 其他收入 | 类别 | 本部门内部单位 | 单位 1<br>… | | | | | |
| | | | 本部门以外同级政府单位 | 单位 1<br>… | | | | | |
| | | | 本部门以外非同级政府单位 | 单位 1<br>… | | | | | |
| | | | 其他单位 | 单位 1<br>… | | | | | |
| 五、费用类 | | | | | | | | | |
| 64 | 5001 业务活动费用 | 500101 科研活动费用 | 项目/服务或业务类别 | 工资福利费用 | | | | | |
| | | | | 商品和服务费用 | 本部门内部单位 | 单位 1<br>… | | | |
| | | | | | 本部门以外同级政府单位 | 单位 1<br>… | | | |
| | | | | | 本部门以外非同级政府单位 | 单位 1<br>… | | | |
| | | | | | 其他单位 | 单位 1<br>… | | | |

续表

| 序号 | 总账科目 | 二级科目（或辅助核算） | 三级科目（或辅助核算） | 四级科目（或辅助核算） | 五级科目（或辅助核算） | 六级科目（或辅助核算） | 七级科目（或辅助核算） | 八级科目（或辅助核算） | 九级科目（或辅助核算） |
|---|---|---|---|---|---|---|---|---|---|
| 64 | 5001 业务活动费用 | 500101 科研活动费用 | 项目/服务或业务类别 | 对个人和家庭补助 | | | | | |
| | | | | 固定资产折旧费 | | | | | |
| | | | | 无形资产摊销费 | | | | | |
| | | | | 计提专用基金 | | | | | |
| | | 500102 非科研活动费用 | 技术活动费用/学术活动费用/科普活动费用/试制产品活动费用/教学活动费用 | 项目/服务或业务类别 | 工资福利费用 | | | | |
| | | | | | 商品和服务费用 | 本部门内部单位 | 单位1 … | | |
| | | | | | | 本部门以外同级政府单位 | 单位1 … | | |
| | | | | | | 本部门以外非同级政府单位 | 单位1 … | | |
| | | | | | | 其他单位 | 单位1 … | | |
| | | | | | 对个人和家庭补助 | | | | |
| | | | | | 固定资产折旧费 | | | | |
| | | | | | 无形资产摊销费 | | | | |
| | | | | | 计提专用基金 | | | | |

| 序号 | 总账科目 | 二级科目（或辅助核算） | 三级科目（或辅助核算） | 四级科目（或辅助核算） | 五级科目（或辅助核算） | 六级科目（或辅助核算） | 七级科目（或辅助核算） | 八级科目（或辅助核算） | 九级科目（或辅助核算） |
|---|---|---|---|---|---|---|---|---|---|
| 65 | 5101 单位管理费用 | 项目/费用类别 | 工资福利费用 | | | | | | |
| | | | 商品和服务费用 | 本部门内部单位 | 单位1 ... | | | | |
| | | | | 本部门以外同级政府单位 | 单位1 ... | | | | |
| | | | | 本部门以外非同级政府单位 | 单位1 ... | | | | |
| | | | | 其他单位 | 单位1 ... | | | | |
| | | | 对个人和家庭的补助费用 | | | | | | |
| | | | 固定资产折旧费 | | | | | | |
| | | | 无形资产摊销费 | | | | | | |
| | | | 计提专用基金 | | | | | | |
| 66 | 5201 经营费用 | 经营活动类别/项目 | 工资福利费用 | | | | | | |
| | | | 商品和服务费用 | 本部门内部单位 | 单位1 ... | | | | |
| | | | | 本部门以外同级政府单位 | 单位1 ... | | | | |
| | | | | 本部门以外非同级政府单位 | 单位1 ... | | | | |
| | | | | 其他单位 | 单位1 ... | | | | |

| 序号 | 总账科目 | 二级科目（或辅助核算） | 三级科目（或辅助核算） | 四级科目（或辅助核算） | 五级科目（或辅助核算） | 六级科目（或辅助核算） | 七级科目（或辅助核算） | 八级科目（或辅助核算） | 九级科目（或辅助核算） |
|---|---|---|---|---|---|---|---|---|---|
| 66 | 5201 经营费用 | 经营活动类别/项目 | 对个人和家庭的补助费用 | | | | | | |
| | | | 固定资产折旧费 | | | | | | |
| | | | 无形资产摊销费 | | | | | | |
| | | | 计提专用基金 | | | | | | |
| 67 | 5301 资产处置费用 | 处置资产的类别 | 处置资产的形式 | | | | | | |
| 68 | 5401 上缴上级费用 | 收缴款项单位 | 缴款项目 | | | | | | |
| 69 | 5501 对附属单位补助费用 | 接受补助单位 | 补助项目 | | | | | | |
| 70 | 5701 利息费用（单位发生的利息费用较多的，可以单独设置此科目，否则费用在5901 其他费用中核算） | | | | | | | | |
| 71 | 5801 所得税费用 | 利息费用 | | | | | | | |
| 72 | 5901 其他费用 | 坏账损失 | | | | | | | |
| | | 罚没支出 | | | | | | | |

续表

| 序号 | 总账科目 | 二级科目（或辅助核算） | 三级科目（或辅助核算） | 四级科目（或辅助核算） | 五级科目（或辅助核算） | 六级科目（或辅助核算） | 七级科目（或辅助核算） | 八级科目（或辅助核算） | 九级科目（或辅助核算） |
|---|---|---|---|---|---|---|---|---|---|
| 72 | 5901 其他费用 | 现金资产捐赠支出 | | | | | | | |
| | | 相关税费、运输费 | | | | | | | |
| 六、预算收入类 | | | | | | | | | |
| 73 | 6001 财政拨款预算收入（按照预算管理要求需对政府债务资金单独反映的） | 一般公共预算财政拨款 | "支出功能分类"项级科目 | 基本支出 | 人员经费 | | | | |
| | | | | | 日常公用经费 | | | | |
| | | | | 项目支出 | 具体项目 | | | | |
| | | 政府性基金预算财政拨款 | "支出功能分类"项级科目 | 基本支出 | 人员经费 | | | | |
| | | | | | 日常公用经费 | | | | |
| | | | | 项目支出 | 具体项目 | | | | |
| | | 一般公共预算政府一般债券资金收入 | 地方政府一般债券资金收入 | "支出功能分类"项级科目 | 项目支出 | 具体项目 | | | |
| | | 政府性基金预算政府专项债券资金收入 | 地方政府专项债券资金收入 | "支出功能分类"项级科目 | 项目支出 | 具体项目 | | | |
| | | | | 非同级财政拨款 | 专项资金收入 | 具体项目 | | | |
| | | | | | 非专项资金收入 | | | | |
| 74 | 6101 事业预算收入 | 610101 科研预算收入 | "支出功能分类"项级科目 | 专项资金收入 | 具体项目 | | | | |
| | | | | 非专项资金收入 | | | | | |

续表

| 序号 | 总账科目 | 二级科目（或辅助核算） | 三级科目（或辅助核算） | 四级科目（或辅助核算） | 五级科目（或辅助核算） | 六级科目（或辅助核算） | 七级科目（或辅助核算） | 八级科目（或辅助核算） | 九级科目（或辅助核算） |
|---|---|---|---|---|---|---|---|---|---|
| 74 | 6101 事业预算收入 | 610102 非科研预算收入 | 技术活动预算收入/学术活动预算收入/科普活动预算收入/试制产品活动预算收入/教学活动预算收入 | "支出功能分类"项级科目 | 非同级财政拨款 | 专项资金收入 | 具体项目 | | |
| | | | | | | 非专项资金收入 | | | |
| | | | | | 专项资金收入 | 具体项目 | | | |
| 75 | 6201 上级补助预算收入 | "支出功能分类"项级科目 | 发放补助单位 | 补助项目 | 专项资金收入 | 具体项目 | | | |
| | | | | | 非专项资金收入 | | | | |
| 76 | 6301 附属单位上缴预算收入 | "支出功能分类"项级科目 | 附属单位 | 缴款项目 | 专项资金收入 | 具体项目 | | | |
| | | | | | 非专项资金收入 | | | | |
| 77 | 6401 经营预算收入 | "支出功能分类"项级科目 | 经营活动类别 | 项目 | | | | | |
| 78 | 6501 债务预算收入 | "支出功能分类"项级科目 | 贷款单位 | 贷款种类 | 专项资金收入 | 具体项目 | | | |
| | | | | | 非专项资金收入 | | | | |
| 79 | 6601 非同级财政拨款预算收入 | "支出功能分类"项级科目 | 本级横向转拨财政款 | 来源 | 专项资金收入 | 具体项目 | | | |
| | | | | 非本级财政拨款 | 来源 | 非专项资金收入 | | | | |
| | | | | | | 专项资金收入 | 具体项目 | | | |
| | | | | | | 非专项资金收入 | | | | |
| 80 | 6602 投资预算收益 | "支出功能分类"项级科目 | | | | | | | |

续表

| 序号 | 总账科目 | 二级科目（或辅助核算） | 三级科目（或辅助核算） | 四级科目（或辅助核算） | 五级科目（或辅助核算） | 六级科目（或辅助核算） | 七级科目（或辅助核算） | 八级科目（或辅助核算） | 九级科目（或辅助核算） |
|---|---|---|---|---|---|---|---|---|---|
| 81 | 6603 捐赠预算收入（单位发生的捐赠预算收入金额较大或业务较多的，可单独设置此科目，否则置在 6609 其他预算收入中核算） | "支出功能分类"项级科目 | 专项资金收入 | 具体项目 | | | | | |
| | | | 非专项资金收入 | | | | | | |
| 82 | 6604 利息预算收入（单位发生的利息预算收入金额较大或业务较多的，可单独设置此科目，否则置在 6609 其他预算收入中核算） | "支出功能分类"项级科目 | 专项资金收入 | 具体项目 | | | | | |
| | | | 非专项资金收入 | | | | | | |
| 83 | 6605 租金预算收入（单位发生的租金预算收入金额较大或业务较多的，可单独设置此科目，否则置在 6609 其他预算收入中核算） | "支出功能分类"项级科目 | 专项资金收入 | 具体项目 | | | | | |
| | | | 非专项资金收入 | | | | | | |
| 84 | 6609 其他预算收入 | 捐赠预算收入 | "支出功能分类"项级科目 | 专项资金收入 | 具体项目 | | | | |
| | | | | 非专项资金收入 | | | | | |
| | | 利息预算收入 | "支出功能分类"项级科目 | 专项资金收入 | 具体项目 | | | | |
| | | | | 非专项资金收入 | | | | | |

续表

| 序号 | 总账科目 | 二级科目（或辅助核算） | 三级科目（或辅助核算） | 四级科目（或辅助核算） | 五级科目（或辅助核算） | 六级科目（或辅助核算） | 七级科目（或辅助核算） | 八级科目（或辅助核算） | 九级科目（或辅助核算） |
|---|---|---|---|---|---|---|---|---|---|
| 84 | 6609 其他预算收入 | 租金预算收入 | "支出功能分类"项级科目 | 专项资金收入 | 具体项目 | | | | |
| | | | | 非专项资金收入 | 具体项目 | | | | |
| | | 现金盘盈收入 | "支出功能分类"项级科目 | 专项资金收入 | 具体项目 | | | | |
| | | | | 非专项资金收入 | | | | | |

七、预算支出类

| 序号 | 总账科目 | 二级科目 | 三级科目 | 四级科目 | 五级科目 | 六级科目 | 七级科目 | 八级科目 | 九级科目 |
|---|---|---|---|---|---|---|---|---|---|
| 85 | 7201 事业支出 | 720101 科研支出 | 财政拨款支出 | 一般公共预算财政拨款 | "支出功能分类"项级科目 | 基本支出 | "部门支出经济分类"款级科目 | | |
| | | | | | | 项目支出 | 项目 | "部门支出经济分类"款级科目 | |
| | | | | 政府性基金预算财政拨款 | "支出功能分类"项级科目 | 基本支出 | "部门支出经济分类"款级科目 | | |
| | | | | | | 项目支出 | 项目 | "部门支出经济分类"款级科目 | |
| | | | 非财政专项资金支出 | "支出功能分类"项级科目 | 项目支出 | 项目 | "部门支出经济分类"款级科目 | | |
| | | | 其他资金支出 | "支出功能分类"项级科目 | 基本支出 | "部门支出经济分类"款级科目 | | | |

续表

| 序号 | 总账科目 | 二级科目（或辅助核算） | 三级科目（或辅助核算） | 四级科目（或辅助核算） | 五级科目（或辅助核算） | 六级科目（或辅助核算） | 七级科目（或辅助核算） | 八级科目（或辅助核算） | 九级科目（或辅助核算） |
|---|---|---|---|---|---|---|---|---|---|
| 85 | 7201 事业支出 | 720102 非科研支出 | 技术活动支出/学术活动支出/科普活动支出/试制产品活动支出/教学活动支出 | 财政拨款支出 | 一般公共预算财政拨款 | "支出功能分类"项级科目 | 基本支出 | "部门支出经济分类"款级科目 | |
| | | | | | | | 项目支出 | 项目 | "部门支出经济分类"款级科目 |
| | | | | | 政府性基金预算财政拨款 | "支出功能分类"项级科目 | 基本支出 | "部门支出经济分类"款级科目 | |
| | | | | | | | 项目支出 | 项目 | "部门支出经济分类"款级科目 |
| | | | | 非财政专项资金支出 | "支出功能分类"项级科目 | 项目支出 | 项目 | "部门支出经济分类"款级科目 | |
| | | | | 其他资金支出 | "支出功能分类"项级科目 | 基本支出 | "部门支出经济分类"款级科目 | | |
| | | 720103 管理支出 | 财政拨款支出 | 一般公共预算财政拨款 | "支出功能分类"项级科目 | 基本支出 | "部门支出经济分类"款级科目 | | |
| | | | | | | | 项目支出 | 项目 | "部门支出经济分类"款级科目 |

续表

| 序号 | 总账科目 | 二级科目（或辅助核算） | 三级科目（或辅助核算） | 四级科目（或辅助核算） | 五级科目（或辅助核算） | 六级科目（或辅助核算） | 七级科目（或辅助核算） | 八级科目（或辅助核算） | 九级科目（或辅助核算） |
|---|---|---|---|---|---|---|---|---|---|
| 85 | 7201 事业支出 | 720103 管理支出 | 财政拨款支出 | 政府性基金预算财政拨款 | "支出功能分类"项级科目 | 基本支出 | "部门支出经济分类"款级科目 | | |
| | | | | | | 项目支出 | 项目 | "部门支出经济分类"款级科目 | |
| | | | 非财政专项资金支出 | "支出功能分类"项级科目 | 项目支出 | 项目 | "部门支出经济分类"款级科目 | | |
| | | | 其他资金支出 | "支出功能分类"项级科目 | 基本支出 | "部门支出经济分类"款级科目 | | | |
| 86 | 7301 经营支出 | 待处理 | 经营活动类别 | 项目 | "部门支出经济分类"款级科目 | | | | |
| 87 | 7401 上缴上级支出 | "支出功能分类"项级科目 | 收缴款单位 | 缴款项目 | "部门支出经济分类"款级科目 | | | | |
| 88 | 7501 对附属单位补助支出 | 待处理 "支出功能分类"项级科目 | 接受补助单位 | 补助项目 | "部门支出经济分类"款级科目 | | | | |

续表

| 序号 | 总账科目 | 二级科目（或辅助核算） | 三级科目（或辅助核算） | 四级科目（或辅助核算） | 五级科目（或辅助核算） | 六级科目（或辅助核算） | 七级科目（或辅助核算） | 八级科目（或辅助核算） | 九级科目（或辅助核算） |
|---|---|---|---|---|---|---|---|---|---|
| 89 | 7601 投资支出 | "支出功能分类"项级科目 | 投资类型 | 投资对象 | "部门支出经济分类"款级科目 | | | | |
| 90 | 7701 债务还本支出 | 支出功能"项" | 贷款单位 | 贷款种类 | "部门支出经济分类"款级科目 | | | | |
| 91 | 7901 其他支出 | 类别 | 财政拨款支出 | 一般公共预算财政拨款 | "支出功能分类"项级科目 | 基本支出 | "部门支出经济分类"款级科目 | | |
| | | | | | | 项目支出 | 项目 | "部门支出经济分类"款级科目 | |
| | | | | 政府性基金预算财政拨款 | "支出功能分类"项级科目 | 基本支出 | "部门支出经济分类"款级科目 | | |
| | | | | | | 项目支出 | 项目 | "部门支出经济分类"款级科目 | |
| | | | 非财政专项资金支出 | "支出功能分类"项级科目 | 项目支出 | 项目 | "部门支出经济分类"款级科目 | | |
| | | | 其他资金支出 | "支出功能分类"项级科目 | 基本支出 | "部门支出经济分类"款级科目 | | | |

续表

| 序号 | 总账科目 | 二级科目（或辅助核算） | 三级科目（或辅助核算） | 四级科目（或辅助核算） | 五级科目（或辅助核算） | 六级科目（或辅助核算） | 七级科目（或辅助核算） | 八级科目（或辅助核算） | 九级科目（或辅助核算） |
|---|---|---|---|---|---|---|---|---|---|
| 92 | 7902 利息支出（单位发生利息支出金额较多的业务较多的，可单独设置此科目，否则在7901其他支出核算） | 财政拨款支出 | 一般公共预算财政拨款 | "支出功能分类"项级科目 | 基本支出 | "部门支出经济分类"款级科目 | | | |
| | | | | | 项目支出 | 项目 | "部门支出经济分类"款级科目 | | |
| | | | 政府性基金预算财政拨款 | "支出功能分类"项级科目 | 基本支出 | "部门支出经济分类"款级科目 | | | |
| | | | | | 项目支出 | 项目 | "部门支出经济分类"款级科目 | | |
| | | 非财政专项资金支出 | "支出功能分类"项级科目 | 项目支出 | 项目 | "部门支出经济分类"款级科目 | | | |
| | | 其他资金支出 | "支出功能分类"项级科目 | 基本支出 | "部门支出经济分类"款级科目 | | | | |
| 93 | 7903 捐赠支出（单位发生捐赠支出金额较多的业务较多的，可单独设置此科目，否则在7901其他支出核算） | 财政拨款支出 | 一般公共预算财政拨款 | "支出功能分类"项级科目 | 基本支出 | "部门支出经济分类"款级科目 | | | |
| | | | | | 项目支出 | 项目 | "部门支出经济分类"款级科目 | | |

续表

| 序号 | 总账科目 | 二级科目（或辅助核算） | 三级科目（或辅助核算） | 四级科目（或辅助核算） | 五级科目（或辅助核算） | 六级科目（或辅助核算） | 七级科目（或辅助核算） | 八级科目（或辅助核算） | 九级科目（或辅助核算） |
|---|---|---|---|---|---|---|---|---|---|
| 93 | 7903 捐赠支出（单位发生捐赠支出金额较大的，可比照设置本科目，否则在7901其他支出核算） | 财政拨款支出 | 政府性基金预算财政拨款 | "支出功能分类"项级科目 | 基本支出 | "部门支出经济分类"款级科目 | | | |
| | | | | | 项目支出 | 项目 | "部门支出经济分类"款级科目 | | |
| | | 非财政专项资金支出 | "支出功能分类"项级科目 | 项目支出 | 项目 | "部门支出经济分类"款级科目 | | | |
| | | 其他资金支出 | "支出功能分类"项级科目 | 基本支出 | "部门支出经济分类"款级科目 | | | | |
| 八、预算结余类 | | | | | | | | | |
| 94 | 8001 资金结存 | 零余额账户用款额度 | | | | | | | |
| | | 货币资金 | 非财政拨款资金 | | | | | | |
| | | | 财政拨款资金 | | | | | | |
| | | 财政应返还额度 | 财政直接支付 | | | | | | |
| | | | 财政授权支付 | | | | | | |
| 95 | 8101 财政拨款结转 | 年初余额调整 | 一般公共预算财政拨款 | "支出功能分类"相关科目 | 基本支出结转 | 人员经费 | | | |
| | | | | | | 日常公用经费 | | | |
| | | | | | 项目支出结转 | 具体项目 | | | |

续表

| 序号 | 总账科目 | 二级科目（或辅助核算） | 三级科目（或辅助核算） | 四级科目（或辅助核算） | 五级科目（或辅助核算） | 六级科目（或辅助核算） | 七级科目（或辅助核算） | 八级科目（或辅助核算） | 九级科目（或辅助核算） |
|---|---|---|---|---|---|---|---|---|---|
| 95 | 8101 财政拨款结转 | 年初余额调整 | 政府性基金预算财政拨款 | "支出功能分类"相关科目 | 基本支出结转 | 人员经费 | | | |
| | | | | | 项目支出结转 | 日常公用经费 | | | |
| | | | | | | 具体项目 | | | |
| | | | 一般公共预算财政拨款 | "支出功能分类"相关科目 | 基本支出结转 | 人员经费 | | | |
| | | | | | 项目支出结转 | 日常公用经费 | | | |
| | | | | | | 具体项目 | | | |
| | | 归集调入 | 政府性基金预算财政拨款 | "支出功能分类"相关科目 | 基本支出结转 | 人员经费 | | | |
| | | | | | 项目支出结转 | 日常公用经费 | | | |
| | | | | | | 具体项目 | | | |
| | | | 一般公共预算财政拨款 | "支出功能分类"相关科目 | 基本支出结转 | 人员经费 | | | |
| | | 归集调出 | | | 项目支出结转 | 日常公用经费 | | | |
| | | | | | | 具体项目 | | | |
| | | | 政府性基金预算财政拨款 | "支出功能分类"相关科目 | 基本支出结转 | 人员经费 | | | |
| | | | | | 项目支出结转 | 日常公用经费 | | | |
| | | | | | | 具体项目 | | | |
| | | 归集上缴 | 一般公共预算财政拨款 | "支出功能分类"相关科目 | 基本支出结转 | 人员经费 | | | |
| | | | | | 项目支出结转 | 日常公用经费 | | | |
| | | | | | | 具体项目 | | | |
| | | 单位内部调剂 | 政府性基金预算财政拨款 | "支出功能分类"相关科目 | 基本支出结转 | 人员经费 | | | |
| | | | | | 项目支出结转 | 日常公用经费 | | | |
| | | | | | | 具体项目 | | | |
| | | | 一般公共预算财政拨款 | "支出功能分类"相关科目 | 基本支出结转 | 人员经费 | | | |
| | | | | | 项目支出结转 | 日常公用经费 | | | |
| | | | | | | 具体项目 | | | |

续表

| 序号 | 总账科目 | 二级科目（或辅助核算） | 三级科目（或辅助核算） | 四级科目（或辅助核算） | 五级科目（或辅助核算） | 六级科目（或辅助核算） | 七级科目（或辅助核算） | 八级科目（或辅助核算） | 九级科目（或辅助核算） |
|---|---|---|---|---|---|---|---|---|---|
| 95 | 8101 财政拨款结转 | 单位内部调剂 | 政府性基金预算财政拨款 | "支出功能分类"相关科目 | 基本支出结转 | 人员经费 | | | |
| | | | | | | 日常公用经费 | | | |
| | | | | | 项目支出结转 | 具体项目 | | | |
| | | 本年收支结转 | 一般公共预算财政拨款 | "支出功能分类"相关科目 | 基本支出结转 | 人员经费 | | | |
| | | | | | | 日常公用经费 | | | |
| | | | | | 项目支出结转 | 具体项目 | | | |
| | | | 政府性基金预算财政拨款 | "支出功能分类"相关科目 | 基本支出结转 | 人员经费 | | | |
| | | | | | | 日常公用经费 | | | |
| | | | | | 项目支出结转 | 具体项目 | | | |
| | | 累计结转 | 一般公共预算财政拨款 | "支出功能分类"相关科目 | 基本支出结转 | 人员经费 | | | |
| | | | | | | 日常公用经费 | | | |
| | | | | | 项目支出结转 | 具体项目 | | | |
| | | | 政府性基金预算财政拨款 | "支出功能分类"相关科目 | 基本支出结转 | 人员经费 | | | |
| | | | | | | 日常公用经费 | | | |
| | | | | | 项目支出结转 | 具体项目 | | | |
| 96 | 8102 财政拨款结余 | 年初余额调整 | 一般公共预算财政拨款 | "支出功能分类"相关科目 | 具体项目 | | | | |
| | | | 政府性基金预算财政拨款 | "支出功能分类"相关科目 | 具体项目 | | | | |
| | | 归集上缴 | 一般公共预算财政拨款 | "支出功能分类"相关科目 | 具体项目 | | | | |
| | | | 政府性基金预算财政拨款 | "支出功能分类"相关科目 | 具体项目 | | | | |

续表

| 序号 | 总账科目 | 二级科目（或辅助核算） | 三级科目（或辅助核算） | 四级科目（或辅助核算） | 五级科目（或辅助核算） | 六级科目（或辅助核算） | 七级科目（或辅助核算） | 八级科目（或辅助核算） | 九级科目（或辅助核算） |
|---|---|---|---|---|---|---|---|---|---|
| 96 | 8102 财政拨款结余 | 单位内部调剂 | 一般公共预算财政拨款 | "支出功能分类"相关科目 | 具体项目 | | | | |
| | | | 政府性基金预算财政拨款 | "支出功能分类"相关科目 | 具体项目 | | | | |
| | | 结转转入 | 一般公共预算财政拨款 | "支出功能分类"相关科目 | 具体项目 | | | | |
| | | | 政府性基金预算财政拨款 | "支出功能分类"相关科目 | 具体项目 | | | | |
| | | 累计结余 | 一般公共预算财政拨款 | "支出功能分类"相关科目 | 具体项目 | | | | |
| | | | 政府性基金预算财政拨款 | "支出功能分类"相关科目 | 具体项目 | | | | |
| 97 | 8201 非财政拨款结转 | 年初余额调整 | "支出功能分类"相关科目 | 具体项目 | | | | | |
| | | 缴回资金 | "支出功能分类"相关科目 | 具体项目 | | | | | |
| | | 项目间接费用或管理费 | "支出功能分类"相关科目 | 具体项目 | | | | | |
| | | 本年收支结转 | "支出功能分类"相关科目 | 具体项目 | | | | | |
| | | 累计结转 | "支出功能分类"相关科目 | 具体项目 | | | | | |

续表

| 序号 | 总账科目 | 二级科目（或辅助核算） | 三级科目（或辅助核算） | 四级科目（或辅助核算） | 五级科目（或辅助核算） | 六级科目（或辅助核算） | 七级科目（或辅助核算） | 八级科目（或辅助核算） | 九级科目（或辅助核算） |
|---|---|---|---|---|---|---|---|---|---|
| 98 | 8202 非财政拨款结余 | 年初余额调整 |  |  |  |  |  |  |  |
|  |  | 项目间接费用或管理费 |  |  |  |  |  |  |  |
|  |  | 结转转入 |  |  |  |  |  |  |  |
|  |  | 累计结余 |  |  |  |  |  |  |  |
| 99 | 8301 专用结余 | 专用结余类别 |  |  |  |  |  |  |  |
| 100 | 8401 经营结余 | 经营活动类别 |  |  |  |  |  |  |  |
| 101 | 8501 其他结余 |  |  |  |  |  |  |  |  |
| 102 | 8701 非财政拨款结余分配 |  |  |  |  |  |  |  |  |

【说明】
1. 表中字体为"宋体"的科目，是《政府会计制度》和科学事业单位补充规定中规定的适用于科学事业单位的总账科目和明细科目内容。科学事业单位应可根据本单位业务内容和核算需要设置。
2. 表中字体为"斜体"的科目，是表示可以通过设置明细科目或辅助核算内容。科学事业单位根据本单位业务类型和核算需求选用设置。
3. 表中字体为"楷体"的科目，是财务报告门财务报表附注需要的核算内容。科学事业单位根据表附表编制需要选择设置。
4. "支出功能分类"全称为《政府收支分类》中"支出功能分类科目"，"部门支出经济分类"全称为《政府收支分类》中"部门预算支出经济分类科目"。